中國古代建築

義 縣 奉 國 寺

（上）

遼 寧 省 文 物 保 護 中 心
義 縣 文 物 保 管 所

文 物 出 版 社

2011 年・北京

主　　編：楊　烈

編　　委：梁　超　李向東　張曉東

封面設計：周曉瑋

責任印製：王少華

責任編輯：王　錚

圖書在版編目（CIP）數據

義縣奉國寺 / 遼寧省文物保護中心，義縣文物保管
所編著 . —北京：文物出版社，2011.8
　ISBN 978 - 7 - 5010 - 3079 - 8

　Ⅰ. ①義…　Ⅱ. ①遼…②义…　Ⅲ. ①寺廟 - 簡介 -
義縣　Ⅳ. ①K928.75

中國版本圖書館 CIP 數據核字（2010）第 215592 號

義　縣　奉　國　寺

遼寧省文物保護中心
義　縣　文　物　保　管　所

文物出版社出版發行

（北京市東直門內北小街 2 號樓）

郵 政 編 碼：100007

http：//www. wenwu. com

E-mail：web@ wenwu. com

北京寶蕾元科技發展有限責任公司製版

北京旺都印務有限公司印刷

新　華　書　店　經　銷

787×1092　1/8　印張：81

2011 年 8 月第 1 版　2011 年 8 月第 1 次印刷

ISBN 978 - 7 - 5010 - 3079 - 8　定價：900.00 圓（全二冊）

目　　録

插圖目録

實測與設計圖目録

圖版目錄

13

序 篇

序　一

羅哲文

　　始建於遼代開泰九年（1020年）的遼寧義縣奉國寺，已經有近千年的歷史，是我國現存木構建築中極爲珍貴的實物遺存，具有高度的歷史、藝術、科學價值，在中國建築史上佔有重要的地位。尤其是寺的大殿規模之大，結構原狀保存之完整，和彩畫、壁畫、塑像藝術水平之高，在我國早期木構建築之中，堪稱罕有之絶品。因而，在新中國成立前夕，清華大學與中國營造學社合辦中國建築研究所爲人民解放軍提供的在戰争和接管工作中，需要特別注意保護的《全國重要文物建築簡目》就把奉國寺列入了名單之内。新中國成立之後，奉國寺也被國務院公佈爲第一批全國重點文物保護單位。

　　六十年來，我與義縣奉國寺結下了深厚的不解之緣，還在新中國成立之前的1949年秋，就曾奉梁思成、林徽因先生之命前往奉國寺作初步考察，準備由中國建築研究所做進一步詳細的勘察測繪。因爲這一建築在抗戰以前就是早已確定要做詳細勘察測繪的重要古建項目之一，因當時東北爲日本侵佔而未果。其後，在1952年爲了修復沈陽故宫大清門和吉林農安塔，我和文化部北京文物整理委員會于倬雲、李良姣等同志又順道前往參觀。1953年，楊烈同志從第一期全國古建築人員培訓班畢業後陪我到東北考察古建築，又到朝陽、義縣去專門考察了奉國寺的保存情況。其後在文化部文物局和國家文物局的保護維修工程列項中，也都多次對奉國寺進行過考察和研究，也因此寺大殿價值重，經費和工程技術都需要慎重考慮，未能安排上項目。雖然在省市文物主管部門的重視和努力下，曾經進行過多次保護維修，但均屬保護保養性的工程而已。

　　直到“文化大革命”之後，改革開放又迎來了文物古建築的春天，許多重要古建築保護維修的大修工程紛紛上馬，奉國寺的徹底大修終於被列上了日程，並指派了曾參加過1952年全國古建築實習班的國家文物局古建專家組成員楊烈同志承擔這一艱巨的任務。楊烈同志在古建班學員中就是成績突出的，畢業後就和梁超留在了現在的中國文化遺産研究院的前身，文化部所屬北京文物整理委員會工作，是我的親密戰友。“文革”以後，我把他調到了國家文物局文物處工作了一段時間，後來又回到了現在的文化遺産研究院的前身中國文物研究所。奉國寺的大修工程就是在這段時間内進行的，從1982年開始準備立項到1996年竣工驗收，長達十二年的時間，在中央、省市縣各部門領導、專家共同的努力下，這一古建築中的重點徹底修繕工程堪稱是十分圓滿的，且有很多成功的經驗值得總結和借鑒。

　　我認爲這一重點維修工程值得肯定和借鑒的首先是認真貫徹了文物法不改變文物原狀的規定，這是任何文物保護工程必須遵循的，而這一工程表現得尤爲突出。在具體做法上進一步遵循了古建築保護維修“四保存”，即保存了原形制、原結構、原材料、原工藝，尤其是在保存原材料上下了很大的工夫。爲了更多地保存文物原狀採取了傳統的“頂梁换柱、打牮撥正”的辦法，儘量不擾動原來的整體構架。其次，在壁畫的保護上也想盡了辦法，採取了不用切割和重新安裝的原地加固方法，大大降低了壁畫切割、搬運、重裝過程中的損失，還採用了新材料、新技術對壁畫牆體加固以保證其安全。這一做法科學地解決了大面積壁畫原地保護加固的問題，保護效果良好，爲具有獨立牆體古建築的壁畫保護找到了新的途徑。再者，在這次大修過程中很有遠見地把原來的保護範圍依據寺廟的原佈局擴展規劃，不僅使以後的保管工作更加有利，而且也體現了世界遺産真實性與完整性的重要觀念。奉國寺在施工中對古建築遺址進行勘探發掘，通過發掘搞清了奉國寺的建築佈局，爲考證遼代寺院的整體佈局提供了實例，也爲奉國寺規劃提供了重要依據，取得了很好的效果。最後，這一工程之所以取得成功還體現在省内外各相關兄弟部門在設計施工中的協作上。例如，在元代壁畫原地保護的工作上，就是在得到了山西大同雲岡石窟文管所的技術支持下得以完成；寺院拓展、遺址發掘和總體規劃等也得到了各相關專業部門的支持和幫助，體現出在文物保護工作中加强省内外和業内外技術力量通力合作的重要性。

我作爲國家文物局古建築專家組的組長始終關心着這一重點工程項目，從遺址的考古清理發掘到設計方案的論證，再到最後的竣工驗收，自始至終都關心着這一多年牽掛的工程，二十世紀八十年代初到九十年代末，雖然我已從文物處退下，參加了全國政協的工作，不經常坐班，但楊烈同志也經常和我交換意見，他有很多創意和心得我都積極地給予支持，並在工程中實現了。由於老戰友楊烈同志的不幸早逝，這一重要的維修工程報告未能在他手上完成。可喜的是，在他的夫人梁超同志的繼續努力下，通過遼寧省文物保護中心等單位的工作人員的努力終於完成了，使這一具有重大歷史、藝術、科學價值的國之瑰寶終以《報告》的形式呈現給世人，實在是一件具有重要意義的大事、好事。受遼寧省文物保護中心張曉東同志之囑，也是梁超同志生前所托的遺願，要我爲之作序，如此重要的古建築，如此多年老友的深厚感情，焉能推卸？而當我提筆進行思考時，不免引起我對近六十年前就相聚在一起的兩位爲祖國文物古建工作奮鬥一生的老同志、老朋友的懷念。也感謝張曉東同志爲此書所做出的努力和貢獻。相信此書的出版必將作爲寶貴的經驗有益當今，作爲珍貴的檔案資料傳之後世。

2010 年 8 月 15 日於北京

序 二

杜仙洲

　　楊烈先生從二十世紀五十年代就參與義縣奉國寺的勘查測繪工作，後來又不斷進行科學研究，深有體會心得，具有很强的話語權。在多年考辨鈎沉、深入研究的基礎上，掌握了大量素材和測繪數據，於本世紀初葉終於完成了這部大作，可謂“大器晚成”。《中國古代建築·義縣奉國寺》是一部很有分量的學術著作，它內容豐富真實，觀點新穎，論斷有據，語言精闢，是當今罕見的文化建設工程，具有很高的學術價值。

　　中國古代建築史是各民族集體創造的文化業績，各民族無論大小，都有貢獻。義縣奉國寺是契丹族與漢族人民合力建起來的一座大寺院，它始建於遼開泰九年（1020年），是一座古建菁華，規模宏闊，構造精良，史藝價值頗高。

　　通過研究分析，發現契丹族與漢族緊密合作，在城市、民居的規劃設計上，有許多值得稱道的文化成就。他們不迷信書本，不相信舊説，善於結合生活實際，發揚群衆智慧，在建設活動中，結合功能需要，獨立思考，別出心裁。如下列一些亮點，就使人很感興趣。例如：

　　（一）遼人喜歡依水建城，宜州古城建在大凌河畔，就是明顯的歷史見證。

　　（二）皇居和民宅建築平面佈局多採用橫軸，門皆東向，以利於“東向拜日”的生活習俗。

　　（三）寺廟建築設計，不拘泥舊説，不迷信書本，多根據功能需要進行設計安排，貴在堅固適用，不浪費地皮，有較好的經濟觀點。

　　（四）大木架施工用料，根據需要，有省有費，尺寸大小，都有規範要求，克制了鋪張浪費。

　　（五）建築設計有高度的美學造詣，在建築造型上，大而不笨，曠而不散，尺度大小合宜，比例和諧，富有節奏感。

　　（六）結構與裝飾相結合，不矯飾，不虛美，體現了高度設計水平。

　　（七）契丹境內建築業十分發達，涌現了不少能工巧匠，如大小都料匠、大小作頭和都作頭等匠作高手，他們的作品優美精良，備受社會贊許，有很好口碑反映。

　　應該指出，這些空前盛況，都是漢族與契丹族人民的光輝業績，充分體現了地方特色，民族個性與民族風尚，所取得的輝煌成就，很有學習借鑒作用。楊公這部大作無疑爲中國建築史的發展書寫了光輝一頁，功不可没。

2010 年 6 月

5

序　三

單霽翔

　　文物出版社出版的《中國古代建築》系列叢書，是以古代建築調查研究和維修工程報告爲主要内容的專業系列叢書，至今已出版了《西藏布達拉宫》、《應縣木塔》、《薊縣獨樂寺》等多部，今值《義縣奉國寺》即將出版之際，受遼寧省文物保護中心之邀爲該書作序，我欣然同意，一來因爲該項維修工程由國家文物局派駐專家主持，二來我對奉國寺有着比較深刻的印象。

　　自從到國家文物局工作以來，我曾數次造訪奉國寺，初次參觀大雄殿時的那種震撼至今猶難忘記。建築外觀氣勢宏偉，内部結構簡潔嚴密，塑像和彩畫藝術精湛，堪稱海内難覓之藝術珍品，不由得讓人慨嘆中國古代建築文化的博大精深。此後，每次到奉國寺，我都會在大雄殿内外多看一會，每次也都會有不同的感受和收穫，對奉國寺有了更多的瞭解。二十世紀八十年代中期的修繕工程使建築得到了有效保護，環境得到了改善，作爲一名文物工作者，深感欣慰。

　　關於維修報告編寫工作我也想談一點個人體會。對中國古代建築的研究，自梁思成先生 1932 年調查薊縣獨樂寺之後就形成了重視實地考察和編寫調查報告的治學傳統，但當時大的修繕工程較少，單獨成書的維修工程報告則更少。

　　文化遺產保護工作包括保護與弘揚兩個方面，應該將維修保護與科學研究統一起來，兩者相互推動才更有利於文化遺產保護事業的發展。這就不僅要強調維修工作，更應加強科學研究與傳承，編寫維修工程報告與調查研究相結合便是弘揚文化遺產的重要手段。通過維修工程來重新審視一座古代建築，是對古代建築的一次解剖，讓我們能夠更全面地瞭解建築本身隱藏的内在信息，更清楚建築的結構特點、時代特徵及建造工藝，這些信息僅通過一般調查是無法獲得的。同時，一本成功的報告就是對維修工程中經驗、教訓的總結，出版工程報告，向業界推廣好的經驗，避免重復錯誤，能夠更有效地提高文化遺產保護工作的整體水平。因此，修繕報告編寫工作日益受到國家文物局的重視。從這個角度講，奉國寺維修工程結束多年以後，修繕報告終於在人們期待中問世，實值慶賀。

　　當然，《義縣奉國寺》的出版只是標誌着本次維修工程的結束，絕不意味着對奉國寺的研究工作就此畫上了句號。中華民族的精神財富是通過一代代人的不斷探索、實踐、總結，方才積澱而成，奉國寺和其他古建築一樣，還包含着海量的科學信息和文化内涵，有待我們從歷史、建築、藝術、科學、宗教等各個學科角度不斷發現、探索和弘揚。只有這樣，我們留給後人的才不只是孤立的建築，而是完整、系統、科學反映中華民族偉大創造力的文化遺產。

　　《義縣奉國寺》是由已故專家楊烈、梁超和遼寧省文物保護中心、義縣文物保管所合作編寫，這種合作形式也是一種有益的嘗試。衆所周知，建國以後，我國各地陸續完成了很多古代建築維修、遷建和重建工程，很多老專家，老前輩都曾經參加并且做了大量工作，在古建築維修保護方面做出了巨大貢獻，積累了豐富的資料。但因種種客觀原因，當時的資料未能及時整理發表。當我們看到一座座古代建築依然屹立，而對那些老前輩、老專家心存感激、滿懷敬意的時候，也爲他們的成果未能公諸於世而深感遺憾，如果讓前輩們付出心血換來的可貴資料就此被塵封，將是文化遺產保護事業的損失。從這個角度講，《義縣奉國寺》報告整理的合作形式，由專人協助老專家將以往的材料整理出來，不僅完成了老專家們未完的工作，了却老前輩的心願，也有益於後學，實可資借鑒推廣。

　　最後，希望《義縣奉國寺》的出版能夠促進古建修繕報告編寫和出版工作，也期待更多研究成果早日面世，日益豐富和深化古代建築的研究，推動各地文化遺產的保護、研究與合理利用。

2011 年 4 月 11 日於國家文物局

序　四

郭大順

　　二十世紀 80 年代初，遼寧省有兩處規模較大的古建築維修項目，一處是朝陽北塔，一處就是義縣奉國寺大殿。這兩項古建築維修項目都有出版專題報告的條件，而且由於都在維修過程中做了考古發掘工作，内容會更加充實和完整。朝陽北塔已於 2007 年出版了古建築維修和考古發掘報告書，有一定影響，現在《義縣奉國寺》也終於定稿，相信會引起更多關注。這是因爲奉國寺大殿在中國建築史上所佔有的重要地位正在得到越來越清楚的認識：這座屬於高級廳堂類的 9×5 間十架椽的佛殿，不僅是東北地區最早的木構建築物，也是國内現存體量最大的遼代單體建築，大殿的木構建築、殿内的塑像、彩畫和其他設施，大都保持着“原生態”，七佛組合也是全國罕見的實例，通過考古發掘還得到遼代佛寺佈局平面復原圖。近又讀到宿白先生《中國古建築考古》（文物出版社，2009 年），再次强調奉國寺因殿内設巨大佛臺而採用了柱網佈局前後不平衡的做法，實爲建築史的首見，由此導致梁架結構也相應複雜化，從而促進了建築技術向更高的水平發展。

　　回憶奉國寺那段維修過程，覺得還有以下兩點值得總結。

　　一是現場收集資料較爲及時準確。這批資料成爲這次編寫維修報告的主要依據。

　　我的體會，古建維修過程就是一次考古發掘過程，特別是前期的拆卸過程。古建築的歷代維修，雖有文獻或碑刻記載，仍需要與維修過程中得到的實物證據相互對照，實踐證明，維修中往往會有更多的記載以外的新發現和資料積累。然而就我接觸到的古建維修工程看，經常存在檔案不全或有檔案而細緻程度差的問題，在修繕過程中不僅忽視與歷史上的記錄和變遷的相互印證，有些對新的維修工程在細節上也經常缺少詳細具體的記錄，如對原部件的處理與局部更換，以致使後續的維修工程在制定方案時缺少依據和針對性，這就使古建築歷史原貌在無意中漸漸失缺。

　　爲此，應該大力發揚老一輩古建築專家的傳統作風，經常盯在現場，隨時注意發現和取得第一手材料，隨時做好各種記錄，爲此甚至親自上架動手，以保證維修檔案的科學性和資料不斷得到補充，以延續古建築的壽命。這項工作應該制度化、程序化。

　　二是古建維修與考古發掘相結合。利用那次較大規模的維修，地方政府對大殿前進行了大規模的動遷。這次動遷，不僅改善了奉國寺的周邊環境，而且爲在維修過程中進行考古發掘提供了難得的機遇。雖然因當地居民在同一地連續不斷地居住活動，地表以下破壞擾動甚爲嚴重，地下遺存保存情況遠不如人意，但仍然找到了遼代山門和西側回廊、配殿的礎磉部分，可測繪和復原出一張有科學依據的遼代奉國寺的佈局圖。由於遼代及其以前的佛寺多僅保存單體建築或部分建築，整體建築群得以保存的尚無實例，有關佛寺佈局的研究也甚少見，加上古建築維修與考古發掘相結合的意識不强，使早期佛寺佈局的資料積累工作長期以來甚爲薄弱。這次奉國寺配合古建築維修進行的考古發掘結果證明，奉國寺佛寺佈局以回廊加配殿爲主要特點，具有由南北朝的回廊式到宋代以後的配殿式的過渡性質，爲那一時期佛寺佈局提供了一個實物證據，十分珍貴。

　　由於奉國寺的資料以往發表甚少，研究成果不多，它的重要價值並未得到充分展現。這次《報告》的出版，對奉國寺和相關課題的研究提供了全面系統的資料，也必將推動奉國寺的其他工作，如規劃建設和開放利用。最近，正在制訂的奉國寺保護規劃中，就已注意到要突出奉國寺的特點與優勢：奉國寺的文物本體，是由不同時代的建築組成的，這是國内其他遼代建築的共性。但就遼代遺存來說，除了遼代體量最大的大雄寶殿、罕見的七佛組合及脅侍以外，四十多幅梁架彩畫保存下來更是出人意料，反映遼代佛寺佈局的考古遺址迄今爲止仍是國内唯一的實例。這四方面內容組成一個整體，其價值與國內同時期遼代建築相比，既是自身特點，也更具優勢。又如，奉國寺周圍環境相對較爲理想，法定保護範圍與建設控制地帶內外無高層建築，與此有關的是，當地政府對奉國寺周邊環境的保護意識，從上個世紀80年代初到現在的30年時間，得以堅持和延續，並未因領導的多次更換、時潮的變遷而有所減弱，這是十分可貴的。以上特點與優勢，爲奉國寺保護規劃的制定提供了很大的發揮空間，從而有助於進一步明確規劃思路，如把遼代文物作爲規劃核心、靈魂，不因爲它們分屬於不同的類別而予以割裂。爲此，已在制定包括恢復遼代山門作爲全寺的入口、提前安排大法堂的考古發掘等突出遼代文物的規劃思路。在環境整治方面，內環境、院內要儘量將佛教文化的氣氛襯托起來，除突出遼代建築和遺跡在奉國寺的地位以外，要注重運用綠化手段營造如寧靜、肅穆、神秘、含蓄等氣氛。外環境，現奉國寺位置在全城最高，如何在城市建設中保持這一態勢十分重要，這也是奉國寺保護規劃和奉國寺所在的義縣城市總體規劃成敗的一個關鍵點。已經在考慮以現法定二、三級建設控制地帶作爲一個環境保護的基礎，在法定保護範圍與建設控制地帶以外，可設第四、五級的建設控制地帶，甚至更爲嚴格的建設高度控制，以此將保護規劃與城市總體規劃接軌。這樣，奉國寺作爲遼寧省地上建築中價值最重的一處歷史文化遺產，將會產生一個更具科學性和前瞻性的保護規劃。一個內容豐富具有特色的維修和發掘報告的發表，一個更具前瞻性保護規劃的制定，預示着奉國寺美好而廣闊的發展前景。

以上從奉國寺維修項目的完成到維修和發掘報告的編寫出版，再到今後的保護工作，都使我們回憶起當年維修工程的指揮者楊烈先生和梁超先生。爲了保證維修質量，楊烈先生和梁超先生在那段時間，頻繁往來於北京、義縣與瀋陽之間，大部分時間是住在維修工地上的。由於現場指揮及時，不僅保證了維修質量，而且取得較爲全面詳細的第一手維修資料，從而保證了這次維修報告的編寫水平。現在二位先生已先後故去，奉國寺維修工程報告書的出版，應該是對他們最好的紀念。

上篇

一　奉國寺的歷史與現狀

（一）地理環境與歷史沿革

1. 地理位置和自然環境

義縣地處遼西山地東部，東倚陰山餘脈醫巫閭山與北鎮接壤，西、北靠松嶺山脈餘脈大青山與北票、阜新相隔，南以較平緩的低地與錦州相望。地理坐標介於東經 120°52′～121°44′、北緯 41°17′～41°48′之間。境內低山與河流相間分佈，形成了丘陵起伏、河谷縱橫的典型遼西山地地形特點。義縣境內大小河流二十多條，以大凌河最爲著名。大凌河發源於河北省平泉縣，自朝陽入義縣境，自西向東橫穿義縣中部，義縣縣城就緊鄰大凌河南岸而建，奉國寺即位於義縣城之東北隅，背依大凌河。

2. 義縣沿革

義縣地處遼西文化區東緣，早在新石器時代就是各種古文化交匯、碰撞、相互影響的區域。義縣境內曾發現多處屬於青銅時代的文化遺址，證明至遲在四千年前的商周時代，就有人類在此生息繁衍。

義縣歷史悠久，春秋時期，義縣地屬孤竹國，戰國時期屬燕國遼西郡，郡治所在陽樂（今義縣西）。秦始皇滅燕後，仍襲燕制，此地仍屬遼西郡，郡治仍在陽樂。西漢在義縣境內設交黎縣，爲遼西郡東部都尉治所。東漢改爲昌黎縣，屬遼東屬國。三國時期，義縣地屬曹魏，廢遼東屬國，設幽州昌黎郡，郡治昌黎縣。西晉屬平州昌黎郡。十六國時期，義縣先後隸屬前燕、後燕和北燕昌黎郡。南北朝時期，義縣地屬北魏之營州昌黎郡。至東、西魏時期，義縣屬東魏拓跋氏。至隋初隸屬營州，置燕郡（治所今義縣城），後又置遼西郡，郡治在遼西縣（約今義縣石佛堡鄉王民屯）。唐代高祖武德年間，在隋代燕郡舊址建燕郡守捉城，初屬河北道營州，州治所在柳城（今朝陽市），後改屬安東都護府。德宗貞元二年（公元786年）升燕郡守捉城爲軍城，置鎮安軍。唐亡後，義縣先後屬後梁、後唐，改隸營州燕郡，郡治所在燕郡城（今義縣城）。

五代後期，契丹人雄踞長城以北之地，並建立契丹國。契丹建國之初即於義縣置宜州。關於契丹時期宜州的建置，歷來說法不一，蓋因《遼史》記載有明顯出入。以往凡涉及遼代宜州的建置時間，大多以《遼史》爲據，採用“聖宗統和八年”置宜州。但自二十世紀七八十年代以後，在朝陽地區出土了多件墓誌，爲重新認識遼代宜州建置提供了新的綫索，證明設置宜州的時間遠早於“統和八年”，因此，有必要在此予以說明。查《遼史》中關於宜州建置時間的記載，有以下相互矛盾的三條：一爲《遼史·王郁傳》所載“從太祖平渤海，戰有功，加同政事門下平章事，改崇義軍節度使，太祖崩……以太祖常與李克用約爲兄弟，故也尋加政事令，還宜州，卒”（註一）。這是《遼史》中關於宜州之名的最早記錄，根據這一記載可以認爲約在太祖時期便已經設立了宜州，但具體設立時間不詳。二是《遼史·聖宗本紀》載統和“八年春……三月……辛丑，置宜州”（註二）。此條記載明確宜州建置時間爲聖宗統和八年（公元990年）。其三爲《遼史·地理志》記載“宜州崇義軍，上，節度。本遼西累縣地，東丹王每秋畋於此，興宗以定州俘户建州”（註三）。根據此條記載宜州又似乎應爲興宗時建置。《遼史》疏漏甚多已被公認，出土墓誌等文獻常可證《遼史》記載之誤。但細經梳理，三條記載的正誤及依據則又不難理清。近年考古發掘出土的多件墓誌，印證了太祖時建宜州之説更爲合理。而另外兩條則可歸爲對"改置"和"實州"史實的錯記。

　　1970年，在朝陽縣西大營子鄉西澇村出土的景宗保寧二年（公元970年）《劉承嗣墓誌》記"……天禄二年（公元948年）……奉宣宜霸州城。……始終宜州大内……"（註四）這不僅是現在所知關於宜州的最早記録，更重要的是該碑文兩次提到宜州，根據此段碑文推斷宜州當建於天禄二年（公元948）之前。此外在喀左縣甘招鄉羊草溝門村出土的景宗乾亨三年（公元981年）的《王郁墓誌》有"……改授崇義軍節度使、管内觀察處置等使、崇禄大夫、檢校太保、使持節宜州諸軍事、行宜州刺史、兼御史大夫、上柱國、進奉琅琊郡開國侯、加食邑伍佰户……"的記載（註五）；建昌縣出土的同爲景宗乾亨三年的《劉繼文墓誌》有"……敕下宜霸二州，共營葬禮……"的記載（註六）；朝陽東塔塔基地宮裏早年曾出土聖宗開泰六年（1017年）的《無垢净光大陀羅尼法舍利經記》有"……霸、宜、白川、錦等制置使……"的記載（註七）。

　　這些墓誌或石刻所記宜州均早於聖宗統和八年，以這些墓誌和石刻所記文字均與《遼史·王郁傳》的記載相合推斷，宜州設置確應在阿保機去世的天顯元年（公元926年）之前，或應在神册六年前後契丹初踞燕地之時，但具體時間不詳。在太祖平定渤海册封耶律倍爲東丹王之後，該地爲東丹王分地，作爲耶律倍私城。至聖宗統和年間，宜州改屬中京大定府。《遼史·聖宗本紀》錯記爲聖宗時建宜州，"八年春……辛丑，置宜州"或僅指宜州不再屬東丹國分地一事。至於興宗時建宜州之説，當是指"興宗時方以定州俘户實之"一事。《遼史·地理志》卷三十七載"富義縣本義州，太宗遷渤海義州民於此"（註八）。在《欽定滿洲源流考》卷十中對這一條補正如下"……據遼金兩史考之，似渤海義州之民分徙兩縣故地已空，興宗時方以定州俘户實之，以義爲宜，金時始更正耳"（註九）。明確了宜州的來歷，以及金時復改義州的緣由。

　　遼保大三年（1123年），女真人攻克宜州，並於金天德三年（1151年）改宜州爲義州，屬北京路，下轄弘政、開義、同昌（今阜新境内）三縣，開義轄饒慶一鎮。元代實行"行省制"，義州屬遼陽行省大寧路，行省治所遼陽（今遼陽市）。明代初年，廢州置衛。改義州爲義州衛，屬遼東都指揮使司（今遼陽市）。永樂八年（1410年），廣寧後屯衛遷徙於義州城，一城有兩衛。明宣德元年（1426年）都指揮史楚勇建磚城。清代恢復義州之名。清初，爲察哈爾王封地，後王叛，公元1675年平定後，設城守尉及巡檢司，初隸廣寧府（今北鎮），雍正十二年（1734年）裁巡檢司設知州，改屬錦州府。中華民國二年（1913年）全國統一縣名，遂將義州改爲義縣，屬奉天遼寧省，自此義縣地名沿用至今。

（二）奉國寺的調查與研究簡史

　　奉國寺建寺雖早，但見於著録却甚晚。其原因，一方面可歸結爲遼代文獻留存極少，方誌又都成書較晚，故直至乾隆時期才在《欽定續通志》卷一百六十八《金石略》中，記録了《大奉國寺續裝賢聖題名記》碑，算是文獻對奉國寺最早的涉及了。另一方面義縣地處關外，遠離核心文化區，所受關注自然較少。自《續通志》之後，《明一統志》、《遼東志》等也對奉國寺有所涉及，但礙於重考證的治學傳統，這些史誌記載均限於收録碑記。

　　對奉國寺進行科學和系統的調查，始於二十世紀初日本人對滿蒙地區的文化考察。在日本人佔據東北時期，先後考察奉國寺的日本學者包括關野貞、竹島卓一、村田治郎、八木三郎等人，此時發表的報告包括《滿洲的佛寺建築》（註一〇）、《滿洲義縣奉國寺大雄寶殿》（註一一）、《義縣奉國寺小記》（註一二）、《遼金時代的建築及佛像》（註一三）、《遼代建築》（註一四）、《滿洲的古建築與古墓》（註一五）等。這些考察報告中，對奉國寺調查、記録和研究最詳細，最多被人引用的是1933年關野貞發表的《滿洲義縣奉國寺大雄寶殿》，對大雄殿的建築、佛像、彩畫、壁畫等均作了實測和拍照記録，對大雄殿的建築年代、結構、壁畫及彩畫也作了較深入的探討，對現在瞭解奉國寺二十世紀三四十年代的情況仍是不可多得的材料之一。

　　因日本人實際佔據東北得地利之便，而"營造學社"初創且受時局所限，無法進行實地調查，故直到二十世紀四十年代，對奉國寺的調查研究主要是由日本人進行的。此時，國人對奉國寺的調查、著述僅有《奉國寺紀略》（註一六）一部，另在《義縣志》（註一七）中有所涉及。

《奉國寺紀略》成書於僞滿洲國康德八年（1941年），編撰者主要是當時的地方官員及文人，因此，該書體例、風格多承方志，手法重"實錄"和"考證"，而輕調查和比較，內容則偏重佛教，對建築研究略顯不足。而《義縣志》時間上略早於《奉國寺紀略》，其作者與《奉國寺紀略》纂者爲同一人，《縣志》中遍涉縣內古迹，因篇幅、體例之限對奉國寺的記載就遠不及《奉國寺紀略》詳盡。但是，兩書均站在本民族文化和佛教角度，對我們進一步認識奉國寺有很多幫助，與日本人的調查結合起來，更有利於我們深入瞭解奉國寺的歷史、科學及藝術價值。

建國以後，中國學者開始對奉國寺進行科學考察。1951年發表的《義縣奉國寺調查報告》（註一八），1953年發表的《遼西省義縣奉國寺勘察簡況》（註一九）揭開了對奉國寺進行科學調查之先河。稍後的1955年，由北京市文物委員會所進行的調查則是迄今爲止對奉國寺最完善、最詳盡的調查研究。作爲此次調查的成果，1961年發表的《義縣奉國寺大雄殿調查報告》（註二〇）由杜仙洲先生執筆，按照梁思成撰寫的《薊縣獨樂寺觀音閣山門考》體例編寫，結構清晰，條理分明。該《調查報告》由寺史、大雄殿、附屬藝術、結語四部分組成。對大雄殿則依照平面、臺基、柱及柱礎、斗栱、梁枋、角梁、舉折、椽、瓦頂、檐牆、裝修等分別介紹，最後還總結了奉國寺的建築特徵和主要貢獻。該報告也成爲此後對奉國寺研究的基礎，是此後多部建築史及建築論文的主要資料來源。

除對大雄殿的建築考察之外，對彩畫、壁畫的臨摹，對寺址的發掘等調查形式也先後展開。二十世紀六十年代，由遼寧省文化廳和魯迅美術學院組織，對奉國寺大雄殿梁架上的部分彩繪飛天進行了臨摹，臨摹作品現藏於遼寧省博物館。在1985～1989年的維修中對奉國寺進行了詳細調查，并發現了以往隱而不見的建築構件和做法，充實了對大雄殿的認識。對寺址進行的科學發掘，確認了西彌陀閣、東三乘閣、伽藍堂、山門和長廊等碑記中記載的遼金時期主要建築的位置，爲此後遼代寺院建築佈局的研究提供了可貴的材料，也爲奉國寺的規劃和修復提供了依據。

自維修工程結束以後，對奉國寺的關注日益增多，介紹和研究文章也逐漸增加，主要涉及概況、建築、歷史等方面。《奉國寺》（註二一）、《義縣奉國寺無量殿實測圖説》（註二二）、《獨樂寺認宗尋親——兼論遼代伽藍佈置之典型格局》（註二三），諸文在介紹奉國寺概況和探討遼代寺院建築佈局的同時，推動了奉國寺的深入研究。

對於奉國寺的佈局問題，探討最深入、並被大家所認同的是曹汛先生在《獨樂寺認宗尋親——兼論遼代伽藍佈置之典型格局》一文中所作的研究。該文根據奉國寺現存碑刻記載，結合對敦煌壁畫中相關材料以及現存遼、金兩代佛教寺院殘存建築的比較研究，對比奉國寺遺址發掘成果，綜合分析，精確推斷出遼代佛教寺院的總體佈局。該文任分析了奉國寺初建時的佈局特徵，建築規模的基礎上，对奉國寺的建築佈局作出準確的复原，對唐宋之際寺院佈局的特點及轉變提供了清晰的認識。

此後多篇從不同角度研究奉國寺的文章相繼發表。《遼朝宜州奉國寺清慧大師其人》（註二四），論證了金朝初年奉國寺的清慧大師和金朝皇統年間在上京會寧府儲慶寺的清慧大師實屬一人，實爲新的研究視角。《義縣奉國寺拘留孫佛像的藏文裝藏經卷》論證了義縣奉國寺塑像內發現清代藏文刻本裝藏經卷五十九卷是西藏佛教通常的佛像裝藏咒語，並根據此地歷史文化狀況，推測這次重修裝藏最可能与1635至1675年間在義州城內的察哈爾親王公主有關，進一步豐富了對奉國寺的認識。《義縣奉國寺金明昌三年碑考》則是對現存碑刻的解讀，有助於增進對奉國寺寺史的瞭解（註二五）。此外，在《遼寧碑誌》、《遼寧文物志》等相關資料中對奉國寺及寺內現存碑刻也均加以介紹，《遼代歷史與考古》、《遼代繪畫》、《遼塑》等專論中也均引用奉國寺材料。《中國古代建築史》第三卷也詳細介紹了奉国寺，並進一步肯定了奉國寺的價值（註二六）。

（三）寺　史

義縣建城較早，境內至今尚存遼金古城址多處，現存的明代舊城就是在遼代宜州城的基址上逐步發展來的。義縣境內古迹甚多，保存至今較著名者包括萬佛堂石窟、廣勝寺塔等，而奉國寺則爲其中最著名的一處，常與華嚴寺、獨樂寺、應縣木塔並提，作爲重要的古建築實例。奉國寺創建以後，又經歷代多次修葺，下面所說的寺史，便指整個寺院的營建，以及此後歷代由於建築的毀廢、增建、改建所导致的寺院格局、規模的變化，以及歷代對各個單體建築，尤其是針對大雄殿的維修。

按《大元國大寧路義州重修大奉國寺碑》記載，遼開泰九年始建奉國寺，或至太平年間，主要殿宇建成，規模初具，但仍有續建。金明昌三年《宜州大奉國寺續裝兩洞賢聖題名記碑》現存於大雄殿內，是寺中現存最早最重要的文獻，現將與建築及寺史有關部分列舉如下，以證奉國寺初建時之情狀。碑載：

> 自燕而東，列郡以數十，東營爲大。其地左巫閭右白霫，襟帶遼海，控引幽薊，人物繁夥，風俗淳古，其民不爲淫祀，率喜奉佛，爲佛塔廟於其城中，棋布星羅，比屋相望，而奉國寺爲甲。寶殿穹臨，高堂雙峙，隆樓杰閣，金壁輝煥，潭潭大廈，楹以千計，非獨甲於東營，視佗郡亦爲甲。當亡遼時，寺有僧曰特進守太傅通敏清慧大師捷公，以佛殿前兩廡爲洞，塑一百二十賢聖於其中。飾以衆彩，加以塗金，巍峨飛動，觀者驚竦。而四十二尊莊嚴未畢，自遼乾統七年，距今三十餘歲矣。聖朝天眷三年，沙門義擢以遷爲寺主，乃與尚座義顯、都和義謙，議續而成之。諮於市衆，謀於郡人，不期而同，皆以爲可……

對當時奉國寺的建築規模，元代的兩方碑刻記載更爲明確。元大德七年（1303 年）《大元國大寧路義州重修大奉國寺碑》記載：

> ……觀其寶殿崔巍，儼居七佛，法堂弘敞，可納千僧。飛樓曜日以高撐，危閣倚雲而對峙，至如賓館僧察，帑藏厨舍，無一不備焉。旁架長廊二百間，中塑一百二十賢聖，弁冕端嚴，劍矛森淬，勢若飛動，狀如恚嗔，髮竪冠冲，奮扛鼎移山之力，目圓眦裂，賀鞭霆御風之威，使觀者悚然怖慴，莫敢而前，亦可謂天東勝事之甲也……

元至正十五年《大奉國寺莊田記碑》載：

> 七佛殿九間。後法堂九間。正觀音閣、東三乘閣、西彌陀閣、四賢聖洞一百二十間。伽藍堂一座，前山門五間，東齋堂七間，東僧房十間，正方丈三間，正厨房五間，南厨房四間，小厨房兩間……

通過以上文字可以看出，至遲在遼乾統七年（1107 年），奉國寺格局已經確定，七佛殿（即大雄殿）、後法堂、觀音閣、三乘閣、彌陀閣、伽藍堂、兩廡長廊等都已建成，唯四十二尊賢聖像直至遼亡尚未完工。故於金天眷三年（1140 年）續裝四十二尊賢聖像，至明昌三年（1192 年）告罄。而以近年考古發掘所瞭解到的情況與元代碑刻記載對照，並參照現存諸例遼代建築，似可復原遼代奉國寺主要建築格局如下：中軸綫上自南向北依次列前山門五間，伽藍堂一座，重樓觀音閣三間，大雄殿九間，最後爲後法堂九間，觀音閣東西兩側對稱佈置三乘閣和彌陀閣，大雄殿前東西兩側對稱置四賢聖洞一百二十間，其規模比今日更爲宏大（插圖一）。

遼金戰爭相當殘酷，在原遼朝疆域範圍之内遼代宮殿寺院廟宇所存無幾，而奉國寺未曾受損，且得以續完未盡之事，實值慶幸。金保大三年（1123 年）至貞祐元年（1213 年）金人內遷，女真人共據義縣九十載，未見再有增修。

元太祖八年（1213 年），義州爲王珣所據。太祖十年（1215 年），王珣不戰而降木華黎並領義州，故周邊寺院雖皆毀於戰火，但義州城連同奉國寺未曾遭元末之劫。元大德七年《大元國大寧路義州重修大奉國寺碑》載：

> 未幾，義□□起，遼金遺刹，一炬殆盡，獨奉國孑然而在。抑神明有以維持耶，人力之所保佑耶。方天造草昧，人多殘暴。金紫光祿大夫兵馬都元帥王公，凤鍾文武之資，適際風雲之會，榮膺寵命，屏翰是邦，嗟百年營繕之勞，忍一旦殘毀之易。即命庵下士，常加巡衛，號令嚴明，莫敢犯者。

王珣的措施顯然對奉國寺的保護起到了至關重要的作用。使奉國寺安然度過金元之亂。奈人禍得免，天災難避，至元二十七年（1290 年），發生了以大寧路治所武平（今寧城）爲震中的強烈地震，即碑文所稱"庚寅地震"（註二七）。據《元史》載：

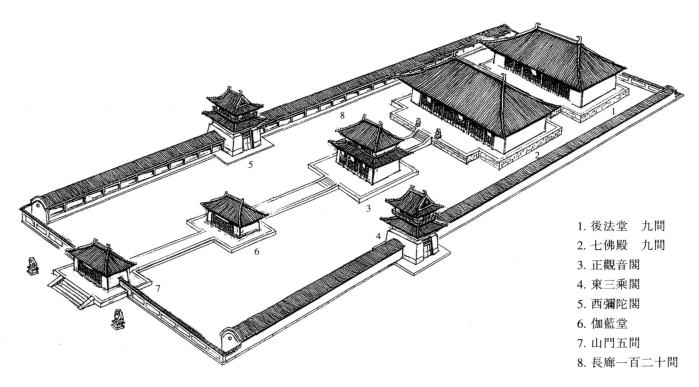

1. 後法堂　九間
2. 七佛殿　九間
3. 正觀音閣
4. 東三乘閣
5. 西彌陀閣
6. 伽藍堂
7. 山門五間
8. 長廊一百二十間

插圖一　奉國寺復原鳥瞰圖

癸巳，地大震，武平尤甚，壓死按察司官及總管府官王連等及民七千二百二十人，壞倉庫局四百八十間，民居不可勝計。

這是一次破壞性嚴重的自然災害，由於義州距武平較近，奉國寺也必然受到嚴重影響，加之此前已經長期失修，使奉國寺呈現出衰敗頹廢景象，進入發展歷程中的低落時期。寺僧弘宗英濟大師並不甘心奉國寺由此而衰落，爲其修葺復興而奔走呼號。在得到當朝皇帝的堂妹普顏可里美思公主和駙馬寧昌郡王施財後，用兩年時間，對奉國寺進行了全面維修，使其又恢復了昔日的宏偉壯觀、繁榮興旺的景象。正如元大德七年《大元國大寧路義州重修大奉國寺碑》所稱：

又經庚寅地震，攲斜騫崩，殆不可支。公概然復興修之願，計其費不啻千萬緡，謀諸緇褐，謀諸耆壽，皆未如之何。物之興廢，自有緣會，適遇普顏可里美思公主，帝之堂妹，駙馬寧昌郡王，世族元冑，同發上愿，期立殊功，乃施元寶一千錠，繒帛馬牛數亦稱是，續降之物不可勝記。於是陶瓴甓，輦土木，庀工興役。危者持之，顛者扶之，缺者補之，漏者覆之，杇鏝之功必精，赭堊之飾必良。未兩周星，殿閣堂廊，連延數百楹，燦然一新。俾僧者有所歸一，游者有所瞻仰，緇徒接武，雲侶差肩。

元碑所記之修繕，緣起地震，是寺院營建之後第一次大的修繕。此次維修不僅重新歸正了大雄殿歪閃的柱子、梁架，更換了部分構件，重築殿周檐墻，并且繪制了殿內檐墻壁畫。

從元大德年間弘宗英濟大師主持重修奉國寺以後，又歷五十餘年，至元至正年間，主持僧宗淳又對奉國寺進行了維修。元至正十五年（1355年）《大奉國寺莊田記》載：

釋氏宗淳之住持奉國也，補罅而葺漏，持危而扶顛，汲汲皇皇，未嘗輟作。越明年息役休工。

經過兩次大的修繕，奉國寺又恢復了繁盛。按《大奉國寺莊田記》對奉國寺所有的資產記錄，直至元末，主要建築如大雄殿、後法堂、觀音閣、三乘閣、彌陀閣、伽藍堂、長廊都得以存在。從建築規模、佔地面積和所記田產衡量，自遼開泰初建至元末修繕的三百餘年中，奉國寺一直處於盛期，即使遭震也均得到及時修葺。

入明以後，奉國寺漸趨敗落，在明朝二百五十多年中，留在奉國寺大雄殿內的維修碑記僅有三通，其中還有一通

17

是專爲“重修倒坐觀音”而立。有關寺史的記載有如下數條。

明嘉靖十五年《補修奉國寺聖像記碑》記載：

> 今我大明成化廿三年，驃騎將軍右參將繆公雄詣斯，視廢弗忍凋殘，嘆前人創修之艱，憫將來摧頹之易，捐己資帛，命工修飾，未二周星，妝完備矣。夫普天之下，設此香火者，端爲祝延聖壽，保國安民，而又演禮之所也，近來像容色落，墻彩頹隳，今嘉靖甲午孟冬，時納子崇□及衆緇流，欲修廢墜，工大力微，弗克底成，如之何則可，莫若喻諸郡人，乃發虔懇告，勸本處附近城邑，募緣聚資，命工補綴，而煥然鼎新，是以興心以遂，具齋繳盟。

明萬曆三十一年《重修義州奉國禪寺碑記》記載：

> 佛像泥飾，歲久脫落殆甚，兼之地方倉廠貨理，無知官吏以糧儲無積貯地，每附歲餉於茲，因循弊滋，蒸濕浥氣，侵漬内外，垣屋圮而糜飾，僧徒畏而弗拒。米豆充積，苔蘚斑駁，鼠雀污濁於徑臺，蝸蟲篆蝕於門壁，過者弗式，望之增慨。於時緇服常通，願行堅忍，紹隆先事，簡工市材，舊像率皆五色莊嚴，大非昔比，乃奮志重修，身操畚□，親負瓦石，又偕武舉史有裕、義人徐大化等，募緣於城之内外，捐資協力共舉，此後遠近聞者，咸樂輸爲助，約出五百餘緡，以泥全圖畫佛像，燦然改觀。背後北門，風凌雨震，仍設倒座觀音，龕利穹窿，構結嚴密，寢風阻雨，逝鼠去雀，後先元爽，觀深高明弘麗，咸臻精妙。

觀研明代碑記可知，明代以後寺院已然中落，軍民雜居其間，官府屯糧殿内，直至成化時方才重新修整。碑中已不見法堂等建築之記載，實此時除大雄殿以外，其他建築恐已爲元明戰火所毀而蕩然無存，舊日“隆樓杰閣，金壁輝煥，潭潭大廈，楹以千計”的輝煌早已不再，空留一座大雄殿獨顯孤傲和悲涼。從碑記中可看出，從元至正十五年（1355 年）至明成化二十三年（1487 年）一百三十餘年後，才開始第一次維修。又越四十八年，至嘉靖十四年（1535 年）進行第二次維修，再經過六十餘年至萬曆二十七年（1599 年）進行第三次維修，每次維修規模都甚小。在此期間，寺廟管理也不夠好，院、殿常被使作他用。更重要的是，三通碑刻均未提及除大雄殿以外的其他建築，這表明在元至正十五年至明嘉靖十五年的一百八十餘年中，奉國寺除大雄殿以外，其他建築可能都已被毀。

天聰四年（1630 年），明朝尚未滅亡，義州即爲後金總兵官楊古利佔領。在這期間，正處於明清戰爭最爲緊張時期，自然不能顧及維修寺院了。從清朝順治元年（1644 年）宣告明朝滅亡，至宣統三年（1911 年）的二百六十餘年中，清朝對奉國寺進行了五次續建、七次維修，又逐步使奉國寺走出低谷。

歷明朝兩百餘年的敗落，奉國寺幾近凋敝。於是，清朝政權初定，便於順治年間，在大雄殿西側已毀的建築舊址，創建了奉國禪林。由此開始了奉國寺兩百餘年增建和維修的序幕。關於清代增建情況碑文記載如下。

清乾隆十八年（1753 年）《重建奉國禪林碑》載：

> 奉國禪林之設也，由來舊矣。順治年間，草創於大雄寶殿之西隅……僧性全於康熙六十一年十月十五日，重建佛殿五間，六十一年告成，隨裝滿堂金像，至十二月初八日開光。雍正元年正月十九日又金裝佛像三尊，十月十五日圓滿。乾隆五年，大雄殿豎牌三架，八年鳩工，新創大悲殿五間，韋馱殿一間，龍王土地配殿二間，二門山門周圍群墻，亦皆創設具備。

清嘉慶十六年（1811 年）《義州東街重修奉國寺碑記》載：

> 臨大街山門三間，院極寬闊，正殿前爲萬壽殿三楹，牌坊一座，係我朝城守尉劉公率邑人創建，爲慶祝萬壽山呼之地。……自創至今，蓋七百九十有二年矣，殘毀既甚。嘉慶六年夏，殿東第三間前檐，又復坍塌。有志於世道人心者，詎忍坐視而弗爲葺理。城守尉福公，於十三年鎮守斯土，觸目而心爲之惻。今歲春，謀於州尊耀公，遂同捐俸以爲之倡，闔義郡旗民官員士商，無不樂爲贊襄。於是擇精明者數人，俾董厥事，鳩工庀材，補其闕廢，

飾其彩金，一概修葺，又於正殿及牌坊外，增修正門一間，鐘亭一座，聯築石墻環護。

從以上碑記知，清朝增建建築包括奉國禪林、大悲殿五間、韋馱殿一間（已毀）、龍王土地配殿二間（已毀）、臨街山門三間（已毀）、萬壽殿三楹（即今無量殿）、牌坊一座、正門一間（即今內山門）、鐘亭一座，並砌築圍墻環護寺院。乾隆五年還於大雄殿正面檐下安裝牌匾三方。增建以外，清朝還多次對大雄殿進行維修。

清康熙四十五年（1706 年）《大清國重修義州大佛寺碑記》載：

> 至本朝康熙三年，有山海關衲頭僧募資修葺，至康熙十三年而告成。至三十七年地震，棟宇摧毀，像飾漶剝、風雨不蔽，靡復舊觀。城守尉趙公諱辛珠，慨然謀興復於衆……不三年而摧者樹，毀者整，漶者新，剝者煥，寶像華鬘，丹楹綉拱，悉復其舊。

碑中記載的第一次維修歷時十年，雖然沒有記錄維修項目，但按時間算來工程量還是相當大的。第二次由於康熙三十七年（1698 年）地震，對大雄殿造成相當損害，不得不再一次重修，歷時三年，可能包括更換瓦頂，增加殿內柱子等項目。此後，對奉國寺的維修規模都不大，既有針對大雄殿的維修，也有針對無量殿等附屬建築的維修。

乾隆二十一年（1756 年）《大清重修義州奉國寺碑》載：

> 義城東街奉國寺，相傳創於遼之開泰九年，殿宇侖煥，鞏飛煥彩，屋角峻嚴，粉堊凝霞，第多歷年所，時或傾頹，至本朝屢有葺補，俱勒金石，沿及近今，又見摧敗。達官長者，因傾破慳之囊，善士信商，咸種淨土之果，募緣中外，協力捐貲，十六年而鳩工，至二十而告竣，傾者整之，廢者修之，缺者補之，舊者新之，倏爾興舉，煥然舊觀，此雖助無爲之教，而實邊城之壯觀也。

嘉慶十六年（1811 年）《義州東街重修奉國寺碑記》載：

> 自創至今，蓋七百九十有二年矣，殘毀既甚。嘉慶六年夏，殿東第三間前檐，又復坍塌，有志於世道人心者，詎忍坐視而弗爲葺理，城守尉福公，於十三年鎮守斯土，觸目而心爲之惻，今歲春，謀於州尊耀公，遂同捐俸以爲之倡，闔義郡旗民官員士商，無不樂爲贊襄，於是擇精明者數人，俾董厥事，鳩工庀材，補其闕廢，飾其彩金，一概修葺。

道光二十七年（1847 年）《大佛寺重修無量殿碑》載：

> ……如無量殿，義郡一勝境也。內供萬壽佛萬壽牌，工程既廓大，廟貌可稱莊嚴，自康熙年重修，至嘉慶年又經重修，前後二次俱修整齊，乃及道光二十七年，數十年以來，風雨摧殘，殿宇漸漸損壞，不有葺補，難壯觀瞻，主持僧興德，目擊心傷，不忍坐觀，所以叩化貴官長者士庶賢英，喜捨資財，共成勝事。因而揭甍，刷洗正殿三間，山門一所，牌樓一座，以至周圍群墻，無不煥然一新。

清光緒十年（1884 年）《重修大佛寺碑》載：

> ……迄今閱時益久，摧殘益甚，非大興土木，盡爲整理，難期其完固而久長也……計自光緒七年春季興工，至八年秋季，將大雄殿八十一間，無量殿三間，碑亭鐘樓各一間，牌坊一所，內山門一間，東西便門各一間，以及內外墻垣，無不修理整飭，煥然一新。

光緒十四年（1888 年）《重修奉國寺西下院碑記》載：

> 因西隅下院有大悲菩薩殿五間，山門一座，東西門樓兩間，始創於乾隆八年，迄今百餘載矣，閱時既久，難免風雨摧殘，遺迹雖存，每嘆墻垣損壞，僧目睹心傷，不忍坐視，奈工程浩大，獨力難成。適有本城正黃旗候補

防禦監翎驍騎校慶，慨然有志，共襄勝舉，同僧募化十方宮商長者，幸得君子翕然樂施，善緣既成，鳩工重建，不數月而大悲佛殿以及僧房山門周圍群墻，無不煥然一新。

至此，從現存碑文中可以看出，清代經歷七次較大規模維修，並增建了多座建築。經過這七次維修，使明代已經滿目瘡痍、瀕臨毀廢的奉國寺又開始興盛起來，但却始終未能恢復元代以前的規模。

清乾隆年間以後，前面臨街的廟產地逐漸流失，不得已才於嘉慶十五年（1810 年）在前山門退回約一百米的位置，建一座與奉國寺大雄殿極不協調的小山門，並砌築了圍墻，形成一個佔地面積僅七千平方米，前窄後寬、狹長而又很不規則的寺院，也即現在奉國寺的格局。山門與東街僅留一條通道相連，路兩側都變成了商鋪、民居。

在中華民國的三十幾年中，國民政府已將奉國寺作爲古迹保護，但由於戰爭和經濟等原因，僅進行了幾次小規模修補。新中國成立以後，相繼修復了戰爭中損壞的大雄殿屋頂、釋迦牟尼佛像和早已殘破待修的脅侍與天王像等。

（四）奉國寺的現狀

1. 寺院格局

目前，奉國寺形成了以山門、無量殿、大雄殿爲中軸綫，西側附西宮禪院，平面前窄後寬的格局。臨街通道北盡爲内山門一間並左右翼門各一間，中軸綫上自南向北依次列牌樓三間、無量殿三間、大雄殿九間。其中内山門與牌樓自成一組，坐落於低緩的臺基上，無量殿和大雄殿各自坐落於單獨的月臺上，形成了山門、無量殿、大雄殿三個逐級昇高的三階臺基，體現出各座建築的不同地位。各座建築間以甬路相連。鐘亭、碑亭又遵循沿中軸綫對稱方式分列於月臺東西。大雄殿前，中軸綫兩側原對稱佈置兩組相對獨立的院落，惜東側院落早年拆毀，現僅存西側兩進院落，即清代所建“西宮禪院”，爲一組三身兩進建築，自成院落。

2. 現存建築概況

（1）内山門

即現在的寺院山門，建於清朝嘉慶十六年（1811 年），因位於原山門舊址以北，故習稱内山門。内山門位於中軸綫最前端，南距臨街山門舊址 100 米，南向，硬山式，面闊一間，東西面闊 4.90 米，南北進深 5.82 米，建築面積爲 29 平方米，東、西各開一便門，前置高約 2 米的石獅一對。

（2）牌樓

位於中軸綫上，内山門以北約 5 米，清朝康熙年間，爲表彰清太宗皇太極的女兒温莊長公主的功德，由義州城守尉劉四主持修建。爲一座四柱三樓單檐瓦頂木牌樓，通面闊 7.95 米、進深 2.5 米，當心間面闊 2.77 米，兩次間面闊各 2.32 米。當心間通高 7.22 米，柱高 5.19 米；次間通高 5.22 米，柱高 4.05 米。四根柱子的下端嵌入抱柱石内，抱柱石南北各有一塊刻有花紋的抱鼓石。爲了增強牌坊的穩定性，南北各用石戧柱兩根。瓦頂五脊式，檐下龍門枋上用如意斗栱，心間用柱頭科兩攢，平身科兩攢，兩盡間用柱頭科、平身科各一攢。龍門枋與小額枋間嵌木雕花版，花板上凸雕龍、鳳、蝙蝠等紋飾。

（3）無量殿

無量殿是寺院中地位僅次於大雄殿的重要建築，位於中軸綫上，牌坊以北。該殿由清朝康熙年間義州城守尉劉四主持修建，原稱萬壽殿，道光年間改稱無量殿，是地方官員爲皇帝祝壽，舉行萬壽山呼之地，殿内曾安置有木雕無量壽佛和“萬壽無疆”神牌。

臺基：牌樓以北爲一東西長約 37 米，南北寬約 30 米，現高約 0.5 米的方形平臺，無量殿則建在平臺中綫偏北位置，以使前面留出比較寬敞的活動空間，殿身臺基東西長 18.5 米，南北寬 14.5 米，高約 0.4 米。

平面：無量殿面闊三間，進深兩間，另設周圍廊。明間寬 4.16 米，兩次間各寬 4.04 米，廊深 1.95 米，通面闊 16.14 米。進深兩間等深，並與明間面寬相等，爲 4.16 米，通進深 12.22 米。殿内有中柱兩根，中柱柱頂直達脊桁。

在兩根中柱與北檐柱間又設矩形屏風柱兩根。兩屏風柱間鑲有屏風板，屏風板前後各有磚砌須彌座，爲供奉雕像之用。前面座上原有無量壽佛一尊，"萬壽無疆"神牌一架，今都已不存。後座上有護法韋馱雕像一尊。正面明間爲槅扇門，兩次間爲檻窗，背面明間亦爲槅扇門，兩次間則不設檻窗。

柱子：無量殿用檐柱 10 根，明間中柱兩根，廊柱 18 根，柱子直徑均爲 35 厘米，柱下皆用素面覆盆柱礎。

雀替：無量殿廊柱上均用雀替，形制共有兩種，第一種爲"龍形"雀替，近似於長方形，僅用於前後明間。第二種爲標準的雀替，因廊間面闊較窄，使用雀替也較次間略小，所刻花紋有蕃草紋和牡丹紋兩種。

額枋與平板枋：無量殿廊柱間均施額枋，上承平板枋。額枋薄而高，斷面略呈外鼓的曲面，厚 8～14 厘米，高 28 厘米。平板枋寬而扁，斷面爲 26×18 厘米。額枋與平板枋在四角搭接，並外出角柱後垂直切割，光素無飾。額枋及平板枋與清代的標準做法不同，而是保持着遼、金遺風。

斗栱：無量殿斗栱用於廊柱上，除四角的八個廊間角科做法特別之外，各間平身科斗栱的佈置是一律兩攢，看起來是較爲疏朗的。無量殿斗栱屬"品字斗科"，但做法却又與官式單翹品字斗栱不完全相同。柱頭科於單翹上承挑尖梁，外出之挑尖梁頭刻成麻葉頭。平身科於單翹上施一與挑尖梁頭同樣的構件，裏、外皆刻作麻葉頭。角科是在頭翹上承斜挑頭梁，另在正側兩面角斗以內各置一附角斗，附角斗上的正心瓜栱和正心萬栱，與角斗上的瓜栱、萬栱交隱，形成一種類似於宋《營造法式》纏柱造的做法。

梁架：此殿進深六椽。殿身進深兩間，中間設中柱兩根直抵脊檁，中柱與前後檐柱間各施一根雙步梁。雙步梁上正中立金瓜柱並施角背，角背的立面造型如倒置的雀替。瓜柱上沒有採用三架梁，而是於中柱前後各施一根單步梁。單步梁、雙步梁下均設有隨梁枋。由於使用了中柱，梁的跨度減小了一半，所以梁的斷面尺寸都較小，且雙步梁與單步梁取同一斷面尺寸，均爲 24×32 厘米，隨梁枋斷面爲 14×23 厘米。

檐柱與廊柱間設有挑尖梁及穿插枋，挑尖梁梁身呈月梁式，但曲線較生硬。挑尖梁出頭作麻葉頭，成爲柱頭科斗栱的"螞蚱頭"。挑尖梁尾用透榫伸出柱外，再用梢穿牢。穿插枋兩端均用透榫，後端伸出柱外，前端伸出柱外較長，並刻"三幅雲"圖案。

無量殿各縫檁條一律用圓材，直徑 30×32 厘米。脊檁、金檁下各有墊枋，墊枋的斷面呈外鼓的曲面。

屋頂：無量殿頂爲歇山式，屋頂舉折較爲平緩，前後廊柱中綫距 12.22 米，舉高自廊檐檐檁上皮至脊檁上皮爲 3.8 米，舉架約爲 1:3，與清代做法迥異，却與遼、金做法接近。

正脊爲磚砌大脊，兩端施吻，垂脊上端與正吻相交處施吞脊獸，岔脊上分施仙人、蹲獸。博風板光素無飾，兩博風板相交處施懸魚。

值得注意的是，歇山頂建築兩山的博脊一般是緊貼在山花之外，但無量殿的博脊則遠在垂綫之外，在博脊與山花板之間形成一道天溝，爲了排除天溝中的雨水，又在博脊下留出兩個排水口。另外，可能是用周圍廊的緣故，所以出檐較短。

裝修：殿內爲徹上露明造，椽上施望板磚，周圍廊的屋頂椽子上則鋪釘木望板。明間用六抹隔扇四扇，樣式較爲古樸，裙板上雕如意紋，隔心用菱形櫺子。次間檻窗亦爲四扇，櫺子與格扇門一致。

彩畫、壁畫：梁枋等木構件原都有彩畫，有的已漫漶不清。兩山及背面兩次間均爲清水磚墙，磚墙裏面抹白灰面，上刷紅土子，上繪四天王像壁畫。

（4）大雄殿

大雄殿是寺中僅存的遼代建築，也是此次維修工程主體，見《奉國寺大雄殿調查報告》。

（5）鐘亭、碑亭

對稱佈置於大雄殿月臺上，東側爲鐘亭，西側爲碑亭，均建於清嘉慶十六年。鐘亭爲六角攢尖頂，面寬 1.6 米，徑 3.5 米，高 5.36 米。碑亭爲四角攢尖頂，面寬 3.2 米，高 5.36 米。

（6）西宮禪院

西宮禪院位於大雄殿西側偏南，自成兩進院落，與東側之東宮舊址依中軸綫對稱佈局。因其位於中軸綫西側，後殿正脊又書"奉國禪林"，故俗稱西宮禪院，主要建築爲清初所建垂花門一座，前殿五間，後殿五間，另外還有數座二十世紀五六十年代建造的簡易的辦公用房。

垂花門：建於清朝乾隆八年（1743 年），爲西宮禪院正門，面闊一間，捲棚頂。

前殿五間：建於清朝乾隆八年（1743 年），清朝稱爲大悲殿，爲捲棚頂建築，面闊五間，東西長 17.70 米，南北寬 5.70 米，共 150 平方米，高 4.85 米，心間前後均作隔扇門，餘設檻窗。

後殿五間：始建於清朝順治年間（1644—1661 年），於清康熙六十一年（1722 年）重建。爲有前後廊的硬山式建築，面闊五間，東西長 17.68 米，南北寬 7.64 米，共 180 平方米，高 5.65 米。

註　釋：

註一：《遼史》卷七十五《王郁傳》。

註二：《遼史》卷十三《本紀第十三·遼史·聖宗四》。

註三：《遼史》卷三十九《志第九·地理志三》。

註四：《朝陽劉承嗣墓誌銘》，王晶辰、王菊耳主編《遼寧碑誌》，遼寧人民出版社，2002 年。

註五：《喀左王裕墓誌銘》，王晶辰、王菊耳主編《遼寧碑誌》，遼寧人民出版社，2002 年。

註六：《建昌劉繼文墓誌銘》，王晶辰、王菊耳主編《遼寧碑誌》，遼寧人民出版社，2002 年。

註七：《朝陽東塔大陀羅尼經幢》，王晶辰、王菊耳主編《遼寧碑誌》，遼寧人民出版社，2002 年。

註八：《遼史》卷三十七《志第七·地理志一》。

註九：《欽定滿洲源流考》卷十。

註一〇：伊東忠太，《東洋協會調查部學術報告》第一冊，1909 年。

註一一：關野真，《美術研究》（14），1933 年。

註一二：村田志郎，《滿洲建築雜誌》第 14 卷 1 期，1934 年。

註一三：關野真、竹島卓一，《遼金時代的建築及佛像》，東京文化學院、東京研究所研究報告，1935 年。

註一四：村田志郎，《史林》第 24 卷 1 期，1939 年。《史學雜誌》第 51 卷 8 期。

註一五：關野真，《東亞文化論集》，1934 年。

註一六：王鶴齡，《奉國寺紀略》，1941 年。

註一七：趙興德等修，王鶴齡、趙日生纂，《義縣志》，1931 年。

註一八：東北博物館，《文物參考資料》，1951 年第 9 期。

註一九：于倬雲，《文物參考資料》，1953 年第 3 期。

註二〇：杜仙洲，《義縣奉國寺大雄殿調查報告》，《文物》，1961 年第 2 期。

註二一：邵福玉，《奉國寺》，《文物》，1980 年第 12 期。

註二二：曹汛，《義縣奉國寺無量殿實測圖說》，《文物保護技術》，1981 年第 1 期。

註二三：曹汛，《獨樂寺認宗尋親——兼論遼代伽藍佈置之典型格局》，《建築師》，1984 年總 21 期。

註二四：張連義，《遼朝宜州奉國寺清慧大師其人》，《東北史研究》，2006 年第 2 期。

註二五：李勤璞，《義縣奉國寺拘留孫佛像的藏文裝藏經卷》，《社會科學輯刊》，2007 年 3 月。

　　　　高延青主編，《北方民族文化新論》，哈爾濱出版社，2001 年。

註二六：王晶辰、王菊耳主編，《遼寧碑誌》，遼寧人民出版社，2002 年。

　　　　遼寧省地方誌編纂委員會辦公室主編，《遼寧省志·文物志》，遼寧人民出版社，2001 年 12 月。

　　　　項春松主編，《遼代歷史與考古》，內蒙古人民出版社，1998 年。

　　　　郭黛姮，《中國古代建築史》第三卷，中國建築工業出版社，2001 年。

註二七：按《元史》地震發生於癸巳年，《大元國大寧路義州重修大奉國寺碑》却稱"庚寅地震"，庚寅早癸巳三年，恐碑載有誤。

　　　　見《元史》卷十六《本紀第十六·世宗十三》。

二　奉國寺大雄殿調查報告

　　大雄殿是寺院的主殿，也是寺中所存唯一的遼代建築，位居南北中軸綫的最北，雄偉壯麗，與大同華嚴寺大雄寶殿同爲國内佛殿中稀有的高大建築。大雄殿建於遼聖宗開泰九年，金元以來曾經歷幾度重建、補葺，使大雄殿外觀多有損易，然而值得慶幸的是，後世的更易僅限於外檐裝修和屋頂瓦件、吻獸等裝飾部位，而梁架、斗栱等主要部分較少改動，仍爲遼代原構。上世紀五十年代，杜仙洲先生曾對大雄殿作過調查，並出版了調查報告。本次工程過程中又有了一些新的發現，比如拆除牆體後得以瞭解支撑柱、斜撑、柱礎的使用以及原來的前檐裝修情况，殿頂拆除後發現以往没有實例的角梁結構做法等。同時，由於上世紀五十年代勘察時檐柱、斗栱已經發生下沉和傾閃，臺基和殿頂也有改動，尺寸均非遼代原樣，致當年的調查數據與遼代實際也有一定差異，因此，對工程中新發現的情况在此一並叙述，儘量反映大雄殿遼建時的形制，求其完整性。

（一）大雄殿殿身调查

1. 臺基

　　臺基，是一高出地面的臺子，四面包砌磚石，裏面填土夯實，用以作爲建築物的基礎，是中國大部分古代建築的必要組成部分。大雄殿臺基隨殿身作長方形，臺前附月臺，整體呈凸字形。大雄殿臺基東西長55.76米，南北寬32.74米，臺基總面積1825.6平方米，高約3.6米。以柱子中綫以内測算，殿内面積爲1211平方米，臺明自柱子中綫以外寬3.78米。

　　月臺平面長方形，寬度及殿身當心七間，東西37.60米，南北14.75米，高度較臺基略低0.2米。月臺正中設石香爐一件，東側建平面六邊形鐘亭一座，西側爲平面正方形碑亭一座，二者都是比較小的清代建築。但如果將奉國寺與山西大同華嚴寺大殿、善化寺大殿和天津寶坻廣濟寺三大士殿等遼代寺院建築主殿平面佈局相比較，可以看出臺基前附月臺，月臺左右再對稱設兩亭的配置方式，應爲遼金時期主殿臺基的最普遍處理方法（註一）。因此，這兩座清代所建的鐘亭和碑亭可能是在原址上重建的。

　　臺基和月臺面全部墁以青磚，月臺前沿當心用磚砌階級垂帶，連接向南通往無量殿的甬路。在大雄殿臺基的後面也有一段類似月臺的臺基，高度與前面月臺相同，寬度則與大雄殿明間等寬，長僅7米，根據文獻記載，大雄殿後原建有後法堂，因此，這段"臺基"無疑是以前由大雄殿通往後法堂的甬路的殘存部分。

2. 平面

　　大雄殿南向，面闊九間，進深五間十架椽，以柱根中綫計，通面闊48.20米，通進深25.13米。前後檐和兩山均以當心間面闊最大並向兩側依次遞減，正面明間面闊5.90米，兩山當心間面闊5.30米。

　　大雄殿四面除前檐中央七間和後檐明間分別裝隔扇門，其餘各檐柱之間皆爲檐牆，爲繪製壁畫留有寬敞的空間。殿内中央七間後檐内柱和前列内柱之間築寬大的磚臺，作爲安置塑像的佛壇。佛壇東西長38.98米，南北寬8.40米，高0.87米，平面呈"凹"字形，兩側略向前伸出，與唐、遼時期佛壇規制一致。佛壇上塑佛像七尊，菩薩像十四尊，天王像兩尊。磚臺之前於前槽後半部正中設拜石，拜石後左、右置香灰槽，再後東西列置石香爐和燭臺七組，計石香爐七座、石燭臺十四座。前部外槽東側立石碑六通，西側立石碑五通。磚臺後面正中塑北向的觀音像一尊，東側立石碑一通。前槽前半部、東西兩盡間和後槽一周則作爲殿內的通道。

3. 柱礎

大雄殿用柱 48 根，連同後代所加柱子 8 根，共計 56 根，除被檐墻包砌的檐柱之外，其下皆用柱礎。柱礎均爲灰白色石灰岩製作的覆盆式柱礎，依據所處位置和作用，形制又稍有不同，可分爲三種。

第一種，用於角柱和大部分內柱，柱礎礎盤方 1.20 米，爲柱徑的 1.7 倍，礎盤與地面水平，其上爲高約 6 厘米的覆盆，直徑與柱徑相同（見插圖二，1）。覆盆上以"剔地隱起"法雕刻各種花紋，計有團窠牡丹紋、如意雲紋、鎖紋、卷雲紋和纏枝花紋五種。花紋採用連續和對稱的構圖方式，紋飾優美，刀法遒勁，是大雄殿內精美的藝術品之一，也是遼代建築中極爲稀有的石雕藝術實例（見插圖三）。

第二種，用於前檐柱和中間六縫前內柱，兩者分別用於安裝地栿和承托抱柱之需，礎盤兩側相應留出寬約 30 厘米的"平臺"，高與覆盆平齊，柱礎尺寸、花紋與第一種基本相同（見插圖二，2）。

第三種，用於後世所加的前檐金柱之下，共 8 個，亦爲覆盆柱礎，這些柱礎因柱徑較小，柱礎也較小，礎盤邊長 65 厘米，爲柱徑 2 倍，覆盆較矮，素面無雕飾（見插圖二，3）。

4. 柱子及支撐柱、斜撐

（1）柱網佈置

大雄殿面闊九間，進深五間，共用檐柱 28 根。殿內梁架八縫，用柱 20 根，其中東西兩盡間和梢間之間縫，每縫用內柱四根，其柱距各長兩椽。中央七間六縫，採用"前四椽栿對後乳栿上承六椽栿，用四柱"的做法，這樣殿內便由柱列分隔爲前槽、內槽和後槽，其中前槽和內槽各四椽深，後槽兩椽深，滿足了內槽砌築磚臺塑造佛像群和前槽有足夠空間舉行宗教儀式的需要。從斷面看，大雄殿前後內柱並不對稱，但內槽闌額、六椽栿以上仍前後對稱，即雖內槽前列的內柱後移兩步，但內槽闌額仍於原位，因此其平面柱網佈置實爲自《營造法式》所記"金箱斗底槽"變化而來。

另外，後世維修中在前槽六根四椽栿下、內槽闌額位置各加柱子一根，并且在當心間前檐下平槫縫下加柱子兩根，使現在殿內柱網略顯繁縟，影響了原本疏朗、簡約的時代風格。

（2）柱子形制

大雄殿原用柱子 48 根，連同後世所加柱子 8 根，共計 56 根，皆係木質圓柱，直柱造。

檐柱，柱根直徑約 68 厘米，柱根以上收分明顯，柱頭捲殺成覆盆狀。明間平柱高 5.95 米，柱高約爲下徑的 8.75 倍。內槽柱子除中間六縫前內柱外，其他內柱與檐柱基本一致。

六根前內柱因同時承托四椽栿和六椽栿，故比較粗壯，柱根直徑達 70 厘米，此外，還在柱的前面另加方形抱柱一根，支撐四椽栿尾，以防梁頭插榫發生折斷，抱柱斷面 28×20 厘米。從柱礎石覆盆形制與柱和抱柱平面相合來看，無

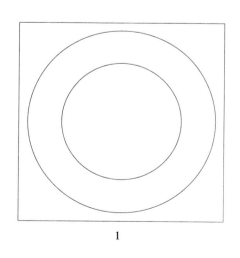 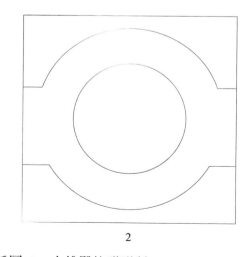 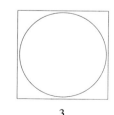

1 　　　　　　　　　　2 　　　　　　3

插圖二　大雄殿柱礎形制

疑爲遼代原有做法。而且與現存其他幾座遼代建築比較，則更能清楚地看到，凡採用"移柱法"延長了前槽梁栿者，內柱都採取這種加抱柱提高穩定性的措施。

後加柱子與原柱子相比，柱徑較小，柱根直徑約30厘米，向上略有收分，柱頭施雀替，無捲殺。

（3）柱子生起、側腳

大雄殿四面檐柱和殿內四列內柱均採用生起和側腳做法，其具體做法既有與《法式》記載相符之處，也有不同於《法式》記載的自身特點。

在柱子生起方面，各間柱子的高度由當心間向兩端依次昇高。以前後檐柱爲例，從立面上看，生起顯著，自平柱至角柱生起25厘米，約合宋匠尺8寸，與《營造法式》卷五所記"九間生高八寸"的規定相當。殿內柱子生起尺寸則與相對應的檐柱一致，以保證橫向上各層梁栿的水平。

大雄殿柱子側腳則有兩個特點，第一是大雄殿的每根柱子，包括平柱，均採側腳做法，所以當心間兩平柱也均向開間中綫傾斜，例如，正面當心間柱腳與柱頭開間分別爲5.9米和5.8米。第二，所有柱頭均同時向殿內和明間中綫兩個方向傾斜。據實測，前後檐向內側腳11.5厘米，兩山向內側腳近18厘米，向明間中綫側腳尺寸則自平柱向角柱逐漸加大，致角柱的累計側腳尺寸共達21厘米，側腳率達3.3%。

以上情況與《營造法式》卷五載"凡立柱並令柱首微收向內柱腳微出向外，謂之側腳，每屋正面，隨柱之長，每一尺即側腳一分，若側面每長一尺及側腳八厘，至角柱其柱首相向各依本法"相比較，在側腳方向和正、側兩面側腳大小方面均不相合，尤其是側腳尺寸明顯大於《營造法式》規定，但却使殿身正側立面看起來更穩定，推測可能是時代較早的做法。

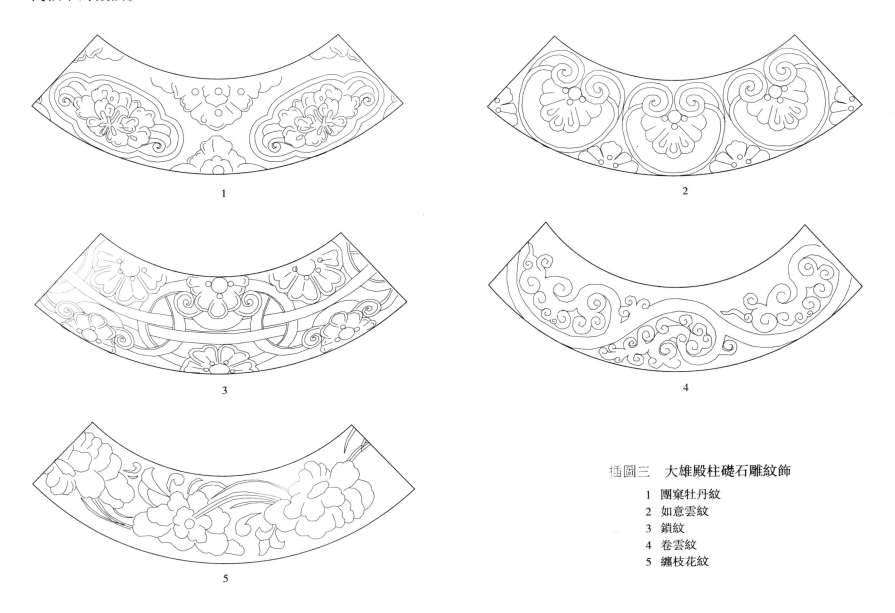

插圖三　大雄殿柱礎石雕紋飾

1　團窠牡丹紋
2　如意雲紋
3　鎖紋
4　卷雲紋
5　纏枝花紋

另外，值得注意的是，東、西兩山闌額曲線不對稱，檐柱自平柱至角柱生起尺寸並不一致，而是南高北低　經實測，兩山自明間至南角柱生起 16 厘米，至北角柱生起 11 厘米。其原因在於大雄殿的前後檐柱不等高，前檐柱均較相對的後檐柱高出大約 5 厘米。這種做法即不見於《營造法式》規定，又未見於任何實例。究其原因，可能是前檐柱子均使用柱礎，而後檐除明間平柱和角柱之外均不使用柱礎，兩山檐柱也不用柱礎，而在柱子安裝時只能改動後檐兩角柱高度，來彌補後檐和兩山柱子高度的不足，因此形成了前後檐柱不等高，兩山生起不對稱的狀況。

（4）支撐柱和斜撐

除上述外露柱子之外，大雄殿檐牆內還普遍使用支撐柱和斜撐。在調整柱網，拆開牆體時發現，除南檐正中七間和後檐心間設格扇門之外，其餘在每間的正中都用一根支撐柱支頂在闌額下，正位於補間鋪作櫨斗位置。四面八個盡間，則在補間鋪作櫨斗下和附角鋪作櫨斗下各用支撐一根，並另設斜撐兩根分別餞撐角柱和檐柱。支撐柱和斜撐斷面尺寸均為 31×20 厘米，厚同闌額。

從牆內支撐柱和斜撐所設位置來看，支撐柱佈置在補間鋪作或附角鋪作櫨斗之下直接承托闌額，解決補間鋪作和附角鋪作所承載荷意圖明顯，是非常合理的結構方式。這種處理方式在遼代建築中多有採用，起到了增強穩定性的作用，是多座此時期建築得以保留至今的原因之一。

5. 闌額與普拍枋

闌額為相鄰兩柱子之間斷面作矩形的聯絡材，兩端以榫搭交於柱頭卯口，上皮與柱頭齊平。普拍枋截面矩形，平置於柱頭與闌額之上，與闌額共同構成了與平面柱列相對應的上層槽縫，上承各種鋪作之櫨斗。因闌額和普拍枋往往相伴使用，故常合稱闌普。大雄殿闌額和普拍枋按照使用位置不同分為外檐闌普、內槽闌普和前內柱上闌普三類。

外檐闌普　置於檐柱柱頭上，闌額高 40 厘米，約合一材一栔，厚 20 厘米，同於材厚。闌額上面平置普拍枋，寬 44 厘米，厚 20 厘米，其寬度較闌額略大。闌額和普拍枋斷面呈"丁"字形，並隨着檐柱的昇起作曲綫，至角柱處出柱頭之外，作垂直切割，不做雕飾。

內槽闌普　如前所述，殿內中間六縫的前列內柱後移兩步，但內槽闌普並未隨之移動，而是將闌額和普拍枋安置在前檐四椽栿上，與東、西兩盡間內柱及後檐內柱上的闌額和普拍枋共同構成寬七間、深三間的上層內槽闌額，上承內槽柱頭、補間鋪作。內槽闌額和普拍枋尺寸、做法與外檐一致。

前內柱上的闌普　六根前內柱後移，上施闌額、普拍枋。因柱頭高至六椽栿下，其上闌普無法與內槽闌普相交，故單獨構成闌普一道，再通過梢間丁栿與內槽闌普搭交。闌額和普拍枋的尺寸和做法與外檐相同。

通過以上三個位置闌額和普拍枋的使用，大雄殿的所有柱子均得到了縱向連接，並與橫向的梁栿一起，將柱子和斗栱牢固地織為一體，對實現大雄殿構架的整體穩定性起到了至關重要的作用。

6. 斗栱

大雄殿斗栱依據位置的不同，分為外檐鋪作和內槽鋪作。外檐鋪作共有外檐柱頭鋪作、補間鋪作、轉角鋪作各一種，其中柱頭鋪作又有大同小異的兩種形式；內槽柱上和前槽四椽栿中部均施闌額、普拍枋，闌普上之施櫨斗、華栱，與柱頭枋、梁栿上隱出的斗、栱共同構成內槽柱頭鋪作四種、內槽轉角鋪作一種；內槽柱頭枋隱出栱子，連同所施斗子，構成內槽補間鋪作四種，以上共計十二種（見插圖四）。

此外，上、下梁栿間又以櫨斗、華栱、泥道栱構成簡單的襻間鋪作，另在襻間枋間以及綦牽、駝峰、蜀柱等構件節點上使用一些零星斗或栱作為隔承構件，結構有繁有簡，作用各不相同。總之，與其他同期建築比較，大雄殿斗栱的使用既有共性，又有自身特點。

（1）外檐柱頭鋪作

外檐柱頭鋪作外跳為雙抄雙下昂七鋪作，重栱偷心造。普拍枋上置櫨斗，自櫨斗向外連續出華栱兩跳，第一跳華栱偷心，第二跳華栱端施瓜子栱，瓜子栱之上承托慢栱一層、羅漢枋一層，再上為承椽枋。華栱之上自瓜子栱栱口出下昂兩跳，昂尖斜切作批竹式。第三跳下昂偷心，第四跳昂端置交互斗，上施令栱，令栱正面出耍頭，其外端垂直切割，不加雕飾。令栱上施散斗三枚，上置替木以承托撩檐槫。

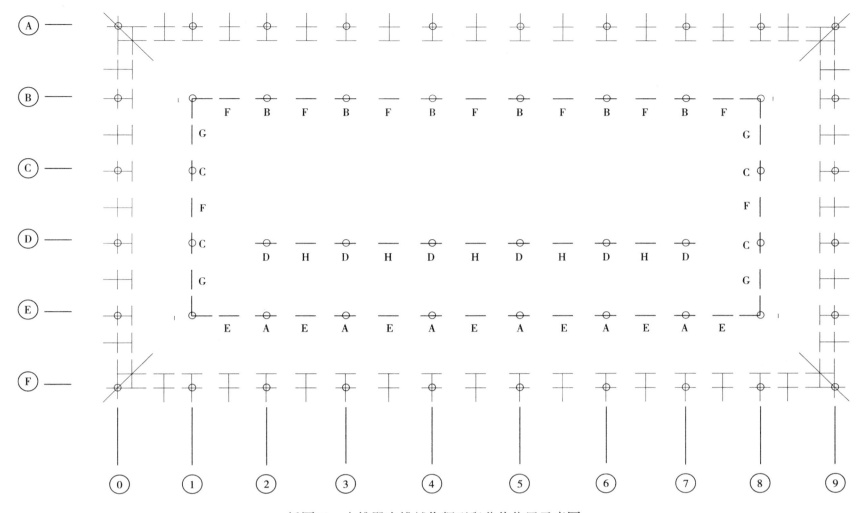

插圖四　大雄殿內槽鋪作類型與分佈位置示意圖

　　櫨斗兩側出泥道栱，兩端各置散斗承托其上之泥道慢栱。但實際上散斗之上爲五層柱頭枋，其中第一層柱頭枋上隱刻泥道慢栱，第二、三層柱頭枋上再分別隱刻泥道栱和泥道慢栱，栱端也均施散斗，第四、五層柱頭枋也均於泥道栱和泥道慢栱端位置施散斗，再上承托承椽枋。其中，第二、三層柱頭枋上又於四椽栿兩側另加㮇木，㮇木兩端超出栱長，散斗也隨之改爲貼斗。

　　柱頭鋪作裏跳爲雙抄五鋪作，第一跳華栱偷心，第二跳華栱後置平盤斗承下層四椽栿，華栱端不出瓜栱，而是在下層四椽栿上施騎栿令栱，與《營造法式》“若裏跳騎栿則用足材”的記載不同的是，該騎栿令栱爲單材。騎栿令栱兩側各施散斗承三層羅漢枋，羅漢枋上分別隱出慢栱、瓜栱、慢栱，栱端分置散斗，再上施承椽枋一層。雙下昂後尾抵上層四椽栿下，昂下自騎栿令栱後出華頭子兩層，前端斜切抵於昂下，下層華頭子尾施散斗，與下層四椽栿上在下平槫位置所施大斗共同承上層華頭子，上層華頭子後尾施平盤斗，承托上層四椽栿。四椽栿上置大斗承劄牽、襻間枋及下平槫。

　　兩山和後檐柱頭鋪作結構與前檐結構相同，只是裏跳華栱兩跳，跳頭分別承托丁栿和乳栿，而因丁栿和乳栿高度較四椽栿略小10厘米，故在承托上層華頭子的櫨斗下加駝峰一隻，補足梁栿高度之不足。這類駝峰與補間鋪作和內槽梁架上的“鷹嘴駝峰”相比，製作簡單，無任何雕飾。上層梁栿斷面的不足，則在承托扎牽的大斗下施較厚的襯方頭補足。

　　（2）外檐補間鋪作

　　大雄殿各間均用補間鋪作一朵，外跳亦爲雙抄雙下昂七鋪作，重栱偷心造，結構形式與柱頭鋪作完全相同，只是櫨斗比較矮小，故於其下施駝峰一枚，使與柱頭鋪作櫨斗等高，駝峰作“鷹嘴駝峰”樣式。櫨斗上不用泥道栱，而是自櫨斗口橫出翼形栱，再上爲柱頭枋五層，一至五層柱頭枋交替隱刻泥道重栱，栱端置散斗。因每層柱頭枋於柱頭和補間鋪作隱出泥道瓜栱和泥道慢栱互見，故散斗分佈均勻、合理。

補間鋪作裏跳爲雙抄五鋪作，重栱造，第一跳華栱偷心，第二跳跳頭上施交互斗承托瓜子栱、慢栱各一層，栱上分施交互斗、散斗，再上承羅漢枋三層。第一、二、三層羅漢枋分別隱刻瓜子栱，慢栱和令栱，各栱上施以散斗，最上爲承椽枋，結構比外檐簡單。第二跳華栱上施華頭子兩層，承托下昂昂底，後尾分別没入瓜栱、慢栱，雙下昂分別交於一、二層羅漢枋。

需要説明的是，盡間別加附角鋪作後各鋪作間距較小，因此整個盡間的外跳慢栱改爲通常的枋，補間鋪作裏跳慢栱也延長與另側附角鋪作華頭子相列，承附角鋪作之下昂。

值得注意的是，國内發現的幾座早期木構建築，如五臺山佛光寺東大殿、薊縣獨樂寺觀音閣及平遥鎮國寺中殿等，它們的補間鋪作的出跳數目均比柱頭鋪作減少一半，且不用下昂，製作簡單，但奉國寺正殿的補間鋪作却較複雜，外檐出跳數目與柱頭鋪作一樣，推其原因是因爲殿的面闊大，出檐深，爲了適應挑檐的需要，故需加强補間鋪作的結構，以期更有效地分擔柱頭鋪作載荷。

（3）外檐轉角鋪作

外檐轉角鋪作，角柱上置角櫨斗，櫨斗兩側又各置一附角櫨斗，正、側兩面互見兩斗。角櫨斗正、側兩面各出華栱四跳，分別爲側、正兩面附角櫨斗上泥道栱和第一、二、三層柱頭枋外作華栱頭，即《營造法式》所謂列栱。第一跳偷心，第二跳華栱上施瓜子栱，與附角鋪作瓜子栱連栱交隱，再上慢栱一層，因盡間鋪作密度較大，慢栱實爲通枋。第三跳偷心，第四跳栱端不施令栱，而是以散斗承托通替木和撩檐槫。

角櫨斗自四十五度斜出角華栱兩跳，上施角昂二層和由昂一層。其中，第一跳偷心，第二跳角華栱承托正側兩面瓜子栱節點，第三跳角昂偷心，第四跳昂上承正側兩面令栱節點，上承替木、撩檐槫，由昂上置平盤斗，斗上以"角神"承托上面的大角梁。角神於《營造法式》中雖有明確記載，由昂"……所坐斗上安角神，若寶藏神或寶瓶"，但實例中多見寶瓶，大雄殿所見角神則是一個重要實例，與山西長治市魏村金墓磚雕角神形象比較，其式樣相當古樸，可能確屬遼代遺物（註二）。

角櫨斗後尾出華栱五跳，俱偷心，最上層華栱端施平盤斗，承托四十五度的隱襯角栿，隱襯角栿正中置大斗，承正側下平槫交點及大角梁尾。

附角櫨斗下置駝峰，上承附角鋪作一朵。附角鋪作外跳與補間鋪作相同，唯櫨斗口出泥道栱而不是翼形栱。附角櫨斗後尾各出三跳，第一跳偷心，後尾作翼形栱，不施交互斗。第二跳做華栱，但不跳出，僅與翼形栱等長，以免和角華栱衝突。第三跳正側三華栱加長穿過角華栱，並十字相交於第二跳角華栱上，同時又作爲另一側附角鋪作之瓜栱，再上施斗承托另一側慢栱一層和羅漢枋三層。

（4）後内柱上的柱頭鋪作　B

後檐中間六根内柱上各置櫨斗，從櫨斗口内連續出足材華栱四跳，俱偷心。四跳華栱分別爲上層乳栿、墊枋、扎牽、順栿串後帶華栱，第四跳華栱上以平盤斗承六椽栿。櫨斗口橫置泥道栱，上爲柱頭枋五層，一至四層交替隱出泥道慢栱、泥道瓜栱，栱端分置散斗，五層隱出令栱，置散斗、替木承下中平槫。這種做法，簡潔有力，在五臺山佛光寺大殿、薊縣獨樂寺觀音閣和寶坻廣濟寺三大士殿的構架上都有實例可尋。

（5）梢間内柱上的柱頭鋪作　C

結構形式與後檐内柱上的柱頭鋪作相近，從櫨斗口内連續出足材華栱五跳，俱偷心。第五跳華栱上施平盤斗，承托梢間的丁栿。正面泥道栱及柱頭枋上隱出之法同上。

（6）前内柱上柱頭鋪作　D

中間六根前内柱上置闌額和普拍枋，柱頭上施櫨斗，六椽栿下順栿串自櫨斗口出，後帶華栱一跳，以平盤斗承六椽栿。櫨斗兩側出泥道栱，承柱頭枋三層，一、二層隱出泥道慢栱和令栱，各置散斗，成簡單的柱頭鋪作。

（7）前槽四椽栿上的柱頭鋪作　A

當心六縫下層四椽栿間施闌額和普拍枋，上置櫨斗，櫨斗口不施泥道栱，而是兩側各承托柱頭枋六層，柱頭枋上隱出泥道栱及泥道慢栱，栱間隔墊散斗，上層四椽栿側面隱出翼形栱，墊枋和縶牽後帶華栱承順栿串，組成柱頭鋪作，結構較後内柱上的柱頭鋪作更爲簡單。

（8）内槽轉角鋪作　I

實爲兩朵内槽柱頭鋪作十字相交而成，外端分別與丁栿、絷牽、繳背相連，但第五層柱頭枋外端斜切成批竹昂式，其上替木出頭垂直切作要頭，則較有特點。

内槽補間鋪作與外檐補間鋪作一樣，各間均用補間鋪作一朵，依鋪作位置、形制之小異，可分爲四種。

（9）内槽補間鋪作之一　F

用於内槽縫上，自普拍枋上立蜀柱，蜀柱上施櫨斗，再上承柱頭枋五層，第一、三層柱頭枋隱刻泥道栱，第二、四層柱頭枋隱刻慢栱，第五層柱頭枋隱刻令栱。各栱端置散斗，並用磚泥填塞嚴實。

（10）内槽補間鋪作之二　G

結構同上，僅在第四層柱頭枋位置縱向内外出華栱一跳，上承梢間丁栿梁。

（11）内槽補間鋪作之三　E

用於内槽縫前坡七間，結構同於F，僅普拍枋上不立蜀柱，而是將相鄰兩柱頭鋪作泥道栱加長爲通長的枋，在枋上置櫨斗，櫨斗尺寸同散斗。

（12）内槽補間鋪作之四　H

用於前内柱柱頭鋪作間，每間用一朵。做法與F略同，普拍枋上立蜀柱，置櫨斗，櫨斗較小，上承三層柱頭枋，一、二層隱刻泥道栱、慢栱，分施齊心斗、散斗，承第三層柱頭枋。

7. 梁架

大雄殿内梁架八縫，當心六縫與兩山梁架結構不同。

（1）當中六縫的梁架結構

大雄殿當中六縫前槽，檐柱和前内柱之間深四椽，每縫各用四椽栿兩根。下層四椽栿的前端搭在柱頭鋪作上，後尾插入前内柱，並於栿背前端起四分之一處置大斗一枚，華頭子後帶華栱伸出大斗後，承上層四椽栿。上層四椽栿再上置櫨斗承托絷牽及六椽栿下之順栿串。下層四椽栿背的中點上承托内槽闌額和普拍枋，普拍枋上置櫨斗，承載着上層四椽栿，上層四椽栿前端出檐至撩檐槫，後尾插入前内柱。内柱上置櫨斗承托上面的六椽栿。

後槽，進深兩椽，每縫用乳栿兩根，下層乳栿，外端搭在後檐柱頭鋪作上，後尾插入後内柱。下層乳栿背正中以駝峰、櫨斗、華頭子承托上層乳栿，再上施櫨斗承托扎牽、順栿串各一層。上層乳栿外端伸出柱頭鋪作，後尾則穿過内柱柱頭上的櫨斗口，做成華栱。其上絷牽、繳背後尾均穿過下中平槫縫的柱頭枋，做成足材華栱，承六椽栿。

内槽，前、後内柱之間相距四椽，但由於結構上的需要，不用四椽栿，而擱架六椽栿一根，長達17.3米，前後搭在内槽柱頭鋪作上，且均出下中平槫之外，使正脊前後各得三椽之長，呈對稱形式。因六椽栿梁身過厚，不能嵌入内槽鋪作櫨斗之内，所以在梁下前後另置兩根順栿串，緊貼在六椽栿下面，使之平穩。前槽順栿串長及三椽，後一根長近兩椽，均外下平槫，後出内柱柱頭帶華栱。因六椽栿跨度過大，爲了防止彎曲，六椽栿背復加長達六椽，廣41厘米的繳背一層，從而增高了梁的斷面。此與《營造法式》"凡方木小需繳貼令大"之做法一致（註三）。

繳背兩端各於向内一椽位置安裝櫨斗，櫨斗前後出華栱，兩側則承托襻間枋兩層，構成襻間鋪作，承托内槽四椽栿，其意約當明清建築之"隔架科"。枋上置散斗，替木以承上中平槫。

中間四根四椽栿上又置駝峰、櫨斗，承托平梁。櫨斗兩側也承托襻間枋兩層，枋上置散斗，替木以承上平槫。兩二次間的四椽栿間，則前後分別施丁栿一根，正中安櫨斗承托"太平梁"。"太平梁"與平梁做法一致，均於梁下復貼高一材一栔的枋一根，類似清式做法之"隨梁枋"。平梁和"太平梁"之上，正中置駝峰、蜀柱、櫨斗和丁華抹頦栱，兩側復施叉手捧戧脊槫。

（2）兩山和轉角結構

兩盡間梁架與後槽梁架結構相同，但梢間施丁栿四根，以承托兩山上中平槫。丁栿外端分別搭在中間兩内柱的柱頭鋪作和兩次間的補間鋪作上，後尾與六椽栿相交。丁栿正中以駝峰、櫨斗、華栱承托絷牽，絷牽後尾交於内槽四椽栿背。櫨斗兩側承襻間枋兩層和上中平槫。二次間於兩四椽栿間施丁栿兩根，爲承托太平梁。

内外槽角柱間施隱襯角栿一層，前端出轉角鋪作，後尾没入角後栿項，栿背中施大斗承托下平槫交點。基本與

《營造法式》卷五大木作制度二載"凡角梁下施隱襯角栿,在明梁之上,外至撩檐枋,内至角後栿項,長以兩椽材斜長加之"之記載相符。

（3）樽與襻間枋

大雄殿自脊樽以下,一直到檐頭,逐縫皆用樽,上、下平樽之間兩縫分別記爲上中平樽和下中平樽。撩檐樽,直徑40厘米,其他直徑在35至38厘米之間不等。除撩檐樽以外,殿内各縫樽下皆施襻間枋。

下平樽,直徑36厘米,下用單材襻間枋一層,襻間枋上隱刻捧節令栱,施散斗、替木承托下平樽,四角交於隱襯角栿。下中平樽位於内槽縫上,直徑36厘米,其下柱頭枋五層與襻間枋作用相同。

上中平樽和上平樽俱用單材襻間兩層,上層亦隱出捧節令栱,施散斗、替木承托。

脊樽直徑38厘米,於平梁和"太平梁"之上施駝峰、蜀柱、櫨斗,櫨斗口出橫栱與丁華抹頷栱十字相交,端施散斗,再上以足材襻間承托脊樽,襻間枋兩端出太平梁之外,斜切如批竹昂。前後兩坡下中平樽縫外,各樽縫之間都用托脚,兩山則僅在下平樽施以托角,防樽枋的位置向外移動。

大雄殿外槽在四檐的柱頭縫上疊置柱頭枋五層,構成一道十分堅固的外槽。内槽則於後槽和兩山面的内柱縫上和前四椽栿上施闌額、普拍枋,其上疊置柱頭枋五層,聯結成内槽。前内柱上也施闌額、普拍枋,並通過丁栿與内槽連爲一體,各縫樽下又普遍使用襻間作爲縱向的聯結構件,使大雄殿梁枋橫縱交織,具有較好的穩定性。

（4）角梁結構

各縫樽於四角相交,承托角梁。隱襯角栿上施櫨斗承托下平樽交點。大角梁,高約48厘米,前端置於撩檐樽交點,後尾搭在下平樽交點上。大角梁外端雕作兩捲瓣,下面懸鐵鐸一只。大角梁與薊縣獨樂寺觀音閣、山門的做法相同。風鐸形式與獨樂寺觀音閣上檐角梁所懸風鐸很相似,可能是遼代遺物。

大角梁上復施子角梁一根,高34厘米,厚同材,梁頭卷殺極顯著,翼角處翹起甚小,幾近水平,外端裝套獸。子角梁後尾甚短,僅至撩檐樽中綫,其上又施隱角梁一根,呈倒三角形,厚同子角梁,前端位於子角梁背,後尾至角柱中綫,起到了穩定子角梁和調整角梁囊度的作用。自大角梁後尾向上,逐架安裝續角梁,直抵脊樽的外端,因脊樽長僅及面闊四間,至太平梁後並未向外伸長,故續角梁仍以平面45度方向與脊樽相搭交。

8. 椽望和檐頭

大雄殿各步樽條和承椽枋上均用生頭木,生頭木自中間向兩側逐漸增高,使檐頭、屋面和正脊皆呈反曲形狀。自盡間補間鋪作起翼角椽逐次冲出形成曲綫,平面上看翼角飛出明顯。生頭木上刻椽椀,鋪釘圓椽,檐椽頭別加飛椽。椽徑18厘米,飛椽方14厘米,檐椽和飛椽俱有卷殺。因係徹上明造的關係,各步椽的頭尾都用斜搭掌的做法,以宋金建築均不見"斜搭掌"做法實例分析,可能是爲求整體美觀而經後世改動。椽、飛外端分別安置大、小連檐及瓦口等,椽飛之上橫向鋪設3厘米厚望板,然後抹灰泥,蓋瓦頂。

9. 瓦頂

（1）舉折

殿頂坡度平緩,舉折較小。按大雄殿前、後撩檐樽中綫距28.72米,自撩檐樽至脊樽背高7.21米,正合舉高四分之一,與《營造法式》對殿堂的舉折規定非常接近,而較廳堂舉高規定明顯要小(註四),而且其"折"法尺寸上又有明顯出入,故其殿頂坡度曲綫更顯平直(見插圖五)。

（2）屋頂

大雄殿頂未採用"推山"做法,因此四條垂脊皆以四十五度角與正脊相交。正脊長僅爲四間面闊,東、西兩坡殿頂各得兩間半進深。因歷代修葺而非原制,現正脊高1.53米,兩端安正吻,吻高2.33米。四垂脊各分成三段,其高度自上而下呈逐段減低之勢,上兩段垂脊前端安垂首,檐角上不安蹲獸。

大雄殿屋面以筒板布瓦覆蓋,筒瓦長42厘米,直徑20厘米,板瓦長42厘米,寬33厘米。筒瓦尺寸與廣濟寺三大士殿大小相當。勾頭的瓦當有雕雙鳳紋的,有雕饕餮紋的。滴水用重唇板瓦,瓦頭上或雕回紋或雕捲草,與義縣城内广胜寺塔上的滴水紋樣相同。

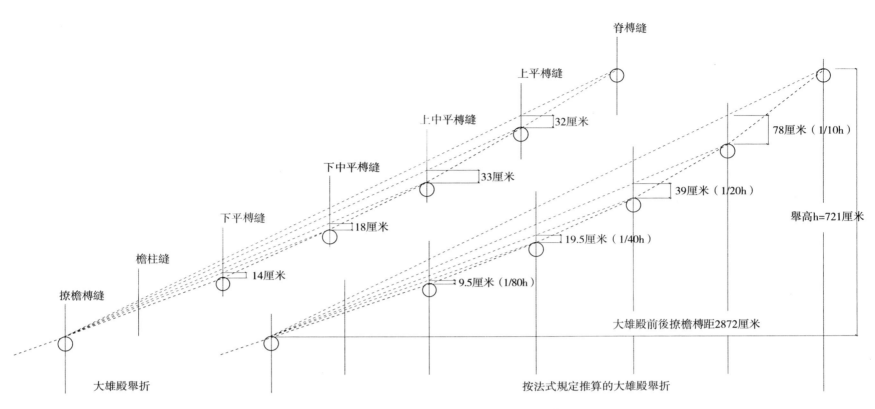

插圖五　大雄殿與《營造法式》舉折比較

10. 檐墻與地面

（1）檐墻

山墻和檐墻都用青磚和土坯壘砌，土坯的規格是7×18×37厘米，採用滿丁和三順一丁的砌法，隔層相疊，一直砌到闌額的底皮。土坯下用7.5×18.5×37厘米規格條磚十三層疊砌裙碱，高1.16米，約當墻身總高的五分之一，最上以素磚砌墻肩。墻底部厚1.41米，頂部厚1.25米，收分極顯著，唯墻身內側因繪製壁畫的關係，裙碱砌得很矮，只疊條磚七層。其比例與薊縣獨樂寺山門、大同薄家教藏殿的裙碱十分接近。

裙碱以上置水平木骨一層，其上土坯中復置木骨四層，木骨厚約7厘米。墻面抹滑稽泥兩層，麻刀白灰一層，表面刷白粉，按土坯墻中置木骨，目的是爲了增加土坯的抗壓強度，兼有防潮隔碱的作用，在大同華嚴寺和善化寺的幾座遼金建築中，都可以看到這種實例，無疑是古代建築中極爲習用的一種砌築方法。

（2）地面

殿內地面鋪墁方磚，規格爲9×41×41厘米，較明清的尺二方磚略大，色澤清瑩，質地堅硬。

11. 門窗裝修

殿頂無天花，是《營造法式》裏所稱的"徹上露明造"做法。前檐中央七間和後檐心間俱爲隔扇門，原式不詳，現均改作一馬三箭式六抹隔扇。

（二）附屬文物

除木結構之外，大雄殿內還保留有佛像、壁畫、彩畫、碑刻等大批藝術品。

1. 塑像

殿內中央七間前內柱和後檐內柱之間築寬大的佛壇，佛壇東西長38.97米，南北寬8.4米，高0.87米，東西兩端向前突出，長3.27米，寬0.6米，以安置天王像。整個佛壇平面呈倒置的"凹"字形，以青磚砌築，皆直壁，壇上青磚鋪墁。佛壇上靠後部塑佛像七尊，排列各依殿身間口，每尊各佔一間。每尊佛像前對塑站立的脅侍像兩身，兩身天王像則位於佛壇東西兩端偏南。除以上遼代塑像之外，後檐明間明代塑倒坐觀音一尊。

2. 壁畫

大雄殿內東、西、北檐牆和前檐四間檻牆上滿繪元、明兩代壁畫，共計三十八幅，534.2平方米，均屬佛教題材，包括十幅佛像、八幅菩薩像、兩幅十一面觀音像和十八幅羅漢像。國內保存至今的元、明時期佛教壁畫數量很少，此批壁畫雖也殘破較重，但保存數量仍較爲可觀，且可以確定準確的繪製年代，有一定的研究參考價值。

3. 建築彩畫

奉國寺大雄殿保存遼代建築彩畫2300餘幅，分佈於柱、枋、斗、栱、托脚、叉手等構件上，彩繪内容包括飛天、蓮荷花、牡丹花、海石榴、草鳳、寫生花及柿蒂紋等裝飾圖案。

（1）彩畫的繪製

大雄殿梁枋底皮繪有四十二幅飛天，其中外槽飛天繪於上層草四椽栿、草乳栿或草丁栿下皮，皆爲頭朝向内槽，由於草四椽栿、草乳栿或草丁栿前端均由下層明栿上駝峰所承昂後尾所出華頭子直接承托，多幅飛天的足部和衣帶脚被華頭子遮蔽。由此可知，第一，以往通常認爲木建築構件上的彩畫是在構件上架安裝之後完成的，以避免上架安裝過程中對彩畫表面造成損害。而上述現象説明事實剛好相反，彩繪是在構件製作之後、安裝之前繪製完成的。這樣做的最大優點是減小了繪畫難度，更利於藝術水平的發揮。第二，上述現象同時證明，大雄殿彩畫繪製時間必定是在建寺之時，即遼開泰年間。

（2）繪畫技法和用色

斗栱彩畫技法僅見平塗，不見《營造法式》所説疊暈等，顏色以朱紅爲主，間施青、緑二色，色調鮮明，與明清建築純以青、緑彩繪斗栱的做法迥然不同。飛天彩畫，以朱紅、青緑爲主，兼用白、赭等色，飛天以墨綫勾勒後平塗。衣飾、雲紋則使用暈染。網目紋以朱紅、青緑爲主，間施粉白，少量用疊暈，中以粉色四出花瓣壓心。牡丹花、寶相花和海石榴等幾種圖案，色彩以朱紅、青緑爲主，花瓣、花枝以金綫描繪。

（3）彩畫的分佈範圍、佈局方式和題材

奉國寺大雄殿彩繪，係同《營造法式·彩畫作》所稱"五彩便裝"。殿內爲徹上露明造，依據調查現狀，除槫、椽、望板等直接承托屋頂的構件不見彩畫痕迹外，自托脚、平梁以下至柱子皆有彩畫殘留，至於槫、椽、望板等不見彩畫，可能是這些構件最容易因屋頂滲漏糟朽而被替換，或對構件見新處理，因此彩畫未能保留下來。外檐斗栱彩畫，因風雨剥蝕和歷次維修中構件大量更換，現所存極少，且畫面脱落，僅留痕迹。

構圖方式上，從構圖形式看，殿内彩畫又可分爲平面構圖和立面構圖兩種形式。梁、枋構件底皮的彩畫構成整個殿宇仰視平面彩畫，平面構圖採用以内槽爲中心，兼顧對稱的佈局方式，題材主要爲飛天和網目紋圖案。仰視平面構圖以内槽佛像群爲中心，内槽六縫六椽栿底皮各繪飛天兩身，頭均朝向佛像群，外槽上層乳栿和丁栿下各繪飛天一身，上層四椽栿下繪飛天兩身，頭皆朝向内槽，四十二幅飛天作爲仰視平面彩畫的主體，其間以各類枋和梁栿下之網目紋作爲界格或襯托，共同構成一幅富麗的禮佛場景，整個殿内彩繪是經過精心設計的，整幅畫面層次分明，構圖嚴謹有序，是殿堂彩畫極爲成功的範例。就構件上構圖方式而言，因構件表面尺寸限制，很多彩繪做長條帶狀，如闌額側面和底皮的網紋，也有"S"形或連續"S"形構圖的卷草和飛天。

立面彩畫主要包括外檐鋪作的背立面，内槽鋪作的正、背立面等的總體佈局方式和闌額、普拍枋、斗、栱等構件正、背立面的單幅彩畫的構圖方式。前者基本採用對稱佈局，在整朵鋪作立面構圖上嚴格遵循左右對稱原則，即圖案沿櫨斗至令栱中綫左右對稱且彩畫圖案一致。另外，一朵鋪作的底部仰視，彩繪構圖上也多是嚴格遵循對稱的構圖方式。後者以對稱方式構圖爲主。例如，斗子彩畫圖案多爲對稱的柿蒂紋、半柿蒂紋、方勝紋，栱子多爲對稱的蓮紋、連續柿蒂紋等，闌額、普拍枋側面兩端皆繪對稱的籮頭、束蓮紋，中間繪連續的花瓣、花卉紋。闌額和栿的底皮網目紋也採用對稱的構圖形式。當然也有少數没有完全遵循這一構圖原則，例如，内槽櫨斗上繪多個大小不一的柿蒂紋，間雜以葉紋，帶有很強的繪畫風格；外槽襻間枋底皮和内槽襻間枋側面的牡丹花紋則爲數朵呈"S"形連續構圖，以適合窄而長的構件表面。

（4）彩畫的題材種類

從彩畫題材看，主要有四類。

第一類爲籍頭、束蓮紋、柿蒂紋和蓮花紋等圖案化花紋，這類彩畫圖案多見於《營造法式·彩畫作》，籍頭和束蓮紋主要繪於闌額和普拍枋正面及柱頭部位，柿蒂紋、蓮紋等主要存在於各鋪作或散置的櫨斗、散斗及交互斗的看面，華栱的兩側面、底皮及後尾，裹跳瓜栱、慢栱的底皮，内槽補間鋪作蜀柱，華頭子兩側面等部位。

第二類爲網目紋，這類紋飾不見於《營造法式·彩畫作》，且數量大，變化多樣，是遼代最具特色的彩畫紋飾，具有鮮明的時代特徵。此類彩畫主要繪於内槽下層乳栿、丁栿、四椽栿底皮，闌額、普拍枋底皮。

第三類爲飛天、草鳳紋、卷草紋、兩方連續的蓮紋等。這類花紋是大雄殿彩畫中最富特色、藝術價值最高的部分。飛天圖案共計四十二幅，草鳳四幅，多數繪於上層四椽栿、乳栿或丁栿下皮，僅個別繪於丁栿下。卷草紋和蓮紋主要繪於内槽柱頭枋、襻間枋正面及外槽襻間枋底皮。

第四類爲寶相花、石榴花和小幅的寫生畫。這類彩畫現存於内槽鋪作栱眼壁上，是直接繪於泥皮表面的，嚴格説應屬壁畫之列。

奉國寺的建築彩畫以數量巨大、保存相對完整、内容相對系統爲主要特徵，儘管沒有全部完整保存下來，但各類構件上均有不同程度的殘留，可據此分析推斷彩畫的繪製手法、内容特點和佈局方式，實屬難得的研究資料，是研究十世紀前後中國古代建築彩畫的難得實例，是研究遼代彩畫，進而研究法式彩畫作形成的主要資料。其中，彩繪飛天在我國古代建築彩繪中極爲罕見，在建築彩繪史和美術史上都佔有極其重要的地位。

除上述藝術品之外，大雄殿内還保存自金至清各代碑刻十一通，以及石雕佛具、牌匾等。

（三）结　语

1. 关于奉國寺大雄殿的建築年代

大雄殿的建築年代，因未發現始建碑刻和題記，僅依元代碑文所記，而元碑與其他文獻記載並不一致，確有質疑之弊。甚至有人質疑其“建於開泰九年”的可信性。加之當地早有“爲皇后建寺”的傳説廣傳於民間，更添奉國寺建築年代判定之惑。以下從建築的結構和制度特徵等方面入手，與遼代紀年建築比較，補證大雄殿的建築年代確爲遼開泰年間，元碑的記載是可信的。

關於奉國寺的創建時間，多數文章在論述中均依據元大德七年《重修大奉國寺碑》所記之“遼開泰九年”（註五），這一結論也被廣泛認可。但是以後世碑記爲依據畢竟不如創建碑讓人信服，而且一直沒有人從建築特點入手證明碑記的可信性，故對建築時代的認定仍然有不同的聲音，總結起來，大致有以下幾種認識。

第一種觀點，認爲奉國寺始建時間早於遼代。這一觀點主要依據光緒十年《重修大佛寺碑》中“且夫心存禮佛，則七寶裝之所存，必宜修理，而勢若補天，嘆五色石之難煉，大費躊躇，維兹義郡東街，舊有奉國寺一所，觀其碑誌，在大遼已屬重修”的記載。但值得注意的是，據《奉國寺紀略》載，清朝光緒八年（1882年），維修大雄殿時有“八門尺”從東南角梁架上墜下，上面寫着“遼開泰九年正月十四日起工”，但該尺已失（註六）。而《奉國寺紀略》所説的“八門尺從東南角梁架上墜下”正是發生在此次維修過程中，碑中所説“大遼已屬重修”明顯與“遼開泰九年正月十四日起工”的記載相互矛盾。且自光緒十年上距大德數百年，未見有記述遼碑，《續通志》更在百餘年前成書，而遼碑未見著録，足見遼碑早佚，因此“大遼已屬重修”一説純屬臆測，實難爲據。

第二種觀點，認爲奉國寺始建於遼開泰二年（1013年）。執此觀點者，一般依據《續通志》。《續通志》著録已佚的金石目中收録的《奉國寺石幢記》一條下注有“正書、開泰二年、義州”（註七）。而所謂“開泰二年”、“奉國寺”顯然與現存碑記相互矛盾。按元大德七年（1303年）《義州重修大奉國寺碑》“寺曰咸熙，後更奉國”的記載，開泰年間該寺應稱“咸熙寺”而非“奉國寺”，且同書卷一百六十九又收録了元大德七年《重修大奉國寺碑》，却未對相互矛盾的兩條作任何補註，實難令人相信此幢確曾存在。總之，石幢已佚，證物已失，建於開泰二年之説也就没有了讓人信服的依據。

第三種觀點認爲，奉國寺是由遼穆宗應曆年間所建宮殿改爲佛教寺院，即"改宮爲寺"。這一觀點的提出是根據1970 年在朝陽縣西大營子鄉西澇村出土的景宗保寧二年（公元 970 年）《劉承嗣墓誌》，該墓誌載："遇朝廷之更變，隨鑾輅之驅馳，因緣私門崇重釋教。創紺園之殊勝，獨靈府之規謀，據蒙任能，俾轄若拙。始終宜州大内，又蓋嗣晉新居。"同碑又載"蒙天順皇帝應曆十二年有制，充左驍衛將軍，得歸燕京，且言樂職"（註八）。作者據"宜州大内"一語認爲劉承嗣曾在原宜州境内營建宮殿，而除奉國寺外，在義縣境内尚未發現有任何較大的古建築遺址，故認爲劉承嗣所建的"宜州大内"很可能後來改爲佛寺——即奉國寺。並據此認定奉國寺應始建於遼穆宗應曆元年至應曆十二年之間（公元 951～962 年），不過當時是"大内"，而不是佛寺。後因皇權穩定於耶律貝一系，大内已經無存在之必要，故於遼興宗重熙年間將"大内"改爲佛教寺院，並雕塑了七佛（註九）。初看，上述觀點似乎有一定道理，但這一觀點也犯了同前兩種推斷同樣的錯誤，即單純依靠文獻記載而忽略了正確分析建築結構特徵在判斷古建築時代方面的重要意義。梁思成先生早在《大同古建築調查報告》紀行部分就已經指出："我國建築之結構原則，就今日已知者，自史後迄於最近，皆以大木架構爲主體。大木手法之變遷，即爲構成各時代特徵中之主要部分。故建築物之時代判斷，應以大木爲標準，次輔以文獻紀錄，及裝修、雕刻、彩畫、瓦飾等項，互相參證，然後結論庶不易失其正鵠。本文以闡明各建築之結構爲唯一目的，於梁架斗栱之叙述，不厭其繁縟詳盡，職是故也。唯執筆時最感困難者，即遼金兩代文獻殘缺……"（註一〇）這一段話可謂中國古代建築研究的方法論核心，對中國建築研究的年代判斷方法和調研方法作出了方法論總結，奠定了此後中國建築歷史研究方法的基石，明確了中國古代建築斷代的基礎應首先從建築的構件手法和結構特徵入手，以文獻題記爲佐證、旁證的論證方法，這一方法論原則在奉國寺的時代判斷上尤爲重要，但却一直被關心奉國寺建築時代的人所忽略，而舍本逐末，偏重旁證。

實際上，在對殿身梁架勘查中發現，梁上彩畫，尤其是飛天彩畫全部繪於梁栿安裝上架之前，例如，在前槽明間西縫和西次間西縫可以清楚地看到，上層四椽栿底面所繪飛天的脚及衣紋下部延伸到上層四椽栿與下面華頭子交接部位之内，一部分被下面華頭子遮蔽，其他繪於上層乳栿、上層丁栿和上層四椽栿底面的飛天也同樣如此。按上一説法自穆宗以降，至興宗重熙年間，歷時不長，同時，該時段也没有重大自然災害的記録，根本没有落架重修之必要。其次，在彩繪飛天之下也没有發現彩繪因重繪而被覆蓋的迹象，如果是改宮爲寺，彩繪必經重繪，彩繪飛天之下應有一層原來彩繪的痕迹，而不落架，彩繪又不可能進入構件節點之内。這足以説明大雄殿的彩繪是在構件製作之後，安裝上架之前繪製，并且保存至今而未經重繪。而以飛天作爲彩繪主題當然反應的是佛教内容，自然殿宇也是爲宗教用途而建，因此，僅此一點即可排除初建時爲宮殿後改爲佛寺的可能性。

除上述幾種觀點之外，迄今採用最爲廣泛的建寺年代爲遼開泰九年（1020 年），介紹奉國寺的文章多引用這一時間作爲奉國寺創建時間。否定了其他觀點之後，建於開泰九年的結論是否可信，就須從建築自身入手，反證其合理性。

遼代木結構建築保存至今和已毀但見於著録者包括天津薊縣獨樂寺山門、觀音閣（註一一）、河北新城縣開善寺大殿（註一二）、河北涞源閣院寺文殊殿（註一三）、山西大同華嚴下寺薄伽教藏殿（註一四）、山西應縣佛宮寺釋迦塔（註一五）、山西大同善化寺大雄寶殿（註一六）、山西大同華嚴下寺海會殿（註一七）、天津寶坻縣廣濟寺三大士殿（註一八）等數座。其中建築年代確切者五例，獨樂寺山門、觀音閣，建於遼統和二年（公元 984 年）；寶坻廣濟寺三大士殿，建成於遼聖宗朝太平五年（1025 年）；下華嚴寺薄伽教藏殿及壁藏，建於遼重熙七年（1038 年）；應縣佛宮寺釋迦塔，建於遼清寧二年（1056 年）。以上實例雖然數量不多，但建築年代上自遼代早期晚段，下至晚期早段，有一定的時間跨度，爲確定其他建築的時代提供了難得的參照。以下即從奉國寺的建築結構特徵、構件細部處理手法入手，與上述諸例縱向比較，將奉國寺大雄殿納入到獨樂寺觀音閣—寶坻廣濟寺三大士殿—華嚴寺薄伽教藏殿—佛宮寺釋迦塔的年代序列之中，進而説明大雄殿建於遼開泰九年是合理可信的。

下面僅舉數例以證奉國寺大雄殿的建築年代晚於獨樂寺觀音閣，早於華嚴寺薄伽教藏殿，其建造年代大體與寶坻廣濟寺三大士殿同時，此時也正當遼聖宗時期。

（1）闌額和普拍枋的使用。自佛光寺大殿以降，絶大多數木構建築都用闌額，但用不用普拍枋，和闌額與普拍枋是否出頭至角柱以外，以及闌額在角柱以外所用的樣式，具有强烈的時代性，是確定建築相對年代的重要依據之一。

上述遼代建築實例中，獨樂寺建築時代最早，其山門不用普拍枋，闌額出角柱之外垂直切割。觀音閣上、下外檐雖亦不用普拍枋，闌額也不出角柱頭，但平座層闌額之上和下層內槽柱頭已經出現普拍枋，普拍枋斷面即高且窄，保持着早期風格。而奉國寺大雄殿、廣濟寺三大士殿、薄伽教藏殿和佛宮寺釋迦塔俱用普拍枋，且均出角柱柱頭並於角柱之外垂直切割，處理方法完全一致。而廣濟寺三大士殿、薄伽教藏殿和佛宮寺釋迦塔年代確切，均晚於獨樂寺山門和觀音閣。據此可認爲奉國寺年代晚於獨樂寺觀音閣、山門。

（2）斗栱制度。奉國寺大雄殿外檐柱頭鋪作爲外跳雙抄雙下昂七鋪作，重栱偷心造，裏跳雙抄五鋪作。上述幾例中柱頭鋪作與大雄殿形制可比者有三，一爲獨樂寺觀音閣上檐柱頭鋪作，二爲薄伽教藏殿壁藏，三爲佛宮寺釋迦塔一、二層檐下柱頭鋪作。大雄殿與觀音閣上檐柱頭鋪作相比，均使用批竹式雙下昂，所用耍頭均爲直下平切的方平耍頭，形制、風格一致，不同處僅在於觀音閣柱頭鋪作裏跳單抄。薄伽教藏殿壁藏做雙抄雙下昂七鋪作重栱，第一跳華栱計心，批竹昂式耍頭。佛宮寺釋迦塔一、二層檐下柱頭鋪作爲外跳雙抄雙下昂七鋪作，重栱偷心造，裏跳雙抄五鋪作。其中一層耍頭樣式與大雄殿一致，二層以上耍頭樣式均不同於一層。大雄殿補間鋪作外跳與柱頭鋪作相同，轉角鋪作兩側各加附角鋪作一朵，這一特點僅在薄伽教藏殿壁藏中出現。

從斗栱發展的實例來看，早期建築如五臺山南禪寺大殿、佛光寺大殿、平遙鎮國寺大殿等外跳俱偷心造，而計心造出現相對較晚。比較知雙抄雙下昂重栱偷心造遼代早晚皆有，故從斗栱制度來講大雄殿時代晚於獨樂寺，但有較薄伽教藏殿壁藏爲早的可能，而佛宮寺釋迦塔則是此鋪作形制的沿用。

（3）隱出栱與貼斗手法。奉國寺大雄殿各類枋上大量隱刻栱，栱端施斗，柱頭鋪作於第二、三層柱頭枋上乳栱兩側各施栔木，栔木長度超出隱出栱，於外貼斗（見插圖六），這一做法與獨樂寺觀音閣柱頭鋪作完全一致（註一九）。

（4）角梁樣式。大雄殿大角梁外端平直，收分顯著，頭做兩瓣捲殺，與獨樂寺觀音閣角梁形式如出一轍（註二〇）。上述大雄殿與觀音閣隱出栱、貼斗做法及大角梁樣式的一致性，説明大雄殿與獨樂寺時代相對接近。

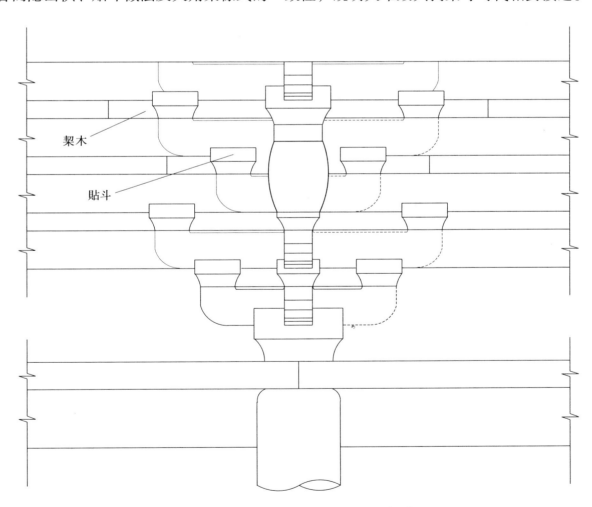

栔木

貼斗

插圖六　大雄殿柱頭鋪作貼斗示意圖

（5）柱子高度與直徑。柱子高度和柱徑的比例雖不必然反映時代關係，但因與用材相關，在大的趨勢上，同時期建築柱高與徑之比仍可能一定程度上趨同。從表一對比可見，除薄伽教藏殿之外，各例柱高與徑之比均在8.8:1之下，比例比較接近，因此，五座建築中，薄伽教藏殿時代應該最晚，大雄殿年代比薄伽教藏殿稍早一些（見表一）。

表一　幾座遼代建築柱高與柱徑比較　　　　　　　　　　　　　（單位：米）

單　　位	觀音閣下層	獨樂寺山門	廣濟寺三大士殿	薄伽教藏殿	奉國寺大雄殿
檐柱高	4.35	4.33	4.38	4.99	5.95
柱　徑	0.50	0.51	0.51	0.51	0.68
高:徑	8.7:1	8.65:1	8.6:1	9.78:1	8.75:1

（6）梁栿斷面比例。木結構建築梁栿斷面高寬比例一般認爲是由大向小發展變化的，可以作爲斷代依據之一。從表二的梁栿斷面尺寸和比例的比較可以看出，獨樂寺山門、觀音閣斷面比例明顯大於廣濟寺三大士殿和奉國寺大雄殿，可見後兩者時代應晚於前兩者（見表二）。

表二　幾座遼代建築大梁廣厚比較　　　　　　　　　　　　　（單位：米）

單　　位	觀音閣下層	獨樂寺山門	廣濟寺三大士殿	薄伽教藏殿	奉國寺大雄殿
梁　廣	0.58	0.54	0.53	0.51	0.70
梁　厚	0.30	0.30	0.35	0.34	0.46
廣:厚	1.93:1	1.8:1	1.51:1	1.5:1	1.52:1

（7）舉折。建築雖經歷代重修而發生改變，但舉折是很少發生改變的，其舉高與前後槫距之比由小向大發展變化，也有很强的時代性。上述諸例中獨樂寺山門、觀音閣均爲殿堂結構，薄伽教藏殿爲九脊式，佛宮寺釋迦塔爲多層樓閣，唯廣濟寺三大士殿與奉國寺大雄殿同爲五脊廳堂結構，具有可比性。廣濟寺三大士殿舉高4.85米，前後撩檐槫距18.5米，其比約0.26:1；奉國寺大雄殿舉高7.21米，前後撩檐槫距28.72米，其比約0.25:1，其比例幾近一致而奉國寺略小。

（8）梁架結構和構件表現手法。上述幾例中廣濟寺三大士殿與奉國寺大雄殿同爲五脊廳堂結構。大雄殿爲九間十椽，就橫架而言，東、西兩梢間間縫用六柱，而於當心六縫則採取前四椽栿對後乳栿，上呈六椽栿用四柱，六椽栿與前槽四椽栿重疊兩椽長的結構。三大士殿爲五間八椽，兩山和兩梢間間縫用五柱，當心間兩縫則將前內柱後移一步，採前三椽栿對後乳栿上呈四椽栿用四柱，使內槽四椽栿與前槽三椽栿重疊一椽長的梁柱結構，兩者也都於內槽梁下施順栿串。

此外，兩殿正脊均不推山，故均配置太平梁兩根，平梁上均以駝峰、蜀柱、施丁華抹頦栱和叉手餞襻間、脊槫，並於上平槫、上中平槫、下平槫用托脚。這種結構手法與廣濟寺三大士殿完全相同，從建築斷面看來，除進深不同而至梁架跨度不一外幾乎完全一致。

在構件細部手法上，奉國寺大雄殿與廣濟寺三大士殿東、西兩山上平槫下所施襻間枋出頭，下中平槫之下襻間枋自轉角處出頭，兩者出頭處均作批竹昂式耍頭，處理手法一致。殿內大量使用"鷹嘴駝峰"、"翼形栱"和隱刻栱等，也是兩者的手法相一致的地方。

通過以上幾個方面的比較分析，大雄殿在普拍枋的使用、斗栱制度、隱出栱與貼斗手法、角梁樣式、柱子高度與直徑、梁栿斷面比例等方面均表現出其建築年代晚於獨樂寺山門、觀音閣而早於薄伽教藏殿的特點，而在舉折、梁架結構和構件表現手法上與三大士殿有强烈的一致性。據此可斷定奉國寺大雄殿建造年代與廣濟寺三大士殿相當，而大雄殿大梁廣厚比例大於三大士殿，舉高比例小於三大士殿，雖然相差甚微，當仍有時代略早於三大士殿的迹象。鑒於後者建於遼太平五年（1025年），則元代《重修大奉國寺碑》所記之大雄殿建於遼開泰九年（1020年）的記載是完全可信的。

2. 大雄殿的建築特點

奉國寺大殿建於遼開泰九年（1020年），已有九百多年的歷史，是我國遼代中早期建築遺構之一。至今還比較完整地保存下來，極爲可貴。初步分析有以下特點：

（1）材栔方面

大雄殿材高28厘米，厚20厘米，高與厚之比爲15：10.6，與《營造法式》規定比較接近。《營造法式》卷四"大木作制度一"之"材"條載："第一等廣九寸厚六寸，殿身九間至十一間則用之"。此殿面闊九間，材高28厘米，折合宋匠尺約9.1寸，當屬第一等材，恰與殿身的規模相稱。

但大雄殿栔高13厘米，合材高十五分之七分，又與《營造法式》出入較大。《營造法式》卷四"大木作制度一"載"栔廣六分厚四分，材上加栔者謂之足材"。按《營造法式》栔廣與栔厚之比爲3：2，即材廣的6分和4分，但大雄殿的栔廣約爲材高之半，而厚大於栔廣，明顯大於《營造法式》規定，但與薊縣獨樂寺觀音閣、山門及寶坻廣濟寺三大士殿等同期建築的材栔比例却極爲接近，應屬遼代以前的普遍做法（見表三）。

表三　遼代木構建築材栔比較表

序　號	殿　名	年　代	材廣（厘米）	材　厚		栔　廣		栔　厚	
				厘米	份值	厘米	份值	厘米	份值
1	獨樂寺山門	984年	24.5	16.8	10.3	12.3	7.5	13.8	8.4
2	獨樂寺觀音閣	984年	24.0	16.5	10.3	10	6.3		
3	奉國寺正殿	1020年	28.0	20.0	10.7	13.0	6.9	14	8.0
4	廣濟寺三大士殿	1025年	23.5	16.0	10.2	12	7.6		
5	華嚴寺薄伽教藏殿	1038年	23.5	17.0	10.9	10.5	6.7	12.5	8.0
6	佛宮寺釋迦塔	1056年	25.5	17	10.0	12	6.9		
7	開善寺大殿		23.5	16.5	10.5	12	7.5		
8	善化寺大殿		26.0	17.0	9.8	11.5	6.7		
9	華嚴寺海會殿		23.5	16.5	10.5	11.0	7		
10	閣院寺文殊殿		27	17	9.5	11.5	6.4		

（2）構件用材方面

雖然建築構件有許多的名稱和不同的作用，但是都以"材"、"栔"爲量度單位，把大木用料簡化成爲幾種形狀，這樣的標準化用料，對於施工上有很大的便利。大殿各種梁枋、斗栱的用材，除内外檐的闌額和普拍枋採用二比一的斷面外，絶大多數的構件都採用三比二的斷面，與《營造法式》所述造梁的制度大致符合。但具體構件尺寸又有出入。

通過表二所列尺寸，可以看出，梁架構件用材比《營造法式》標準小，但實際使用中因爲增加了附屬構件，其構件斷面比例也接近達到《營造法式》規定。例如，在六椽栿上加繳背一層，即變成了廣 3.9 材，也就與《營造法式》的"廣四材"接近了。平梁增加了順栿串，也等於加大了斷面。四椽栿明顯小於規定，但前槽使用雙層四椽栿，內槽四椽栿實跨三椽長，也解決了斷面過小問題（見表四）。

表四　大雄殿構件用材比較表

構件名稱	尺寸（厘米）	折合標準材分（廣×厚）	廣合材	《營造法式》規定標準
六椽栿	70×46	37.4 分×24.6 分	二材一栔	廣四材
內柱徑	70	37.4 分	二材一栔	廣二材二栔
前槽四椽栿	64×41	34.2 分×22 分	二材四分	廣三材
檐柱徑	67	35.8 分	二材六分	廣二材二栔
內柱間四椽栿	62×46	33 分×24.6 分	二材三分	廣三材
平梁、太平梁	47×39	25 分×20.8 分	一材十分	廣二材二栔
乳栿、丁栿、角栿	55×38	29.4 分×20.3 分	二材	廣二材二栔
普拍枋	20×44	10.6 分×23.5 分	厚一材一栔	厚一材一栔
承椽枋	20×55－67	10.6 分×29.4－35.8		
闌額	40×20	21.4 分×10.6 分	一材一栔弱	廣二材
剳牽	40×20	21.4 分×10.6 分	一材一栔弱	廣三十五分
繳背	40×20	21.4 分×10.6 分	一材一栔弱	
順栿串（六椽栿和平梁下）	41×20	21.9 分×10.6 分	一材一栔	廣二材二栔
蜀柱	28×20	15 分	一材	廣一材半
槫徑	35－40	20 分	一材一栔弱	廣一材一栔
叉手、托脚、襻間	28×20	15 分×10.6 分	一材	廣一材
替木	20×16	10.6 分×8.6 分	約十一分	廣十二分
大角梁	40×30	21.4 分×16 分	一材一栔弱	二十八分至二材
子角梁	34×23	18.2 分×12.3	一材三分	十八分至二十分

（3）在大雄殿的平面佈局和屋架結構處理方面。

可以看出當時的設計匠師們能從實用出發，不受成法的約束，有一定的創造性。例如爲了解決在殿內佈置大磚臺、塑佛像的問題，當心間及次間用移柱法，採用前四椽栿對後乳栿用四柱，將殿內柱子減爲二十根，使中央七間的使用面積達到最大的限度。這一柱子排列和梁架結構形式與廣濟寺三大士殿、善化寺大雄寶殿、華嚴寺薄伽教藏殿等一致，是一種成熟的梁架結構和殿內空間處理方式，也是遼代中葉通行的結構手法。

（4）斗栱制度方面的特點。

第一，出跳深度上，一、三兩跳長，二、四兩跳短，這也是遼代建築的共同特點（註二一）。

第二，栱長方面與《營造法式》出入甚大。首先是泥道栱較長，約合七十三分，《營造法式》卷四“造栱之制”載“泥道栱，其長六十二分”。其次是瓜栱與《營造法式》相近，但慢栱較長。瓜栱約六十二分，慢栱則爲一零四分，《營造法式》中“瓜子栱，其長六十二分”，“慢栱其長九十二分”。最後，令栱較短，僅六十分，遠低於《營造法式》中“其長七十二分”。一、二跳華栱分別合七十二分和一一五分，則與《營造法式》“華栱，足材栱也，其長七十二分，若鋪做多者，裏跳減長二分，七鋪作以上即第二裏外跳各減四分”的記錄基本一致（註二二）。

第三，櫨斗寬超過三十四分，大於《營造法式》之三十二分，高二十分，同時斗進深較面闊稍小，非正方形。此外，欹高超過耳高，平高也超過材高的4/15。散斗各部分的比例與櫨斗基本相同。如與薊縣獨樂寺山門、寶坻廣濟寺三大士殿及大同善化寺大雄寶殿等遼代建築相比較，則各種斗的比例權衡卻有許多共有的特點。

（5）構件製作手法方面有很明顯的時代特點。

第一，泥道栱和櫨斗順栱壁方向的斗欹正中不向內斜殺，而是保留與栱眼壁等厚的方形，角櫨斗更是四面皆如此，可能是方便砌築栱眼壁，是大雄殿比較特別之處。

第二，所有的栱頭皆作三瓣，不同於《營造法式》規定。《營造法式》卷四“造栱之制”載“泥道栱，以四瓣卷殺”，“瓜子栱，以四瓣卷殺”，“令栱，以五瓣卷殺”，“慢栱，以四瓣卷殺”（註二三）。

第三，在鋪作中大量使用隱刻手法，則是該建築頗值得注意的特點。在柱頭枋、羅漢枋、襻間枋上，分別隱出慢栱、瓜栱、慢栱等，且枋上隱出栱均只刻圓綫，無栱瓣。而且四椽栿側面也隱出翼形栱、華栱、交互斗等，隱出手法使用相當普遍。

第四，梁栿斷面不作方形，而是均梁底和梁背平齊，梁身兩側外鼓，近於“月梁”截面，是遼代建築梁栿斷面的時代特點。

總之，大雄殿之建造早於《營造法式》成書八十年，在總體趨向於符合《營造法式》規定的同時，仍保留有一些不同之處，應該是早期建築的特徵。奉國寺正殿是一座已近千年的古建築，不僅殿宇本身具有很高的科學、藝術價值，而且殿內保存的遼代塑像、遼代建築彩畫和元明壁畫，內容豐富，藝術水平很高，均是極爲寶貴的藝術遺產，建築彩畫和塑像更在建築史和雕塑史上佔有重要地位，是極有價值的研究資料。

註　釋：

註一：梁思成，《大同古建築調查報告》，載於《梁思成全集》第二卷，中國建築工業出版社，2001 年。

　　　梁思成，《寶坻廣濟寺三大士殿》，載於《梁思成全集》第一卷，中國建築工業出版社，2001 年。

註二：長治市博物館，《山西長治市魏村金代紀年彩繪磚雕墓》，《考古》2009 年第 1 期。

註三：《營造法式》卷五“造梁之制”。

註四：《營造法式》卷五“舉折”。

註五：該碑現存於奉國寺大雄殿內西側。

註六：王鶴齡，《奉國寺紀略》，正文第五頁，“創建”條載“遼開泰九年正月十四日起工，創建咸熙寺，至十四年十月二十四日止工”。並註“見八門尺載”，“光緒八年，修大佛寺時，有八門尺，由大雄殿內東南角墜下，工人拾之。其尺係用木工畫尺子書字文曰，遼開泰九年云云，嗣由本寺院內頓三先生鑒亭收存保留，至頓鑒亭先生故後，該八門尺不知所歸云。”

註七：《欽定續通志》卷一百七十。

註八：《朝陽劉承嗣墓誌銘》，王晶辰、王菊耳主編《遼寧碑誌》，遼寧人民出版社，2002 年。

註九：張連義，《東北史研究》，2005 年第 4 期。

註一〇：梁思成，《大同古建築調查報告》，載於《梁思成全集》第二卷，中國建築工業出版社，2001 年。

註一一：梁思成，《薊縣獨樂寺觀音閣山門考》，《梁思成全集》第一卷，中國建築工業出版社，2001 年。

註一二：祁英濤，《河北省新城縣開善寺大殿》，《文物參考資料》1957 年第 10 期。

註一三：馮秉其、申天，《新發現的遼代建築——淶源閣院寺文殊殿》，《文物》1960 年第 8、9 期。

註一四：梁思成，《大同古建築調查報告》，《梁思成全集》第二卷，中國建築工業出版社，2001 年。

註一五：羅哲文，《雁北古建築的勘查》，《文物參考資料》1953 年第 3 期。

　　　　陳明達，《應縣木塔》，文物出版社，2001 年。

註一六：梁思成，《大同古建築調查報告》，《梁思成全集》第二卷，中國建築工業出版社，2001 年。

註一七：梁思成，《大同古建築調查報告》，《梁思成全集》第二卷，中國建築工業出版社，2001 年。

註一八：梁思成，《寶坻縣廣濟寺三大士殿》，《梁思成全集》第一卷，中國建築工業出版社，2001 年。原載於《中國營造學社匯刊》，1932 年第三卷，第四期。

　　　　已毀建築轉載自《中國古代建築技術史》，科學出版社，1985 年。

註一九：楊新，《中國古代建築·薊縣獨樂寺》，文物出版社，2007 年。

註二○：楊新，《中國古代建築·薊縣獨樂寺》，文物出版社，2007 年。

註二一：杜仙洲，《義縣奉國寺大雄殿調查報告》，《文物》，1961 年第 2 期。

註二二：《營造法式》卷四 "造栱之制"。

註二三：《營造法式》卷四 "造栱之制"。

三　奉國寺大雄殿塑像調查

大雄殿內共有泥塑造像二十四尊，包括遼代佛像七尊，脅侍像十四尊，天王像兩尊，共計二十三尊，另有明代菩薩像一尊。

（一）遼代造像

殿內中央七間前內柱和後檐內柱之間築寬大的佛壇，佛壇東西長 38.97 米，南北寬 8.40 米，高 0.87 米，東西兩端向前突出，長 3.27 米，寬 0.60 米，以安置天王像。整個佛壇平面呈倒置的"凹"字形，以青磚砌築，皆直壁，壇上青磚鋪墁。佛壇上靠後部塑佛像七尊，排列各依殿身間口，每尊各佔一間。每尊佛像前對塑站立的脅侍像兩身，兩身天王像則位於佛壇東、西兩端偏南。

1. 佛像

（1）佛座　七尊佛像下皆設佛座，明間佛座最大，超過間廣，其他向兩側依次減小。佛座均由下層須彌座和上層仰蓮座兩部分組成，七佛共用佛座兩種，自西一起，相間設置以求變化。

第一種，用於西一、三、五、七四尊佛像下，爲八角形平面須彌座加圓形仰蓮座形式。因各尊佛像高度自正中向兩側逐漸降低，佛座的平面邊長也隨之遞次減小約 10 厘米，但高度基本相同。

現以西一爲例，須彌座高 134 厘米，仰蓮座高 80 厘米，整個佛座高 214 厘米。佛座與佛像自殘破處觀察，皆爲木骨泥塑。須彌座做法較爲簡潔。最下爲邊長 192 厘米、高 30 厘米的地栿，其上內收 20 厘米，磚築邊長 187 厘米、高 15 厘米的枋，再上不用合蓮磚、束腰磚和仰蓮磚，而是直接砌築邊長 140 厘米、高 50 厘米的壺門層。壺門層內收明顯，南、北、東、西四個正面分別塑伏獅一軀，四軀伏獅形態各異，皆極爲生動。西南、西北、東南、東北四個側面各塑力士一身，與一般的將力士塑於各面的轉角處不同，力士塑在地栿之上正中，形象逼真，或蹲或立，或舉或扛，作吃力狀承托須彌座的上枋。現存力士僅釋迦牟尼佛座西北一身疑爲遼代原塑，其他均爲後來增補。同時在壺門層的四個側面繪出壺門，壺門內繪有花卉或山水等圖案。束腰上連續出疊澀兩層，分別高 13 和 25 厘米，作爲上梟和上枋。須彌座上承托高約 80 厘米的巨大圓形仰蓮座，蓮座上塑佛像。

仰蓮座雖呈圓形，但細緻觀察仍可沿須彌座平面分爲八個面，仰蓮座共裝飾蓮瓣三層，每面各飾蓮瓣兩瓣，各層蓮瓣相間排列，第一、三層蓮瓣爲一整兩破形式，第二層爲兩整瓣，蓮瓣碩大渾圓，瓣尖向外微澀，頂層的相鄰蓮瓣間裝飾四至六枚花蕊，個別蓮瓣經後來補塑，但仍依原樣。這種佛座形式與華嚴寺薄伽教藏殿遼代彩塑三世佛中北側和南側佛像下所用佛座形制幾乎完全相同，只是尺度較之更大（註一）。

佛座全部彩繪，除壺門內繪有圖案外，地栿及上、下枋各面也均繪以裝飾性花紋，如箍頭、萬字紋、牙腳紋等。下枋邊框以連珠紋裝飾，各面枋端飾如意或卷草紋，却又是遼代經常採用的裝飾手法，疑雖經修補但仍據原式。但蓮瓣上塗彩却又相當粗糙。

從風格與華嚴寺等遼代塑像對比來看，十六軀伏獅除西一尊佛座南面爲後來補塑之外，均爲遼代原作。但獅身彩繪色彩尚鮮艷，一看便知是經近代重繪過的。按清嘉慶十六年《義州東街重修奉國寺碑記》載"補其闕廢，飾其彩金”，爲最後一次重繪，此前也曾於康熙、乾隆兩朝重修佛像，故佛像重繪於清朝初年當是沒有疑問的。

須彌座所塑的力士像共十六身，經仔細對比，僅一身爲原塑，另有兩身頭部爲補塑，其衣飾彩繪應與伏獅重繪於同時，其他力士像均素胎無繪，顯然是在重繪佛像之後才補塑的，塑造時代應較清初重繪佛像時間更晚，但在上世紀三十年代日本人調查時已經存在，因此無疑是塑於清末或民國年間。

第二種形式，用於西二、四、六佛像下，爲八角形平面半須彌座加圓形仰蓮座組成。所謂半須彌座即只堆塑須彌座的束腰層及以下部分，束腰層上直接塑仰蓮座。須彌座高124厘米，仰蓮座高90厘米。現以西二爲例，自佛臺上堆塑邊長190厘米、高33厘米的地栿，地栿上塑高約17厘米的寶裝蓮花式覆蓮一層，類似宋式須彌座的合蓮磚，再上爲内收明顯的下枋，再上爲高68厘米的束腰層，束腰平面做微圓的八角形，四個正面堆塑對稱的如意雲紋，四個側面則堆塑對稱的卷雲紋。

束腰層之上不再出疊澀層，而是直接承托由四層巨大蓮瓣做成的仰蓮座，蓮瓣造型與第一種相同，只是由於直接發自束腰層頂部，因此下兩層蓮瓣尺寸明顯減小，亦爲每面各飾蓮瓣兩瓣，各層蓮瓣相間排列，第一、三層蓮瓣爲一整兩破形式，第二、四層爲兩整瓣。除仰蓮座個別蓮瓣經補塑外，無改動痕迹。須彌座和仰蓮座各部也全部塗彩。這種佛座形式同於華嚴寺薄伽教藏殿三世佛之中間一尊的佛座（註二）。

（2）造像　各佛像後均有背光，背光木質，下部置於蓮座上，上部固定在佛像後上方柱頭枋上，分爲身光和頭光，皆圓角長方形，内部鏤空，正、背兩面皆繪彩畫。内環彩繪如意雲紋或網紋，外環鏤雕火焰紋，頭光上雕卷雲紋。該組佛像背光與華嚴寺薄家教藏殿、應縣木塔等處保存的遼代佛像之背光的樣式、裝飾風格完全不同，以鏤空雕刻的火焰紋和繪製的卷雲紋裝飾，明顯與遼代以粗獷的火焰紋和網目紋爲主的背光風格不相符，而且用材纖細，與佛像很不協調，一看便知不是遼代原物，而是後世維修時補做的。

按遼時“尊中尚左”，大雄殿佛像位置安排也如此，主像七尊，毗婆尸居中，其餘六尊各依位次按左右佈置。各尊佛像自正中一尊向東西兩側高度逐一降低約20～15厘米，除位居西一的釋迦牟尼像方位、衣飾處理較特殊以外，各尊面相、衣飾、坐姿基本一致，唯獨各像手印等細部略有差別。

毗婆尸佛　位於佛壇正中，即正對明間位置，通高9.5米。其中佛像高6.62米，結跏趺坐於碩大佛座上，身姿挺拔，頭及身體上部略向前傾，長圓形面闊，頂作螺髻，面部塗金，眉心紅印，長耳及頸，耳垂作鏤空狀，頸部塑弦紋一道。外着雙領下垂袈裟，左肩部露披肩，袈裟寬大，雙領下垂至腹部相交呈“U”形，做褶皺衣紋並自然下垂。袖口寬大，因此右衣袖内側又上卷至腹部衣領相交處。垂領大衣内又着較低的束身胸衣，胸部挺拔豐滿，胸衣外束衣帶，衣帶在胸部打結後下垂，胸衣在胸前做成類似蓮瓣的七重褶皺，結下做褶皺並自然下垂。左手自然垂至脚部，手掌長1.15米，由拇指、食指相交成直徑爲0.38米的圈形。右臂微微抬起，右手上舉至胸部，手掌向内，手指微屈，右腿置於左腿上，右腿衣紋皆做多重平行的“V”形，自然下垂至蓮臺上。袈裟上遍塗紅底。衣襟邊飾、袖口邊飾及左肩的披肩邊飾均繪細緻繁瑣的花紋，爲綠地雜色花邊，色彩鮮麗，花紋細碎，不符合遼代風格，爲後世重繪的結果，所繪時間應與佛座同在清初（下同）。

尸棄佛　西起第五尊，即位於東一次間，高約9.35米，面相、髮髻、衣飾及衣紋處理均與毗婆尸像相同，不同之處在於，其外着披肩露於右肩處，左臂微微抬起，掌心向外，指尖觸腿，右手上舉至胸部，手指微曲。

毗舍浮佛　西起第三尊，即位於西一次間，高約9.35米，面相、髮髻、衣飾及衣紋處理均與毗婆尸像相同，唯手印不同，左手自然置於脚部，中指微微抬起，右手上舉置於胸部，拇指與中指及無名指相交。

拘留孫佛　西起第六尊，即位於東二次間，高約9.2米，面相、髮髻、衣飾及衣紋處理均與毗婆尸像相同，不同之處僅在於所施手印，左手置於右脚上，掌心向上，中指向内彎曲，右臂微微上抬，掌心向前，中指微曲。

拘那含牟尼佛　西起第二尊，即位於西二次間，高約9.2米，面相、髮髻、衣飾及衣紋處理均與毗婆尸像相同，唯手印不同，左臂微微抬起，掌心向上，置於右脚上，右手微抬掌心向下，手指微曲。

迦葉佛　西起第七尊，即位於東梢間，高約9.1米，面相、髮髻均與其他像相同。佛像外着袒右肩袈裟，袈裟内又着胸衣，胸部以上袒露，袈裟外又着披肩，披肩自左肩處斜披，至右腋下上卷並遮住右肩部，故僅露出右臂的肘部以下。左、右手掌心向上疊置於右腿上。兩腿部袈裟緊束，衣紋做單向斜紋，也與其他佛像的“V”形衣紋不同，而與釋迦牟尼像相同。

　　釋迦牟尼佛　西起第一尊，即位於西梢間，高約 9.1 米，該像與其他幾尊多有不同。首先，該像朝向略向西南，約爲南偏西 10 度左右，顯得頗爲特別，這可能在塑像時有特定的意義。其次，該像所披袈裟做袒右肩式，袈裟斜披，胸及上腹部袒露，袈裟內不着胸衣，左肩處露披肩，右臂近肩部戴臂釧。腿部衣紋處理也有別於其他之衣紋垂至蓮臺上，而是右腿部袈裟緊束，衣紋做單向斜紋，而不作 "V" 形衣紋。佛像左手自然垂至右脚上，右手置於右膝部，掌心皆向上。

　　大雄殿內並塑佛像七尊，據《長阿含經‧大本經》及《增一阿含經‧十不善品》卷 44 等載，釋加牟尼前有六佛：即毗婆尸佛、尸棄佛、毗舍浮佛、拘留孫佛、拘那含牟尼佛、迦葉佛和釋迦牟尼佛，通稱 "過去七佛"。七佛題材多見於早期寺院，特別是早期石窟中更爲多見，這種一殿供奉七佛的情況在北朝以後鮮見。但遼代寺院主像供奉一、三、五、七尊者皆有存在，可見在崇佛的背景之下，佛教各宗派在遼地均有所發展。

2. 脅侍像

　　每尊佛像前東、西兩側各塑脅侍菩薩一尊，共十四尊，高約在 2.5～2.7 米之間，或仰面，或俯首，或側身，或平視，姿態各異。脅侍面部刻畫細緻精準，服飾飄動流暢，身材較唐代塑像更修長，比例更勻稱，更接近現實人物。造型、面部塑造、衣飾和飄帶的處理寫意中不失細膩，自然中略帶含蓄，在總體風格一致中又各有差別。

　　脅侍皆頭戴寶冠，腕、臂戴寶釧，足下踏蓮花一朵。脅侍像所着寶冠樣式只一種，即高體筒形的菩薩冠，僅在局部裝飾上稍有變化。這種筒形冠類似唐代的菩薩冠，但較唐代菩薩冠稍大，冠體以三支木骨支撐，冠底部有帶型箍，帶上下飾連珠紋，中飾數朵梅花紋，冠正面爲三片山形冠翅連接組成，每片上均有連珠及花卉紋裝飾，冠後兩條冠帶垂至肩部（註三）。

　　值得注意的是，根據民國時期《義縣志》及日本人調查材料所附照片看，當時各脅侍兩足下應各踏一朵蓮花，後來維修中將其做了改動。同時脅侍手中所持法器多已不存，維修時也重新添加。此外對個別脅侍像的寶冠、手臂做了修補（見插圖七，1）。

　　西一脅侍　位於釋迦牟尼像前西側，東向，長圓面，頭戴寶冠，內着低領胸衣，胸部袒露，短裙在胸部和腰部束帶打結，外着披肩，雙臂肘部以下袒露，腕部戴鐲，雙手捧一馬形動物，下身着長裙，長裙及足，赤足立於蓮花上。

　　西二脅侍　位於釋迦牟尼像前東側，西向，頭戴寶冠，兩側冠帶垂肩，着低胸交領短裙，短裙在腰部以帶束結，外着披肩，雙臂肘部以下袒露，腕部戴鐲，雙手捧一象形動物，下身着及地長裙，赤足立於蓮花上。

　　西三脅侍　位於拘那含牟尼佛像前西側，東向，面相方圓，長耳，頭戴高體筒形冠，頸部佩戴瓔珞，上身着披肩，披肩斜披並在左肩處打結，袒露右肩及雙臂，上臂戴臂釧，左右手分持寶塔及金剛杵，此疑爲後修補時受密教影響的痕迹。下身內着長裙，外着短裙，短裙在腰部打結，衣紋疏朗簡潔，均做數重 "U" 字形。該像是十四尊脅侍像中形象特別的一尊，對認識遼代造像尤其是菩薩造像的衣飾情況有很好的參考價值。

　　西四脅侍　位於拘那含牟尼佛像前東側，西向，頭戴高體菩薩冠，冠帶垂肩，冠箍上下各飾連珠紋一周，中以數朵梅花紋裝飾，冠葉作山形，裝飾梅花紋一朵或數朵及卷草紋。內着圓領衫，胸部束帶，領部做如意雲紋，外着垂領長衫，左肩露披肩，腕戴鐲，左右手分持火焰形法器及金剛杵，下身長裙。

　　西五脅侍　位於毗舍浮佛像前西側，東向，頭戴寶冠，冠式相同，內着低胸右衽短袖裙，胸部袒露，短裙在腰部以帶束結，雙臂肘部以下袒露，腕部戴鐲，雙手持一獅形物，下身着及地長裙，赤足立於蓮花上。裙脚處上翹，足部做平行的衣紋褶皺。

　　西六脅侍　位於毗舍浮佛像前東側，西向，頭戴寶冠，冠式相同，內着低胸短裙，胸部袒露，短裙在腰部以帶束結，外着披肩，雙臂肘部以下袒露，腕部戴鐲，雙手捧一火焰物，下身着及地長裙，赤足立於蓮花上。

　　西七脅侍　位於毗婆尸像前西側，東向，高 2.63 米，頭戴寶冠，冠式相同，着裝與西八脅侍基本相同，唯在所謂比甲之外又戴披肩，雙手持法輪。

　　西八脅侍　位於毗婆尸像前東側，西向，高 2.7 米，頭戴寶冠，冠式相同，內着及地長裙，裙外上身又着圓領短袖衣，胸部束帶，短衣前面長僅及胸，做如意雲紋，後面較長，極類似元代的比甲，長裙之外腰部又束巾，衣飾較爲特殊。雙臂袒露，腕戴鐲，雙手持盤腸及雙魚。

1. 脅侍像之一　　　　　　　　　　　　　　　　　　　2. 西側天王像

　　西九脅侍　位於尸棄佛像前西側，東向，頭戴寶冠，冠式相同，衣飾與西十脅侍像基本相同，雙手微抬至腰部，手執一壺形物，法器名稱不詳。

　　西十脅侍　位於尸棄佛像前東側，西向，頭戴寶冠，冠式相同，内着低胸短裙，胸部袒露，短裙在腰部以帶束結，外着垂領短袖衫，腕部戴鐲，雙手持蓮花一束，下身着及地長裙，赤足立於蓮花上，足部裙下露出衣紋褶皺，似爲原初樣式。

　　西十一脅侍　位於拘留孫佛像前西側，東向，頭戴寶冠，内着胸衣，外着垂領袈裟，胸衣與袈裟樣式與毗婆尸像極爲相似，下着長裙，裙脚做尖葉狀流蘇裝飾。左手提袈裟右襟。腕部戴鐲，右手持傘狀物。

　　西十二脅侍　位於拘留孫佛像前東側，西向，頭戴寶冠，冠式相同，内着及地長裙，裙外上身又着類似元代的比甲圓領半袖衣，短衣前面做如意雲紋，再外披肩自左肩向右下斜披，繞身後又搭於左臂，腕部戴鐲，雙手持傘形物。

　　西十三脅侍　位於迦葉佛像前西側，東向，頭戴寶冠，冠式相同，上身内着斜領低胸短裙，袒露胸部，外着垂領半袖衫，下着長裙，腕部戴鐲，雙手持螺於胸前。

　　西十四脅侍　位於迦葉佛像前東側，西向，冠及衣飾與西六及西十脅侍裝束基本相同，雙手殘斷。

3. 天王像

　　大雄殿佛壇上共塑天王像兩尊，分別塑於佛壇的東、西兩端邊長1米、高25厘米的方臺上，高約3.5米，體態魁梧、雄壯，滿身甲冑，整尊造像給人以一種威嚴、令人敬畏之感，作爲佛教護法神形象刻畫極爲傳神，表現出强烈的震懾作用。

　　西側天王像　武士裝束，頭戴冠，方面，怒目，頸部粗壯，寬鼻，粗眉，闊嘴，寬肩，身着鎧甲和披風，身後披風及地，脚着戰靴，左手作前推狀，右臂向後手拄降魔杵。

　　東側天王像　身體略向前傾，風格與西側一致，左臂向前手拄降魔杵，右手作握物狀。天王像的手勢在上世紀四五十年代經過改動，當時照片顯示西側天王左手作前推狀，右手持劍橫置於左手上方。東側天王則改動了左手所拄降魔杵形制，但其餘部位未見變動（見插圖七，2、3）。

插圖七　二十世紀三十年代脅侍像与天王像

3. 東側天王像

4. 奉國寺遼代塑像的特點

奉國寺的一組遼代塑像，按建寺於開泰年間，應塑於遼代中期。造型風格上既有唐代塑像之遺韵，遼代自身風格特點又已經形成，足可視爲遼代中期塑像藝術的代表作。

唐代因素方面，佛壇上的一組遼代塑像無論從造像的位置安排，力士像和脅侍像的造型和佛壇形制方面都與南禪寺極爲相似，是受唐代雕塑藝術因素影響的直接證據（註四）。

遼代特點方面，與遼代其他寺院塑像相比較，具有以下共同特點：

"凹"字形佛壇，這種佛壇形制，與唐代南禪寺一脈相承，到遼代則成爲寺院採用的主要佛壇形制，如華嚴寺薄伽教藏殿、廣濟寺三大士殿等均採用這種佛壇形式（註五）。

佛座形式，大雄殿佛像使用須彌座加仰蓮座和半須彌座兩種佛座相間排列，這一佛座形制和佈置方式遼代被廣泛採用，並成爲遼代造像的主要特徵之一。例如在華嚴寺薄伽教藏殿、廣濟寺三大士殿均如此。在同時期的佛塔建造中也頻繁使用這種須彌座加仰蓮座的塔基座形式，佛塔上的磚雕佛像的佛座也多採用此種造型裝飾手法。須彌座砌築簡單，不像《營造法式》中樣式的複雜（註六），類似於將清式須彌座之束腰改作壺門層而成（註七）。薄伽教藏殿、應縣釋迦塔俱有此種須彌座，釋迦塔已有趨於複雜的趨勢（註八），而至於金代佛座則變得複雜華麗（註九），可見此種須彌座加仰蓮座形式的佛座應爲遼代所習用，時代特徵極爲明顯。須彌座束腰用伏獅則多見於遼代塔基。仰蓮座的處理手法也具有明顯的時代特徵，大雄殿佛座仰蓮瓣爲整、破相間排列，蓮瓣肥碩，瓣尖外澀，最上層每相鄰兩瓣間做4～6枚花蕊，是遼代普遍的蓮瓣佈置和瓣尖處理方式。

佛像，該組佛像雖然經過後世多次重新彩繪及補塑，幸僅針對衣襟的邊飾或隱蔽的破損，故未改遼代造像造型渾厚豐滿、比例協調、面容慈祥的整體風格，仍可作爲比較遼代中期塑像風格的依據。衣紋疏朗而流暢，處理手法簡潔而自然，無論是造像的整體比例，面部刻畫，還是衣紋處理方面都與華嚴寺薄伽教藏殿中三世佛造像幾無二致，同時在衣飾細部，各個佛像間又加以細微變化，力求避免雷同。佛像身體上部略向前傾，作俯視狀，較仰首遠視的造型相比，於威嚴中更添幾分慈悲。尤其是面部塑造較唐代造像略顯清秀，但又仍保有唐代豐腴之美，眼睛刻畫最爲傳神，無論觀者在佛壇前任何位置似乎都是被直視的，可算佛像塑造最精妙之處。

總之，奉國寺一組佛像整體風格既有唐代面相端莊而豐滿，體態健碩雄偉之遺韵，又有遼代姿態自然、更近世俗的自身特點，尤其腿部"V"形衣紋處理，更是遼代造像的突出特徵。

脅侍像，14 尊脅侍像除手臂、冠、蓮花以外未作大的變動，總體風格一致，比例匀稱，身材修長，面部圓渾豐滿又不顯肥胖，頸部塑橫紋一道，造像造型仍有唐代造型的遺韵，總體上又已褪去了唐代豐滿，造型呈"S"形曲綫的特點。同時又不類宋代造像的繁縟複雜、精細有餘而神韵不足的特點，整批造像處理手法簡潔明快，具有簡約而不粗俗、突出個性的特徵，塑像面部表情塑造更趨於生活化，世俗化，平易而傳神。菩薩像戴"三山式菩薩冠"，則是遼代菩薩冠的主要樣式。兩尊天王像鎧甲及披風雕塑、繪製又極爲精細，總體粗獷豪放，局部又刻畫細緻入微。

奉國寺大雄殿内所塑脅侍像、天王像在衣飾處理和形象上有多處與南禪寺大殿塑像相似，而南禪寺建於唐代建中二年，去遼開泰近 200 年，而塑像造型如此相似，一方面說明唐代在藝術方面的影響至此仍舊强烈，另一方面也反映義縣地處塞外，自五代就爲契丹佔據，地域内主要工匠多爲掠奪漢地所得，在文化上少受宋朝影響，更多地是在繼承唐代遺風基礎上逐漸吸收周邊文化而發展起來的。

（二）明代造像

觀音像，位於後檐心間佛壇後突出的方壇上。方壇與佛壇等高，上塑觀音像一尊，北向，像高約 3.8 米，觀音善跏趺坐於座上，後有券拱形背光，外雕火焰紋，内繪五條龍紋，像座鏤雕山雲，像兩側又塑童子、侍者、迦陵頻伽等。觀音像方圓面，戴冠，冠由五片冠葉組成，内著胸衣，袒露胸部，外着袒右肩袈裟，再着披肩，右肩露出披肩，赤足。頸戴瓔珞，雙手各置膝上，面部及皮膚裸露部均塗金，衣冠以彩繪裝飾。依據碑記該像最初應塑於明代萬曆三十一年（1603 年），後經重新彩繪。

自元以降，造像雕塑幾近末流，實難覓得如此精美造像。該像雖然雕塑時間不算久遠，且體量較小，但塑造精細，比例適當，且保留了早期男像觀音的某些特徵，仍不失爲明代重要造像作品。

註　釋：

註一：山西雲岡石窟文物保管所編，《華嚴寺》圖版三三，文物出版社，1980 年。

註二：同上。

註三：獨樂寺觀音閣脅侍像的冠式與奉國寺脅侍的菩薩冠更相近，遼代貴族服飾中也有使用，只是比該冠略低。同時在薄伽教藏殿的脅侍像，所戴寶冠均較該組像寶冠高，而且樣式多樣，但兩地的脅侍衣飾、髮式、面部的處理又有諸多相同之處，可能是時代差異所致，菩薩冠逐漸加高。冠帶形式與處理方法與薄伽教藏殿及獨樂寺脅侍冠基本一致，説明此類型的冠有相同的淵源，並可能有相互繼承關係，冠骨形式也相同，奉國寺的菩薩冠冠箍幾乎全部採用梅花紋裝飾，冠葉上紋飾則較薄伽教藏殿簡單。

註四：《中國建築藝術全集》第十二卷《佛教建築（一）北方》，中國建築工業出版社，2000 年 10 月。

註五：梁思成，《大同古建築調查報告》，載於《梁思成全集》第二卷，中國建築工業出版社，2001 年。
　　　梁思成，《寶坻廣濟寺三大士殿》，載於《梁思成全集》第一卷，中國建築工業出版社，2001 年。

註六：《營造法式》卷三《石作制度》、卷二十九《石作制度圖樣》。

註七：梁思成，《中國建築藝術圖集》（上），百花文藝出版社，1999 年。

註八：陳明達，《應縣木塔》，文物出版社，2001 年。

註九：《中國建築藝術全集》第十二卷《佛教建築（一）北方》，中國建築工業出版社，2000 年 10 月。

四　奉國寺大雄殿內壁畫調查

奉國寺大雄殿內東、西、北檐牆和前檐四間檻牆上滿繪元、明兩代壁畫，共計三十八幅，534.2 平方米，均屬佛教題材，包括十幅佛像，八幅菩薩像，兩幅十一面觀音像和十八幅羅漢像。國內保存至今的元、明時期佛教壁畫數量很少，此批壁畫雖也殘破較重，但保存數量仍較爲可觀，且可以確定準確的繪製年代，有一定的研究參考價值。

（一）　現狀與分組

十幅佛像繪於東、西兩壁，每壁各繪五幅佛像，畫幅寬度各依間口。北壁除當心間設隔扇外，其餘八間也依間廣各繪菩薩像一幅，共計八幅。南壁東、西兩盡間各繪十一面觀音像一幅。南壁當心間和東、西兩梢間設隔扇，東、西次間和二次間設檻窗，其下檻牆內壁分繪羅漢像九身，共計十八身。南壁檻牆所繪壁畫，在上世紀八十年代維修中因按制恢復裝修之需而作切割揭取，現分幅展陳於殿內佛壇後。

東、西、北三壁和南壁兩盡間壁畫與南壁檻牆壁畫呈現兩種不同風格，第一，前者泥層粗鬆，泥層與畫面結合不够緊密，畫層剝落較嚴重，尤以北壁八幅爲甚；而後者泥層與畫面結合較好，極少剝落現象，畫面光潔平整。第二，佈局方式不同，前者各幅畫像依據間口寬度安排，各像間以須彌山間隔；後者爲各在兩間寬的壁面上畫九身畫像，佈局緊湊。第三，畫像造型和繪畫手法不同，前者更顯豐腴、安詳，細部紋飾也較後者更精細，繪畫技法上，前者多用連續流暢的長綫條，後者綫條略顯拘謹。

從以上特點看，壁畫絕非同時繪製，因此可分爲兩組。其中東壁、西壁、北壁與南壁兩盡間壁畫泥層與畫面特點和繪畫風格一致，且壁面無接痕，應屬同時繪製，同列爲第一組。南壁十八幅羅漢像爲第二組。

（二）　壁畫佈局、題材及造型特徵

1. 第一組壁畫

包括十幅佛像、八幅菩薩像和兩幅多面觀音像，面積爲466.7 平方米。現東、西壁保存尚好，南壁兩幅次之，北壁殘損極重。依完殘程度分述如下：

（1）東、西壁佛像　東、西兩壁自裙碱以上，沿壁面外緣以墨綫繪邊框兩道，外框寬約10 厘米，內框以細綫勾繪，框間留白。框內南北兩端及每兩尊佛像之間各畫須彌山相隔，將整面壁面劃分爲五幅壁畫，每幅寬約合間面闊，各繪坐佛像一尊，畫面須彌山以上滿繪雲紋，下部蓮花座以下隱約可見"海水江牙紋"，使整幅壁畫以雲、山、水襯托五佛，渾然一體又自成單元。

十尊佛像除手印和衣飾稍有不同外，形象基本相同。以西壁南一爲例，壁面高465 厘米，佛像高400 厘米，佛像結跏趺坐於蓮花座上，蓮座高46 厘米，蓮座以五或七瓣碩大的蓮瓣組成，瓣尖圓鈍。佛像後皆畫圓形身光和頭光，身光最外一周畫火焰紋，頭光直徑 148 厘米。佛像頭部高 92 厘米，方圓面，頭頂高肉髻，長耳，細眼，身着寬大的袒右肩式袈裟，内着較低的胸衣，但右肩又以袈裟遮蓋，因此僅袒露胸部和右臂，袈裟左領自左肩斜抹向右肋下，左手平置於腹部，右手於胸前作某種法印。

（2）南壁十一面觀音像　前檐西盡間南壁，依開間面闊繪壁畫一幅，壁面寬 420 厘米，高 465 厘米，壁畫下部脱落，殘缺不全。上部保存尚清晰，殘高約 260 厘米，寬 400 厘米。從上部的邊框殘迹分析，壁畫原同東西壁一樣，依開間壁面外緣以墨綫繪邊框兩道，框内繪千手千眼十一面觀音像一尊。

觀音像自肩部以上保存較好，十一面分繪爲五層，第一層繪三面，一正兩側，正向一面，方圓形面闊，長耳及肩，頭戴寶冠，冠側垂纓，頸戴瓔珞，頸部畫横紋三道。左側畫觀音側面，冠式等與正面像相同。右側也爲側面，但面部塗以綠色。第二層繪三面，亦爲一正兩側，其中左側像的面部塗成綠色，其他兩面與一層面像相似，僅較第一層略小。第三層三面亦爲一正兩側，皆無頭冠，其中右側像面部塗綠彩。第四層繪一面，爲密宗護法形象，着冠，張口露齒，三眼圓睁，面部塗以青灰色，面相極惡。最上爲佛坐像，方圓面，長耳，頂做肉髻。整個五層頭部之外繪綠綫輪廓，作爲頭光。頭光以外，左、右對稱各繪兩尊小坐佛，每尊坐佛高 28 厘米，均做千佛形象，上兩尊面向外，下兩尊面向内。坐佛像以外左右又繪法器若干，現存可辨者九件，觀音的千手持物，右側自上而下依次爲螺、傘、盤腸、幡、金繩，左側自上而下依次爲法輪、傘蓋、蓮花、雙魚摩羯等。下面和旁側也繪有法器，但已模糊不可辨。壁面的空餘部位滿繪千手，其中主像的雙手上舉，腕部戴鐲，上臂着臂釧，左、右分别持法輪和法螺，法輪高 23 厘米，螺高 40 厘米。其餘手較小，皆爲拇指在上，其餘四指伸展，掌心向上，每手掌心繪一眼。

前檐東盡間邊緣也繪有墨綫邊框，觀音結跏趺坐於碩大蓮臺上，蓮臺形式與東、西壁所畫佛像之蓮座相同，造型與前檐西盡間相近，現僅見四面，下面第一層繪三面，一正兩側，皆戴寶冠，正面像與西側第一層相同，但側向的面部不塗墨綠。一層之上畫面模糊，僅可見最上層形象亦爲坐佛。千手自身側向外伸出一周，壁面其餘部位留白，不同於西盡間畫面空餘處滿繪千手形式。菩薩像頭部左側繪一法輪，形式與西側畫上法輪相同，其他畫面模糊。從畫面分析所取題材與西側相同，但面部、千手和法器的刻畫遠不如西側壁畫精美、細緻。

（3）北壁菩薩像　從東盡間局部殘存的墨綫邊框、須彌山、雲紋、身光及蓮座痕迹來看，北壁壁畫佈局方式應與東、西壁佈局相同，依開間分幅，每幅各畫菩薩像一尊，每尊之間也以須彌山相隔，上下以雲紋和海水襯托。其中東次間和西次間兩幅尚保留菩薩頭部及雲紋可辨，其他均漫漶不清。

東次間菩薩像，圓形頭光，圓形身光，身光外緣繪火焰紋，均與東、西壁所繪相同。菩薩方圓面，長耳，頭戴寶冠，其面相和寶冠形式均與前檐西盡間所繪千手千眼十一面觀音的一層正面形象相同。頭光周圍滿繪雲紋，與東西壁佛像周圍所繪雲紋一致，頭部以下殘毀不存。

西次間所繪菩薩形象與東次間相同，僅身光略大，頭光略小，頭部以下不存，另在菩薩像頭部左側的雲叢中繪一太陽，即日紋。

2. 第二組壁畫

即南壁檻墙十八羅漢壁畫，總面積 67.5 平方米。該組壁畫畫面没有明顯界格，而是以坐榻爲各尊像之分界，每身羅漢各踞一矮榻，或坐於榻上，或立於榻前，榻的形制完全一致，下爲方形，上用卷雲形扶手，榻背以質地柔軟的織物覆蓋。坐榻前又置較低矮的足榻。各像皆着寬大的袈裟，部分耳戴環，只畫圓形頭光，項光或全部塗墨色，或僅爲墨色圓框，兩種相間排列，一致中又有變化。畫面上部空間畫遠山和行雲，榻下繪龍、虎、鹿等與羅漢相關的動物，整體風格與第一組截然有别。每身羅漢高 1.38 米，寬 1.10 米，其面部趨於方形，面部造型和表情截然不同，坐倚姿勢和手持之物更各有區别，因此雖壁面無題記，仍可區分各像之尊號。各尊羅漢造型自東至西如下：

第一幅，方面闊，短髮，短鬚。身着紅色交領長衣，衣領作白色，腰間束帶，後背行匣，作行走狀，但身後仍繪坐榻。左手執净瓶，瓶内有蓮花兩支，右手置胸前，食指上指，指尖上方繪一佛像坐於蓮座上。羅漢身後尾隨一虎，頭自羅漢左側伸出，尾在右側上揚。

第二幅，方面，短髮。雙耳戴環。身着灰色交領長衣，衣領作粉色，長衣外自左肩至右腋下又斜披紅色鑲墨綠邊的袈裟，盤膝坐於榻上。羅漢左手托塔於胸前，塔做密宗覆鉢塔形式，右手於胸前掐指，作某種法印。

第三幅，方面，短髮，短鬚，圓瞪雙眼。身着紅色袒右肩式袈裟，内着較低的胸衣，倚坐於榻上，左腿盤膝，右腿屈膝，雙足置於坐榻上，左手於胸前托鉢。

第四幅，方面，短髮。身着土黄色交領長衣，雙腿下垂正坐榻上，袈裟垂至坐榻下。左手托鉢，右手抬至胸前。

第五幅，方面，白眉，白色短髮。身着灰色交領長衣，衣領作粉色，長衣外自左肩至右腋下斜披紅緑相間的方格袈裟，垂足坐榻上，袈裟下垂。左手胸前托燈燭，右手於身側持幡。

第六幅，方面，短髮，細眼。身着灰色交領長衣，衣領作紅色，長衣外自左肩至右腋下又斜披紅色袈裟，足着僧履，結跏趺式坐於榻上。左、右手交於胸前，施禪定印。

第七幅，方面，圓眼，短髮，留短鬚。身着淡灰色交領長衣，衣領作土紅色，長衣外自左肩至右腋下，又斜披紅灰色相間的方格袈裟，垂雙足坐於榻上，長衣下垂并覆雙足。左手於胸前持一類似螺的法物，右手置右膝上。

第八幅，方面，白鬚，白眉較長，白色短髮，作老者相。身着深灰色交領長衣，衣領作紅色，長衣外自左肩至右腋下斜披土紅色袈裟，足着僧履，盤膝坐榻上，雙手於胸前掐指，雙手拇指各套一環。榻前左右各繪一猴，托桃子作供奉姿勢，左側爲白色，右側爲黑色。

第九幅，方面，短髮。身着紅色交領長衣，衣領作白色，長衣外自左肩至右腋下斜披白與墨緑色相間的方格紋袈裟，盤膝坐榻上，雙手交於胸前。

第十幅，方面，短髮，閉目。身着土黄色交領長衣，衣領作土紅色，長衣外自左肩至右腋下斜披土黄與紅色條紋袈裟，足着僧履，左腿盤曲坐榻上，右足垂至榻下，左手托鉢於胸前，右手上舉至胸前，施無畏印，榻前左側蹲伏一獅，獅首高昂回望，作傾聽狀。

第十一幅，方面，白髮，白眉，白須，面多皺紋，面容蒼老，但精神矍鑠。身着淺灰色交領長衣，衣領作粉紅色，長衣外自左肩至右腋下斜披深灰色與土色相間袈裟，足着灰色僧履，盤膝坐榻上，左手於胸前懷抱拂塵，右手於胸前掐指，坐榻前蹲伏一虎。

第十二幅，方面，短髮。身着紅色交領長衣，衣領作土色，長衣外自左肩至右腋下斜披土黄與墨緑色相間的方格紋袈裟，足着僧履，雙腿下垂坐於榻上，雙足置於足榻上，坐榻下繪簡單的波狀紋，疑意爲江水紋，左手扶膝，右手執筆於胸前。

第十三幅，方面，短髮，雙目下視。身着土色交領長衣，衣領作土紅色，長衣外自左肩至右腋下斜披紅色袈裟，結跏趺式坐榻上，雙手置於胸前，左手執一繩索，右手掐指，一鹿屈前腿跪於坐榻前。

第十四幅，白眉，白色短髮。内着較低的土色衣，胸部袒露，衣長及足，外披袒右肩式墨緑色袈裟，又以袈裟覆右肩，足蹬僧履，雙腿微屈坐榻上，左手於胸前持經卷，右手持龍頭杖。

第十五幅，方面，短髮。耳戴環，身着淺灰色交領長衣，衣領作紅色，長衣外自左肩至右腋下斜披土紅色與粉色相間另鑲墨緑色衣邊的袈裟，赤足坐榻上，雙足垂至足榻，雙手於胸前，左手執黑色物，右手持經卷。

第十六幅，方面，短髮，絡腮胡鬚，高顴骨。身着土色交領長衣，衣領作黄色，長衣外自左肩至右腋下斜披粉紅與墨緑色相間的方格紋袈裟，足着僧履，垂足坐榻上，雙足置於足榻上，左手扶膝，右手持拂塵。

第十七幅，方面，短髮，留短須。身着土黄交領長衣，衣領作淺灰色，長衣外自左肩至右腋下斜披深灰與土灰色相間的方格紋袈裟，足着僧履，垂足坐榻上，雙足置於足榻上，左手於胸前懷抱拂塵，右手持長柄蓮花香爐。

第十八幅，方面，短髮，方口微張，戴耳環。身着紅色嵌墨緑色衣邊的袈裟，袒露胸、腹及雙肩，左腿盤膝，右腿微曲，雙足赤裸倚坐榻上，左手持物置於左膝，右手持數珠拄右膝。

3. 題材及來源

（1）東、西壁各繪並列的五尊佛像，經常被合稱"十佛"。兩幅畫的佈局方式常見於遼金元時期諸寺壁畫之説法圖，大同華嚴寺、朔州崇福寺、稷山縣興化寺皆有實例（註一），或繪五佛，或繪七佛。不同之處僅在於上述幾例説法圖中以須彌山、雲紋爲背景，另繪菩薩衆、飛天等，表示佛坐須彌山上爲衆説法，較該殿複雜。該殿東、西壁五佛間也各繪須彌山，其上繪雲紋，與説法圖所表現的又有相同之處，疑其應是從遼、金説法圖簡化而來，因此，似可視爲兩幅"説法圖"。

（2）一殿繪八尊菩薩像的例子似不多見，按《八大菩薩經》、《曼荼羅經》等，八菩薩應爲文殊師利、觀世音、彌勒、虛空藏、普賢、金剛手、除蓋障、地藏八位，但因壁畫保存較差，又無題記，故難於確定。

（3）兩盡間所繪的十一面觀音像，初看與山西朔州崇福寺的十一面觀音壁畫非常接近（註二），但其第四層頭像作護法形象，顯然受到密宗的影響。

（4）第二組十八羅漢像，在佛光寺大殿和獨樂寺觀音閣均有此題材，且觀音閣每幅壁畫均有榜題。

（三）壁畫時代

1. 第一組壁畫的時代

從佈局和題材特徵看，繪製"説法圖"是金元時期寺觀殿宇壁畫的主要題材之一，山西多座金元寺院有在主殿內繪大幅"説法圖"壁畫的實例，如上華嚴寺大雄寶殿、崇福寺彌陀殿、善化寺正殿、稷山縣興化寺正殿等（註三），在佈局上也多採用殿內以間口或約略相當於間口寬度爲單位滿壁連續佈局的方法。將十一面觀音像佈置在正壁盡間也同於彌陀殿，壁面邊緣採用墨綫邊框的構圖方式，則與山西繁峙岩山寺金代壁畫構圖方法相同，這是奉國寺大雄殿第一組壁畫與山西幾處金元壁畫的共同特點（註四）。大雄殿與上述壁畫實例相比又有顯著不同，主要體現在畫面內容的簡化，東西兩壁僅以雲、山、水爲背景畫出佛的形象，而將菩薩像繪在後壁並以相同方式佈局，省略了飛天等形象。

在人物造型和背景細部刻畫上，畫面以雲、山、水作爲畫幅背景爲金元佛教壁畫所常見。北壁菩薩像面部已不辨，但從殘存冠飾與南壁西盡間千手觀音第一層一致看，其形象應相同，而這一形象與彌陀殿和興化寺菩薩像極爲相似（註五）。而南壁西盡間千手觀音像與彌陀殿千手觀音像相比較，除第二層左側面、第三層右側面的面部塗成綠色，及第四層面作密宗護法形象之外，無論在面相、寶冠、法器、衣飾甚至衣飾的色彩都幾乎完全一致。而正是千手觀音像的這一帶有密宗色彩的差異説明，奉國寺大雄殿第一組壁畫深受喇嘛教影響。而佛像用簡單的圓形背光和頭光，造型皆高髻，露胸而不袒右肩，衣襟不下垂，均與金元實例，尤其是稷山縣興化寺被盜的壁畫相似，當然興化寺壁畫繪畫技法顯然更爲高超。該組壁畫背景中的雲紋式樣與永樂宮壁畫雲紋也很相似。綜合以上幾點，另按興化寺壁畫繪於元大德二年，可以推斷，奉國寺大雄殿第一組壁畫應屬元代繪製（註六）。

在根據總體風格確定繪畫時代之後，我們可以進一步探討壁畫創作的具體時間。在大雄殿內現存元代碑刻兩方，其中《大元國大寧路義州重修大奉國寺碑》中記載了壁畫繪製情況，碑載：

> ……奈風以揚之，雨以淋之，日以炙之，雷以震之，鳥鼠之所穿，彈丸之所擊。歲逾久日益遠，檐楹不無朽腐，梁棟不無垂撓，級磚不無摧折，泥飾不無剝落。又經庚寅地震，欹斜鶱崩，殆不可支。公慨然復有興修之願，計其費不啻千萬緡，謀諸緇褐，謀諸耆壽，皆未如之何，物之興廢，自有緣會，適遇普顏可里美思公主，帝之堂妹，駙馬寧昌郡王，世族元胄，同發上願，期立殊功，乃施元寶一千錠，繪帛馬牛數亦稱是，續降之物不可勝記。於是陶瓴甓，輦土木，庀工興役，危者持之，顛者扶之，缺者補之，漏者覆之，杇鏝之功必精，赭堊之飾必良，未兩周星，殿閣堂廊，連延數百楹，燦然一新。（註七）

碑中文字記載了元大德初大雄殿的修繕情況，"泥飾不無剝落"、"赭堊之飾必良，未二周星，殿閣堂廊，連延數百楹，燦然一新"正反映原殿身檐墻泥皮剝落，維修時重新繪製檐墻壁畫。而稍晚的維修未見有拆砌檐墻者，且所繪壁畫之明顯的密宗色彩也正與元代蒙古貴族篤信密宗相合。因此第一組壁畫所繪時間無疑應在元大德年間，確切説應於大德六年（1302 年）至大德七年（1303 年）之間。

2. 第二組壁畫的時代

第二組壁畫畫面無題記，畫幅不大，佈局緊湊，十八羅漢像并坐，上部僅以簡單雲、山爲背景，兩像間無空隙，僅以坐榻扶手間隔。人物形象單調，皆着單層衣外披袈裟，其內容遠較獨樂寺等元代羅漢壁畫簡單，水平也稍遜色

（註八）。而與五臺縣佛光寺文殊殿明代十八羅漢像緊凑的佈局方法相近，但形象又明顯相異（註九）。

另外，壁畫所處檻墻之内在施工中發現遼代地栿，説明該檻墻爲後代改建，原應爲隔扇。現墻上之上檻窗式樣爲直櫺形式，一排方直櫺的中部置承櫺串三條，爲明代官式窗制流行式樣，也可作爲明代改動前檐裝修時繪製壁畫的旁證。從以上兩點推測，第二組壁畫應繪於明代。其具體繪制時間則可據明嘉靖十五年《補修奉國寺聖像記》碑的記載，推斷爲明嘉靖十四、十五年（1535—1536 年）之間（註一〇）。該碑載："夫普天之下，設此香火者，端爲祝延聖壽，保國安民，而又演體之所也，近來像容色落，墻彩頹隳，今嘉靖甲午孟冬，時納子崇□及衆緇流，欲修廢墜，工大力微，弗克底成，如之何則可，莫若喻諸郡人，乃發虔懇告，勸本處附近城邑，募緣聚資，命工補綴，而焕然鼎新。"

（四）壁畫的風格特徵

1. 元代壁畫風格特徵

奉國寺大雄殿元代壁畫在與其他元代壁畫存在共同特徵的同時，更有其自身特點。在佈局方面，以墨綫邊框作爲整個畫幅的界格是大雄殿元代壁畫特徵之一。框内又以須彌山界格，以間口分幅，整幅壁畫渾然一體又自成單元，則是幾處元代壁畫的共同點。

從取材和造型風格方面看，奉國寺元代壁畫則更多地帶有密宗色彩，不僅使用密宗護法形象，而且佛像造型也有密宗造像影響。這方面主要因爲當時維修，重繪壁畫時的主要施主係出元廷皇族，必然在一定程度上影響壁畫内容的選擇，因此，壁畫也必然反映出某些蒙古上層社會信仰的痕迹。

元代壁畫是在繼承遼金壁畫基礎上發展成熟的，這在大雄殿壁畫中尤爲明顯。大雄殿壁畫將十一面觀音像佈置在正壁盡間，與彌陀殿壁畫安排一致，造型特徵也很相近，表現出與金代壁畫在題材内容、佈局及人物造型上的直接繼承關係。大雄殿壁畫繪於元代中晚期，此時也形成了自己的風格特點，例如壁畫中蓮座使用程式化的單層蓮瓣，蓮花座下的海水江牙紋，是元代中晚期習用的樣式，具有重要的時代特徵。

大雄殿壁畫繪畫技法仍以元代常見的"鐵綫描"爲主，綫條流暢，背景雲、山又使用暈染，畫面更富於變化。從藝術水平衡量，奉國寺元代壁畫自然不可與永樂宫、興化寺壁畫相比（註一一）。興化寺壁畫與大雄殿壁畫創作於同一時期，但興化寺壁畫出自名家朱好古之手，技法更精湛，且造型更多保留遼、金壁畫特點。在人物刻畫和技法上，永樂宫、興化寺代表了元代壁畫的最高水平。其原因不難理解，永樂宫、興化寺皆處元代京兆腹裏地區，文化藝術發達自然非他處可比，而奉國寺地處塞外，受主流文化影響既晚又弱，因此，能有如此規模、水平的壁畫也實屬難得，且壁畫時代明確，作爲元代壁畫研究和分期的依據，仍具有極高價值。

2. 明代壁畫風格特徵

明代壁畫藝術從技法、規模來説均已近末流。不單是寺院壁畫，整體來講，佛教藝術均遠不如前代發達，更少有宏幅巨製。大雄殿明代壁畫無論從畫幅，還是人物個體看，體量明顯減小，畫面安排拘謹，人物刻畫尚可稱準確，但略顯呆板，動物形象遠不如前代生動，比如，虎、獅的形象絲毫不見威武的感覺，背景表現也少有層次感。從地域和文化影響角度看，這組壁畫或多或少包含有一些非中原文化因素，似乎有些許東來的影響。

註　釋：

註一：山西省古建築保護研究所，《山西寺觀壁畫》，文物出版社，1997 年。

山西省古建築保護研究所，《山西寺觀壁畫》，文物出版社，1997 年。

楚啓恩，《中國壁畫史》，中國工藝美術出版社，2000 年。

山西省古建築保護研究所，《朔州崇福寺》，文物出版社，1994 年。

金維諾，《中國寺觀壁畫典藏·山西稷縣興化寺》，河北美術出版社，2001 年。

註二：山西省古建築保護研究所，《朔州崇福寺》，文物出版社，1994 年。

註三：山西省古建築保護研究所，《山西寺觀壁畫》，文物出版社，1997 年。

註四：山西省古建築保護研究所，《岩山寺金代壁畫》，文物出版社，1983 年。

註五：山西省古建築保護研究所，《朔州崇福寺》，文物出版社，1994 年。

金維諾，《中國寺觀壁畫典藏·山西稷縣興化寺》，河北美術出版社，2001 年。.

註六：興化寺被盜的壁畫現存於故宮，按《中國壁畫》將"時大元國歲次戊戌"誤爲太宗時期，實則太宗時尚未改元，仍稱蒙古。

而《山西寺觀壁畫》中作"創於大德二年"。按《中國壁畫史》該畫爲朱好古所繪，其時代更應在大德間。按畫風更近金代

推測，此畫應繪於大德間。

註七：《大元國大寧路義州重修大奉國寺碑》現存大雄殿內西側。

註八：楊新，《薊縣獨樂寺》，文物出版社，2007 年。

註九：山西省古建築保護研究所，《山西寺觀壁畫》，文物出版社，1997 年。

註一〇：《補修奉國寺聖像記》碑現存大雄殿內。

註一一：《永樂宮壁畫》，遼寧美術出版社，1970 年。

《永樂宮壁畫選集》，文物出版社，1958 年。

五　奉國寺建築遺址勘探與發掘報告

　　奉國寺，位於遼寧省義縣城內東街路北，始建於遼開泰九年（1020 年），是國務院公佈的第一批全國重點文物保護單位。現寺內保存的古建築除大雄殿爲遼代原有建築外，其餘建築均爲清代所建。此外，寺院前大半部東、西兩側均爲後來居民建築所包圍，使寺院形成了前窄後寬的格局。1988 年秋，爲配合國家文物局主辦的奉國寺維修工程，義縣人民政府集資，動遷了院內遺址上的居民，爲我們搞清奉國寺原有的建築規模提供了有利條件。在動遷過程中進行試掘，發現清代外山門遺址三間及部分遺物。爲進一步加深對奉國寺建築遺址的全面瞭解，1989 年 4 月在國家文物局古建築專家的指導下，由省、市、縣專業人員組成考古隊，對奉國寺前部遺址進行了大面積的勘探與發掘。發掘工作從 4 月 2 日起至 6 月中旬止，間續進行總計達 3 個月。結合勘探情況我們以奉國寺建築中軸綫爲基點，把整個遺址分爲西區、東區、中區三部分進行發掘。其中，西區發掘面積較大，共開 10×10 米探方六個，9×1.5 米探溝一條；東區開 5×5 米探方一個，10×1.5 米、13×1.5 米探溝各一條；中區以中軸綫爲中心，以現內山門臺階爲起點向南開 90×1 米探溝一條，在中軸綫南 50 米處開東西向 16×1 米探溝一條，62 米處開 10×3 米探溝一條。此外，在發現遺迹的部位還向外進行了擴方，總發掘面積達 1300 平方米（見插圖八）。這次發掘共發現有夯土臺基、土磉磴、窯址等遺迹，以及夯、臼、青磚、瓦、建築飾件等遺物，現報告如下。

（一）文化層堆積

　　（1）因遺址上多年來爲居民住宅區，人爲破壞非常嚴重，原有的地層大部分被破壞殆盡，尤以中軸綫左近的中區最爲嚴重；從 G1 東壁剖面看，可分爲五層（見插圖九、一〇）。

　　第一層：近代路面，質較硬，灰色，包含有爐渣、砂石、磚頭等，厚 10～15 厘米。

　　第二層：擾亂層，質較雜，包含物有磚、瓦、瓷片、石塊等，深 10～15 厘米，厚 20～30 厘米。

　　第三層：又可分三小層，大體爲元、明、清三個時期的路面。路土，呈青灰色，包含物有布紋瓦、青磚、青花瓷片等，深 20～30 厘米，厚 30～45 厘米。

　　第四層：爲黃土，質較密，包含物有溝紋磚、大布紋瓦、瓦當等，還在該層發現夯土臺（土磉磴）。該層距地表深 80～100 厘米不等，厚 20～50 厘米。

　　第五層：爲黃砂土，質純，應爲原生土，有建築土磉磴打破該層。距地表 150～200 厘米。

　　（2）東、西兩區文化層堆積大體相同，可分三層，以 T3 西壁爲例（見插圖一一）。

　　第一層：擾亂層，質較雜，厚 10～20 厘米。

　　第二層：黃土，該層多被近代灰坑等打破，遺物有大青磚、布紋瓦、青花瓷片等。該層發現有夯土臺基、土磉磴等，距地表深 20 厘米，厚 10～20 厘米。

　　第三層：黃土，質較純，發現有夯土牆基、土磉磴等遺迹，遺物有溝紋磚、建築飾件等。因該層發現有建築遺迹，故未下挖。

　　（3）從以上東、西、中區的文化層堆積來看，遺址的文化堆積大體可分兩期。

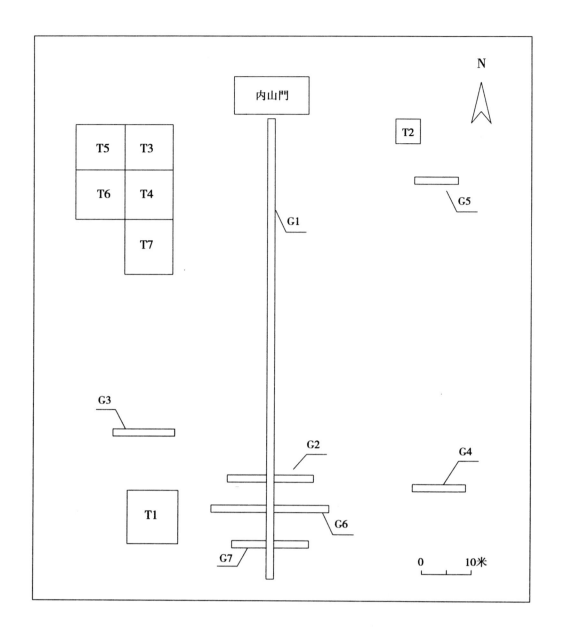

插圖八 奉國寺遺址發掘區探方、探溝分佈圖

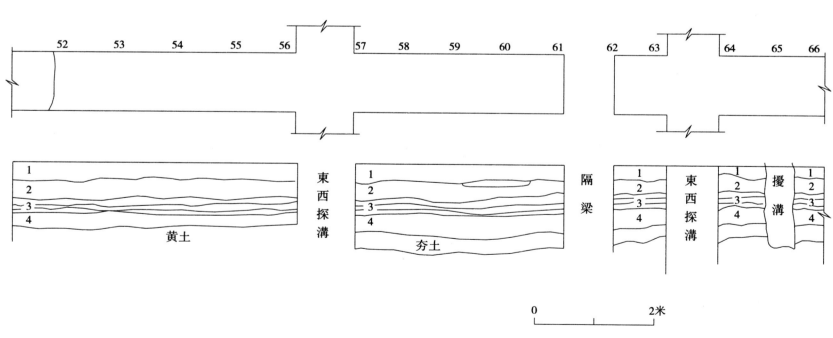

插圖九 G1 平、剖面圖

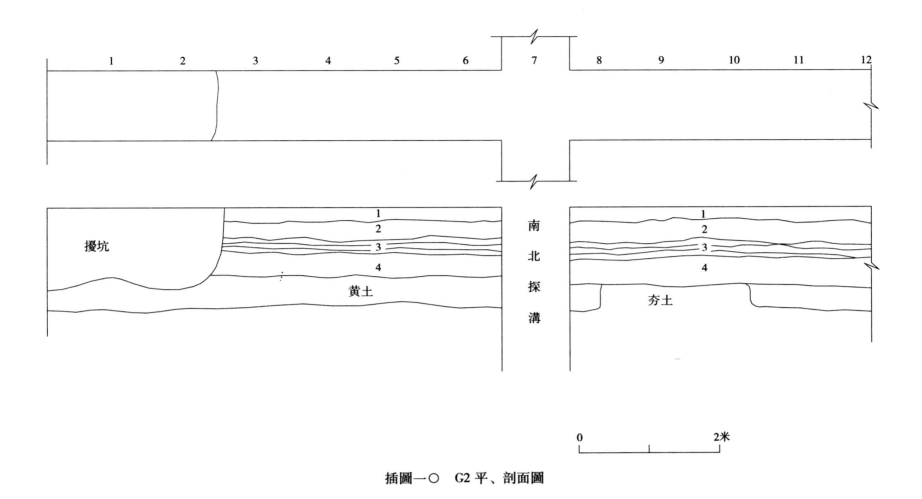

插圖一〇　G2 平、剖面圖

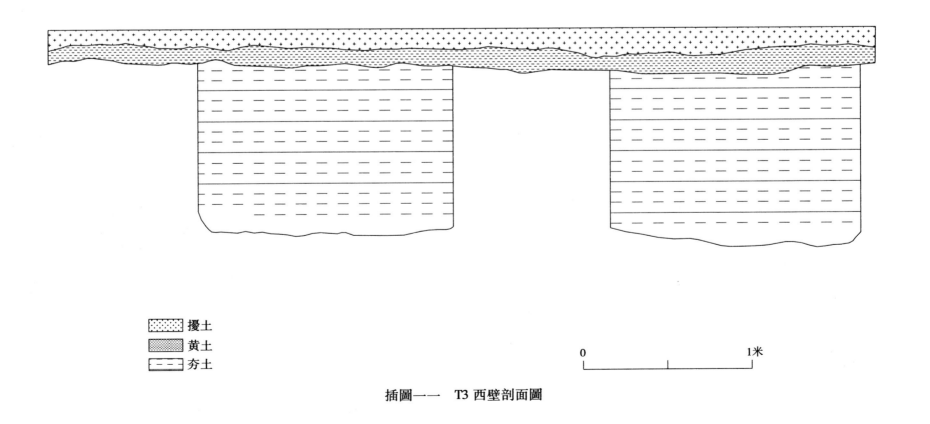

擾土

黃土

夯土

插圖一一　T3 西壁剖面圖

第一期：以中區第四層，東、西區第三層的遺迹、遺物爲代表的遼金時期文化遺存。

第二期：以中區第三層，東、西區第二層的遺迹、遺物爲代表的明清時期文化遺存。

（二）遼金時期文化遺存

1. 遺迹圖

該期遺存發現的遺迹主要是建築遺迹，共發現不完整建築基址四座，分別編號爲 FJ2、FJ3、FJ4、FJ5，此外還發現陶窑一座，編號爲 Y1。

（1）建築基址

FJ2：位於西區北部 T3、T5 及其擴方内，已發現建築土礎礅 13 個，分別編號爲 S8～S20，這些土礎礅形制大小均相同，除個別被晚期建築打破外，多數保存完好，分四排構成一方形建築，面闊 3 間 18 米，進深 3 間 18 米。土礎礅均爲黄土夯成，呈紅褐色，長 3.2 米，寬 3.2 米，通過對 S11 鑽探發現，其深度爲 2 米（見插圖一二）。

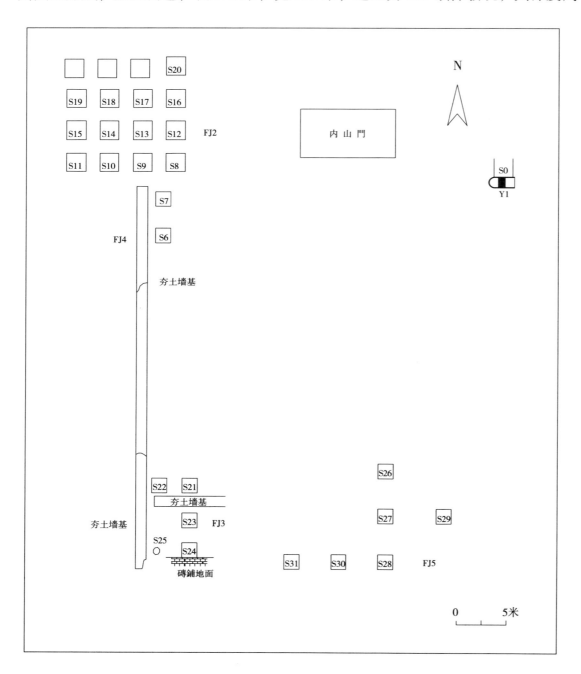

插圖一二　奉國寺遼代建築遺址平面圖

FJ3：位於西區南部 T1 及其擴方內，已發現土磉礅 5 個，即 S21、S22、S23、S24、S25，其中 S21、S22 爲東西排列，保存完好，間距 2 米（指兩土磉礅內邊緣，以下同），S21、S23、S25 南北排列，S21 與 S23 之間有一寬 1.7 米、殘長 7 米的東西向夯土牆基，S23 和 S25 間距爲 2.5 米，S23、S24 均被晚期灰坑打破。土磉礅規格長 2.2 米，寬 2.2 米，現有深 1.5 米。因 T1 東部破壞嚴重，因此，該建築規模不清。

FJ4：位於西區 T4 以及擴方內，北接 FJ2，南和 FJ3 相連，南北相距 65 米。該夯土牆基寬 1.7~1.8 米，其中除北段 14 米、南段 13 米保存較好外，中間部分被晚期灰坑和窯址打破；夯土牆基在 T1 中偏南處折而向東，殘長 7 米，在近 7 米處發現一段殘磚牆，爲青磚砌築，長 1.5 米，寬 0.3 米，厚 3 行。青磚規格長 42 厘米，寬 20 厘米，厚 7~9 厘米，磚背面有溝紋，牆面爲磨磚。此外，牆基的北段 T4 內在距牆基東 20 厘米處發現有兩個磉礅，即 S6、S7，南北排列。其中 S6 被打破，S7 長 2.2 米，寬 2.1 米，兩磉礅間距 2 米。同時在南段 G3 內距牆 20 厘米處也發現有殘存的土磉礅。因而，土磉礅和夯土牆基應同屬於一個建築。

FJ5：位於現清代內山門南中軸綫 48 米處的 G2 及南部 G6、G7 及其外擴部分，發現土磉礅 6 個，編號爲 S26~S31，均爲黃土夯成，長 2.2 米，寬 2.2 米，現存深 1.5 米，距地表 1.4 米，其中 S26、S27、S28 在同一南北綫上，間距 4.7 米。S29、S27 在同一東西綫上，間距爲 6.8 米，S29 被晚期窯址打破。S28、S30、S31 也在一條東西綫上，其中 S28 和 S30 間距爲 3 米，S30 和 S31 間距爲 2.2 米，S31 被晚期破壞僅存一半。

除上述建築遺迹外，還在東區 G4 內發現有夯土牆基，T2 內發現有土磉礅，其形制大小和西區發現的完全一樣。因受地面現代建築影響故未能大面積發掘。

（2）窯址

遺址內多處發現窯址，但均破壞嚴重，僅在 T2 內清理出一座，編號爲 Y1。

Y1：位於東區北部 T2 內，平面窯頂部呈圓弧形，後部呈長方形。東西向，窯門向東，寬 60 厘米，殘高 60 厘米，窯門南側有三個通風口，窯北部被 S0 打破，窯內有窯床，長 1.8 米，寬 1.2 米，窯壁整個爲一體，泥築燒成青灰色（見插圖一三）。

2. 出土遺物

遺址中出土遺物比較單一，主要爲建築用磚瓦以及生產工具石夯、臼等。

（1）石製工具

石夯：一種，採集，白色花崗岩，石鼓形，通高 42 厘米，腰部最大直徑 28 厘米，夯頭直徑 18 厘米，腰部有一凹槽，內有一孔，直徑 6 厘米（見插圖一四，1）。

石臼：兩件，形制相同，均爲採集，花崗岩質，臼頭圓形。一件通高 40 厘米，上寬 15 厘米，厚 11 厘米；另一件通高 50 厘米，寬 18 厘米，厚 15 厘米（見插圖一四，2）。

（2）建築構件

鴟吻殘段：T5③:1 青灰色，石灰石刻製，殘高 20 厘米，寬 20 厘米，厚 4 厘米（見插圖一四，3）。

建築飾件：共發現兩件，T1③:1，青灰色，殘長 22 厘米，寬 15 厘米，厚 13 厘米，底有半圓形凹槽，兩面花枝爲大荔花圖案（見插圖一四，4）。T1 採集，青灰色，長方形，殘長 18 厘米，寬 15 厘米，厚 12 厘米，底有半圓形凹槽，飾件兩面上爲乳釘紋帶，下爲卷草紋圖案（見插圖一四，5）。

筒瓦：多已殘，規格爲長 40 厘米，寬 22 厘米，厚 1.5 厘米（見插圖一四，6）。

板瓦：發現不多，均已殘。T1③:2，長 40 厘米，寬 30 厘米，厚 2.5 厘米（見插圖一四，7）。

大青磚：發現較多，規格一般爲長 42 厘米，寬 22 厘米，厚 8 厘米（見插圖一四，8）。

除上述遺物外，尚發現有獸面紋瓦當、獸頭等殘件。

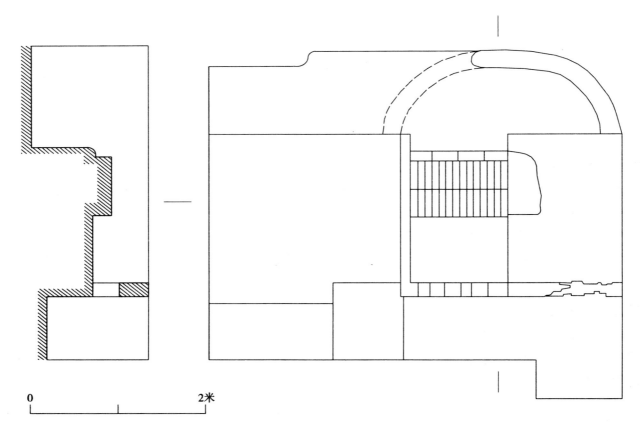

插圖一三　窰址（Y1）平、剖面圖

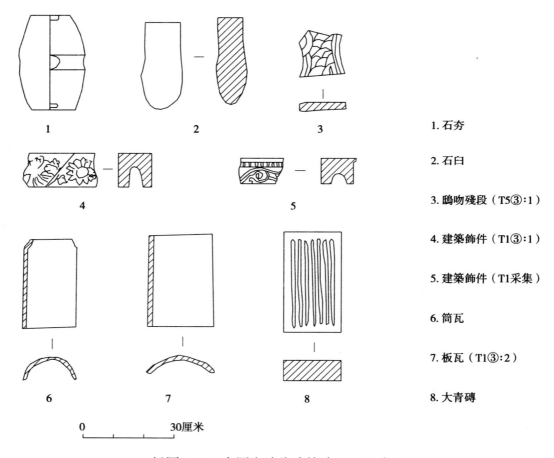

1. 石夯

2. 石臼

3. 鴟吻殘段（T5③：1）

4. 建築飾件（T1③：1）

5. 建築飾件（T1采集）

6. 筒瓦

7. 板瓦（T1③：2）

8. 大青磚

插圖一四　奉國寺遼代建築遺址出土遺物

（三）明清時期文化遺存

1. 遺迹

發現建築遺址一處，編號 FJ1。

FJ1：位於西區 T3、T5 內，距地表 20～30 厘米，破壞較嚴重，發現南北向夯土墻基兩條，編號 J1、J2；建築土礎礅五個，編號 S1～S5。墻基和土礎礅組成一組建築，坐北向南，面闊三間，長 13.5 米，進深一間，長 10 米。其中 J2 打破 FJ2 土礎礅 S9、S13，S4、S5 打破 FJ2 土礎礅 S14、S15。證明 FJ1 晚於 FJ2。夯土墻基寬 1.6 米，長 10 米，爲黃土夯成，內含有磚、瓦殘片和白灰渣等。土礎礅規格大小一樣，均爲 1.5×1.5 米，距地表深 20 厘米，現有 1.5 米深（見插圖一五、一六）。

2. 遺物

遺物主要是建築用磚瓦殘塊和生活用具瓷器殘片。

發現磚瓦多已殘碎，多爲長條磚、方磚、布紋瓦、滴水等。

瓷器多爲殘片，有青花瓷片、豆青瓷殘片、缸胎瓷殘片等。可見器形有碗、盤、杯等。青花瓷碗多爲斜壁、圈足，釉質混濁，質較粗糙有燒裂，個別青花瓷製作較精，白底藍花，碗底有"大明成化年製"字樣。

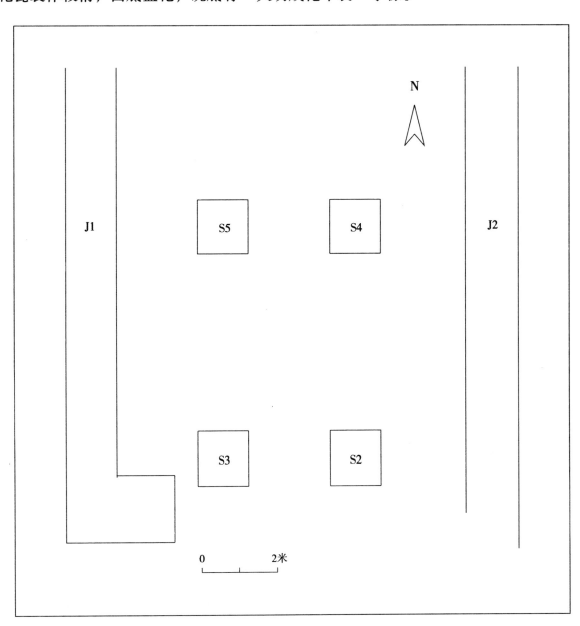

插圖一五　奉國寺清代建築遺址平面

1. 發掘現場

2. 出土的窑址

3. 出土的建築地面

4. 出土的建築構件

插圖一六　發掘現場及出土的部分遺迹、遺物

（四）對已發現建築基址的初步認識

　　奉國寺，是我國現存比較早的遼代建築之一。據寺內碑刻記載，奉國寺始建於遼開泰九年（1020 年），初名咸熙寺，後更奉國寺。建寺之初，奉國寺的規模是非常宏大的。金明昌三年（1192 年）立的《宜州大奉國寺續裝兩洞賢聖題名記》載："寶殿穹臨，高堂雙峙，隆樓杰閣，金壁輝煥，潭潭大厦，楹以千計，……以佛殿前兩廊爲洞，塑一百二十賢聖於其中……"《大元國大寧路義州重修大奉國寺碑》記載："寶殿崔巍，儼居七佛；法堂弘敞，可納千僧，飛樓耀日以高撑，危閣倚雲而對峙，至如賓館僧寮，帑藏厨舍，無一不備焉。旁架長廊二百間，中塑一百二十賢聖，弁冕端嚴，劍矛森淬，勢若飛動，狀如恚嗔，髮竪冠冲，奮扛鼎移山之力，目圓眦裂，賀鞭霆御風之威。使觀者悚然怖懼，莫敢而前，亦可謂天東勝事之甲也。"上述金、元兩碑都以十分生動形象的語言記載了當年奉國寺的盛景。那麼，"隆樓杰閣"、"高堂雙峙"等又具體指的是什麼呢？《大奉國寺莊田記》碑陰的記載"義州大奉國寺，七佛殿九間，後法堂九間，正觀音閣、東三乘閣、西彌陀閣、四賢聖洞一百二十間，伽藍堂一座，前山門五間，東齋堂七間……"。上述記載對奉國寺的規模作了更詳盡的解釋，從中我們看到當時寺院規模確實是非常宏大。然而，從建寺之初至今已近千

年，就是元至正十五年至今也有 634 年了。這期間幾經戰亂，天災人禍，除大雄殿完整無損地保留下來外，原來的建築大部分已蕩然無存，甚至連這些建築的位置也失去了踪影。通過這次奉國寺建築遺址的發掘，我們發現遼金時期單體建築三座，連體建築一座，明清時期建築一座，這樣就爲我們進一步瞭解奉國寺的建築佈局提供了重要綫索，特探討如下：

1. 遼金時期的建築

FJ2：位於西區 T3、T5 及其擴方內，坐標北距大雄殿前檐柱 100 米，東距建築中軸綫 21.5 米，整個建築爲面闊三間 18 米，進深三間 18 米的方形建築，從建築的規模和所處的位置看，該建築與碑刻中記載的西彌陀閣位置大體相當，因而該建築應是西彌陀閣。

FJ3：位於西區南部 T1 及其擴方內，現存土礤礅 5 個，該建築基址因破壞嚴重故規模不清。但從其所處位置看應是伽藍堂的位置，且奉國寺元至正碑記載有伽藍堂一座，位於四賢聖洞的一百二十間之後，前山門五間之前，和我們這次發掘所見的情況正好吻合。這種置伽藍堂於整個寺院兩角上的做法，在我國古建築佈局上是常見的。如嘉靖十一年《大廣濟寺重建前殿碑記》記載："建前殿三間，東廊南伽藍堂，西廊南祖師堂"，不過在奉國寺內則是西南伽藍堂而已。

FJ4：位於西區 T4 內，北接 FJ2，南和 FJ3 相連，夯土墻基寬 1.7～1.8 米，距墻基東 20 厘米發現有土礤礅 S6、S7，兩者間距 2 米，因而從建築形式看應是廊廡建築，即碑刻上記載的 "四賢聖洞一百二十間" 中的一段長廊。假如 S6～S7 爲一間的話，這段墻基應有 20 餘間，而夯土墻基折而向東發現的一段磚墻，則應是奉國寺的前院墻遺址。

FJ5：位於中區，內山門中軸綫南 48 米處，發現南北向土礤礅三個，故可知該建築進深爲二間，長 17 米，已發現的東西向土礤礅 S27 和 S29 在一條東西綫上，S28、S30、S31 在另一條東西綫上，其中 S28 和 S29 位於中軸綫兩側間距 3 米（指兩土礤礅內邊緣），應爲明間，S30、S31 間距 2.2 米構成次間，S27 和 S29 間距 6.8 米，中間應尚有一土礤礅，遺憾的是已被晚期破壞殆盡。然而，S31 的發現證實 S27、S29 之間確實存在一土礤礅，那麼它和 S29 構成梢間，這樣整個建築的面闊應爲五間，寬最少是 26 米，那麼，這組面闊五間進深二間的建築無疑應該是《大奉國寺莊田記》中所記載的前山門五間了。

以上四組建築遺迹如果分別是西彌陀閣、西長廊、伽藍堂和前山門的話，那麼，按照我國古建築中軸綫東西兩側對稱的建築特點，與西彌陀閣對稱的應是東三乘閣，而且我們在東區 T2 中已發現土礤礅 S0，形制、大小和西彌陀閣發現的土礤礅完全相同，因而證實該處應爲東三乘閣的遺址。而 G4 所發現的夯土墻基則應是東長廊的基址。這樣《大奉國寺莊田記》碑陰中記載的 "七佛殿九間、後法堂九間、正觀音閣、東三乘閣、西彌陀閣、四聖賢洞一百二十間、伽藍堂一座、前山門五間"，除後法堂、正觀音閣外，其他建築的位置已基本確定。那麼，後法堂、正觀音閣究竟在什麼位置呢？今奉國寺大雄殿月臺之後尚殘存一段通往後法堂的通道，即原來 "工" 字形臺基那一豎筆的一端，因而後法堂的位置也就不難確定了，即在大雄殿後的小學校院內。至於正觀音閣，是在大雄殿前，西彌陀閣、東三乘閣之後，還是在西彌陀閣、東三乘閣之前？這次發掘我們曾以現存山門臺階爲起點，以中軸綫爲中心開一條 90 米長的探溝（G1），在 48 米處發現遼代山門遺址，那麼如果正觀音閣坐落兩閣之前的話，它應該在現存內山門到遼代山門這 50 米長範圍內，而這一段經過 G1 的發掘及鑽探並未發現有夯土的存在，因而證明正觀音閣並非坐落在兩閣之前。那麼，正觀音閣只有坐落於大雄殿前、東西兩閣之後了。而奉國寺佈局大雄殿前檐柱至西彌陀閣的距離是 100 米，因而，我們認爲正觀音閣應該在這 100 米長的範圍內，即在今無量殿的位置前後。《大奉國寺莊田記》記載的順序："七佛殿九間、後法堂九間、正觀音閣、東三乘閣、西彌陀閣、四賢聖洞一百二十間、伽藍堂一座、前山門五間……"那麼，現在恰好是形成這樣一種佈局，即前山門五間、伽藍堂一座、四賢聖洞一百二十間、西彌陀閣、東三乘閣、正觀音閣、七佛殿九間、後法堂九間……

2. 清代建築

FJ1：位於西區 T3、T5 內，面闊三間 13.5 米，進深一間 10 米。該建築打破遼代建築 FJ2。據奉國寺現存嘉慶十六年《義州東街重修奉國寺碑記》載："至所謂兩廡長廊二百間，爲遼末時寺僧捷公及金天眷時沙門義擢二人所繼成者，今已改爲東西宮及毗盧庵矣，臨大街山門三間、院極寬闊……"又《奉國寺紀略·寺制》載："前宮三間，即毗盧庵在外山門西北側，有向東大門一，內有大門一，坐北向南。"上述記載和今發現的 FJ1 的位置相吻合，因此我們認爲 FJ1 應爲清順治年間創建的前宮，也即毗盧庵舊址。

（五）結　語

奉國寺遼代建築遺址的勘探和發掘，爲我們探索奉國寺的佈局提供了可靠的實物佐證。同時，奉國寺建築遺址的發掘，也爲研究探索我國遼金時期佛寺建築提供了可靠的綫索和實物資料，對瞭解我國古代建築史具有重要意義。

參加發掘人員：王晶辰　邵福玉　劉少玉　吳　鵬　蔡　肖　王　碩
技 術 顧 問：楊　烈
資 料 整 理：劉少玉　吳　鵬
執　　　　筆：王晶辰　吳　鵬

錦州市文物工作隊
義縣文物保管所
1989 年 8 月

下　篇

一 奉國寺大雄殿現狀勘查報告

　　大雄殿是奉國寺的主殿，遼開泰九年（1020 年）建，距今已近千年。殿宇規模宏偉，是遼代巨構，也是我國古代建築史上具有不可替代作用的重要實例。由於奉國寺係遼西地區重要的寺院，歷代地方官員、皇族及士紳、僧侶對其進行過不斷的補修重建，使現存寺院在平面佈局、單體建築形式、建築裝飾裝修等許多方面都表現出先後不同時期的顯著特徵，如所用瓦件、吻獸件、椽飛、殿內平棊、前沿裝修等，詳細勘查並試析這些不同時期遺留，確定建築原樣，對大雄殿的維修能否科學合理就顯得至關重要。再則，大雄殿最後一次維修至今已逾半個世紀，期間又歷重大變革，以致臺基形制遭到改動，磚石被拆移，殿身因柱子位移走閃、斗栱沉垂而有傾頹之勢，殿頂經後世粗劣地改動、修補，更使古樸雄健之遼風盡失。因此，急需對大雄殿進行一次徹底修繕，止其頹勢，復其風貌。

　　奉國寺大雄殿體量巨大，歷史、科學、藝術價值極高，對其維修要慎之又慎，絕不可因草率而造成無法挽回的損失。而維修方案的科學性需要充分、科學的勘查數據支持，因此，需要對大雄殿進行詳細、準確的測量和勘查。而大雄殿殿身高大，只能局部搭腳手架或借助扶梯調查，殿頂平棊以上及構件節點等隱蔽部位的殘損狀況又難以通過一次勘查瞭解清楚，為此修繕委員會決定，將勘查工作分為兩個步驟，第一步，進行初步勘查，瞭解大雄殿主要病害，分析病害原因，製定相應可行的維修對策，在多方徵求意見後確定總體維修方案；第二步，根據方案的需要，在拆卸工程進行同時再對各類構件進行詳細的測繪、記錄，依據具體情況選擇相應的維修方法，補充、完善，甚至更改方案，完成具體的構件修配等項目的設計工作。

（一）勘查、測繪工作的方法與要求

　　勘查工作是製定總體修繕保護方案的直接依據，也是進行科學設計的前提條件，在製定維修方案之前，修繕委員會組織了多名專業技術人員，歷時 3 個月對大雄殿進行了初步勘查、測繪。初步勘查工作以繪製現狀圖、調查並分析建築原製、勘查殘損情況、分析殘損原因為主，現將勘查工作的程序、方法說明如下。

　　（1）勘查工作按照臺基、礎石、柱子到瓦頂的順序自下而上逐層進行。為方便記錄，各類構件採取不同的編號方法，並繪製編號圖。逐項詳細做好現狀測量、繪圖及圖像和文字記錄，填寫勘查記錄表，分析殘損原因，說明處理建議。

　　（2）合理統一尺寸。大雄殿構件皆為手工製作，尺寸出入較大，統一尺寸既要考慮各類構件的斷面尺寸、鋪作高度，也要計算各步樑的高差，綜合以上數據，確定合理的材棨比例。

　　（3）柱子走閃和斗栱外傾沉垂是該殿主要病害之一，勘測中需先依據現狀分別計算柱子應有的生起和側腳，之後比較測算每根柱子的走閃和各組鋪作的沉垂情況，為分析病害原因和維修調整提供準確的數據。

　　（4）關於測繪和拆卸工作中編號方法的說明

　　①殿內外柱子統一編號，後加柱子則在編號前加“加”字，如記為“加 1”；闌額、普拍枋、各縫樑條、承椽枋均自西南角始，按逆時針方向以數字序號編號。闌額、普拍枋編號前加“內”、“外”，各縫平樑編號前加“上”、“上中”等區別位置；外檐鋪作自西南角轉角鋪作按逆時針方向編號為 1 ~ 64；內槽鋪作以數字編號，自西南轉角鋪作與外檐鋪

作連續編號爲内 65 ～ 104。

②外檐斗栱分件編號，自櫨斗向上按順序逐件編號至外替木和裏跳羅漢枋。内槽斗栱構件編至槫下替木。柱頭枋、羅漢枋，在各鋪作構件編號中均重復編號，即每根枋在相鄰的柱頭鋪作和之間的補間鋪作中均有編號，這樣既方便對照，又便於安裝時確定方向。但在構件檢修登記時，只使用補間鋪作中的編號，不再另編。

③上平槫、上中平槫和下平槫縫襻間，大斗、散斗、替木依槫縫位置單獨編號。僅對拆卸的散斗、替木和個別大斗，襻間枋釘牌，下中平槫的替木等則編入内槽斗栱分件編號中。大角梁、仔角梁、隱角梁及各步續角梁按位置自下而上逐件編號。椽子以上整體勘察，未單獨編號。

④殿内梁架如乳栿、紮牽、六椽栿等構件，均未拆卸下架，勘查記録以軸測圖坐標和文字説明。臺基、墙體、裝修及屋頂等部位整體勘查，不予編號，但在勘查中要詳細記録尺寸、特徵、用材規格，具體做法等。屋面各條脊使用的吻獸、垂首、套獸繪圖記録並編號，各種瓦件和正脊、垂脊的脊筒具體分析時代風格、統計種類、殘損數量。

⑤拆卸前對拆卸構件釘標號牌。

（二）勘查報告

經勘查確定，大雄殿病害主要表現在臺基鼓閃、坍塌，階條石及臺幫面磚大量被拆移，臺基經改動與遼制不符；檐柱根部糟朽下沉，柱根外移，柱頂内閃，造成斗栱外傾，後尾脱榫，梁架隨之走閃，致構件折損，槫枋外滾；椽望糟朽嚴重，屋面瓦件大量碎裂，局部瓦面滾坡，脊根處出現瓦面拉縫迹象，屋頂局部嚴重滲漏，危及殿内構件及文物安全。下面將經勘查後得知的殿身殘損情況簡述如下，以明其修繕的必要性和緊迫性。

1. 臺基

原殿基高 3 米以上，但由於殿周常年淤土，臺基下部被掩埋，現高度不足 2.5 米。臺基現狀殘破過甚，從局部尚存的青磚墙體可以看出，臺基四壁原應以磚石包砌，但現已不復存在。據年長的人講，包砌臺基面磚多被拆下修整後面的小學校舍，而條石也用來修築大凌河的防水堤了。現又在舊有臺基之外包砌一層磚墙，作爲護墙，但墙體普遍鼓閃，並有多處塌落，已失去維護夯土基礎的作用（見插圖一七）。臺基與前附月臺的邊緣現以雜磚粗糙地圍砌一周矮墙，並在臺階頂建一卑小的院門，矮墙和小門顯然係晚清以後陸續堆砌而成，讓人感覺拘束、壓抑，完全不合遼制（見插圖一八）。臺基東側緊鄰校舍和便道，爲了安全，又沿東檐墙前後砌高 2 米的磚墙相隔，使臺基更顯拘束。臺基與月臺鋪墁地面的青磚全部碎裂，地面凹凸不平。月臺東、西的鐘亭和碑亭也因長久失修，早已破爛不堪，也需考慮一並修整。

2. 柱礎

除四角及前後檐包砌在坎墙内的柱礎因潮濕、水浸，致使浮雕的花紋圖案破損不清外，其餘柱礎皆保存基本完好（見插圖一九），礎身穩定，亦均没有碎裂現象，不影響使用功能。經測量，柱礎水平高度並不一致，高差爲 1.5 厘米。

3. 柱子

初查以確定柱子沉降、傾閃程度爲主。柱高的測量以前檐明間 5 號柱子柱礎覆盆面高度爲基準，柱子傾閃的測量，因多數檐柱包砌在檐墙之内，勘查時以四根角柱爲基準鄰角放綫，測量柱頂的傾閃情況。内槽柱子分別測得柱根的位移尺寸、柱頂的實際分位、生起和側脚。測量結果記録如下。

根據實測數據，檐柱高度極不規則，生起尺寸紊亂，四根角柱之間最大高差 11 厘米，四根二次間檐柱高差最大達到 17 厘米，説明柱子發生了明顯的沉降。從檐墙内壁壁畫保存狀況尚好，没有大面積的殘缺分析，自元明之後對大雄殿的維修均没有涉及檐柱，因此檐柱糟朽下沉在所難免。另外，前槽於清初加八根柱子支撑六根四椽栿，也説明當時前檐柱可能已經發生下沉（見插圖二〇）。

插圖一七　大雄殿臺基及臺基四周圍墙

插圖一八　大雄殿月臺前晚清以後所建便門及圍墙

1. 礎面花紋殘損的柱礎　　　　　　　　　　　2. 保存較好的柱礎

插圖一九　大雄殿柱礎保存現狀

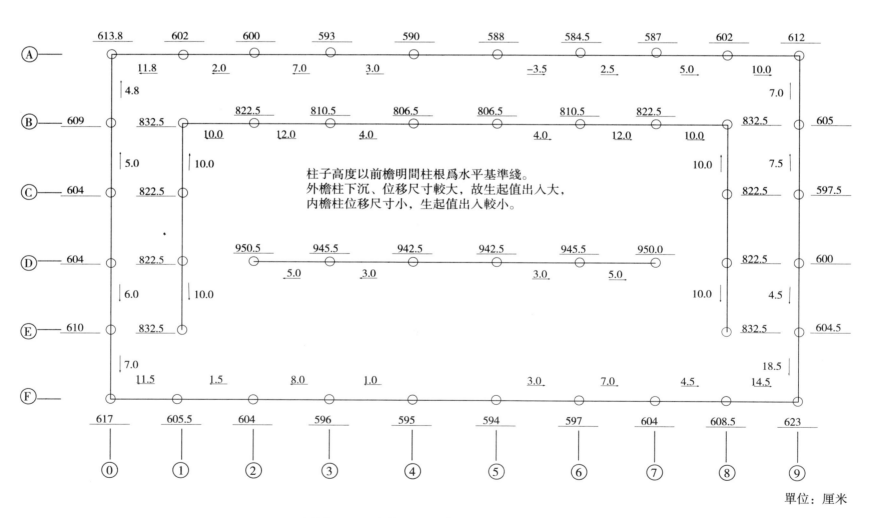

柱子高度以前檐明間柱根爲水平基準綫。
外檐柱下沉、位移尺寸較大，故生起值出入大，
內檐柱位移尺寸小，生起值出入較小。

單位：厘米

插圖二〇　大雄殿柱子高度和生起實測記錄

除檐柱發生不規則沉降之外，檐柱柱頭又不規則內傾，內傾尺寸自角柱至平柱逐次加大，幾乎成為一條內弧綫。內閃尺寸平均超過 10 厘米，最大值 19.5 厘米，幾乎相當於柱頭直徑的一半（見插圖二一）。

內槽 29～48 號柱子為初建時的構件，柱子的柱根和柱頭也有位移現象，致使平面上柱子不處於實際柱子分位綫上。前槽四椽栿下後加的八根柱子編號加 1～8，基本沒有傾閃現象（見插圖二二）。

另外，經勘查，檐柱露明者 12 根，均有程度不同的柱根糟朽。內槽柱子，僅 C1 柱頭卯口處劈裂，其他除個別表面存在小的裂隙以外，保存基本完好。

4. 闌額與普拍枋

大雄殿闌額和普拍枋按所在位置，分為檐下闌普和內槽闌普。四周檐柱上的闌額和普拍枋隨着柱子的糟朽下沉和歪閃而發生沉垂拔榫、歪閃斷裂，使本應流暢的闌普曲綫嚴重扭曲，進而造成檐下斗栱前端外傾，後尾拔榫或翹起，並伴有縱向錯動。由於長年缺乏保養，闌額和普拍枋原油飾全部脫落，外皮糟朽嚴重，栱眼壁下潮濕造成普拍枋上皮中部大多槽狀糟朽。同時由於上部荷載較大且發生偏移，四分之一闌額、普拍枋受壓彎垂，交接處榫卯碎裂。

內槽包括用於內槽槽縫上的闌額、普拍枋和用於前內柱上的闌額、普拍枋，兩者尺寸與檐下相同，內槽闌額和普拍枋因較少自然損害，除個別有裂隙或局部腐朽外，基本完好，沒有發生明顯的彎垂或其他影響結構功能的損傷。

5. 斗栱

（1）勘查的方法

大雄殿外檐斗栱結構複雜，構件多，節點多，又易受風雨浸蝕，是大雄殿破損最嚴重的部位之一，也是此次維修加固工程的重點和難點。而且斗栱部位是一座古建築中最重要和最具時代意義的部分，其勘查的準確程度不僅關係到室內繪製圖紙時統一尺寸，修繕方案的科學性，以及工程質量等問題，還會影響日後的研究。因此，斗栱勘查極盡細緻，測量的數據包括每朵鋪作櫨斗底皮至要頭上皮的現有高度，櫨斗底（補間和附角鋪作為駝峰底）高度，每跳華栱底皮、昂嘴高度，要頭上皮高度以及每層柱頭枋、羅漢枋的現有高度尺寸等。勘查數據整理時，根據每朵鋪作構件尺寸推算出櫨斗底至要頭上皮的應有高度，比照現有高度計算斗栱下沉尺寸和外傾角度，更加直觀地反映每朵鋪作的下沉和外傾程度，同時登記每鋪作的構件殘損並計算殘損的比例。

關於製圖工作中的統一尺寸問題，大雄殿和其他早期建築情況一樣，構件尺寸出入很大，例如柱頭枋，均為單材，其厚度均在 20 厘米左右，比較一致，但高度最大值超過 30 厘米，最小 27.5 厘米。再如散斗高度多數在 18.5～19.5 厘米之間，但最多者超過 22 厘米。簡單的平均不一定反映正常的"材栔"，且難於取捨為整數。大雄殿的尺寸統一主要從足材構件入手，首先測量足材華栱，再參照內、外槽鋪作高度確定，實測足材華栱高度百分之九十在 41～41.8 厘米之間。寬較接近 20 厘米，其中材高在 27.8～28.5 厘米之間，栔高在 13～13.5 厘米之間，因此，確定材高 28 厘米，厚 20 厘米，栔高 13 厘米。在此需要說明的是，由於構件製作誤差、構件彎垂及卯口深淺不一致，按照該尺寸測繪計算的鋪作高度與實際尺寸仍存出入，在實際工作中包括各步栿的高度仍以實測數據為準。

（2）勘查結果

大雄殿外檐使用了轉角、柱頭和補間三種鋪作，各鋪作由斗、栱、昂、枋、要頭等構件搭交安裝而成。隨着檐柱、闌額和普拍枋的歪閃傾斜，四檐斗栱均明顯向外沉垂，以要頭上皮測算，平均下沉近 10 厘米，嚴重者達 18 厘米以上，合算斗栱向外傾斜近 12 度。使其上撩檐枋本應平滑柔和的曲綫變得內外參差，上下扭曲。除鋪作普遍下沉以外，伴隨出現斗栱構件殘損嚴重，斗子壓扁變形，斗耳斷落、缺失。栱、昂、枋等糟朽、斷裂，卯口擠裂、榫頭折斷現象甚為普遍，統計起來每組鋪作構件殘損比例均超高四分之一，最嚴重的達到五分之三，幾無可用者（詳見表五）。

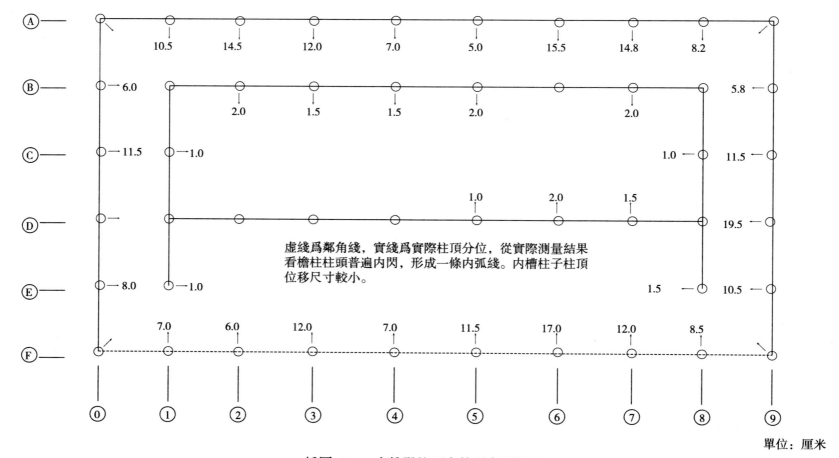

插圖二一　大雄殿柱頭内外閃實測記録

虛綫爲鄰角綫，實綫爲實際柱頂分位，從實際測量結果看檐柱柱頭普遍内閃，形成一條内弧綫。内槽柱子柱頂位移尺寸較小。

單位：厘米

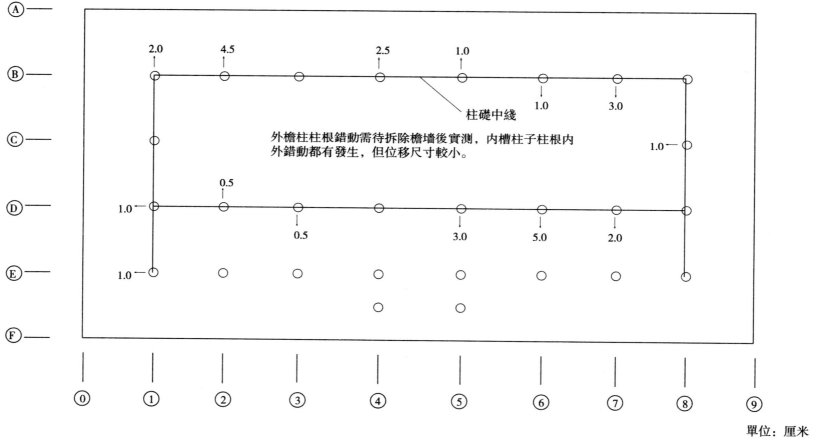

插圖二二　大雄殿内槽柱根位移實測記録

柱礎中綫

外檐柱柱根錯動需待拆除檐墙後實測，内槽柱子柱根内外錯動都有發生，但位移尺寸較小。

單位：厘米

表五　大雄殿外檐鋪作下沉和構件殘損統計表

鋪作編號	櫨斗底至耍頭上皮 實測高度（厘米）	櫨斗底至耍頭上皮 應有高度（厘米）	因鋪作歪閃造成 耍頭下沉尺寸（厘米）	鋪作構件 損壞比例
1	187（上至平盤斗上皮）	190	3	大於 1/3
2	173	177	4	大於 1/4
3	174	178	4	約 1/3
4	176.5	177.5	2.5	約 1/3
5	173	177	4	約 1/3
6	174	177	3	約 1/4
7	168.8	177.8	9	約 1/4
8	169.5	178.5	9	大於 1/3
9	168	177	9	大於 1/3
10	168	177	9	大於 1/3
11	163	177	14	約 1/2
12	172	177	5	約 1/3
13	170	177	7	大於 1/4
14	158.5	177.5	18.5	大於 1/2
15	160	177	17	約 1/2
16	162	177	15	約 1/3
17	168	177	9	約 1/3
18	170.5	177.5	7	約 1/3
19	170	177	7	約 1/3
20	174	179	5	約 1/3
21	188（上至平盤斗上皮）	190.5	2.5	大於 3/5
22	177.5	177.5	4	約 1/2
23	177	177	6	約 1/4
24	178	178	11	大於 1/3
25	177	177	14	大於 1/3
26	177	177	17	大於 1/3
27	177.5	177.5	13	大於 1/3
28	177	177	9	大於 1/3
29	178	178	11	大於 1/3
30	177	177	8	約 1/4

鋪作編號	櫨斗底至耍頭上皮 實測高度（厘米）	櫨斗底至耍頭上皮 應有高度（厘米）	因鋪作歪閃造成 耍頭下沉尺寸（厘米）	鋪作構件 損壞比例
31	177	177	6	約 1/4
32	179.5	179.5	6	約 1/4
33	185.5（上至平盤斗上皮）	190.5	5	約 1/3
34	173.5	178.5	5	約 1/4
35	171	177	6	約 1/4
36	174	179	5	約 1/3
37	172.5	177.5	5	約 1/4
38	170	178	8	約 1/4
39	168.5	177.5	9	大於 1/3
40	160	177	17	約 1/4
41	162	177	15	約 1/4
42	161.8	177.8	16	約 1/4
43	169.5	178.5	9	約 1/4
44	169	177	8	約 1/4
45	166	177	11	大於 1/3
46	158	177	19	約 1/3
47	160	177	17	約 1/4
48	160	177	17	大於 1/4
49	158.5	177.5	19	大於 1/4
50	159	177	18	約 1/3
51	171	178	7	約 1/4
52	171	178	7	約 1/3
53	186.5（上至平盤斗上皮）	190.5	4	約 1/3
54	172	177	5	約 1/4
55	171.5	177.5	6	約 1/4
56	170	177	7	約 1/4
57	166	178	12	大於 1/3
58	162	177	15	約 1/2
59	168	177	9	約 1/3
60	173.5	179.5	6	約 1/4

鋪作編號	櫨斗底至耍頭上皮實測高度（厘米）	櫨斗底至耍頭上皮應有高度（厘米）	因鋪作歪閃造成耍頭下沉尺寸（厘米）	鋪作構件損壞比例
61	173	177	4	約 1/3
62	172.5	177.5	5	約 1/3
63	172	177	5	約 1/3
64	174	178	4	大於 1/3

大雄殿內槽鋪作僅見個別鋪作有傾閃，且尺度很小，整體仍穩定，保存情況遠好於外檐。根據構件殘損的統計，除少數柱頭枋、小斗腐朽、斷裂及斗耳斷落、斗子缺失之外，構件百分之九十以上保存較好。

6. 梁栿

為瞭解檐柱沉傾和鋪作扭閃對梁栿造成影響的程度，在針對梁栿的勘查中以外槽為工作重點，主要實測了外槽上、下層梁栿的真長、水平長度、前後高度、縱向錯動和拔榫等情況，內槽主要測量六椽栿、四椽栿、平梁的前後高度及縱向錯動，並記錄所有梁栿的保存狀況。

①外槽梁架

由於檐柱的內傾和沉降，以及斗栱的外傾和構件損壞，牽動大雄殿外槽梁架，致外槽上、下梁栿沉垂和左右傾閃比較明顯，其上槫牽也隨之發生異動。梁頭下沉最大值 17 厘米，最大傾閃也超過 15 厘米，後尾拔榫普遍，但尺寸不大（見插圖二三、二四；表六）。但外槽梁栿構件本身狀況基本完好，除 C 縫東山上層丁栿存在斷痕之外，其他僅有不同程度的梁頭或梁表面糟朽，損壞並不嚴重。

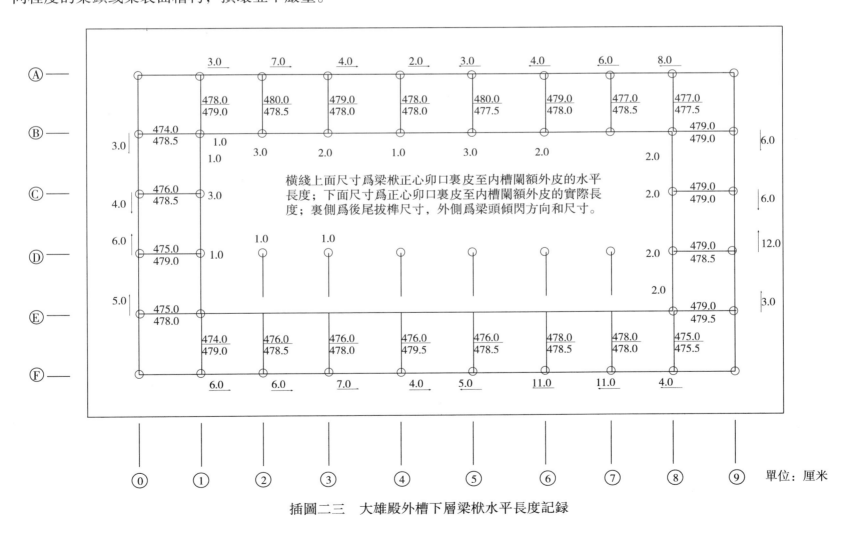

插圖二三　大雄殿外槽下層梁栿水平長度記錄

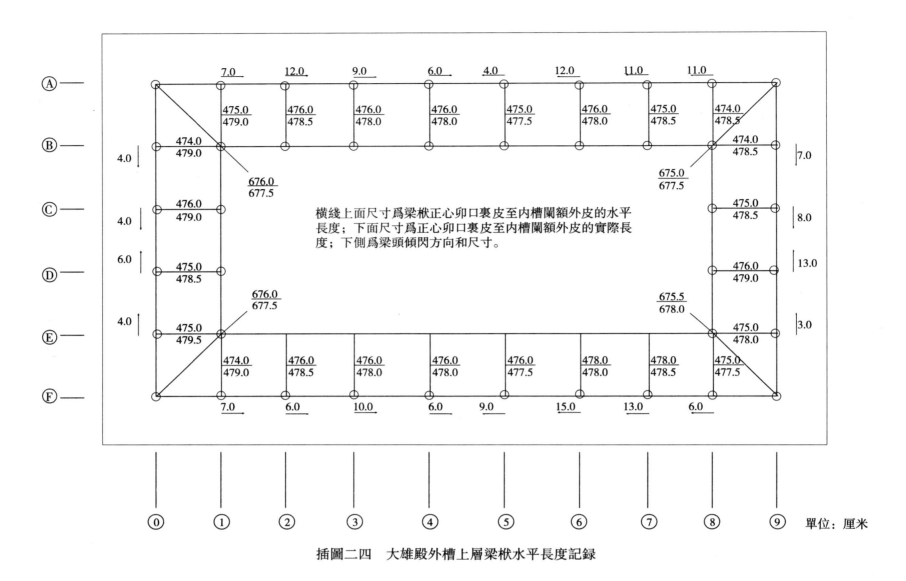

横綫上面尺寸爲梁栿正心卯口裏皮至內槽闌額外皮的水平長度；下面尺寸爲正心卯口裏皮至內槽闌額外皮的實際長度；下側爲梁頭傾閃方向和尺寸。

插圖二四　大雄殿外槽上層梁栿水平長度記錄

表六　外槽梁栿高度勘查記錄表

編　號	名　稱	下層梁栿			上層梁栿		
		於鋪作上的高度（厘米）	於內柱上的高度（厘米）	高度差（厘米）	於鋪作上的高度（厘米）	於內柱上的高度（厘米）	高度差（厘米）
1	隱襯角栿				866	872	6
2	乳栿	735	744	9	857	864	7
3	四椽栿	731	740	9	857	863	6
4	四椽栿	721	733	12	848	856	8
5	四椽栿	721	731	10	848	855	7
6	四椽栿	714	731	17	846	854	8
7	四椽栿	723	734	11	845	857	12
8	四椽栿	727	738	11	851	862	11

編 號	名 稱	下層梁栿			上層梁栿		
		於鋪作上的高度（厘米）	於內柱上的高度（厘米）	高度差（厘米）	於鋪作上的高度（厘米）	於內柱上的高度（厘米）	高度差（厘米）
9	乳栿	730	741	11	851	862	11
10	隱襯角栿				865	872	7
11	丁栿	733	740	7	853	862	9
12	丁栿	718	733	15	842	856	14
13	丁栿	726	734	8	847	856	9
14	丁栿	733	741	8	855	862	7
15	隱襯角栿				858	866	8
16	乳栿	730	736	6	852	859	7
17	乳栿	723	732	9	847	856	9
18	乳栿	716	725	9	838	849	11
19	乳栿	717	723	6	839	847	8
20	乳栿	716	723	7	840	846	6
21	乳栿	717	726	9	840	849	9
22	乳栿	719	730	11	841	853	12
23	乳栿	729	736	7	850	858	8
24	隱襯角栿				857	865	8
25	丁栿	732	739	7	853	862	9
26	丁栿	729	733	4	849	856	7
27	丁栿	728	734	6	848	856	8
28	丁栿	731	740	9	851	862	11

②內槽梁架

內槽梁栿結構基本穩定，六椽栿、四椽栿、平梁的水平高差基本在 5 厘米以內，左右傾閃距離也都在 6、7 厘米之內。構件除個別因屋頂漏雨導致表面糟朽外保持完好（見表七）。

位　　置	六椽栿			四椽栿			平梁（2、7爲太平梁）		
	前內柱上的高度（厘米）	後內柱上的高度（厘米）	傾閃尺寸（厘米）	前端高度（厘米）	後端高度（厘米）	傾閃尺寸（厘米）	前端高度（厘米）	後端高度（厘米）	傾閃尺寸（厘米）
2縫	1026	1019	4	1203	1202	5	1390	1390	7
3縫	1019	1013	6	1197	1196	4	1384	1383	3
4縫	1017	1012	3	1194	1194	6	1376	1376	4
5縫	1017	1011	4	1195	1194	3	1375	1374	6
6縫	1020	1014	3	1197	1195	6	1384	1383	3
7縫	1025	1019	2	1202	1201	4	1390	1391	2

③叉手、托脚、駝峰、蜀柱、丁華抹頦栱

大雄殿下平槫搭交縫均以托脚承托，下中平槫均不使用托脚，上中平槫和上平槫僅中間六縫下安托脚。其中下平槫托脚大部分糟朽嚴重，其他各步托脚基本完好，僅個别見表面糟朽。

平梁上蜀柱、叉手、丁華抹頦栱，以及各栿上承托上層梁栿的駝峰、大斗等構件基本完好。

7. 槫枋

自脊步以下至檐步，各步槫均有程度不同的向外滚動和榫卯拔脱現象，撩檐槫的外滚最爲嚴重，已使檐部曲綫嚴重扭曲。撩檐槫最大移動距離15厘米，超過槫徑的三分之一，各步槫條下襻間枋也發生移動錯位。長期承托屋檐的巨大重量，鋪作下沉引起的屋面荷載失衡更加大了撩檐槫的承載負荷，因此，半數撩檐槫中間彎垂，或被壓裂，最嚴重者彎垂超過25厘米。同時，撩檐槫和下平槫之間於裏外跳羅漢枋和柱頭枋上分别以承椽枋承檐椽，三列承椽枋也同樣向外錯動，并發生沉降，外移最大距離超過12厘米，下沉超過15厘米。

大雄殿屋頂長期滲漏，造成大量槫材糟朽，也以撩檐槫糟朽最爲嚴重，各類槫條上生頭木全部腐朽。除此之外，各步槫下均以枋子、替木承托，其中除下平槫和下中平槫下數件素枋和替木嚴重糟朽、斷裂之外，其他素枋基本完好。具體的數據在維修拆卸中還應詳測補充。

8. 角梁

四角老角梁、子角梁皆隨着撩檐槫的滚動而發生傾閃和下沉，各步續角梁基本没有異動現象，但構件損壞較嚴重。四根大角梁均有程度不同的梁頭劈裂，梁身糟朽現象，尤以東北、西北兩根損壞最嚴重（見插圖二五）。各仔角梁嚴重糟朽，梁頭套獸、風鐸缺失，後改爲木雕套獸。角神均表面糟朽開裂，續角梁均有糟朽，半數比較嚴重（見插圖二六）。

9. 椽望及檐頭構件

檐頭沉垂，椽望及檐頭構件糟朽也是大雄殿主要病害之一。主要表現爲椽徑粗細不一，槫條的滚動和沉降牽動上層椽飛移動，殿頂滲漏，又造成大量椽子、飛子、望板糟朽，木纖維老化，部分望板嚴重腐爛（插圖二七）。大小連檐、燕頜板等檐頭構件幾乎全部糟朽。

現狀檐出長度小於臺基下出長度10厘米，致使雨水滴落在臺基上，根據寺院僧人回憶，康德年間曾維修過一次屋面，當時飛椽外端已有糟朽，但維修中僅更换了檐椽，而將原飛椽前端鋸掉約15厘米續用，所以現在飛子外出甚短。自撩檐槫中綫測算，椽子外出138厘米，飛子外出63厘米，尚不足椽子外出之半，確與《營造法式》規定之飛子平出爲椽子出檐的十分之六出入較大。針對這一異常現象，通過對飛椽和子角梁頭斷面的觀察，確有鋸斷痕迹，估計可能當時但因財力所限，無力抽換，只得全部鋸短續用（見插圖二八）。

插圖二六　大雄殿槽枋的子角梁和木套獸

插圖二五　大雄殿大角梁頭槽枋現狀

插圖二七　大雄殿殘破的垂脊和瓦頂

插圖二八　大雄殿飛椽鋸短後的檐部

插圖二九　大雄殿殿頂殘狀

10. 瓦頂

大雄殿瓦頂病害主要是滲漏和脊的形式、吻獸樣式不符合遼代建築的時代風格。由於檐部下沉，榑材滾動，椽子脱釘下滑，殿頂多處現斷裂迹象，屋頂已經發生滲漏（見插圖二九）。正脊及四條垂脊都採用明清風格的雕花脊筒，正脊吻獸，四垂脊的垂首，四角套獸也均爲明清時期製作更換，尺寸和風格均與大雄殿的建築體量和時代風格不符。而且正脊經多次修補，殘破不堪，四條垂脊脊身長度不一致，並均出現歪閃和局部倒塌。瓦面與各條脊的交接處多已拉縫，垂脊與正脊交接處更已塌落漏空。筒、板瓦尺寸、風格不一致，半數以上瓦件損壞，個別瓦壟錯動，夾壟灰粉化脱落（見插圖三〇）。

11. 檐墻與地面

大雄殿東、西、北三面檐墻裙碱以上係以土坯砌築，因柱子沉降和傾閃，墻身受上層闌普下降重壓而鼓閃、走動，墻體多處裂縫。現裙碱磚面風化嚴重，肩上泥皮酥碱，土坯脱落，露出裏面腐爛的木骨。殿内地面和佛壇上以方磚鋪墁，但因用磚規格不一，且碎裂百分之九十以上，致地面高低不平。

12. 裝修

①殿内平棊

大殿内部原爲徹上明造，不設平棊，所以外檐和内槽的柱頭鋪作上都沒有平棊枋，現在内槽七間保留有後世所加平棊。該平棊製作簡陋，即在幾根六椽栿上面架設木條，上鋪 60×60 厘米木板而成，平棊上無裝飾。結果不僅把佛後背光的上部隱蔽遮擋在平棊以上，而且影響了殿内上架的通風，内槽的梁栿、榑枋彩畫表面的霉斑，就與安裝平棊不無關係。

②外檐門窗

大雄殿前、後檐當心間和前檐東、西梢間爲隔扇門，前檐東、西次間和二次間坎墻上設高窗。隔扇門隔心均採用菱形櫺子，影響殿内採光，現在各間裝修全部扭曲變形，構件鬆動，表面油飾脱落（見插圖三一）。

1. 檐頭瓦殘狀

2. 垂脊現狀

3. 垂脊現狀

4. 正吻現狀

5. 垂首現狀

6. 垂首現狀

7. 垂脊頭現狀

插圖三〇　大雄殿瓦頂吻、獸、脊及檐頭瓦件殘損的一組圖片

1. 大雄殿内平棊

2. 外檐裝修

插圖三一　大雄殿平棊和外檐裝修現狀

二　奉國寺大雄殿維修加固方案

根據前期測繪和勘查結果，維修委員會多次組織工程技術人員討論，並採納多名專家的建議，確定了維修工程的範圍、目標及維修工程的技術路綫，制定了科學、經濟、可行的維修方案，編寫施工說明，確定了工程實施步驟，並提出施工中的技術要求。

（一）總體方案的制定依據和技術思路

1. 本次維修的目標

根據法式勘查和現狀勘查，逐項分析造成大雄殿損壞的原因，在保持大雄殿原狀的前提下，制定了本次修繕的目標。

第一，通過更換椽望，重修屋面，解決殿頂滲漏問題，提高大雄殿抵禦自然災害的能力，通過更改殿脊形式，更換瓦、獸件，適度恢復遼代風貌。

第二，通過調整柱網、外檐鋪作和外槽梁栿歸位，改善大雄殿結構上的缺陷，提高大雄殿的整體穩定性，並加固或替換損壞的檐柱、梁栿及斗栱構件，提高木構件的抗拉、抗剪切強度。

第三，安裝中增加隱蔽鐵活，加強木構架的聯繫，從根本上改善原構架存在的容易外閃和脫榫等不利條件。

第四，修整臺基，恢復大雄殿宏偉雄壯的古韻。

2. 方案制定的原則

按照《文物保護法》的規定，方案的制定嚴格遵循文物保護工作中"修舊如舊，不改變文物原狀"的原則，即在提高大雄殿的整體穩定性的前提下，保證文物完整性、真實性，盡量減少不必要的人爲擾動。對影響整體風格的部分加以改正，但對不影響整體風格的舊有不科學做法仍加以保留，因爲這些做法同樣屬於文物價值信息的組成部分，反映着當時的科學和技術水平，屬於重要的歷史信息。

3. 維修方案的技術路綫

根據勘查結果，特別是基於"危及大雄殿安全的主要病害在於外檐柱子的不規則沉降、嚴重內傾導致上層外檐鋪作外閃，牽動內、外槽梁栿異動，而內槽梁架仍然相對穩定"的鑒定結論，修繕委員會確定了"僅對外檐鋪作和殿頂落架修繕，其他部位原位調整"的"局部落架，整體兼顧，局部調整，有據復原"的技術路綫，作爲本次維修方案編制的依據。

關於局部落架的範圍和依據。大雄殿殘損部位主要是外檐柱網、外檐鋪作和屋頂瓦面。通過對勘查結果的詳細分析和充分論證後認爲，雖然檐柱的殘損狀況需要拆除檐牆勘查才能確定，其構件修補的具體方案需待日後補充，但針對柱頭內閃狀況，撥正檐柱、調整外檐柱網則勢在必行。而外檐鋪作下沉、斗栱構件的大量損壞及殿頂滲漏嚴重，則必須通過落架大修才能得以徹底解決。

而內槽相對穩定，構件基本完整，分析梁架的異動主要源自外槽梁栿牽動和殿頂載荷失衡，不必全部落架，完全可以通過消除外力牽動和釋放殿頂荷重的方法，使柱、梁自行糾偏，必要部位稍加撥正、調整，解決結構穩定問題。

再考慮到應較少對木構件上彩繪的干擾破壞，節約維修資金，縮短工期等其他原因，參考國內外維修經驗，突破舊有維修方式及觀念，堅持"不改變文物原狀"的原則，即堅持現狀加固，採用梁栿不落架、支頂抽換的方法，維修四周檐柱及外檐斗栱，另按拆卸中的實際情況、實際需要補配殘損構件。

對屋頂則採取整體拆除，全部更換椽望，重新安置瓦頂的修繕方法。結合建築的整體風格，對有充分依據、能按遼代建築樣式復原的部位和構件，大膽復原，恢復遼代舊觀；對依據不足的，保存現狀，待日後研究深入，有確鑿證據和可靠依據後再作相應保護。

（二）大雄殿維修加固方案

根據上述維修目標、原則和策略編制了維修方案。維修方案將大雄殿維修工程分爲三個階段：第一階段，局部落架拆除和材料準備；第二階段，構件修配；第三階段，調整和歸位安裝。針對每一施工階段編寫了修繕工程概說，完成了各項方案的設計。

1. 重築臺基和加固月臺

大雄殿基礎穩定，唯臺基側牆殘破，臺基周圍被淤土掩埋，造成臺基與殿身高度比例不符合遼代高臺建築的特點，臺基周圍女兒牆和便門更非遼代做法，而且極不協調。針對以上狀況，臺基修整以保證基礎穩定爲中心，兼顧建築的時代風格，採取以保障大殿基礎安全穩定爲主要措施的施工方案。方案主要包括加固臺基側牆和協調整體風格。

第一，拆除臺基和月臺四周女兒牆、月臺前的便門、東側土護牆、西南角便道和踏跺。局部挖掘臺基外圍淤土，瞭解臺基原來的高度和下出深度，然後按實際需要清除臺基周邊淤土，降低大雄殿臺基、月臺周圍地坪高度，相對增加臺基高度，恢復其遼代高臺建築的風貌。

第二，拆除現有雜磚糙砌的臺基和月臺臺明側牆，按原制重新砌築。在轉角隱蔽部位增加有筋砼立柱，土襯石、橫梁、壓闌石位置增設有筋砼地梁，使牆身穩固。

第三，重墁臺基和月臺地面。檐下臺明按檐深5%做泛水。臺基四周設散水。

2. 柱礎

柱礎穩定，保存基本完好，柱礎水平高度的不一致，可能是個別柱礎下沉造成，也可能是初安裝時就存在誤差，且高度偏差較小，均在3厘米以內，因此無需對柱礎進行調整。

對確因柱礎高度導致柱子高度不足，相應生起值不一致的，按實際需要，採取支墊方法增加柱子高度彌補。

3. 柱子加固和調整

在檐牆外相應位置開柱門逐一檢查檐柱，記錄柱根移動情況，對糟朽者逐一原位檢修。針對柱子裏外不一、高度不等、柱子生起、側腳錯亂，按實際需要重新調整。內槽柱子柱頭劈裂處，以鐵箍加固，內槽柱網按需要原位微調。檐柱需在斗栱拆卸後開柱門檢修，調整檐柱，具體方案如下：

第一，拆除檐牆後作好現狀記錄。依據外部測量推斷，柱根應有糟朽，拆除牆體後詳細測量、記錄柱根移動和殘損情況，據此計算各柱的高度、生起和側腳。

第二，柱身加固工作，考慮到柱子粗大，拆落時不能影響內壁壁畫，宜採取原地不拆落加固的方法。依據每個柱子的情況確定採取墩接或鑲補加固的辦法恢復其強度。對柱子根部糟朽嚴重進行墩接加固，需要墩接的柱子要先行計算柱子高度、真長。墩接接頭做抄手榫，榫長不小於60厘米，外加鐵箍箍緊。對局部糟朽的進行包鑲或挖補。柱子劈裂處添實補強，裂隙較大，寬度超過0.5厘米者以木材填實，細小裂隙待油飾前打膩子填充。重砌檐牆時，在柱根部位預留通風孔。

第三，柱網調整要依據測量和計算的生起、側腳數據，對每根柱子進行調整、撥正。在調整外檐柱子時，注意保護壁畫的安全。

第四，柱子維修中仍有以下問題需要注意：

①通過對柱礎勘查數據的測算，可以明確，前檐柱柱礎基本處於同一直綫，可以推斷柱根也應位於同一直綫上，但四檐柱頭，特別是兩山檐柱柱頭在平面上形成一條較均匀的内弧綫，是柱子走動或殘損造成的，還是遼代的特有做法，也必須經過詳細的勘查和計算才能確定。

②根據實測情况分析，柱子的調整歸位是本次工程重點和難點，首先是實測表明柱子走閃普遍，因此不能簡單地參照某根柱子去推算側脚、生起及高度尺寸，必須對所有檐柱和内柱精確測量，並通過對柱子相應數據的比較才能確定每根柱子的真長、高度、生起和側角的原有尺寸。

③前檐柱普遍較後檐柱高 5 厘米，也是一個值得注意的問題。

4. 闌額與普拍枋

檐下闌普是承重構件，需拆卸後逐件檢修，按照具體情况予以修補。内槽闌額與普拍枋基本完好，不作更動。

第一，編號和記録。各間闌額和普拍枋長短不一，故需在拆除前編號記録清楚，以免安裝時拿錯位置，發生誤工、榫卯不嚴或無法搭交的情况。檢查記録規格尺寸、殘損情况、下沉、彎垂等，需要補配的拆落，不必補配的不動。

第二，按照方案原位加固柱子的要求，外檐闌額與普拍枋的拆落檢修，安排在柱子檢修之後，調整之前。檢修中儘量使用原構件，表面裂隙以木材填實或打膩子填充。對劈裂者以螺栓或玻璃鋼箍加固，彎垂不超過在 3 厘米以内的矯正或貼補修理，腐朽構件採取剔補或拼接補强，卯口糟朽、榫頭折斷或糟朽嚴重的以新料補配或拼接，不可用的按原制製作換新。

第三，安裝時要核對構件號碼無誤。安裝後要依據設計要求，拉水平綫校準生起值，無誤後，再進行下一項。

5. 斗栱

由於榑條滾動，檐頭下沉，外檐斗栱構件劈裂、折斷者較多，損壞率近半，是本次維修的重點之一，所以採取外檐斗栱全部拆卸落架，逐一檢修，歸位安裝的措施。内槽斗栱構件的損壞較少，採取原位修補、個別下架修配或抽換。

外檐斗栱維修方案分爲構件拆卸，構件加固和歸位安裝三個階段：

第一，拆落工程

斗栱的拆卸在屋面、椽、望、榑條拆除後進行。拆卸前先按斗栱種類繪製編號草圖，在草圖上預先依據安裝的先後順序標明構件號，核對無誤後，在構件上釘編號牌。

按方案設想，外槽梁栿不落架，故拆卸中原位起吊、支頂梁栿，逐朵水平拆落斗栱構件，支頂和拆卸的具體方法見竣工技術報告中斗栱拆落部分。

邊拆邊測量邊記録，對每一層的水平情况都要分別測量記録，爲安裝歸位提供參考，並作爲檔案數據。預先制定各類構件修補更換的原則和要求，在拆卸過程中對栱、昂、枋、斗、耍頭等構件逐件檢查，做好構件殘損勘察，製表登記每個構件的尺寸、殘狀、特徵做法，現場確定是否更換，依據具體情况確定每個構件的修配方法，填寫修補意見，爲材料準備提供依據。對損壞比例較高的構件，現場比對分析是不是構件自身有構造缺陷，確定是否需要以及應在哪個部位採用加隱蔽鐵件等方法予以彌補。

拆卸下架的構件按朵分類碼放，方便修配時取用。殘壞嚴重擬更換的構件也同時堆放，方便製作時比對，竣工後統一處理。

第二，構件檢修

對原始構件儘量使用，殘損但可用者儘量修補續用，對易彎和易折構件增加隱蔽鐵件，提高抗剪切强度，殘朽嚴重的，按照原狀和時代風格進行復製更換。新換構件嚴格按原件逐一仿製，以免產生誤差，製作時下料稍大一些，製作後不開卯口，留待安裝時按需處理。

第三，斗栱歸安

外檐柱子調整及闌額、普拍枋安裝後，重新對修配後的斗栱構件進行歸位安裝。安裝中嚴格對照拆卸記録草圖中的編號順序，逐朵水平安裝，同時歸安、調整梁栿。

6. 梁栿

外槽上下梁栿、扎牽的下沉和歪閃源於檐柱和鋪作異動，而非自身問題，因此外槽梁栿不落架，斗栱拆卸後對梁栿逐一原位檢修，待斗栱歸安時一同調整撥正。

7. 槫枋

撩檐槫、下平槫、承椽枋和下平槫下的襻間枋、散斗、替木均編號拆卸落架。其餘各步槫、枋因不妨礙斗栱落架，可按需要酌情確定是否下架檢修。各步槫條上的生頭木全部編號拆除，按原尺寸重新製作更換，製作後也標號備用。

下平槫下托腳全部更換，其他各步托腳、平梁上蜀柱、叉手、丁華抹頦栱及梁栿上的駝峰、大斗等構件視情況修補續用，無法使用者予以更換。

槫、枋拆卸、安裝應注意事項如下：

第一，拆卸時因各槫長短、直徑、榫卯不一，故需在拆除前編號、記錄清楚，以免放錯位置發生榫卯不嚴或無法搭交的情況。拆落過程中繪製草圖，記錄槫、枋的規格、尺寸以及各槫條搭交位置的高度，以備歸位安裝時參考、比較。拆除工作自西南角開始，逆時針逐間拆卸撩檐槫、下平槫。內槽槫、枋除需要更換和修補的下架以外，其他槫條需採取原位臨時固定措施防止滾動，拆落槫、枋時，其下可能掉落的襻間枋、替木也一同下架。拆卸後分類碼放在材料棚中，以便修配取用。

第二，槫枋的修配。各槫、枋拆卸後經逐件檢查，視情況儘量修補續用。彎垂超過直徑四分之一需要更換，表面糟朽不足 5 厘米採取剔補方式加固。無法使用者予以更換。內槽柱頭枋、襻間枋和扶壁影栱上的斗子同時檢修，安裝槫枋之前補配安裝。

第三，各構件應按拆除記錄草圖及編號核對實物無誤後再進行安裝。安裝時應檢查構件左右的榫卯、位置以免發生倒裝現象。應注意保護榫卯，安裝要小心穩妥，不能硬安，榫卯過緊要適當加工榫頭，過鬆要加補卯口。每間安裝後核對前後坡舉折尺寸，無誤後固定托腳，加釘臨時拉桿，防止滑動，再繼續下一間。各步槫歸位安裝後，自脊步槫至撩檐槫加數道鐵拉桿椽，防止槫材向下滾動，縱向在兩槫搭交處加鐵卡子加固，防止各槫縱向錯動。

8. 角梁

四角角梁全部拆卸，拆卸前繪圖編號，按位置標號釘牌，以便修配安裝或原樣仿製。分別測量、記錄仔角梁、大角梁、續角梁的尺寸、做法，並畫出大樣圖。按順序先拆仔角梁，再自上而下拆續角梁，最後拆大角梁和角神及平盤斗。構件拆落後逐一檢修，對大角梁、仔角梁按實際需要修補加固或更換，並製安套獸，補配風鐸。續角梁表面深度在 3 厘米以下的，剔補見新後續用，局部糟朽較深的，剔補拼接後繼續使用，對糟朽殘破嚴重的續角梁，按原有尺寸製作換新，釘編號牌，以備歸安。

9. 椽、望及其他檐頭構件

大雄殿檐椽、飛子、望板及大、小連檐等構件腐爛嚴重，擬全部以新木材按照原式製作安裝，檐椽糟朽輕微，長度合適的，可改製為花架椽使用。

椽、望拆安的注意事項如下：

第一，做好現狀記錄，測量記錄椽子、飛子、望板，瓦口，大連檐，小連檐、生頭木的規格、數量、特殊做法以及椽子、望板的搭交和鋪釘方法，必要的繪出大樣圖。拆除過程中檢查有無題記等情況。

拆卸順序，先自上而下拆除壓尾望板、瓦口、小連檐、飛子，然後拆除大連檐、望板、腦椽、花架椽、檐椽、生土木等。拆落後揀選可用檐椽單獨堆放備用，其他分類碼放在廢料棚，待竣工後統一處理。

第二，除飛子較原樣加長 15 厘米之外，椽子、望板及所有檐頭構件均按原尺寸製作，做防腐處理後堆放在新件的堆放棚，以備安裝。

第三，安裝中椽子搭交仍採用斜搭掌，望板按原來鋪釘方法縱向鋪釘，與椽子垂直，接頭處避開椽縫，鋪嚴釘實。檐椽、飛子、望板鋪釘後，塗防腐油膏兩道，干後即可開始苫背。

10. 復原瓦頂

大雄殿瓦頂滲漏嚴重，瓦坡斷裂滑動，脊的形式、吻獸樣式與殿身格調極不協調，故在着眼於防滲防漏的同時，兼顧瓦頂風格與殿身的協調，因此選擇全部拆除，重新復原的維修方案。參照國內遼代遺構重做瓦頂，更換風格、尺寸不符瓦件，重砌五脊，仿製正脊鴟尾、垂脊垂首、小獸。

瓦頂拆卸和安裝中的注意事項：

第一，拆卸前做好形制和現狀記錄。詳細測量正脊和四條垂脊各段的長度、吻獸、垂首形制、尺寸。記錄瓦面做法，查好各坡壟數，是勾頭坐中還是滴水坐中。查明筒瓦、板瓦、勾頭、滴水種類，分清各種瓦的時代。統計勾頭、滴水殘毀數量，瓦件筒、板瓦殘壞比例。記錄苫背層厚度、做法、現狀。

第二，拆除瓦面。先從西南角檐頭開始，拆除勾頭、滴水，逐壟揭取坡面瓦，然後依次拆垂首、垂脊，大吻，正脊，最後清理苫背層。拆卸下架後檢選瓦件，確定爲遼代筒瓦、板瓦、勾頭、滴水的，清除灰泥後單獨堆放備用。按所選瓦件尺寸式樣，統計缺失數量，定燒瓦件。對後來補加的瓦件也分別清理存放。筒瓦、板瓦、勾頭、滴水尺寸大，數量大，可選擇在當地建窯燒造。

第三，重做屋面及復原瓦頂。

防腐油膏之上，先抹護板灰一層，約 5 厘米，上按當地做法，做 15 厘米厚焦渣背。焦渣灰以焦渣與白灰混合，白灰與焦渣的體積比爲 1：3，所用焦渣粒徑 0.35～0.5 厘米，需經 5～10 天淋水燜透。做焦渣背時，一般虛鋪 25 厘米，用木拍子拍打出漿，拍實後，以厚爲 15 厘米爲宜，之上以細焦渣灰宛瓦。

殿頂五脊式樣，改現在的花脊爲瓦條脊，並按比例增加高度尺寸，仿製大吻，垂首完好者續用，原瓦件大小不一致，瓦壟距也不統一，重做瓦頂時要適當調整壟距、壟數。將舊有的大號瓦件集中宛在西坡，並以此爲準，仿製全部筒、板瓦及勾頭、滴水。竣工後用麻刀灰追做一次捉節夾壟。

11. 檐墙與地面

①重砌檐墙

原來檐墙下部條磚多已損毀，墙體也在檢查、加固柱子時部分拆除，擬於殿頂完工後，全部拆除舊有墙體，按照原來式樣砌築。

拆卸前測量、記錄檐墙上下寬度，內外收分尺寸，裙鹼內外高度，磚坯規格、砌法以及木骨的規格、分佈等。下部用遼代規格的青磚一順一丁砌築裙鹼，淌白撕縫。上部用原規格土坯按照原來式樣壘砌，裙鹼以上的外墙面用紅土灰罩面。

拆除時兼顧內壁壁畫安全，拆卸墙體同時用玻璃布及化學粘結材料對壁畫泥層實施原地加固，重砌墙體時將壁畫與墙體拉結牢固。

②重墁地面

殿內地面以砍磨方磚鋪墁，現方磚多數不存或損毀，應全部拆除重墁。

拆卸前測量、記錄磚的規格、鋪墁方法。邊拆除邊檢選，能夠續用者集中堆放。重新鋪墁時續用的方磚集中鋪設於佛壇前部，不足的照原尺寸燒製、砍磨，仍依原來的鋪設方法，完工後刷桐油提高耐磨能力。

12. 裝修

①全部拆除內檐裝修

由於增設了殿內平棊，造成上架通風不暢，平梁、太平梁及其槫條襻間枋等構件霉朽，個別梁架上之遼代彩繪已經遭受嚴重破壞，這種由於通風不暢造成的弊害已嚴重威脅着遼代木構架及建築構件上彩繪的安全，因此全部拆除殿內平棊。

②恢復外檐裝修

初步方案中關於外檐裝修部分擬採取"現狀加固"措施，方案內容爲"外檐裝修以保養爲主，對門窗腐朽、鬆動構件重新補配，另加鐵件加固，之後全面油飾。"但在拆除墙體檢修柱子時，又有了新的發現，認爲原製應爲正面七間均爲隔扇門，因此，把原來"現狀加固"的方案，更改爲"恢復前檐裝修"。

13. 關於前檐裝修方案的更改

①檻墻內遺迹記錄

檻墻內發現的情況包括：

第一，前檐東西次間、二次間坎窗邊框是通至柱根的，原應與柱間地栿相連接，但現狀是被鋸斷的殘痕。墻內柱子兩側原裝修的框檻下段尚在，並有火燒痕迹。

第二，兩個次間包砌在坎墻內的柱子下有柱礎，而東、西、北包在墻內的柱子不用柱礎。這兩件柱礎也有石雕花紋，與露明柱礎上的石雕花紋一致風格，一致紋飾，也是"壓地隱起華"的手法。

第三，六根柱子根部都殘存 31×20 厘米地栿卯口，柱礎左右立框位置與覆盆等高，顯然是承托立框安裝地栿的。

由以上情況，判斷原大雄殿正面當心七間和後檐心間原均應爲木隔扇，裝修可能經過一次火災損毀，而於明代維修時將四個次間改作檻窗。

②恢復前檐裝修方案

基於以上確鑿的依據，從恢復時代風格考慮，再結合殿內採光和通風的需要，放棄了原有方案，重新制定全面恢復前檐裝修的新方案。具體內容包括：

第一，拆除四間檻窗、坎墻，揭取檻墻內壁壁畫。

第二，拆除前後檐四間隔扇門，恢復前檐七間和後檐心間裝修。隔扇門仍依現有"五抹"樣式，但改換原"菱形隔心"爲"一馬三箭"樣式，以利於殿內採光。

（三） 鐵活加固方案

採用隱蔽構件提高木構件強度和結構的穩定性，是針對古代木結構建築維修常用的手段。大雄殿維修中在儘量使用原有構件的前提下，木構件修配和歸位安裝中應適當使用鐵活加固以提高構件強度和保證結構穩定。鐵活的使用務求有效、隱蔽。具體設計見木構件修配和安裝方案圖。

（四） 化學加固方案

古建築的修繕和構件的製作通常應注重傳統作法，但是當代科技的發展，新的建築材料不斷涌現，在不影響古建築和構件原貌的前提下，利用當代技術手段和新的材料，來加固古建築構件，或以新材料代替較爲落後的舊材料，在古建修繕中已經普遍使用，應予以肯定。

本次維修工程中化學材料加固主要採用兩種方法，一是在柱子剔補、構件局部貼補及梁頭鑲補等項目中，作爲構件間的粘接材料；二是在加固劈裂構件和拼接構件項目中，採用玻璃鋼箍加固構件拼接部位。具體設計見栱、昂、枋等構件修配。

（五） 油飾斷白

爲提高構件防腐和協調整體色調，落架後所有構件包括新構件，全部桐油鑽生一次，這樣榫卯等隱蔽部位也可滲油防腐。土木工程完工後，裂縫填平再刷生桐油一道，然後闌額、普拍枋、地栿、框檻等外露木構件按傳統作法做"一麻五灰"地仗，並與斗栱的檐下部分、檐頭、椽望構件一同斷白油飾。殿內復製構件"隨舊斷白"視周圍構件色彩而定，比如內槽鋪作大多構件原色脫落，僅見木質本色，新構件宜不刷色油，使與原件色調相近一致，又相區別。

（六）安裝避雷設施

避雷導綫要隱蔽砌築在檐墻和臺基內，因此避雷設施的安裝與臺基砌築，檐墻砌築工程同步進行，時間上要兼顧，瓦頂工程完成後，進行殿頂導綫的安裝，最後完成地下部分。避雷方案擬請專業部門設計。（見避雷設計圖及說明）

（七）安裝防雀網

近年，古建築保護中由動物引起的病害日益受到重視，鳥雀在檐部生栖，在大雄殿檐部留下大量鳥糞污漬，鳥類抓撓加速了木構件及油飾的損壞。故在大雄殿外檐鋪作四周增設防雀網 880 平方米，防護網選用鍍鋅六角網，其上部固定於撩檐槫上，下部固定於普拍枋上。

（八）方案說明

（1）方案的編製是按照現狀勘查的先後順序有針對性地提出解決辦法，具體實施中應按照實際需要的操作程序。例如，臺基加固，因施工中會對臺基地面造成破壞，故該項應在完成其他各項工程之後進行。安裝避雷設施，要在瓦頂完成之後，墻體砌築之前進行。殿身加固完成後，進行油飾斷白，加裝防雀網。

（2）依據方案的實施步驟，將大雄殿維修工程的實施分爲三個階段。第一階段，局部落架拆除和材料準備；第二階段，構件修配；第三階段，歸位安裝和重苫瓦頂。在實施拆除工作前，要結合工期、氣候等條件做好工程期間的安全防護工作，對殿身和附屬文物也應採取合理、有效的保護措施。

（3）完成第一階段落架拆除工程後，要依據具體情況進行構件修配、加固、安裝、調整等分項設計方案的補充和完善，必要時還應對方案作調整，甚至更改。

（4）大雄殿維修工作結束之後，還應對其他建築擇情維護，對環境進行綜合整治，增加必要的安防設施，改善文物保管條件，辦公條件。

三　奉國寺大雄殿局部落架勘測報告

確定修繕方案以後，着手實施第一階段的拆除工作。爲保證拆除工程順利、安全、有序進行，首先進行了民居動遷和施工場地平整，材料與設備購置等準備工作，搭建了殿身防護棚，施工脚手架，構件堆放棚，工作棚等臨時設施，對殿内文物也採取相應的保護措施。

（一）施工場地、材料與設備的準備

1. 規劃施工場地

動遷民房準備施工場地。大雄殿東、西、北月臺以外，至前面無量殿東檐以外，都被學校和居民佔據，狹小的奉國寺院内，不僅落架下來的構件無處存放，而且將要購進的大量木材也無處安置。同時修配構件也需較大的施工場地。針對這一實際問題，經修繕委員會組織、協調，取得當地政府支持，在大雄殿臺基北側 10 米處，東西橫砌一道 90 米長的圍牆，將後側學校的部分操場圈入奉國寺院内，省市縣領導又多次立會，反復協商，將無量殿東側和内山門兩側的居民共 15 户、房屋 50 多間動遷，經平整後作爲施工用地。以上兩項共增加面積約 6000 平方米，同時拆遷文物保管所辦公用房 11 間，徹底解決了材料堆放和施工所需場地。由於毗鄰居民遷出，消除了很多火源，對於施工期間的安全防火，也是極爲有利的。

2. 搭建材料存放棚、施工棚

臨時搭建 500 平方米施工棚，用於安置刨床、鋸床、磨磚機等施工設備。搭建新、舊構件堆放棚、新材料存放料棚 1200 平方米，解決了材料存放問題。

3. 準備施工材料和設施、設備

奉國寺修繕所需的大量材料木材、磚瓦、沙石、水泥、鐵件、鐵釘及化學加固材料。特別是木材，從材質和規格上都有一些特殊要求，縣内不能滿足需要，修繕委員會及時組織人力去縣外選購了部分木材、架杆和架板。爲解決開工的急需，又陸續從寧城、新賓等地調運和選購了大量架杆。同時安排在縣内建窯，提前開始燒製所需的大量青磚瓦件。購置、安裝了龍門架、吊鏈等起吊設備。添置砂輪機、千斤頂、電機、壓刨床、平刨、磨磚機、手推車、電鋸等設備工具，並爲滿足施工需要，對供電綫路進行增值改造。

（二）殿内文物臨時保護設施

大雄殿内保存有大量的遼代彩色泥塑佛像、建築彩繪、元明壁畫、各代維修碑記及石雕供器，殿内外還保存多塊木質匾額。爲避免修繕過程中自然和人爲原因造成對殿内外文物和殿身木構件的損害，施工之前必須充分調研評估，修繕期間應採取合理的措施，保護殿内附屬文物的安全。在綜合考慮工程涉及的範圍、工期及當地氣候條件等因素的基礎上，針對上述各項分別制定如下保護方案。

1. 增建殿身防護棚

大雄殿修繕是本次工程費時最多的主體項目。特別是挑頂勘查、修配構件、鐵活加固及大木撥正幾個事項，需要費時約 3~4 年時間。施工期間不能因上述工作而有損梁枋結構和殿內附屬文物的安全。考慮到大雄殿體量大、修繕工期長的實際情況，必須解決殿頂揭開以後的防雨、防風等一系列防護問題，以確保文物安全和順利施工。所以，施工伊始，便用防護大棚與殿內封護天棚相結合的防護措施，有效地保護塑像等附屬文物的安全。

防護棚的具體做法是，在大雄殿檐外及殿內架設施工腳手架時，拆除平棊和相應位置的殿頂，將部分腳手架立杆穿過殿頂，搭起一個上高出大雄殿頂 2.5 米，周圍跨出 3 米，面積 2500 平方米，同殿頂形式相同，高、廣皆過之的四面坡頂防護棚，將整個大雄殿完全罩在防護棚內。棚架之上先鋪設木板，再鋪瀝青油，再上加防護席。防護棚搭建時還在四角各設一 6 平方米的看護棚，每天二十四小時均有專人看護。爲了防止拆卸過程中，掉下構件磚瓦等碰壞殿內文物，又在大梁以上架設一層 1000 平方米的防護板，以確保附屬文物安全（見插圖三二、插圖三三）。

防護棚的優點是顯然的，主要是保障了施工期間文物的安全。本次施工雖歷經五年多時間，但大殿主體結構、構件和殿內文物沒受到任何雨雪風沙的損害，防護大棚起到了關鍵作用，其最大缺點是，易損易燃，每年都需要維護一次，增加了管理工作的難度。

2. 臨時避雷設施

大雄殿體量高大，相對高度遠高於周圍建築，此次維修時間較長，而遼西地區夏季又多雷雨，防雷也是施工期間的必要措施之一，因此，施工前還在大雄殿東、西兩側分別安裝了一座 35 米高的臨時避雷設施。

3. 塑像保護

大雄殿內中央七間前、後內柱之間長 38 米、寬 9 米的佛壇上共有泥塑造像二十四尊，包括佛像七尊，脅侍像十四尊，天王像兩尊，佛壇後塑明代菩薩像一尊，正中佛像高達 9.5 米，體量過大，無法移動。

而拆卸屋頂瓦件和木構件過程中，構件掉落在所難免，爲防止構件墜落損壞佛像，及雨水、塵土等撒落在佛像上造成破壞，拆卸和勘測工作展開前採取了搭建保護棚整體封護的措施。保護棚架杆立在佛壇四周及壇上空位，立杆原則間隔 3 米，兼顧避開造像，杆高超過佛像 0.5 米，杆頂密架橫杆，其上鋪 3 厘米厚的木板兩層，再鋪防水塑料布、雨布和防護席各一層，塑料布、雨布和防護席下至佛壇，將佛像群完全包護起來。在佛像保護棚與梁栿上架設的防護板共同保護下，歷經五年的維修，佛像未受任何損傷。

4. 建築彩畫的保護

大雄殿內檐斗栱、梁枋表面保存着大面積遼代彩畫，是一批難得的遼代藝術珍品。然而上述的梁枋、斗栱，大多

插圖三二　殿身防護大棚外觀及支立龍門架

插圖三三　殿身防護大棚內部

出現節點鬆動、構件歪閃等情況，是亟待處理的病害。而對修配、加固的梁枋、斗栱，又絕對不能損傷構件表面的彩畫，因此對彩畫的保護既是重點，又是難點。對此主要採取"保主修副"和"畫面封護"兩種措施。

首先，內槽梁栿不擾動，外槽梁栿不下架，避免在拆裝過程中損害梁身彩畫。在殿頂拆除後，造成內槽梁架歪閃的壓力得以釋放，再通過調整內槽柱子和外槽落架，使內槽梁架歸位，外槽梁栿則採取"抬梁修配"的技術手段，依靠有經驗的工人，在拆落斗栱前後對梁身原位支頂。此外，還以毛頭紙和軟布將梁身包裹起來防止硬物刮擦，在起吊和支頂時使用外套膠管的鋼絲繩和軟布墊，防止畫面損壞。

5. 壁畫原地封護

大雄殿檐牆內壁滿繪元、明兩代壁畫，東、西、北山牆上繪有元代佛教壁畫共 20 幅，總面積 466.7 平方米。維修中不僅拆除殿頂會有粉塵、灰土污染，外檐斗栱落架時還需在外槽安裝起吊設備，檢查檐柱時更要在外牆開柱門，這些都需要在工程開始之前採取相應的壁畫保護措施。故在殿頂拆除前，預先製作寬約 1.5 米的保護支架若干，支架與壁畫接觸面垂直並與壁面等高，接觸面滿釘木板，在木板上鋪釘棉被，再外加脫脂棉一層，然後，將支撐架緊靠壁面，將壁畫原位封護起來。

6. 石碑、石雕、匾額保護

殿內共存碑刻十一通，記載了各朝的修建、補葺情況，對研究奉國寺沿革和與周邊寺院的關係均有一定價值，是奉國寺文物價值的有機部分，在維修中也採取措施予以保護，以利日後研究之便。碑記數量多，體量大、重量大，不易移動，採取與防護佛像相同的原地封護保護辦法，按照規格製安木質防護框，實施原地保護。

殿內共設石雕貢器七組二十一件，數量多，體量不大，且妨礙施工，採取異地保護方法，按位置登記編號，移入臨時庫房保護，竣工後按照編號原位佈置。

殿內外共有匾額六方，包括懸於前檐的清乾隆時期透雕匾額三塊，殿內心間明清時期匾額兩塊和後檐心間匾額一塊。均懸於內外槽鋪作部位，妨礙施工，又體量較小，採取登記編號後安全拆卸，移入臨時庫房封存保護，修繕工程結束後，檢修加固，原位懸掛。

（三）腳手架工程

大雄殿維修腳手架包括外檐落檐架子、梁栿起吊和承重架子。

（1）外檐落檐架子，與防護棚一體，因出檐長達 3 米，腳手架寬三排，水平超出檐頭 1.5 米，高同檐頭。外加高 1 米的護身欄杆。於殿身正面設上、下斜道，在大雄殿東、西兩側落檐腳手架以外，架設龍門架和運料平臺。大雄殿工程腳手架體量大，維修工期又長，又與防護棚一體，因此必須安全、耐久、穩定。為解決腳手架安全穩定問題，在架子四面內外增加斜向拉杆，每根立杆都於臺基外地面打斜杆支撐。針對工期長問題，對腳手架進行定期養護和經常性檢修。

（2）梁栿起吊和承重架子，為逐縫起吊梁栿，拆卸斗栱，在殿頂梁架完工後，於外槽每根梁頭外置搭起吊架子，架子長、寬各 3 米，高過上層梁 3 米，前端靠近檐牆，上設四根斜杆安裝吊鏈。在起吊梁栿、拆卸斗栱後，梁栿需復位，該架子還需用於承托梁栿外端。

（四）落架拆卸

腳手架工程完工後，逐項實施落架拆卸，拆除過程中對照、補充勘查記錄，做好拆卸記錄、構件檢選登記及影像資料搜集等工作。

1. 瓦頂拆落

①拆卸記錄

大雄殿頂形式爲單檐廡殿式，正脊長2231厘米，高113厘米，寬24厘米，兩端較脊中生起18厘米。正脊兩端施吻獸，高18.6厘米。四垂脊長度不等，東南垂脊最長2467厘米，西南垂脊最短2446厘米。四垂脊各分成三段，其高度由上至下呈逐段減低之勢，上、中、下三段分別高62、38和19厘米，各脊高度偏小，比例失調。正脊和四垂脊均用燒製的雕花脊筒子，正脊兩端大吻體量過小，雕工拙劣。上段和中段脊前施垂首，分別高87和75厘米。下段垂脊係磚砌條脊上蓋筒瓦，不安蹲獸。

四面檐長略有出入，正面檐頭長5658厘米，翼角生起46厘米，背面檐頭長5661厘米，東坡檐長3360厘米，西坡檐長3366厘米。瓦頂使用布紋筒、板瓦，均係"壓肩造"。因瓦件尺寸差異過大，壟距不等，前、後兩坡筒瓦174壟，其中正身86壟，東、西兩坡各90壟。現存瓦件型號繁雜，筒、板瓦各達三種，最大的筒瓦長42厘米，徑20厘米，小者徑僅14厘米；最大的版瓦長42厘米，寬33厘米。勾頭和滴水花紋數種，勾頭有"雙鳳紋"、"獸頭紋"兩種，另有按此花紋仿燒的，仿製比較低劣，花紋交代混亂。滴水有"雷紋"與"波狀紋"兩種，均係重唇板瓦。

苫背共三層，平均厚度約16厘米，最厚處22厘米，最薄處僅10厘米。

②拆卸瓦頂

瓦頂拆除工作先從西南角檐頭開始，拆除勾頭、滴水、逐壟揭取，然後依次拆垂首、垂脊、大吻、正脊，最後清理苫背層。

③檢選瓦件

拆卸下架後，檢選完整的遼代"獸面紋"勾頭、"波狀紋"滴水，筒瓦則按照尺寸、質地與勾頭一致，板瓦按照尺寸、質地與滴水一致挑選。揀選後清除瓦件上的灰跡，單獨堆放，並依所選瓦件尺寸、花紋爲標準按需定燒瓦件。垂首4件也按原樣燒製，大吻按設計改爲鴟尾（見表八）。

表八　大雄殿瓦、獸件殘損統計表

瓦獸件	規格（厘米）	數　量	損壞數量	處理意見	損壞比例
大吻	高186	2	2	更換	100%
垂首一	高87	4	2	更換	50%
垂首二	高75	4	2	更換	50%
筒瓦	徑20，長42	39490	30870	完好的集中用於西坡，損壞的按原樣燒製更換	80%
板瓦	寬33，長42				60%
勾頭	徑20，長42	528	372		70%
滴水	寬33，長42	532	398		75%

注：筒瓦、板瓦、勾頭和滴水僅以確定的遼代構件爲標準進行統計。

2. 椽望拆落

①拆除記錄

望板以柳葉縫搭交，橫向錯縫鋪釘，厚3厘米，寬20厘米，現已全部糟朽。脊槫上不施扶脊木，兩坡腦椽直接搭在脊槫上，再於脊槫和腦椽上釘木方使與續角梁平，上栽脊樁7根，兩端施吻樁。垂脊則在兩垂首位置直接於續角梁上各安獸樁。

檐椽共計 524 根，其中翼角椽共 72 根，椽子直徑最大 18 厘米，前端收分至 14 厘米，最小直徑 12.5 厘米。飛子最大方 14 厘米，前端收分至 8.5 厘米，最小方 12 厘米。脊椽和花架椽直徑與檐椽相同，各步椽均嚴重糟朽（見插圖三四）。各步椽的頭尾都以"斜塔掌"的做法搭交，飛椽的長度合檐椽每出一尺僅出飛椽四寸。據悉曾於偽滿時期修整時將四檐飛椽一律鋸短，故此飛椽出檐相對短促一些。

　　大連檐斷面 5×16 厘米，小連檐 10×15 厘米，瓦口 10×8 厘米，均糟朽。

　　②拆卸方法和檢選

　　由於搭交方式原因，先自上而下拆除脊椿、望板、瓦口、小連檐、飛子，然後腦椽、花架椽、大連檐、檐椽。經揀選，除檐椽少部分可以改爲花架椽使用，單獨存放之外，其他構件均不可用，暫時碼放在廢料棚，待竣工後統一處理（見表九）。

表九　大雄殿椽、望、檐部構件殘損統計表

構　件	規格（厘米）	數量（件）	損壞數量（件）	處理意見	損壞比例
檐椽	18 – 14	524	524	更換	100%
花架椽	14	786	786	更換	100%
腦椽	14	152	152	更換	100%
飛子	12.5	524	524	更換	100%
大連檐	5×16	28	28	更換	100%
小連檐	10×15	28	28	更換	100%
瓦口	10×8	28	28	更換	100%
望板	3×20	2332 平方米	2332 平方米	更換	100%

1. 拆落的飛椽

2. 拆落的平椽、檐椽

插圖三四　大雄殿拆落下架的飛椽

1. 東北大角梁現狀

2. 西南大角梁現狀

3. 東南大角梁現狀

4. 拆卸下架的子角梁

5. 拆卸下架的續角梁

6. 角梁糟朽局部

7. 拆卸下架的大角梁

8. 拆卸下架的角梁構件

插圖三五　角梁構件糟朽的一組圖片

3. 角梁拆落

①拆除記録

大角梁普遍隨撩檐槫滾動而向下滑動，梁頭下沉。以東北角 3 號大角梁最爲嚴重，較西南 1 號大角梁低 19 厘米，向下滑動 11 厘米。各子角梁也隨之下沉，續角梁也有移動跡象。

子角梁，規格 24×30×337 厘米，梁頭有收分，後尾砍薄釘在大角梁上。子角梁後尾極短，僅至撩檐槫縫。現子角梁均爲後來拼接，子角梁頭原套獸已不存，現改爲木雕套獸。

大角梁，規格 40×30×882 厘米，梁頭做成龍口狀曲綫，現梁頭和梁身均有程度不同的糟朽，個別糟朽較重（見插圖三五）。梁頭下各懸風鐸一枚，現已全部丟失。

隱角梁，位於大角梁和子角梁之上，爲一倒三角形構件，高約 20 厘米，長約 450 厘米，寬與子角梁同。隱角梁前端壓住子角梁，後至檐柱中綫，尾直接釘在大角梁上，現已嚴重糟朽。

續角梁，大角梁後用續角梁四根，斷面尺寸爲 40×30 厘米，長各隨架，現均出現程度不同的糟朽。

②角梁拆卸、揀選

拆卸前分別繪製草圖，依安裝順序編號，按編號在各構件上釘標號牌，以便修配安裝或原樣仿製。按順序先拆隱角梁、子角梁，再自上而下拆續角梁，最後拆大角梁和角神及平盤斗。

子角梁，全部糟朽，梁頭後改爲木雕套獸；大角梁，梁頭前端均糟朽，風鐸全部丟失，應參考其他建築風鐸式樣，製作安裝；隱角梁，全部糟朽，應更換。續角梁，14 件可拼接、剔補續用，2 件糟朽嚴重，應更換。四件角神表面均有裂隙，四件平盤斗表面糟朽，兩件劈裂，仍可修理續用（見表一○）。

4. 槫、承椽枋、襻間枋、散斗、替木及托脚拆落

①現狀記録

拆卸前繪製編號草圖，在草圖上記録槫、枋的直徑、搭交位置的實測高度、槫條下沉、向外滾動、生起數據及生頭木的尺寸、高度。實測各槫、枋均有滾動和下沉，而且位置越下情況越嚴重（見插圖三六、三七、三八）。

表一○　大雄殿角梁殘損統計表

構　件	編　號	規格（厘米）	數　量	殘損情況	處理意見	修配比例
大角梁		40×30×882	4	3－1、4－1 嚴重糟朽， 1－1、2－1 梁頭及梁身表面糟朽	更換 2、修補 2	100%
	1－1	40×30×882	1	梁頭糟朽長 60 厘米，表面糟朽	拼接、貼補	
	2－1	40×30×882	1	梁頭糟朽長 60 厘米，表面糟朽	拼接、貼補	
	3－1	40×30×882	1	嚴重糟朽	更換	
	4－1	40×30×882	1	嚴重糟朽	更換	
子角梁		380×23×34	4	全部糟朽	全部更換	100%
	1－2	380×23×34	1	糟朽嚴重	更換	
	2－2	380×23×34	1	糟朽嚴重	更換	
	3－2	380×23×34	1	糟朽嚴重	更換	

構　件	編　號	規格（厘米）	數　量	殘損情況	處理意見	修配比例
	4－2	380×23×34	1	糟朽嚴重	更換	
隱角梁		20×30×450	4	全部嚴重糟朽	更換 3 件，修補 1 件	100%
	2－3	20×30×450	1	糟朽嚴重	更換	
	3－3	20×30×450	1	糟朽嚴重	更換	
	4－3	20×30×450	1	糟朽嚴重	更換	
	1－3	20×30×450	1	糟朽	拼接	
續角梁		40×30	16		更換 2，修補 14	100%
	1－4	40×30	1	表面糟朽	貼補	
	1－5	40×30	1	表面糟朽	貼補	
	1－6	40×30	1	表面糟朽	貼補	
	1－7	40×30	1	梁身朽長 200、深 5 厘米	拼接、加玻璃鋼箍	
	2－4	40×30	1	梁身斷裂，上皮糟朽 3 厘米	拼接、加玻璃鋼箍	
	2－5	40×30	1	表面糟朽	貼補	
	2－6	40×30	1	表面糟朽	貼補	
	2－7	40×30	1	表面糟朽	貼補	
	3－4	40×30	1	表面糟朽	貼補	
	3－5	40×30	1	梁身劈裂，上皮糟朽 3 厘米	貼補、加玻璃鋼箍	
	3－6	40×30	1	糟朽深 10 厘米	更換	
	3－7	40×30	1	表面糟朽	貼補	
	4－4	40×30	1	表面糟朽	貼補	
	4－5	40×30	1	長 45、深 10 厘米	更換	
	4－6	40×30	1	中部朽裂，長 200、深 10 厘米	剔補後加玻璃鋼箍	
	4－7	40×30	1	表面糟朽	貼補	
套獸			4	均爲後換套獸	擇樣燒製更換	100%
風鐸			4	均缺失	擇樣訂製更換	100%

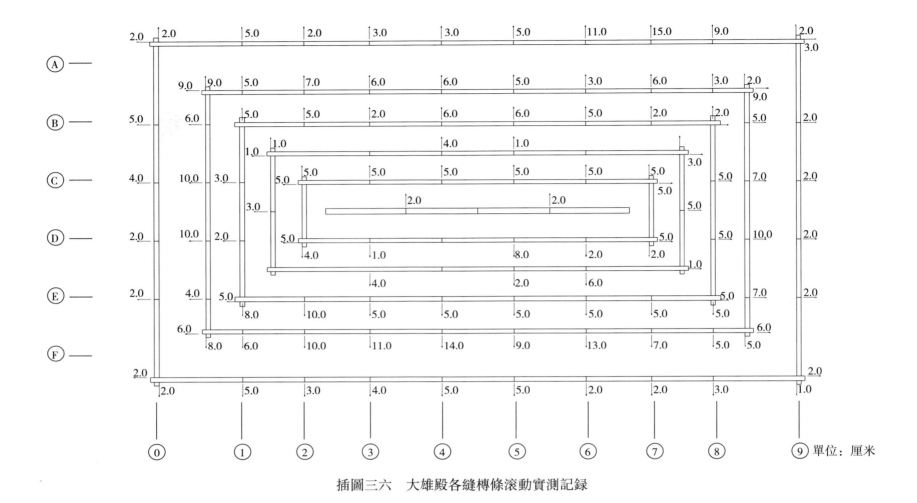

插圖三六　大雄殿各縫榑條滾動實測記錄

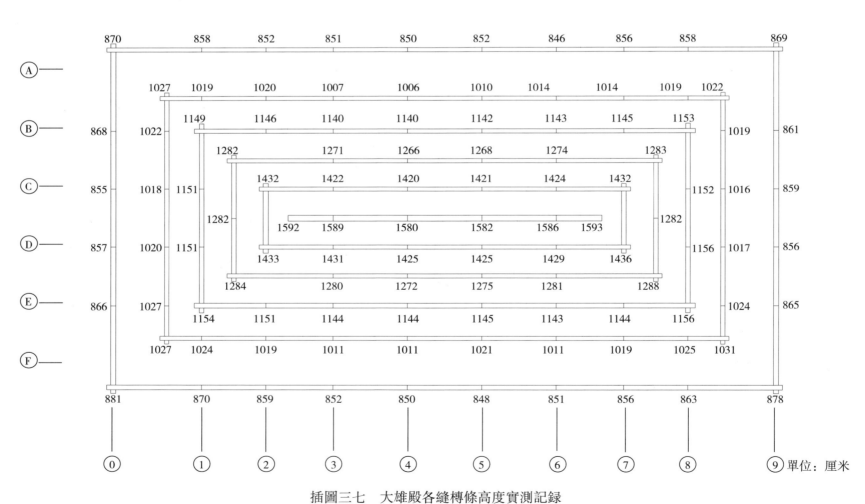

插圖三七　大雄殿各縫榑條高度實測記錄

1. 南坡鋪作和撩檐槫現狀

2. 西坡鋪作和撩檐槫現狀

3. 東坡鋪作和撩檐槫現狀

4. 北坡鋪作和撩檐槫現狀

5. 撩檐槫拔榫現狀

6. 修補過的撩檐槫

插圖三八　大雄殿外檐鋪作沉垂和槫條現狀

各槫背上都用長大的生頭木，生頭木的作用有三，一是背上刻出椽椀承托着各步椽子，二是在原有柱子生起的基礎上加大椽和屋面的生起值，使屋面曲綫更加舒緩，三是補足兩坡屋面交綫上椽與角梁的高差，以便鋪釘望板。基於以上作用，各槫縫生頭木寬度 18 厘米，高度則自明間向兩端逐漸昇高，撩檐槫上生頭尺寸最大，兩端高達 24 厘米，脊槫上爲 19 厘米，其他槫縫高度都在 15 厘米上下。現生頭木全部糟朽。

②槫、承椽枋、襻間枋、散斗、替木及托脚拆卸

槫、枋拆卸的範圍，方案中擬僅拆落外槽槫、承椽枋，内槽除需要更換和修補的下架以外，採取原位固定方法防止滾動。但現狀生頭木全部糟朽，需要更換，故槫條也改爲全部下架。因各縫槫長短、直徑、榫卯搭交並不一致，故在拆除前按草圖上的編號，逐一釘標號牌，以免安錯位置發生榫卯不嚴或無法搭交的情況。生頭不編號，隨槫下架，一並檢修，以方便製作。槫條拆卸後，其下襻間、散斗、替木及托脚也分別編號拆卸檢修。下平槫縫的大斗位於絷牽下，按實際情況確有幾件需更換，逐一編號釘牌後，抬起扎牽，卸下大斗，扎牽下臨時以方木塊墊牢。

拆卸工作自西南角始，逆時針逐間拆卸撩檐槫、承椽枋、下平槫和托脚，内槽也依此順序逐縫拆卸。下架後揀選分類，分組碼放在材料棚中，以便修配取用。内槽鋪作不拆落，對個別損壞構件儘量原地修補，嚴重者抽換下來修配，在安裝槫條之前歸位安裝（見表一一、一二、一三）。

表一一　大雄殿槫條、承椽枋殘損統計表

構　件	編　號	規格（厘米）	數　量	殘損情況	處理意見	修配比例
撩檐槫		φ40	28	均有糟朽或斷裂	更換 9，修補 19	100%
	1	φ40	1	糟朽嚴重	更換	
	2	φ40	1	上皮糟朽	剔補	
	3	φ40	1	上皮糟朽	剔補	
	4	φ40	1	上皮糟朽	剔補	
	5	φ40	1	上皮糟朽	剔補	
	6	φ40	1	上皮糟朽	剔補	
	7	φ40	1	上皮糟朽	剔補	
	8	φ40	1	上皮糟朽	剔補	
	9	φ40	1	糟朽斷裂	更換	
	10	φ40	1	上皮糟朽	剔補	
	11	φ40	1	糟朽嚴重	更換	
	12	φ40	1	糟朽斷裂	更換	
	13	φ40	1	彎垂 12 厘米	更換	
	14	φ40	1	上皮糟朽	剔補	

構 件	編 號	規格（厘米）	數 量	殘損情況	處理意見	修配比例
	15	φ40	1	上皮糟朽	剔補	
	16	φ40	1	上皮糟朽	剔補	
	17	φ40	1	上皮糟朽	剔補	
	18	φ40	1	上皮糟朽	剔補	
	19	φ40	1	朽斷	更換	
	20	φ40	1	上皮糟朽	剔補	
	21	φ40	1	上皮糟朽	剔補	
	22	φ40	1	上皮糟朽	剔補	
	23	φ40	1	上皮糟朽	剔補	
	24	φ40	1	上皮糟朽	剔補	
	25	φ40	1	糟朽嚴重	更換	
	26	φ40	1	彎垂嚴重	更換	
	27	φ40	1	彎垂嚴重	更換	
	28	φ40	1	上皮糟朽	剔補	
下平榑		φ38	28	糟朽嚴重5，表面糟朽10	更換5，修補10	55%
	2	φ38	1	表面糟朽	貼補	
	3	φ38	1	彎垂、糟朽	剔補	
	5	φ38	1	彎垂、糟朽	貼補	
	8	φ38	1	嚴重糟朽	更換	
	9	φ38	1	彎垂、糟朽	剔補	
	11	φ38	1	彎垂、糟朽	貼補	
	14	φ38	1	彎垂、糟朽	貼補	
	15	φ38	1	表面糟朽、劈裂	嵌補、粘接	
	17	φ38	1	卯口劈裂	粘接	
	18	φ38	1	糟朽斷裂	更換	

構　件	編　號	規格（厘米）	數　量	殘損情況	處理意見	修配比例
	20	φ38	1	彎垂嚴重	更換	
	21	φ38	1	彎垂、糟朽	剔補	
	25	φ38	1	彎垂嚴重	更換	
	26	φ38	1	糟朽斷裂	更換	
	27	φ38	1	彎垂、糟朽	剔補	
下中平榑		φ37	20	糟朽嚴重6，表面糟朽5	更換6，修補5	55%
	2	φ37	1	糟朽斷裂	更換	
	5	φ37	1	表面糟朽長125、厚4厘米	貼補	
	6	φ37	1	表面糟朽	貼補	
	7	φ37	1	糟朽斷裂	更換	
	8	φ37	1	糟朽斷裂	更換	
	9	φ37	1	表面糟朽	貼補	
	10	φ37	1	糟朽斷裂	更換	
	12	φ37	1	表面糟朽	貼補	
	14	φ37	1	表面糟朽	貼補	
	15	φ37	1	糟朽斷裂	更換	
	20	φ37	1	糟朽斷裂	更換	
上中平榑		φ35	14	糟朽3，其他完好	剔補3	21%
	6	φ35	1	糟朽	剔補	
	9	φ35	1	糟朽	剔補	
	13	φ35	1	糟朽	剔補	
上平榑		φ37	12	糟朽2	剔補2	15%
	6	φ37	1	糟朽	剔補	
	8	φ37	1	糟朽	剔補	
脊　榑		φ40		基本完好	不動	

構　件	編　號	規格（厘米）	數　量	殘損情況	處理意見	修配比例
承椽枋		20×65	84	糟朽嚴重21，表面糟朽12	更換21，修補12	40%
	2－1	20×65	1	糟朽斷裂	更換	
	3－1	20×65	1	底皮糟朽高3厘米	剔補	
	6－1	20×65	1	糟朽斷裂	更換	
	9－1	20×65	1	嚴重糟朽	更換	
	12－1	20×65	1	糟朽斷裂	更換	
	17－1	20×65	1	糟朽斷裂	更換	
	21－1	20×65	1	嚴重糟朽	更換	
	22－1	20×65	1	糟朽斷裂	更換	
	24－1	20×65	1	糟朽斷裂	更換	
	27－1	20×65	1	糟朽斷裂	更換	
	1－2	20×59	1	上皮糟朽高8厘米	新料拼接、加玻璃鋼箍	
	2－2	20×59	1	上皮糟朽高6厘米	新料拼接、加玻璃鋼箍	
	6－2	20×59	1	上皮糟朽高6厘米	新料拼接、加玻璃鋼箍	
	11－2	20×59	1	上皮糟朽高11厘米	新料拼接、加玻璃鋼箍	
	13－2	20×59	1	糟朽斷裂	更換	
	17－2	20×59	1	上皮糟朽高5厘米	新料拼接、加玻璃鋼箍	
	22－2	20×59	1	上皮糟朽高6厘米	新料拼接、加玻璃鋼箍	
	27－2	20×59	1	嚴重糟朽	更換	
	1－3	20×56	1	底部朽長40、高6厘米，束側朽斷	剔補、拼接	
	3－3	20×56	1	底皮糟朽高3厘米	剔補	
	5－3	20×56	1	底皮糟朽高2～3厘米	貼補	
	6－3	20×56	1	糟朽斷裂	更換	
	7－3	20×56	1	中部外皮糟朽 長110、高4、深6厘米	剔補	
	8－3	20×56	1	糟朽斷裂	更換	

構 件	編 號	規格（厘米）	數 量	殘損情況	處理意見	修配比例
	9－3	20×56	1	嚴重糟朽	更換	
	12－3	20×56	1	底皮糟朽	剔補	
	13－3	20×56	1	糟朽斷裂	更換	
	17－3	20×56	1	朽	更換	
	18－3	20×56	1	嚴重糟朽	更換	
	21－3	20×56	1	嚴重糟朽	更換	
	22－3	20×56	1	嚴重糟朽	更換	
	24－3	20×56	1	糟朽斷裂	更換	
	26－3	20×56	1	糟朽斷裂	更換	

注：槫背生頭木全部製作換新。

表一二　大雄殿內大斗、襻間枋、散斗、替木拆卸檢修統計表

構 件	編 號	規格（厘米）	數 量	殘損情況	處理意見	修配比例
襻間枋	下平槫縫	20×28	28	糟朽、斷裂5，表面糟朽6	更換5，修補6	40%
	3	20×28	1	表面糟朽長200、厚2厘米	貼補	
	7	20×28	1	表面糟朽長220、厚3厘米	貼補，加玻璃鋼箍	
	10	20×28	1	表面通長糟朽，厚3厘米	貼補，加玻璃鋼箍	
	11	20×28	1	表面糟朽長350、厚5厘米	貼補，加玻璃鋼箍	
	12	20×28	1	表面糟朽長300、厚3厘米	貼補，加玻璃鋼箍	
	15	20×28	1	表面糟朽長110、厚2厘米	貼補	
	17	20×28	1	嚴重糟朽	更換	
	18	20×28	1	嚴重糟朽	更換	
	19	20×28	1	嚴重糟朽	更換	
	20	20×28	1	嚴重糟朽	更換	
	26	20×28	1	嚴重糟朽	更換	
襻間枋	上中平槫	20×28	14	糟朽2，其他基本完好	修補2	15%

構　件	編　號	規格（厘米）	數　量	殘損情況	處理意見	修配比例
	6	20×28	1	表面糟朽	貼補	
	13	20×28	1	表面糟朽	貼補	
襻間枋	上平槫縫	20×28	12	糟朽2，其他基本完好	修補2	15%
	9	20×28	1	表面糟朽	貼補	
	12	20×28	1	表面糟朽	貼補	
大斗	絜牽下用	48×45×36	24	糟朽6，其他基本完好	更換6	25%
	7	48×45×36	1	糟朽斷裂	更換	
	17	48×45×36	1	糟朽斷裂	更換	
	18	48×45×36	1	糟朽斷裂	更換	
	19	48×45×36	1	糟朽斷裂	更換	
	20	48×45×36	1	糟朽斷裂	更換	
	21	48×45×36	1	糟朽斷裂	更換	
散斗	下平槫	30×32×28	80	缺失1，糟朽1，其他完好	補換2	2.5%
	7－1	30×32×28	1	糟朽斷裂	更換	
	4－4	30×32×28	1	缺失	補換	
散斗	上中平槫	30×32×28	88	基本完好	不動	
散斗	上平槫	30×32×28	68	基本完好	不動	
替木	下平槫下	20×15	56	糟朽、斷裂5，其他完好	更換5	9%
	3－6	20×15	1	糟朽斷裂	更換	
	3－7	20×15	1	嚴重糟朽	更換	
	6－6	20×15	1	糟朽斷裂	更換	
	7－6	20×15	1	糟朽嚴重	更換	
	19－6	20×15	1	糟朽嚴重	更換	
替木	上中平槫	20×15	36	基本完好	不動	
替木	上平槫	20×15	28	基本完好	不動	

表一三　大雄殿托脚、叉手殘損統計表

構　件	編　號	規格（厘米）	數　量	殘損情況	處理意見	修配比例
托脚	下平槫縫	29×20	24	嚴重糟朽15，其他基本完好	更換15	63%
	1	29×20	1	嚴重糟朽	更換	
	2	29×20	1	嚴重糟朽	更換	
	4	29×20	1	嚴重糟朽	更換	
	7	29×20	1	嚴重糟朽	更換	
	8	29×20	1	嚴重糟朽	更換	
	9	29×20	1	嚴重糟朽	更換	
	11	29×20	1	嚴重糟朽	更換	
	14	29×20	1	嚴重糟朽	更換	
	16	29×20	1	嚴重糟朽	更換	
	17	29×20	1	嚴重糟朽	更換	
	18	29×20	1	嚴重糟朽	更換	
	20	29×20	1	嚴重糟朽	更換	
	21	29×20	1	嚴重糟朽	更換	
	22	29×20	1	嚴重糟朽	更換	
	23	29×20	1	嚴重糟朽	更換	
托脚	上中平槫	29×20	12	基本完好	不動	
托脚	上平槫	29×20	8	基本完好	不動	
叉手	脊槫	29×20	6	基本完好	不動	

5. 斗栱拆落

①斗栱現狀和拆卸範圍

斗栱由於檁條滾動，檐頭下沉，外檐斗栱構件劈裂折斷者較多，内槽和梁架上的斗栱，也有掉落，損壞。其中四周檐下損壞率最高，需落架修配，内槽斗栱按需抽換，不全部下架（見插圖三九）。

②拆卸方法

外檐斗栱採取支頂拆卸方法，自要頭、令栱向下逐層拆除（斗栱拆卸方法詳見《竣工技術報告》）。

1. 殘損的散斗

2. 殘損的續角梁、耍頭構件

3. 糟朽的散斗

4. 糟朽斷裂的構件

5. 糟朽的散斗

6. 拆卸下架的由昂

插圖三九　拆卸下架的部分斗栱構件

③拆卸的技術要求和構件揀選

外檐斗栱落架前按種類繪製編號草圖，對照草圖逐各構件釘標號牌，標號牌以三合板製作，長 10 厘米，寬 5 厘米。對柱頭枋等兩三組斗栱共有構件，分別編號釘牌，以方便安裝時確定構件方向，以免混淆。構件落架後逐件檢查，填寫構件殘損登記表，分類堆放，註明處理意見，糟朽、劈裂者視情況粘接加固續用，殘壞嚴重的按照原件重新製作安裝（见插圖四〇、表一四）。

1. 揀選散斗構件碼放

2. 揀選櫨斗構件碼放

插圖四〇　斗栱構件碼放

表一四　大雄殿外檐斗栱構件殘損統計表

構　件	編　號	規格（厘米）	數　量	殘損情況	處理意見	修配比例
櫨斗 1	柱頭鋪作	65×63×40	24	殘損 7，其他完好	修補 7	20%
	4–1	65×63×40	1	外皮糟朽	貼補	
	12–1	65×63×40	1	裏側東、西兩耳均殘朽	補配	
	14–1	65×63×40	1	裏側東斗耳缺失，西側斗腰、斗底糟朽	剔補糟朽，補配斗耳	
	26–1	65×63×40	1	斗耳缺失，斗身糟朽	剔補、拼接	
	38–1	65×63×40	1	外側糟朽	拼接	
	42–1	65×63×40	1	耳殘	補配	
	50–1	65×63×40	1	外斗耳缺失	補配	
櫨斗 2	轉角鋪作	65×63×40	4	殘損 1 件，其他完好	修補 1	25%
	21–1	65×63×40	1	外側斗耳斷落	補配	
駝峰	補間附角	120×28×21	36	殘損 12，其他完好	修補 12	33%
	2–1	120×28×21	1	外皮糟朽 3 厘米	貼補	

構　件	編　號	規格（厘米）	數　量	殘損情況	處理意見	修配比例
	3－1	120×28×21	1	外皮糟朽 5 厘米	拼接	
	7－1	120×28×21	1	西側上部糟朽高 4 厘米	貼補	
	11－1	120×28×21	1	外皮糟朽 7 厘米	拼接	
	13－1	120×28×21	1	外皮糟朽 6 厘米	拼接	
	15－1	120×28×21	1	上部殘朽高 5 厘米	剔補拼接	
	29－1	120×28×21	1	外側糟朽厚近三分之二	拼接補强	
	31－1	120×28×21	1	外皮糟朽 8 厘米	拼接	
	35－1	120×28×21	1	朽高 4、深 4、長 60 厘米	剔補	
	39－1	120×28×21	1	外皮糟朽 2 厘米	貼補	
	45－1	120×28×21	1	外皮糟朽 3 厘米	貼補	
	51－1	120×28×21	1	外皮糟朽 7 厘米	拼接	
櫨斗 3	補間附角	46×49×29	36	殘損 8，其他完好	修補 8	
	3－2	46×49×29	1	外皮糟朽	貼補	
	7－2	46×49×29	1	上下皮均糟朽，高約 5 厘米	貼補	
	11－2	46×49×29	1	外側糟朽	貼補	
	15－2	46×49×29	1	斗耳缺失，斗腰糟朽	剔補糟朽，拼接斗耳	
	29－2	46×49×29	1	底部糟朽	剔補	
	47－2	46×49×29	1	上部朽高 11 厘米	貼補加固	
	51－2	46×49×29	1	外斗耳缺失	補配	
	52－2	46×49×29	1	外側糟朽	拼接	
泥道栱	柱頭鋪作	136×28×20	24	糟朽斷裂 4，局部糟朽 2	更換 4，修補 2	25%
	4－2	136×28×20	1	嚴重糟朽	更換	
	10－2	136×28×20	1	西側栱眼處糟朽高 3～4 厘米	貼補	
	12－2	136×28×20	1	西側上部糟朽高 3～5 厘米	貼補	
	16－2	136×28×20	1	糟朽斷裂	更換	
	26－2	136×28×20	1	嚴重糟朽	更換	

構 件	編 號	規格（厘米）	數 量	殘損情況	處理意見	修配比例
	62-2	136×28×20	1	糟朽斷裂	更換	
泥道連栱	轉角鋪作	225×29×20	8	糟朽4，其他完好	修補4	50%
	21-2	225×29×20	1	外端糟朽	拼接	
	33-3	225×29×20	1	外端糟朽	拼接	
	53-2	225×29×20	1	外端糟朽	拼接	
	53-3	225×29×20	1	外端栱底糟朽	拼接	
翼形栱	補間附角	123×28×20	36	糟朽8，其他完好	更換3，修補5	22%
	3-3	123×28×20	1	糟朽斷裂	更換	
	13-3	123×28×20	1	糟朽斷裂	更換	
	15-3	123×28×20	1	糟朽斷裂	更換	
	29-3	123×28×20	1	上部糟朽高6厘米	貼補	
	39-3	123×28×20	1	糟朽高4	剔補	
	41-3	123×28×20	1	糟朽高4厘米	貼補	
	47-3	123×28×20	1	上部朽高8厘米	貼補加固	
	61-3	123×28×20	1	中部糟朽，高7、深3厘米	剔補	
一華栱	外檐鋪作	136×42×20	48	糟朽11，其他完好	更換2，修補9	25%
	4-3	136×42×20	1	糟朽斷裂	更換	
	6-3	136×42×20	1	華栱足材栔木糟朽	拼接	
	7-4	136×42×20	1	外端栱底糟朽	拼接	
	14-3	136×42×20	1	栱底糟朽長30、寬3、高4厘米	剔補	
	16-3	136×42×20	1	華栱足材栔木糟朽	拼接	
	20-4	136×42×20	1	外端糟朽	拼接	
	26-3	136×42×20	1	栱底糟朽高7厘米，栱身中段朽裂	貼補、拼接	
	28-3	136×42×20	1	外端糟朽	拼接	
	29-4	136×42×20	1	底部糟朽高16厘米，華栱足材栔木糟朽	剔補、拼接	
	55-4	136×42×20	1	外端糟朽	拼接	

構　件	編　號	規格（厘米）	數　量	殘損情況	處理意見	修配比例
	62－3	136×42×20	1	朽斷	更換	
二華栱	柱頭補間	216×42×20	52	糟朽13，其他完好	更換1，修補12	25%
	4－9	216×42×20	1	外端及足材栔木糟朽嚴重	接補	
	5－8	216×42×20	1	栱眼上部糟朽高6厘米	剔補拼接	
	13－8	216×42×20	1	後尾東側局部糟朽	剔補	
	14－9	216×42×20	1	前端糟朽，中間斷裂	拼接補强	
	15－8	216×42×20	1	後尾栱底糟朽高6厘米	貼補膠固	
	26－9	216×42×20	1	足材栔木糟朽	拼接	
	27－8	216×42×20	1	糟朽劈裂	更換	
	28－9	216×42×20	1	後尾上部糟朽	貼補	
	41－8	216×42×20	1	底殘6厘米	貼補	
	48－9	216×42×20	1	上部朽高4厘米	剔補	
	50－9	216×42×20	1	外端糟朽	拼接	
	51－8	216×42×20	1	外端糟朽	拼接	
	63－8	216×42×20	1	外端糟朽	拼接	
一華栱	附角鋪作	126×42×20	8	糟朽1，其他完好	拼接1	12.5%
	64－3	126×42×20	1	外端糟朽	拼接	
二華栱	附角鋪作	172×42×20	8	糟朽2，其他完好	修補2	25%
	2－7	172×42×20	1	底皮朽高7厘米	剔補	
	34－7	172×42×20	1	糟朽一半	拼接	
一角華栱	轉角鋪作	186×42×20	4	糟朽2，其他完好	修補2	50%
	1－4	186×42×20	1	外端糟朽	拼接	
	53－4	186×42×20	1	外端糟朽	拼接	
二角華栱	轉角鋪作	305×42×20	4	糟朽3，其他完好	修補3	75%
	1－11	305×42×20	1	外端糟朽	拼接	
	21－11	305×42×20	1	外端糟朽	拼接	

構　件	編　號	規格（厘米）	數　量	殘損情況	處理意見	修配比例
	33－11	305×42×20	1	外端糟朽	拼接	
三角華栱	轉角裹跳	325×42×20	4	糟朽2，其他完好	修補2	50%
	21－17	325×42×20	1	前端糟朽	拼接	
	53－17	325×42×20	1	前端糟朽	剔補	
四角華栱	轉角裹跳	243×42×20	4	糟朽1，其他完好	修補1	25%
	53－32	243×42×20	1	前端糟朽	剔補	
五角華栱	轉角裹跳	165×42×20	4	完好	不動	
瓜栱	裹跳	114×28×20	28	糟朽3，其他完好	修補3	12%
	39－16	114×28×20	1	栱身朽高4、長45厘米	貼補	
	37－16	114×28×20	1	朽長50、高6、深4厘米	剔補	
	17－16	114×28×20	1	外皮糟朽厚2～5厘米	貼補	
瓜栱	外跳	121×28×20	56	殘損16，其他完好	更換10，修補6	30%
	3－14	121×28×20	1	栱身朽高7厘米	拼接	
	4－15	121×28×20	1	糟朽嚴重	更換	
	7－14	121×28×20	1	糟朽嚴重	更換	
	9－14	121×28×20	1	糟朽嚴重	更換	
	10－15	121×28×20	1	栱口糟朽	貼補	
	14－15	121×28×20	1	栱身朽長35厘米	拼接	
	24－15	121×28×20	1	糟朽嚴重	更換	
	25－14	121×28×20	1	糟朽嚴重	更換	
	27－14	121×28×20	1	糟朽嚴重	更換	
	30－15	121×28×20	1	栱口糟朽	貼補	
	35－14	121×28×20	1	糟朽嚴重	更換	
	43－14	121×28×20	1	糟朽嚴重	更換	
	47－14	121×28×20	1	栱身朽長30厘米	拼接	
	50－15	121×28×20	1	栱身朽高8厘米	拼接	

構　件	編　號	規格（厘米）	數　量	殘損情況	處理意見	修配比例
	55－14	121×28×20	1	糟朽嚴重	更換	
	61－14	121×28×20	1	糟朽嚴重	更換	
瓜栱連栱	轉角外跳	308×28×20	8	均有程度不同的糟朽	更換3，修補5	100%
	1－18	308×28×20	1	栱口糟朽	修補卯口	
	1－19	308×28×20	1	糟朽嚴重	更換	
	21－18	308×28×20	1	糟朽斷裂	拼接	
	21－19	308×28×20	1	糟朽斷裂	拼接	
	33－18	308×28×20	1	糟朽嚴重	更換	
	33－19	308×28×20	1	栱口糟朽	修補卯口	
	53－18	308×28×20	1	糟朽斷裂	拼接	
	53－19	308×28×20	1	糟朽嚴重	更換	
慢栱	補間裏跳	196×28×20	28	殘損9，其他完好	修補9	35%
	61－25	196×28×20	1	表皮糟朽長140、寬4、深2厘米	剔補	
	7－25	196×28×20	1	裏側表皮局部糟朽	剔補	
	11－25	196×28×20	1	上部糟朽高4厘米	貼補	
	45－25	196×28×20	1	栱上部朽高5厘米	貼補	
	51－25	196×28×20	1	西段朽高2~7厘米	貼補加固	
	39－25	196×28×20	1	朽厚6厘米	拼接補強	
	27－25	196×28×20	1	底部糟朽高4、寬5、長30厘米	貼補	
	15－25	196×28×20	1	栱底裏側糟朽高8、深2~7厘米	剔補	
	13－25	196×28×20	1	外側底部糟朽深4~6、高9厘米	貼補	
慢栱	外跳	196×28×20	52	殘損14，其他完好	更換4，修補9	25%
	49－31	196×28×20	1	糟朽嚴重	更換	
	6－41	196×28×20	1	糟朽嚴重	更換	
	41－31	196×28×20	1	糟朽嚴重	更換	
	27－31	196×28×20	1	糟朽嚴重	更換	

構　件	編　號	規格（厘米）	數　量	殘損情況	處理意見	修配比例
	48－41	196×28×20	1	栱身斷裂	拼接	
	29－31	196×28×20	1	栱身斷裂	拼接	
	8－41	196×28×20	1	栱底糟朽嚴重	拼接	
	11－31	196×28×20	1	栱底糟朽嚴重	拼接	
	12－41	196×28×20	1	栱口糟朽	修補卯口	
	57－31	196×28×20	1	栱口糟朽	修補卯口	
	58－41	196×28×20	1	栱口糟朽	修補卯口	
	10－41	196×28×20	1	栱口糟朽	修補卯口	
	17－31	196×28×20	1	栱身糟朽	拼接	
慢栱連栱	轉角鋪作	296＋495	8	均有程度不同糟朽	更換2，修補7	100%
	1－30	791×28×20	1	栱頭糟朽	更換	該栱外似連栱，實爲兩件半栱於附角鋪作上搭交，編號釘牌時計爲一件
	1－31	791×28×20	1	糟朽斷裂	拼接	
	21－30	791×28×20	1	栱身斷裂	拼接	
	21－31	791×28×20	1	糟朽嚴重	更換	
	33－30	791×28×20	1	栱頭糟朽	拼接	
	33－31	791×28×20	1	栱口處斷裂	拼接	
	53－30	791×28×20	1	栱身斷裂	拼接	
	53－31	791×28×20	1	栱底糟朽	拼接	
騎栿令栱	柱頭鋪作	116×28×20	24	糟朽2，其他完好	更換1，修補1	8%
	50－22	116×28×20	1	外皮朽4厘米	貼補加固	
	28－22	116×28×20	1	糟朽斷裂	更換	
柱頭枋		28×20	140	殘損52，其他完好	更換31，修補20	30%
	3－30	28×20	1	朽三分之一	接補	

構 件	編 號	規格（厘米）	數 量	殘損情況	處理意見	修配比例
	5－7	28×20	1	糟朽斷裂	更換	
	5－13	28×20	1	糟朽斷裂	更換	
	5－30	28×20	1	嚴重糟朽	更換	
	5－47	28×20	1	糟朽斷裂	更換	
	7－13	28×20	1	糟朽斷裂	更換	
	7－30	28×20	1	東段外皮糟朽長170、深4厘米	拼接補配後玻璃布加固	
	7－42	28×20	1	糟朽斷裂	更換	
	9－7	28×20	1	東側上皮栱眼處糟朽高3～4厘米	貼補	
	9－13	28×20	1	糟朽斷裂	更換	
	9－42	28×20	1	糟朽斷裂	更換	
	11－13	28×20	1	上部糟朽高6厘米	剔補拼接後玻璃布加固	
	11－30	28×20	1	東端榫卯處劈裂	玻璃布加固	
	11－42	28×20	1	中部底皮朽長80、高3厘米	剔補膠結	
	13－7	28×20	1	糟朽斷裂	更換	
	13－13	28×20	1	糟朽斷裂	更換	
	13－30	28×20	1	中部底皮糟朽長95高4厘米	剔補	
	13－42	28×20	1	糟朽斷裂	更換	
	13－47	28×20	1	糟朽斷裂	更換	
	15－7	28×20	1	榫卯聯結處底皮糟朽高11、長70厘米	糟朽處剔補拼接後玻璃布加固	
	15－13	28×20	1	上部糟朽高5厘米，下部糟朽高11厘米	拼接後以玻璃布加固	
	15－30	28×20	1	糟朽斷裂	更換	
	15－42	28×20	1	糟朽斷裂	更換	
	15－47	28×20	1	糟朽斷裂	更換	
	17－47	28×20	1	糟朽斷裂	更換	
	19－47	28×20	1	下部朽高13厘米	拼接補强	

構　件	編　號	規格（厘米）	數　量	殘損情況	處理意見	修配比例
	25－7	28×20	1	中部底皮朽長220、高12厘米，上皮朽長130、高4厘米	拼接以玻璃鋼箍加固	
	25－42	28×20	1	糟朽劈裂	更換	
	27－7	28×20	1	榫斷、局部糟朽長60、高4～6厘米	剔補拼接	
	27－47	28×20	1	上部糟朽高2厘米	貼補	
	27－13	28×20	1	上部朽長200、高3～5厘米，下部朽長70、高6～8厘米	貼補加固	
	29－7	28×20	1	下部糟朽高5～11厘米，上部糟朽高3～6厘米	剔除糟朽處拼接後以玻璃布加固	
	31－13	28×20	1	糟朽斷裂	更換	
	31－47	28×20	1	糟朽斷裂	更換	
	35－30	28×20	1	朽長70厘米	拼接補强	
	39－42	28×20	1	糟朽斷裂	更換	
	41－7	28×20	1	東段朽長170、高4厘米	貼補	
	41－42	28×20	1	糟朽斷裂	更換	
	43－13	28×20	1	糟朽斷裂	更換	
	43－30	28×20	1	糟朽斷裂	更換	
	43－42	28×20	1	糟朽斷裂	更換	
	43－47	28×20	1	糟朽斷裂	更換	
	45－30	28×20	1	糟朽斷裂	更換	
	45－42	28×20	1	中部上皮糟朽長70、高6厘米	拼接、貼補	
	45－47	28×20	1	糟朽斷裂	更換	
	47－7	28×20	1	朽高15厘米	貼補	
	47－42	28×20	1	糟朽斷裂	更換	
	49－13	28×20	1	上部朽高5厘米	剔補	
	51－13	28×20	1	糟朽斷裂	更換	
	59－42	28×20	1	嚴重糟朽	更換	

構　件	編　　號	規格（厘米）	數　量	殘損情況	處理意見	修配比例
	61－47	28×20	1	南端朽長70厘米，榫卯糟朽斷裂	補配	
下層昂	柱頭、補間、附角	40×20	60	殘損21，其他完好	更換6，修補15	35%
	3－29	329×40×20	1	嚴重糟朽	更換	
	4－31	412×40×20	1	後尾局部糟朽	剔補	
	6－31	412×40×20	1	前端朽斷	拼接	
	10－31	412×40×20	1	昂嘴斷落	補配拼接	
	12－31	412×40×20	1	昂嘴斷落	補配拼接	
	13－29	329×40×20	1	糟朽斷裂	更換	
	14－31	412×40×20	1	糟朽劈裂	更換	
	16－31	412×40×20	1	昂後尾底部糟朽高7厘米	貼補	
	18－31	412×40×20	1	糟朽斷裂	更換	
	24－31	412×40×20	1	糟朽斷裂	更換	
	26－31	412×40×20	1	昂嘴斷落	補配拼接	
	28－31	412×40×20	1	下皮腐朽高4～8厘米	剔補	
	36－31	412×40×20	1	前端朽斷	拼接	
	40－31	412×40×20	1	前端朽斷	拼接	
	44－31	412×40×20	1	底朽高3厘米	貼補	
	47－29	329×40×20	1	昂後尾朽長40厘米	拼接	
	48－31	412×40×20	1	底朽高5厘米	貼補	
	60－31	412×40×20	1	糟朽高5厘米	貼補	
	61－29	329×40×20	1	底皮糟朽高4厘米	貼補	
	62－31	412×40×20	1	朽斷	拼接補強	
	64－20	329×40×20	1	嚴重糟朽	更換	
上層昂	柱頭、補間、附角	28×20	60	殘損31，其他完好	更換9，修補22	52%
	4－42	350×28×20	1	後尾局部糟朽	剔補	

構 件	編 號	規格（厘米）	數 量	殘損情況	處理意見	修配比例
	6－42	350×28×20	1	中段局部糟朽	剔補	
	8－42	350×28×20	1	端前糟朽劈裂	嵌補、拼接	
	10－42	350×28×20	1	前端破裂	拼接	
	12－42	350×28×20	1	糟朽斷裂	更換	
	13－41	366×28×20	1	糟朽斷裂	更換	
	14－42	350×28×20	1	昂嘴斷落	補配拼接	
	16－42	350×28×20	1	昂嘴斷落	補配拼接	
	17－41	366×28×20	1	端前糟朽劈裂	嵌補、拼接	
	18－42	350×28×20	1	端前糟朽劈裂	嵌補、拼接	
	19－41	366×28×20	1	昂嘴斷裂	拼接	
	23－41	366×28×20	1	端前糟朽劈裂	嵌補、拼接	
	26－42	350×28×20	1	昂嘴斷落	補配拼接	
	27－41	366×28×20	1	昂嘴斷裂	拼接	
	29－41	366×28×20	1	端前糟朽劈裂	嵌補、拼接	
	34－29	350×28×20	1	端前糟朽劈裂	嵌補、拼接	
	35－41	366×28×20	1	糟朽斷裂	更換	
	39－41	366×28×20	1	昂嘴斷裂	拼接	
	40－42	350×28×20	1	端前糟朽劈裂	嵌補、拼接	
	41－41	366×28×20	1	糟朽斷裂	更換	
	44－42	350×28×20	1	昂嘴斷裂	拼接	
	45－41	366×28×20	1	糟朽斷裂	更換	
	46－43	350×28×20	1	糟朽斷裂	更換	
	49－41	366×28×20	1	端前糟朽劈裂	嵌補、拼接	
	51－41	366×28×20	1	糟朽斷裂	更換	
	52－41	350×28×20	1	糟朽斷裂	更換	
	54－29	350×28×20	1	昂嘴斷裂	拼接	

構　件	編　號	規格（厘米）	數　量	殘損情況	處理意見	修配比例
	57－41	366×28×20	1	前端糟朽劈裂	嵌補、拼接	
	58－42	350×28×20	1	後尾斷裂	拼接	
	61－41	366×28×20	1	糟朽斷裂	更換	
	64－29	350×28×20	1	昂嘴斷裂	拼接	
下層角昂	轉角鋪作	554×40×20	4	斷裂2，其他完好	拼接2	
	33－35	554×40×20	1	前端朽斷	拼接	
	53－35	554×40×20	1	前端朽斷	拼接	
上層角昂	轉角鋪作	465×41×20	4	斷裂1，其他完好	拼接1	
	33－48	465×41×20	1	前端朽斷	拼接	
由　昂	轉角鋪作	382×45×20	4	均有程度不同糟朽	更換1，拼接2	
	1－56	382×45×20	1	前端朽斷	拼接	
	33－56	382×45×20	1	糟朽嚴重	更換	
	53－56	382×45×20	1	糟朽斷裂	拼接	
下華頭子	柱頭鋪作	113×18×20	24	糟朽1，其他完好	修補1	4%
	28－23	113×18×20	1	下皮朽高7厘米	剔補	
上華頭子	柱頭鋪作	205×41×20	24	糟朽6，其他完好	更換1，修補5	25%
	12－26	205×41×20	1	前端底皮糟朽高8、長27厘米，後端上部糟朽高2～30厘米	貼補、拼接補配	
	14－26	205×41×20	1	嚴重糟朽、斷裂	更換	
	16－26	205×41×20	1	上部糟朽高5厘米	貼補	
	40－26	205×41×20	1	下皮朽高四分之一，上部側面朽三分之一	拼接、貼補	
	44－26	205×41×20	1	栱彎處朽高4厘米	貼補	
	56－26	205×41×20	1	後尾糟朽	拼接	
下華頭子	補間鋪作	203×42×20	28	糟朽1，其他完好	修補1	4%
	3－15	203×42×20	1	糟朽斷裂	拼接	
上華頭子	補間鋪作	91×42×20	28	糟朽1，其他完好	修補1	4%

構　件	編　號	規格（厘米）	數　量	殘損情況	處理意見	修配比例
	13－24	91×42×20	1	糟朽斷裂	拼接	
羅漢枋	鋪作裏跳	28×20	84	殘損53，其他完好	更換33，修補18	60%
	3－37	28×20	1	底部朽長40、高6厘米，東側朽斷	剔補、拼接	
	5－37	28×20	1	糟朽斷裂	更換	
	5－48	28×20	1	底皮糟朽長140、高9厘米	剔補拼接	
	5－61	28×20	1	糟朽斷裂	更換	
	7－48	28×20	1	糟朽斷裂	更換	
	7－61	28×20	1	底皮局部糟朽	剔補	
	9－48	28×20	1	糟朽斷裂	更換	
	9－61	28×20	1	糟朽斷裂	更換	
	11－37	28×20	1	外皮糟朽深6厘米，內皮糟朽深8厘米	剔除貼補後玻璃布加固	
	11－48	28×20	1	糟朽斷裂	更換	
	11－61	28×20	1	底皮糟朽高2～3厘米	貼補	
	13－37	28×20	1	糟朽斷裂	更換	
	13－48	28×20	1	糟朽斷裂	更換	
	13－61	28×20	1	糟朽斷裂	更換	
	15－37	28×20	1	中部外皮糟朽長110、高4、深6厘米	剔補	
	15－48	28×20	1	西端底部糟朽高5、長70厘米，榫卯折斷	貼補拼接後玻璃布加固	
	17－48	28×20	1	糟朽嚴重	更換	
	23－37	28×20	1	外側朽深5厘米	拼接	
	25－48	28×20	1	朽斷	更換	
	25－37	28×20	1	下部糟朽高12、長70厘米，內皮糟朽厚6厘米	剔補、拼接後玻璃布加固	
	27－61	28×20	1	嚴重糟朽	更換	
	27－48	28×20	1	底皮糟朽	剔補	
	27－37	28×20	1	糟朽斷裂	更換	

構　件	編　號	規格（厘米）	數　量	殘損情況	處理意見	修配比例
	29－37	28×20	1	糟朽斷裂	更換	
	29－48	28×20	1	朽斷	更換	
	29－61	28×20	1	朽斷	更換	
	31－61	28×20	1	嚴重糟朽	更換	
	31－37	28×20	1	朽三分之一	拼接補强	
	37－61	28×20	1	嚴重糟朽	更換	
	37－48	28×20	1	榫卯處外皮糟朽	貼補後玻璃鋼箍加固	
	39－37	28×20	1	嚴重糟朽	更換	
	39－61	28×20	1	嚴重糟朽	更換	
	39－48	28×20	1	嚴重糟朽	更換	
	41－48	28×20	1	嚴重糟朽	更換	
	41－61	28×20	1	嚴重糟朽	更換	
	43－37	28×20	1	朽長120、高5厘米	貼補	
	43－61	28×20	1	嚴重糟朽	更換	
	43－48	28×20	1	嚴重糟朽	更換	
	45－37	28×20	1	底朽長140、高7厘米	貼補	
	47－61	28×20	1	嚴重糟朽	更換	
	51－37	28×20	1	嚴重糟朽	更換	
	51－48	28×20	1	嚴重糟朽	更換	
	57－61	28×20	1	中部朽	剔補	
	59－37	28×20	1	嚴重糟朽	更換	
	59－48	28×20	1	嚴重糟朽	更換	
	59－61	28×20	1	嚴重糟朽	更換	
	61－48	28×20	1	內側朽深6厘米	貼補加固	
	61－61	28×20	1	底皮糟朽高3厘米	貼補	
羅漢枋	鋪作外跳	28×20	28	殘損19，其他完好	更換7，修補12	68%

構　件	編　號	規格（厘米）	數　量	殘損情況	處理意見	修配比例
	3－60	28×20	1	糟朽斷裂	更換	
	5－60	28×20	1	下部朽高 5 厘米	拼接	
	7－60	28×20	1	底皮局部糟朽	剔補	
	11－60	28×20	1	外皮糟朽深 6 厘米，内皮糟朽深 8 厘米	剔除貼補後玻璃布加固	
	13－60	28×20	1	糟朽斷裂	更換	
	15－60	28×20	1	西端底部糟朽高 5、長 70 厘米，榫卯折斷	貼補拼接後玻璃布加固	
	23－60	28×20	1	外側朽深 5 厘米	拼接	
	25－60	28×20	1	下部糟朽高 12、長 70 厘米，内皮糟朽厚 6 厘米	剔補、拼接後玻璃布加固	
	27－60	28×20	1	糟朽斷裂	更換	
	31－60	28×20	1	朽三分之一	拼接補强	
	35－60	28×20	1	糟朽嚴重	更換	
	37－60	28×20	1	榫卯處外皮糟朽	貼補後玻璃鋼箍加固	
	39－60	28×20	1	糟朽嚴重	更換	
	43－60	28×20	1	朽長 120、高 5 厘米	貼補	
	45－60	28×20	1	底朽長 140、高 7 厘米	貼補	
	47－60	28×20	1	糟朽嚴重	更換	
	51－60	28×20	1	糟朽嚴重	更換	
	57－60	28×20	1	中部糟朽嚴重	剔補	
	61－60	28×20	1	内側朽深 6 厘米	貼補加固	
交互斗	華栱跳頭	32×30×19	172	殘損 16，其他完好	更換 10，修配 6	9%
	3－6	32×30×19	1	耳殘	接補	
	3－12	32×30×19	1	糟朽嚴重	更換	
	61－12	32×30×19	1	外側糟朽斷裂缺失四分之一	貼補	
	43－12	32×30×19	1	耳殘，底殘三分之一	貼補	
	55－6	32×30×19	1	糟朽嚴重	更換	

構　件	編　號	規格（厘米）	數　量	殘損情況	處理意見	修配比例
	55－12	32×30×19	1	糟朽嚴重	更換	
	53－21	32×30×19	1	糟朽嚴重	更換	
	51－12	32×30×19	1	糟朽嚴重	更換	
	50－7	32×30×19	1	糟朽嚴重	更換	
	49－6	32×30×19	1	殘朽	更換	
	39－6	32×30×19	1	斗底殘	貼補	
	36－7	32×30×19	1	糟朽嚴重	更換	
	34－8	32×30×19	1	糟朽一半	拼接	
	16－7	32×30×19	1	糟朽斷裂五分之三	拼接	
	1－7	32×30×19	1	糟朽嚴重	更換	
	1－8	32×30×19	1	糟朽嚴重	更換	
交互斗	上層昂端	32×30×19	60	殘損2，其他完好	更換2	3%
	11－43	32×30×19	1	糟朽嚴重	更換	
	10－43	32×30×19	1	糟朽嚴重	更換	
齊心斗	令栱上	32×30×19	60	殘損5，其他完好	更換5	8%
	11－55	32×30×19	1	糟朽嚴重	更換	
	10－55	32×30×19	1	糟朽嚴重	更換	
	26－55	32×30×19	1	糟朽嚴重	更換	
	38－55	32×30×19	1	糟朽嚴重	更換	
	44－55	32×30×19	1	糟朽嚴重	更換	
散斗	外檐	33×31×19	1614	損壞221，其他可續用	更換178，修補43	14%
	4－38	33×31×19	1	糟朽嚴重	更換	
	60－18	33×31×19	1	糟朽嚴重	更換	
	60－35	33×31×19	1	糟朽嚴重	更換	
	4－19	33×31×19	1	糟朽嚴重	更換	
	4－36	33×31×19	1	糟朽嚴重	更換	

構　件	編　號	規格（厘米）	數　量	殘損情況	處理意見	修配比例
	4 − 29	33×31×19	1	糟朽嚴重	更換	
	4 − 45	33×31×19	1	糟朽嚴重	更換	
	4 − 18	33×31×19	1	糟朽嚴重	更換	
	4 − 35	33×31×19	1	糟朽嚴重	更換	
	4 − 44	33×31×19	1	糟朽嚴重	更換	
	6 − 65	33×31×19	1	糟朽斷裂	更換	
	57 − 28	33×31×19	1	耳殘	拼補	
	57 − 39	33×31×19	1	斷裂	螺栓加固	
	57 − 38	33×31×19	1	斷裂	螺栓加固	
	57 − 65	33×31×19	1	糟朽嚴重	更換	
	57 − 33	33×31×19	1	缺失	補換	
	57 − 44	33×31×19	1	糟朽嚴重	更換	
	58 − 18	33×31×19	1	貼斗缺失	補換	
	58 − 35	33×31×19	1	貼斗缺失	補換	
	58 − 44	33×31×19	1	糟朽嚴重	更換	
	56 − 11	33×31×19	1	糟朽嚴重	更換	
	56 − 19	33×31×19	1	貼斗缺失	補換	
	47 − 23	33×31×19	1	糟朽嚴重	更換	
	47 − 21	33×31×19	1	耳殘	貼補	
	47 − 9	33×31×19	1	缺失	補換	
	47 − 38	33×31×19	1	耳殘	貼補	
	47 − 49	33×31×19	1	糟朽嚴重	更換	
	46 − 5	33×31×19	1	糟朽嚴重	更換	
	46 − 19	33×31×19	1	缺失	補換	
	46 − 36	33×31×19	1	糟朽嚴重	更換	
	46 − 45	33×31×19	1	糟朽嚴重	更換	

構　件	編　號	規格（厘米）	數　量	殘損情況	處理意見	修配比例
	46－66	33×31×19	1	糟朽嚴重	更換	
	46－10	33×31×19	1	糟朽嚴重	更換	
	46－44	33×31×19	1	糟朽嚴重	更換	
	46－35	33×31×19	1	糟朽嚴重	更換	
	46－18	33×31×19	1	糟朽嚴重	更換	
	44－19	33×31×19	1	缺失	補換	
	44－18	33×31×19	1	糟朽嚴重	更換	
	44－36	33×31×19	1	糟朽嚴重	更換	
	44－45	33×31×19	1	糟朽嚴重	更換	
	44－35	33×31×19	1	缺失	補換	
	45－39	33×31×19	1	糟朽嚴重	更換	
	43－51	33×31×19	1	糟朽嚴重	更換	
	42－11	33×31×19	1	缺失	補換	
	42－19	33×31×19	1	糟朽嚴重	更換	
	42－36	33×31×19	1	糟朽嚴重	更換	
	42－45	33×31×19	1	糟朽嚴重	更換	
	42－28	33×31×19	1	糟朽嚴重	更換	
	42－38	33×31×19	1	糟朽嚴重	更換	
	41－27	33×31×19	1	耳殘	拼補	
	41－21	33×31×19	1	糟朽嚴重	更換	
	41－65	33×31×19	1	耳殘，底殘	拼接貼補	
	40－19	33×31×19	1	缺失	補換	
	40－36	33×31×19	1	糟朽嚴重	更換	
	40－45	33×31×19	1	缺失	補換	
	40－29	33×31×19	1	糟朽嚴重	更換	
	40－38	33×31×19	1	缺失	補換	

構 件	編 號	規格（厘米）	數 量	殘損情況	處理意見	修配比例
	56－10	33×31×19	1	糟朽嚴重	更換	
	56－35	33×31×19	1	糟朽嚴重	更換	
	56－44	33×31×19	1	糟朽嚴重	更換	
	55－9	33×31×19	1	糟朽嚴重	更換	
	55－33	33×31×19	1	糟朽嚴重	更換	
	52－22	33×31×19	1	糟朽嚴重	更換	
	51－39	33×31×19	1	糟朽嚴重	更換	
	51－38	33×31×19	1	耳殘	貼補加固	
	51－64	33×31×19	1	底殘	貼補	
	51－33	33×31×19	1	缺失	補換	
	50－29	33×31×19	1	朽三分之二	貼補加固	
	50－50	33×31×19	1	糟朽嚴重	更換	
	50－18	33×31×19	1	糟朽嚴重	更換	
	50－28	33×31×19	1	糟朽嚴重	更換	
	50－49	33×31×19	1	缺失	補換	
	49－39	33×31×19	1	糟朽嚴重	更換	
	48－39	33×31×19	1	糟朽嚴重	更換	
	48－11	33×31×19	1	缺失	補換	
	48－19	33×31×19	1	糟朽嚴重	更換	
	48－36	33×31×19	1	糟朽嚴重	更換	
	48－28	33×31×19	1	糟朽嚴重	更換	
	48－18	33×31×19	1	糟朽嚴重	更換	
	48－65	33×31×19	1	耳殘	貼補	
	48－44	33×31×19	1	糟朽嚴重	更換	
	38－19	33×31×19	1	缺失	補換	
	38－18	33×31×19	1	糟朽嚴重	更換	

構　件	編　號	規格（厘米）	數　量	殘損情況	處理意見	修配比例
	38－35	33×31×19	1	糟朽嚴重	更換	
	38－36	33×31×19	1	糟朽嚴重	更換	
	38－44	33×31×19	1	糟朽嚴重	更換	
	39－21	33×31×19	1	耳殘	拼接	
	39－28	33×31×19	1	糟朽嚴重	更換	
	39－26	33×31×19	1	糟朽嚴重	更換	
	39－40	33×31×19	1	缺失	補換	
	39－9	33×31×19	1	糟朽嚴重	更換	
	39－22	33×31×19	1	糟朽嚴重	更換	
	37－33	33×31×19	1	缺失	補換	
	37－66	33×31×19	1	糟朽嚴重	更換	
	37－10	33×31×19	1	耳殘	拼接	
	37－28	33×31×19	1	底殘	拼接	
	36－19	33×31×19	1	糟朽嚴重	更換	
	36－18	33×31×19	1	糟朽嚴重	更換	
	36－35	33×31×19	1	缺失	補換	
	36－45	33×31×19	1	糟朽嚴重	更換	
	35－44	33×31×19	1	糟朽嚴重	更換	
	35－23	33×31×19	1	缺失	補換	
	35－39	33×31×19	1	糟朽嚴重	更換	
	34－9	33×31×19	1	糟朽嚴重	更換	
	32－9	33×31×19	1	缺失	補換	
	32－4	33×31×19	1	糟朽嚴重	更換	
	30－19	33×31×19	1	糟朽嚴重	更換	
	30－36	33×31×19	1	糟朽嚴重	更換	
	30－58	33×31×19	1	糟朽嚴重	更換	

構　件	編　號	規格（厘米）	數　量	殘損情況	處理意見	修配比例
	30－63	33×31×19	1	糟朽嚴重	更換	
	30－18	33×31×19	1	缺失	補換	
	30－35	33×31×19	1	糟朽嚴重	更換	
	28－39	33×31×19	1	斷裂缺失一半	拼接	
	28－19	33×31×19	1	糟朽嚴重	更換	散斗（貼）
	28－29	33×31×19	1	糟朽嚴重	更換	
	28－38	33×31×19	1	糟朽嚴重	更換	
	26－36	33×31×19	1	糟朽嚴重	更換	散斗（貼）
	26－19	33×31×19	1	糟朽嚴重	更換	散斗（貼）
	26－45	33×31×19	1	糟朽劈裂	更換	
	26－49	33×31×19	1	斗耳、斗底多處糟朽	剔補鑲嵌	
	26－28	33×31×19	1	斗口處糟朽	貼補	
	27－23	33×31×19	1	糟朽嚴重	更換	
	27－27	33×31×19	1	缺失	補換	
	27－28	33×31×19	1	缺失	補換	
	27－9	33×31×19	1	糟朽嚴重	更換	
	27－34	33×31×19	1	糟朽嚴重	更換	
	24－10	33×31×19	1	糟朽嚴重	更換	
	24－29	33×31×19	1	斗底糟朽	拼接	
	23－9	33×31×19	1	斗口及外斗耳糟朽	拼接	
	23－18	33×31×19	1	斗口及外斗耳糟朽	拼接	
	23－28	33×31×19	1	糟朽嚴重	更換	
	25－28	33×31×19	1	斗耳至底斷落	拼接	
	18－50	33×31×19	1	缺失	補換	
	18－19	33×31×19	1	糟朽嚴重	更換	
	18－36	33×31×19	1	糟朽嚴重	更換	

構　件	編　號	規格（厘米）	數　量	殘損情況	處理意見	修配比例
	19－26	33×31×19	1	斗耳斷落	拼接	
	17－33	33×31×19	1	糟朽嚴重	更換	
	17－39	33×31×19	1	缺失	補換	
	17－49	33×31×19	1	糟朽嚴重	更換	
	16－5	33×31×19	1	斗耳缺失	貼補斗耳	
	16－19	33×31×19	1	糟朽嚴重	更換	
	16－18	33×31×19	1	糟朽嚴重	更換	
	16－35	33×31×19	1	糟朽嚴重	更換	
	16－36	33×31×19	1	糟朽嚴重	更換	
	16－45	33×31×19	1	糟朽嚴重	更換	
	16－44	33×31×19	1	糟朽嚴重	更換	
	16－50	33×31×19	1	糟朽嚴重	更換	
	16－49	33×31×19	1	糟朽嚴重	剔補	
	16－29	33×31×19	1	斗耳缺失，斗底殘朽	貼補	
	18－28	33×31×19	1	耳殘	貼補	
	18－49	33×31×19	1	斗耳缺失，斗口糟朽	拼補、貼補	
	15－10	33×31×19	1	糟朽嚴重	更換	
	15－28	33×31×19	1	糟朽嚴重	更換	
	14－11	33×31×19	1	糟朽劈裂	更換	
	14－19	33×31×19	1	糟朽劈裂	更換	
	14－36	33×31×19	1	糟朽劈裂	更換	
	14－29	33×31×19	1	裏側自斗耳以下斷裂缺失	貼補	
	14－18	33×31×19	1	糟朽劈裂	更換	
	14－35	33×31×19	1	糟朽劈裂	更換	
	14－44	33×31×19	1	糟朽劈裂	更換	
	14－57	33×31×19	1	糟朽劈裂	更換	

構　件	編　　號	規格（厘米）	數　量	殘損情況	處理意見	修配比例
	13－34	33×31×19	1	糟朽斷裂	更換	
	13－28	33×31×19	1	糟朽嚴重	更換	
	13－44	33×31×19	1	糟朽斷裂	更換	
	12－19	33×31×19	1	糟朽斷裂	更換	
	12－18	33×31×19	1	糟朽斷裂	更換	
	12－36	33×31×19	1	糟朽斷裂	更換	
	12－35	33×31×19	1	糟朽斷裂	更換	
	12－45	33×31×19	1	糟朽斷裂	更換	
	12－58	33×31×19	1	糟朽斷裂	更換	
	11－10	33×31×19	1	糟朽嚴重	更換	
	11－18	33×31×19	1	糟朽嚴重	更換	
	11－17	33×31×19	1	斗耳缺失	補配	
	10－19	33×31×19	1	糟朽嚴重	更換	
	10－36	33×31×19	1	糟朽嚴重	更換	
	10－10	33×31×19	1	糟朽斷裂	更換	
	10－35	33×31×19	1	糟朽斷裂	更換	
	9－22	33×31×19	1	耳殘	補配	
	9－10	33×31×19	1	糟朽斷裂	更換	
	8－5	33×31×19	1	糟朽嚴重	更換	
	8－19	33×31×19	1	糟朽嚴重	更換	
	8－36	33×31×19	1	糟朽嚴重	更換	
	8－10	33×31×19	1	糟朽嚴重	更換	
	8－18	33×31×19	1	糟朽嚴重	更換	
	8－35	33×31×19	1	糟朽嚴重	更換	
	7－26	33×31×19	1	糟朽斷裂	更換	
	7－39	33×31×19	1	斗底糟朽高2厘米	剔補拼接	

構　件	編　號	規格（厘米）	數　量	殘損情況	處理意見	修配比例
	7－33	33×31×19	1	糟朽斷裂	更換	
	7－44	33×31×19	1	糟朽斷裂	更換	
	6－19	33×31×19	1	糟朽斷裂	更換	
	6－18	33×31×19	1	糟朽斷裂	更換	
	6－36	33×31×19	1	糟朽斷裂	更換	
	6－35	33×31×19	1	糟朽斷裂	更換	
	5－26	33×31×19	1	糟朽嚴重	更換	
	5－40	33×31×19	1	糟朽嚴重	更換	
	5－38	33×31×19	1	糟朽嚴重	更換	
	5－51	33×31×19	1	底皮糟朽	剔補	
	61－9	33×31×19	1	糟朽嚴重	更換	
	61－51	33×31×19	1	糟朽嚴重	更換	
	61－33	33×31×19	1	糟朽嚴重	更換	
	61－46	33×31×19	1	糟朽嚴重	更換	
	60－19	33×31×19	1	糟朽嚴重	更換	
	60－36	33×31×19	1	糟朽嚴重	更換	
	60－45	33×31×19	1	糟朽嚴重	更換	
	62－28	33×31×19	1	糟朽嚴重	更換	
	62－18	33×31×19	1	糟朽嚴重	更換	
	59－26	33×31×19	1	糟朽嚴重	更換	
	59－9	33×31×19	1	糟朽嚴重	更換	
	59－18	33×31×19	1	糟朽嚴重	更換	
	59－49	33×31×19	1	糟朽嚴重	更換	
	59－38	33×31×19	1	斗耳缺失	補配	
	58－66	33×31×19	1	糟朽斷裂	拼接	
	58－19	33×31×19	1	糟朽嚴重	更換	

構　件	編　號	規格（厘米）	數　量	殘損情況	處理意見	修配比例
	58－36	33×31×19	1	糟朽嚴重	更換	
	58－45	33×31×19	1	糟朽嚴重	更換	
	59－64	33×31×19	1	斗耳缺失	補配	
	3－22	33×31×19	1	糟朽斷裂	更換	
	3－21	33×31×19	1	糟朽斷裂	更換	
	3－38	33×31×19	1	糟朽斷裂	更換	
	3－65	33×31×19	1	糟朽嚴重	挖補	
	2－42	33×31×19	1	缺失	補換	
平盤交互斗	轉角二華栱裏跳	32×30×19	4	基本完好	不動	
平盤交互斗	轉角二華栱外跳	32×30×19	4	殘損2	修補2	50%
	33－14	32×30×19	1	糟朽斷裂	剔補、拼接	
	53－14	32×30×19	1	糟朽斷裂	剔補、拼接	
平盤交互斗	轉角鋪作令栱下	32×31×19	4	殘損2	修補2	50%
	21－49	32×31×19		糟朽斷裂	剔補、拼接	
	53－49	32×31×19		糟朽斷裂	剔補、拼接	
平盤斗	轉角裏跳角栱下	36×34×17	4	完好	未動	
平盤斗	轉角鋪作角神下	54×35×19	4	劈裂2，表面開裂2	修補4	100%
	1－57	54×35×19	1	劈裂	拼接	
	21－57	54×35×19	1	糟朽、劈裂	更換	
	33－57	54×35×19	1	表面開裂	處理續用	
	53－57	54×35×19	1	表面開裂	處理續用	
角神		43	4	均有表面劈裂，但可續用	打膩子處理續用	100%
	1－58	43	1	表面劈裂	處理續用	

構 件	编 號	規格（厘米）	數 量	殘損情況	處理意見	修配比例
	21－58	41	1	表面劈裂	處理續用	
	33－58	46	1	表面劈裂	處理續用	
	53－58	40	1	表面劈裂	處理續用	
平盤斗	柱頭華頭子後尾	32×31×15	48	殘損2，其他完好	补配2	4%
	56－27	32×31×15	1	糟朽嚴重	更換	
	12－27	32×31×15	1	斗腰上部殘朽高2厘米	貼補	
替木	柱頭補間	210×18×20	36	均有程度不同糟朽	更換7，拼接13	55%
	5－70	210×18×20	1	糟朽、斷裂	更換	
	7－70	210×18×20	1	上部殘朽，高2厘米	貼補	
	8－65	210×18×20	1	糟朽嚴重	更換	
	9－70	210×18×20	1	劈裂、斷裂	嵌補、拼接	
	10－65	210×18×20	1	上皮糟朽，高5厘米	貼補	
	11－70	210×18×20	1	糟朽、斷裂	更換	
	13－70	210×18×20	1	上皮糟朽，高5厘米	剔補	
	14－70	210×18×20	1	糟朽嚴重	更換	
	16－65	210×18×20	1	劈裂、斷裂	嵌補、拼接	
	25－70	210×18×20	1	上部殘朽，高5厘米	剔補	
	28－65	210×18×20	1	糟朽、斷裂	更換	
	37－70	210×18×20	1	上部殘朽，高3厘米	剔補	
	38－65	210×18×20	1	上部殘朽，高3厘米	剔補	
	40－65	210×18×20	1	劈裂、斷裂	嵌補、拼接	
	46－65	210×18×20	1	糟朽嚴重	更換	
	48－65	210×18×20	1	上部殘朽，高5厘米	貼補	
	49－70	210×18×20	1	劈裂、斷裂	嵌補、拼接	
	57－70	210×18×20	1	劈裂、斷裂	嵌補、拼接	

構　件	編　號	規格（厘米）	數　量	殘損情況	處理意見	修配比例
	59－70	210×18×20	1	糟朽嚴重	更換	
	60－65	210×18×20	1	上部殘朽，高3厘米	剔補	
通替木	轉角	885×18×20	8	均有程度不同糟朽	更換2，拼接6	100%
	53－64	885×18×20	1	糟朽嚴重	更換	
	1－65	885×18×20	1	糟朽嚴重	更換	
	53－65	885×18×20	1	糟朽二分之一	拼接	
	33－65	885×18×20	1	糟朽三分之一	拼接	
	33－64	885×18×20	1	糟朽二分之一	拼接	
	21－65	885×18×20	1	糟朽四分之一	拼接	
	21－64	885×18×20	1	糟朽四分之一	拼接	
	1－64	885×18×20	1	糟朽分之一	拼接	
斜斗	各鋪作頭昂上	45×132×19	64	殘損24，其他完好	更換11，修補13	38%
	1－40	45×132×19	1	斷裂、缺失斗耳	拼接、補配斗耳	
	2－24	45×132×19	1	糟朽斷裂	更換	
	9－32	45×132×19	1	斷裂	拼接	
	10－32	45×132×19	1	斷裂	拼接	
	12－32	45×132×19	1	糟朽斷裂、缺失斗耳	新製補換	
	13－32	45×132×19	1	糟朽斷裂	更換	
	14－32	45×132×19	1	糟朽斷裂	更換	
	16－32	45×132×19	1	缺失斗耳	拼接	
	17－32	45×132×19	1	斷落缺失	新製補換	
	21－40	45×132×19	1	糟朽斷裂	更換	
	22－24	45×132×19	1	斷裂、缺失斗耳	拼接、補配斗耳	
	25－32	45×132×19	1	糟朽斷裂	更換	
	27－32	45×132×19	1	斷裂、缺失斗耳	拼接、補配斗耳	

構　件	編　號	規格（厘米）	數量	殘損情況	處理意見	修配比例
	35－37	45×132×19	1	斷裂、缺失斗耳	拼接、補配斗耳	
	41－32	45×132×19	1	斷落缺失	新製補換	
	43－32	45×132×19	1	斷裂、缺失斗耳	拼接、補配斗耳	
	42－32	45×132×19	1	斷裂、缺失斗耳	拼接、補配斗耳	
	44－32	45×132×19	1	糟朽斷裂	新製補換	
	47－32	45×132×19	1	斷裂	拼接	
	52－24	45×132×19	1	斷裂	拼接	
	55－32	45×132×19	1	斷落缺失	新製補換	
	56－32	45×132×19	1	糟朽斷裂	更換	
	57－32	45×132×19	1	斷裂	拼接	
	60－32	45×132×19	1	斷裂	拼接	
要頭	柱頭補間	126×28×20	60	殘損27，其他完好	更換16，修補11	45%
	2－37	126×28×20	1	糟朽斷裂	更換	
	5－53	126×28×20	1	糟朽斷裂	更換	
	6－53	126×28×20	1	糟朽、劈裂	剔補、拼接	
	9－53	126×28×20	1	糟朽、劈裂	剔補、拼接	
	11－53	126×28×20	1	糟朽斷裂	更換	
	14－53	126×28×20	1	糟朽、劈裂	剔補、拼接	
	16－53	126×28×20	1	糟朽斷裂	更換	
	17－53	126×28×20	1	糟朽斷裂	更換	
	18－53	126×28×20	1	糟朽斷裂	更換	
	19－53	126×28×20	1	糟朽、劈裂	剔補、拼接	
	20－37	126×28×20	1	糟朽斷裂	更換	
	24－53	126×28×20	1	糟朽斷裂	更換	
	25－53	126×28×20	1	糟朽、劈裂	剔補、拼接	

構　件	編　號	規格（厘米）	數　量	殘損情況	處理意見	修配比例
	28－53	126×28×20	1	糟朽斷裂	更換	
	29－53	126×28×20	1	糟朽斷裂	更換	
	32－37	126×28×20	1	糟朽、劈裂	剔補、拼接	
	35－53	126×28×20	1	糟朽斷裂	更換	
	38－53	126×28×20	1	糟朽、劈裂	剔補、拼接	
	43－53	126×28×20	1	糟朽、劈裂	剔補、拼接	
	46－53	126×28×20	1	糟朽斷裂	更換	
	47－53	126×28×20	1	糟朽斷裂	更換	
	50－53	126×28×20	1	糟朽、劈裂	剔補、拼接	
	52－37	126×28×20	1	糟朽斷裂	更換	
	55－53	126×28×20	1	糟朽斷裂	更換	
	58－53	126×28×20	1	糟朽、劈裂	剔補、拼接	
	61－53	126×28×20	1	糟朽斷裂	更換	
	64－37	126×28×20	1	糟朽、劈裂	剔補、拼接	
令栱	柱頭補間	116×28×20	60	殘損21，其他完好	更換7，修補14	35%
	2－36	116×28×20	1	栱口糟朽	修補	
	5－52	116×28×20	1	栱身糟朽	拼接	
	8－52	116×28×20	1	糟朽、斷裂	更換	
	9－52	116×28×20	1	栱身糟朽	拼接	
	10－52	116×28×20	1	栱身糟朽	拼接	
	13－52	116×28×20	1	糟朽、斷裂	更換	
	15－52	116×28×20	1	栱口糟朽	修補	
	16－52	116×28×20	1	糟朽、斷裂	更換	
	18－52	116×28×20	1	栱口糟朽	修補	
	19－52	116×28×20	1	栱身糟朽	拼接	

構　件	編　號	規格（厘米）	數　量	殘損情況	處理意見	修配比例
	26－52	116×28×20	1	糟朽、斷裂	更換	
	32－36	116×28×20	1	栱口糟朽	修補	
	35－52	116×28×20	1	糟朽、斷裂	更換	
	38－52	116×28×20	1	栱身糟朽	拼接	
	40－52	116×28×20	1	栱身糟朽	拼接	
	48－52	116×28×20	1	栱口糟朽	修補	
	49－52	116×28×20	1	糟朽、斷裂	更換	
	56－52	116×28×20	1	栱口糟朽	修補	
	59－52	116×28×20	1	栱身糟朽	拼接	
	60－52	116×28×20	1	栱身糟朽	拼接	
	64－36	116×28×20	1	糟朽、斷裂	更換	
轉角令栱		120×28×20	8	均有程度不同糟朽	更換3，修補5	100%
	1－54	120×28×20	1	糟朽嚴重	更換	
	1－55	120×28×20	1	栱口糟朽	修補	
	21－54	120×28×20	1	栱身糟朽	拼接	
	21－55	120×28×20	1	糟朽、斷裂	更換	
	33－54	120×28×20	1	栱身糟朽	拼接	
	33－55	120×28×20	1	栱身糟朽	拼接	
	53－54	120×28×20	1	糟朽、斷裂	更換	
	53－55	120×28×20	1	栱身糟朽	拼接	
撐頭	柱頭補間		60	糟朽20，其他基本完好	更換7，修補13	33%
	46－59	198×43×20	1	嚴重糟朽	更換	
	48－59	198×43×20	1	糟朽、斷裂	拼接	
	45－62	166×28×20	1	糟朽、斷裂	拼接	
	44－59	198×43×20	1	嚴重糟朽	更換	

構　件	編　號	規格（厘米）	數　量	殘損情況	處理意見	修配比例
	42－59	198×43×20	1	糟朽、斷裂	拼接	
	40－59	198×43×20	1	嚴重糟朽	更換	
	41－63	166×28×20	1	糟朽、斷裂	拼接	
	55－63	166×28×20	1	糟朽、斷裂	拼接	
	56－59	198×43×20	1	糟朽、斷裂	拼接	
	18－59	198×43×20	1	糟朽、斷裂	拼接	
	47－63	166×28×20	1	糟朽、斷裂	拼接	
	38－59	198×43×20	1	糟朽、斷裂	拼接	
	37－63	166×28×20	1	糟朽、斷裂	拼接	
	36－59	198×43×20	1	糟朽、斷裂	拼接	
	12－59	198×43×20	1	嚴重糟朽	更換	
	6－59	198×43×20	1	糟朽斷裂	拼接	
	9－63	166×28×20	1	糟朽斷裂	拼接	
	58－59	198×43×20	1	嚴重糟朽	更換	
	57－62	166×28×20	1	嚴重糟朽	更換	
	4－59	198×43×20	1	嚴重糟朽	更換	
栔木	柱頭鋪作貼斗位置	28×20	48	糟朽9，其他可用	更換9	18%
	28－16	28×20	1	嚴重糟朽	更換	
	28－17	28×20	1	嚴重糟朽	更換	
	28－33	28×20	1	嚴重糟朽	更換	
	28－34	28×20	1	嚴重糟朽	更換	
	26－16	28×20	1	嚴重糟朽	更換	
	26－33	28×20	1	嚴重糟朽	更換	
	26－34	28×20	1	嚴重糟朽	更換	
	16－33	28×20	1	嚴重糟朽	更換	
	8－33	28×20	1	嚴重糟朽	更換	

内槽縫斗栱損壞量也較大，也按類繪製編號草圖，釘標號牌，然後將個別需要修理的構件抽換下來，不採取整體落架，以免牽動構件太多（見表一五）。

表一五　大雄殿內槽斗栱構件殘損統計表

構　件	編　號	規格（厘米）	數　量	殘損情況	處理意見	修配比例
蜀柱	內槽	46×28×20	13	糟朽1，其他完好	更換1	8%
	102－1	46×28×20	1	糟朽	更換	
櫨斗5	內槽柱頭鋪作	63×62×39	20	糟朽1，其他完好	更換1	5%
	93－1	63×62×39	1	朽	更換	
櫨斗6	內槽補間鋪作	35×32×20	20	糟朽1，其他完好	更換1	5%
	102－2	35×32×20	1	糟朽	更換	
泥道栱	內槽柱頭鋪作	136×28×20	22	糟朽1，其他完好	修補1	4%
	93－2	136×28×20	1	朽高6厘米	貼補	
散斗		32×30×19	594	糟朽28，其他完好	更換21，修補7	5%
	94－4	32×30×19	1	糟朽嚴重	更換	
	94－6	32×30×19	1	糟朽嚴重	更換	
	93－4	32×30×19	1	糟朽嚴重	更換	
	93－19	32×30×19	1	糟朽嚴重	更換	
	95－4	32×30×19	1	糟朽嚴重	更換	
	90－14	32×30×19	1	朽裂	拼接	
	90－22	32×30×19	1	朽裂	拼接	
	88－16	32×30×19	1	糟朽嚴重	更換	
	88－20	32×30×19	1	糟朽嚴重	更換	
	88－21	32×30×19	1	糟朽嚴重	更換	
	83－18	32×30×19	1	糟朽嚴重	更換	
	82－20	32×30×19	1	底殘朽	剔補	
	82－21	32×30×19	1	底殘朽	剔補	
	80－18	32×30×19	1	糟朽嚴重	更換	
	78－21	32×30×19	1	糟朽嚴重	更換	

構　件	編　號	規格（厘米）	數　量	殘損情況	處理意見	修配比例
	75－20	32×30×19	1	糟朽嚴重	更換	
	77－16	32×30×19	1	糟朽嚴重	更換	
	71－16	32×30×19	1	糟朽嚴重	更換	
	70－20	32×30×19	1	糟朽嚴重	更換	
	70－22	32×30×19	1	糟朽嚴重	更換	
	104－21	32×30×19	1	糟朽嚴重	更換	
	104－22	32×30×19	1	糟朽嚴重	更換	
	104－8	32×30×19	1	糟朽嚴重	更換	
	104－10	32×30×19	1	斗耳缺失	補配	
	104－14	32×30×19	1	斗耳缺失	補配	
	104－13	32×30×19	1	斗耳缺失	補配	
	103－10	32×30×19	1	糟朽嚴重	更換	
	103－13	32×30×19	1	糟朽嚴重	更換	
替木	內槽縫	190×16×20	40	糟朽18，其他基本完好	更換18	45%
	104－23	190×16×20	1	糟朽嚴重	更換	
	103－26	190×16×20	1	糟朽嚴重	更換	
	67－26	190×16×20	1	糟朽嚴重	更換	
	95－26	190×16×20	1	糟朽嚴重	更換	
	93－26	190×16×20	1	糟朽嚴重	更換	
	97－26	190×16×20	1	糟朽嚴重	更換	
	94－23	190×16×20	1	糟朽嚴重	更換	
	92－23	190×16×20	1	糟朽嚴重	更換	
	91－26	190×16×20	1	糟朽嚴重	更換	
	89－26	190×16×20	1	糟朽嚴重	更換	
	90－23	190×16×20	1	糟朽嚴重	更換	
	87－26	190×16×20	1	糟朽嚴重	更換	
	86－23	190×16×20	1	糟朽嚴重	更換	

構 件	編 號	規格（厘米）	數 量	殘損情況	處理意見	修配比例
	88–23	190×16×20	1	糟朽嚴重	更換	
	83–26	190×16×20	1	糟朽嚴重	更換	
	82–23	190×16×20	1	糟朽劈裂	更換	
	80–23	190×16×20	1	糟朽嚴重	更換	
	81–26	190×16×20	1	糟朽嚴重	更換	
柱頭枋	內槽	28×20	127	糟朽18，其他基本完好	更換7，修配11	14%
	102–3	28×20	1	中段糟朽長110、高13、深4厘米	貼補	
	102–11	28×20	1	嚴重糟朽	更換	
	102–19	28×20	1	嚴重糟朽	更換	
	104–15	28×20	1	糟朽長240厘米	拼接	
	104–19	28×20	1	糟朽長170厘米	拼接	
	82–19	28×20	1	南側外皮糟朽厚3、長110厘米	貼補	
	82–15	28×20	1	南側外皮糟朽厚5、長85厘米	貼補	
	68–19	28×20	1	東側上部糟朽	剔補	
	92–3	28×20	1	兩側朽深各約6厘米	雙面貼補	
	92–7	28×20	1	糟朽斷裂	更換	
	92–11	28×20	1	糟朽斷裂	更換	
	92–15	28×20	1	糟朽斷裂	更換	
	92–19	28×20	1	糟朽斷裂	更換	
	90–19	28×20	1	糟朽斷裂	更換	
	76–15	28×20	1	西側外皮糟朽厚4厘米	貼補	
	76–19	28×20	1	西側上皮糟朽厚4厘米	貼補	
	80–19	28×20	1	中部上皮糟朽長80、高5厘米	剔補	
	70–11	28×20	1	中部上皮朽長170、高4～6厘米	貼補	

6. 梁栿檢修

斗栱拆卸，梁栿原位落穩，逐一檢查，記錄殘損情況。梁頭和梁身糟朽劈裂者原位剔補加固。梁身中間有斷紋的，在梁底加鋼板承托，對梁頭糟朽的剔補或拼接。同時對殿內柱子、內槽闌額等個別殘損者原位修補（見插圖四一；表一六）。

1. 修補過的梁頭

2. 歪閃、糟朽的梁頭

3. 糟朽的梁頭

4. 糟朽的梁頭及撐頭

5. 糟朽的梁頭及撐頭

插圖四一　大雄殿梁栿糟朽的一組圖片

表一六　大雄殿殿内構件殘損統計表

構　件	編　號	規格（厘米）	數　量	殘損情況	處理意見	備　註
柱子	前内柱	φ70	6	完好	未動	加抱柱 30×25
柱子	後及兩山内柱	φ65	14	除 46 號外，基本完好	修補 1	
	46	φ65	1	柱頭卯口劈裂	原位鐵箍加固	
柱子	前槽 後加	φ30	8	除加 7 號柱外皆完好 但因栿身抬高，柱高不足	修補 1，其他柱頂 加木板墊實補足	柱頭均用 雀替
	加 7	φ30	1	柱頂糟朽，雀替折斷	剔補拼接，補配雀替	
闌額 2	内槽	40×20	20	完好	未動	
闌額 3	前金柱上	40×20	5	完好	未動	
普拍枋 2	内槽	44×20	20	完好	未動	
普拍枋 3	前金柱上	44×20	5	完好	未動	
六椽栿	内槽	69×46×1725	6	③④⑤⑦四縫六椽栿略有 糟朽，其他完好	修補 4	
	③縫	69×46×1725	1	頭部糟朽 49×10×5 厘米	原位貼補	
	④縫	69×46×1725	1	表皮嚴重糟朽，深達 7 厘米	原位貼補	
	⑤縫	69×46×1725	1	北端金柱以外朽長 70 厘米，	原位拼接	
	⑦縫	69×46×1725	1	南部嚴重糟朽，中空， 長寬高 150×27×15 厘米	化學材料灌漿處理	
四椽栿	内槽	62×46×1120	6	完好		
平梁 及太平梁	内槽	88×41×618	6	⑥縫平梁糟朽，其他完好	修補 1	
	⑥縫	88×41×618	1	表面朽深 4 厘米	原位化學材料封護	
上層 四椽栿	前槽	64×41	6	F3－D3、F4－D4、F5－D5、F6－D6 糟朽，其他完好	修配 4	坐標編號
	F3－D3	64×41	1	前端朽長 100、深 3 厘米	原位剔補加固	
	F4－D4	64×41	1	前端東側局部糟朽	原位貼補	
	F5－D5	64×41	1	前端上皮糟朽長 110、高 12 厘米， 下皮表面糟朽長 230、高 4~10、 深 3 厘米，東側俯身局部糟朽	原位貼補加固	
	F6－D6	64×41	1	頭部糟朽 50×20×7 厘米	原位貼補	

構　件	編　號	規格（厘米）	數　量	殘損情況	處理意見	備　註
下層四椽栿	前槽	64×41	6	F2－D2 糟朽，其他完好	修補1	坐標編號
	F2－D2	64×41	1	中段上部糟朽	原位貼補	
下層乳栿	外槽	55×41	10	A5－B5 乳栿錯動，其他完好	修補1	坐標編號
	A5－B5	55×41	1	走閃錯動	原位鐵活加固	
上層乳栿	外槽	55×41	10	F1－E1、F8－E8、A7－B7、A6－B6、A5－B5、A4－B4、A2－B2 頭部糟朽，其他完好	修補7	坐標編號
	F1－E1	55×41	1	栿頭糟朽 50×10×15 厘米	原位剔補加固	
	F8－E8	55×41	1	乳栿前端朽空 50×27×15 厘米	採用化學灌漿加固	
	A7－B7	55×41	1	朽斷，劈裂	原位鐵板加固	
	A6－B6	55×41	1	栿頭糟朽 50×20×7 厘米	原位剔補加固	
	A5－B5	55×41	1	外端頂部朽高 10、長 170 厘米	原位貼補	
	A4－B4	55×41	1	上部朽高 6、長 110 厘米	原位貼補	
	A2－B2	55×41	1	外端朽長 130 厘米	原位拼接	
下層丁栿	外槽	55×41	8	C0－C1 糟朽，其他完好	修補1	坐標編號
	C0－C1	55×41		前端前端糟朽長 70、高 10 厘米	原位拼接補强	
上層丁栿	外槽	55×41	8	D8－D9 斷裂，其他完好	修補1	坐標編號
	D8－D9	55×41	1	前端斷裂	原位加鐵板承托	
角栿	外槽	55×39	4	完好	未動	
紥牽	外槽	41×21	24	糟朽3，其他完好	修補3	坐標編號
	A7－B7	41×21	1	糟朽三分之一	原位拼接	
	A4－B4	41×21	1	前端糟朽	原位剔補	
	F6－E6	41×21	1	前端底皮局部糟朽 40×7×3 厘米	原位貼補	

7. 闌額、普拍枋拆落

①現狀記錄

四檐闌額、普拍枋內外傾閃明顯，並受柱子牽動，發生不規則沉降，以上異動造成大量構件榫卯鬆脫、卯口劈裂和榫頭折斷。此外構件彎垂、糟朽劈裂較多（見表一七）。

表一七　大雄殿闌額、普拍枋殘損統計表

構　件	編　號	規格（厘米）	數　量	殘損情況	處理意見	修配比例
闌額	檐下	42×20	28	殘損嚴重9，其他基本完好	更換4，拼接5	32%
	2	42×20	1	中部彎垂4厘米	處理後以新材拼接	
	4	42×20	1	榫卯處折斷	拼接更換榫頭	
	5	42×20	1	糟朽斷裂	更換	
	7	42×20	1	榫卯處折斷	拼接更換榫頭	
	8	42×20	1	糟朽斷裂	更換	
	9	42×20	1	外端糟朽，中部朽斷，榫斷	更換	
	17	42×20	1	上皮糟朽高7厘米	剔出糟朽後以新材拼接	
	18	42×20	1	糟朽斷裂	更換	
	20	42×20	1	上下皮皆糟朽約4厘米	剔出糟朽後以新材拼接	
普拍枋	檐下	44×20	28	殘損嚴重8，局部糟朽7，其他基本完好	更換2，拼接7，局部剔補6	53%
	2	44×20	1	局部糟朽	剔補	
	4	44×20	1	糟朽斷裂	更換	
	6	44×20	1	內外皮糟朽深8厘米	拼接	
	8	44×20	1	卯口開裂，嚴重糟朽	拼接，補換卯口	
	11	44×20	1	卯口開裂、糟朽	剔補，貼補卯口	
	12	44×20	1	糟朽，榫斷	拼接，補換榫頭	
	13	44×20	1	局部糟朽	剔補	
	16	44×20	1	局部糟朽	剔補	
	17	44×20	1	局部糟朽，長210厘米	剔補	
	18	44×20	1	嚴重糟朽	更換	
	19	44×20	1	外側糟朽深6厘米	拼接	
	20	44×20	1	卯口開裂、糟朽	拼接、補換卯口	
	23	44×20	1	卯口開裂、糟朽	拼接、補換卯口	
	26	44×20	1	局部糟朽，長150厘米	剔補	
	28	44×20	1	糟朽，榫斷	拼接，補換榫頭	

②拆卸、檢修

拆卸時因長短不一，故需在拆除前編號記錄清楚，以免安錯位置發生榫卯不嚴或無法搭交的情況。拆卸工作自西南角開始，按逆時針逐間進行。拆卸構件逐一揀選、補配。

糟朽處剔補，嚴重者以新材料拼接，鋸斷糟朽部分見新後拼接補齊，用高分子材料粘結並加鐵箍加固，裂隙較大超過0.5厘米者以木材填實，細小裂隙待油飾前打膩子填充。拆卸後逐件檢查，儘量使用原構件，糟朽處剔補，嚴重者以新材料拼接。

8. 柱子原位檢修

1～28號檐柱均全部或部分包砌築於檐墻之内，受落檐架子和殿内壁畫限制，不宜拆除墻體，而在相應位置的墻外皮開柱門檢修，柱門高度約2.5米。拆墻體之前，以戧杆或利用脚手架固定柱頭，避免柱子傾倒或下沉。墻體拆除後勘查殘損程度，記錄了特殊做法。

①檐墻包砌的柱子均不用柱礎，是造成前後檐柱高度不等的原因。

②柱根之外包裹約1.5米高的葦條數層作爲隔碱。

③前檐四間檻墻内保留地栿，原應爲格扇（見裝修方案更改）。

④檐墻内於補間和附角櫨斗下均設支撑或斜撑。

現狀記錄

柱子的殘損情況多爲柱子底部自上而下，存在不同程度腐朽分析，其原因部分爲臺基散水破壞嚴重，排水不暢，造成柱子直接受潮，柱子底部檐墻没有預留通風孔，日久天長造成柱子根部腐朽，劈裂並下沉，同時伴有柱根位移，柱頭内傾現象，造成側脚混亂（見插圖四二、四三）。

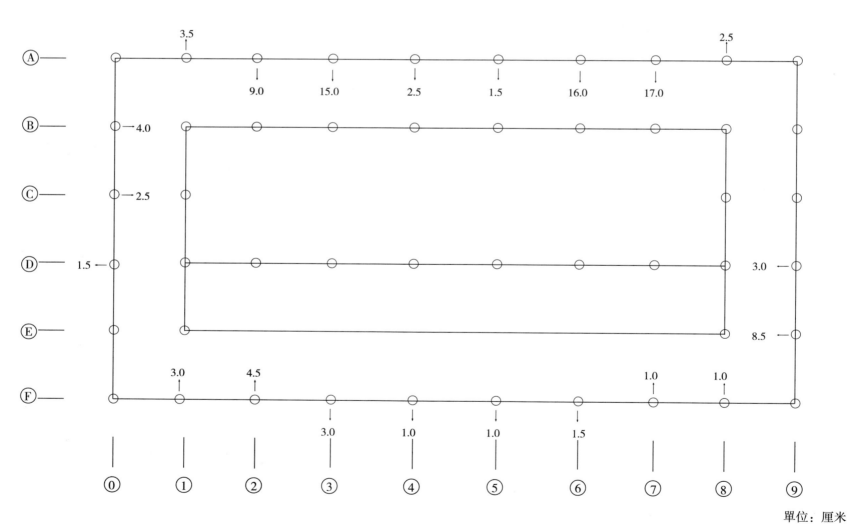

單位：厘米

插圖四二　大雄殿檐柱柱脚内外移動實測記録

144

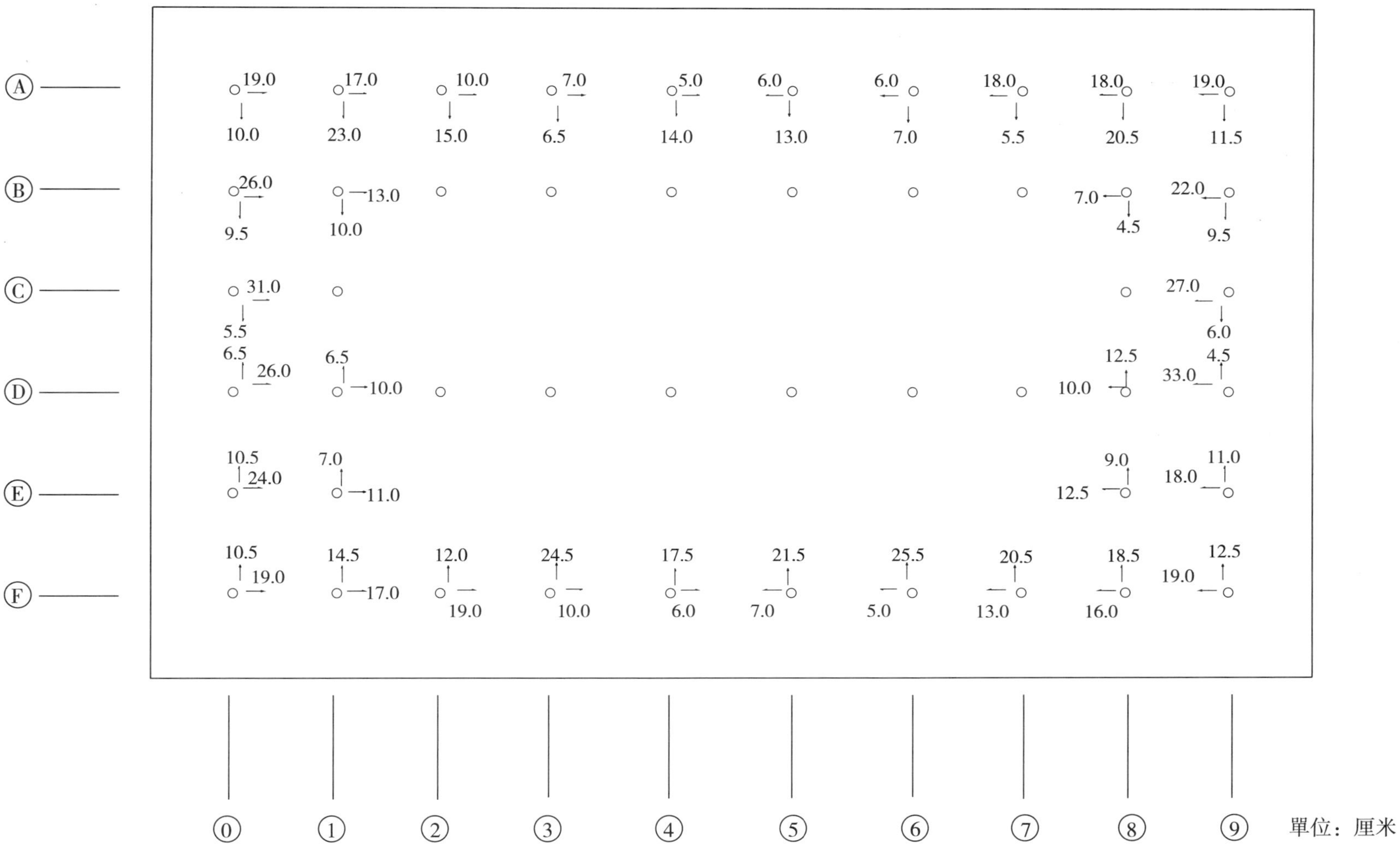

插圖四三　大雄殿柱子側腳實測記録

　　經查，28 根檐柱僅有 4 根保存完好，其他柱子均發生程度不同的糟朽，嚴重者糟朽截面超過三分之二。糟朽嚴重，需要墩接的 9 根；表面糟朽，需要包鑲的 5 根；劈裂的 2 根；局部糟朽，需要挖補的 8 根（見插圖四四）。通過對勘查結果和測繪數據綜合分析，計算每根柱子高度、真長及側腳尺寸，確定加固方案，逐一修配，對有劈裂或裂隙較大，漏雨造成表面腐朽的柱子也作適當處理（見表一八）。

表一八　大雄殿檐柱殘損統計表

名　稱	編　號	數　量	尺寸（厘米）	殘損程度	處理意見	備　註
檐柱		28	φ68	除 A0、F0、F2、F5 外，均有不同程度糟朽	墩接 9，包鑲 5，填補 2，挖補 8	修補 85%
	2	1	φ68	柱身糟朽高深 1 平方米	挖補	
	4	1	φ68	柱身糟朽 1 平方米	挖補	
	5	1	φ68	表面糟朽	剔補包鑲	
	7	1	φ68	柱身糟朽 1 平方米	挖補	
	8	1	φ68	柱身糟朽 1 平方米	挖補	

名　稱	編　號	數　量	尺寸（厘米）	殘損程度	處理意見	備　註
	9	1	φ68	表面糟朽	剔補包鑲	
	10	1	φ68	表面糟朽	剔補包鑲	
	11	1	φ68	柱根嚴重糟朽，高 45 厘米	墩接補強	
	12	1	φ68	柱根表面糟朽深 5 厘米	包鑲	
	13	1	φ68	下半部朽 10 厘米	挖補	
	14	1	φ68	表面朽 3 平方米，深 10 厘米	挖補	
	15	1	φ68	表面糟朽深 4 厘米	局部剔補包鑲	
	16	1	φ68	柱根嚴重糟朽，高 50 厘米	墩接補強	
	17	1	φ68	柱根嚴重糟朽，高 70 厘米	墩接補強	
	18	1	φ68	柱根嚴重糟朽，高 60 厘米	墩接補強	
	19	1	φ68	柱身劈裂	局部填補	
	20	1	φ68	柱身劈裂	局部填補	
	22	1	φ68	柱根嚴重糟朽，高 30 厘米	墩接補強	
	23	1	φ68	柱根嚴重糟朽，高 30 厘米	墩接補強	
	24	1	φ68	柱根嚴重糟朽，高 60 厘米	墩接補強	
	25	1	φ68	柱根嚴重糟朽，高 50 厘米	墩接補強	
	26	1	φ68	表面朽 3 平方米，深 10 厘米	挖補	
	27	1	φ68	柱根嚴重糟朽，高 40 厘米	墩接補強	
	28	1	φ68	表面朽 3 平方米，深 10 厘米	挖補	

　　支撐柱和斜撐做法是拆墻後發現的，支撐住位於補間和附角櫨斗位置，共計 36 根，斜撐爲每面盡間各用兩根，共計 16 根。部分支撐柱和斜撐糟朽，勘查中統一編爲 1～52 號，對需要修配的釘牌拆卸，予以更換或修補（見表一九）。

1. 柱脚糟朽之一

2. 柱脚糟朽之二

3. 柱脚糟朽之三

4. 柱脚糟朽之四

5. 柱脚糟朽之五

6. 修補過的柱子

插圖四四　大雄殿檐柱糟朽的一組圖片

名　稱	編　號	數　量	尺寸（厘米）	殘損程度	處理意見加固方法	備　註
支　撑		28	31×20	糟朽8，其他基本完好	更換2，修補6	修補28%
	1	1	31×20	柱脚朽裂下沉	拼接	
	6	1	31×20	糟朽嚴重	更換	
	8	1	31×20	糟朽嚴重	更換	
	25	1	31×20	局部糟朽	鑲補	
	27	1	31×20	局部糟朽	鑲補	
	28	1	31×20	局部糟朽	鑲補	
	29	1	31×20	柱脚朽裂下沉	拼接	
	31	1	31×20	柱脚朽裂下沉	拼接	
斜　撑		16	31×20	糟朽4，其他基本完好	更換2，修補2	修補25%
	8	1	31×20	糟朽嚴重	更換	
	12	1	31×20	下部朽斷	修補	
	33	1	31×20	糟朽、劈裂	更換	
	37	1	31×20	下部朽斷	修補	

9. 檐墙與殿内外地面

（1）檐墙

①現狀記録

檐墙都用土坯壘砌，土坯的規格是7×18×37厘米，採用"滿丁"和"三順一丁"的砌法，隔層相疊，一直砌到闌額底皮。土坯下用條磚（7.5×18.5×37厘米）十三層壘砌裙碱，高1.16米，約當墙身總高的五分之一。墙底厚1.41米，頂厚1.25米，收分極其顯著。惟墙身内側因繪製壁畫的關係，裙碱却砌得很矮，只壘條磚七層。裙碱以上置水平木骨一層，其上土坯中復置木骨四層（木骨厚約7厘米）。墙面抹滑稽泥兩層、麻刀白灰一層，表面刷白粉（見插圖四五）。

②拆卸

墙體自上而下逐層拆除，每次拆除高度約20厘米，然後加固壁畫泥層，再拆除下一層。

（2）地面

①現狀記録

殿内地面鋪墁方磚，規格有兩種，一爲30×30厘米明清方磚，二爲9×41×41厘米遼代方磚，後者色澤青瑩，質地堅硬。可惜現狀大部已碎裂、磨損，坎坷不平，完好可用者約20%。前槽有很大一片是水泥地面。鋪墁方法，殿内佛壇前後依開間縫垂直，佛壇兩側依進深縫垂直。

②拆卸

地面磚和水泥面一並拆除，揀選保存好的面磚集中堆放備用。

1. 支撑柱與斜撐

2. 柱脚包裹的葦席

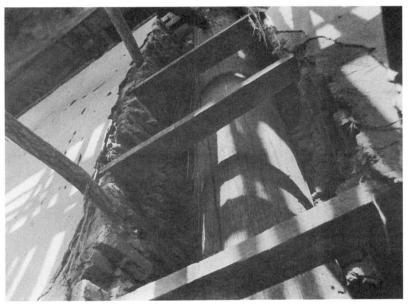

3. 墙内的木骨

4. 檐墙内發現的地栿和框檻

插圖四五　大雄殿檐墙拆除後的一組圖片記録

四　奉國寺大雄殿維修工程竣工技術報告

大雄殿修繕工程 1984 年開始籌備，1985 年開始測繪勘查及搭設保護棚架，1986 年完成拆落工作，自 1987 年 4 月實施大木構件修配和歸安，此後又完成了瓦頂復原、臺基修整等項目，至 1989 年大雄殿維修工程全部完成。

（一）外檐斗栱落架技術報告

1. 外檐斗栱落架方案的提出

大雄殿修繕需解決的主要是殿頂滲漏，外檐斗栱外傾，檐柱走閃等問題。而根據勘查結論，大雄殿內槽木結構相對穩定，構件基本完整，局部的梁架異動問題主要源自外槽梁栿牽動和殿頂載荷失衡，因此，內槽大木不必落架，完全可以通過消除外力牽動和釋放殿頂荷重的方法，使柱、梁自行糾偏予以解決。實施設想是在不拆卸外槽梁栿的前提下，通過實施外檐斗栱落架修配，提高外檐結構強度、扶正構架、加固節點以保持內檐穩定，使外檐構件、斗栱、柱枋，得到全面修配和加固，從而使內檐構架得以穩定。而且殿內斗栱、梁架構件上面存留着精美的遼代彩繪，十分珍貴。尤其是大量飛天、雲紋等圖案，均屬已知的遼代彩繪孤例，絕不能因加固施工而受到絲毫損害，因此本次工程的設計之初就制定了"局部落架，整體兼顧，局部調整，有據復原"的修繕原則，並在施工中得到貫徹執行。

針對在殿身梁栿不拆落的前提下實施外檐斗栱落架修配的要求，本次工程在國內古建築維修領域首先提出了斗栱局部落架的技術設想。當然，這一維修設想的提出，也隨之帶來了一個技術難題。在以往的維修工程中確實曾經採用過"不落架修配"的技術手段，比如所謂的"偷梁換柱"，或者"抬梁抽換"的修配方法。但是，這些維修手法都僅是應用於抽換或者修配個別的構件，或者是多個構件逐一進行，而非針對全部外檐鋪作同時展開，而且大雄殿梁架和外檐鋪作結構複雜，也大大增加了實施難度。

針對這一技術難題，工程人員經過現場分析，在借鑒"偷梁換柱"、"抬梁抽換"手段的基礎上，提出了通過"支頂拆卸"的辦法實施斗栱落架，最終解決了本項目中的極為重要的技術難題，最大限度地保護了遼代彩繪和原構件。這一落架技術的核心是：以偷梁換柱為基本手段，多點同時進行，上下梁分別支頂。

2. "支頂拆卸"的實施方法

①實施條件和落架的範圍

不拆卸外槽梁栿的前提下，落架修配全部外檐斗栱。

按照大雄殿的梁架結構，內槽的六椽栿前後兩端和梢間丁栿前端分別安置在外槽的扎牽之上，如果拆落外槽梁栿，就必然牽涉內槽梁架。而外槽梁栿的閃沉問題也主要是由於柱子和鋪作層沉降引起，實施梁栿落架不僅會加大工程量，增加工程難度，而且是全然沒有必要的，因此提出上述方法。

②所需工具、設備

梁栿起吊和承重架子（逐縫）、10 噸千斤頂（3 件）、5 噸手動吊鏈（手拉葫蘆）（3 件）、撬棍 2 件、長度能頂到下層梁底皮的 Φ18 圓木（6 件）、厚木方若干及寬 20 厘米左右的厚毛氈若干。

③準備工作

搭起吊架子：在殿頂梁架完工後，於外槽每根梁頭外端搭起吊架子，架子長、寬各 3 米，前端靠近檐墻，高過上層梁3米，上設四根斜杆安裝吊鏈，在低於下層梁底30厘米高度鋪腳手板，作爲起吊工作台。

包裹梁栿、安置千斤頂和吊鏈：在實施支頂和懸掛吊鏈位置，用厚毛氈將梁身包裹起來，保護梁身和彩畫。

④ "支頂拆卸" 的實施步驟

由於鋪作中所有與柱縫平行的構件都相互緊密搭交，安全拆卸一組柱頭鋪作及相鄰的兩組補間鋪作，必須至少同時吊起連續的三根梁頭，而上下梁頭均入鋪作之內，相當於梁栿將鋪作分爲下層昂向上至耍頭和二華栱向下至櫨斗兩個水平層，則又要求每縫梁栿實施兩次起吊或支頂，對每一水平層分別拆落，具體實施步驟如下：

A. 起吊上層梁和拆卸上層構件

首先，卸下鋪作上的浮擱構件，選連續的三縫望栿（實際操作中爲前檐4、5、6縫），於上層梁華頭子稍後位置各安吊索，掛吊鏈，實施第一次起吊。起吊力量、速度要均衡，同時觀察梁尾榫頭和柱頭卯口變化，如果榫頭和柱頭卯口搭交過緊，可通過梁頭小幅昇降，再用撬棍將榫頭向外拔出一些，以防榫頭折斷或卯口損壞（見插圖四六）。

梁頭起吊高度以可拆卸耍頭和上層昂爲準，然後自上而下依次拆落上層構件，二華栱和二層柱頭枋以上構件拆卸後，使中間一梁頭暫時復位，梁下以木方支墊，然後拆卸吊鏈，再起吊相鄰的一縫，使相鄰的兩縫梁端同時吊起，繼續拆御，並依此法交替向前起吊上層梁，直至外檐鋪作一周二華栱以上構件全部拆落。

B. 支頂下層梁和拆落下層構件

第一次起吊和二華栱以上構件拆卸之後，實施第二次擡梁拆卸，與第一次一樣選擇連續的三縫同時進行。在三根下層梁頭各於二華栱後以直徑18厘米的圓木頂住梁底，圓木下安置千斤頂，支頂下層梁。支頂同時用稍長的原木抵住梁底，木下隨時打楔子，防止千斤頂歪閃梁身突然落下。梁頭擡昇高度以能拆卸上層華栱爲限，穩定梁下支撐，拆卸其餘構件（見插圖四七）。

C. 梁栿歸位

在起吊梁栿、拆卸斗栱後，梁栿需復位，此時可利用起吊架子作爲臨時承托，即在工作臺上施高度合適的木方，放開千斤頂，落穩下層梁。再以同法將上層梁落在下層梁上，完成拆卸過程。之後，交替向前逐縫支頂下層梁，拆卸構件，並使每縫梁栿歸位，直到完成外檐鋪作構件拆落。

3. 斗栱歸安中的實施方法

斗栱修配後，以拆卸的逆過程支頂梁栿，歸安斗栱。

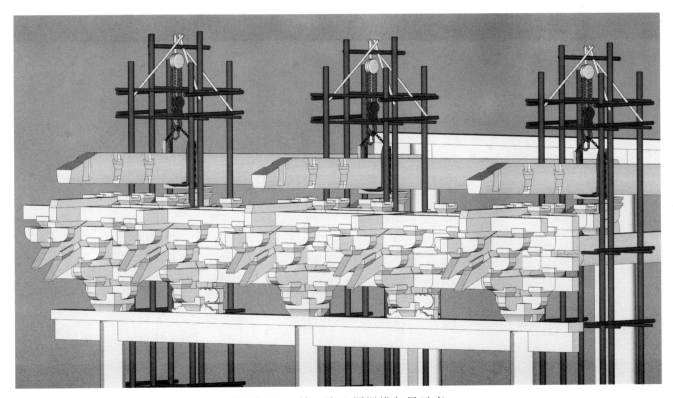

插圖四六　第一次上層梁栿起吊示意

1. 起吊上層梁栿

2. 第一次起吊後拆卸

3. 第一次起吊後上層栿歸位

4. 支頂下層梁

5. 拆卸斗栱後梁頭歸位

插圖四七　斗栱拆卸的一組圖片

（二）大木修配技術報告

構件修配，本着盡量留用原構件，以舊補舊的原則，不單是爲節約材料，而是有保留原物的意義。一座古建築如果全部換成新件，就變成了複製品，則失去了古建築的意義。因此我們將拆下的全部構件，逐件檢驗，劃爲三種狀況分別處理：第一種是一個構件雖屬糟朽，而斷面不超過三分之一，長度不超過十分之一者，則採取剔補的修整方法，這類修補構件約1000多件。第二種是一個構件損壞部分超過一半以上，則要更換新件，未損壞的部分則用作修補其他構件。更換的新構件約2500件。第三種是構件損壞程度輕微或完好無損、不影響結構功能的，則稍事整理繼續使用。這類構件約1000件。針對以上三種情況，採取了相應的修配和製作更換措施。因修補和更換構件數量巨大，不便逐一報告，僅總結構件的主要修補技術如下。

1. 柱子修配

柱身加固一項，因柱子粗大，拆落時又不能影響內壁壁畫，故採取原地加固的方法。需墩接的柱子，原位擡起，用拉杆將柱頂固定在脚手架上，使柱根懸起。

柱子修配之前先根據實測數據統一了柱子的高度、生起和側脚尺寸，進而確定每根柱子的真長，再依據各柱糟朽部位、程度，分別採取墩接、包鑲或剔補等幾種措施恢復其強度。

①墩接柱子，柱子根部糟朽嚴重，超過柱根直徑1/3，高度不超過柱高1/4時，採用墩接方法。共墩接柱子9根，先將糟朽部分剔除，按柱徑需要選好墩接木料，做抄手榫搭交，搭交長度大於50厘米。榫卯搭交嚴密，外加鐵箍兩至三道，以螺栓固定，鐵箍寬10厘米，厚0.3厘米。

需特別説明的是，第一，在實際墩接中，因柱徑較大，沒有足夠大直徑木料時，先包鑲墩接料，補足柱徑。第二，對露明柱子的墩接，在加鐵箍時預先開深0.5厘米的淺槽，所加鐵活應嵌入槽內，並將螺栓改爲長約10厘米的鐵釘直接釘入柱內，釘子間隔10厘米左右，作油飾地帳時打膩子取平。

②剔補包鑲，柱心保存較好，柱根表皮普遍糟朽在柱徑1/3以下，採取包鑲方式加固。首先將糟朽部分剔净、砍圓，用干燥的同質木料做寬約10厘米，厚、高隨需要的梯形木板，緊密地包在柱外，粘接時現場加工，拼嚴接縫，適量用膠，包鑲後外加鐵箍二至三道，鐵箍規格、做法同上。

③局部剔補，柱子表皮局部糟朽，採取剔補辦法，挖去糟朽部分，用新料補齊。剔補時新舊料間以膠粘接，並用木釘釘牢。剔補面積較大的，外加鐵箍一兩道，同包鑲做法。

④填補加固，柱身無糟朽，但裂隙較大，超過0.5厘米者以木材填實，更小裂隙，油飾前打膩子填充（見插圖四八）。

2. 闌額、普拍枋修配

闌額、普拍枋的修配主要採取自體加固、拼接補強、剔補、更換榫卯和新製更換幾種措施，共計更換4根，拼接6根，局部剔補9根。

①拼接補強，糟朽超過斷面四分之一，剔除糟朽見新取平，按需要加工新料，與原構件粘接，再於拼接部位加玻璃鋼箍二道。加玻璃鋼箍前先開深0.5厘米的淺槽，將玻璃鋼箍嵌入槽內，再打膩子取平。彎垂嚴重的闌額，也拼接修補。先刨除彎垂部位，矯正後以新木料拼接，做法同。

②局部糟朽的，剔除糟朽，以新料粘接補齊。劈裂構件採取填充裂縫的方法，同柱子填補加固。

③補換新榫頭，榫頭糟朽，折斷者，鋸掉舊榫，以同質干木料按原尺寸作新榫，新舊料刻半榫膠粘拼接，外加玻璃鋼箍兩道。拼接搭交部位長度不小於50厘米，以保證結合牢固。

卯口嚴重糟朽、劈裂的補換方法同上。糟朽不嚴重或搭交不夠嚴密者，安裝時以硬木補齊。

④構件新製，更換構件嚴格按原質地木材、尺寸仿製，比對搭交構件開卯、做榫，製作後釘標號牌，保存備用（見插圖四九）。

1. 鋸掉柱子糟朽部位原位墩接

2. 接口做抄手榫

3. 墩接料做抄手榫

4. 墩接料包鑲補足柱徑

5. 柱脚包鑲

6. 柱子局部挖補

7. 墩接的柱子鐵箍加固

8. 劈裂柱子嵌補

插圖四八　柱子修配的一組圖片

1. 剔補拼接普拍枋

2. 拼接闌額

插圖四九　闌額、普拍枋修配記錄

3. 斗栱修殘補缺

斗栱構件是古建築的重要部位，是標誌一座建築時代的主要構件，所以對原構件盡量使用，實在殘朽的按照原狀的材料、尺寸、風格特點進行製作換新和修補。對歷代維修時後加構件仍予以保留，對受壓受彎構件修配中加固補強。根據統計，需修配的斗栱構件約佔構件總量的40%，針對斗、栱、枋構件的修配，分別採取了以下方法。

①斗件的修配

A. 斗子拼接

斗身斷裂爲兩半，斷紋能對齊的，採取自體粘接加固。粘接後在斗平位置鑽孔，增加長杆螺栓兩根，螺母和螺帽嵌入斗內，加固後打膩子封護。

斗身斷裂，斷紋不能對齊的或嚴重糟朽的，剔除糟朽部位至見新，以干燥的榆木料補做，並與原構件拼接。拼接方法同上。

B. 補換斗耳、斗底與局部剔補

斗耳斷落，或斗耳以下連同斗平斷落缺失的，按原尺寸、式樣用干燥榆木料補配。新舊部分用膠粘牢，並鑽孔加木釘釘牢。

補換斗底，部分斗底糟朽嚴重，爲保存斗子上彩畫，故採取鋸掉斗底，以新料補換，粘接方法同補換斗耳。

斗身局部糟朽，面積較小的，局部剔補續用。

C. 斗口補強

斗腰壓扁超過0.3厘米，或致與其上構件搭交不嚴密的，安裝時在斗口內用硬榆木薄板補齊，使搭交嚴密。

D. 製作更換，缺失和糟朽嚴重的各種斗，均以榆木製作更換。對糟朽的，按原樣尺寸製作，對缺失的參照統一尺寸製作，在試裝時對照相互搭交的栱、枋構件開卯，校正無誤後釘牌保存。

②栱件的修配

A. 栱件的拼接

各種栱栱身側面糟朽深度不超過5厘米，或栱身劈裂未斷，栱底糟朽高度在三分之一以下、華栱上足材栔木糟朽，皆採取拼接方法，剔朽見新後以干燥榆木料補强，並用環氧膠粘接。

華栱、交手栱等，栱頭糟朽長度不過三分之一，除以干燥榆木榫接之外，另在栱底加角鋼，或於栱身加"T"形鋼兩根，增加懸挑能力，所加鐵件嵌入構件之內。

B. 栱件的製換

栱子屬於承重構件，原則上彎曲超過5厘米，糟朽長度超過二分之一或深度超過5厘米，碎裂或通體劈裂者，栱口糟朽嚴重或折斷的，均予以更換。新製栱件全部使用干燥榆木，嚴格逐件做出樣板仿製，對栱瓣、隱刻栱眼等精心按樣板雕刻。製作後暫不開卯口，待安裝時現場開卯，以免因尺寸誤差而影響安裝。

③昂件的修配

A. 昂身自體加固

昂身斷裂，斷裂部位可以對齊的，粘接斷茬，並在昂底或昂身側面加"T"形鋼或角鋼增强懸挑力，最外加玻璃鋼箍加强連接。

B. 昂件拼接

昂嘴斷裂、昂身糟朽長度二分之一以下，卯口處糟朽或斷裂，皆鋸掉糟朽部位，以新榆木補換。拼接時用斜口或榫接，拼接部位加玻璃鋼箍，並在昂身的卯口薄弱部位加T形鋼，外打膩子取平。

C. 昂件剔補

昂端彎垂3厘米以下、昂身劈裂或表皮糟朽的，修整彎垂部位或剔除糟朽後，採取貼補方法粘接補齊，粘接後以玻璃鋼箍加固。

D. 昂件製換

昂件糟朽高度過三分之一，糟朽長度過二分之一，彎垂超過5厘米，以榆木製作更換，製作時也按要求逐一按原樣仿製，對比搭交構件開卯，新製的昂件也於卯口部位預加鐵活，增加强度。

④柱頭枋、羅漢枋的修配

A. 構件拼接

枋身糟朽長度不超過長度三分之一，鋸掉糟朽部位，以新木料榫接，拼接時按原樣做榫卯，拼接部位不小於50厘米，外加玻璃鋼箍兩道。

糟朽不超過構件高度或厚度二分之一的，構件彎曲不超過5厘米的，鋸掉糟朽部位，或剔除彎曲部位，矯正取直後，以新木料平接。外加玻璃鋼箍三至四道。

B. 原件拼接

枋身斷裂，但裂縫基本可對齊的，自體拼接加固，局部剔補。

C. 補換榫卯

榫頭糟朽、折斷者，補換新榫頭。將殘毀榫頭鋸掉，用老榆木按原尺寸式樣製作拼接。新舊料榫接時，外加玻璃鋼箍兩道，拼接搭交部位長度不小於50厘米。新舊料平接時，接頭處加"T"形鋼和長杆螺栓加固。"T"形鋼、螺栓帽要嵌入構件內，並以膩子塗平封護，斷白做舊時予以隱蔽。

卯口嚴重糟朽、劈裂的補換方法同上。糟朽不嚴重或搭交不够嚴密者，安裝時以硬木補齊。

D. 局部剔補

表面糟朽深度在3厘米以下，局部剔補。

E. 構件更換

糟朽高度超過一半，碎裂嚴重無法拼接，糟朽長度過三分之一，彎曲超過5厘米的，全部新製更換。由於柱頭枋和羅漢枋與多個構件搭交，并且又受到生起的影響，因此，製作之後皆不開卯，待安裝時按需開卯（拼接方法同拼接栱昂）。

F. 枓木更換

三、四層柱頭枋上，柱頭枋出轉角之外部位，原皆施枓木補强，工程中對糟朽或缺失的枓木，均以新料按制補換。

除上述斗、栱、昂、枋構件之外，對耍頭、替木、撐頭、華頭子及各梁栿上坐斗、馱峰的糟朽，也採取了相應的拼接、剔補、更換的方法予以修配。修配方法與上述相同。除上述修補項目之外，此次工程中還全部以榆木製作更換了全部栱栓、斗栓、昂栓等（見插圖五〇、五一、五二、五三）。

4. 修補梁栿

外槽梁栿，除一根梁頭糟朽嚴重，採取拼接，另一梁身有裂紋，加鐵板承托之外，其餘僅在梁頭出檐部位有輕微糟朽現象，維修中將糟朽剔除，以新木料補齊，共剔補 33 件。

①拼接梁頭

前坡第六縫上層四椽栿梁頭糟朽，長 80 厘米，鋸掉糟朽梁頭，用干燥的新料按樣加工，以斜口拼接，接縫用膠粘牢，安裝斗栱時開卯（見插圖五四）。

②梁底附鐵板補強（見實測與設計圖八八）

③原位剔補梁頭、梁身

方法同柱、枋。

5. 補配槫條

各步槫條的處理主要採取去朽見新、局部剔補和更換的方法。

①去朽見新

表面糟朽，深度在 2 厘米以下的槫材，僅將糟朽部分去除至見新，不再補配。針對這類槫條直徑或高度的不足，在安裝隨槫椽椀時適當加高椽椀高度補足。

②局部剔補

表面糟朽，深度在 5 厘米以上，或局部糟朽在四分之一槫徑以下，採取剔補方法修配。剔除糟朽部分後，以同質新料補齊，新補部分砍圓刮光，新舊料之間以環氧膠粘接。

③拼接槫材、補換榫卯

因槫材彎垂取平校正後高度不足的，或者槫材榫卯糟朽、折斷的，採取拼接和補換方式。具體操作方法同素枋的拼接和榫卯補換（見插圖五五）。

④更換槫條

糟朽、彎垂嚴重，無法續用的槫條，以新木料製作更換。新槫均以落葉松製作，製作時按號逐一測量尺寸下料，按原件留榫卯，榫卯尺寸稍大一些，待安裝時加工，與替木相交的栓孔留待安裝時現場開卯。隨槫椽椀一同製作，分別編號釘牌保存。

6. 修配角梁

①拼接大角梁梁頭

四根大角梁梁頭均糟朽，全部以新料補換。首先將糟朽部分鋸掉，接口鋸成向上的斜面，新梁頭按照舊梁頭尺寸、風格製作，與大連檐搭交口留待安裝時加工。新料更換的梁頭後尾與原構件搭交處用膠粘牢後，再用鐵箍兩道加固，鐵箍嵌入構件內，外打膩子取平。同時對梁身糟朽部位也以新料貼補，劈裂處或嵌補或打膩子封護。

②修補、更換續角梁

續角梁修補 14 件，依需要分別拼接和剔補，方法同素枋修配。

續角梁更換 2 件，製作時依原構件尺寸，各步續角梁均以斜口搭交，加栓固定，爲安裝時接口嚴密吻合，搭交面留待安裝時現場加工。

③全部更換子角梁

原 4 件子角梁全部爲拼接續用，此次均以整料製作更換。製作時保留了子角梁上皮平直不上翹的時代特徵，但爲安裝新套獸和補足早前被鋸短之不足，子角梁前端加長了 25 厘米。因子角梁上皮平直，製作時按照飛椽製作方法，兩根一組彈綫製作。子角梁底與大角梁搭交的卯口、與小連檐搭交口和梁頭收分均留待安裝時現場加工，以保證搭交嚴密和方便套獸的固定。

1. 製作用於加固構件的木釘

2. 構件修配現場

3. 斗子自體粘結加固

4. 斗子拼接

5. 拼接昂身

6. 昂身加固中開玻璃鋼箍淺槽

7. 昂身玻璃鋼箍加固

8. 柱頭枋拼接

9. 柱頭枋補換榫頭

10. 拼接柱頭枋後加玻璃鋼箍

11. 局部貼補柱頭枋

12. 貼補柱頭枋

插圖五○　斗栱構件加固圖片記録一

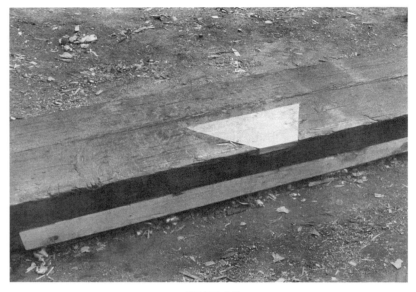

1. 剔補羅漢枋

2. 構件替補

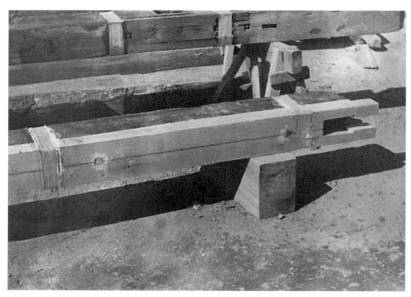

3. 補換榫頭

4. 柱頭枋拼接

5. 構件自體拼接

6. 承椽枋自體拼接

插圖五一　斗栱構件加固圖片記錄二

1. 新製構件帶鋼補强

2. 新構件開槽安裝帶鋼補强

3. 昂件安裝 "T" 形鋼加固

4. 新構件安裝 "T" 形鋼補强

5. 角鋼補强

6. 昂件加 "T" 形鋼和玻璃鋼箍補强

插圖五二　新製構件化學和鐵活加固圖片記錄一

7. 構件玻璃鋼箍加固

8. 栱身替補

9. 新製昂件預加鐵件補強

插圖五三　新製構件化學和鐵活加固圖片記錄二

1. 原位貼補梁頭

2. 原位拼接梁頭

插圖五四　梁頭原位拼接

插圖五五　修補槫條

1. 新製素枋

2. 製作檐椽飛子

3. 新製檐椽存放棚

4. 新製望板堆放棚

插圖五六　新製構件和構件存放圖片記録

163

④全部更換隱角梁

隱角梁形如一倒三角形，前端於子角梁上，後尾在大角梁上，其意在於固定子角梁尾。因兩端底皮均爲斜面，地面製作恐難搭交嚴密，故按尺寸備料後，待現場邊製作邊安裝。

7. 製作椽飛望板及連檐等檐頭構件

椽子、飛椽、連檐及瓦口構件，腐朽最甚，全部照舊複製新構件予以更換（見插圖五六）。

大雄殿椽徑不一致，是歷代修補更換造成的，現在很難確定哪種屬於遼建時的構件，或者全部都是後換的。此次維修中按照《營造法式》規定，將椽徑統一調整爲18厘米，約合材高10分，椽頭收分至14厘米，全部用新料製作更換。翼角椽製作時按實際冲出增加長度，鋪釘時按需要絞尾。

上架椽子椽徑也不一致，且均糟朽，全部按照統一後的尺寸改製或更換。因上架椽較短，維修中先選直徑18厘米的足長檐椽改製，不足部分用干燥新料製作。各步椽後尾切斜搭掌，前端留待鋪釘時切割、打釘眼，以利搭交。

飛椽全部新製更換，椽高按照《營造法式》"如椽徑十分，則廣八分，厚七分，……兩邊各斜殺一分，下殺兩分……"的規定，統一調整爲高14厘米，寬12.2厘米，飛頭卷殺至8.5×7.5厘米。製作時翼角椽按冲出增長，兩根一組製作，椽脖子兩側做閘擋板口。

望板、連檐等全部按原件尺寸新製更換。大連檐截面5×16厘米，小連檐10×15厘米，瓦口5×15厘米，望板厚3厘米，寬20厘米。大、小連檐截面作直角梯形，以板材兩件一組鋸成。小連檐翼角處上翹，木料經水浸泡後，按原件曲度捆紮定型。

8. 構件修配中的要求

①木材的要求

更換、拼接栱、斗、昂、大角梁、子角梁等承重構件及更換榫頭、各種栓、木釘等，所用木材選用無節、順直、干燥榆木，橫順都要依據構件承重的要求。椽、飛等檐頭構件使用落葉松木，裝修使用紅松。新木材要經干燥處理後才能使用，含水率低於15%。

②玻璃鋼箍的要求

玻璃鋼箍以玻璃布和不飽和聚酯樹脂纏繞做成，做玻璃鋼箍要預先開槽，加固後並以膩子塗平封護。玻璃布，選用厚度0.2毫米左右的無咸脫脂無捻方格玻璃布，玻璃布接頭重疊10厘米以上，塗刷聚酯樹脂朝向玻璃布纏繞方向。

③鐵件的要求

修配用的角鋼、"T"形鋼、板鋼在市場選購優質材料，要求無製造缺陷，經檢測後使用。修配構件使用的特殊螺栓和安裝鐵釘按要求訂製。

④構件製作的幾點要求：

針對構件修配，我們找了幾位對古建築維修略有經驗的木匠師傅，又從當地找到三十幾位木工組成維修隊伍，首先讓他們熟悉各種典型構件的名稱、尺寸、特點、材料關係、結構位置，並向他們講述修繕意圖和具體操作方法，分成幾個作業組開始修配。在構件修配中嚴格把握以下幾條：

第一，材質的選用。根據構件的位置功能，選用與之相應的木材，保證強度。

第二，構件的形制。爲保證原狀，我們把每一種典型構件都製作了1∶1的樣板，爲工人加工提供方便，並時時檢查加工情況。

第三，修配質量。大雄殿外檐斗栱集結構、藝術於一體，又是人們最容易看見的部位，所以修配質量是本次維修的關鍵，我們對每一個構件的修補都嚴格掌握，提出詳細要求，技術負責人員每天必須親臨現場，檢查指導，並對維修構件逐一進行驗收，如接縫要求嚴密，鑲補要求平整，在不影響結構的前提下，採用了多種拼補形式，盡可能使之做到量材而用。例如，在更換斗栱的昂構件時，因爲找不到足大的昂件材料，採取拼成的辦法。利用了角鋼、螺栓固定在拼結面裏，增強抗折力，然後用環氧樹脂粘結封閉，外表再以玻璃絲布和化學材料纏成幾道玻璃鋼箍。這樣不影響外貌，而且小材可以大用，同時可以增強抗折能力。對於凡因卯口切割致使構件受力斷面過小的部位，都採用帶鋼或角鋼以螺栓加固。

第四，更換構件嚴格按照原來式樣尺寸製作。榫卯式樣尺寸，除依照舊件外，並須核對與之搭接構件的榫卯，新製構件應盡量使之搭交嚴密。

（三）大木安裝和調整

1. 內槽柱梁的調整

殿頂和外槽斗栱拆卸之後，由於荷重大大減輕，消除了外檐鋪作牽動的影響，再對個別柱子的錯動進行擡梁撥正，內槽梁架基本得以復位，結構明顯改善。

2. 檐柱柱子的調整

①柱子高度、生起和側脚

柱子高度，相對應的前後檐柱高度不一致，前檐柱均高於後檐柱五六厘米，是值得注意的特點之一。從檐柱勘查的實際情況看，除 A1、A2、A3、A6、A7、A8、B0、D0、E9 九根柱子柱脚糟杇，可能發生下沉之外，其他柱子沒有發現下沉現象。而比較前後檐未發生下沉柱子實際情況可以發現，前檐四根角柱和平柱真長均高於後檐相對的柱子 5～6 厘米，四組都出現同樣情況絕不是偶然現象，而是表明大雄殿前後檐柱確存在高差。再比較兩山柱子可發現，前後生起也是不對稱的，後角柱僅較 B 軸的柱子生起 5 厘米，而前角柱則較 E 軸柱子生起 10 厘米。這種現象的產生，可能是由於凡包砌在墙內的柱子都不用柱礎，而在初設計時並沒有考慮到柱礎的高度，而在立柱之後不得不將兩根後角柱和平柱鋸短一些，使後檐角柱生起值與前檐保持一致，例如，如果不鋸短，自 1、8 兩軸至角柱生起將達 15 厘米。而一經鋸斷，兩山 B 軸柱子至角柱生起也就隨之減小到 5 厘米。

柱子高度、側脚尺寸的統一。柱子高度和生起情況，因檐柱有數根柱脚糟杇下沉，調整柱網時不能簡單參照實測數據。根據實測，大雄殿外槽梁栿是隨着檐柱的生起而生起的，爲保證每縫梁栿前後高差的一致，梁栿後尾的生起值應該與檐柱的生起值一致，因此在確定柱脚有糟杇的柱子高度和生起時，參照了梁尾的生起。柱子高度確定之後，根據對應的內柱在相應高度的中綫和各外槽梁栿的水平長度確定各間柱頭中綫。柱根位置根據柱礎中綫校正確定，側脚也就隨之確定了（見表二〇；插圖五七、五八）。

但需要指出的是，相應尺寸數據僅是就尺寸統一意義上的確定，實際上因爲保留使用的原有構件均係手工製作，尺寸誤差是難免的，在安裝過程中僅能就構件之間搭交需要進行。

表二〇 統一後的各間面闊尺寸表

	柱根中綫尺寸（厘米）	柱頭中綫尺寸（厘米）
正面明間	590	580
正面次間	580	580
正面二次間	533	526
正面梢間	501	498
正面盡間	501	500
側面明間	505	498
側面梢間	503	498
側面盡間	501	500

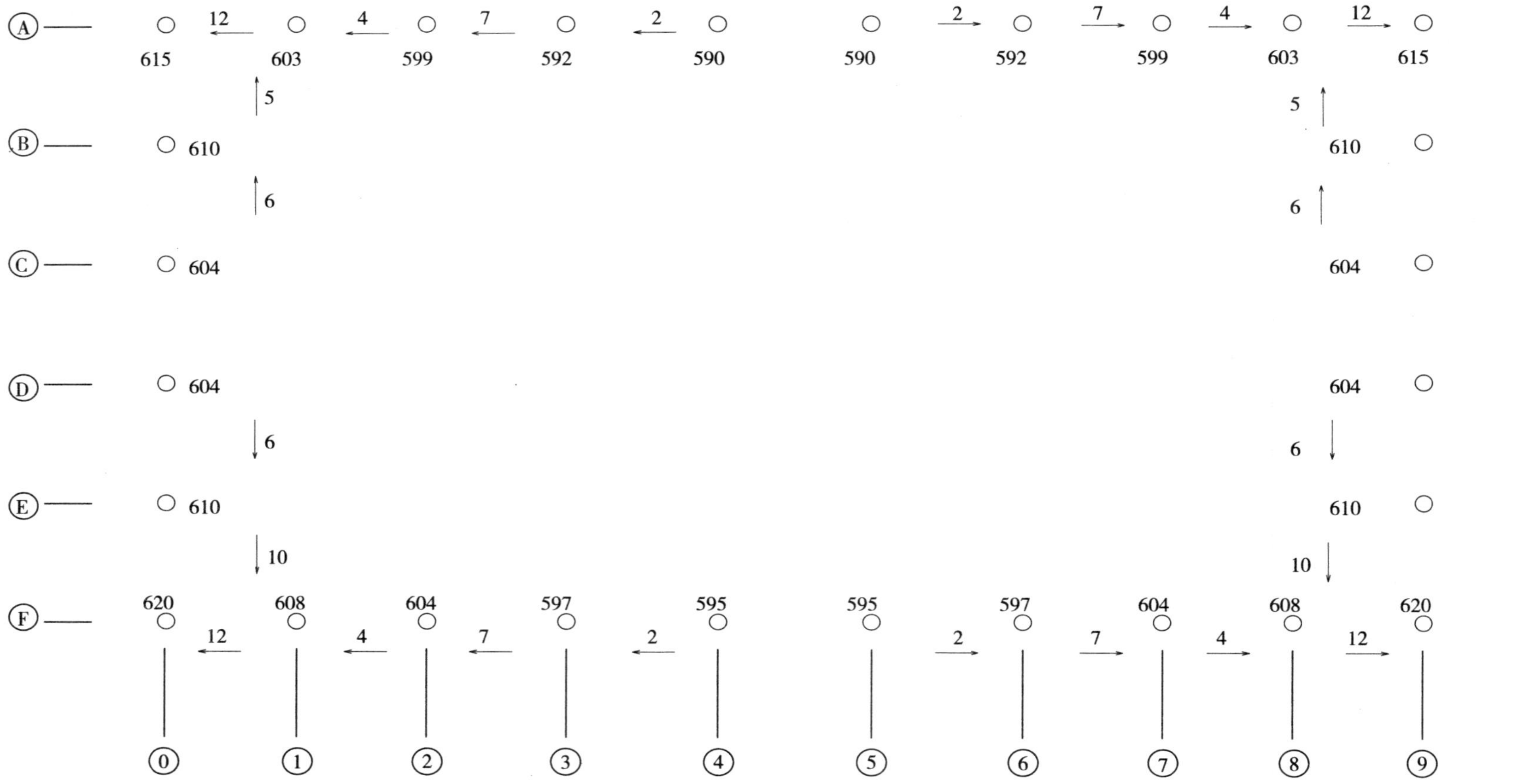

插圖五七 大雄殿柱子高度和生起統一尺寸示意圖

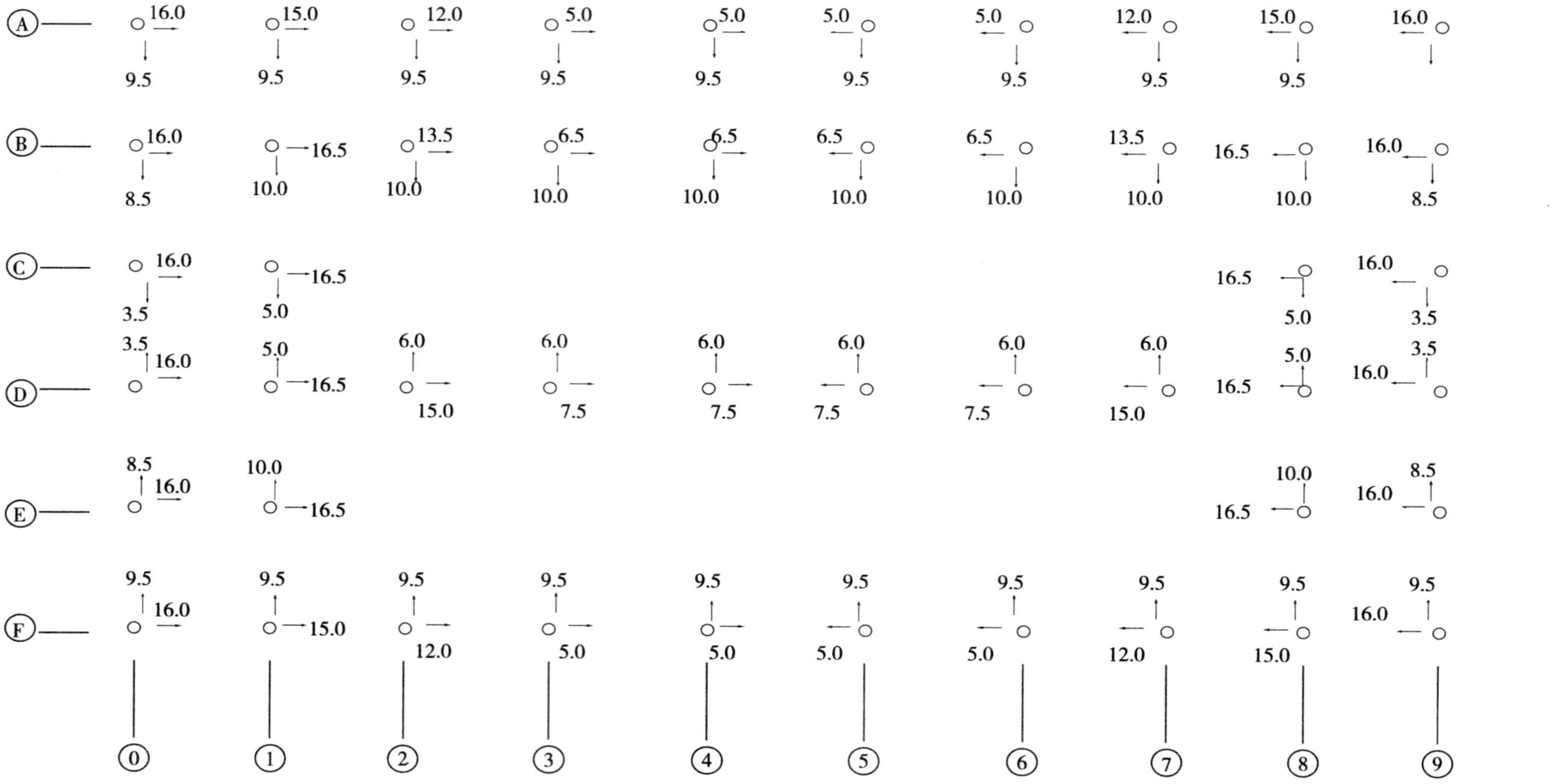

單位：厘米

插圖五八 大雄殿柱子側腳統一尺寸示意圖

單位：厘米

②柱子、闌額和普拍枋的安裝調整

柱身修配加固之後，固定柱子，調整柱網，安裝闌額和普拍枋。固定柱子、安裝牆內支撑柱和斜撑與安裝闌額同時進行，四檐均自明間兩平柱開始向兩側依次進行，先確定柱根位置，將發生位移的柱根歸正，然後按編號安裝闌額，並用垂球從正、側兩面校核側脚，隨時用撬棍微調無誤，打好臨時餞杆。最後安裝角柱和盡間闌額時再統一調整側脚一次，校核并記錄生起、側脚，發現誤差的及時校正、調整。隨後重新將餞杆固定，防止錯動。確定無誤後，闌額與柱子之間加鐵活固定節點。安裝鐵件預先做好防腐，並在闌額和柱上鑿出淺槽，使安裝後鐵釘不高於闌額表面，鐵件全部隱蔽（見插圖五九、六〇）。

自西南角開始，逆時針方向按編號逐一安裝普拍枋，現場加工新換榫卯，原來搭交不嚴的榫卯以硬木填實，確保安裝穩定，搭交嚴密，釘好木栓，再進行下一間。邊安裝，邊測量，邊核對圖紙，檢查、確定對應的普拍枋生起尺寸在允許的誤差之內，並做好安裝記錄。

需要特別指出的是，第一，對柱子沒有糟朽，但尺寸相對於另外三根相對應的柱子略低的兩根檐柱，在柱子調整中按需要在柱下墊硬木板彌補了尺寸不足，這一做法是爲了保證生起值的一致。第二，檐柱調整之後，後加的八根內柱由於梁身相應增高而失去承托四椽栿作用，故於每根柱頭上墊1～3厘米厚的硬木板，適當加高柱身，使其起到支持四椽栿的作用，而沒有將其舍棄。

3. 斗栱安裝

①安裝順序

闌額、普拍枋安裝固定後，安裝斗栱，自心間開始仍依拆卸時的方法，三朵同時進行，自大斗向上依結構順序，對照拆除記錄草圖中的編號，按原位安裝。

先安裝補間鋪作駝峰，再安裝三個櫨斗，插牢斗栓，然後安好泥道栱和翼型栱，向上依次安頭華栱、柱頭枋等構件至二跳華栱爲止，歸位下層梁。再進行內外瓜栱、慢栱和昂、枋的安裝，至耍頭、撑頭以上，歸位上層梁。再每次兩朵繼續下一間，直至全部完成，最後安裝上層梁栿以上構件，直至替木。在外檐斗栱安裝同時，歸位內檐襻間枋、散斗、替木等（見插圖六一～七三）。

②安裝技術要求

每層構件安裝後，拉水平綫校準水平或生起值，做好安裝記錄，發現問題及時調整，確認無誤後再安裝上一層構件。每面檐安裝好後統一校準，相互比對，做到四檐尺寸一致，搭交穩定。

依據編號原位安裝，安裝保證卯口結合嚴密。新構件做好後也要釘號牌，並在地面進行預安裝，現場開槽開卯口，做榫頭，以便安裝調整時減少誤差。斗子現場開斗口，新換昂與栿的搭交面現場製作，構件高度不合適時現場修配，原則上以舊有構件爲參照，取高墊低，以保證安裝時尺寸一致，榫卯嚴密，綫條平整。

4. 安裝各步榑條

①安裝步驟

安裝自西南角撩檐榑開始，按逆時針逐一按照編號進行，安裝同時記錄、核對水平或生起，撩檐榑安裝後，逐縫安裝上架榑條，最後統一按號加釘椽椀（見插圖七四、七五）。

②技術要求

A. 各構件應按拆除記錄草圖及編號核對實物無誤後再進行安裝。安裝時應查檢構件左右的榫卯位置以免發生倒裝現象。應注意保護榫卯，安裝要小心穩妥，不能硬安，榫卯過緊要適當加工榫頭，過鬆要加硬木片楔緊。

B. 新換的榑條先上架試裝，標好栓孔和卯口位置、尺寸，現場開卯。榑條與替木連接的木栓全部更換，加鐵卡子加強與替木的交接。兩榑條安裝確認無誤後，再於兩端加鐵卡子固定，防止榑條縱向錯動。

C. 各坡榑條安裝後釘好椽椀，再核對一次前後坡舉折和各縫生起尺寸，確認無誤後，每間加釘一道拉杆椽，防止榑材向下滾動。拉杆椽安裝在各間中綫，下至撩檐榑，當中五間前後通坡，於每根榑條與替木間加鐵卡子固定，承椽枋上加方形鋼箍與拉杆椽固定。

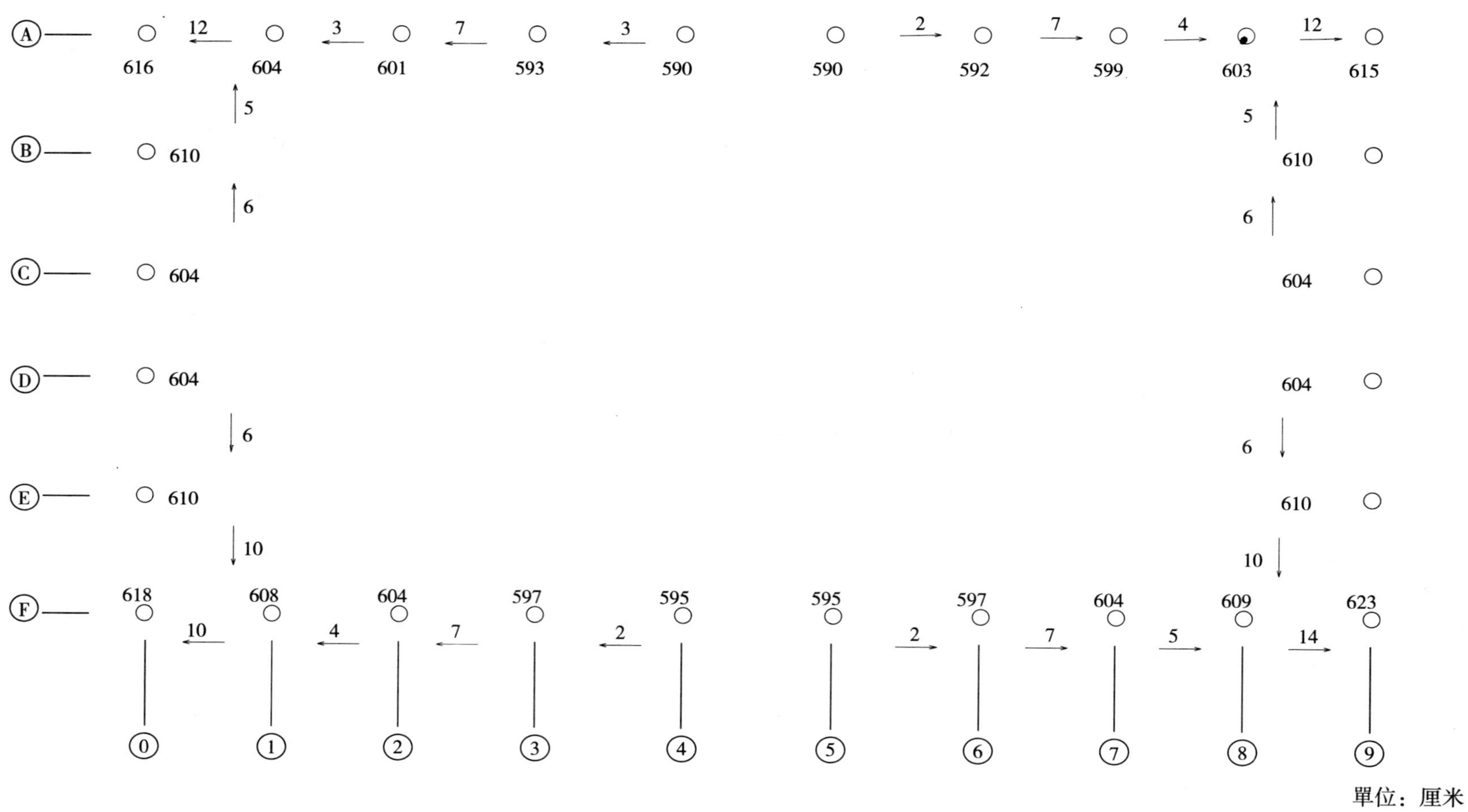

插圖五九（高度、生起記錄）

Ⓐ — ○616 ←12 ○604 ←3 ○601 ←7 ○593 ←3 ○590   ○590 2→ ○592 7→ ○599 4→ ●603 12→ ○615

↑5 ...... ↑5

Ⓑ — ○610 ...... 610 ○

↑6 ...... ↑6

Ⓒ — ○604 ...... 604 ○

Ⓓ — ○604 ...... 604 ○

↓6 ...... ↓6

Ⓔ — ○610 ...... 610 ○

↓10 ...... ↓10

Ⓕ — 618○ 10← 608○ 4← 604○ 7← 597○ 2← 595○   595○ 2→ 597○ 7→ 604○ 5→ 609○ 14→ 623○

①0 ①1 ②2 ③3 ④4 ⑤5 ⑥6 ⑦7 ⑧8 ⑨9

單位：厘米

插圖五九　大雄殿柱子安裝調整後的高度、生起記錄

插圖六〇（側腳記錄）

Ⓐ — ○16.0 / 9.0 ; ○15.0 / 10.0 ; ○11.0 / 10.0 ; ○7.0 / 9.5 ; ○5.0 / 9.0 ; ○6.0 / 10.0 ; ○6.0 / 9.0 ; ○13.0 / 9.5 ; ○15.0 / 10.5 ; ○16.5 / 10.0

Ⓑ — ○16.0 / 9.5 ; ○16.0 / 10.0 ; ○ ; ○ ; ○ ; ○ ; ○ ; ○ ; 17.0○ / 4.5 ; ○16.0 / 9.5

Ⓒ — ○17.0 / 5.5 ; ○ ; ; ; ; ; ; ; ○17.0 / 3.0

Ⓓ — 3.5 ○16.0 ; 5.5 ○16.0 ; ○ ; ○ ; ○ ; ○ ; ○ ; 6.5 ○17.0 ; 17.0○ 4.5

Ⓔ — 8.5 ○17.0 ; 10.0 ○16.0 ; ; ; ; ; ; 9.0 15.5○ ; 8.0 16.0○

Ⓕ — 10.5 ○16.0 ; 9.5 ○16.0 ; 10.0 ○12.0 ; 10.0 ○6.0 ; 15.5 ○6.0 ; 9.5 ○7.0 ; 9.5 ○5.0 ; 10.5 ○13.0 ; 9.5 ○15.0 ; 17.0○ 10.5 ○

①0 ①1 ②2 ③3 ④4 ⑤5 ⑥6 ⑦7 ⑧8 ⑨9

單位：厘米

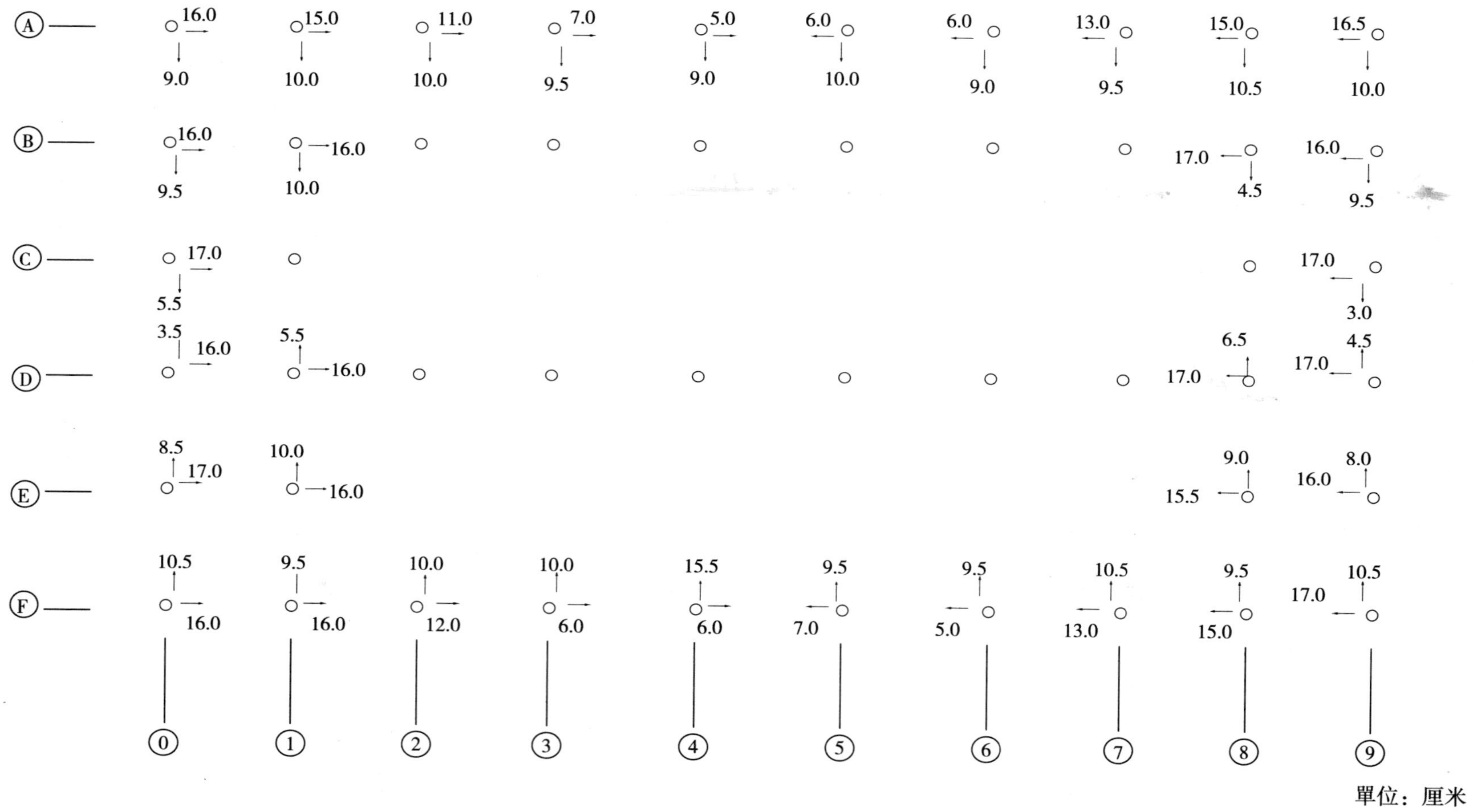

插圖六〇　大雄殿柱子安裝調整後的側腳記錄

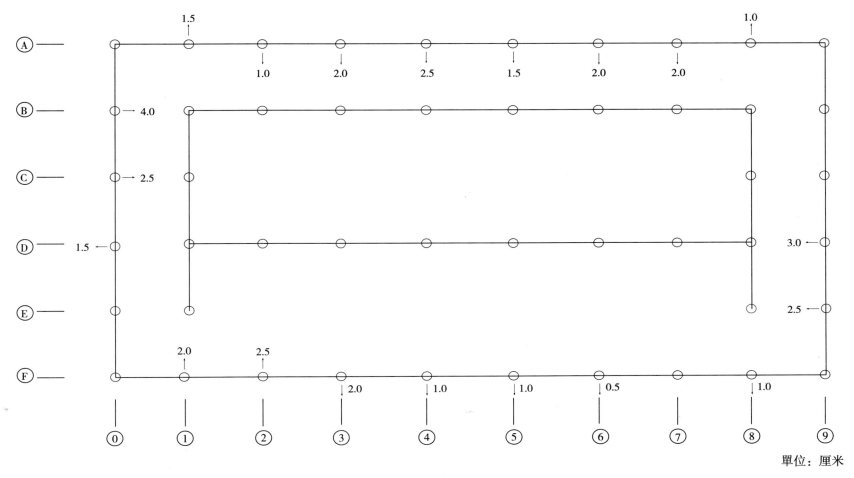

插圖六一　檐柱安裝後柱根尺寸偏差記録

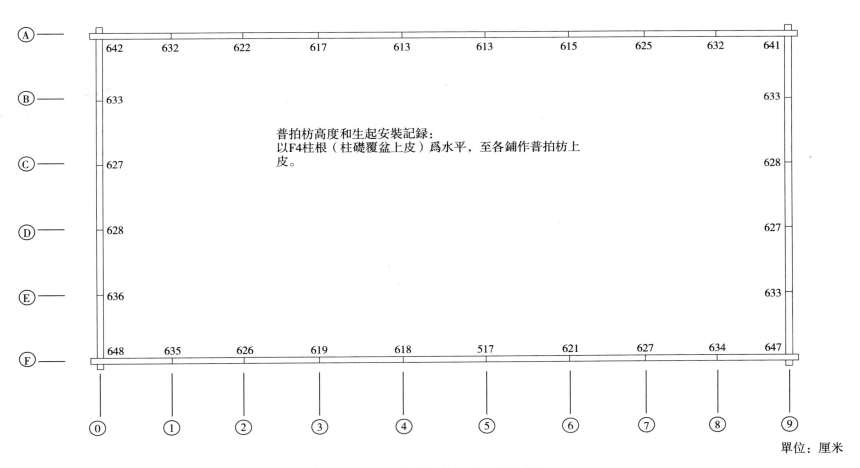

普拍枋高度和生起安裝記録：
以F4柱根（柱礎覆盆上皮）爲水平，至各鋪作普拍枋上
皮。

單位：厘米

插圖六二　大雄殿普拍枋高度安裝記録

169

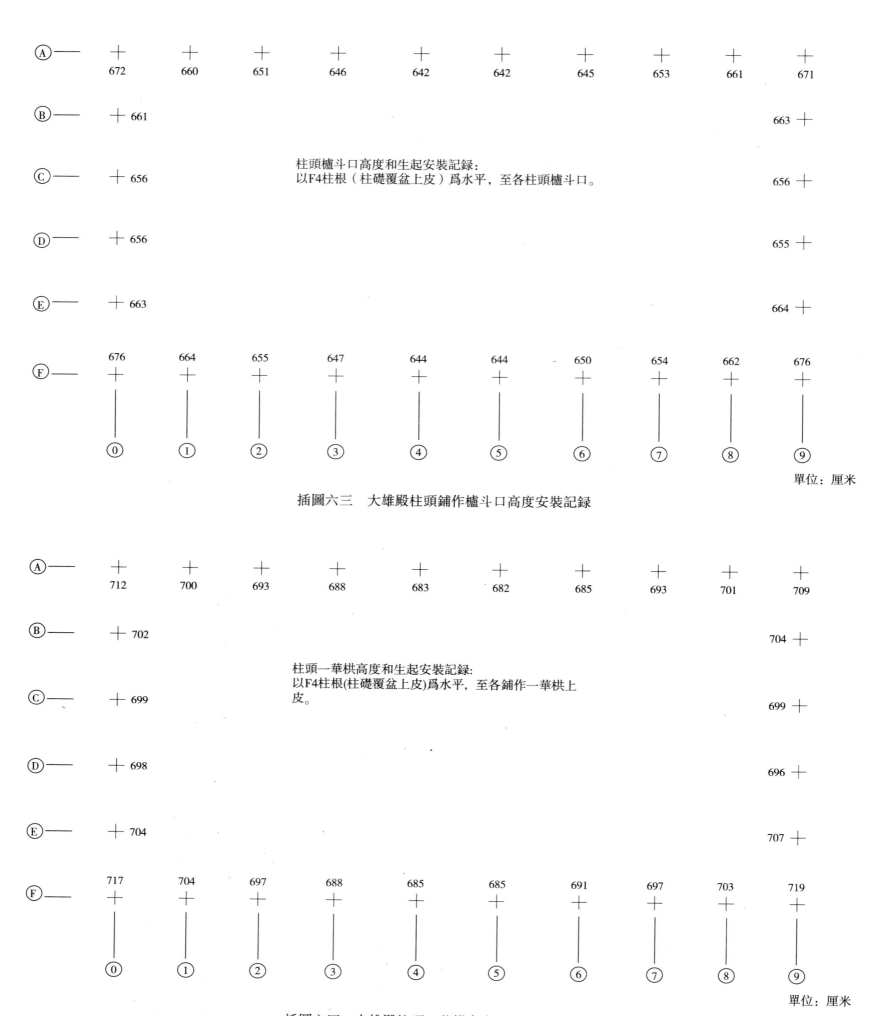

插圖六三　大雄殿柱頭鋪作櫨斗口高度安裝記錄

柱頭櫨斗口高度和生起安裝記錄：
以F4柱根（柱礎覆盆上皮）爲水平，至各柱頭櫨斗口。

柱頭一華栱高度和生起安裝記錄:
以F4柱根(柱礎覆盆上皮)爲水平，至各鋪作一華栱上皮。

單位：厘米

插圖六四　大雄殿柱頭一華栱高度和生起安裝記錄

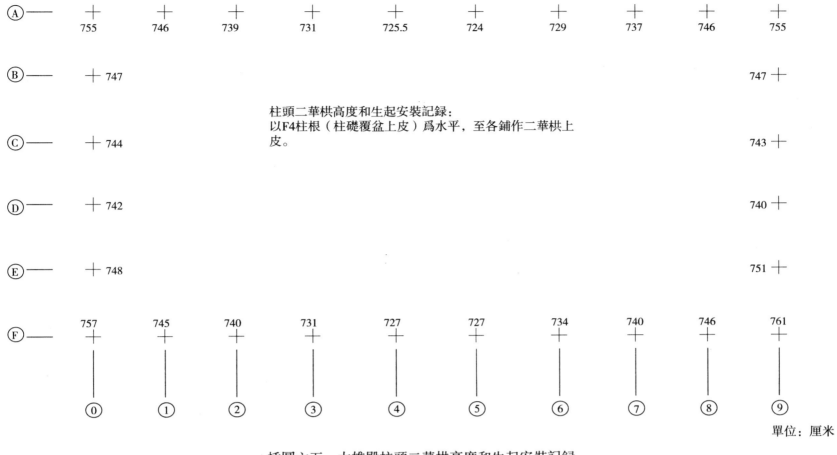

柱頭二華栱高度和生起安裝記錄：
以F4柱根（柱礎覆盆上皮）爲水平，至各鋪作二華栱上皮。

單位：厘米

插圖六五　大雄殿柱頭二華栱高度和生起安裝記錄

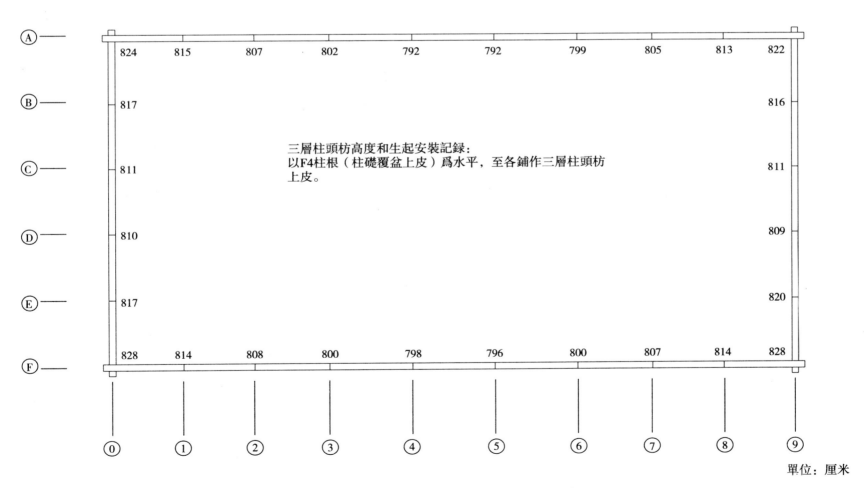

三層柱頭枋高度和生起安裝記錄：
以F4柱根（柱礎覆盆上皮）爲水平，至各鋪作三層柱頭枋上皮。

單位：厘米

插圖六六　大雄殿柱頭鋪作三層柱頭枋高度安裝記錄

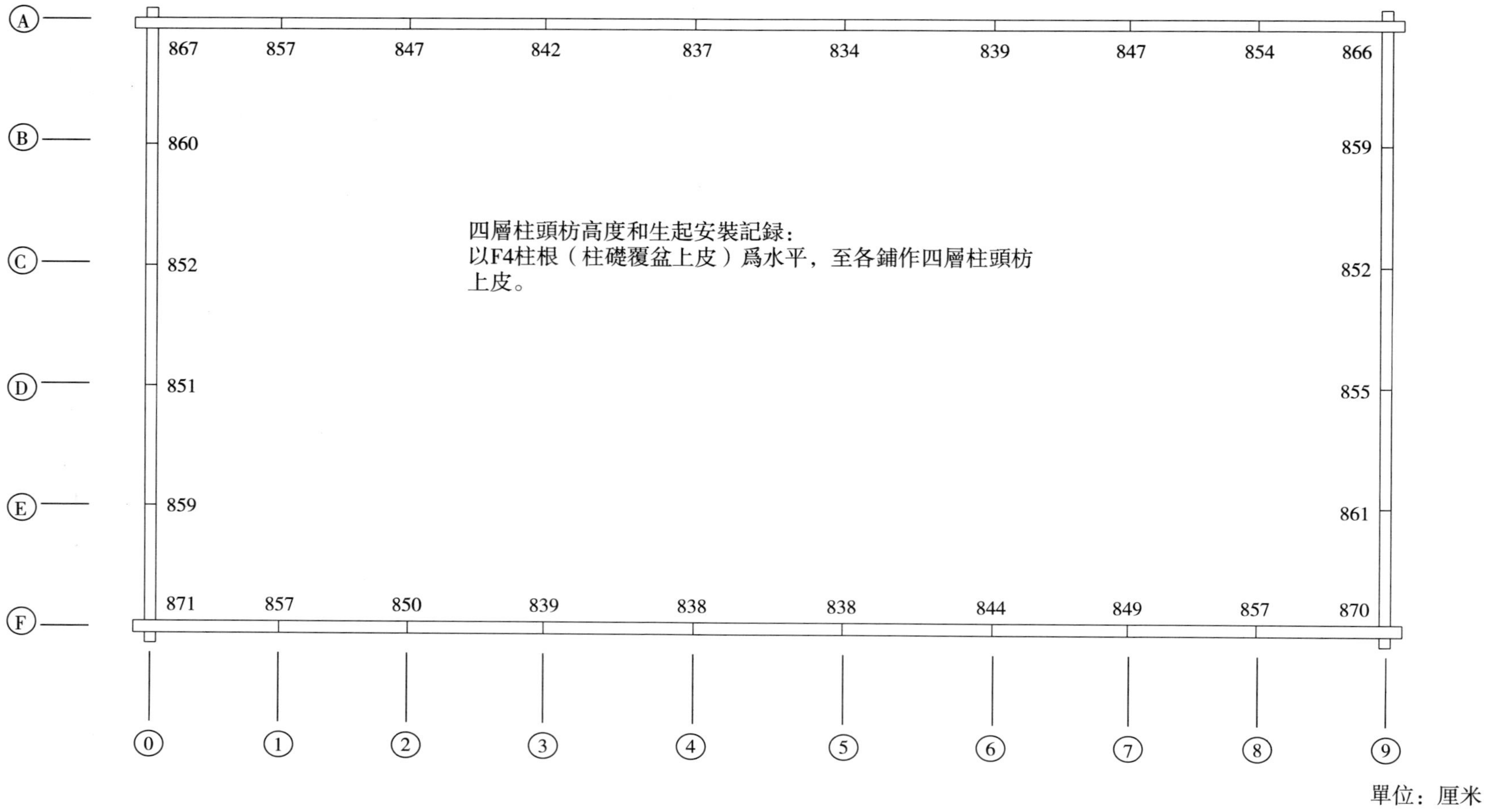
A
B
C
D
E
F
867 857 847 842 837 834 839 847 854 866
860
852
851
859
859
852
855
861
871 857 850 839 838 838 844 849 857 870
四層柱頭枋高度和生起安裝記録：
以F4柱根（柱礎覆盆上皮）爲水平，至各鋪作四層柱頭枋上皮。
0 1 2 3 4 5 6 7 8 9
單位：厘米

插圖六七　大雄殿柱頭鋪作四層柱頭枋高度安裝記録

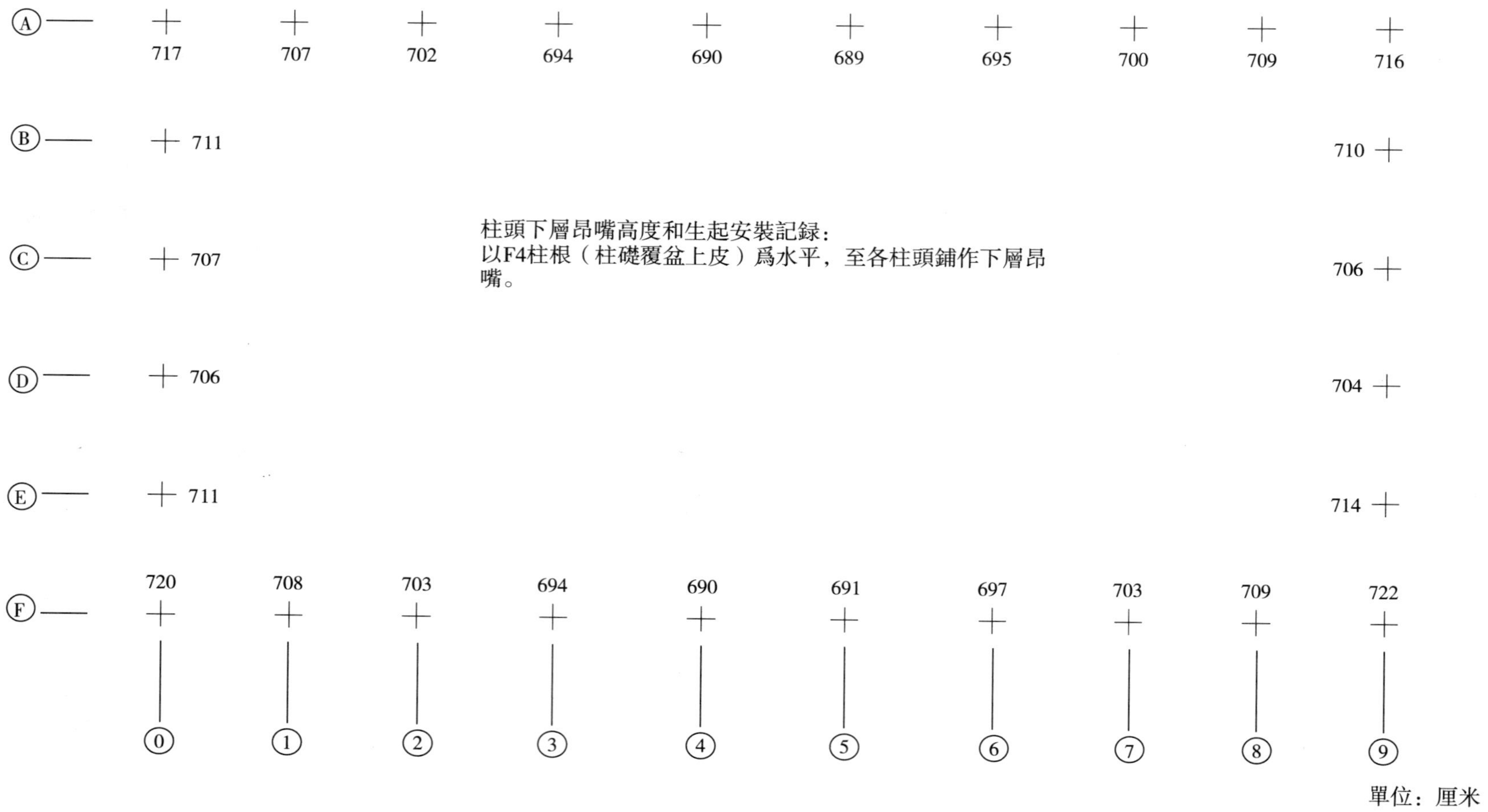
A
B
C
D
E
F
717 707 702 694 690 689 695 700 709 716
711
707
706
711
710
706
704
714
柱頭下層昂嘴高度和生起安裝記録：
以F4柱根（柱礎覆盆上皮）爲水平，至各柱頭鋪作下層昂嘴。
720 708 703 694 690 691 697 703 709 722
0 1 2 3 4 5 6 7 8 9
單位：厘米

插圖六八　大雄殿柱頭鋪作下層昂嘴高度安裝記録

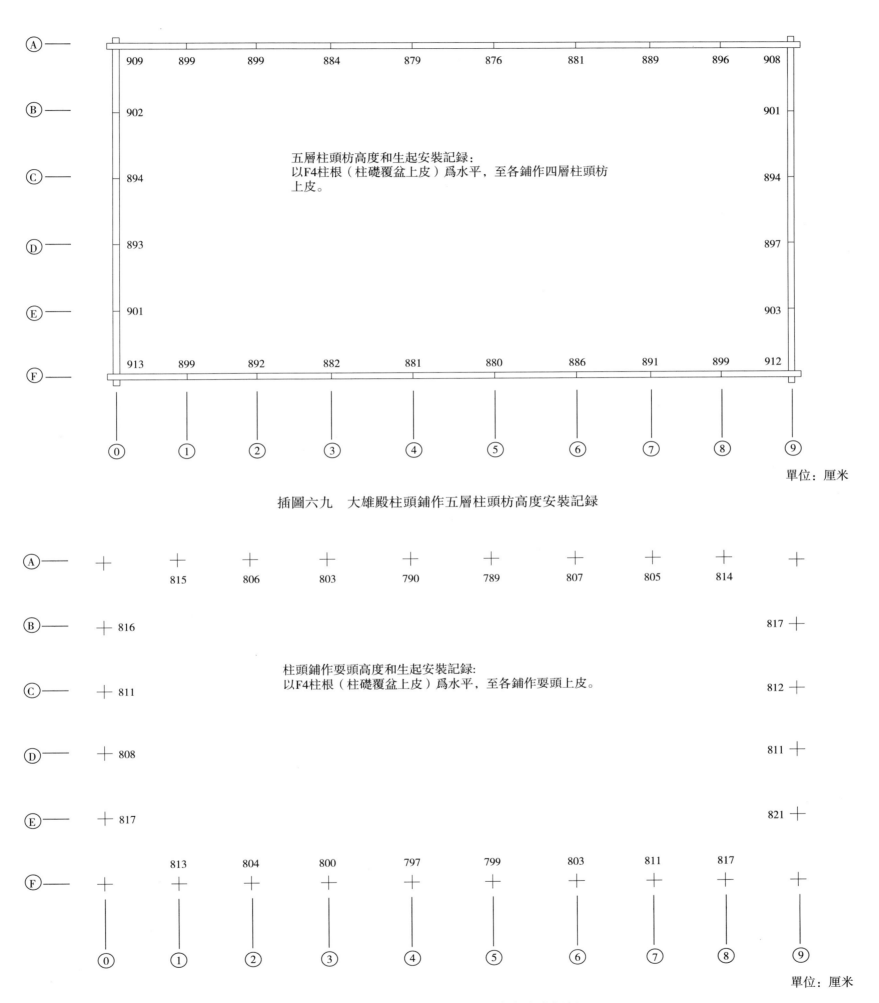

五層柱頭枋高度和生起安裝記錄:
以F4柱根（柱礎覆盆上皮）爲水平，至各鋪作四層柱頭枋
上皮。

單位：厘米

插圖六九　大雄殿柱頭鋪作五層柱頭枋高度安裝記錄

柱頭鋪作耍頭高度和生起安裝記錄:
以F4柱根（柱礎覆盆上皮）爲水平，至各鋪作耍頭上皮。

單位：厘米

插圖七〇　大雄殿柱頭鋪作耍頭高度安裝記錄

1. 預裝轉角鋪作構件

2. 安裝柱頭鋪作

3. 安裝補間鋪作

4. 安裝轉角櫨斗、華栱

5. 安裝外跳瓜栱

6. 安裝補間下昂

插圖七一　斗栱安裝圖片記錄之一

1. 安裝柱頭枋

2. 安裝轉角、附角下昂

3. 安裝慢栱連栱

4. 柱頭上昂

5. 補間上昂

6. 轉角上昂

插圖七二　斗栱安裝圖片記錄之二

1. 柱頭枋轉角交接

2. 安裝令栱耍頭

3. 附角和轉角鋪作結構

4. 安裝歸位後的轉角鋪作

5. 安裝替木

6. 斗栱歸位後的前檐

插圖七三　斗栱安裝圖片記録之三

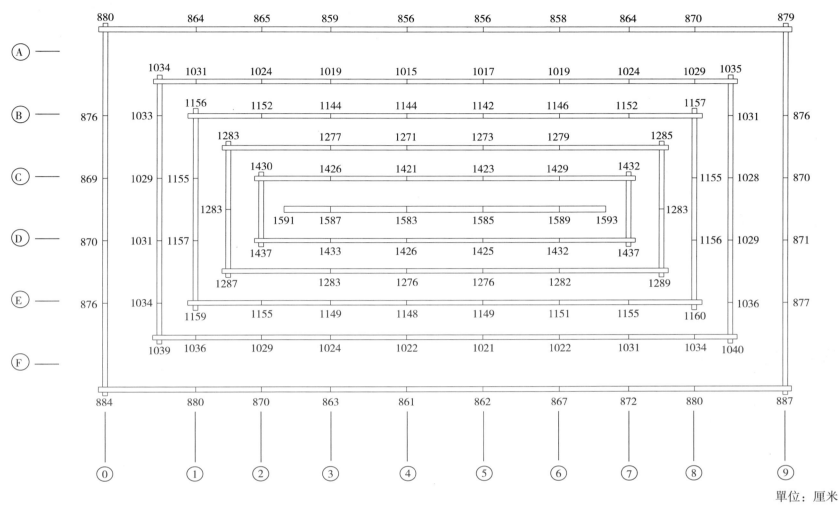

單位：厘米

插圖七四　各縫槫條歸位抄平高度實測記錄

5. 角梁安裝

①安裝步驟

先安裝大角梁，角梁頭卯口與撩檐槫搭交穩定後，用原來的鍛打鐵釘重新固定，再向上逐件安續角梁，大角梁和續角梁用木暗栓固定。最後再安裝子角梁和隱角梁。子角梁和大角梁頭做好大連檐的搭交口，安裝時子角梁尾用原規格鐵釘固定在大角梁上，再於梁尾加兩道帶鋼箍，隱角梁現場加工，以鐵釘釘牢。

②角梁安裝的技術要求

安裝中隨時測量、對照，確保四角角梁的相應構件高度與方案一致，搭交穩定，平面順直，囊度順滑。

各縫角梁安裝後，自大角梁向上，各節點再加帶鋼一道，用 φ12 毫米長杆螺栓固定，脊槫與兩步續角梁間加 90°鐵角，以加強角梁縫整體連接。屋面瓦頂完工後安裝套獸，補全風鐸。

6. 鋪釘椽望

①安裝步驟

先自下而上釘正身檐椽、平椽、腦椽，後釘翼角椽。翼角椽釘好後加帶鋼連接翼角椽。然後安好大連檐、望板，釘飛子、飛椽望板、壓尾望板。最後裝閘擋板、釘小連檐。

②安裝記錄

屋頂構件全部糟朽，嚴重者已經折斷，不宜繼續使用，因此全部以落葉松木製作安裝，針對原來的改動之處，本次維修中均予以恢復。

第一，原檐椽、飛椽因後經改動，椽徑不一致，檐椽直徑多數接近 18 厘米，確定檐椽和飛子直徑是充分考慮了實際情況，結合《營造法式》中椽徑與材高之比的規定，確定新更換的檐椽椽徑爲 18 厘米，飛子高 14 厘米，厚 12.2 厘

1. 安裝承椽枋

2. 吊裝撩檐槫

3. 撩檐槫歸位後的東側檐部

4. 拉杆椽安裝

插圖七五　歸安撩檐槫的圖片記錄

米，椽飛均按製作出收分，恢復飛椽外出長度爲78厘米，使之與臺基下出相適應。

　　第二，椽徑加大後，適當調整椽距，減少了椽飛數量。調整後正面和背面檐長5660厘米，用椽156根，其中正身椽122根，翼角椽17根。兩側面檐長3366厘米，用椽90根，其中正身椽56根，翼角椽17根。椽距調整爲36厘米（見插圖七六、七七、七八）。

　　③技術要求

　　A. 椽子安裝前做防腐、油飾，打好釘眼，避免釘劈椽頭。各步椽仍用斜搭掌法搭交，要求搭交穩定，上下順直。檐椽、飛椽加釘連檐時留3厘米雀臺。

　　B. 望板厚3厘米，寬20厘米，仍按原來鋪釘方法鋪釘，斜口搭交。望板與椽子垂直，接頭處避開椽縫，要求鋪嚴釘實。望板鋪釘後，每坡約按相隔半椽距，順釘防滑條11道，高4厘米，防止防腐油膏和瓦頂苫背層滑坡，上塗防腐油膏兩道，均厚2厘米。

　　C. 鋪釘正、垂脊交接處望板前，太平梁上按吻椿2根，栽脊椿9根。角梁縫安獸椿8根，並做好吻椿防腐。

1. 安裝正身椽子

2. 安裝翼角椽鋪釘連檐、望板

3. 安裝脊椽

插圖七六　椽望安裝圖片記錄一

（四）瓦頂復原

　　大雄殿瓦頂，在二十世紀三四十年代抽換檐部椽飛中曾做過翻修。自義縣文管所成立以來，雖經多方努力維護，終因年久失修，造成前坡下檐槫翻滾，屋面撥脫，瓦坡斷裂，已到了無法修補之境地。因此，瓦頂揭瓦是本次工程的重點項目之一。

　　瓦頂修繕首先着眼於防滲防漏，其次是使瓦頂風格盡可能與遼代遺構相協調。在防滲防漏方面，爲了提高抗滲和抗腐性能，在防腐層上施護板灰，並按當地做法，施做了平均15厘米厚的粗、細焦渣背各一層，另以白灰焦渣宽瓦。

　　在選擇瓦頂風格方面，參照獨樂寺山門的大吻形式，脊高與殿身的比例關係，確定脊的高度、形式。五脊皆採用磚砌瓦條脊形式。正脊長2231厘米，高122厘米，正脊兩端施吻獸，吻高310厘米。四坡垂脊各分成三段，其高度由

1. 續角梁安裝鐵活及望板鋪釘

2. 脊椽、續角梁安裝鐵活

3. 翼角椽鐵活

4. 安裝後的子角梁、隱角梁、連檐

插圖七七　椽望安裝圖片記錄二

上至下呈逐段減低，按比例調整爲 80 厘米、58 厘米和 33 厘米，上兩段垂脊前端按比例增大尺寸仿製安裝原風格的垂首，下段垂脊檐角處磚砍靈霄盤子，上蓋勾頭瓦，仍沿舊制不用蹲獸、仙人。

仿製全部筒、板瓦及勾頭、滴水。筒瓦長 42 厘米，徑 20 厘米；板瓦長 42 厘米，寬 33 厘米；"獸頭紋"勾頭，直徑 20 厘米；重唇滴水，長 42 厘米，寬 33 厘米。由於瓦件規格統一、尺寸增大，瓦面壠數減少，前後 156 壠，其中正身 86 壠，兩山 90 壠。施工中將舊有的遼代瓦件集中宽在西坡（見插圖七九）。

施工中的程序和技術要求：

1. 苫背

先抹護板灰一層，約 3 厘米，上做 15 厘米厚焦渣背，焦渣背是用焦渣與白灰粉混合後，淋水燜透約 5～10 天，白灰與焦渣的體積比爲 1：3。所用焦渣粒徑 0.35～0.5 厘米，做焦渣背時，一般虛鋪 25 厘米，用木拍子拍打出漿，拍實後爲 15 厘米。同時找好屋面囊度，再抹 1 厘米厚麻刀青灰背一層，然後打灰宽瓦。

2. 號壠

自屋頂中綫起，依滴水坐中，計算好壠距，先排好正身瓦檔，再排翼角，排好後逐壠復查無誤後，在檐部灰背上標記筒瓦中綫，釘好瓦口，拉綫排壠，自中綫向兩側宽瓦。

1. 安裝脊樁

2. 望板上釘防滑條

3. 望板塗防腐油膏

4. 安裝後的檐部

插圖七八　椽望安裝圖片記錄之三

3. 調脊

因筒、板瓦與各脊均以"壓肩造"交接，故排好瓦壟後，爲避免壘脊和安裝正脊大吻時破壞瓦面，宽好脊下筒、板瓦，安放當溝、壓當條，然後壘砌正脊。正脊正中高 122 厘米，兩端隨脊樁生起 20 厘米。壘砌正脊時自中間向兩端砌築，至與大吻交接處，預留一段，待大吻安裝就位後封口，以便與大吻交接。

垂脊壘砌首先安裝垂首，宽好脊下筒、板瓦及當溝，然後自下而上壘砌垂脊，各脊砌築時隨時對脊磚和筒瓦勾縫。最上預留一段，待安裝調正大吻。

4. 安裝大吻

安裝大吻時用灰泥添實，與吻座接縫抹灰勾嚴，調正大吻後續砌正脊、垂脊並與大吻交接封口，脊、吻交接部位做好防水，以麻刀青灰勾縫。

5. 屋面宽瓦

調脊後屋面宽瓦，宽瓦時先自檐部宽好滴水，再向上按壓七露三安裝板瓦，瓦胎用麻刀素灰，至脊下插入已經宽好的板瓦下，勾好灰縫。宽好兩壟板瓦後，宽筒瓦一壟，先宽勾頭，定好瓦釘後，自下而上鋪安筒瓦。然後按一壟板瓦一壟筒瓦順序，要做到瓦壟順直，宽檔距均勻。

插圖七九　新作大雄殿瓦頂

瓦頂全部完工後，再捉節夾壟一次。

6. 施工及材料要求

底瓦、筒瓦、滴水要求按照遼代瓦的尺寸，選擇無燒造缺陷，尺寸大小合適，誤差在 0.5 厘米以下。

勾頭因尺寸較大，與筒瓦分別模製後入窰燒製，要求勾頭表面無裂痕，花紋清晰，背面平整，安裝時與筒瓦以環氧樹脂膠粘牢。

垂首、套獸均爲整體燒製，要求無燒裂，無瑕疵。大吻高達 3 米，經多次試驗均未燒製成功，採取分塊燒製也不理想，因此採用玻璃鋼模製。

7. 其他説明

應該説明的是，奉國寺大雄殿的上述修繕措施，設計本意不是復原，而是參照現存某些遼代實例，仿製使用類似遼代風格的瓦頂，有的瓦獸件還是仿製大殿原物，如筒、板瓦及勾滴，使歷經近千年的大雄殿更具有遼代建築的韵味和外觀風貌。

大吻採用玻璃鋼材料，其優點是製作工藝簡單，體輕易安裝，整體性好，這樣做既是一次大膽的嘗試，也是解決當時燒造大件器物技術局限的無奈之舉。

大雄殿頂望板以上爲上次翻修時鋪的黃粘土背，此次修繕則改爲望板以上先塗防腐油膏，再上依次是護板灰、焦渣背、青灰背，然後打灰壟鋪設瓦件的地方做法。這種做法體輕、防腐、防水和防生野草。

（五）恢復裝修、臺基、檐墙及地面

1. 恢復裝修

原擬對外檐裝修進行現狀加固、保養，保留原次間、二次間檻墙、檻窗，但在拆除中發現坎墙下原地栿及柱子兩側原裝修的框檻，故改原方案爲"易坎墻爲落地隔扇"。

①首先拆除檻墻，揭取壁畫。

拆除墻體過程中切割並揭取壁畫，揭取壁畫中做揭取板、拆墻加固壁畫泥層方法與壁畫原地保護相同。

②製作和安裝格扇

地栿和框檻以新料置換，尺寸仍依據殘留構件或卯口。裝修樣式，仍採用原來三間裝修的一間四扇形式，保留原五抹格扇門樣式，改原菱格隔子心爲"一馬三箭式"直櫺隔心，全部以干燥無節紅松木製作。

③地仗油飾

地栿與檐柱同做"一麻五灰"地仗，地栿上皮包釘0.1厘米厚鐵皮板，增加抗磨能力，並連同格扇一同油飾。

2. 恢復臺基

針對臺基、月臺現狀，本次維修以保障大殿基礎安全穩定爲中心，同時考慮月臺與殿身的總體比例與風格，參考華嚴寺、善化寺等幾處遼金建築臺基與殿身的比例關係，重新砌築臺基和月臺側墻。

施工程序和做法：

①拆除舊的矮墻及臺明側墻，清除殿周淤土，勘探瞭解原臺基高度。經過清理，於柱礎水平綫之下3.6米深處，發現擺放整齊的磚帶，確定爲原臺基散水面。

②降低大雄殿臺基、月臺周圍地坪，使臺明高度增加到3.6米，形成似高臺建築風格的臺基（見插圖八〇）。

③在土襯石之下增設有筋砼地梁，另在各轉角處增加有筋砼立柱。側墻則以花崗岩條石製做了間柱和橫梁，臺面四周砌花崗岩壓闌石。以尺二條磚重砌臺明側墻，磚外露面打磨，白灰勾縫。

④臺基及月臺四周磚鋪散水，臺基壓闌石以內青磚鋪墁，泛水高度17厘米，保障排水暢通。

3. 恢復檐墻

砌築檐墻施工程序和具體做法：

原檐墻都用土坯壘砌，重砌時檐墻裙礆、墻肩的收分做法仍依原式。唯壁畫原地加固後，先沿墻內皮砌築磚墻，以方便安裝壁畫拉手，紅磚墻以外仍砌土坯墻（見插圖八一）。

①檐墻砌築之前檢修檐墻內的暗柱和斜撐，對個別糟朽的按構件修配原則修補或更換。

②平整墻基礎，做防水、隔礆，以7.5×18×37厘米青磚一順一丁砌築裙礆，仍爲外高十三層，1.16米，內側壁畫以下部位未拆除，僅對殘壞磚做替補。

插圖八〇　移除淤土、恢復臺基

插圖八一　重砌大雄殿檐墙

③檐墙砌築之前對柱子做防腐隔碱處理，首先淋防腐瀝青兩道，砌築同時柱外自柱根至頂隨着檐墙高度的增加，逐層包裹隔碱蘆葦包兩層，並插板瓦兩層，砌築墙體時在柱根部位預留通風孔。

④裙碱以上置水平木骨一層，木骨厚約 7 厘米，以 7×18×37 厘米規格的土坯原式砌築墙體，土坯墙較裙碱内收 5 厘米，砌築過程中在相應高度再置木骨三層。

⑤砌至柱頂後以青磚出際，上收墙肩。

⑥裙碱部位淌白撕縫，裙碱以上外面用紅磚砌築，抹混合砂漿厚 2 厘米，再以紅土加 107 膠抹面，厚約 1 厘米，外再刷朱紅。

4. 恢復地面

地面鋪墁程序和做法及要求：

①選擇質地堅實、無裂縫、無燒造缺陷的方正磚，砍磨後做到表面平整，方正，尺寸一致，各邊棱角平齊，磚面磨製規整。

②地面灰土夯實，摻灰泥墁磚，將能够續用的舊磚集中鋪設於佛壇前部，其餘照原尺寸燒製、加工後仍採用原來的鋪墁方法。

③殿内和殿外臺基鋪墁後做抗磨處理，刷桐油兩遍，桐油要浸入磚内。以原規格方磚鋪墁月臺地面。

（六）鐵活加固技術報告

大雄殿維修中的鐵活加固分爲木構件修配鐵活和安裝鐵活。

1. 木構件修配鐵活

①柱子加固鐵活

柱頭劈裂的鐵活加固，對内槽柱子的柱頭劈裂，先以舊木條嵌補裂隙，粘牢，外加寬 5 厘米、厚 0.3 厘米的鐵箍兩道，鐵箍於柱子暗面以螺栓箍緊。

檐柱經檢查，柱子糟朽的相應採取墩接、剔補或包鑲，新舊料以膠粘牢，視需要外加鐵箍二至三道箍緊。

②梁身斷裂的加固鐵活

在斷裂的丁栿之下加厚 1 厘米、長 1.2 米、寬隨梁厚的鐵板貼在裂縫下，鐵板和梁身以兩道鐵箍箍緊。

③斗、栱、昂的加固鐵活

斷裂爲兩半的斗，斷紋能够對齊的，以兩根長杆螺栓拼接加固。

斷裂或新製的栱、昂等懸挑構件，結構薄弱部位，諸如榫卯過細、裁削過大，於拼接或懸挑部位加扁鋼、角鋼或"T"形鋼加固，提高懸挑强度。

④槫、枋榫卯加固鐵活

槫、枋榫頭折斷的，皆以干燥硬料補配榫頭，新舊料膠粘後，外加鐵箍加固。

⑤角梁加固鐵活

大角梁頭糟朽的，鋸除糟朽部位，以新料榫接，粘牢後加鐵箍。

2. 安裝鐵活

歸位安裝中，在堅持"原件歸安"的前提下，對容易脱榫、錯動的交接部位，如槫條搭交部位、各層椽架之間、各續角梁連接處等，均施帶鋼板加固，防止閃錯或滾動現象的發生。

①闌額、普拍枋安裝鐵活

闌額安裝調整後，在上皮加鐵件與柱頭固定。普拍枋之間於側面加帶鋼連接。

②承椽枋、槫條、襻間枋交接鐵活

槫條、承椽枋、襻間枋搭交處均施帶鋼加强連接。槫條與其下替木也加帶鋼固定。

③各架槫條的拉接鐵活

前後兩坡每間各加通常的拉杆椽兩到三根，前後至撩檐槫，中間與各架槫條固定。東、西兩坡每間自上平槫至撩檐槫加拉杆椽兩根，連接各步槫條，以防滾動。

④角梁安裝鐵活

子角梁安裝固定後，在子角梁尾加鐵箍兩道，與大角梁箍緊。

大角梁以上各步續角梁的交接部位，上層續角梁與脊槫搭交處，均加帶鋼連接固定。

⑤翼角椽安裝鐵活

翼角椽鋪釘後，各條椽之間於椽背另加帶鋼一道固定。

3. 鐵活加固的要求

鐵活安裝前作防腐處理，構件加固鐵活、露明構件鐵活均隱藏在構件之内，連同構件一同油飾。安裝鐵活均隱蔽在構件之間，以不露明爲準。

（七）化學加固技術報告

1. 化學材料要求

化學加固中，採用306#不飽和聚酯樹脂作爲粘接材料，粘接玻璃絲布做成玻璃鋼箍加固構件拼接部位。爲此，進行多次試驗，確定材料配方（見表二一）。

表二一　306#不飽和聚酯樹脂常温固化使用配方及比例表

組　分	配　比
306#聚酯樹脂	100 份
過氧化苯甲酰糊（50%）	3~4 份
二甲基苯胺 10% 的苯乙烯溶液	2~3 份

配方説明：

①引發劑（固化劑），過氧化苯甲醯（鄰苯二甲酸二丁酯的 50% 糊狀物）。

②促進劑，二甲基苯胺（二甲基苯胺 10% 的苯乙烯溶液）。

③爲了改善樹脂的工藝性能，如韌性、耐氣候性、耐磨性等，還需在樹脂配方中加入增塑劑及填料，如滑石粉、石英粉等，加入了填料後改善了樹脂的某些性能，提高了衝擊性能，提高了壓縮強度，提高了粘附力，減少了樹脂的固化收縮。

2. 操作要求

拼接構件時，拼接部位預先開 0.5 厘米淺槽，用寬 40 毫米、厚 0.3 毫米的玻璃絲布順一個方向纏 3～4 道，纏玻璃布時邊纏邊刷樹脂膠，加固後用膩子封護。

（八）避雷設備安裝

在維修工程的方案通過之後，經修繕委員會協調，得到了錦州市電業局電力設計服務處的支持，由其完成了大雄殿防雷保護設計。避雷設備安裝實施由錦州市電業局電力設計服務處現場指導，嚴格按照設計施工。以下爲《義縣奉國寺大雄殿防雷保護設計説明》。

義縣奉國寺大雄殿防雷保護設計説明

受義縣文物保管所的委托，對義縣奉國寺大雄殿提出防雷保護設計，設計説明如下：

1. 設計原則

大雄殿屬於全國重點文物保護建築，現在，大修後的大雄殿已將原有不完善的防雷保護（屋正脊多支短針）全部拆除，根據中華人民共和國國家標準 GBT57－83《建築防雷設計規範》第二章第二節，第 2－2－1 條；第三章第五節，第 3－5－1 條；第四章第一節，第 4－1－2 條、第 4－1－5 條；第二節，第 4－2－1、4－2－2、4－2－4 條；第三節，第 4－3－1、4－3－2、4－3－5 條的有關規定及參考中國建築工業出版社出版，王時煦等編《建築物防雷設計》一書，爲保持古建築物藝術上的要求，設計提出在大雄殿的屋脊、檐角、屋檐及突出的獸頭部位敷設避雷帶，並將所有避雷帶連接，防雷引下綫從大殿的四個檐角及後門旁引下，並與接地裝置可靠連接。（見插圖八二）（詳見《大雄殿維修避雷設施設計圖》）

插圖八二　埋設避雷導綫

2. 特殊要求

①爲延長使用年限，所有避雷帶及接地裝置均應鍍鋅，凡地上焊點必須內刷防銹漆，外刷鋅粉漆。凡地下焊點，必須刷漳丹油或瀝青油。

②爲防止接觸電壓的危險，由殿身墻內引下的接地引下綫，必須穿壁厚不小於 4 毫米的環氧樹脂管或塑料管。

③爲降低跨步電壓，水平敷設的接地體深埋均爲 1.1 米，埋設接地體時必須將周圍土夯實，不得回填磚石之類雜土。衝擊接地電阻應小於 10 歐姆（見表二二）。

表二二　主要材料明細表

序　號	名　稱	規格與型號	數　量	備　註
1	避雷帶	徑 10 鍍鋅圓鋼	600 米	370 公斤
2	屋脊避雷帶支持杆	按圖 5－4 加工	160 個	104 米
3	屋檐避雷帶支持杆	按圖 5－4 加工	180 個	140 米
4	水平接地極	50＊5 鍍鋅扁鋼	230 個	450 公斤
5	垂直接地極	徑 30 鍍鋅鋼管	70 米	
6	斷接卡子箱	按圖 5－4 加工	5 個	
7	引下綫穿管	徑 50 環氧樹脂管或塑料管	35 米	
8	其他	電焊條、油漆、螺栓等		

編製：佟春林

審核：薛守逸

批准：李　靖

錦州市電力設計服務處

一九八九年三月

五　奉國寺大雄殿壁畫原地加固保護技術報告

　　奉國寺是全國重點文物保護單位之一。殿內四周有元、明兩朝畫的佛像壁畫，色調鮮艷，綫條流暢，別具一格，同大雄寶殿建築及殿內塑像，均是研究我國古建築和文化藝術的實物資料。爲確保奉國寺的絕對安全，國家文物局於1984年至1989年連續撥款130多萬元，對寺內及大雄寶殿全面維修。其中爲完整地保持殿內壁畫的原貌，考慮到目前國內修復壁畫存在的問題，以及我們已經具備的技術條件，設想不採取切割、揭取、安裝的已有工藝手法。認定對建築壁畫按間口，自上而下進行原地加固修復。本設想的目的，是爲避免切割和揭取時損傷壁畫，達到修復後的壁畫保持完整的原貌；並改進簡化施工工藝方法，使壁畫得到妥善的保護加固並節約資金。爲此，現就技術問題作如下介紹。

（一）選擇加固材料的依據與技術要求

　　過去在揭取修復壁畫時，一般均採用酒精漆片作爲泥層的粘接加固材料，實踐證明，由於它的機械強度低，近幾年我們已經不大使用，尤其對大面積整幅垂直加固壁畫泥層，那就更不合適，遠遠達不到粘接加固的需要。

　　近幾年有些地方應用環氧樹脂作爲壁畫泥層加固材料，儘管環氧樹脂具有許多優點，但是，若單純地使用環氧樹脂對壁畫泥層進行粘接加固，不僅環氧樹脂粘接加固劑和被粘接加固的泥層兩者之間固化後機械強度相差過分懸殊，而且環氧樹脂在泥層中滲透的也不會均勻，極易滲透到壁畫面上，造成畫面污染，因此，我們不主張單純使用環氧樹脂材料。

　　據資料介紹，聚乙烯醇縮丁醛具有多種優良性能——硬度高、耐寒性好、粘接性強、透明度高，配製好的塗料滲透性好；它還可以與環氧樹脂形成縮全體，製得耐水、防潮性優異、附着力和機械強度非常好的塗層。因此，用聚乙烯醇縮丁醛加固處理的壁畫泥層，不但可以提高壁畫泥層的物理機械性能而且可以避免污染壁畫，保護壁畫原貌，適合處在較寒冷地區的奉國寺壁畫的使用。

　　經過聚乙烯醇縮丁醛加固後的壁畫泥層，再採用環氧樹脂粘接劑與玻璃纖維布粘接，形成玻璃鋼體背襯架，將壁畫托吊在墻體上予以固定。

　　爲此，試驗研究如下：

1. 技術要求

①壁畫成分分析

壁畫製作成分分析結果

項目編號	試塊重量（g）	層　　次	厚度（%）	麥草（%）	麻刀（%）	泥土（%）	砂（%）	取樣地點
1	18.20	畫　　層	0.5		0.88	63.2	35.9	遼寧義縣
2	23.26	地仗層	2	1.25		77.25		奉國寺

②壁畫比重測試

壁畫比重測試結果

項目編號	體積（cm^3）	重量（g）	比重（g/cm^3）	平　均	採樣地點
1	136.5	171.2	1.25	1.26	
2	129.0	163.8	1.27	1.26	遼寧義縣奉國寺
3	127.2	162.8	1.28	1.26	

③厚度與重量

根據修復壁畫要求，一般壁畫的厚度保持 2～2.5cm，根據所測比重可推算出每平方厘米壁畫的重量爲 2.5～3.15g，即 0.0025～0.00315kg/cm^2。

2. 材料性能

①玻璃纖維布

玻璃纖維布的技術指標

牌　號	原紗支數/股數		單絲直徑	厚　度	寬　度	重　量	密　度（根/cm）		斷裂強度不少於公斤/布條 25×100mm		織　法
	經紗	經紗	μm	mm	cm	g/cm^2	經紗	經紗	經紗	經紗	
無鹼 400	40/20	40/10×20	8	0.40×10.04	90±1.5	380±40	4.0±0.5	3.5±0.5	150	150	平紋

②玻璃鋼體拉伸強度試驗

玻璃鋼體拉伸強度試驗結果

項目編號	拉伸強度	説　明	備　註
R-2	987.9kg/cm^2	兩層纖維布	
R-3	1404.5 kg/cm^2	三層纖維布	

③玻璃鋼體剝離強度試驗

玻璃鋼體剝離強度測試結果

項目編號	剝離強度 kg/cm^2	説　明	備　註
P-A	>5.6		
P-B	>5.6	均未剝離，測試時玻璃纖維布斷裂，表值僅爲玻璃纖維布強度	
P-C	>5.6		

④粘接强度試驗

粘接强度測試結果

項目編號	粘接强度 kg/cm²	説　明	備　註
N－1#	2	玻璃鋼—環氧—泥層	
N－2#	5.28	玻璃鋼—環氧—縮丁醇—泥層	

⑤玻璃鋼體彎曲强度試驗

玻璃鋼體彎曲强度測試結果

項目編號	剥離强度	説　明	備　註
E－1#	1094.7 kg/cm²	三層纖維布	
E－2#	1629.3kg/cm²	兩層纖維布	

3. 試驗結果分析

玻璃鋼體拉伸强度測試表明，兩層玻璃纖維布製得的玻璃鋼體的拉伸强度爲987.9kg/cm²，三層玻璃纖維布的玻璃鋼體拉伸强度爲1404.5kg/cm²，拉伸强度隨玻璃纖維布層數的增加强度增加。據重力的垂直分佈和加固背襯架滿鋪滿貼，背襯架受壁畫自重産生的拉伸力，壁畫試樣重爲0.0025～0.00315kg/cm²，而兩層玻璃纖維布製得的玻璃鋼體拉伸强度就爲987.9kg/cm²。因此，兩層玻璃纖維布製得的加固背襯足以滿足拉伸强度的需要。

壁畫加固後與玻璃鋼背襯架粘接强度必須大於壁畫自重産生的剪切力，壁畫自重産生的剪切應力最大爲0.0025～0.00315kg/cm²，而粘接强度測試表明，用聚乙烯醇縮丁醛處理過的試樣爲5.28kg/cm²，未用縮丁醛處理過的試樣爲2kg/cm²，處理過是未處理的2.6倍。雖然兩者均可滿足粘接要求，但從試樣破壞後的情況來看，處理過的試樣破壞時粘接下一層泥層，即未從粘接面破壞，而未處理的試樣從表層破壞，這説明用聚乙烯醇縮丁醛處理後，不僅可提高粘接强度，而且還可以滲透到泥層中，提高泥層的自身强度，使泥層形成"梯"子强度，因此，用聚乙烯醇縮丁醛處理是重要的。

根據玻璃鋼彎曲强度測試表明，兩層玻璃布製得玻璃鋼體彎曲强度爲1629.3 kg/cm²，三層爲1094.7 kg/cm²，彎曲强度隨玻璃纖維布的增加而降低。鑒於加固壁畫的垂直豎立，産生彎曲變形。因此，要求壁畫加固後玻璃鋼背襯架具有抗彎曲强度，據計算兩層纖維布製得的玻璃鋼體每平方厘米彎曲强度可承受1629.3公斤重的壁畫，考慮壁畫變形面積，壁畫加固及粘接的玻璃鋼背襯架抗彎曲强度是綽綽有餘的。

爲了防止修復加固過程壁畫下墜，在一幅壁畫最上方預留玻璃布與支撐壁板連結，起"托"吊壁畫作用。

無鹼—400玻璃纖維布拉裂强度爲不少於140～1500kg/布條25×100mm，假設4m寬的玻璃纖維布最小可承受5.6噸拉力，根據壁畫自重（2.25－13.15）×10g/cm²計算，可吊177～248m²的壁畫，一般一幅壁畫的面積爲20～30m²左右，因此玻璃布臨時托吊壁畫是有安全保障的。

壁畫畫面發現有空鼓、開裂、剥離現象後需進行加固，因此，畫面臨時加固是必不可少的，通常選用白宣紙和紗布作臨時加固，經有關人士測試表明，泥塊—白宣紙—紗布的畫塊試樣斷裂强度爲17.7kg/5×20cm²，抗剪强度0.050～0.079 kg/cm²，剥離强度爲0.48～0.84 kg/cm²，而壁畫自重爲0.0025～0.00315 kg/cm²，無論壁畫産生剪切、拉伸或剥離，用桃膠裱糊的白宣紙、紗布作爲臨時加固措施是可行的。

通過以上試驗研究工作之後，認爲非揭取加固壁畫的方法是可行的，是科學的，文物的安全可以得到切實的保障。所以，決定在大雄殿近500 m²的壁畫上投入實驗。

（二）施工、工藝過程

1. 測繪照相、清理畫面

加固壁畫前，需計算面積，臨摹壁畫內容，繪製壁畫損壞圖，詳細記錄損壞情況並消除畫面塵污。

2. 畫面臨時加固

在畫面上均勻裱一層白宣紙（或脆性小的白色紙張），在宣紙上再貼一層白紗布，在每幅畫頂部留出一定長度的紗布，以便與支護壁板連結，起臨時加固作用。

3. 壁板製作安裝

壁板製作一般高 4 米，寬 2 米，和一次加固壁畫面積相吻合（還可根據製作場地製作若干塊小壁板連接成整壁板），在壁板上面固定平鋪一層鋸末小袋，在小袋上再平鋪一層棉套，或軟棉套的緩着層。然後支撐於畫面上，起支撐作用，並將預留紗布頭釘到壁板上。

4. 壁畫的加固

①拆除墻體

分間自上而下分段拆除墻體，一般一次拆除墻高的 30～50 厘米爲宜，然後小心剪薄劃平地仗層，留有 2～2.5 厘米厚壁畫層。

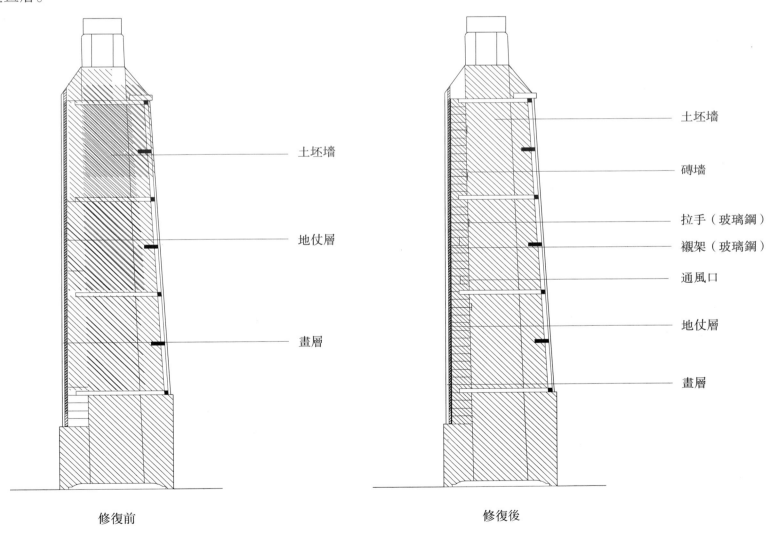

修復前　　　　　　　　　　　　　修復後

插圖八三　壁畫原地保護前後檐墻結構示意圖

②修復加固

根據事先繪製的損壞圖，將空鼓地方的地仗層鏟除，露出畫層，在其周圍噴灑適量清水，待畫層濕潤後頂平空鼓凸出畫面部位，再配製素泥補平。

③聚乙烯醇縮丁醛加固地仗層

用配製好的1%聚乙烯醇縮丁醛溶液滲刷劃平後的地仗層3～4次，再用3%的縮丁醛滲刷1～2次，塗刷均勻後用紅外燈加熱烘烤40～60分鐘。

④玻璃鋼體襯架的製作

在用聚乙烯醇縮丁醛加固後的地仗層上塗一層環氧樹脂粘接劑（6101環氧：501#二乙：二乙烯三胺＝100：10：9），貼一層無鹼—400號玻璃纖維布，刷一層上述配方中加適量石英粉的環氧樹脂粘接劑，再貼一層玻璃纖維布，然後再刷一層環氧樹脂粘接劑，固化後可以製成兩層玻璃纖維布的玻璃鋼體。在每幅壁畫頂部預留40厘米寬的玻璃纖維布，備

1. 墙體拆除、加固泥層

2. 製作玻璃布固定拉手

3. 墙體拆除後

插圖八四　壁畫加固的一組圖片記錄

作與壁板連結，以便臨時托吊壁畫之用。

⑤安裝拉手

根據壁畫背面大小寬窄情況，以預先設計好的位置安裝玻璃鋼體"拉手"，拉手形狀爲"├───┤"形，寬1米，長24厘米，待環氧樹脂粘接劑固化後，再拆除下段墙體，重復上述①～⑤過程。待一個間口內壁畫全部加固並固化後，壘砌磚墙，並將"├───┤"拉手用環氧樹脂膠泥壘砌在墙體中（見插圖八三）。

5. 修補畫面

壁畫背後全部加固完後，拆除支撐板，清洗臨時加固紗布白紙，修補畫面（修復方法略），用1%聚乙烯醇縮丁醛加固畫面，方法同加固地仗層相同（見插圖八四）。

（三）現場應用簡述

這次原地整幅壁畫加固技術，1989年在遼寧義縣奉國寺進行了現場應用，共加固壁畫36幅，共約534.2m²。根據現場記錄，加固每平方米壁畫需1%聚乙烯醇縮丁醛5kg，3%的2kg，環氧樹脂5kg，平均加固每平方米壁畫約600元（全部壁畫及外墙完成）。經用縮丁醛處理後的壁畫地仗層，以及經環氧樹脂粘接玻璃纖維加固後的壁畫本身，從手感強度和整體效果來看，都比較理想，達到我們預期效果。

（四）結　論

綜上所述，通過這次對奉國寺大雄寶殿壁畫原地加固維修，是一次可行性研究，是一次新技術新工藝的實驗。可以認定：壁畫原地加固可以避免切割揭取時所造成的損傷，保持了壁畫原來整體結構和原貌。加固修復後的壁畫減輕了重量，增强了壁畫本身的機械強度。施工方便、工藝簡單、節約資金、技術性能良好，是加固修復古建築壁畫可行的一種新技術，爲修復古建築壁畫創造出新工藝新技術開闢了新的途徑。

六　其他附屬工程項目與遺留問題

奉國寺修繕的主體工程是寺内遼代遺存的大雄殿，同時根據保護的需要，還增加一些附屬工程項目，例如防火、避雷以及寺院環境治理等。除大雄殿之外，對於寺内的清代建築，也根據需要做了維修，還增建了山門、文物庫房及辦公用房等，同時，工程期間也發現了一些日後需要解決的問題，現將完成的項目及亟待解決的問題報告如下。

（一）其他附屬工程項目

1. 落架修繕鐘亭、碑亭

大雄殿前月臺東西的鐘亭和碑亭均爲清式建築，建築面積各約 20 平方米，瓦頂皆有殘破，椽望均見腐朽，工程設計之初就擬對其實施修繕。1989 年大雄殿工程接近尾聲，遂對鐘亭和碑亭實施落架，更換了椽望，修復了瓦頂，並對木構件做了油飾，使與修復後的大雄殿更加協調（見插圖八五，1、2）。

2. 恢復無量殿月臺、甬道

無量殿臺基周圍原为寬敞的月臺，後因東西兩側居民區的擠佔，無奈於無量殿月臺上砌築了寺院圍墙，現圍墙幾近檐下，空間上感覺極爲壓抑。此次維修拆除了兩側民房，擴大了寺院面積，舊有的圍墙也就沒有了存在的必要。因此，全部拆除了舊有圍墙，恢復了原有月臺，重墁了月臺地面 500 平方米，並修整了前後磚鋪甬道（見插圖八五，3、4）。

3. 新建懸山式外山門三間

寺前臨街居民遷出以後，擬新建外山門一座。因現臨街地坪高於内山門三米餘，又寺内前部分建築均爲清式，故選擇了沿建築群中軸綫於臨街位置增建清式山門。

新山門爲懸山式，面闊三間，計 90 平方米。前檐下設廊，心間前後設門及垂帶踏跺，前廊左右設如意踏跺，前廊額枋、斗栱及内外桁、枋、椽飛皆施清式彩畫。山門東西各設便門一間，以"八字墙"與新築寺院圍墙相接。

爲緩解現在街面與寺内地面高差，在新山門以内修築兩層臺基，增設了石階欄板。山門内臺基和外臨街廣場全部鋪設水泥方磚地面（見插圖八五，5）。

4. 拓展寺院 6000 平方米，新築圍墙 500 延長米

奉國寺保護區的規劃，雖已有案在先，但並未納入法制軌道，因而周圍居民、机关团體，特別是其中的火源，時時威脅着全國重點文物保護單位的安全。關鍵問題是，整個寺院幾乎全部暴露在居民日常生活之中。本次工程中在縣委縣政府的支持下，得以拓展保護範圍，增建寺院圍墙，最大限度解決文物的安全問題。

開工之前動遷無量殿兩側居民 15 户，房屋 50 餘間，拓展寺院面積 6000 平方米。借大雄殿修繕的有利時機，縣委縣政府號召全縣机关和企事業單位捐款，集資動遷内山門前兩側居民 81 户，房屋 203 間。又拓展寺院面積 10350 平方米。總共拓展寺院面積 16350 平方米。沿已經劃定的絕對保護區界限，建造永久性寺院圍墙 750 延長米，建立永久性安全地帶，保障文物保護單位遠離居民的日常生活區（見插圖八五，9）。

（1）圍墙工程做法及要求

①毛石基礎，一、浇灌基礎之前先夯鋪 3∶7 灰土兩步，每步虛鋪 25 厘米，夯實 10 厘米，每步灰土要拌匀，邊鋪

土邊撒水，夯打均勻，不可偏夯，每層至少夯三遍。二、每步灰土之上用 1：1：4 混合砂漿，要漿滿縫實。三、回填土要過粗篩，填夯堅實，不得殘留孔隙。

②淌白牆，一、毛石基礎上鋪 1：3 水泥砂漿、油氈防潮層，然後砌磚牆。二、下肩及間柱爲一順一丁淌白撕縫。三、掛白灰膏，灌 1：3 白灰砂漿，滿灌滿漿，灰縫爲 0.5 厘米，允許誤差限於 0.1 厘米以下，橫平竪直。四、灰縫用 100：5：1 白灰青灰麻刀勾實壓平。

③鷹不落牆帽，按圖紙用機磚以 1：1：4 混合砂漿砌築帽心，兩側用標準條磚掛灰膏砌鋪帽頂，然後以 1：3 水泥砂漿掛脊瓦，要灰實脊直，平直誤差不大於 0.3 厘米，灰縫不大於 0.5 厘米。

④牆心、間柱、下肩、牆帽之間用機製磚糙砌牆心，按圖紙尺寸壘砌後，先抹 1：3 沙子灰一道，厚度不低於 1 厘米，以 100：5 紅土子麻刀灰罩面，要揸壓光平，平度誤差不得大於 0.2 厘米，最後用 1：0.3 紅土子摻 107 膠刷紅漿兩道，施工時紅漿不得流淌飛濺，以免污染磚牆。

⑤上述工程完工後，用 1：1 青灰粘土漿將全部磚面及磚縫清理一次，以使磚牆色調一致。

（2）磨磚工程做法要求

①選磚，選擇質地堅實、無裂縫無燒造缺陷的方正磚作爲砌牆磚。

②鏟磚，做到表面平整、方正，尺寸一致，邊棱角平齊，保證 0.5 厘米灰口，全部看面均應搭十字尺校準。

③砍磨梟混磚牙子，砍出圖示形狀，並用樣板校準，細磨後不留砍痕，各磚曲面尺寸要一致。

5. 遼代建築遺址模擬保護處理

奉國寺始建於遼開泰九年（1020 年），據元至正十五年立的莊田碑記載，當時寺內有大量建築，但現存寺內的建築，只有大雄殿是唯一的遼代建築。至於殿前的鐘亭、碑亭以及甬道南端的無量殿、牌坊和小山門、西宮兩棟房都是清代建築。再觀國內現存的幾處遼代寺院，也無一處佈局完整者，此次工程之末的考古發掘爲瞭解遼代寺院佈局提供了難得的實例，不應該讓這些遺址再深埋地下。因此，發掘工作結束之後，發掘者就提出了《義縣奉國寺建築遺址的保護意見》。

此次共發掘遼金時期建築基址四座，清代建築基址一座，並初步考證爲西彌陀閣、西長廊、伽藍堂、遼代山門以及清代毘盧庵基址。爲保證上述建築基址不再遭受人爲破壞，便於今後對遼代寺院佈局的研究，經研究確定了對上述遺址採取原地模擬保護處理。

擬保護的建築基址均位於寺院前部的民房和路面之下，因歷史上不斷的拆建，現地面逐漸的擡高，以山門址爲例，其現存高度低於地表兩米以上，不可能採取全部揭露的方法展示。因此，模擬保護具體分爲三個步驟實施。

第一，對發現的土礓礅、夯土牆基，在其上按原遺迹長、寬，做高 50 厘米的板框，於框內鋪厚約 10 厘米的黃沙一層，再上鋪厚約 10 厘米的白灰一層，將遺迹封護起來，再上按每層 20 厘米素土夯打，並按需增加板框高度，直至與地面一平爲止。此意是將遺迹引至地表，便於範圍和位置的確定。

第二，對引至地表的土礓礅、夯土牆基，於四周以石條包砌以起到加固和與周圍地表相區別的作用，對遼代長廊遺址，因與西彌陀閣遺址相連，故除以石條包砌外，還選擇五米長的一段在地表之上以青磚砌築，高約 0.5 米，內填素土，以相互區別。

第三，爲了區別遼代和清代建築遺址，在包砌時採用了不同顏色的石條。在每個遺址上設置標誌説明。

經過上述處理，使發現的遺址得到完整的回填保護，同時又在地表保留了明顯標識，便於直觀瞭解奉國寺的歷史，豐富了奉國寺的文化內涵，也方便了日後的科學研究。

6. 新建文物保管所辦公用房及文物庫房

奉國寺維修工程之前，文物保管所一直利用西宮前後殿和緊鄰西宮修建的簡易房作爲辦公室和文物庫房，簡易房位處大雄殿西檐下，有礙整治環境和鋪設防火通道。大雄殿工程結束後，出於日後辦公和文物保管的實際需要，將位於奉國寺西側的縣文化館遷出了奉國寺，拆除了文化館和文管所辦公室 11 間，共計 220 平方米，於寺內西側新建辦公樓兩層，兼作文物庫房，計 700 平方米（見插圖八五，6）。

7. 修整內山門

內山門及兩側便門瓦頂殘破，瓦獸件缺失，板門油飾脱落，格扇門嚴重損壞。維修中重做了瓦頂，修配板門和格

1. 落架修繕碑亭

2. 落架修繕鐘亭

3. 拆除無量殿月臺上原有圍墻

4. 無量殿月臺恢復後

5. 新建外山門

6. 新建辦公用房及文物庫房

7. 維修内山門

8. 維修前的西宮禪院

9. 新築圍墙

插圖八五　其他工程項目圖片記録

扇，並對外露構件重做地帳、油飾（見插圖八五，7）。

拆除並重砌了内山門東西圍墙，與新築圍墙相連，將寺院分爲前後兩部分，後院爲古建築群核心區，前院則作爲周邊居民早上活動的場所。

8. 修繕西宮建築

西宮禪院原本爲相對獨立的三進院落，後來又在前後殿東側建簡易房數間，一並作爲辦公室和文物庫房。此次維修拆除了簡易房，全部落架維修了前後殿和垂花門，恢復原院落圍墙及便門（見插圖八五，8）。

垂花門瓦頂損壞嚴重，木雕雀替、掛落等糟杇、缺失，維修中補配了木構件，重新復原了瓦頂。

西宮前殿爲卷棚式建築，計5間，100平方米，現椽望腐爛，殿頂滲漏，瓦件損壞，前檐裝修均被改爲現代的推拉窗，心間前後格扇門被拆除改爲通道，又沿心間東西縫砌築磚墙間壁。維修中拆除了改動部位，全部恢復了前後裝修，更換了部分檁桁、椽望，重做了瓦頂。

西宮後殿爲硬山式建築，計5間，120平方米。現殿身檁條、椽飛、望板糟杇，殿頂瓦件及正脊磚雕構件損壞。另外，後殿原設前廊，現爲擴大使用面積將前裝修外移至廊柱，並在兩盡間設門，中間三間改爲現代的推拉窗。維修中落架補換了糟朽木構件，重做了瓦頂，易廊下裝修爲檐下裝修，恢復心間和次間爲一馬三箭式格扇門，兩盡間爲同樣式檻窗。

9. 改造消防設施及供電綫路

原有的消防設備陳舊，已經不能滿足奉國寺消防需求，急需改造。在修繕委員會協調下，縣自來水公司幫助完成了《奉國寺消防工程》的設計。消防工程包括新建容量爲 100 立方米的貯水池一座，以大雄殿和無量殿爲中心設噴射井 6 座，更換老舊的輸水管和水泵等。此外，環繞大雄殿鋪設環形消防通道計 500 延長米，爲滿足日後工作和保護之需，特別是消防設備的正常運轉，在縣電業局幫助下重新架設專項常電。

（二）亟待解決的問題和設想

通過此次修繕又發現幾個新問題，須及早採取果斷措施加以解決。

1. 關於佛像的保護問題

大雄殿內主要供奉的是 9.5 米高的泥塑七佛群像，每尊佛前各有兩尊 2.5～2.7 米高的脅侍，兩端塑有 3.5 米高的天王像，這些佛像均爲遼代彩塑。七佛並列作爲主尊供奉的形式，如此高大體量的泥塑工藝，神情慈祥、體態均衡的精湛造型，在我國寺院中都很罕見，堪稱藝術珍品。這次修繕中從大佛頂上首先發現釋迦牟尼頸部周圍出現裂縫，隨即全面進行了詳細勘察，結果是裂縫寬達 3 厘米，最長的裂縫達 4.5 米，有的裂縫由後頸部周圍延伸到腋下，每尊佛像都有程度不同的裂縫，多的一佛有三道裂縫。此外有幾處衣袖脱落，暴露了裏邊的黃泥、草筋和木骨。由於裂縫和彩繪泥皮脱落，黃泥草筋極易吸收空氣中的水分，不斷向裏浸濕，勢必引起內部潮濕膨漲，最後漲破彩繪的表皮，造成通體脱落坍毀，這是一項亟待解決的保護問題。我們的設想是：首先剥掉風化部分，用原塑像材料充填補實裂縫，再作表皮防潮處理，使之與未破壞的彩繪部分聯結，形成一個整體的防護表皮。其次貼金的面部和胸部，由於長久的塵土和蝙蝠尿的沉積，形成一種黑色類似油漬的污垢，既有礙觀瞻又易於吸潮破壞貼金表皮，所以採取以面滾和清洗辦法除之。最後對於 1958 年修補錯了的脅侍手持物和腳踏蓮花等進行修改，以恢復其原來面貌。

2. 關於建築彩畫的保護

大雄殿的梁枋、斗栱上都畫有遼代建築彩畫，雖因多年屋頂漏雨的影響，有些已無從辨認，但也有一些保存得相當完好，如飛天、蓮荷花、牡丹花、海石榴、草鳳等，不僅色調鮮明華麗，而且藝術水平很高，其中以梁架下面的飛天尤爲突出，這些飛天或持花束或捧果盤作供養七佛形狀，面相豐頤美悅，服飾繽紛；有的着寶冠，有的紮雙髻，佩瓔珞戴釧鐲，長裙赤足身纏衣帶，輕健飄逸的飛翔在行雲之間，形象極其生動。如此優美的建築彩畫，可謂是獨一無二，精品中的精品。這次修繕落架時有機會清晰地觀察彩畫現狀，發現有的因漏雨沾濕而爆裂，有的爲千年的烟火而熏黑，有的則因蝙蝠尿的腐蝕木朽而脱落。爲長久保存這些藝術精品，除解決上述破壞因素外，也應採取必要的防護措施。我們設想：首先將現在的所有建築彩畫進行全面的現狀臨摩，將這一珍貴的藝術資料保存下來，然後進行化學封護，以使彩畫不再繼續受損。

3. 關於壁畫的保護

殿內山墙上滿繪壁畫，包括繪於元代的東西山墻各畫五佛像、北山墻繪八菩薩像、南面兩盡間山墻繪十一面觀音像，揭取後安置於佛壇後展陳的明代十八羅漢壁畫。其中，元代壁畫破損嚴重，畫面空鼓、起甲、酥鹼脱落，甚者已消失殆盡。維修中雖對全部壁畫都採用了化學技術進行整體加固，但因屬大殿加固的附屬工程，加固只限於背面，因此，急需對畫層做徹底加固處理。

4. 關於大雄殿檐柱和斗栱的傾閃

修繕前，大雄殿外檐柱頭不同程度內傾，而斗栱上部外傾。本次工程雖已撥正檐柱，但由於柱頭與斗栱的結構特點，在屋頂重力的作用下，可能重新出現檐柱柱頭與斗栱上部分別內外傾閃的現象，需待日後的長期觀測，找到科學合理的解決辦法。

七 施工管理

奉國寺建於遼開泰九年（1020 年），經金代繼續擴建而達極盛時期。當時有大雄殿、後法堂、三乘閣、彌陀閣、觀音閣、伽藍堂、山門等建築，四周環以回廊，渾然一體，組成宏大的建築群。歷經金、元、明、清各代興衰演變，多數建築相繼毀廢，只有大雄殿完整地保存下來，是寺內唯一的遼代遺構。大雄殿爲五脊單檐廡殿式木構建築，總高 24 米，面闊九間通長 55 米，進深五間通寬 33 米，建築面積 1800 平方米。在歷史、科學、藝術上都有很高的價值，是我國建築史上的一項光輝成就。1961 年國務院公佈爲全國重點文物保護單位。1982 年維修時，發現大雄殿屋頂瓦件脫節，嚴重滲漏，危及殿內大量藝術珍品；梁、枋、柱、榑及墻體臺基等嚴重殘損，位移走閃，威脅大雄殿安全。經國家文物局委派古建築專家幾經勘察確認，批准撥款徹底修繕。修繕工程從 1984 年 10 月正式開始，由國家文物局委派專家主持修繕，同時得到省、市、縣各級領導及有關部門的大力支持協助，共同組成修繕工作機構，嚴格遵照《文物保護法》關於古建築修繕原則的規定，精心設計施工，嚴格經營管理，耗資 350 多萬元，歷時五年，圓滿地完成修繕任務，於 1989 年 10 月 20 日竣工。縱觀寺史，自遼肇建以來，金、元、明、清各朝都曾進行過多次修繕，而此次修繕規模之大、耗資之巨、歷時之長、用材之善、工藝之精都是空前的。無疑將使祖國這座寶貴的文化遺產，得到妥善科學的保護。現將修繕工作情況報告如下。

（一） 施工前的準備工作

奉國寺此次修繕工程，是其肇建以來最大的修繕工程，而且決定由地方經營管理，不論施工的技術力量、大量工料的籌集，以及科學的經營管理，對於當時只有九名職工的文管所來説，都有很大的難度。因此需要進行充分的準備。我們從 1984 年 10 月起，用了兩年時間，至 1986 年末，做了施工前的準備，主要完成以下幾項工作：

（1）首先組建了奉國寺修繕委員會和辦公機構。由國家文物局高級工程師楊烈、省文化廳文物處領導、錦州市主管副市長、縣主管副縣長等任主任和副主任，縣內城建、財政、公安、物資、銀行、文化等局的領導出任委員，組建奉國寺修繕委員會，負責修繕工程的領導和協調工作。下設工程辦公室，由縣文化局局長任主任，省文物處主管幹部、市文物科長、縣文管所書記、所長任副主任。具體負責施工的組織管理工作。辦公室內劃分爲技術組、工程組、材料組、行政組、保衛組，由借調的專業人員和所內的職工分別負責各組的具體工作。分工明確，各負專責，使修繕工程的準備工作全面展開。

（2）動遷民房，準備施工場地。大雄殿東、西、北月臺以外，至前面無量殿東檐以外，都是學校和居民佔據，狹小的奉國寺院內，不僅落架下來的構件無處存放，而且將要購進的大量木材也無處安置。同時修配構件也需較大的施工場地。爲此，修委會決定：從大雄殿北向外延伸 10 米處，東西橫砌一道 90 米長的圍墻，圈佔學校部分操場（即原寺內後法堂部分用地），並將無量殿至內山門兩側的居民共 15 户、房屋 50 多間動遷。在有關部門大力協助下，經過 10 個多月的細緻工作，完成了動遷任務，這樣東、西、北三面拓寬 10～30 米，增加面積約 6000 平方米，同時拆遷文管所辦公用房 11 間，徹底解決了材料堆放和施工所需場地。由於毗鄰居民遷出，消除了很多火源，對於施工期間的安全防火，也是極爲有利的。

（3）選購材料和施工設備。奉國寺修繕所需的大量材料，特別是木材，從材質和規格上都有一些特殊要求，縣內不能滿足需要，我們及時組織人力去縣外選購了部分木材、架杆和踏板，爲解決開工的急需，陸續又從寧城、新賓等地調運和選購了大量架杆。安裝了起吊設備和購置了平刨、壓刨、電鋸等加工設備。同時安排在縣內建窯，提前開始燒製所需的大量青磚瓦件。

（4）大雄殿的防護處理。考慮到大雄殿體量大、修繕工期長的實際情況，在揭開殿頂以前，必須解決防雨防風等一系列防護設施，以確保文物安全和順利施工。在大雄殿頂上高出 2.5 米，周圍跨出 3 米，搭起一個 2500 平方米的高大防護罩棚，將整個大雄殿完全罩在防護棚內。爲了防止拆卸過程中，掉下購件磚瓦等碰壞殿內文物，又在大梁以上架設一層 1500 平方米的防護板，以確保附屬文物安全。爲了雨季防雷，在大雄殿東西兩側安裝了兩座 35 米高的臨時避雷設施。

（5）施工設計與編製預算。在全面勘測的基礎上，經過大雄殿揭頂拆除，各種構件的毀壞程度全部暴露以後，根據實際情況，進行了具體設計和製定修繕方案，根據修繕方案，編製了修繕工程預算。

（二）施工中的技術管理

施工中的技術管理是整個修繕工程中非常重要的環節，它關係到能否保證質量、按期完成任務。關係到能否落實古建築修繕原則。基於這種共識，我們對每個分項工程，都制定了詳細的施工方案，對其具體的技術要求、應用材料和技術，以及重點部位、注意事項、完成工期等都有明確的規定。由技術組負責嚴格掌握，工程組具體組織施工，互相配合，共同把關。主要的技術處理有以下幾方面：

（1）關於大雄殿斗栱落架。大雄殿斗栱爲七鋪作雙抄雙下昂重栱偷心造，構件龐雜，大者長逾丈餘，小者不足方尺，奇形怪狀，層疊交錯，需要按照層次有條不紊地拆卸。我們在全面勘測的基礎上，把計劃落架的四周斗栱、椽望、梁枋等按種類分別編組，斗栱單件按位置編號，訂上標籤。因斗栱壓在梁栿以下，首先採取“托梁換柱”的辦法，即托起大梁抽出斗栱，再按編排的組號依次拆卸，也省略了大梁難拆難裝的工序，總共拆下構件 7000 多件，再按類別分組按號堆放，不僅利於逐件修配，也便於安裝歸位。

（2）關於構件的修配。我們本着儘量留用原件或部分原件，以舊補舊的辦法，這不單是爲節約材料，而是有保留原物的意義。一座古建築如果全部換成新件，就變成了復製品，則失去了古建築的意義。因此我們將拆下的全部構件，逐件檢驗，劃爲三種狀況分別處理：第一種是一個構件雖屬糟朽，而斷面不超過三分之一，長度不超過十分之一者，則採取剔補的修整方法，這類修補構件約 3500 多件。第二種是一個構件損壞部分超過一半以上，則要更換新件，未損壞的部分則用作修補其他構件。更換的新構件約 2500 件。第三種是構件損壞程度輕微或完好無損的，不影響結構功能的，則稍事整理繼續使用。這類構件約 1000 件。

（3）關於利用現代材料加固構件。古建築的修繕和構件的製作，通常應注重傳統的有效作法，有些至今仍在廣泛沿用。但是當代科技的發展，新建築材料不斷湧現，在不影響古建築和構件原件原貌的前提下，利用當代技術手段和新的材料，來加固古建築構件，或以新材料代替較爲落後的舊材料，在古建修繕中應予以肯定。此次修繕中我們就在一些地方採取了這種作法：例 1，在更換斗栱的昂構件時，因爲找不到足大的（老榆木）昂件材料，採取拼成的辦法。利用了角鋼、螺栓固定在拼結面裏，增強抗折力，然後用環氧樹脂粘結封閉，外表再以玻璃絲布和化學材料纏成幾道玻璃鋼箍。這樣不影響外貌，而且小材可以大用，同時可以增強抗折能力。對於凡因卯口切割致使構件受力斷面過小的部位，都採用帶鋼或角鋼以螺栓加固。例 2，撥正梁架時發現，出現移位走閃的現象。當梁架結構撥正以後，在隱蔽處用帶鋼螺栓進行聯結加固，形成縱橫的聯結網，增強了整體結構的穩定性。例 3，大雄殿頂望板以上爲上世紀三十年代翻修時鋪的黃粘土背，此次修繕則改爲望板以上先塗防腐油膏，再上依次是護板灰、軋焦渣背、青灰背然後打灰壅鋪設瓦件的辦法。這種作法體輕、防腐、防水和防生野草，其性能都優於傳統的黃粘土。

（4）關於恢復原貌的處理。奉國寺大雄殿經過歷代多次修繕，有些地方已明顯地改變了遼代的原貌，對此都作了復原處理。例1，大雄殿正脊和鴟吻，均係清代或上世紀三十年代修繕時的遺物，繁瑣的花脊過小的鴟吻與大雄殿的宏偉氣勢極不協調。這次修繕將花脊改爲條磚疊脊，並參照國內遼代遺構的吻獸，重新製作安裝了一對大吻。重現了遼代建築風韻。例2，大雄殿面闊爲九間，其中明間及兩個梢間闊爲三個門，三個門中間爲兩段較高的坎墻，內有明代的壁畫。這種形式並非遼代遺存，是後世改作的，也作了復原處理。揭取了坎墻內的壁畫，易地保存；拆除坎墻，恢復中央七間的門隔裝修；此外，去掉大雄殿月臺四周的女兒墻和月臺外基的護臺等。凡是有根據確認非遼代建築風格的地方，都參照遼代遺構作了復原處理。

（5）關於彩繪、壁畫的處理。大雄殿內保存着遼代精美的建築彩繪以及元明兩朝的壁畫，有的雖然漫漶不清，但清晰部分仍不失爲珍貴的藝術作品。在大雄殿頂蓋拆除前，首先用毛頭紙、塑料布、蘆蓆等作了封護處理，待修完殿頂以後，開始對四周墻上的壁畫進行保持現狀的原地加固。即拆除墻體，從壁畫墻皮背面，利用環氧樹脂及其他化學材料，配成具有高強滲透力、粘結力的合劑，進行塗刷，然後隨時附貼玻璃絲布，人工快速干固，使經過合劑滲透的墻皮玻璃鋼化。東西北三面的壁畫466.7平方米，均以此法進行了原地加固。對於大雄殿前坎墻上的壁畫，共67.5平方米，因復原需要拆除坎墻，故將壁畫全部揭取，也按上述玻璃鋼化的作法，進行了加固處理，然後做了木質托框，移到殿後展覽。外墻面也採用格柵木筋抹灰法進行了改進，使新墻面在保持原狀的條件下，得到進一步的加固。

（三）經費的使用與工料的管理

經費的使用與用工用料的管理，是修繕工程中一項極爲重要的工作。尤其在經費緊張的情況下，如何精打細算節約資金，就成爲按修繕設計要求完成任務的物質保證。因此我們從實際出發，制定了嚴格的管理制度，主要着重在以下幾個方面：

（1）關於材料的採購、驗收、保管、使用等制度。每項材料從採購到使用都要經過嚴格的手續，首先由技術組與工程組提出購料計劃，填報材料採購單（包括材料名稱、材質、規格、數量、用途、使用時間等），當地材料十日前提出，外地材料二十日前提出。然後經主管領導審核後，交由材料組負責採購。材料購進後由保管員按發貨票驗收無誤，在發貨票上簽字，同時記入材料賬，並開具入庫單附在發貨票後，再由採購經手人簽字，領導審批簽字後，才能交出納員報銷。入庫單交會計記入庫存賬，以掌握庫存貨值。每項材料的使用，先由工程組根據施工要求，開具領料單（包括用料項目、名稱、材質、規格、數量等）、施工負責人簽字，保管員核對手續後照單付料、記賬，並開具出庫單由領料人簽字，附在領料單後，作爲庫存銷貨憑證。同時傳給會計一聯掌握庫存變動。在材料保管上除嚴格遵守這些制度外，也注重了庫房的整潔安全，材料要分門別類地擺放，對易燃易腐以及需防潮防火的材料，做到特殊存放保管。不能進入庫房的材料，例如木材、磚瓦構件、鋼材水泥等都選擇適宜地方堆放整齊，不僅考慮到便於保管，也要便於使用提取。

（2）關於工人招進、出勤考核、工資審批等制度。我們考慮到古建築的修繕不同於一般的土木建築，尤其是自己經營管理。因此在社會上招收工人時，既要考核其技術、體質等條件，也要注意品質表現，要求必須有鄉鎮一級政府介紹信，以便於教育管理。按技術水平和勞動效率評定工資標準。由工程組設一名記工員，負責工人日常的出勤考核，並按日記好工賬，到月末由記工員統計每人出勤天數，匯總製出工資表，並與本人核對後，經工程組負責人審核後，再交主管財務領導審批，由出納員按表發放，個人蓋章領取。對於零工以外的小包工或記件工，也同樣由記工員記好件數，待完工後由記工員製出工資表，經工程組驗收復核簽字，報主管財務領導審批後，出納員才能支付工資。由於我們手續制度健全，雖然計酬形式多樣，零工數量較大，在工日考勤，工資計算及按時發放上，從未出現誤差，保證了工程順利進行。

（3）關於財務管理審批制度。奉國寺的修繕經費主要用於工資和材料，雖然對工料的使用管理制定了嚴格的規章制度，但需要在財會程序上予以監督和控制，以便保證各項制度的認真執行，例如財會人員嚴格堅持"三人簽字一支筆批錢"，即每張單據都要有經手人、驗收人、主管領導三人簽字，一律由主管財務的領導審批方能報銷。賬目做到日清月結，月末提出月報即"資金平衡表"，交主管領導，以便掌握資金使用情況。對於工料以外的各項開支由行政組月初提出計劃，例行的開支要制定標準，如勞動保護用品、工地補助、各級來客的伙食標準等，都由主任辦公會議事先定出標準，由分管工作人員具體執行，不必事事請示，增加了工作人員的主動性。

上述三項是我們在此次修繕中關於財務、工料管理方面具體執行的主要規章制度，它在施工管理上發揮了很大作用，我們在實踐中也體會到這些制度僅僅是機械地規範人們工作的一種約束，當然也是不可缺少的。但是光靠制度的約束還不夠，還必須千方百計地調動人的主觀能動性，我們通過開會、現場參觀、表揚先進事例等方式經常進行旨在節約資金的教育，要求每個人不要滿足在遵守制度的水平上，要想方設法為節約資金做出個人的貢獻，收到了制度規定中所不能收到的效果。例如採購員崔家順同志帶着現金去錦州購買紫外綫燈泡，交現金按零售價出售，如果轉賬即按批發價，可節省30%，於是他頂着烈日步行到市文物科，將現金換成轉賬支票，節約200多元。再比如離休留用的孫思賢同志擔任保管員，購進的大量木材，本來按規定照發貨票驗收堆置起來即可，但是由於他有高度的責任心，不僅把木材按材質材積使用方便堆放，而且把每一根原木都按材積標上記號，付料時可以按材料要求準確地找出，不必翻大垛挑選，即省工又節時。再比如製作大雄殿2000多根椽子時，按製成的椽子標準是6.3米長，直徑為18厘米，標直光潔。需要用22至24厘米直徑的圓木，用鐯子砍去多餘部分，最後再刨光，結果做成一根椽子，需要砍下大量的零碎外皮木塊，很是可惜而且也費工時，當時記件工資，做成一根合格椽子工資為18元。工程組的同志們對這種費工費料的情況經過再三研究，將圓木按椽子直徑的需要，用電鋸加工成方木，這樣每根圓木都可鋸下四條板皮，而且節省製椽工時，記件工資每根椽子降至10元，節約工資款1.5萬元，鋸下的毛板皮，再用電鋸去毛邊成為板材，合計出板材20多立方米，價值2萬元，僅此一項就節省工料費3萬多元，而且加快了工程進度。還有燒製磚瓦件，當地僅有一家青磚廠，獨家經營報價太高，如果到外地訂貨，加上運費實際價格也很高，我們採取招標的辦法，結果有幾家認為專建青磚窰也有利可圖。於是經過四家投標競爭，中標的價格比最初報價降低30%。各種磚瓦構件總訂貨量15萬元，可節省4萬多元。諸如此類事例很多，說明除了堅持必要的制度以外，還必須注重調動人的積極性，使制度所要達到的效果得到更好的升華。關於修繕工程預算執行的詳細情況，另有專文報告。

（四）安全保衛工作

安全保衛工作是奉國寺修繕工程中的三項重點工作之一，它關係到我們這次大規模修繕工程能否在不出現任何事故的前提下，順利圓滿地完成任務。因此，從修委會領導到辦公室全體工作人員，當工程伊始就將此項工作擺在極其重要的地位，進行了周密的研究部署。修繕工程的安全保衛工作的重點任務，是保證人身安全和文物安全。人身的安全主要放在高空作業和大木構件的拆裝，以及機電設備的使用方面；而文物安全主要是防火和防止人為損壞，其中重點的重點還是防火工作。根據這一精神，修委會決定加強思想教育工作，提高施工領導、職工以及工人的認識，建立必要的規章制度，增設一些防火設備，對各有關方面也都提出了明確的要求，全體施工人員在實際工作中認真貫徹落實。經過五年時間堅持不懈地積極努力，取得了可喜的效果，偌大的修繕工程，沒有發生人員傷亡和文物損壞現象。為此也曾受到省、市以及國家有關部門的多次表揚和獎勵。我們的作法主要是：

（1）抓人的思想政治工作。對全體施工人員經常利用班前班後開展"四講增強四個觀念"的教育活動。即：一講奉國寺這所古建築是祖國文化遺産中稀有的瑰寶，是我國建築史上一項光輝成就，從而增強保護文物的觀念；二講文物不能再生的特性，一旦毀壞了就無法彌補，我們將成為上對不起祖先，下對不起子孫的歷史罪人，從而增強歷史責任觀念；三講奉國寺大木結構易於着火而又難以撲滅的危險性，必須防患於未然，從而增強常備不懈的觀念；四講修繕工程完全自營，任務龐雜艱巨的特點，雖有分工，但防火工作人人有責，從而增強立足本職、互相協作的集體榮譽觀念，使每個職工和更警人員，都能按要求完成其在義務消防隊中所擔任的職責，做到遇有火險召之即來，來之能戰，戰之能勝。在五年的修繕期間，東、西兩個臨院都曾發生過火險，例如 1986 年秋，夜間一點東鄰王家房屋起火，勢頭很猛，嚴重威脅拆下的大垛木構件的安全。是我們的更警人員首先發現，立即拉響警報器並向消防隊報警。住在院內的更警人員，立即投入滅火戰鬥，僅用 15 分鐘就控制了洶洶火勢，20 分鐘後消防車趕來，共同撲滅了這場火災。時隔一個月的一天，晚六點半，西鄰王家煙囱起火，危及我們的大垛木料，我們發現後立即組織更警人員撲滅，充分發揮了我們自救的能力，避免了重大損失。

（2）抓組織落實。根據安全保衛工作的需要，我們建立了以主要領導為首，各組負責人參加的安全領導小組，以更警人員為主體全體職工參加的義務消防隊，以專管日常安全保衛工作為職責的保衛組。對於這些組織，要求他們根據自己的職責，定期開展活動，定期聽取匯報，發現問題及時解決。例如，保衛組主動地負責安排職工的值班值宿，遇有當值人員缺勤，及時調配替值人員，保證不漏崗。嚴格選拔更警人員，老、小、病、弱者不要，家住城裏或城邊的不要，選拔必須吃住在院內，不論當班或休班，不能隨意離院的農村青壯年。並主動組織更警人員進行消防演練和檢查維修消防設備等。由於發揮了各個組織的作用，所以做到了全面工作有人抓，日常工作有人管，重點部位有專人負責，各區域有人巡邏，各司其職，各盡其責。

（3）抓各項規章制度的落實。安全保衛工作，尤其是防火工作，要求是嚴格的，必須帶有一定的強制性。我們從實際需要出發，制定了一系列的規章制度，如"安全施工守則"、"值班值宿制度"、"重點部位專人負責制度"、"庫房安全制度"、"崗位責任制度"等。這些規章制度，規範了各工種各崗位的人員應當遵守的準則。本着訂立制度要具體、執行制度要嚴格的精神，定期檢查，表現好的要表揚獎勵，違犯制度的要批評處罰，目的是督促大家養成習慣。例如考核出勤中規定每個人每天按到班的時間次序進行簽到，在長期的堅持中，不僅成為大家的自覺行動，而且杜絕了遲到現象。

（4）抓設備落實。奉國寺修繕工程的防火工作，除去立足於防，加強人員的安全教育以外，還要考慮到如遇火險必須消滅在初起階段，否則不堪設想。因此設置一些有效的消防器材，強化自救能力是非常必要的。我們安裝了專項常電；準備了水泵、水袋、水槍等配套消防設施，可以輻射全院；另有各個重要部位以及易於起火的地方，設置了乾粉滅火器、滅火彈、水缸、沙袋等，遇有火情隨手可取。這些設備做到定期檢查試驗和維修，保持設備經常處於性能良好狀態。

（5）抓定期檢查，發現問題及時解決。安全保衛工作從人的思想教育、組織制度、物資設備等幾個方面完備以後，怎樣使其發揮效用，關鍵就在於督促檢查，認真落實。我們採取全面定期檢查和單項突然抽查相結合的辦法。工程緊張時期，每月全面檢查一次，根據某些鬆懈現象，進行單項突擊抽查。每次檢查都是領導親自主持，各組的組長（即安全領導小組成員）參加，進行全面檢查。首先聽取保衛組匯報情況，然後走遍現場實地察看，檢查的內容包括各項規章制度的執行情況，查找漏洞；實地消防演練，考核操作情況；各種消防器材設備是否完好，還存在哪些隱患。通過實地檢查大家提出問題，然後研究整改方案，指派專人負責實施。有時發現有人帶煙帶火進入工地，就組織突然的大搜查，對於帶煙火進入工地的人，進行批評教育，嚴重的罰款，列出名單公佈於眾。由於緊緊抓住定期檢查和突然抽查這一督促措施，使大家時刻保持常備不懈的狀態，真正發揮了各項規章制度的約束作用。

（6）抓"安全月"活動。"安全月"活動在修繕期間每年都搞一次，時間在春節前後，從臘月十五至正月十五。因為這期間群眾燃放煙花爆竹，出現了特殊的火源，大雄殿的防護大棚是由蘆蓆、油氈、木板構成的，大面積地暴露在空中，受到很大威脅。1986 年的臘月二十三晚上，就有兩只"躥天猴"帶着火焰落在大棚頂上，由於更警人員及時發現，立即撲滅幸免火災。此事引起了我們的高度警惕，第二天就向縣政府報告，並請縣政府出面召開周圍居民所屬單位的領導緊急會議，要求教育各自職工不得在奉國寺周圍燃放煙花爆竹。已經買進的煙花爆竹由工程辦公室按價收繳。同時以公安局、義州鎮政府、文化局名義發出聯合通告，明令禁止在奉國寺周圍燃放煙花爆竹。在內部也採取了相應措施，全體出動在周圍張貼保護文物安全防火為內容的標語，分組到周圍禁放區內 128 戶居民家走訪，發放要求居民協助防火的一封公開信，表示慰問的一張年曆畫，以及聯合通告等，爭取居民的協助。同時增加了院内的值班值宿人員，由領導親自帶班，安裝了高音喇叭，晝夜進行廣播宣傳。春節前夕又召開了供電、郵電、自來水、消防、公安等單位的領導會議，保證奉國寺的供電、供水、電訊暢通、消防車值班等，佈置了最緊張的除夕夜晚的守護任務。除夕之夜古城上空，五光十色火焰飛騰，硝煙彌漫爆竹連聲，奉國寺周圍却一片安靜，即使是準放區，居民也向着遠方平射燃放，此情此景實在令人感動。供電、郵電、自來水、公安等單位派來專人值班，以便及時排除故障，消防隊派來消防車值班。工程辦公室不當班的同志們，都自動地來到大棚頂上守護。在内外共同努力下，安全地渡過了緊張的 1986 年春節。以後每到春節期間，就按上述内容和形式進行安全月活動。事實證明特殊情況下，採取特殊措施是必要的。

（五）關於義縣地方集資拓展寺院工程

1988 年奉國寺修繕主要工程已接近尾聲，拓寬的寺院周圍築起了青磚大墙，新砌築的月臺上，聳立起大雄殿的高大建築，昔日古刹以整潔肅穆的雄姿又展現在人們面前，當地群衆莫不歡欣鼓舞，交口稱贊。但是山門前兩側仍住着近百户居民，房挨房，墙連墙，窗前夾着一條小道，是進入奉國寺的唯一通道，這種局面與修繕後的奉國寺極不相稱。不僅不利於奉國寺的保護，也有礙於旅遊觀光。於是縣委、縣政府決定拆遷民房拓展寺院，在縣政府財力困難的情況下，動員全縣人民捐款贊助。1988 年 7 月中旬召開全縣動員集資大會，發出倡議書，接着縣直機關和各鄉鎮相繼開展工作。各級領導率先捐款，各界群衆紛紛響應，參加贊助的達 10 萬餘人，除縣内幹部、工人、農民、學生、駐軍外，還有北京、瀋陽、阜新、錦州等有關單位和有關人士，以及回鄉探親的臺胞等，共收到贊助款 130 多萬元。僅用了三個月時間，就將全部居民遷走，拓展面積 1 萬多平方米。基本恢復了遼代寺院所佔面積。在國家文物局，省、市主管部門的援助下，平整了地面，接築了圍墙 150 多延長米，新建清式山門三間，為緩解現在街面與寺内地面高差，在新山門裏修築兩段臺面，增設了石階欄板，全部鋪設了水泥方磚地面。為永遠表彰這次捐助活動，竪立了萬人贊助碑，銘記這一代人為奉國寺維修作出的貢獻。

（六）施工中的考古發掘工作

奉國寺始建於遼開泰九年（1020 年），最盛時期已經形成宏大的建築群，據元至正十五年立的莊田碑記載，當時有七佛殿（大雄殿）九間、後法堂九間、正觀音閣、東三乘閣、西彌陀閣、四賢聖洞一百二十間、伽藍堂一座、前山門五間。但現存寺内的建築，只有大雄殿是唯一的遼代建築，至於殿前的鐘亭、碑亭以及甬道南端的無量殿、牌坊和小山門、西宮兩棟房都是清代建築。上述建築都處於寺院的後半部，而前半部東西兩側，均為居民房屋所包圍，使寺院形成了前窄後寬的格局。而且後建的民房經過歷史上不斷的拆建，地勢逐漸的增高，不僅原來寺院的整體佈局無從查考，就是已毁建築的基址也蕩然無存。國内現存的幾處遼代寺院，也無一處完整的佈局。要想瞭解奉國寺原來的佈局，成了一個難解的謎。這次義縣地方集資，動遷了小山門前兩側的居民，為我們搞清奉國寺原有的建設規模和佈局，提供了有利條件。1988 年 10 月在拆遷過程中，曾進行了試掘，發現了清代外山門遺址三間及部分遺物。為了進一步加深對奉國寺建築遺址的全面了解，1989 年 4 月在國家文物局古建築專家的指導下，由省、市、縣專業人員組成考古隊，對奉國寺前半部遺址進行了大面積的勘探和發掘。根據勘探掌握的情況，以中軸綫為基點，分區進行發掘。經過 3 個月考古發掘，參照現存碑刻記載，找到了奉國寺原來的東三乘閣、西彌陀閣、伽藍堂、山門以及賢聖洞等基址。雖然沒有找到正觀音閣的基址，但據考古發掘的材料，對其大體位置也有了較為準確的劃定。至此基本揭示了奉國寺的建築佈局，也為研究國内其他幾處遼代寺院的建築佈局提供了有價值的科學資料。

（七）奉國寺修繕工程完成的全部項目

奉國寺修繕的主體工程是寺內遼代遺存的大雄殿。根據它需要修繕的各個部位，在設計時分爲 20 多個單項工程，同時根據保護的需要，也增加一些附屬工程項目，例如防火、避雷以及寺院環境整理等。在此基礎上，對於寺內的清代建築，也根據需要做了維修，此外還增加一些新的建築。現將完成的項目歸納如下：

（1）大雄殿構件修配。全部落架修配與安裝大雄殿內外檐斗栱構件計 4000 多件。

（2）更換大雄殿頂。全部更換和修配大雄殿椽飛計 2000 多根，望板 2000 多平方米，更換 80% 瓦件，並修配了部分槫枋，同時參照國內遼代遺構，做製了大雄殿遼代鴟吻和正脊。

（3）撥正梁架及墩接檐柱。大雄殿的檐柱及整體梁架做了全面撥正，糾正了東部前傾西部後閃及前檐內閃的現象。墩接了檐柱 7 根，剔補包鑲 7 根，全部作出油飾斷白。另爲解決上部梁架通風防潮，拆除了康熙年間所加的板棚。

（4）加固大雄殿壁畫。全面原地加固東、西、北三面壁畫計 466.7 平方米，重新砌築殿周檐牆計 912 立方米，全部揭取大雄殿坎牆明代十八羅漢壁畫 67.5 平方米，恢復裝修 4 間。

（5）修整大雄殿臺基。全部重砌大雄殿月臺四周臺基計 750 立方米，全部重墁殿內外方磚地面計 2300 平方米。

（6）擴展寺院新築圍牆。開工之前動遷無量殿兩側居民 15 戶，房屋 50 餘間，拓展寺院 6000 平方米。地方集資動遷內山門前兩側居民 81 戶，房屋 203 間。又拓展寺院 10350 平方米。總共拓展寺院 16350 平方米，新築圍牆 750 延長米。

（7）維修清代建築。重砌無量殿月臺甬道及重墁方磚地面 500 平方米，維修內山門一座，翻修碑亭一座 20 平方米，鐘亭一座 20 平方米，翻修西宮卷棚式建築一座 5 間 100 平方米，硬山起脊式建築一座 5 間 120 平方米。

（8）安裝防護設施。重新安裝了大雄殿的避雷網，新架設專項常電，安裝了水泵及輻射全院的 6 處噴射井等配套設施。新建一座容量爲 100 立方米的貯水池，院內四周鋪設環形消防通道計 500 延長米。

（9）遺址保護。發掘寺內建設基址 5 處，並在地面作了模擬保護處理。

（10）新增建築。拆除了大雄殿西檐下的文管所辦公室 11 間 220 平方米，易地新建辦公室、接待室及文物庫房 700 平方米；新建懸山式山門三間計 90 平方米。

（八）幾點體會

奉國寺在五年的大修繕過程中，工作任務是龐雜而艱巨的，每項工作的進展並非一帆風順，曾遇到和解決過各種各樣的困難。義縣文管所及全體施工人員，初次經受了這樣重大任務的考驗和鍛煉，在思想素質和工作水平上，都得到很大提高。當我們認真總結這段工作的時候，深深體會到，奉國寺修繕工程的順利完工，首先歸功於國家文物局的關懷，派出專家親臨現場指導工作；其次是省市及主管部門領導積極參與實際工作，縣政府領導和有關部門的大力支持，以及全體施工人員的共同努力。除此而外，我們感到有些具體做法，在工作中發揮了良好作用：

（1）建立修繕委員會是爭取各級領導參與工作的有效形式，也是順利完工的基本保證。一切工作的成功經驗都離不開爭取領導重視和支持。而爭取領導的過程有長有短，方式有簡有繁，即使這樣有時也難以如願。我們在修繕工程一開始，就組建了奉國寺修繕委員會，由副市長任主任，省市縣有關領導任副主任，吸收縣內各有關部門的領導出任委員。從組織形式上使他們成爲工作機構的當然一員，不是只站在各自的領導角度上來客觀支持修繕工作，而是以主人姿態，發揮他們的各自職能參與工作。平時我們經常向他們匯報工作情況，保持密切聯繫。每年定期召開修委會工作會議，全面匯報工程進展情況和問題，請他們實地視察，然後研究解決問題的辦法，這樣使一些難題得到盡快解決。例如 1987 年我們急需 200 立方米松木，當時屬木材公司獨家經營，他們規定只能憑指標供應 50% 的松木，其餘搭配雜木。幾經交涉未成。我們在修委會上提出這一急等解決的問題後，修委會主任（副市長）親自出面，由特供木材中得到及時解決。1987 年拓展寺院圈築大墻時，佔用學校操場近 2000 平方米，是個難度很大的問題，由修委會副主任（副縣長）親自出面，使問題得到解決。每年春節除夕晚上，城鄉都有幾起因燃放煙花引起的火災，但就在這防火的緊張時刻，消防車却來奉國寺現場值班，這是因爲公安局長是修委會的委員，由他直接安排的。在先後兩次動遷居民時，修委會副主任和城建局長（修委會委員）親臨現場主持各項具體工作。五年修繕期間，我們遇到很多自身難以解決的問題，都是靠修委會這個由各級領導組成的機構，通過相應工作程序，得到圓滿的解決。

（2）開展文物知識的宣傳教育，是思想政治工作中一項有力的內容。我們在修繕過程中，曾進行過多種形式和內容的思想政治工作，其中以文物知識爲內容的宣傳教育最爲得力。這裏所謂的文物知識是指特定的奉國寺的一些知識。我們抓住班前班後或休息時間，利用通俗的語言詳細地給工人們講解奉國寺的歷史、科學、藝術價值以及有關的神話傳說典故等，引起他們的興趣，增加他們的文物知識。當地群衆對奉國寺這一古迹本來就有樸素的感情，經過文物知識的啓發，使他們的樸素感情得到升華，並感到能夠有機會參與奉國寺的大修繕是件榮幸的事，從而在勞動中能夠主動地關心愛護文物。例如在搭防護大棚時，大雄殿內每隔 1 米寬就要竪一排支撐架杆，整個大雄殿內竪滿了架杆。在佛像周圍縱橫交叉搭架子時，他們小心翼翼地勞作，沒有出現任何損傷文物的現象。搭完架子後，有的竪杆的杆頭，距佛像頭頂只有 10 厘米，如果負重以後，杆頭就會下沉壓在佛頭上，有可能壓壞佛頭。工人們自己發現後立即糾正。當拆除清代後加的天棚時，發現了帶有文字"大清國康熙十二年五月初六日上棚大吉利"的木板，工人們及時報告，得以妥善處理。在墩接檐柱時發現柱礎上都以不同形式擺列一些銅錢，他們保護好現場並立即報告，這些現場的銅錢對於我們鑒定大雄殿的確切建造年代提供了非常有價值的依據。上述事例説明在修繕古建築的特定環境下，進行思想政治工作時多向工人們講些所修繕的古建築知識，啓發他們愛護文物的意識，是會收到較好效果的。

（3）抓住一個中心任務，兼顧兩項重點工作，擺正各項工作關係，是領導修繕工程有條不紊健康進展的關鍵。奉國寺修繕工程任務艱巨事務繁瑣，但必須分清主次擺正關係。我們以施工爲中心任務，同時做好財務工料管理和安全保衛兩項重點工作。我們體會到奉國寺修繕工程是保護文物的百年大計，因而也就要求質量第一。這裏的質量應包括兩個方面：一是外表上必須貫徹《文物保護法》中，關於古建築修繕原則，不致出現因修繕改變原狀的建設性破壞文物現象；二是必須保證堅固結實的質量。而這兩項質量要求能否達到，都體現在一切具體施工過程中。因此，抓好施工就成爲我們的中心任務，其它工作都是爲了施工和保證施工。從人員上保證施工，我們安排最強的領導幹部，由辦公室常務副主任（文管所所長）負責領導施工並配備足夠的得力幹部協助。在施工作業點分佈過多時，就抽調人員派到工地分兵把守監督施工質量。從時間上保證施工，做到施工上的問題要優先研究解決，其他工作要讓路，不能衝擊施工。從物質上保證施工，做到一切財務及工料管理，都要爲方便施工服務，保證各項材料及時供應。由於領導緊緊抓住施工這一中心任務，使修繕工程在保證質量的前提下順利完工。

（4）完整的記錄和積累修繕中的各項工程技術的圖片文字資料，也是修繕中的一項重要收穫。尤其像奉國寺這樣具有悠久歷史的大木結構的古建築，幾百年不遇一次的落架大修，對於瞭解各種構件及其內容結構，是難得的機會。但是由於我們水平所限，對此認識不足，又缺乏經驗，雖然做了一點拍照和記錄，但也有很多遺漏。其次，換下來的許多各類構件是難得的實物標本，如果把各種構件收集起來，搞個大雄殿構件陳列展覽，將是一件很有意義的事情。可惜因爲我們當時沒有認識到這一點，現在雖然意識到這一點也爲時已晚，只好爲後人留作前車之鑒。

八　決算報告

　　本次維修工程是奉國寺自遼代創建以來最大的一次維修工程，是由國家文物局直接領導，省、市、縣文物部門組成修繕委員會和施工機構，實行自營的大型工程項目。自一九八四年十月十五日起至一九八九年末，主體工程基本完工，大雄殿修繕的主要工作包括：修配和更換木構件 2000 餘件、更換望板 2332 平方米、拆除並重做瓦頂、瓦面 2146 平方米、拆除裝修 445 平方米、更換木骨 62 根、壁畫加固 519 平方米、補換瓦件 30870 塊、拆除建築 360 平方米、檐墻粉刷 503 平方米，並對檐柱等部位增加加固鐵活。至一九九二年末，其他附屬工程項目全部竣工，並順利通過了國家文物局組織的工程驗收。

　　本次工程決算中，各項工程項目是按照原預算和追加預算的項目和順序，逐項分列決算，並附決算表和各項支出明細。本工程預算爲 300 萬元，後因增加維修項目又追加 40 萬元，共計撥款 340 萬元，實際支出決算爲 3,550,230.62 元，超支 150,230.62 元。

　　追加預算和超支原因如下：

　　一、新建山門 90 平方米，總支出 126,836.00 元，新增圍墻 158 延長米，支出 61,146.34 元。以上兩項工程是在維修奉國寺的同時，縣政府爲了加強文物保護，擴大和恢復原奉國寺佔地面積，籌資 130 多萬元，將奉國寺門前 80 多户居民全部動遷安置，騰出面積一萬多平方米，作爲奉國寺的保護與規劃利用。爲此，經研究，在臨街處建山門一座，並沿新擴面積外圍建圍墻。

　　二、原奉國寺院内有解放後建的文物庫房 100 平方米，辦公室 200 平方米，接待室 100 平方米。此次維修爲了基本上恢復原寺院格局，對寺院進行了統一規劃，以上建築又都在規劃區内，距大雄殿較近，特別是在冬季取暖時燃火點又較多，對防火極爲不利，所以將以上建築拆除，在規劃區外重新建文物庫房、辦公室、接待室等共計 700 平方米，共支出 212,017.66 元。

　　三、奉國寺西宮有清順治年間建的硬山式禪房五間、卷棚頂方丈室五間（現作爲展室使用），因年久失修，柱脚腐爛下沉，梁架走閃，椽望腐朽，檐墻裂縫，亟待維修，原未列入此次維修計劃中，一九九一年，有關領導檢查後認爲，應停止使用，馬上搶修，以免倒塌。工程隨即展開，至一九九二年十月竣工，支出 150,230.62 元。

　　以上三項均爲新增項目，共支出 550,230.62 元，加預算内項目支出 300 萬元，合計共支出 3,550,230.62 元，實際撥款 340 萬元，總計超支 150,230.62 元。

奉國寺維修工程決算總表

序　號	工程項目	支出（單位：元）	説　明
大雄殿加固			
1	臺基修整	162,456.20	
2	臺基外散水	4,830.40	
3	殿内外地面	50,427.00	

序　號	工程項目	支出（單位：元）	説　明
4	檐墙拆砌	68,499.10	
5	檐墙粉刷	9,658.00	
6	壁畫加固	121,000.00	
7	拆除椽望	30,320.00	
8	拆險落架	11,200.00	
9	大木修配	130,210.00	包括木料、粘接材料和桐油
10	斗栱修配	120,200.00	包括木料、粘接材料和桐油
11	椽望連檐製作	406,660.00	包括木料和製作
12	椽望連檐安裝	37,200.00	
13	柱子調整	20,430.00	
14	拆除隔板	1,300.00	
15	構架加固	25,300.00	
16	裝修恢復	51,610.00	
17	瓦頂灰背	52,150.00	
18	瓦面	103,430.00	
19	脚手架	252,100.00	包括架杆、板、龍門架
20	防火道	82,000.00	拆除舊建築，修築路面
21	圍墙	262,104.57	共 665 米
22	寺院整治	56,960.00	
23	排水	20,169.38	
24	消防	95,112.70	
25	避雷	36,855.00	
26	施工設施	163,100.00	
27	運費	176,514.08	
28	管理費	300,499.91	
29	模型製作	50,000.00	

序　號	工程項目	支出（單位：元）	説　明
30	壁畫揭取	15,100.00	
31	大殿油飾	32,200.00	
32	重墁月臺	15,000.00	
33	翻修鐘亭、碑亭	19,550.00	
34	修山門、僧房	57,000.00	
35	文物庫房、辦公室	212,017.66	因統一規劃而拆除重建
36	新建山門	126,836.00	
37	新山門牌匾、彩繪	20,000.00	
38	西宮翻修	150,230.62	
	總計	3,550,230.62	

註：奉國寺維修工程決算明細表略

實測與設計圖

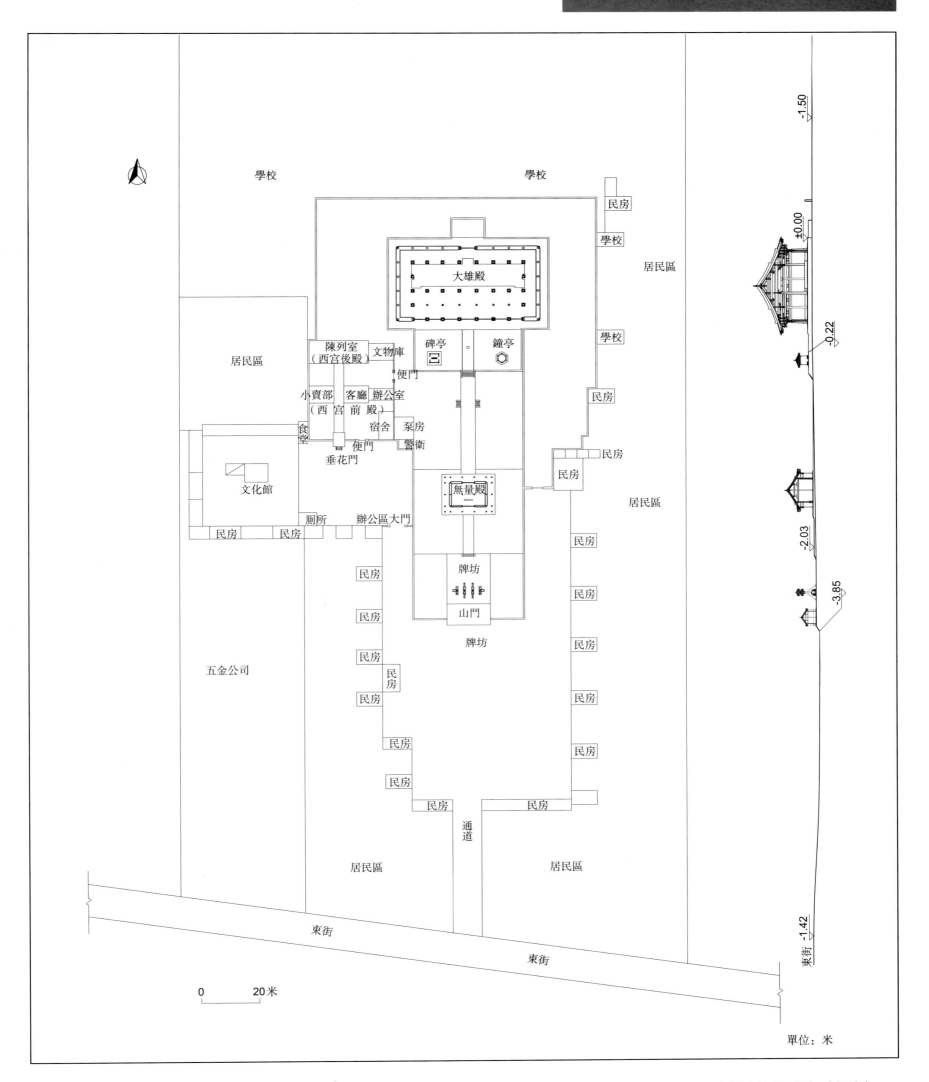

學校

學校

民房

居民區

大雄殿

學校

陳列室
（西宮後殿）

文物庫

居民區

碑亭

鐘亭

學校

便門

民房

小賣部

客廳

辦公室

居民區

（西宮前殿）

食堂

宿舍

泵房

民房

便門

警衛

文化館

垂花門

無量殿

民房

廁所

辦公區大門

民房

民房

民房

民房

牌坊

民房

民房

民房

五金公司

民房

民房

民房

民房

民房

牌坊

民房

民房

山門

民房

民房

民房

民房

民房

通道

居民區

居民區

東街

東街

0　　20米

-1.50

±0.00

-0.22

-2.03

-3.85

東街 -1.42

單位：米

一　奉國寺總平面圖、剖面圖

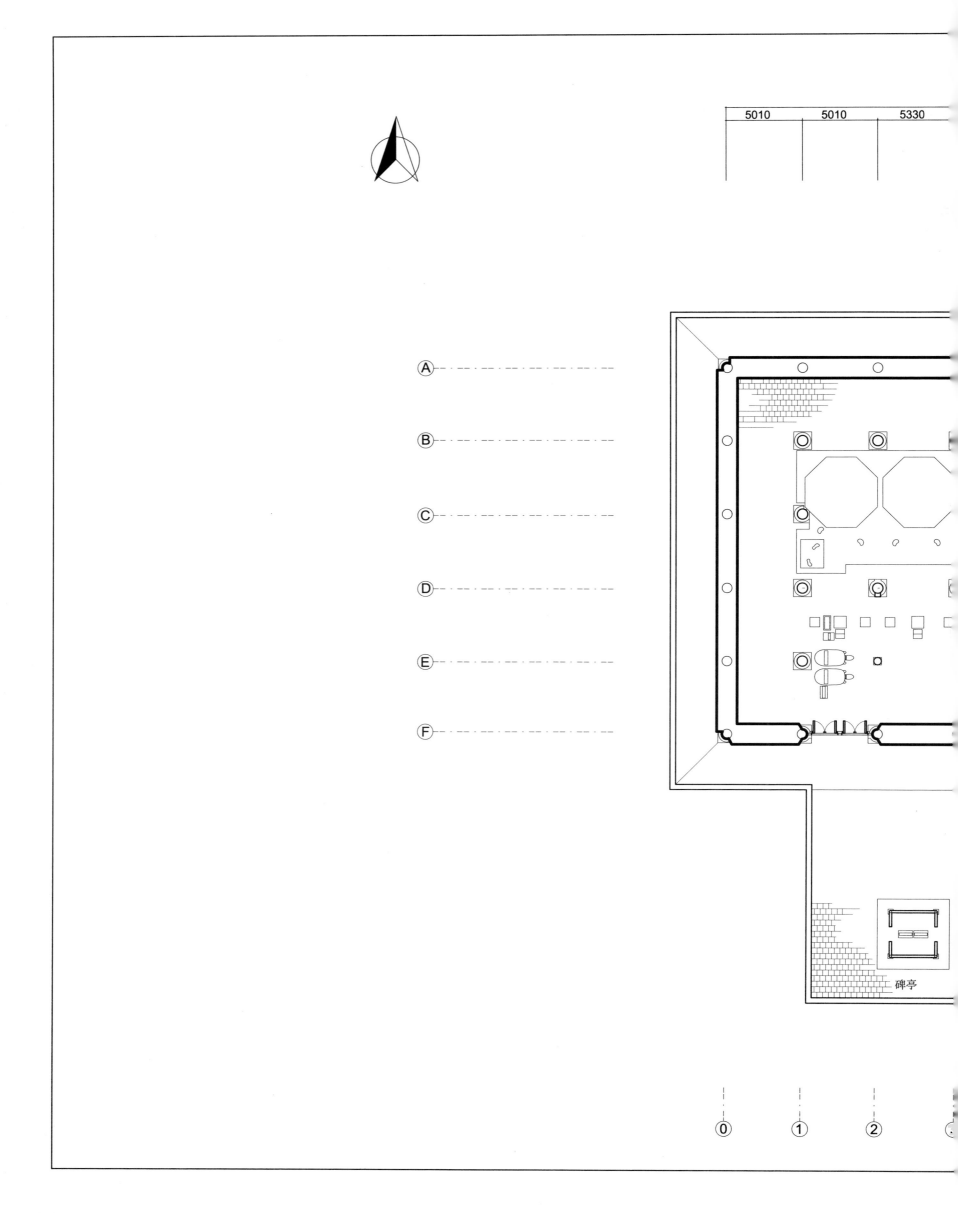

碑亭

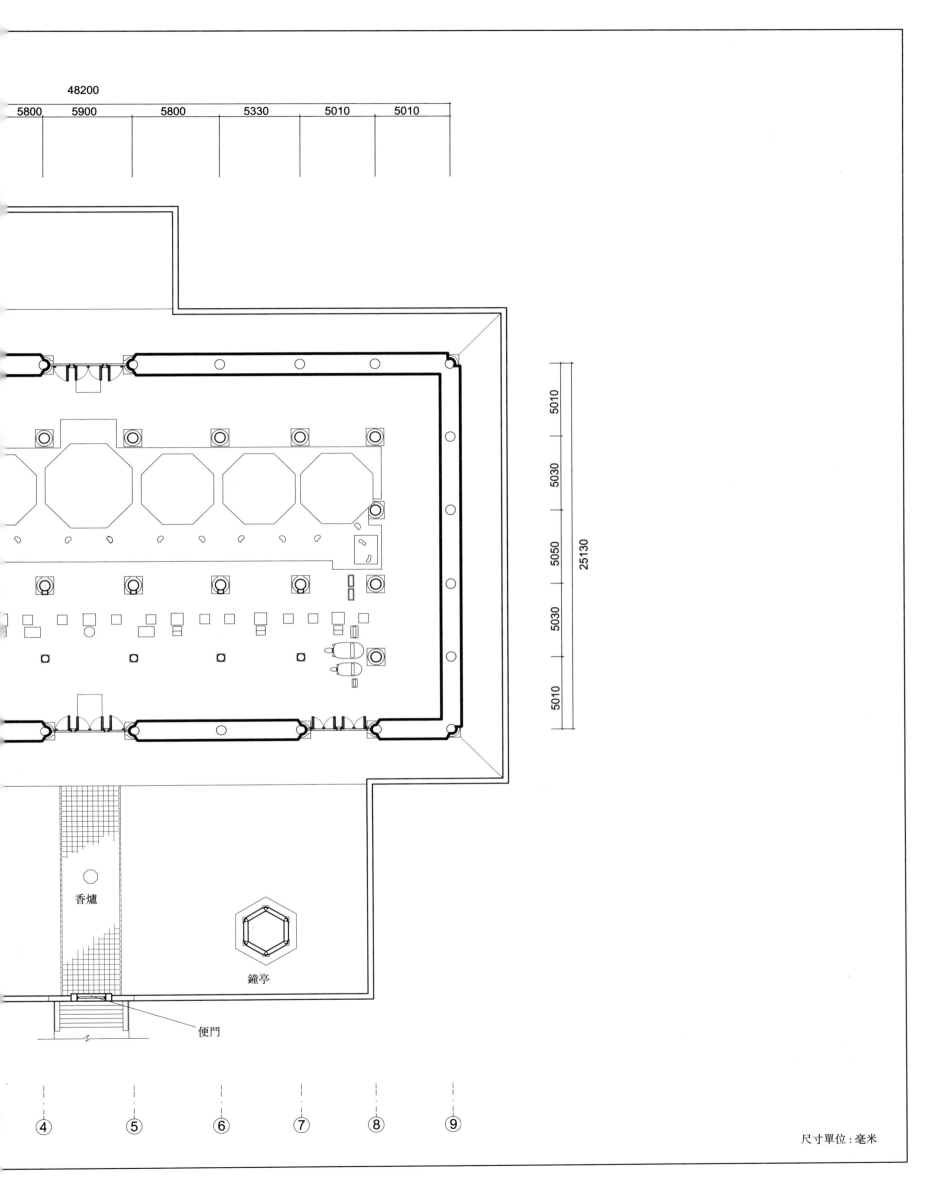

48200

5800 | 5900 | 5800 | 5330 | 5010 | 5010

5010

5030

25130

5050

5030

5010

香爐

鐘亭

便門

④ ⑤ ⑥ ⑦ ⑧ ⑨

尺寸單位：毫米

二　大雄殿平面圖

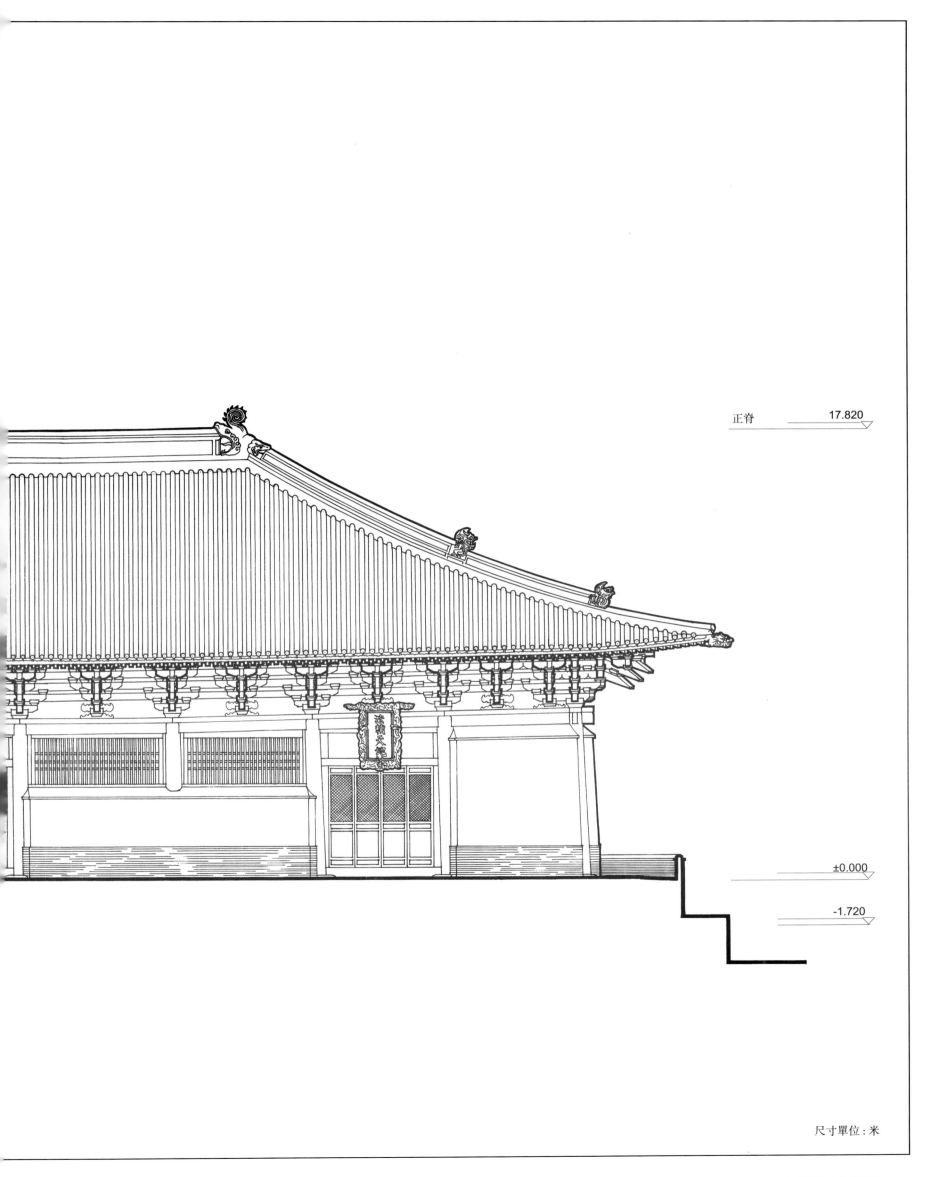

正脊   17.820

±0.000

-1.720

尺寸單位：米

三　大雄殿正立面圖

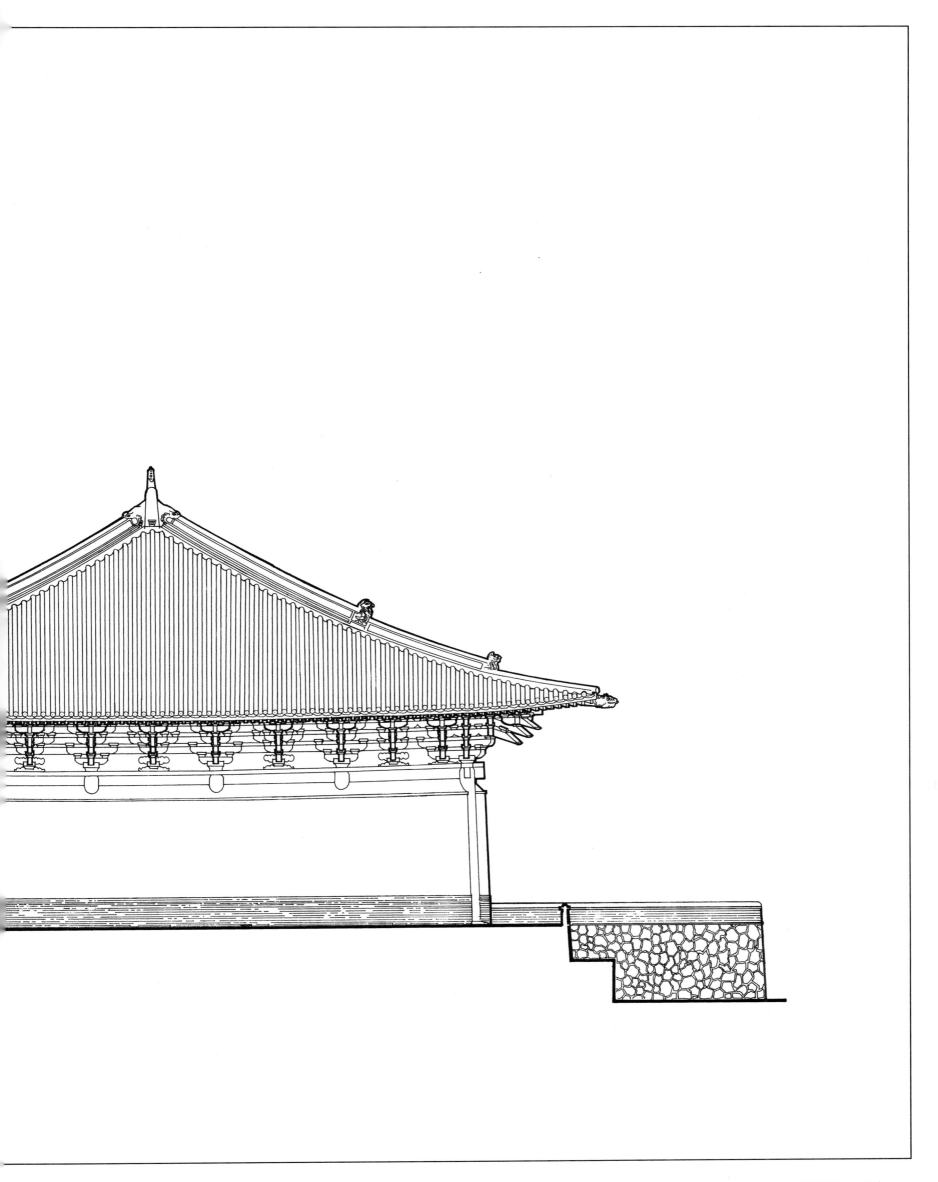

四　大雄殿側立面圖

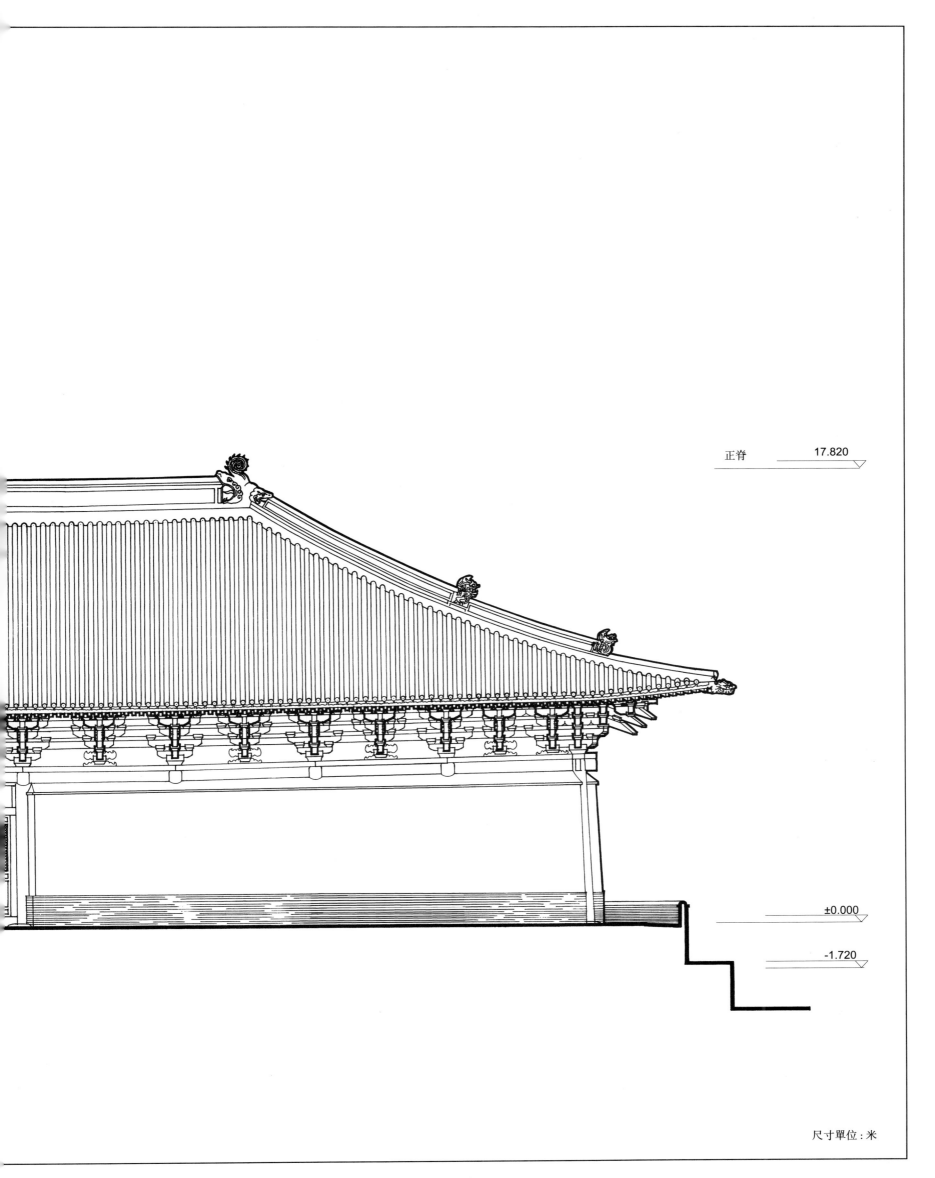

正脊   17.820

±0.000

-1.720

尺寸單位：米

五　大雄殿背立面圖

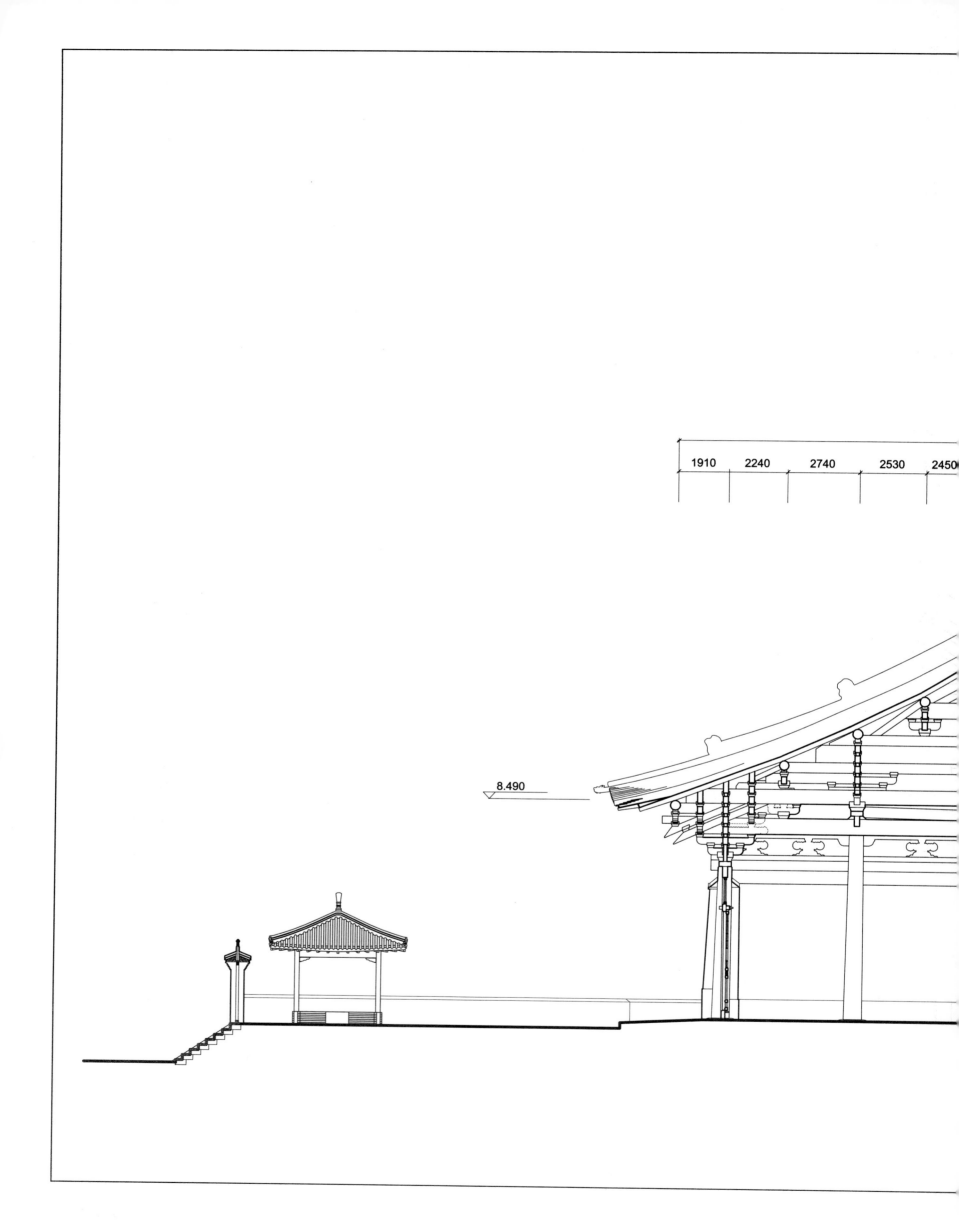

1910   2240   2740   2530   2450

8.490

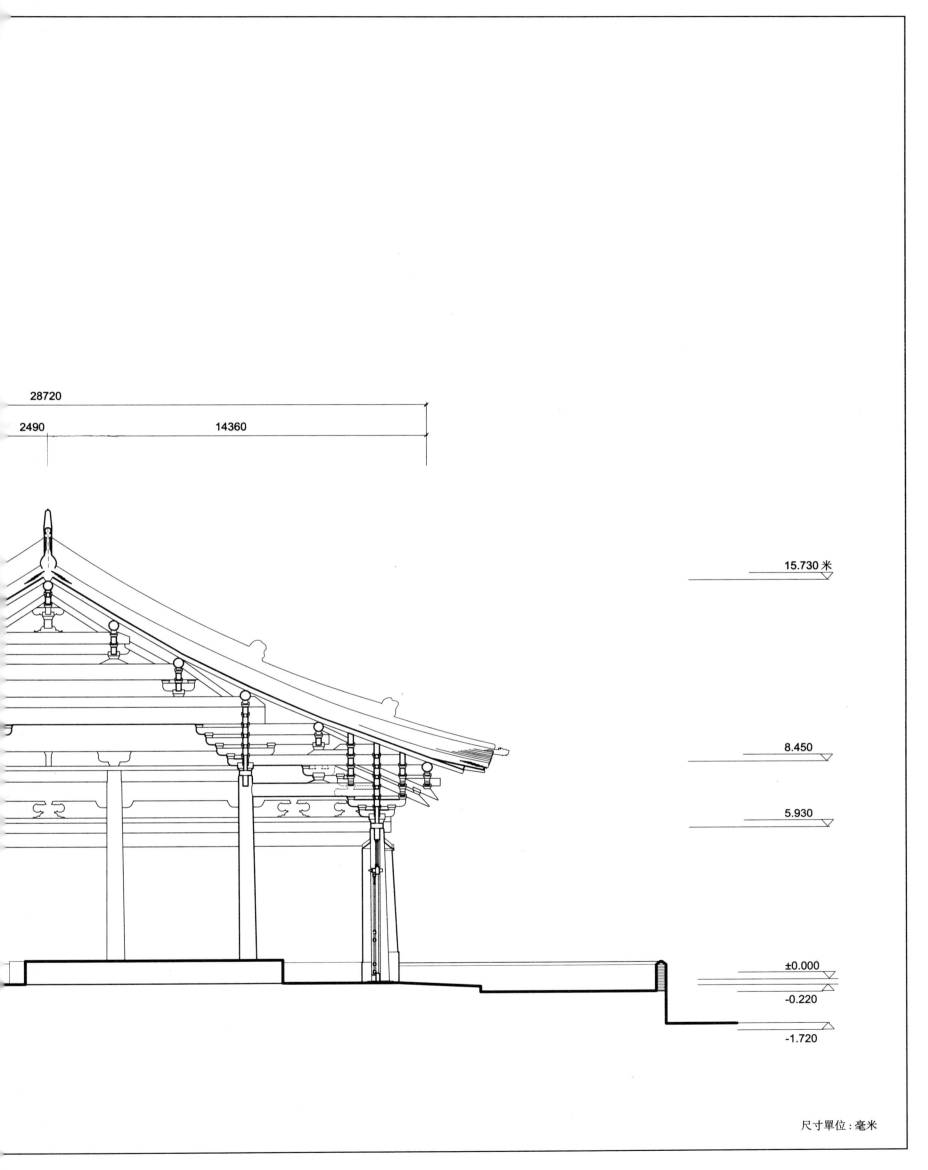

尺寸單位：毫米

28720

2490　　　　　　14360

15.730 米

8.450

5.930

±0.000

-0.220

-1.720

六　大雄殿心間橫斷面圖

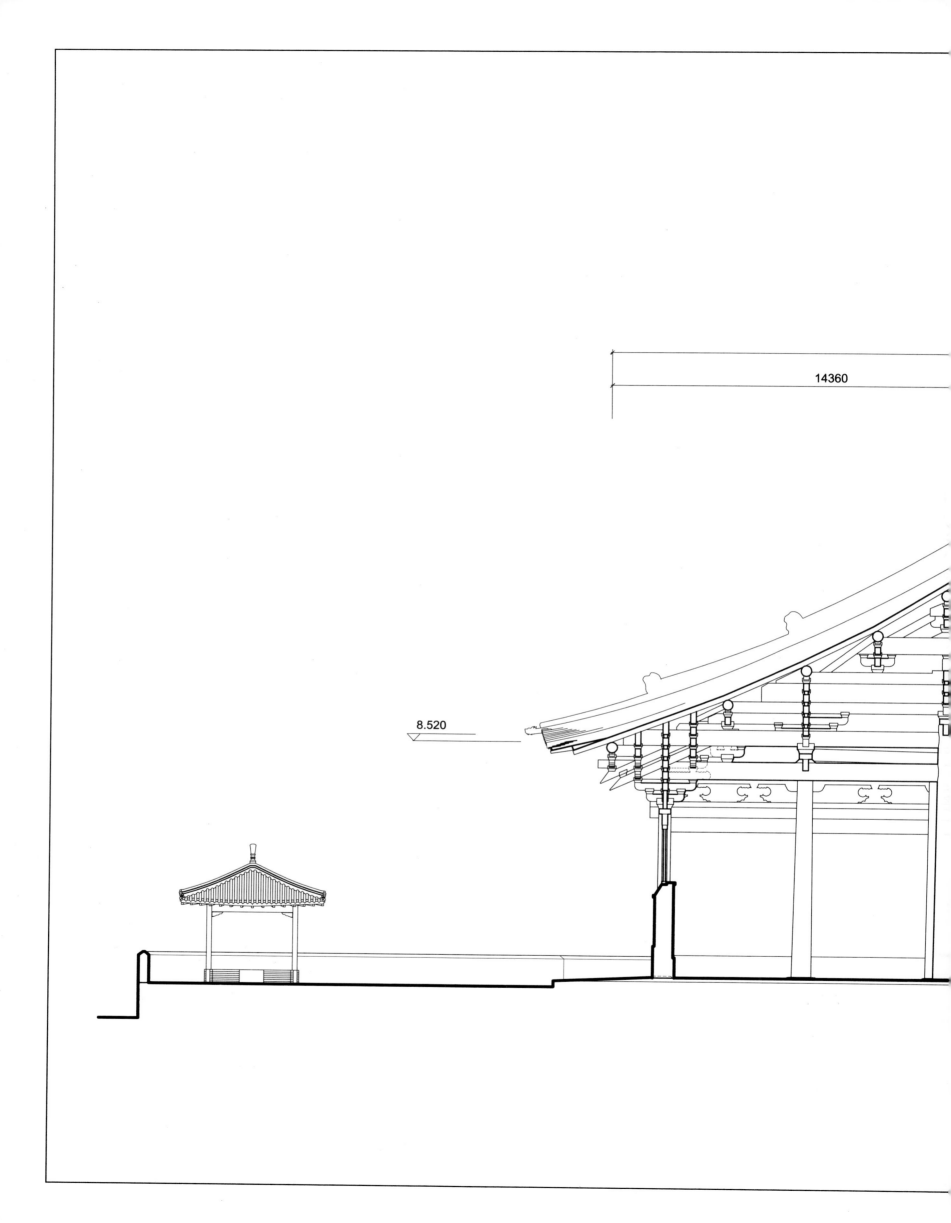

14360

8.520

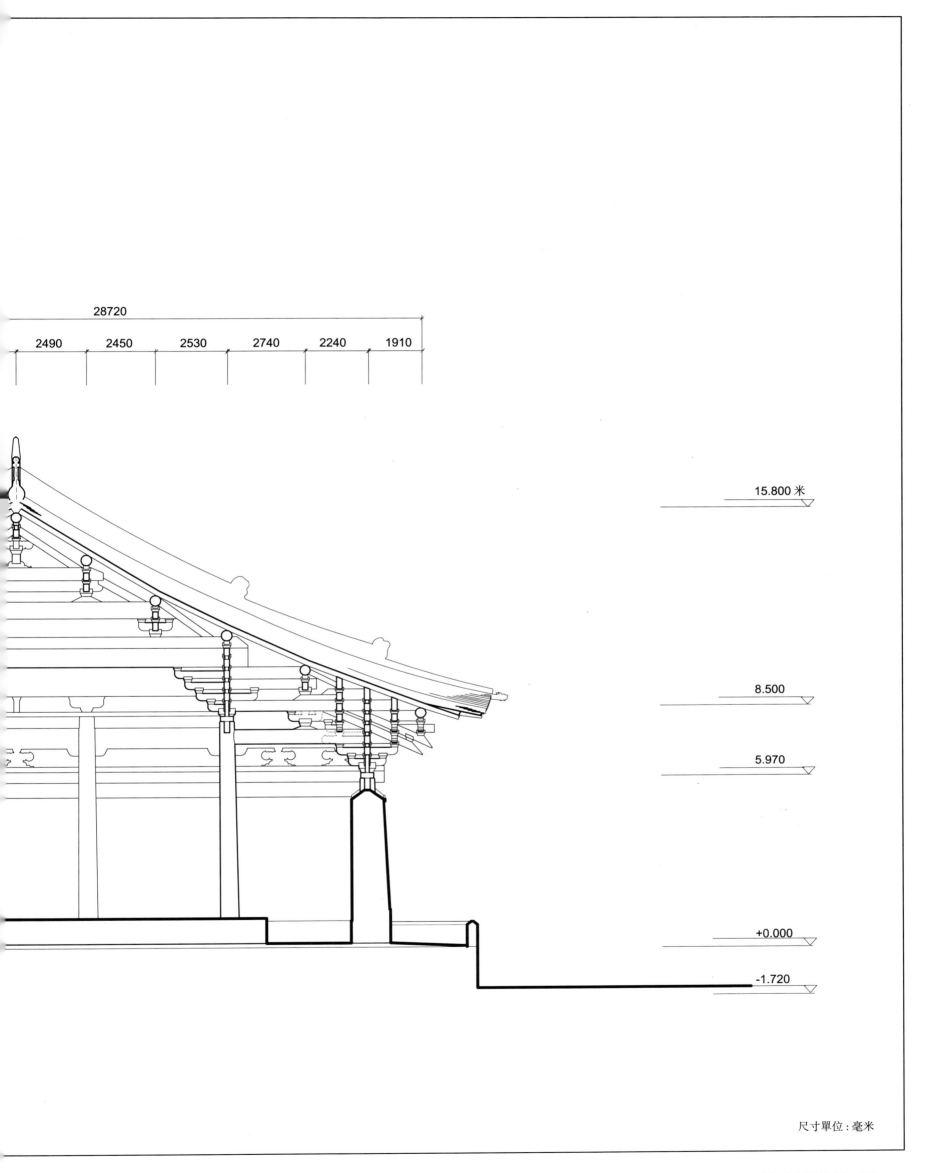

28720

2490　2450　2530　2740　2240　1910

15.800 米

8.500

5.970

+0.000

-1.720

尺寸單位：毫米

七　大雄殿次間橫斷面圖

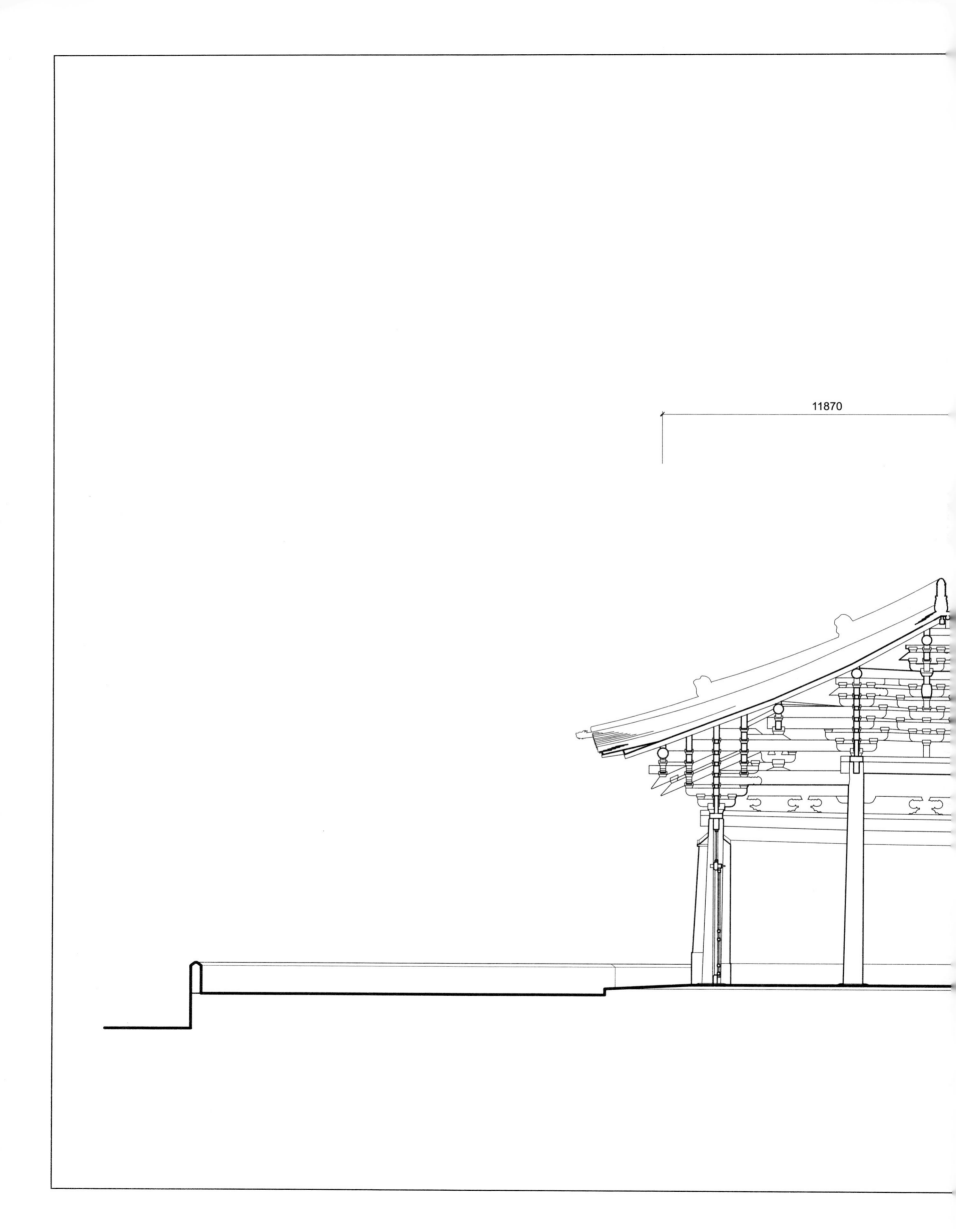

11870

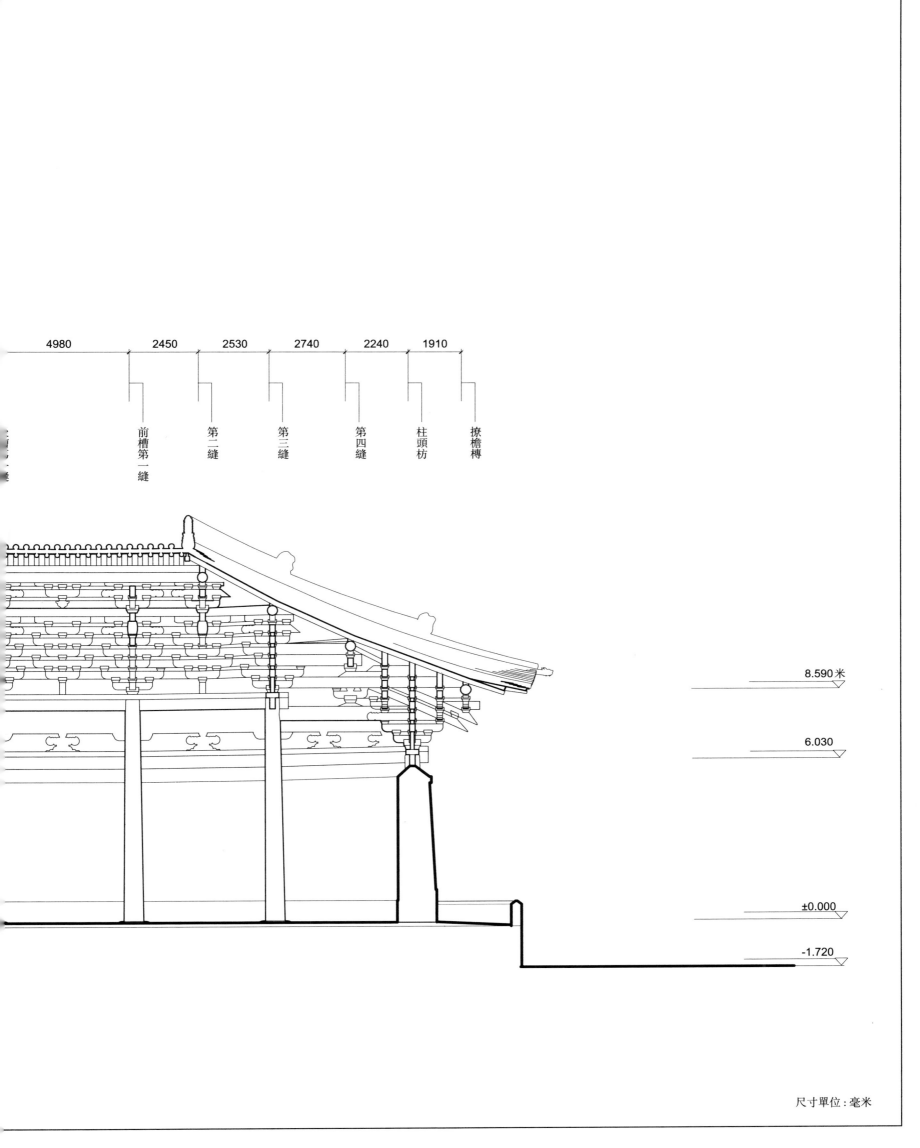

4980　2450　2530　2740　2240　1910

前槽第一縫　第二縫　第三縫　第四縫　柱頭枋　撩檐槫

8.590 米

6.030

±0.000

-1.720

尺寸單位：毫米

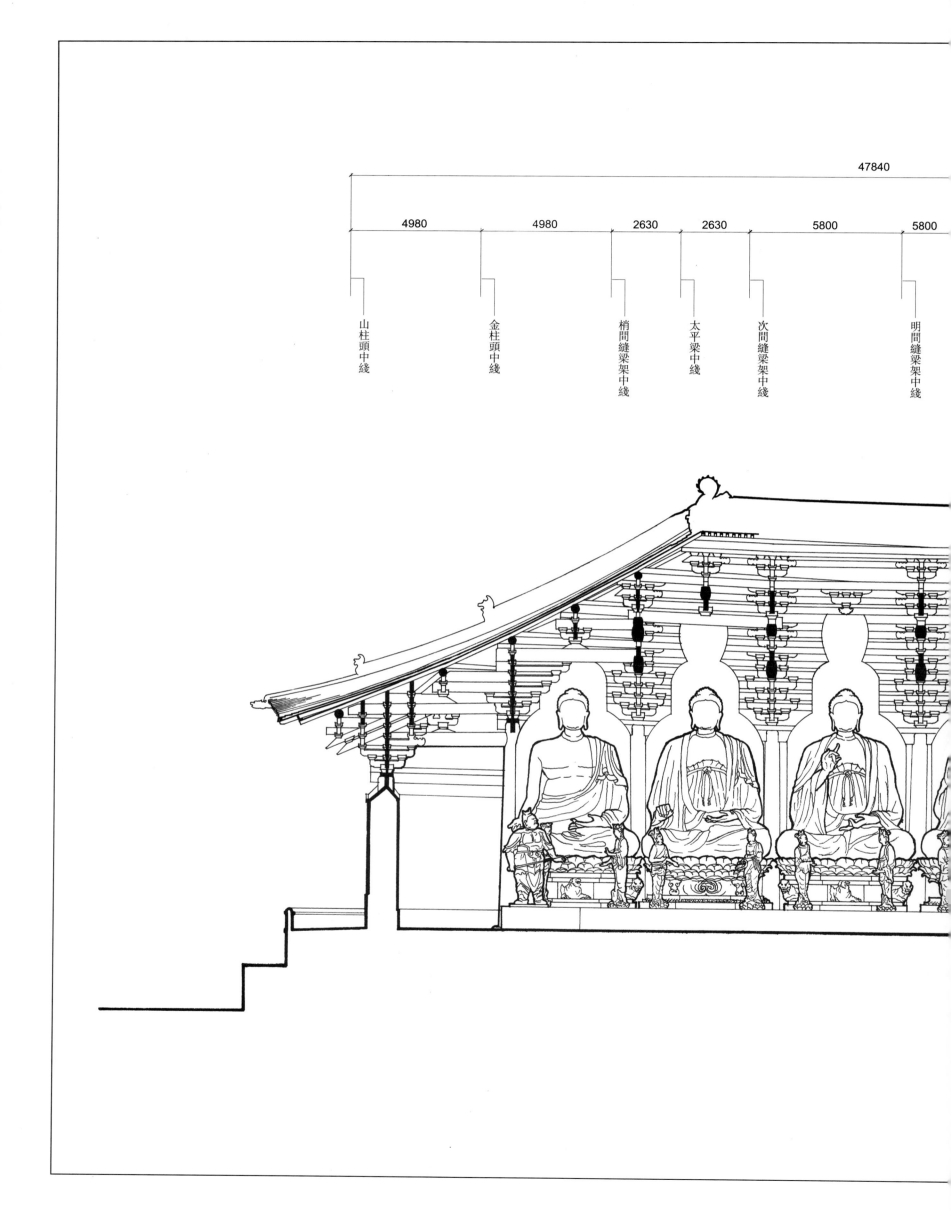

47840

4980　4980　2630　2630　5800　5800

山柱頭中綫　金柱頭中綫　梢間縫梁架中綫　太平梁中綫　次間縫梁架中綫　明間縫梁架中綫

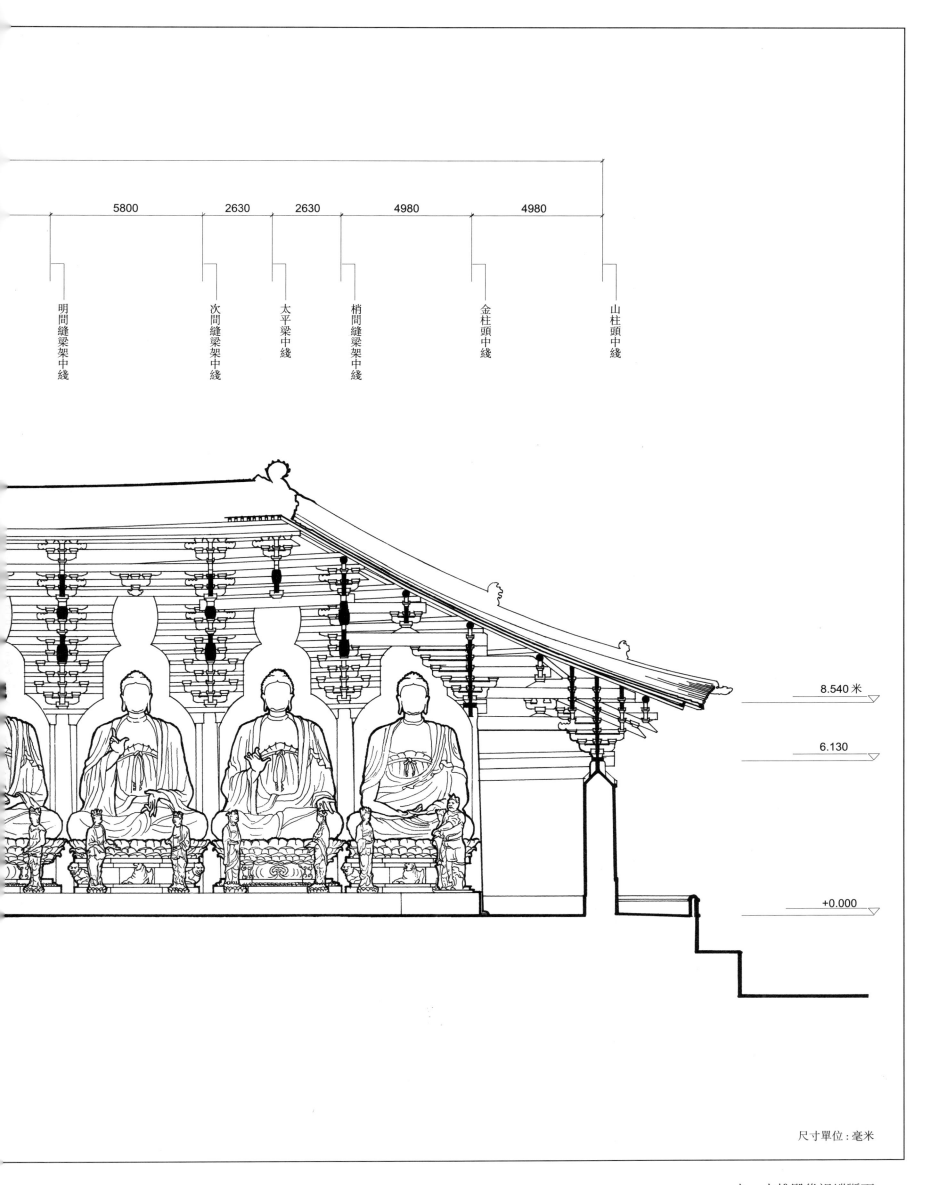

| 5800 | 2630 | 2630 | 4980 | 4980 |

明間縫梁架中綫

次間縫梁架中綫

太平梁中綫

梢間縫梁架中綫

金柱頭中綫

山柱頭中綫

8.540 米

6.130

+0.000

尺寸單位：毫米

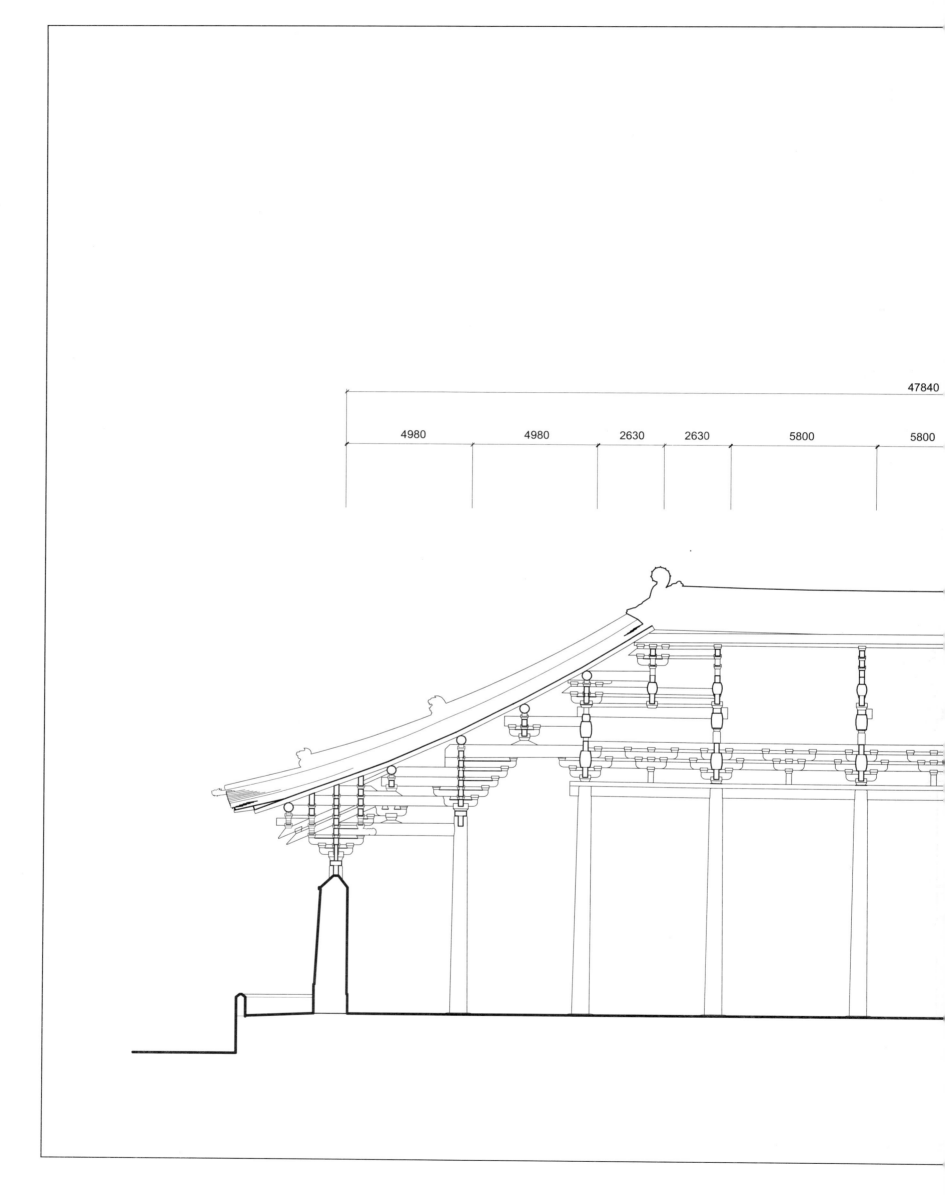

47840

4980   4980   2630   2630   5800   5800

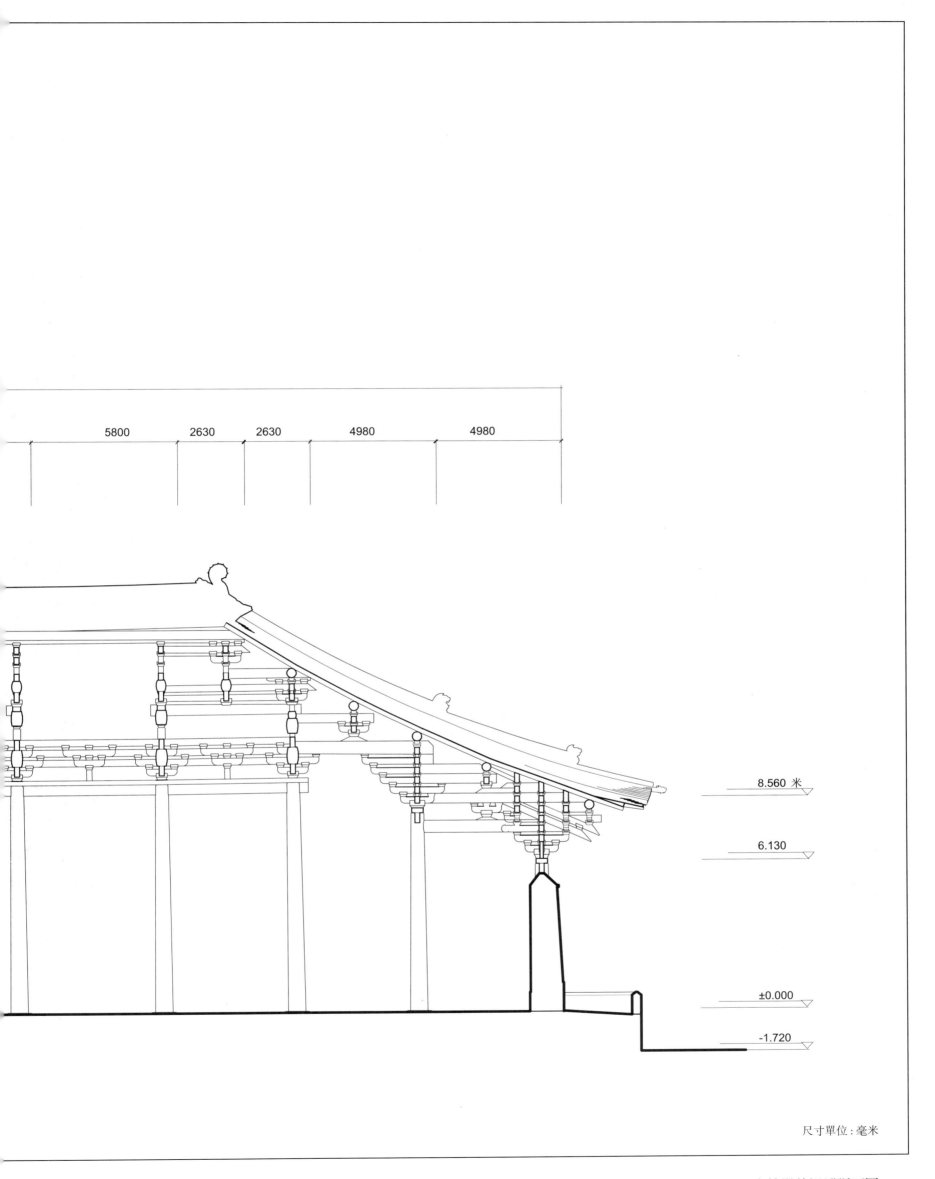

尺寸單位：毫米

5800　2630　2630　4980　4980

8.560 米

6.130

±0.000

-1.720

一〇　大雄殿前視縱斷面圖

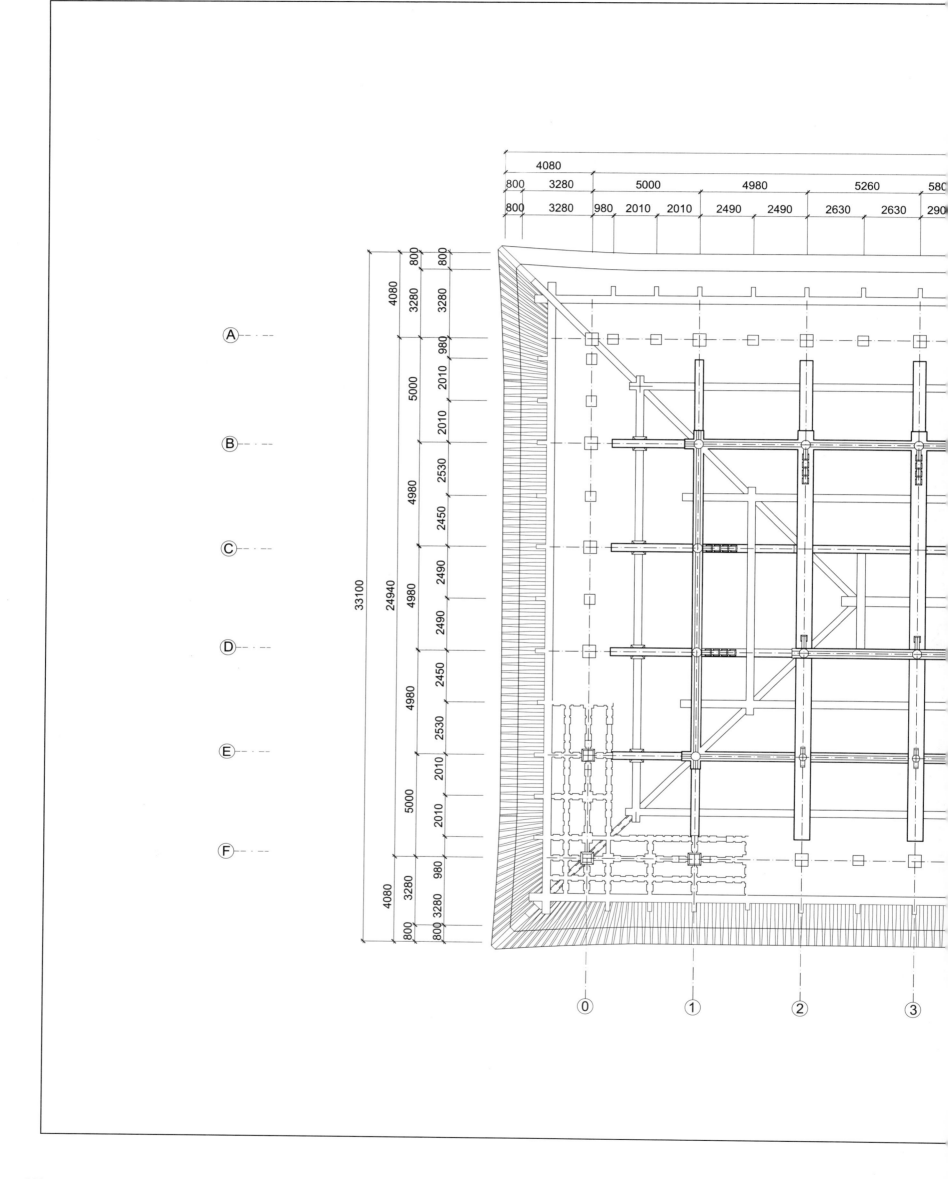

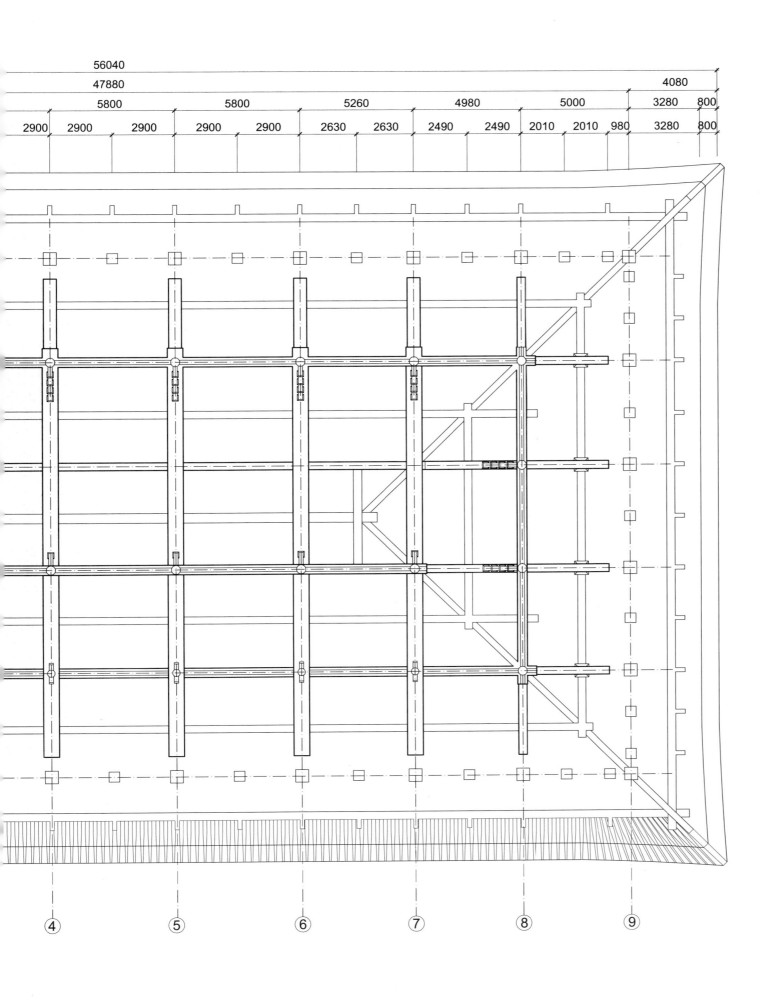

56040

47880

4080

5800 5800 5260 4980 5000 3280 800

2900 2900 2900 2900 2900 2630 2630 2490 2490 2010 2010 980 3280 800

④ ⑤ ⑥ ⑦ ⑧ ⑨

尺寸單位:毫米

—— 大雄殿梁架仰視圖

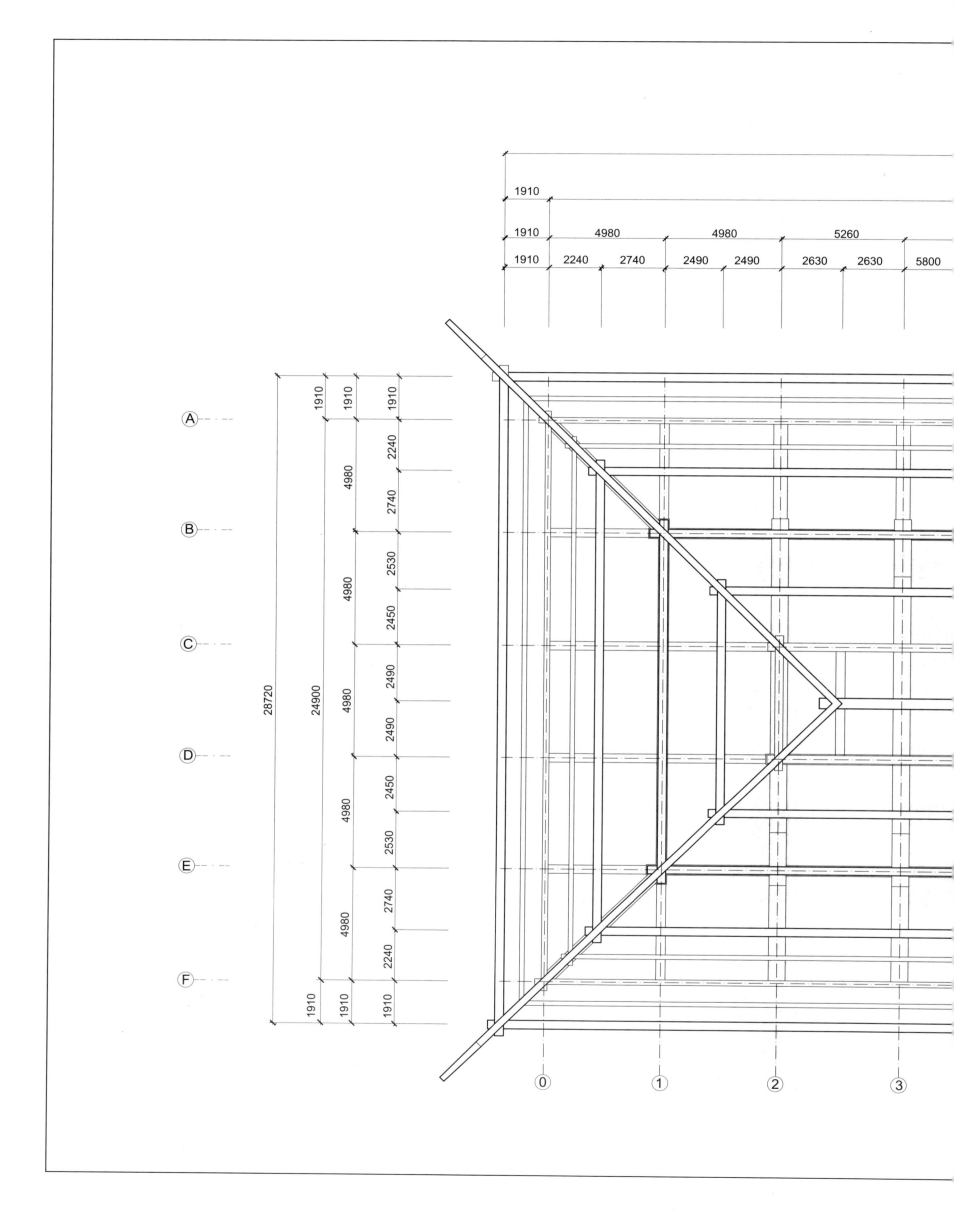

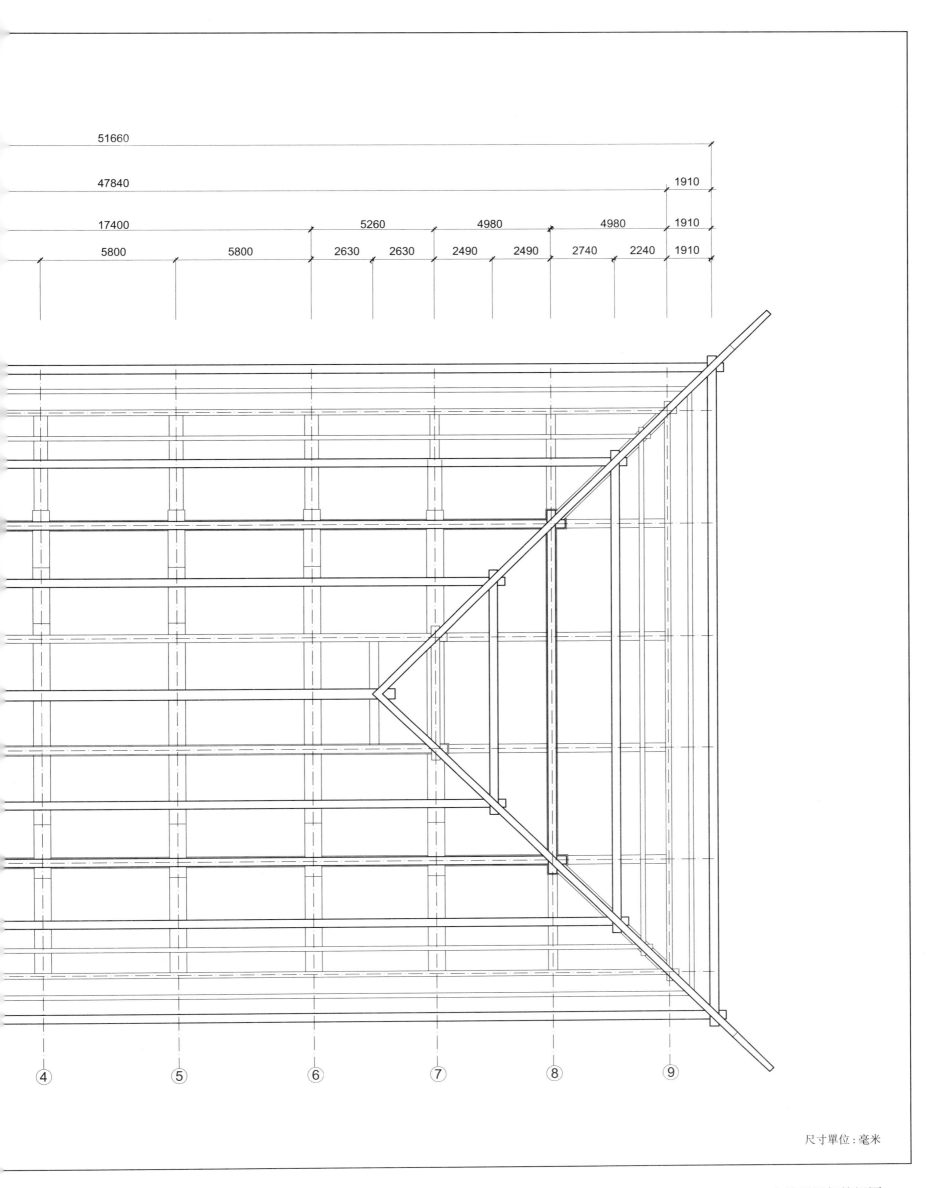

51660

47840

17400

5260 4980 4980

1910

1910

5800 5800 2630 2630 2490 2490 2740 2240 1910

④ ⑤ ⑥ ⑦ ⑧ ⑨

尺寸單位:毫米

一二　大雄殿梁架俯視圖

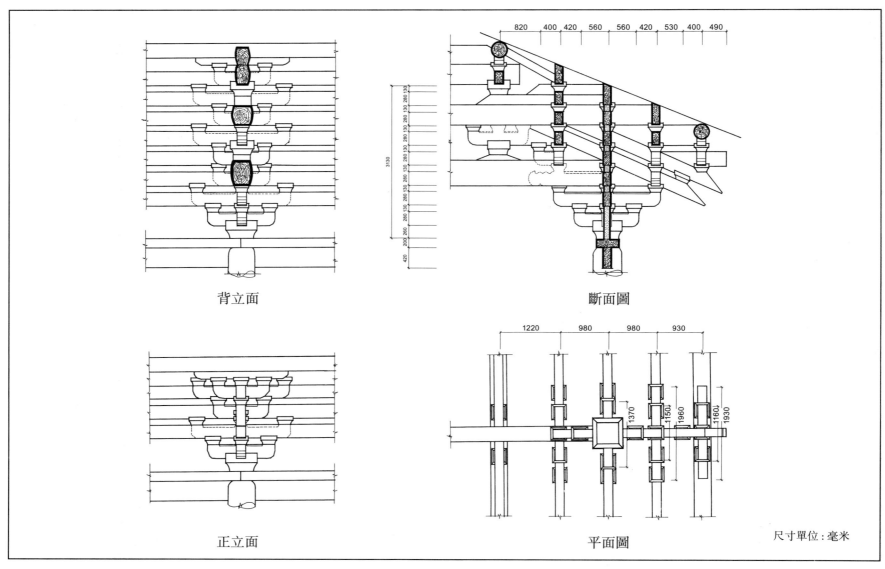

背立面　　　　　　　　　　　斷面圖

正立面　　　　　　　　　　　平面圖

尺寸單位：毫米

一三　大雄殿外檐柱頭鋪作之一

一四　大雄殿外檐柱頭鋪作之二

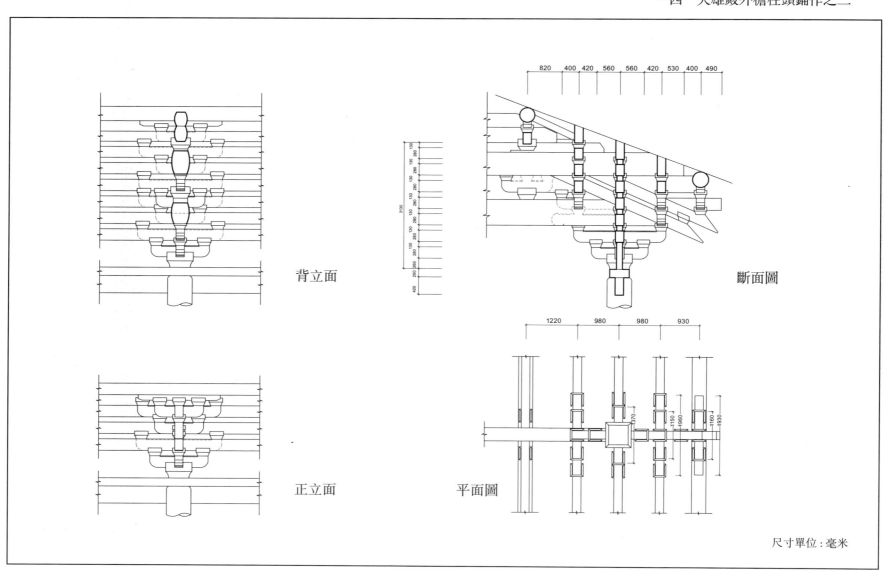

背立面　　　　　　　　　　　斷面圖

正立面

平面圖

尺寸單位：毫米

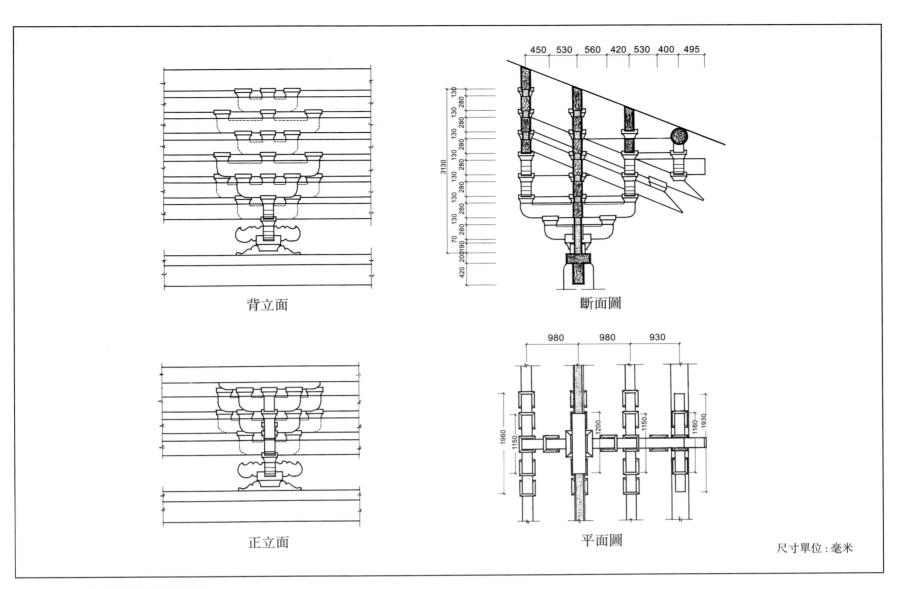

背立面

斷面圖

正立面

平面圖

尺寸單位：毫米

一五　大雄殿外檐補間鋪作

一六　大雄殿外檐轉角鋪作

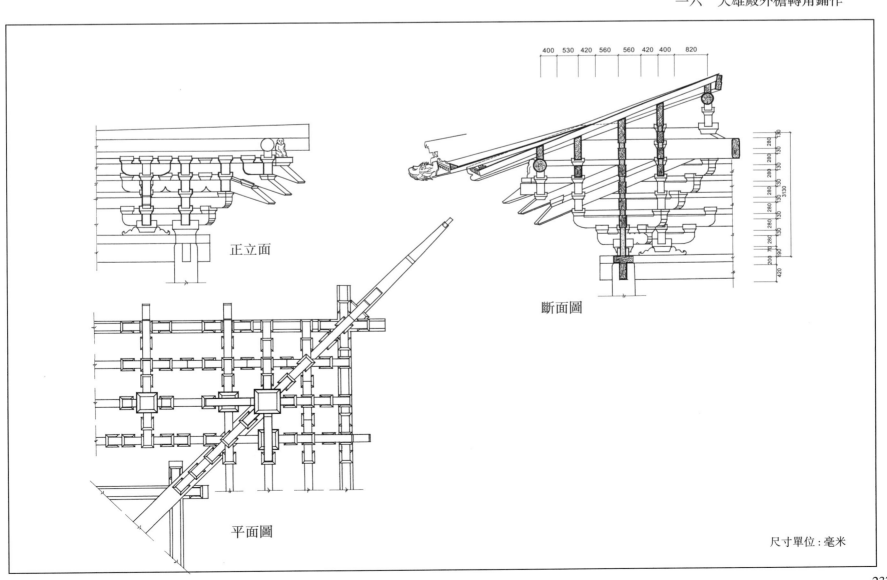

正立面

斷面圖

平面圖

尺寸單位：毫米

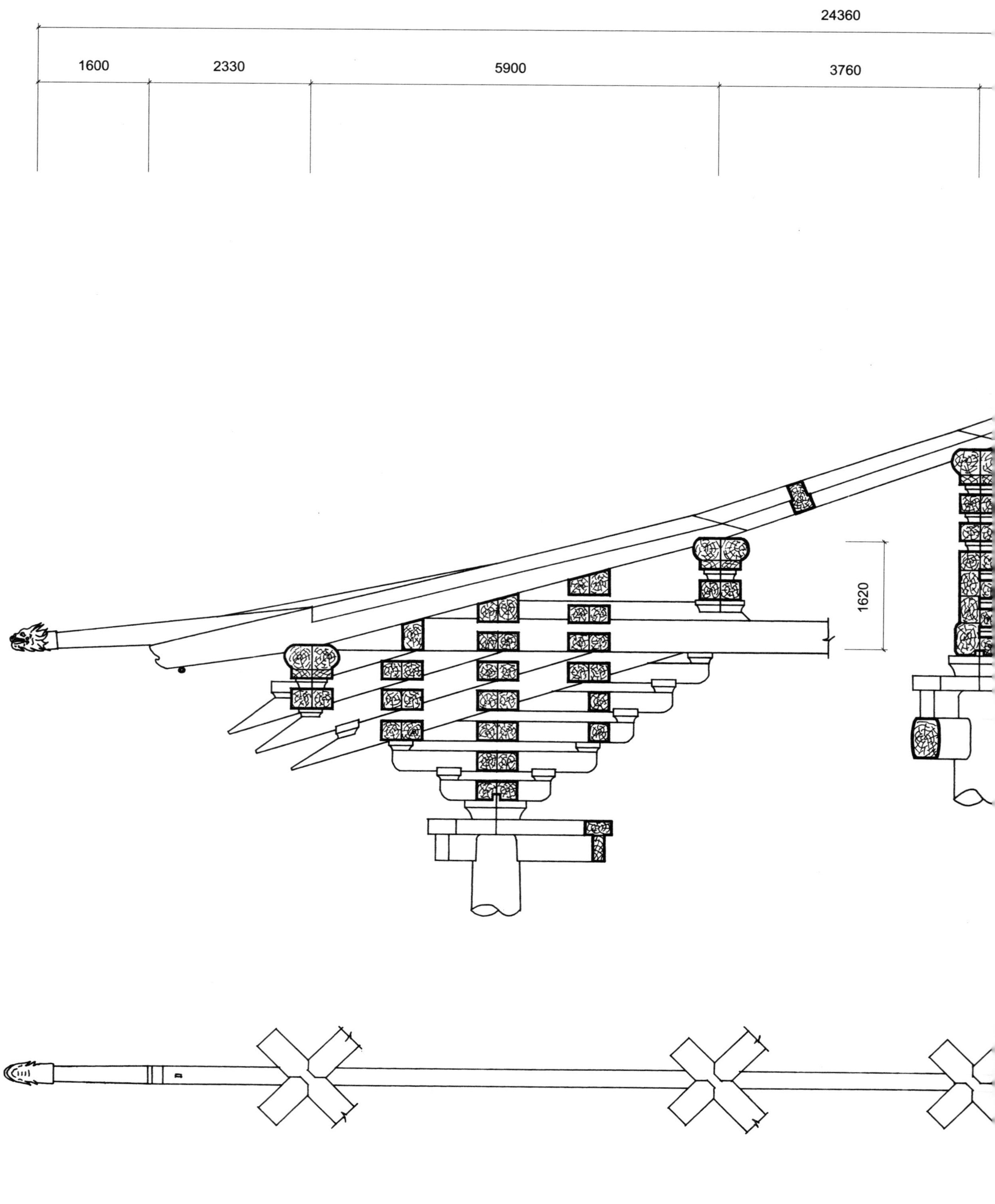

24360

| 1600 | 2330 | 5900 | 3760 |

1620

角梁 45° 仰视平面

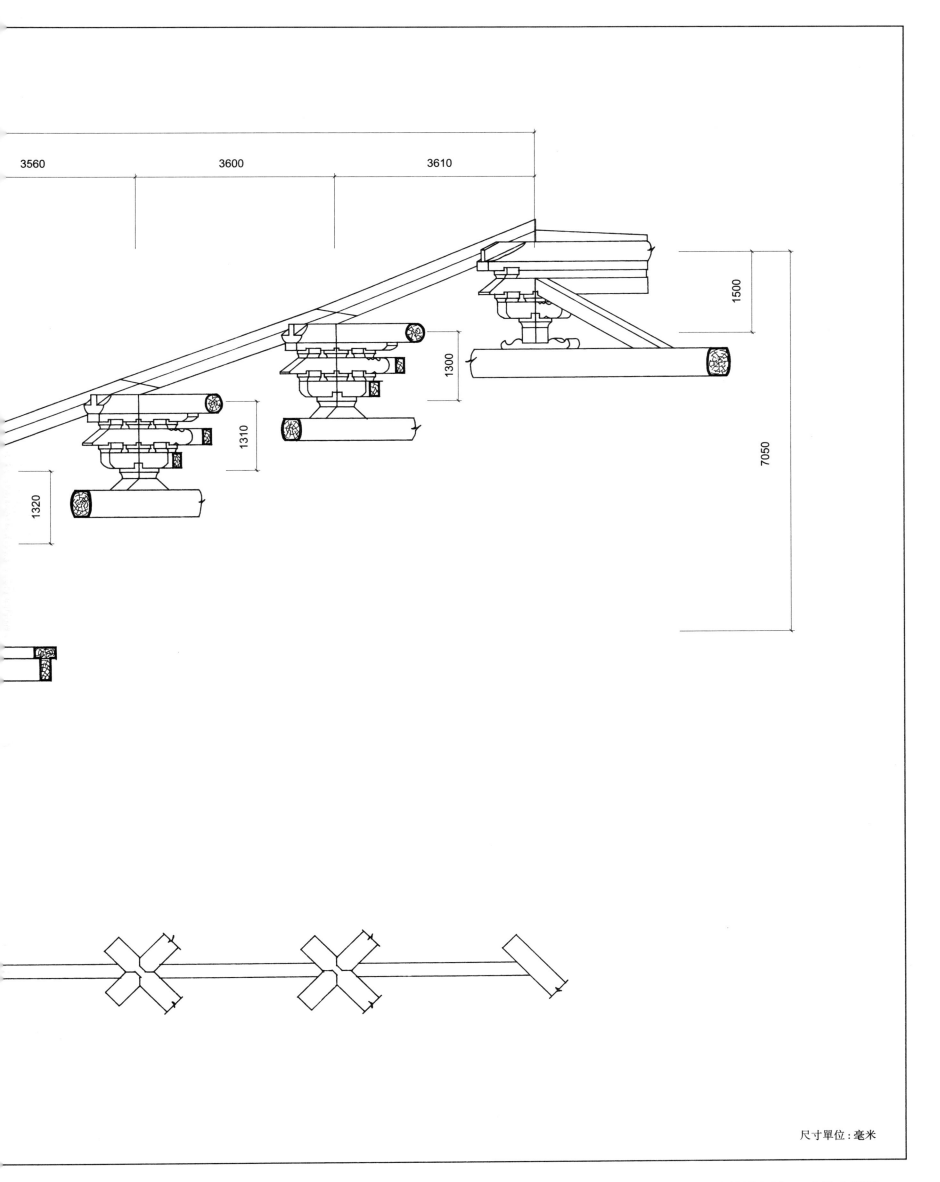

3560　　　　3600　　　　3610

1500

1300

1310

1320

7050

尺寸單位：毫米

一七　大雄殿角梁45度縫大樣圖

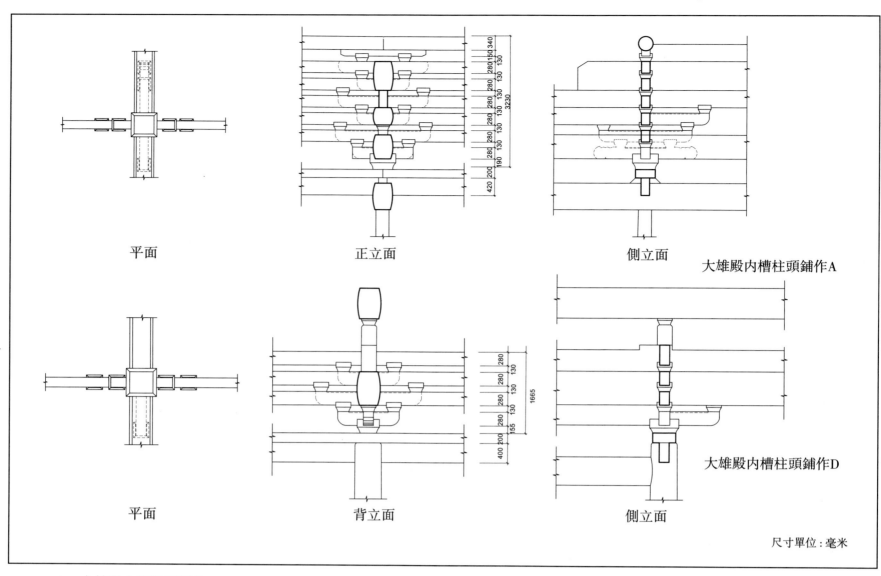

平面　　　　　　　　正立面　　　　　　　　側立面

大雄殿內槽柱頭鋪作A

平面　　　　　　　　背立面　　　　　　　　側立面

大雄殿內槽柱頭鋪作D

尺寸單位：毫米

一八　大雄殿內槽柱頭鋪作 A、D

一九　大雄殿內槽柱頭鋪作 B

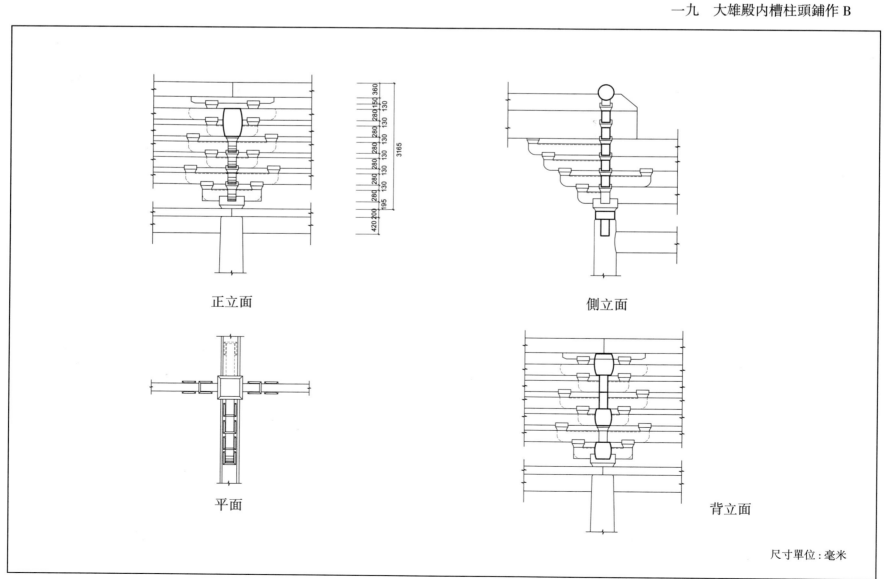

正立面　　　　　　　　　　　　側立面

平面　　　　　　　　　　　　　背立面

尺寸單位：毫米

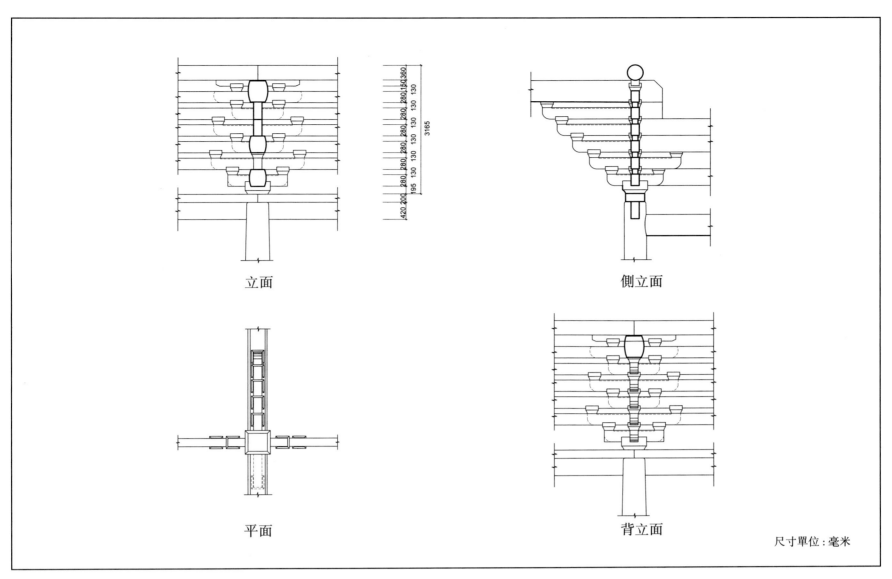

立面　　　　　　　　　　　　　　側立面

平面　　　　　　　　　　　　　　背立面

尺寸單位：毫米

二〇　大雄殿内槽柱頭鋪作 C

二一　大雄殿内槽補間鋪作 E、F

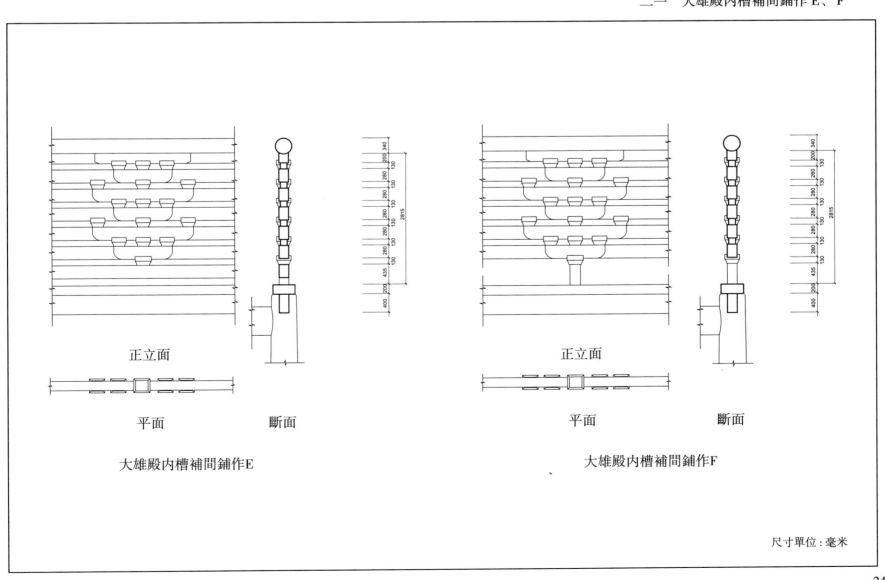

正立面　　　　　　　　　　　　　　　正立面

平面　　　　斷面　　　　　　　　　平面　　　　斷面

大雄殿内槽補間鋪作E　　　　　　　　大雄殿内槽補間鋪作F

尺寸單位：毫米

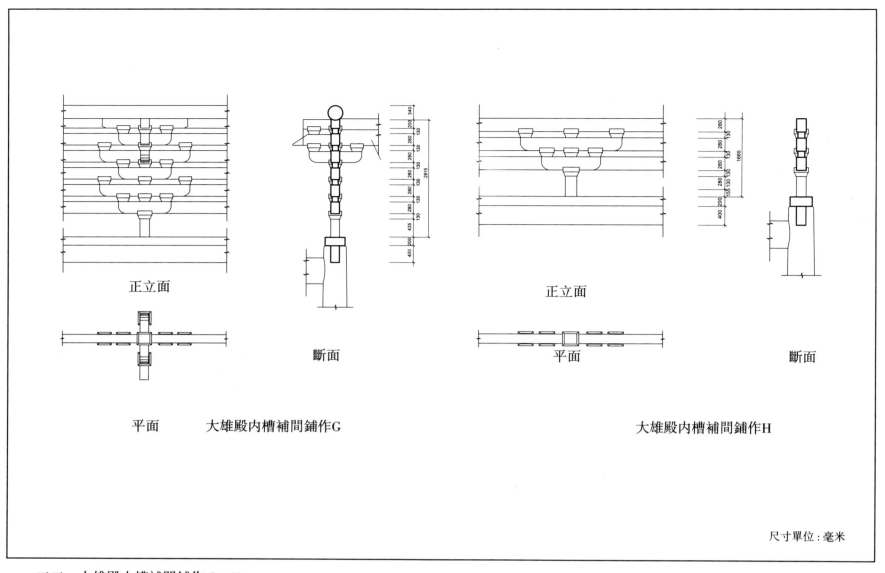

正立面

斷面

正立面

斷面

平面 大雄殿内槽補間鋪作G

平面

大雄殿内槽補間鋪作H

尺寸單位:毫米

二二 大雄殿内槽補間鋪作 G、H

二三 大雄殿内槽轉角鋪作 I

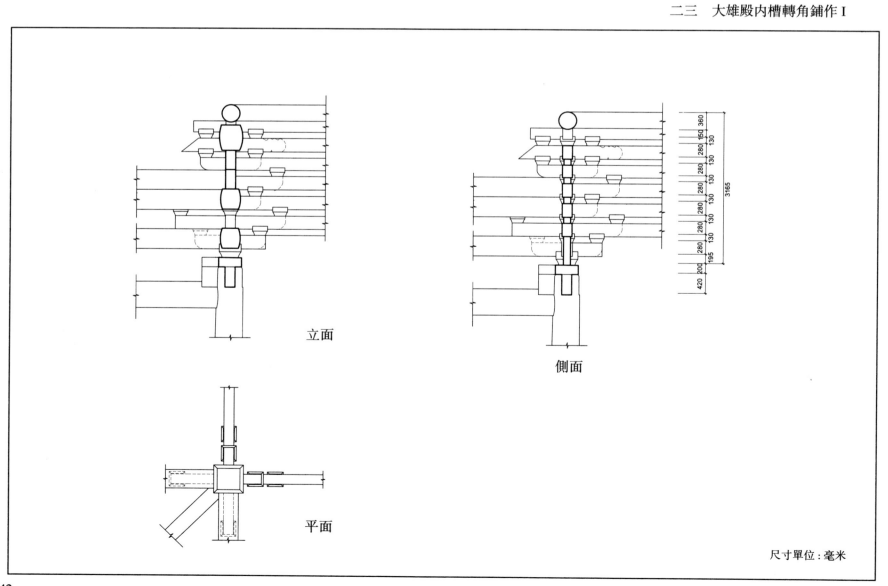

立面

側面

平面

尺寸單位:毫米

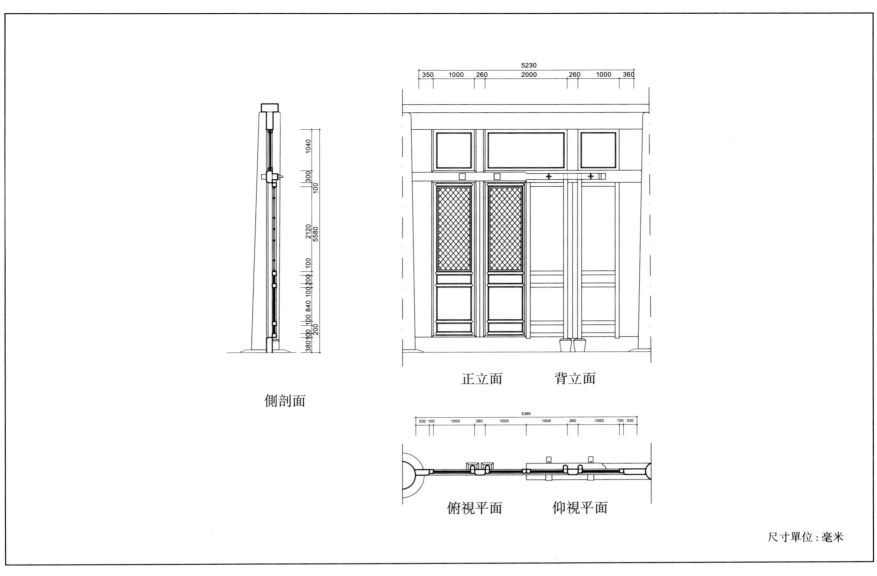

側剖面　　　　　正立面　　背立面

俯視平面　　仰視平面

尺寸單位：毫米

二四　大雄殿心間裝修大樣圖

二五　大雄殿梢間裝修大樣圖

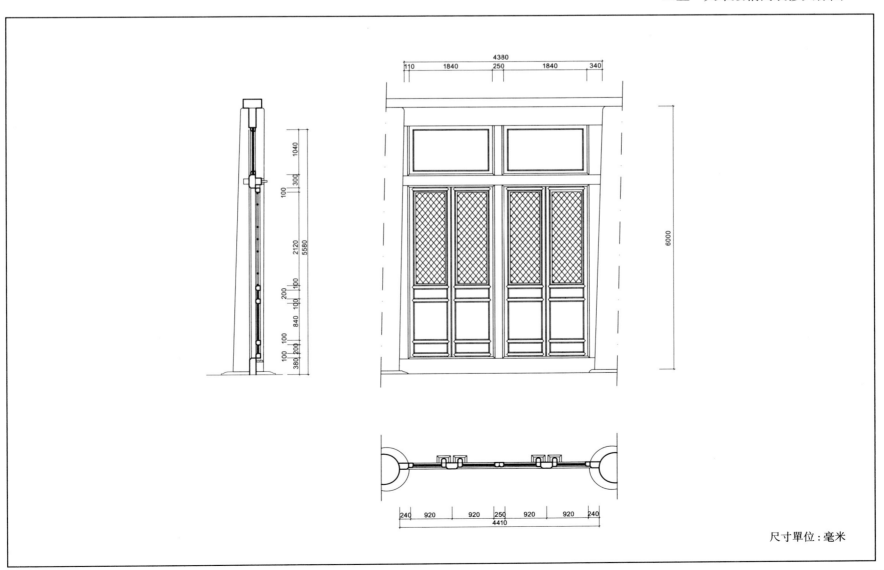

尺寸單位：毫米

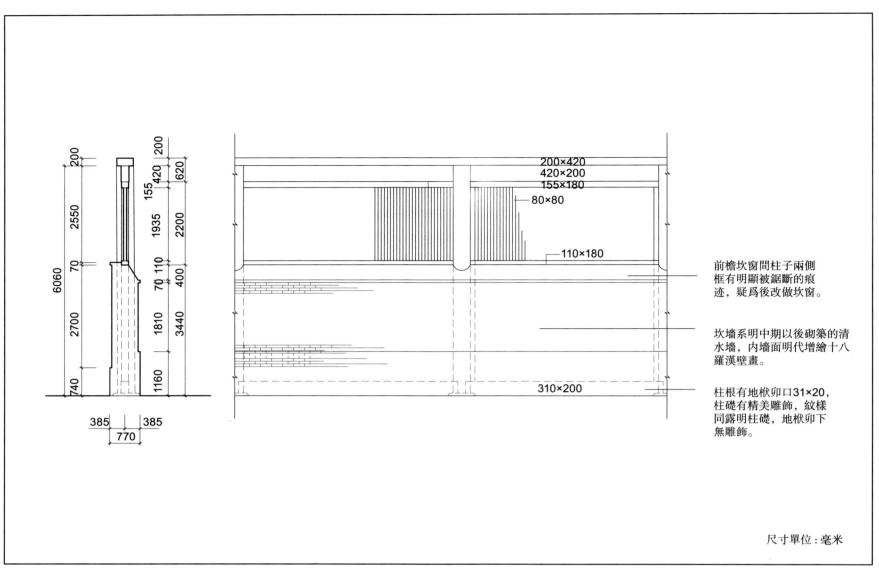

前檐坎窗間柱子兩側框有明顯被鋸斷的痕迹，疑爲後改做坎窗。

坎墻系明中期以後砌築的清水墻，内墻面明代增繪十八羅漢壁畫。

柱根有地栿卯口31×20，柱礎有精美雕飾，紋樣同露明柱礎，地栿卯下無雕飾。

尺寸單位：毫米

二六　大雄殿次間、二次間檻窗大樣及變遷實測圖

二七　大雄殿墻體大樣圖

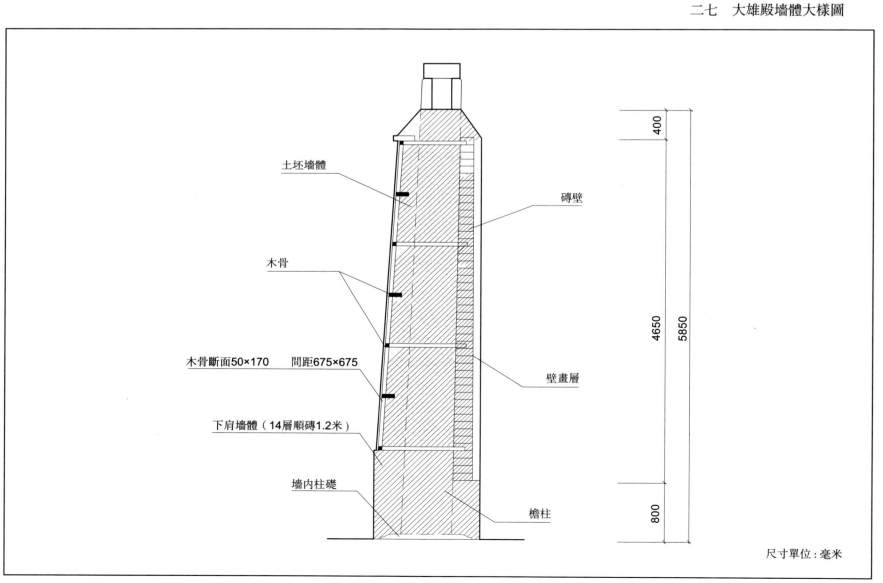

土坯墻體

木骨

木骨斷面50×170　間距675×675

下肩墻體（14層順磚1.2米）

墻内柱礎

磚壁

壁畫層

檐柱

尺寸單位：毫米

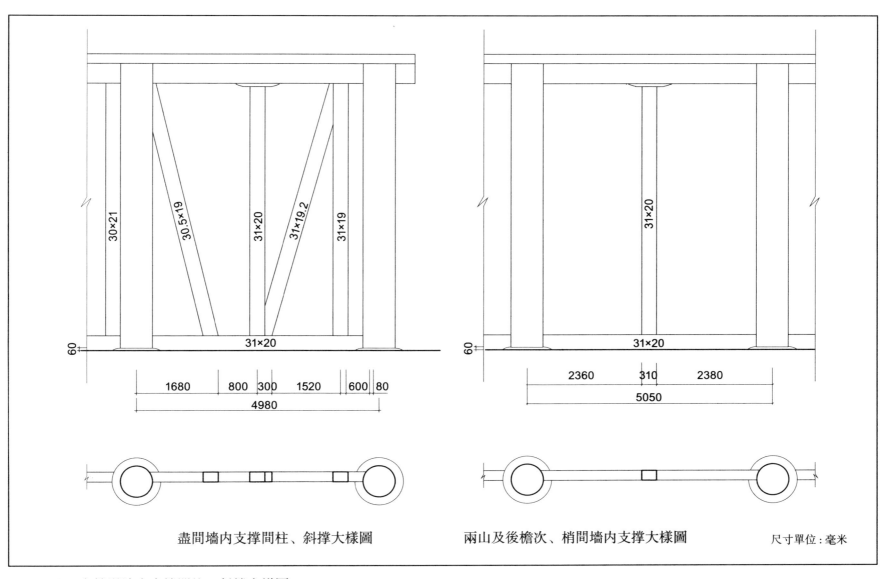

盡間墙内支撑間柱、斜撑大樣圖　　　兩山及後檐次、梢間墙内支撑大樣圖　　　尺寸單位：毫米

二八　大雄殿墙内支撑間柱、斜撑大樣圖

二九　大雄殿正吻大樣圖

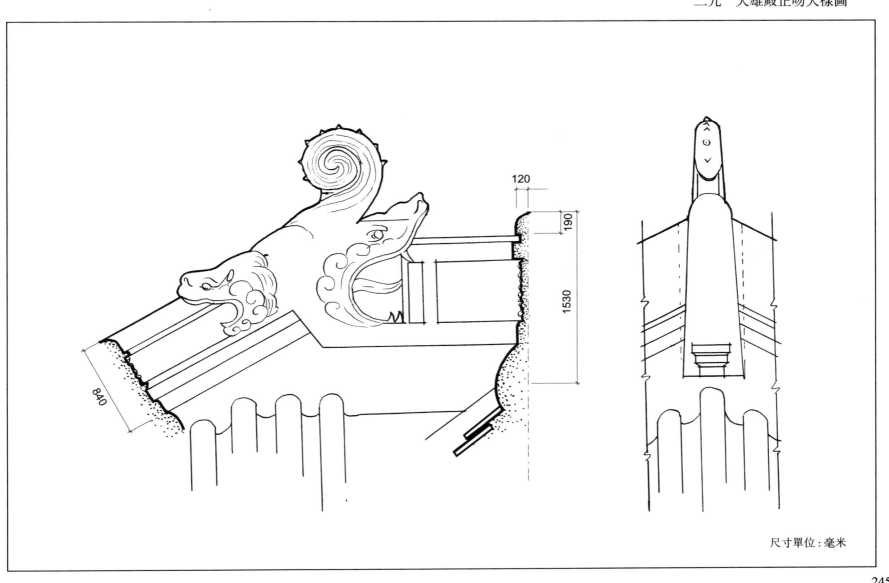

尺寸單位：毫米

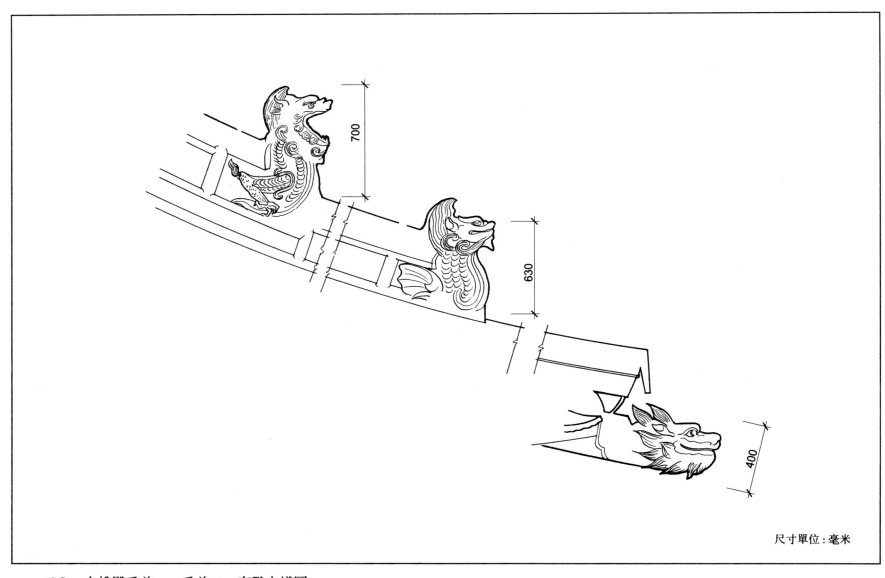

尺寸單位：毫米

三〇　大雄殿垂首一、垂首二、套獸大樣圖

三一　大雄殿瓦件大樣圖

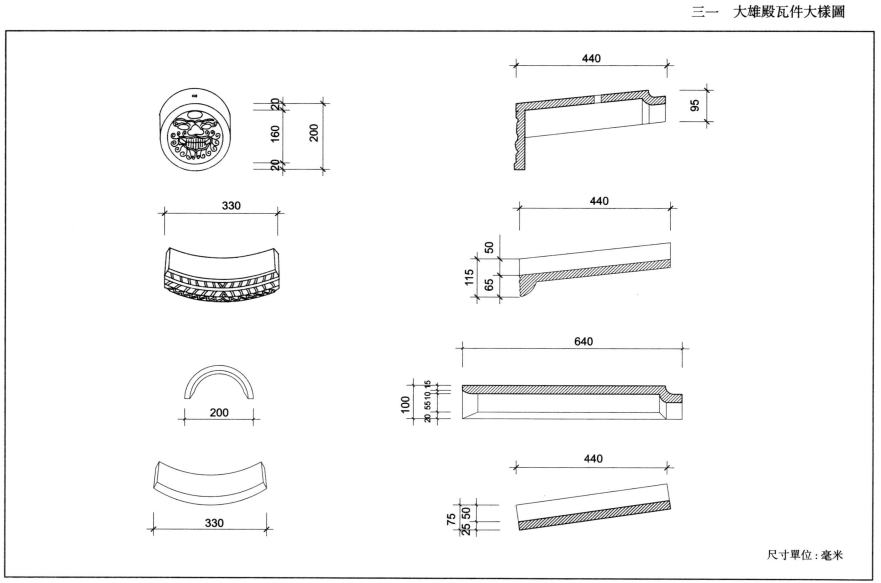

尺寸單位：毫米

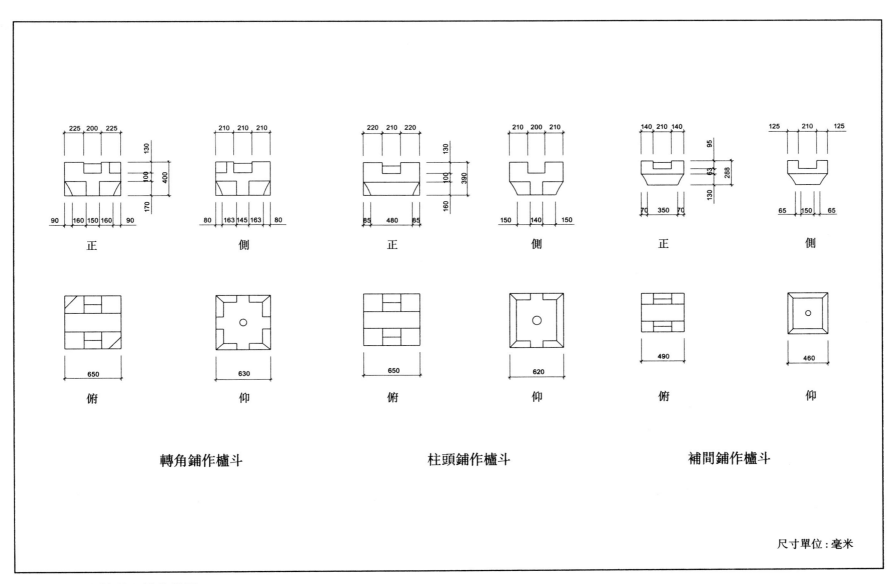

正　　側　　正　　側　　正　　側

俯　　仰　　俯　　仰　　俯　　仰

轉角鋪作櫨斗　　**柱頭鋪作櫨斗**　　**補間鋪作櫨斗**

尺寸單位：毫米

三二　大雄殿斗栱分件圖一

三三　大雄殿斗栱分件圖二

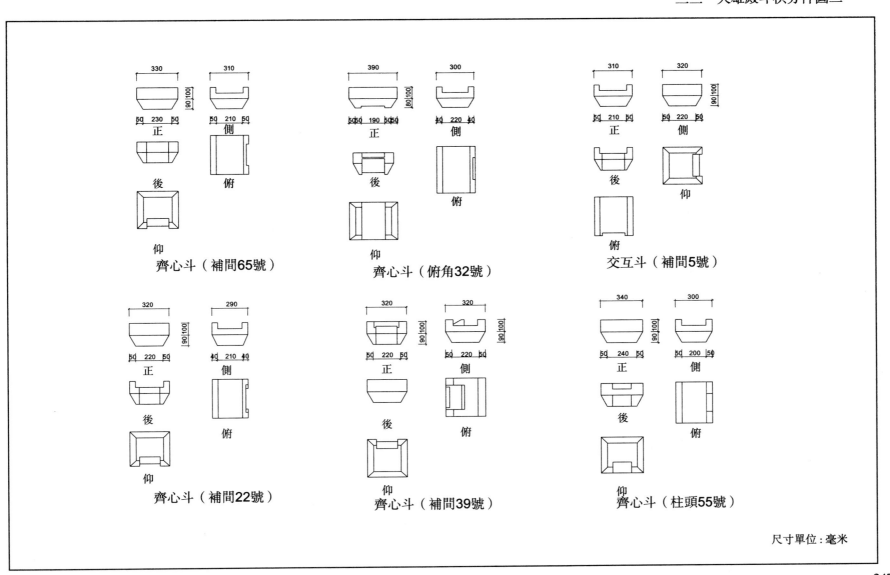

齊心斗（補間65號）　　齊心斗（俯角32號）　　交互斗（補間5號）

齊心斗（補間22號）　　齊心斗（補間39號）　　齊心斗（柱頭55號）

尺寸單位：毫米

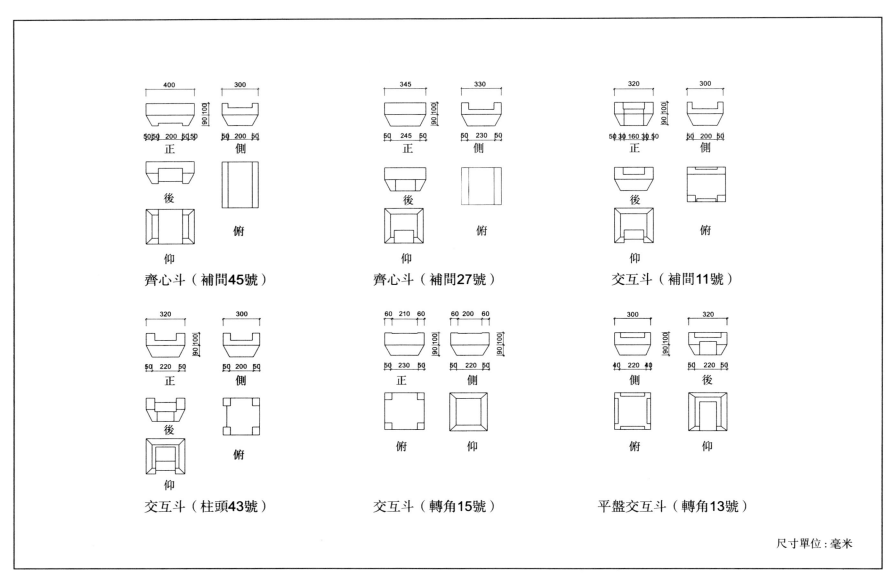

尺寸單位：毫米

三四　大雄殿斗栱分件圖三

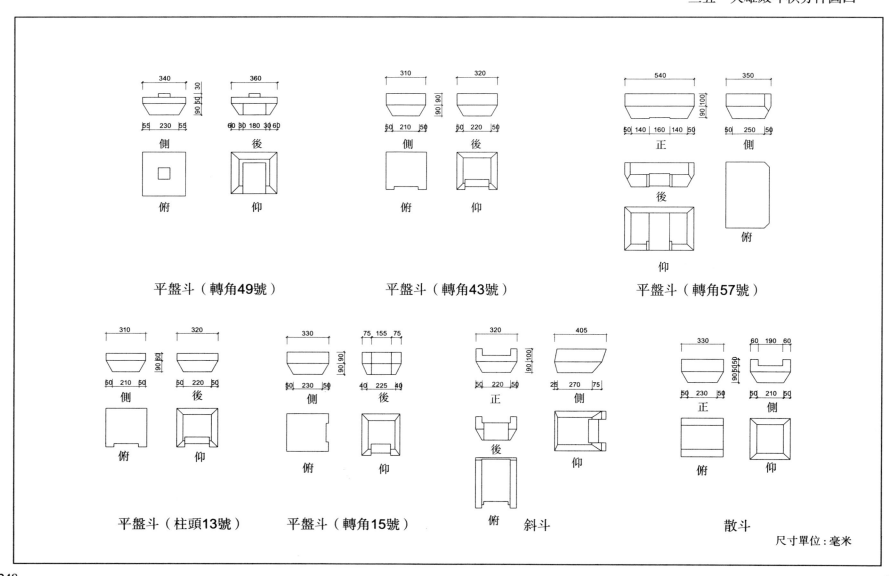

尺寸單位：毫米

248

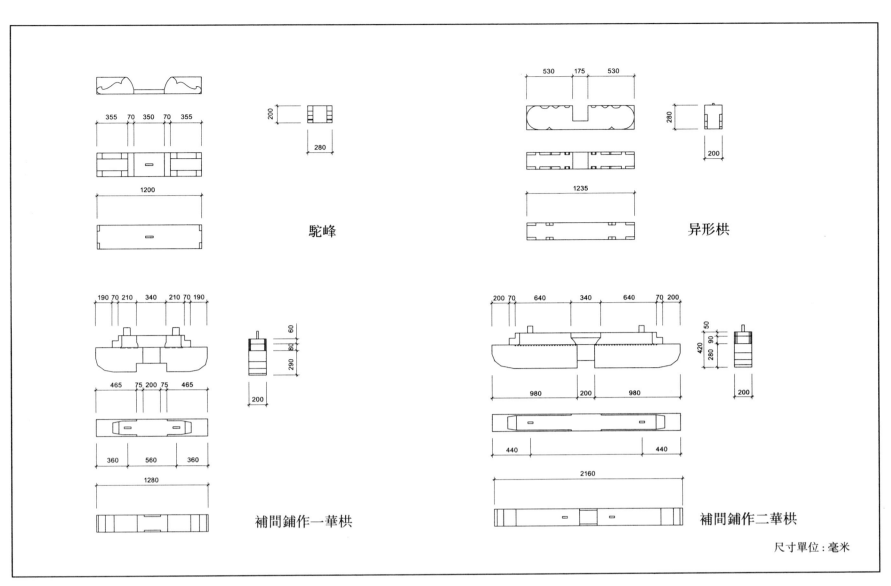

駝峰

异形栱

補間鋪作一華栱

補間鋪作二華栱

尺寸單位:毫米

三六　大雄殿斗栱分件圖五

三七　大雄殿斗栱分件圖六

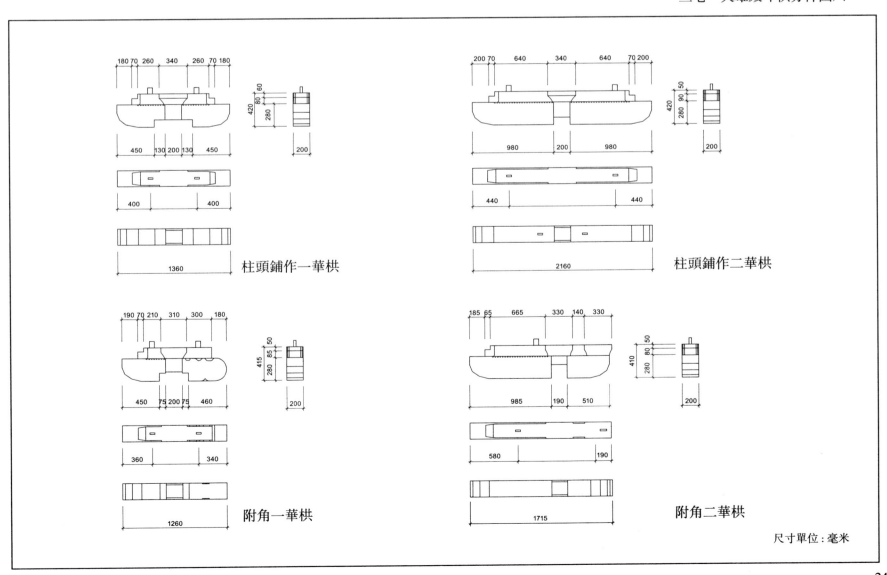

柱頭鋪作一華栱

柱頭鋪作二華栱

附角一華栱

附角二華栱

尺寸單位:毫米

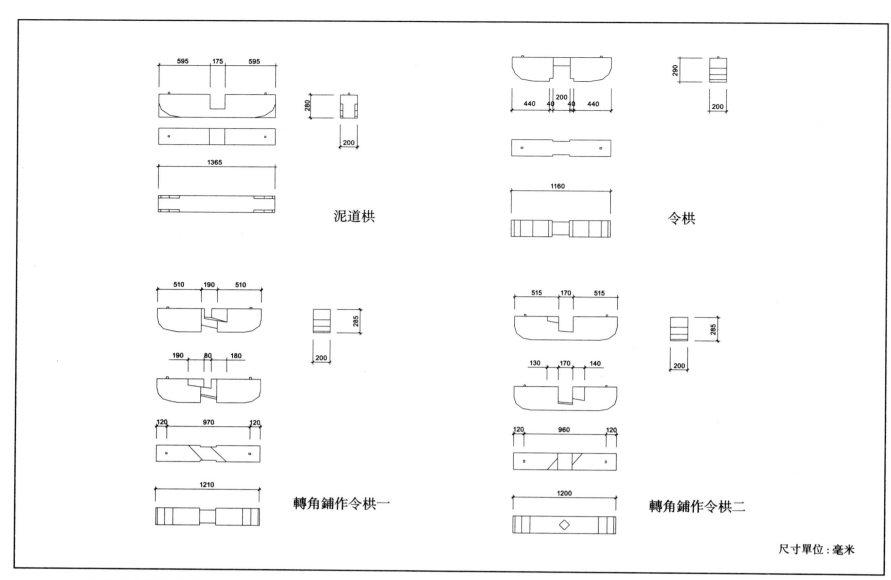

泥道栱

令栱

轉角鋪作令栱一

轉角鋪作令栱二

尺寸單位：毫米

三八　大雄殿斗栱分件圖七

三九　大雄殿斗栱分件圖八

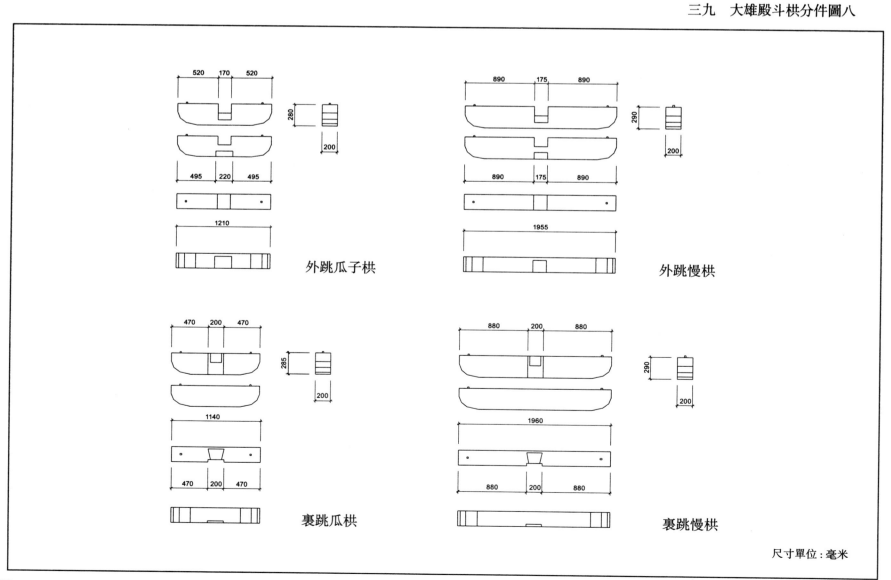

外跳瓜子栱

外跳慢栱

裹跳瓜栱

裹跳慢栱

尺寸單位：毫米

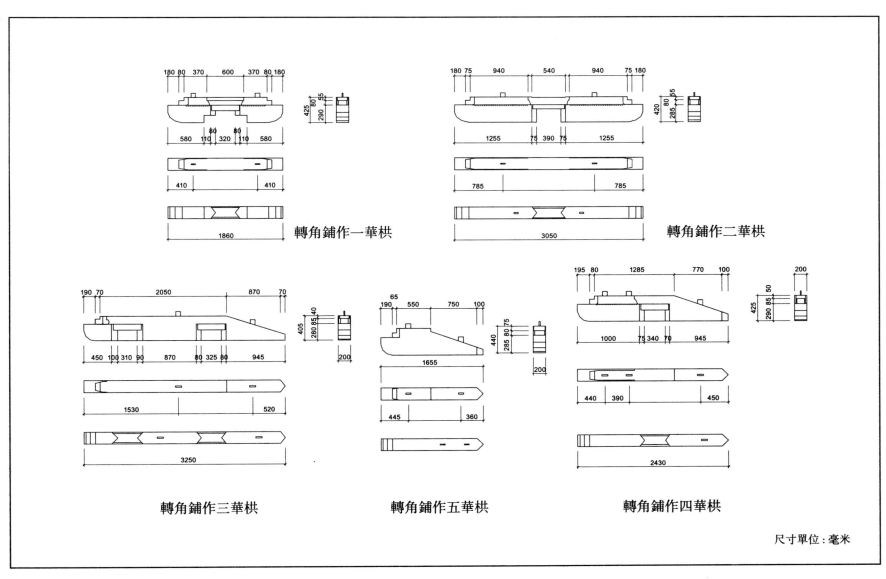

轉角鋪作一華栱

轉角鋪作二華栱

轉角鋪作三華栱

轉角鋪作五華栱

轉角鋪作四華栱

尺寸單位：毫米

四〇　大雄殿斗栱分件圖九

四一　大雄殿斗栱分件圖一〇

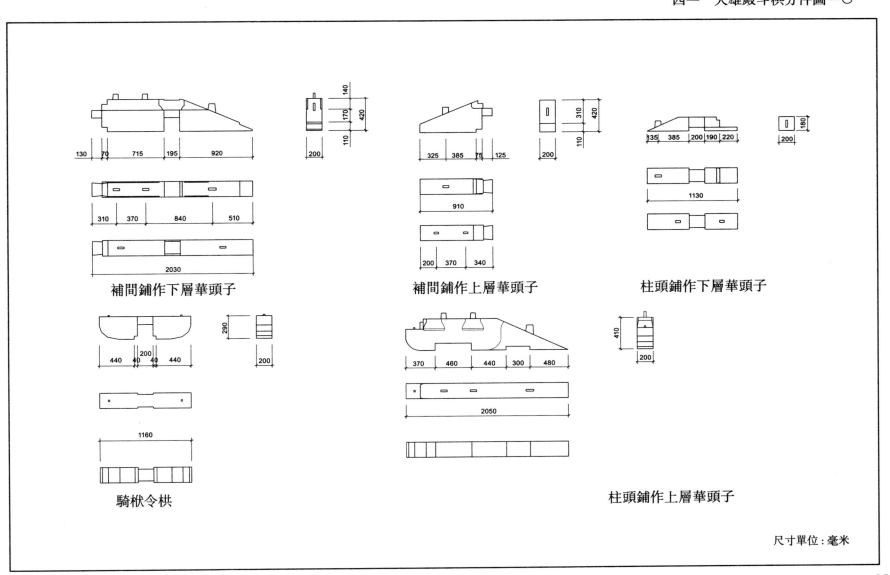

補間鋪作下層華頭子

補間鋪作上層華頭子

柱頭鋪作下層華頭子

騎栿令栱

柱頭鋪作上層華頭子

尺寸單位：毫米

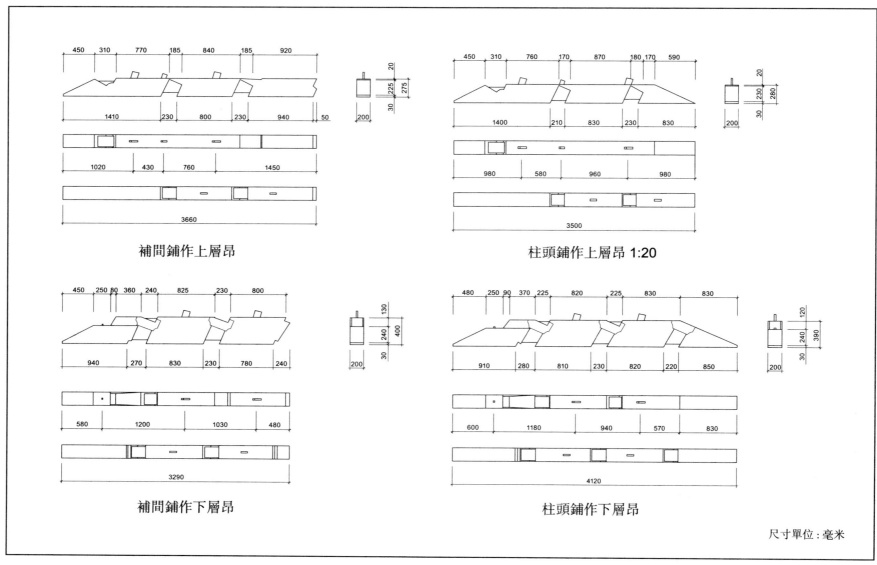

補間鋪作上層昂

柱頭鋪作上層昂 1:20

補間鋪作下層昂

柱頭鋪作下層昂

尺寸單位：毫米

四二　大雄殿斗栱分件圖一一

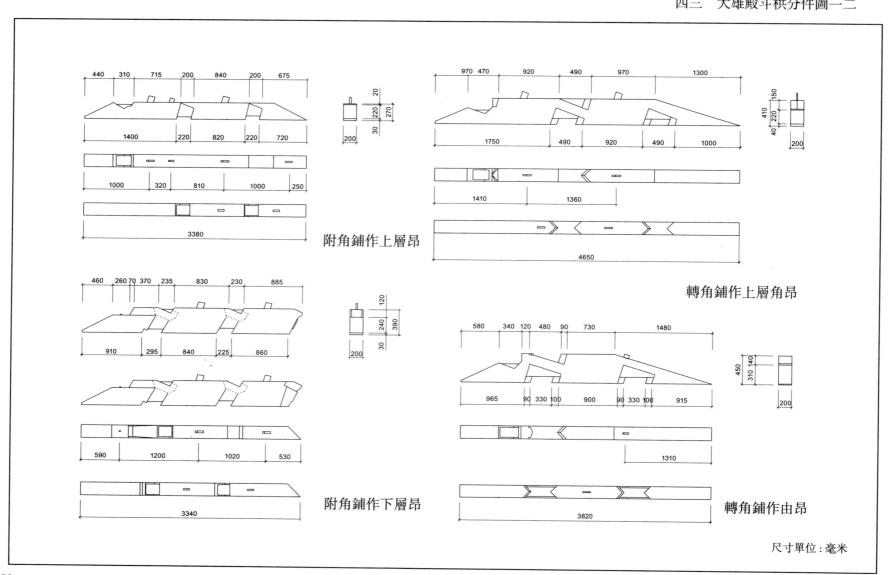

附角鋪作上層昂

轉角鋪作上層角昂

附角鋪作下層昂

轉角鋪作由昂

尺寸單位：毫米

252

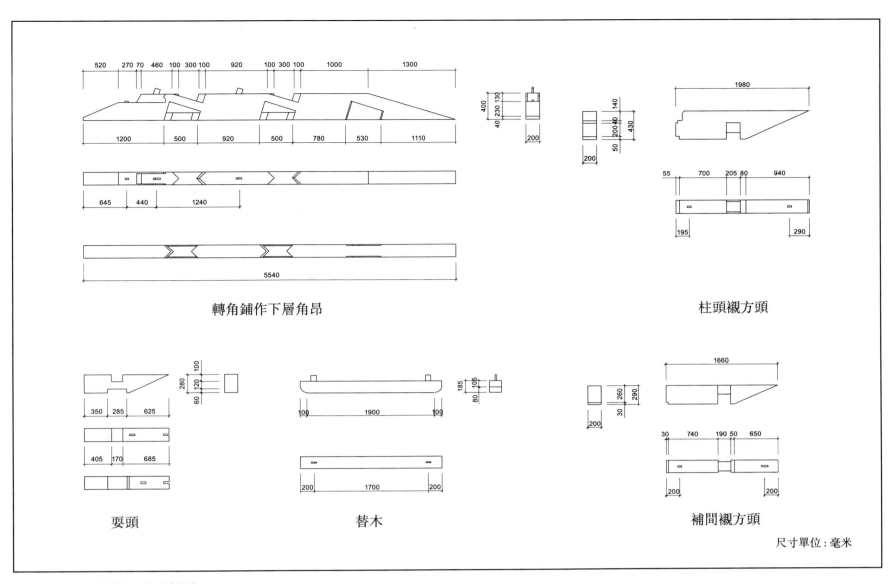

轉角鋪作下層角昂

柱頭襯方頭

要頭

替木

補間襯方頭

尺寸單位：毫米

四四 大雄殿斗栱分件圖一三

四五 大雄殿斗栱分件圖一四

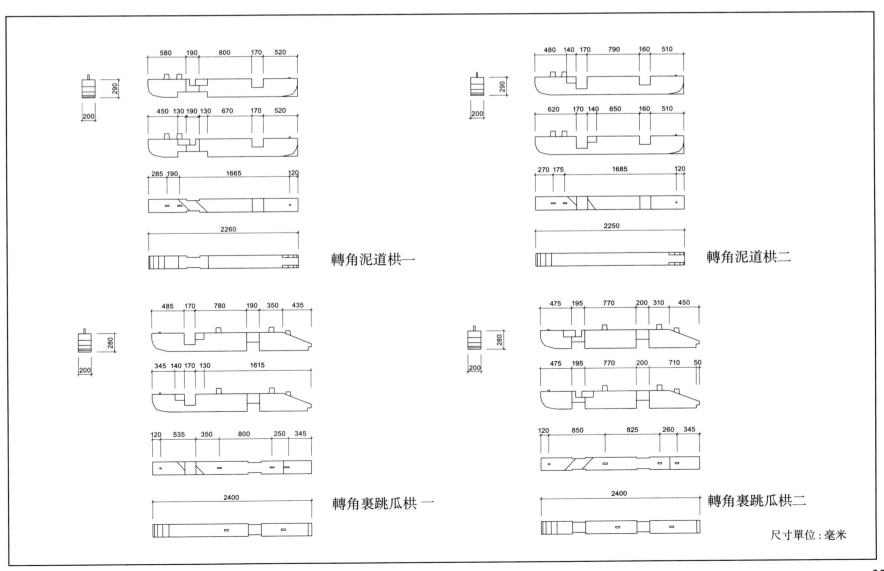

轉角泥道栱一

轉角泥道栱二

轉角裏跳瓜栱一

轉角裏跳瓜栱二

尺寸單位：毫米

253

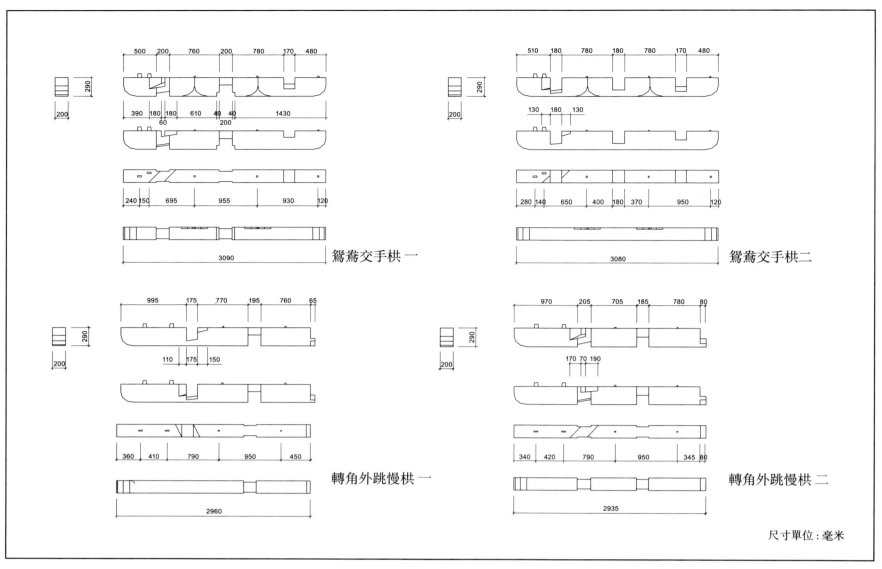

鴛鴦交手栱 一

鴛鴦交手栱 二

轉角外跳慢栱 一

轉角外跳慢栱 二

尺寸單位：毫米

四六　大雄殿斗栱分件圖一五

四七　大雄殿斗栱分件圖一六

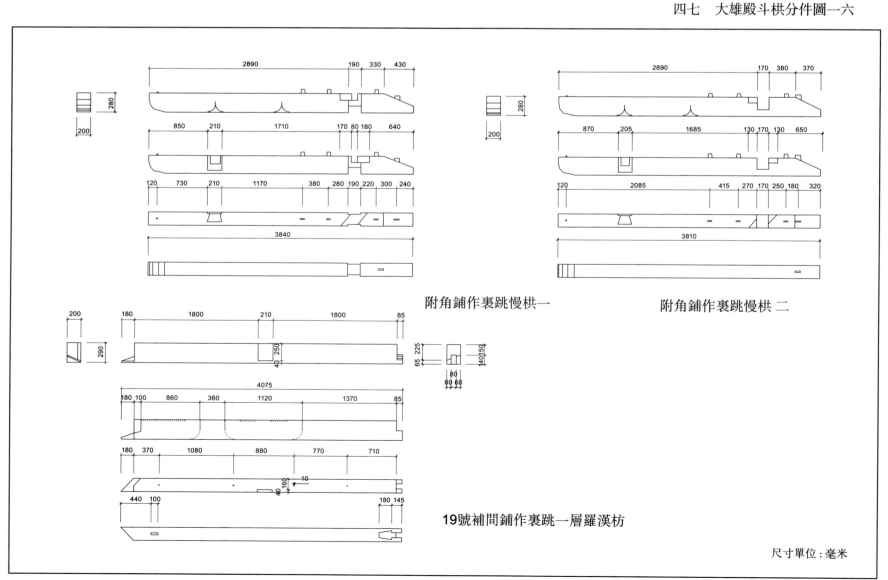

附角鋪作裏跳慢栱一

附角鋪作裏跳慢栱 二

19號補間鋪作裏跳一層羅漢枋

尺寸單位：毫米

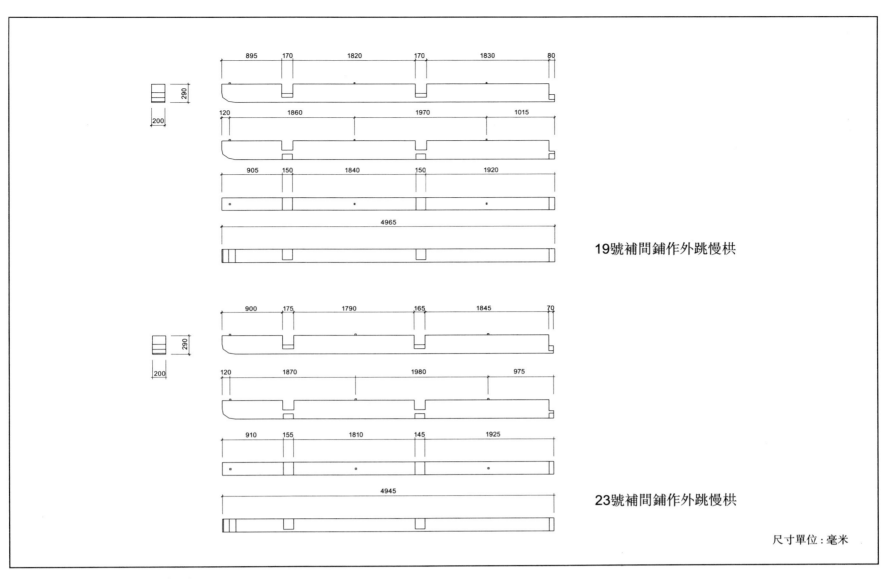

19號補間鋪作外跳慢栱

23號補間鋪作外跳慢栱

尺寸單位：毫米

四八　大雄殿斗栱分件圖一七

四九　大雄殿斗栱分件圖一八

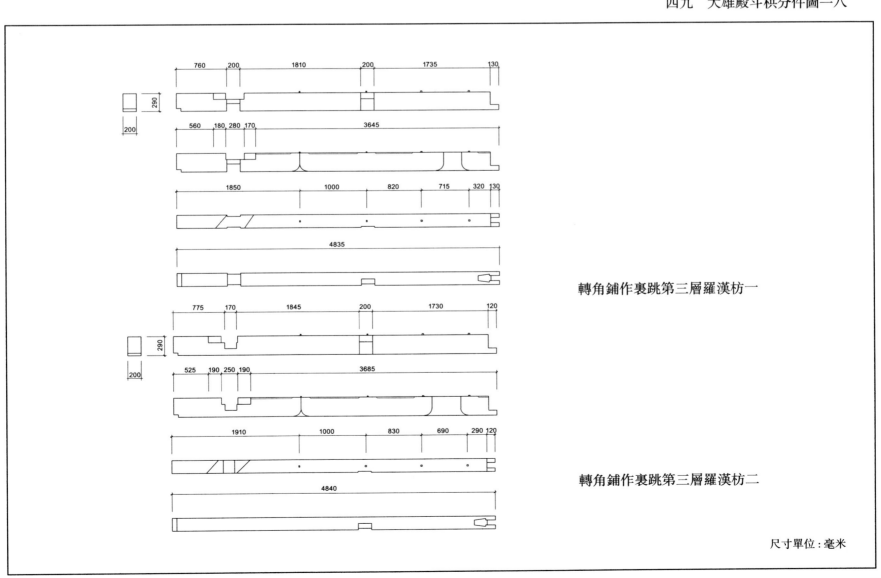

轉角鋪作裏跳第三層羅漢枋一

轉角鋪作裏跳第三層羅漢枋二

尺寸單位：毫米

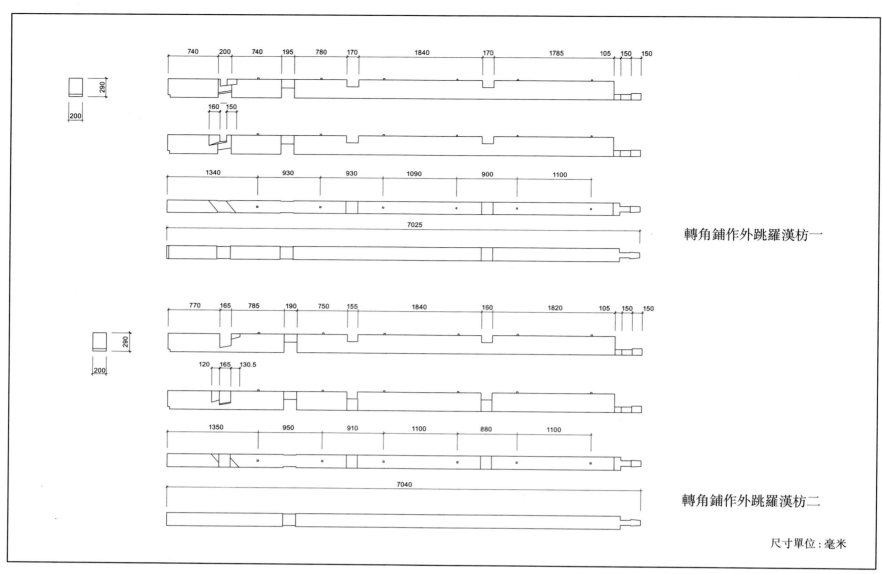

轉角鋪作外跳羅漢枋一

轉角鋪作外跳羅漢枋二

尺寸單位：毫米

五〇　大雄殿斗栱分件圖一九

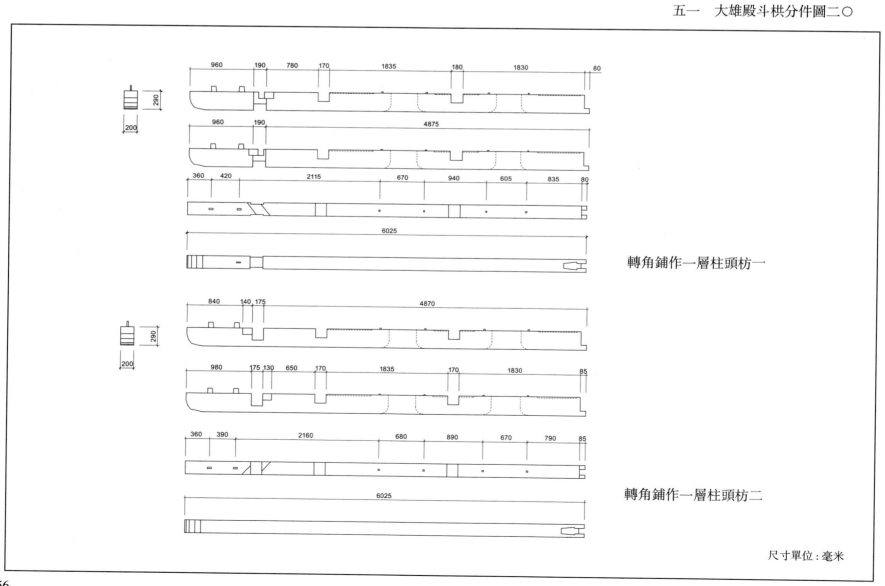

轉角鋪作一層柱頭枋一

轉角鋪作一層柱頭枋二

尺寸單位：毫米

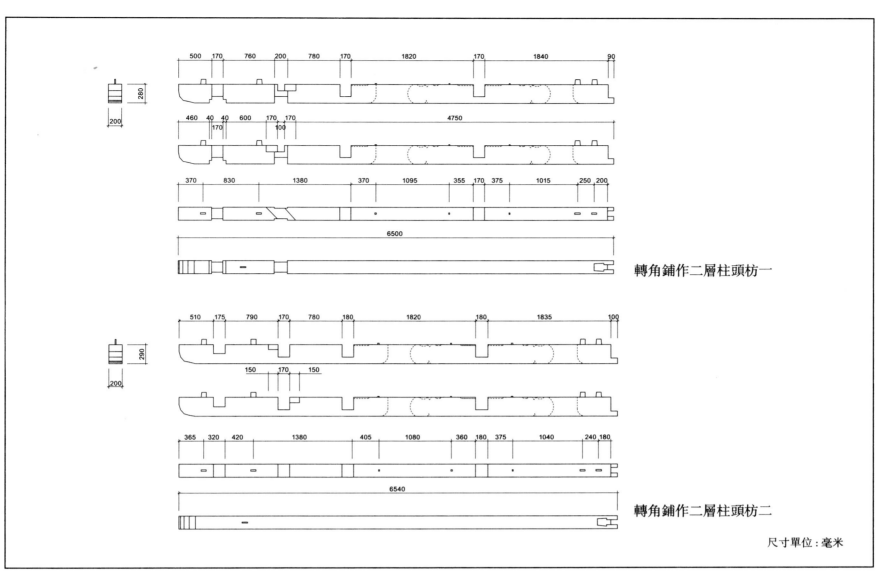

尺寸單位：毫米

轉角鋪作二層柱頭枋一

轉角鋪作二層柱頭枋二

五二　大雄殿斗栱分件圖二一

五三　大雄殿斗栱分件圖二二

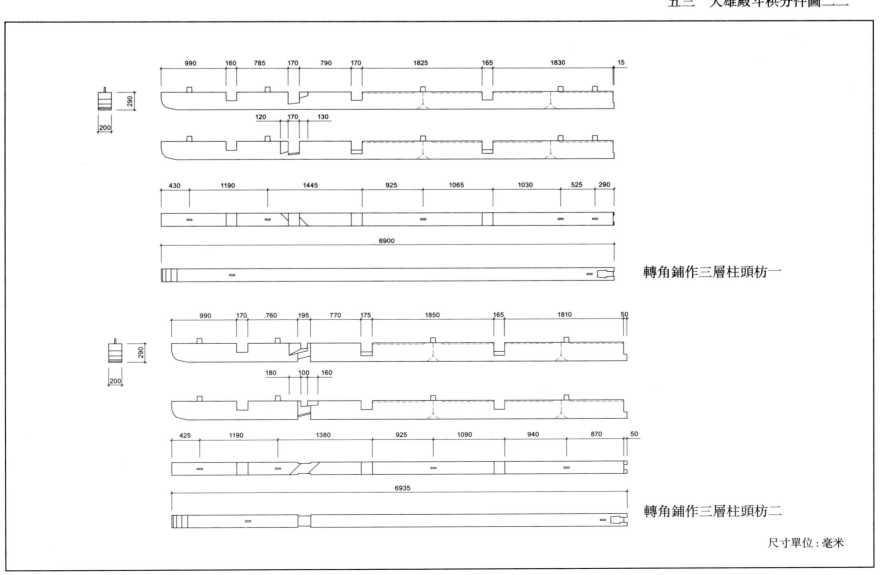

轉角鋪作三層柱頭枋一

轉角鋪作三層柱頭枋二

尺寸單位：毫米

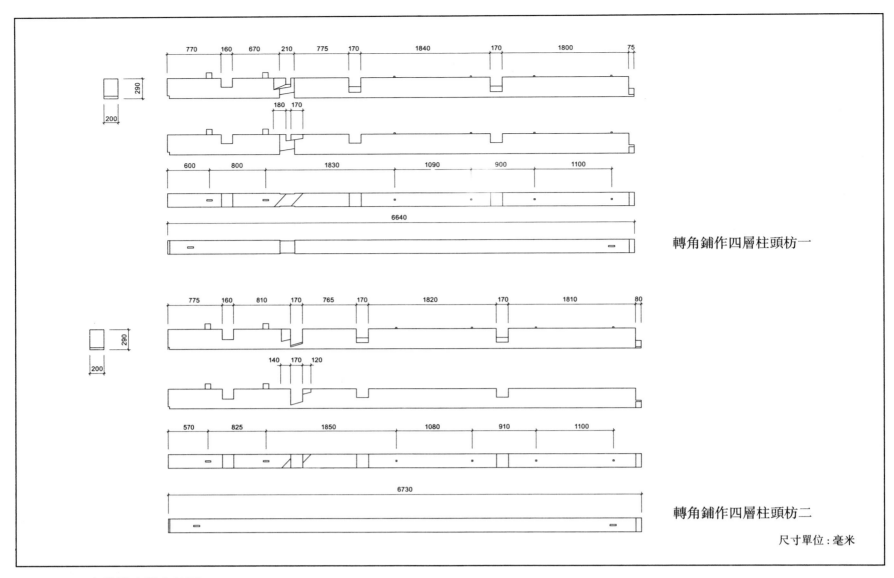

轉角鋪作四層柱頭枋一

轉角鋪作四層柱頭枋二

尺寸單位：毫米

五四　大雄殿斗栱分件圖二三

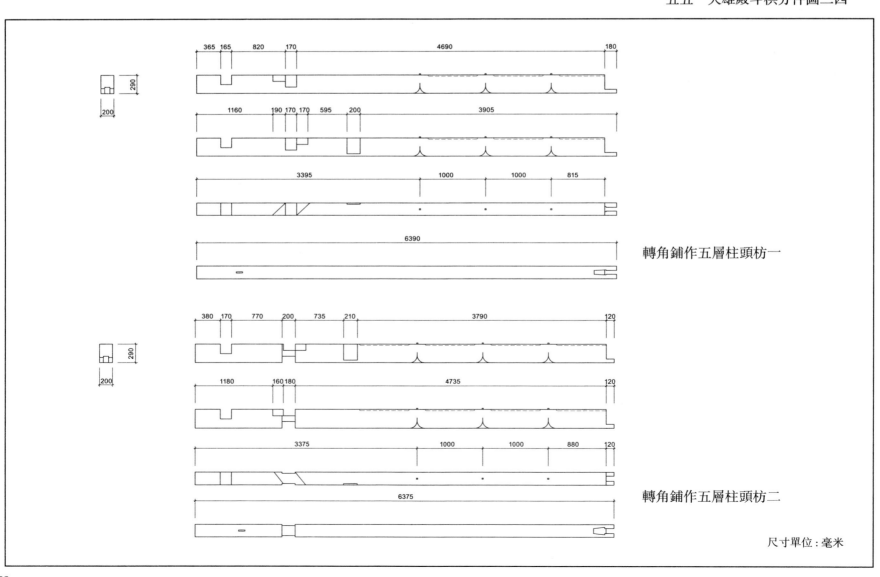

轉角鋪作五層柱頭枋一

轉角鋪作五層柱頭枋二

尺寸單位：毫米

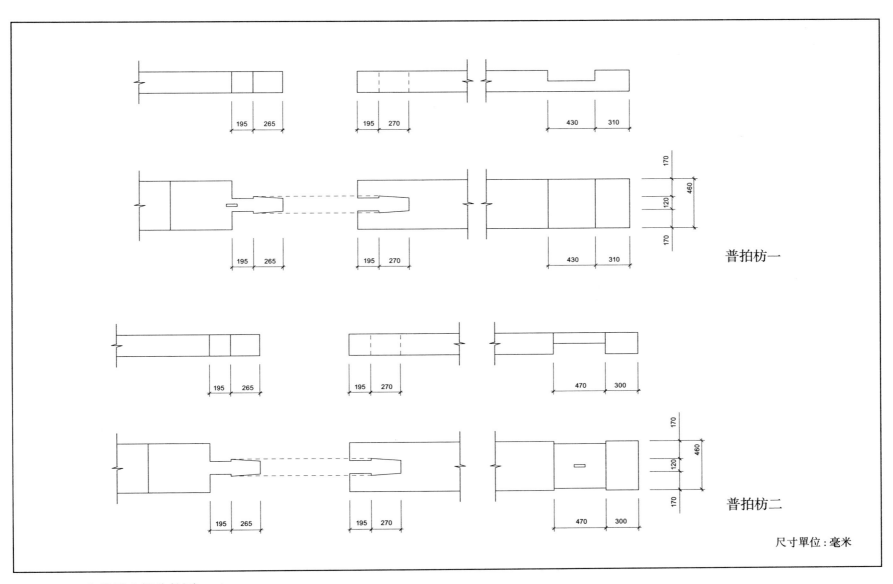

普拍枋一

普拍枋二

尺寸單位：毫米

五六　大雄殿斗栱分件圖二五

五七　大雄殿斗栱分件圖二六

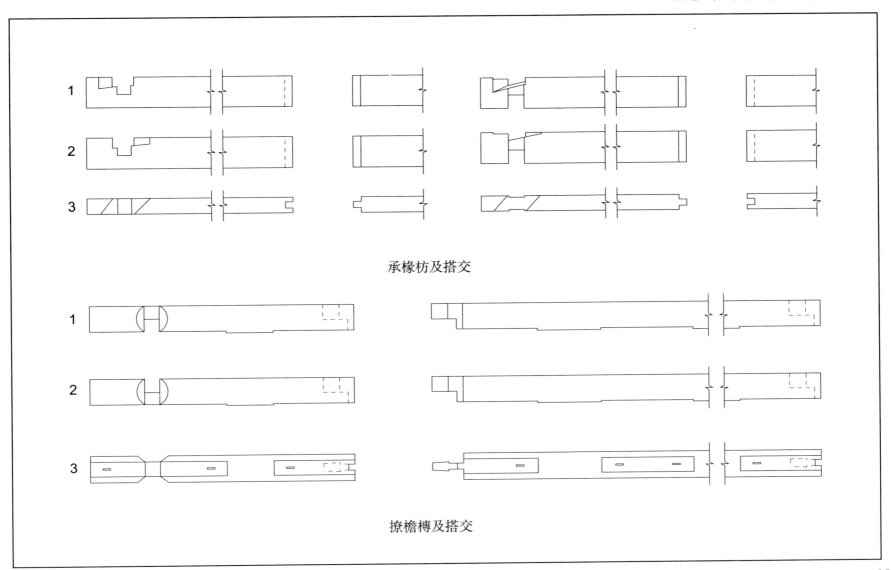

承椽枋及搭交

撩檐榑及搭交

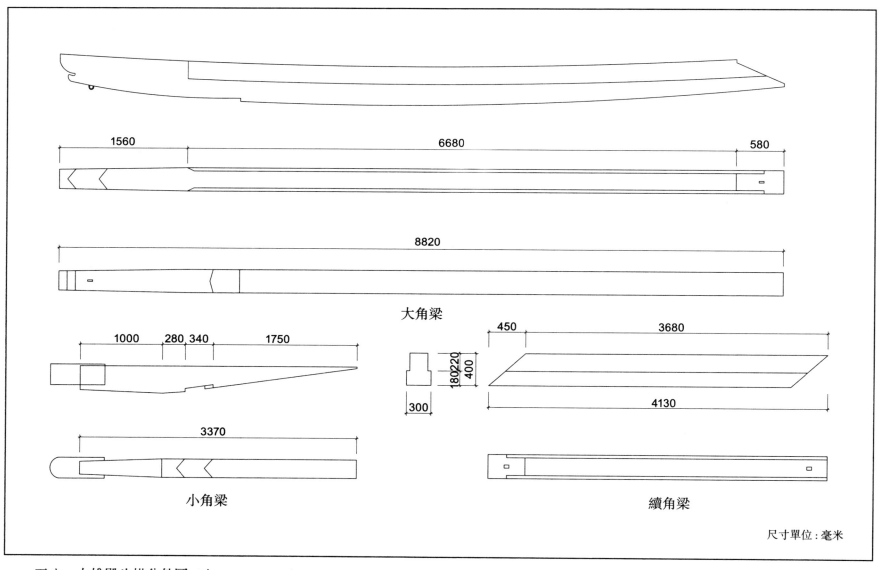

大角梁

小角梁　　　　　續角梁

尺寸單位：毫米

五八　大雄殿斗栱分件圖二七

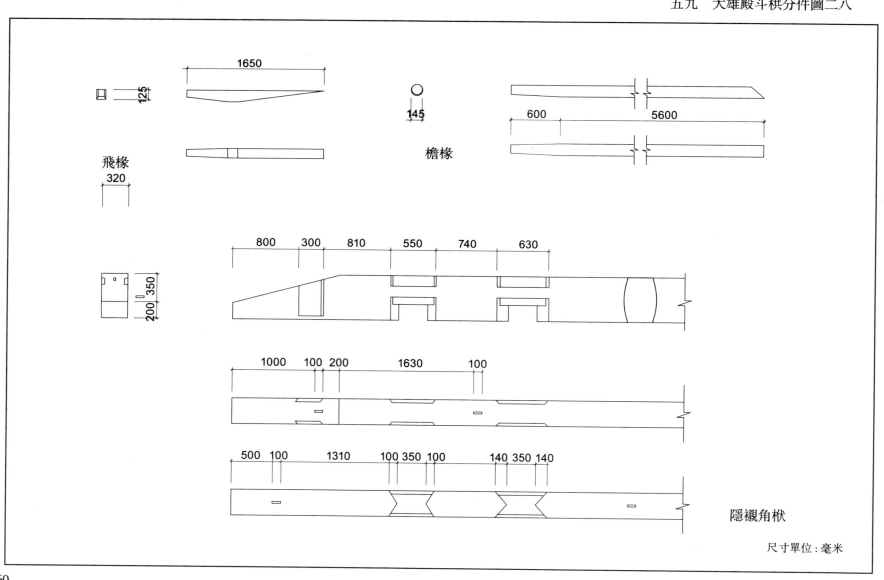

飛椽　　　　　　　　　檐椽

隱襯角栿

尺寸單位：毫米

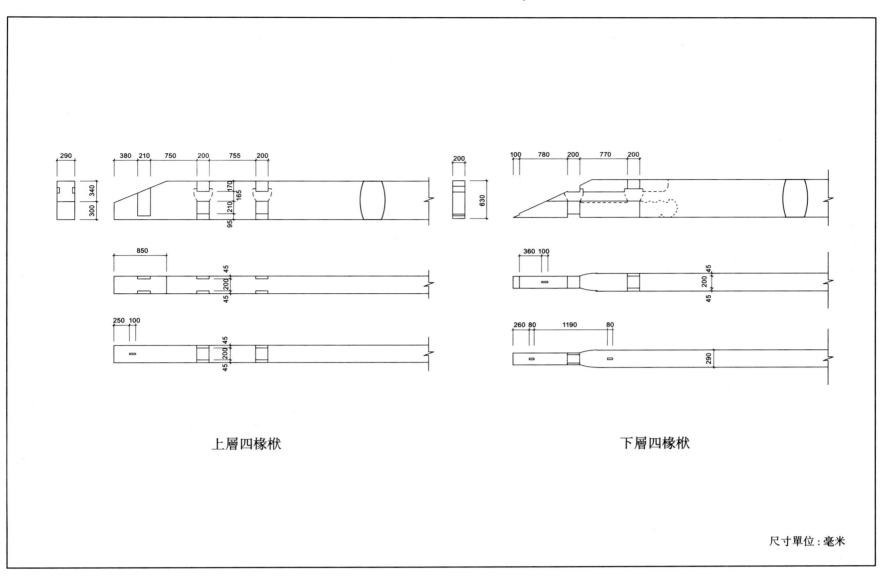

上層四椽栿　　　　　　　　　　　　　下層四椽栿

尺寸單位：毫米

六〇　大雄殿斗栱分件圖二九

六一　大雄殿斗栱分件圖三〇

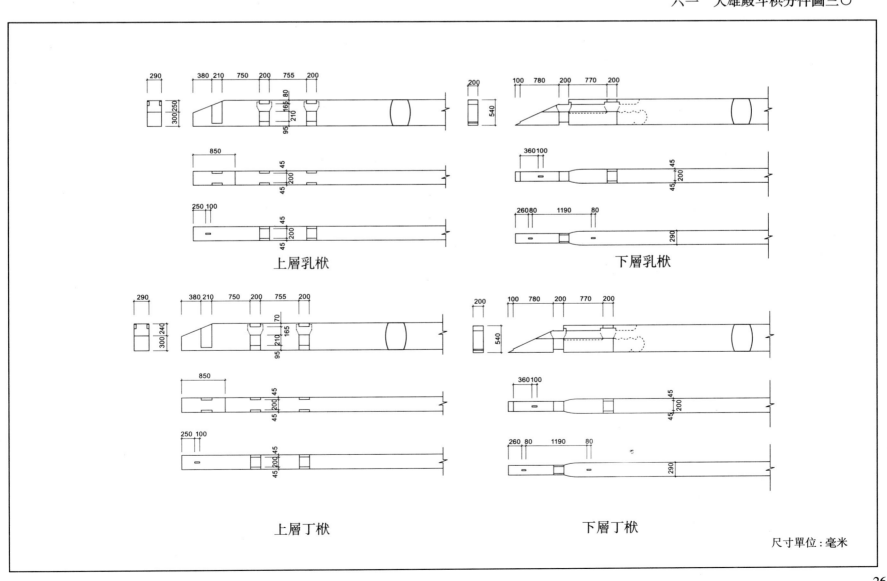

上層乳栿　　　　　　　　　　　　　下層乳栿

上層丁栿　　　　　　　　　　　　　下層丁栿

尺寸單位：毫米

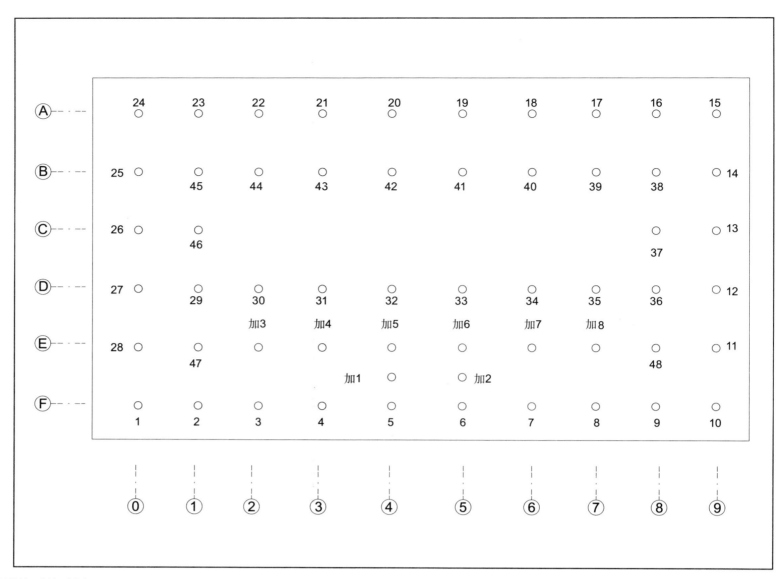

六二　大雄殿柱子編號圖

六三　大雄殿闌額編號圖

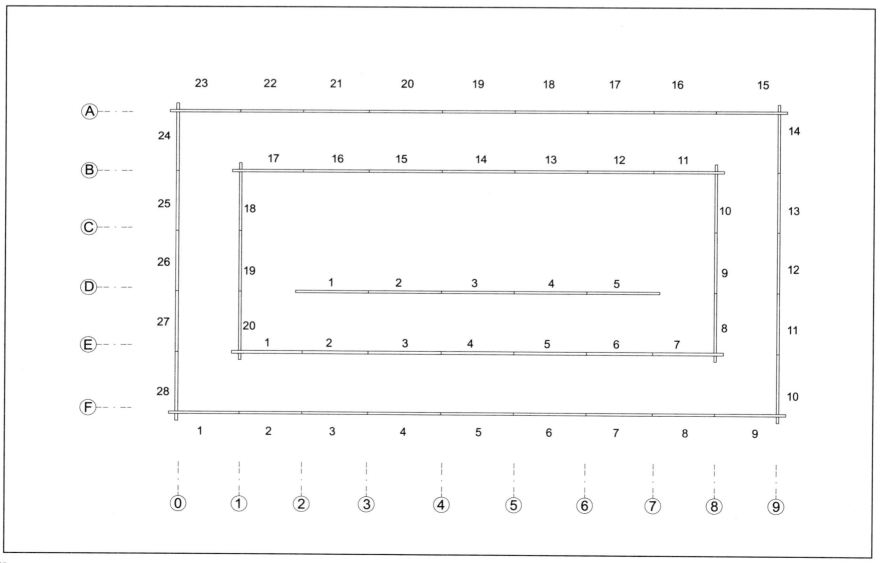

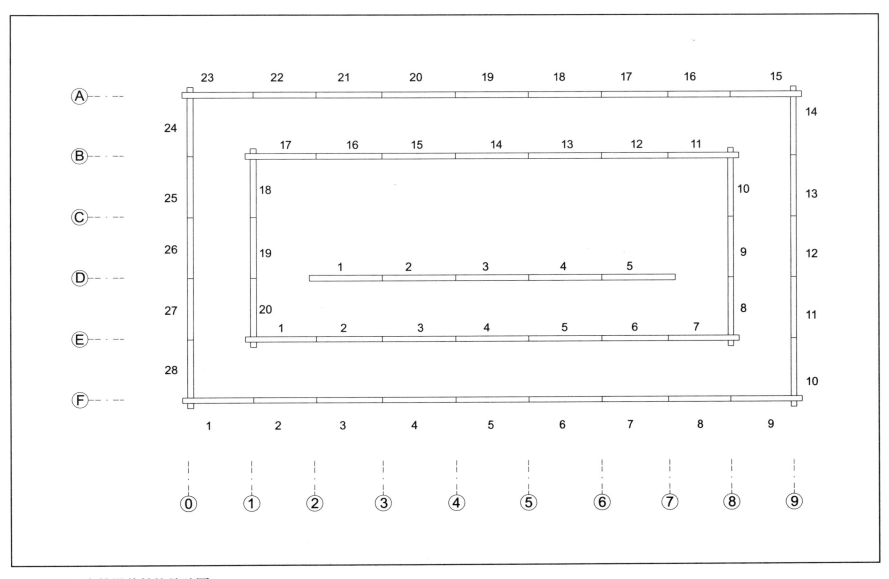

六四　大雄殿普拍枋編號圖

六五　大雄殿鋪作編號圖

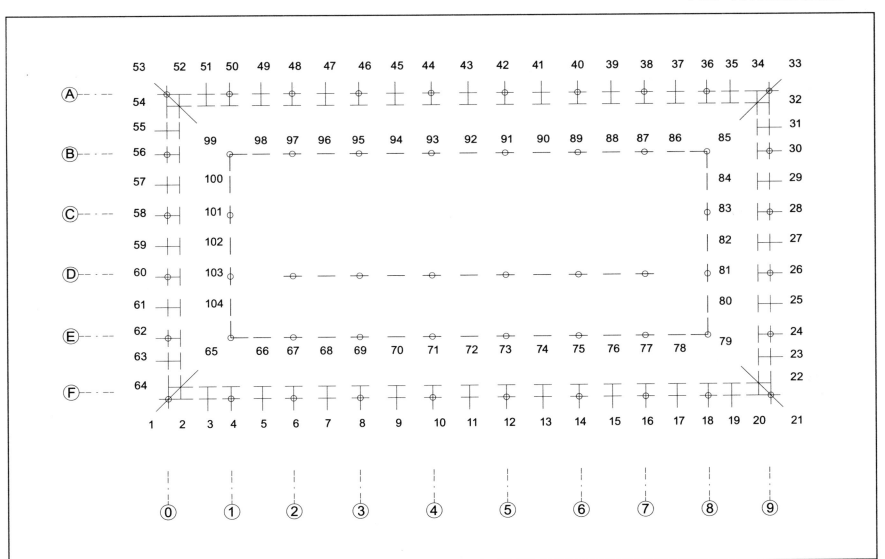

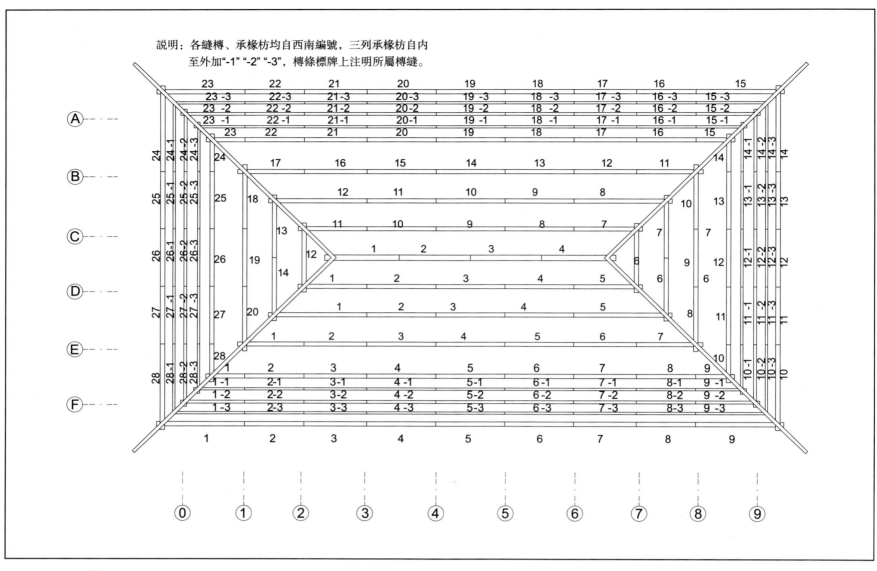

六六　大雄殿槫枋編號圖

六七　大雄殿角梁編號圖

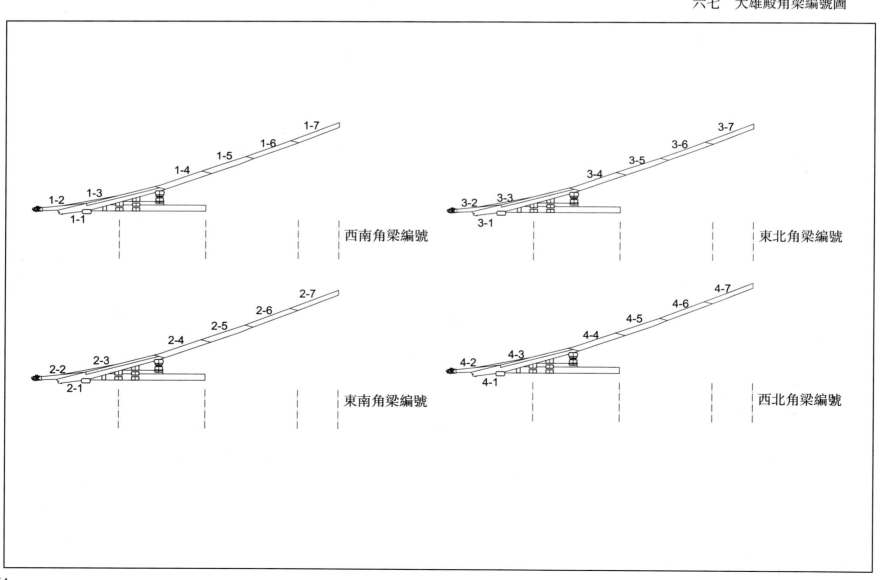

西南角梁編號

東北角梁編號

東南角梁編號

西北角梁編號

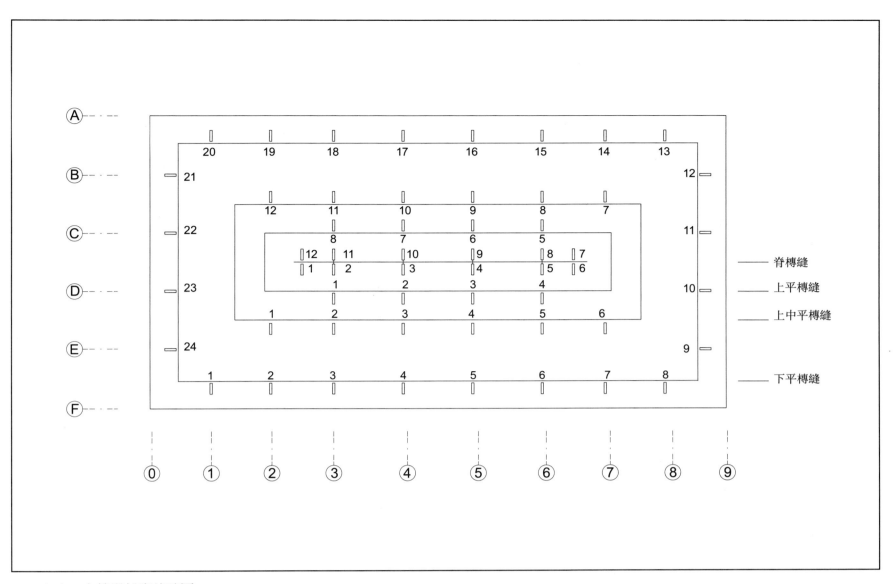

六八　大雄殿托脚編號圖

六九　大雄殿殿内襻間枋、大斗編號圖

説明：根據殿内襻間枋下架需要，下平榑縫大斗、襻間枋、散斗、替木均拆卸下架，其他各縫只拆卸替木和其下散斗，
　　　襻間枋均未拆卸，編號中僅對拆卸構件編號，其他未編。
　　　大斗編號自西南按逆時針編爲1~28，襻間枋編號與榑條編號一致，散斗、替木按所屬榑條號再加序號。

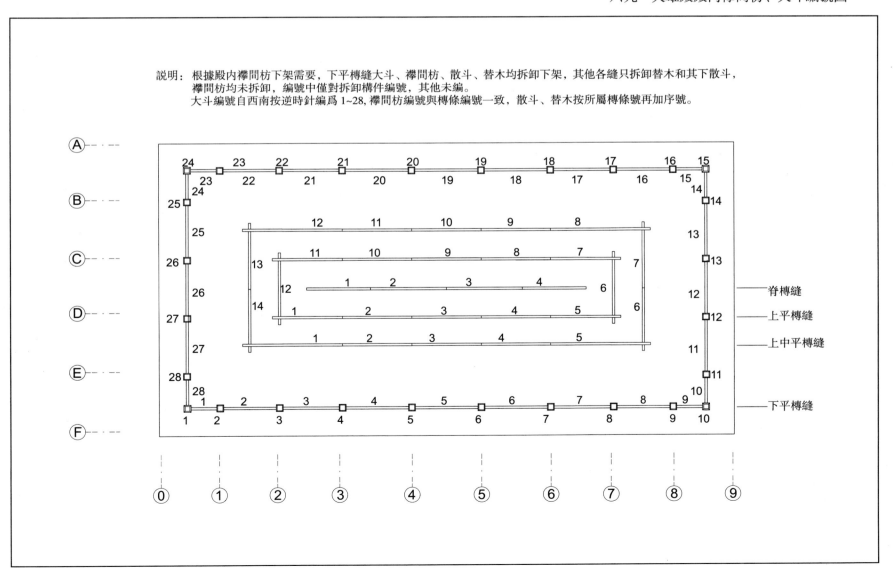

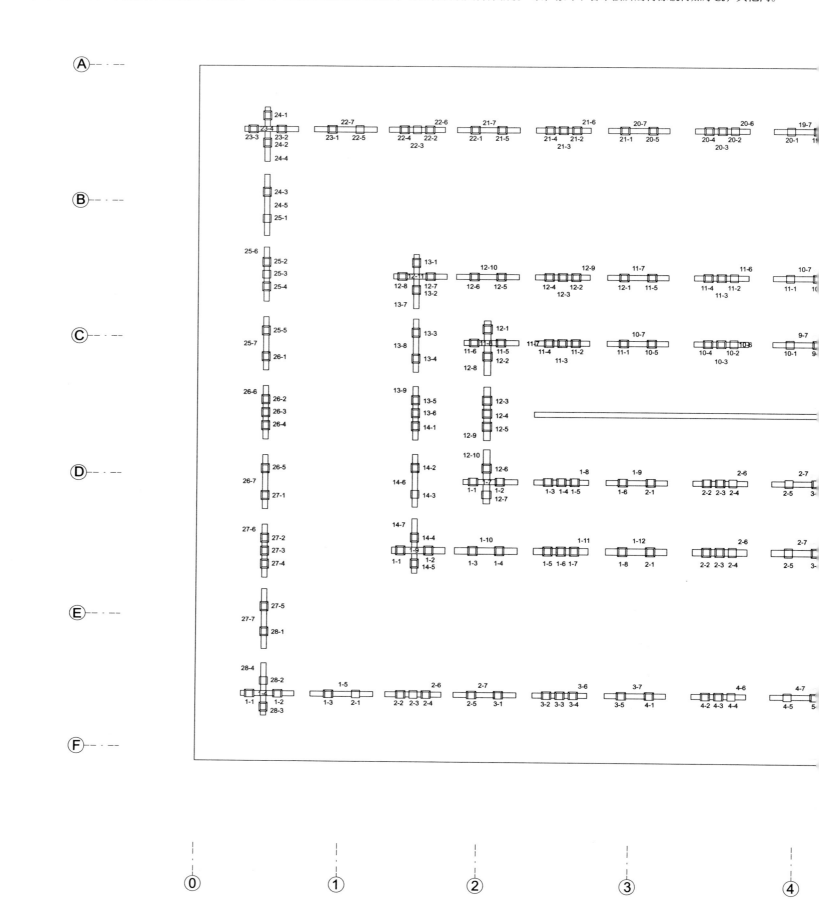

266

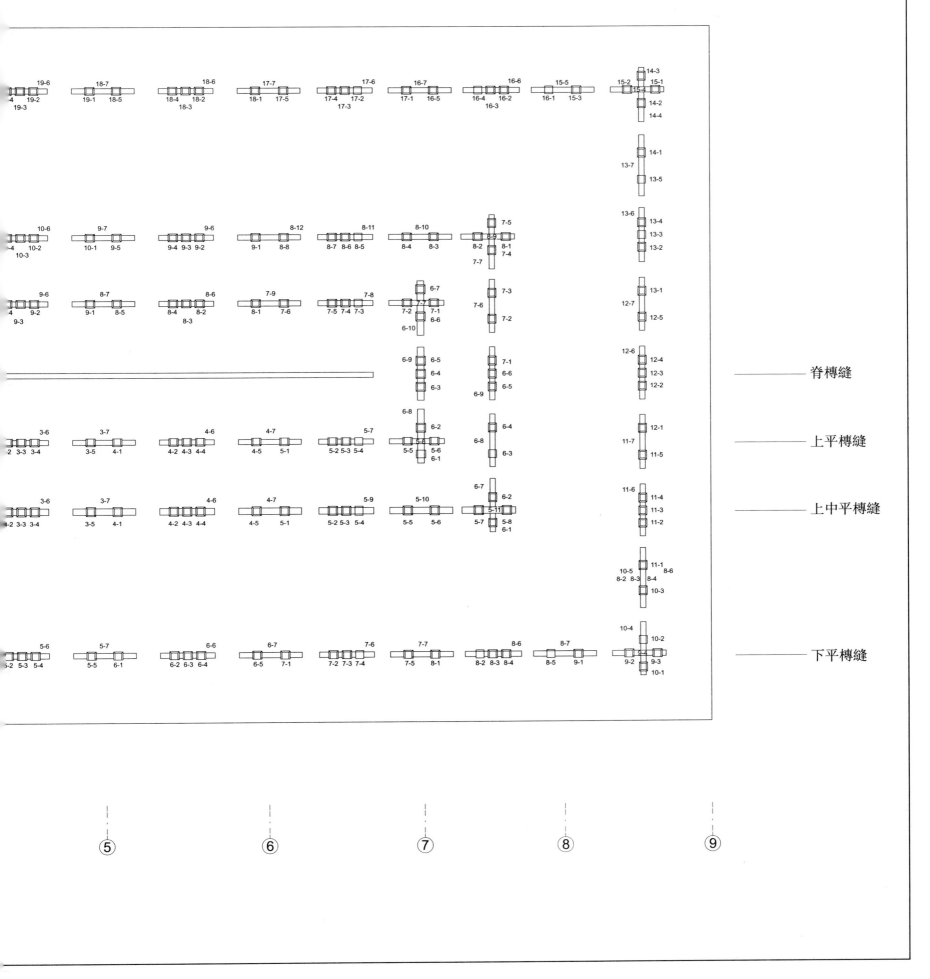

脊槫縫

上平槫縫

上中平槫縫

下平槫縫

⑤　　　⑥　　　⑦　　　⑧　　　⑨

七〇　大雄殿殿內槫條下散斗、替木編號圖

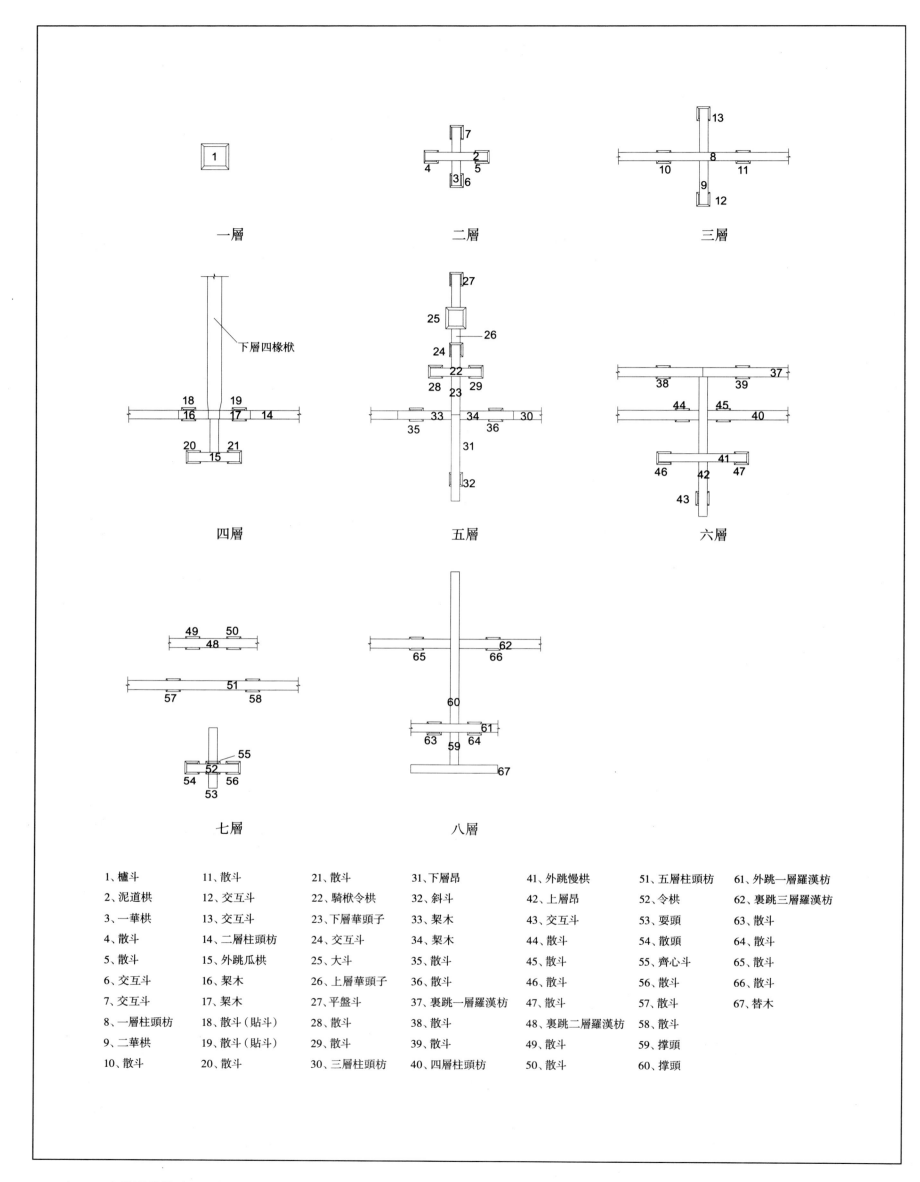

一層　　　　　　　　　二層　　　　　　　　　三層

四層　　　　　　　　　五層　　　　　　　　　六層

七層　　　　　　　　　八層

1、櫨斗	11、散斗	21、散斗	31、下層昂	41、外跳慢栱	51、五層柱頭枋	61、外跳一層羅漢枋
2、泥道栱	12、交互斗	22、騎栿令栱	32、斜斗	42、上層昂	52、令栱	62、裏跳三層羅漢枋
3、一華栱	13、交互斗	23、下層華頭子	33、栔木	43、交互斗	53、耍頭	63、散斗
4、散斗	14、二層柱頭枋	24、交互斗	34、栔木	44、散斗	54、散頭	64、散斗
5、散斗	15、外跳瓜栱	25、大斗	35、散斗	45、散斗	55、齊心斗	65、散斗
6、交互斗	16、栔木	26、上層華頭子	36、散斗	46、散斗	56、散斗	66、散斗
7、交互斗	17、栔木	27、平盤斗	37、裏跳一層羅漢枋	47、散斗	57、散斗	67、替木
8、一層柱頭枋	18、散斗(貼斗)	28、散斗	38、散斗	48、裏跳二層羅漢枋	58、散斗	
9、二華栱	19、散斗(貼斗)	29、散斗	39、散斗	49、散斗	59、撐頭	
10、散斗	20、散斗	30、三層柱頭枋	40、四層柱頭枋	50、散斗	60、撐頭	

七一　大雄殿外檐柱頭斗栱分件編號圖

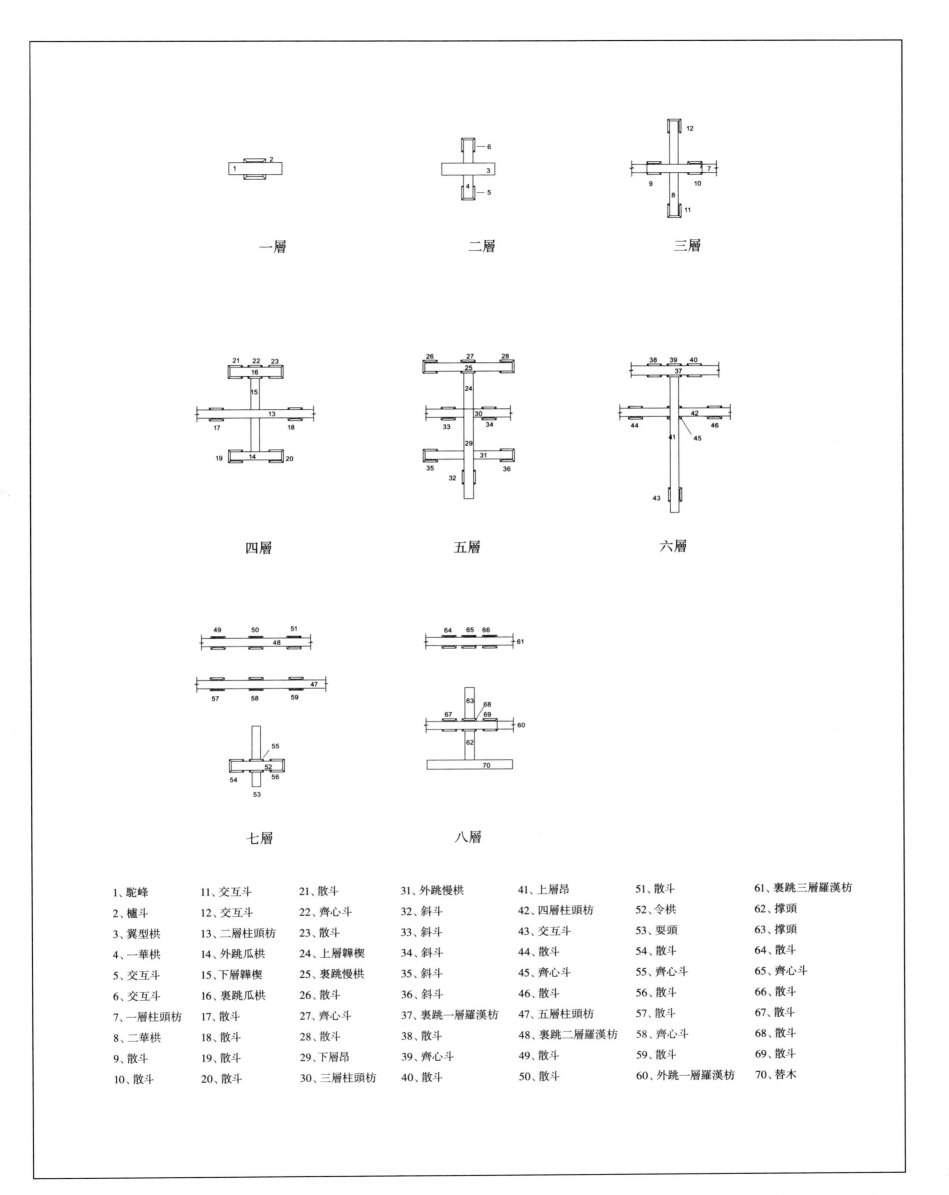

一層　　　　　　　二層　　　　　　　三層

四層　　　　　　　五層　　　　　　　六層

七層　　　　　　　八層

1、駝峰	11、交互斗	21、散斗	31、外跳慢栱	41、上層昂	51、散斗	61、裏跳三層羅漢枋
2、櫨斗	12、交互斗	22、齊心斗	32、斜斗	42、四層柱頭枋	52、令栱	62、撐頭
3、翼型栱	13、二層柱頭枋	23、散斗	33、斜斗	43、交互斗	53、要頭	63、撐頭
4、一華栱	14、外跳瓜栱	24、上層鞾楔	34、斜斗	44、散斗	54、散斗	64、散斗
5、交互斗	15、下層鞾楔	25、裏跳慢栱	35、斜斗	45、齊心斗	55、齊心斗	65、齊心斗
6、交互斗	16、裏跳瓜栱	26、散斗	36、斜斗	46、散斗	56、散斗	66、散斗
7、一層柱頭枋	17、散斗	27、齊心斗	37、裏跳一層羅漢枋	47、五層柱頭枋	57、散斗	67、散斗
8、二華栱	18、散斗	28、散斗	38、散斗	48、裏跳二層羅漢枋	58、齊心斗	68、散斗
9、散斗	19、散斗	29、下層昂	39、齊心斗	49、散斗	59、散斗	69、散斗
10、散斗	20、散斗	30、三層柱頭枋	40、散斗	50、散斗	60、外跳一層羅漢枋	70、替木

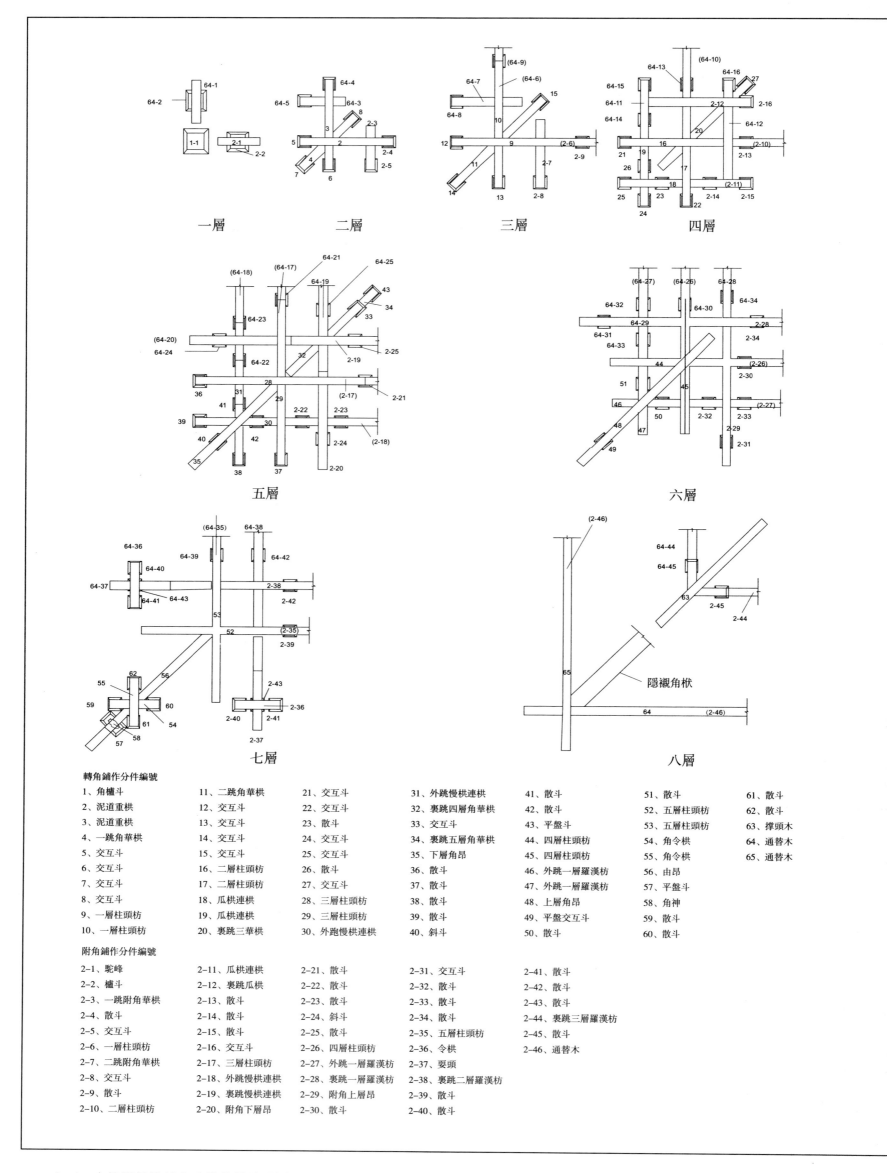

一層　　　　二層　　　　三層　　　　四層

五層　　　　六層

七層　　　　八層

隱襯角栔

轉角鋪作分件編號

1、角櫨斗　　　11、二跳角華棋　　21、交互斗　　　31、外跳慢棋連棋　　41、散斗　　　51、散斗　　　61、散斗
2、泥道重棋　　12、交互斗　　　22、交互斗　　　32、裏跳四層角華棋　42、散斗　　　52、五層柱頭枋　62、散斗
3、泥道重棋　　13、交互斗　　　23、散斗　　　33、交互斗　　　　43、平盤斗　　53、五層柱頭枋　63、撐頭木
4、一跳角華棋　14、交互斗　　　24、交互斗　　　34、裏跳五層角華棋　44、四層柱頭枋　54、角令棋　　64、通替木
5、交互斗　　　15、交互斗　　　25、交互斗　　　35、下層角昂　　　45、四層柱頭枋　55、角令棋　　65、通替木
6、交互斗　　　16、二層柱頭枋　26、散斗　　　36、散斗　　　　46、外跳一層羅漢枋　56、由昂
7、交互斗　　　17、二層柱頭枋　27、交互斗　　　37、散斗　　　　47、外跳一層羅漢枋　57、平盤斗
8、交互斗　　　18、瓜棋連棋　　28、三層柱頭枋　38、散斗　　　　48、上層角昂　　58、角神
9、一層柱頭枋　19、瓜棋連棋　　29、三層柱頭枋　39、散斗　　　　49、平盤交互斗　59、散斗
10、一層柱頭枋　20、裏跳三華棋　30、外跳慢棋連棋　40、斜斗　　　50、散斗　　　60、散斗

附角鋪作分件編號

2-1、駝峰　　　2-11、瓜棋連棋　　2-21、散斗　　　2-31、交互斗　　　2-41、散斗
2-2、櫨斗　　　2-12、裏跳瓜棋　　2-22、散斗　　　2-32、散斗　　　　2-42、散斗
2-3、一跳附角華棋　2-13、散斗　　2-23、散斗　　　2-33、散斗　　　　2-43、散斗
2-4、散斗　　　2-14、散斗　　　　2-24、斜斗　　　2-34、散斗　　　　2-44、裏跳三層羅漢枋
2-5、交互斗　　2-15、散斗　　　　2-25、散斗　　　2-35、五層柱頭枋　2-45、散斗
2-6、一層柱頭枋　2-16、交互斗　　2-26、四層柱頭枋　2-36、令棋　　　2-46、通替木
2-7、二跳附角華棋　2-17、三層柱頭枋　2-27、外跳一層羅漢枋　2-37、耍頭
2-8、交互斗　　2-18、外跳慢棋連棋　2-28、裏跳一層羅漢枋　2-38、裏跳二層羅漢枋
2-9、散斗　　　2-19、裏跳慢棋連棋　2-29、附角上層昂　2-39、散斗
2-10、二層柱頭枋　2-20、附角下層昂　2-30、散斗　　　2-40、散斗

七三　大雄殿外檐轉角斗棋分件編號圖

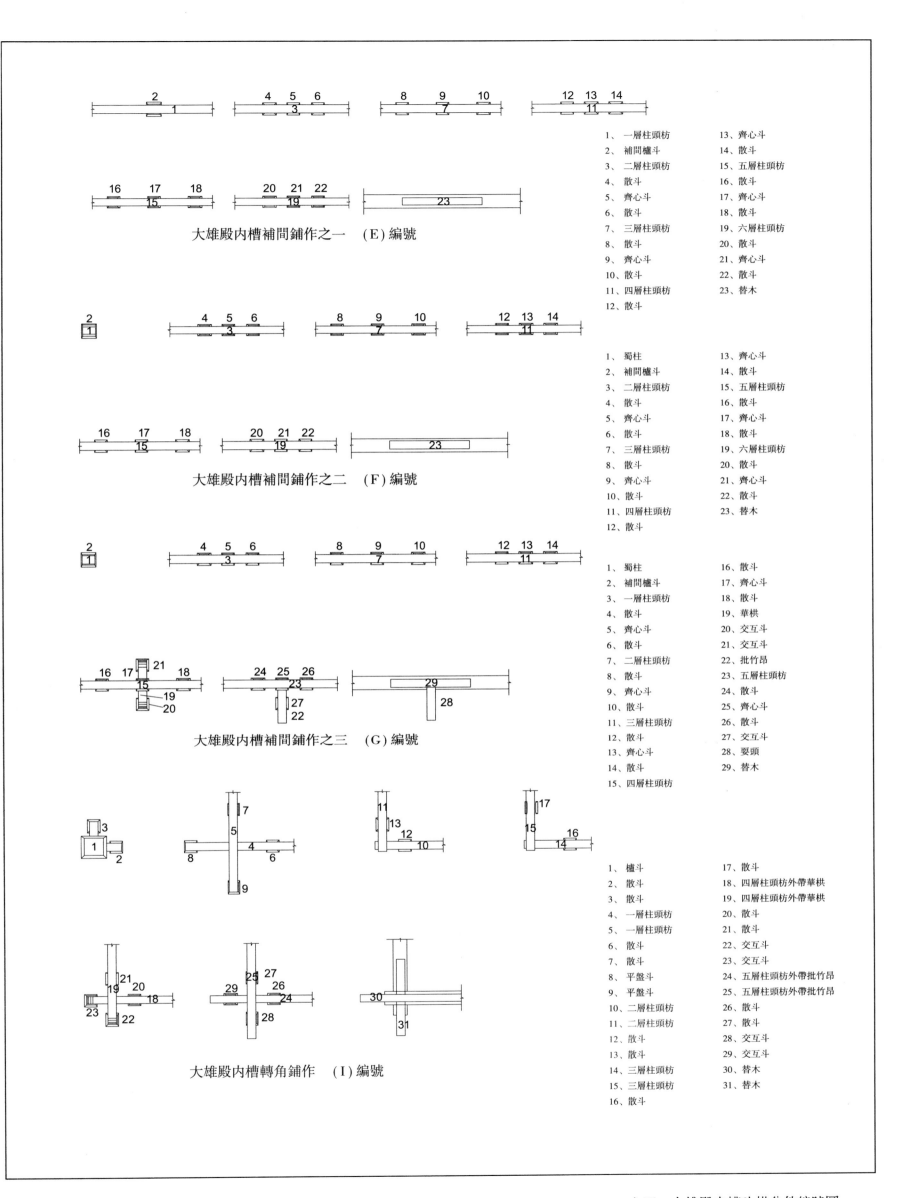

大雄殿內槽補間鋪作之一　（E）編號

1、一層柱頭枋	13、齊心斗
2、補間櫨斗	14、散斗
3、二層柱頭枋	15、五層柱頭枋
4、散斗	16、散斗
5、齊心斗	17、齊心斗
6、散斗	18、散斗
7、三層柱頭枋	19、六層柱頭枋
8、散斗	20、散斗
9、齊心斗	21、齊心斗
10、散斗	22、散斗
11、四層柱頭枋	23、替木
12、散斗	

大雄殿內槽補間鋪作之二　（F）編號

1、蜀柱	13、齊心斗
2、補間櫨斗	14、散斗
3、二層柱頭枋	15、五層柱頭枋
4、散斗	16、散斗
5、齊心斗	17、齊心斗
6、散斗	18、散斗
7、三層柱頭枋	19、六層柱頭枋
8、散斗	20、散斗
9、齊心斗	21、齊心斗
10、散斗	22、散斗
11、四層柱頭枋	23、替木
12、散斗	

大雄殿內槽補間鋪作之三　（G）編號

1、蜀柱	16、散斗
2、補間櫨斗	17、齊心斗
3、一層柱頭枋	18、散斗
4、散斗	19、華栱
5、齊心斗	20、交互斗
6、散斗	21、交互斗
7、二層柱頭枋	22、批竹昂
8、散斗	23、五層柱頭枋
9、齊心斗	24、散斗
10、散斗	25、齊心斗
11、三層柱頭枋	26、散斗
12、散斗	27、交互斗
13、齊心斗	28、要頭
14、散斗	29、替木
15、四層柱頭枋	

大雄殿內槽轉角鋪作　（I）編號

1、櫨斗	17、散斗
2、散斗	18、四層柱頭枋外帶華栱
3、散斗	19、四層柱頭枋外帶華栱
4、一層柱頭枋	20、散斗
5、一層柱頭枋	21、散斗
6、散斗	22、交互斗
7、散斗	23、交互斗
8、平盤斗	24、五層柱頭枋外帶批竹昂
9、平盤斗	25、五層柱頭枋外帶批竹昂
10、二層柱頭枋	26、散斗
11、二層柱頭枋	27、散斗
12、散斗	28、交互斗
13、散斗	29、交互斗
14、三層柱頭枋	30、替木
15、三層柱頭枋	31、替木
16、散斗	

七四　大雄殿內槽斗栱分件編號圖一

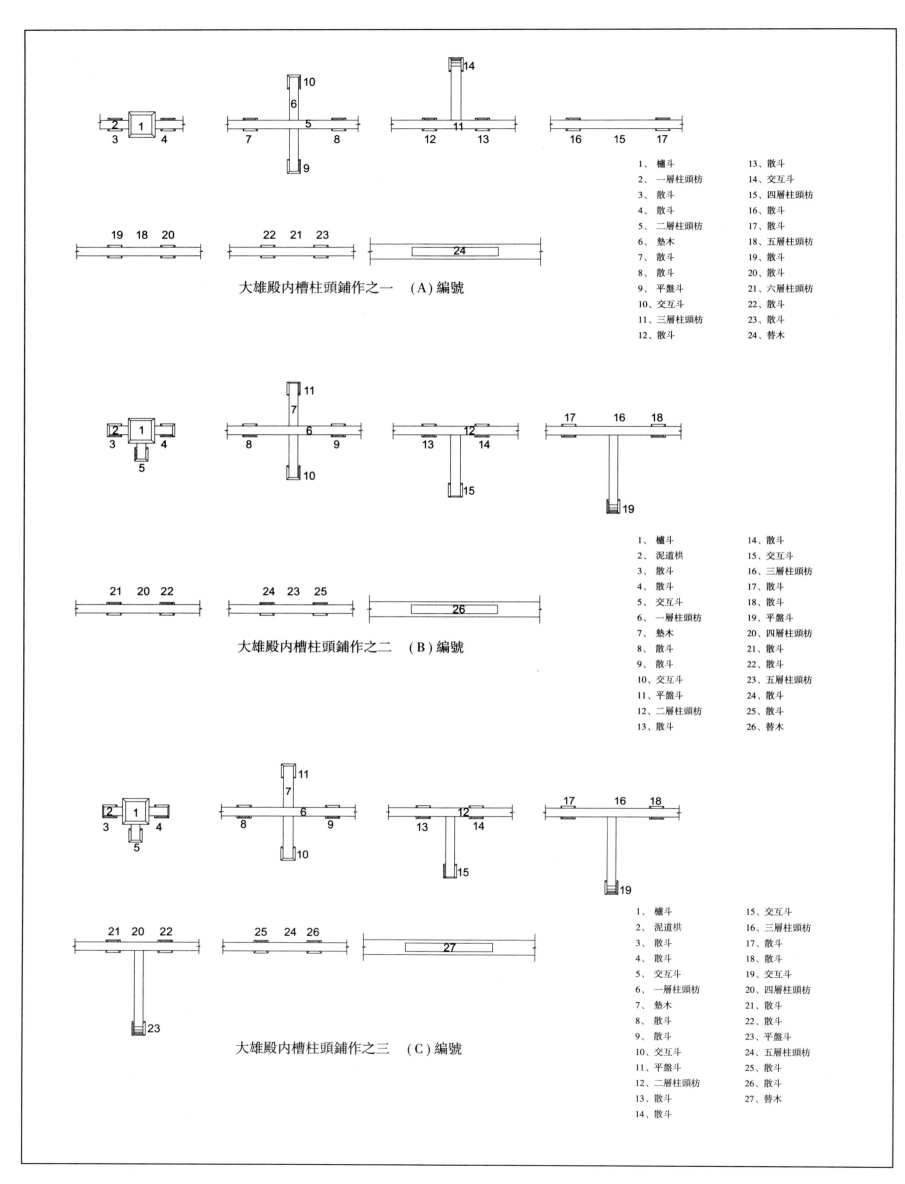

大雄殿內槽柱頭鋪作之一　（A）編號

1、櫨斗　　　　　13、散斗
2、一層柱頭枋　14、交互斗
3、散斗　　　　　15、四層柱頭枋
4、散斗　　　　　16、散斗
5、二層柱頭枋　17、散斗
6、墊木　　　　　18、五層柱頭枋
7、散斗　　　　　19、散斗
8、散斗　　　　　20、散斗
9、平盤斗　　　　21、六層柱頭枋
10、交互斗　　　22、散斗
11、三層柱頭枋　23、散斗
12、散斗　　　　24、替木

大雄殿內槽柱頭鋪作之二　（B）編號

1、櫨斗　　　　　14、散斗
2、泥道栱　　　　15、交互斗
3、散斗　　　　　16、三層柱頭枋
4、散斗　　　　　17、散斗
5、交互斗　　　　18、散斗
6、一層柱頭枋　19、平盤斗
7、墊木　　　　　20、四層柱頭枋
8、散斗　　　　　21、散斗
9、散斗　　　　　22、散斗
10、交互斗　　　23、五層柱頭枋
11、平盤斗　　　24、散斗
12、二層柱頭枋　25、散斗
13、散斗　　　　26、替木

大雄殿內槽柱頭鋪作之三　（C）編號

1、櫨斗　　　　　15、交互斗
2、泥道栱　　　　16、三層柱頭枋
3、散斗　　　　　17、散斗
4、散斗　　　　　18、散斗
5、交互斗　　　　19、交互斗
6、一層柱頭枋　20、四層柱頭枋
7、墊木　　　　　21、散斗
8、散斗　　　　　22、散斗
9、散斗　　　　　23、平盤斗
10、交互斗　　　24、五層柱頭枋
11、平盤斗　　　25、散斗
12、二層柱頭枋　26、散斗
13、散斗　　　　27、替木
14、散斗

七五　大雄殿內槽斗栱分件編號圖二

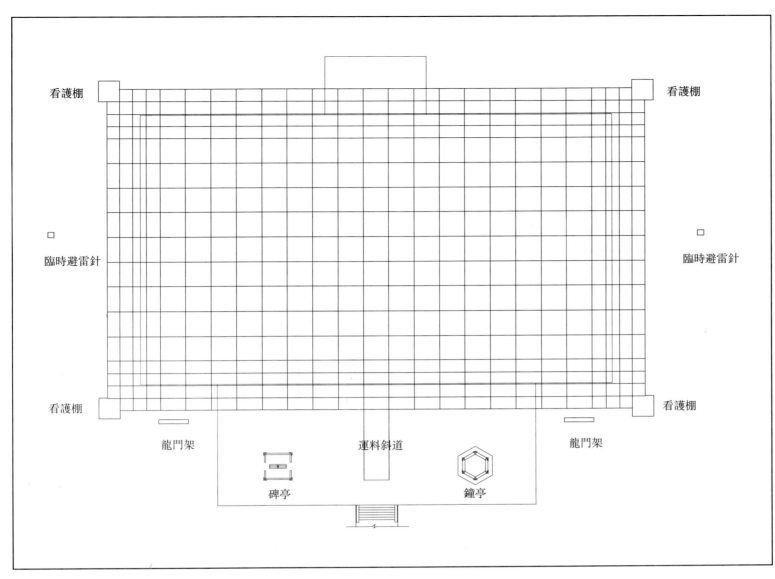

看護棚　　　　　　　　　　　　　　　　　　　　　　　　看護棚

臨時避雷針　　　　　　　　　　　　　　　　　　　　　　臨時避雷針

看護棚　　　　　　　　　　　　　　　　　　　　　　　　看護棚

龍門架　　　　　　運料斜道　　　　　　龍門架

碑亭　　　　　　　　　　鐘亭

七六　大雄殿防護棚平面

七七　大雄殿防護棚正立面

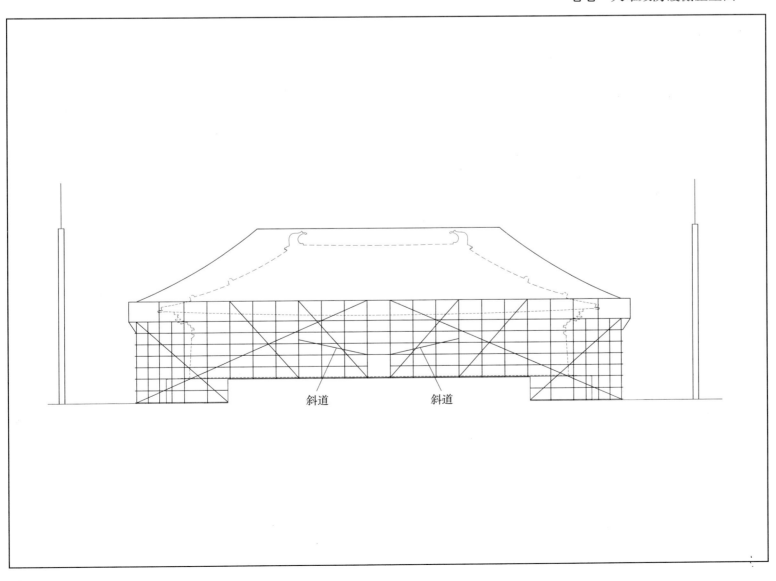

斜道　　　　斜道

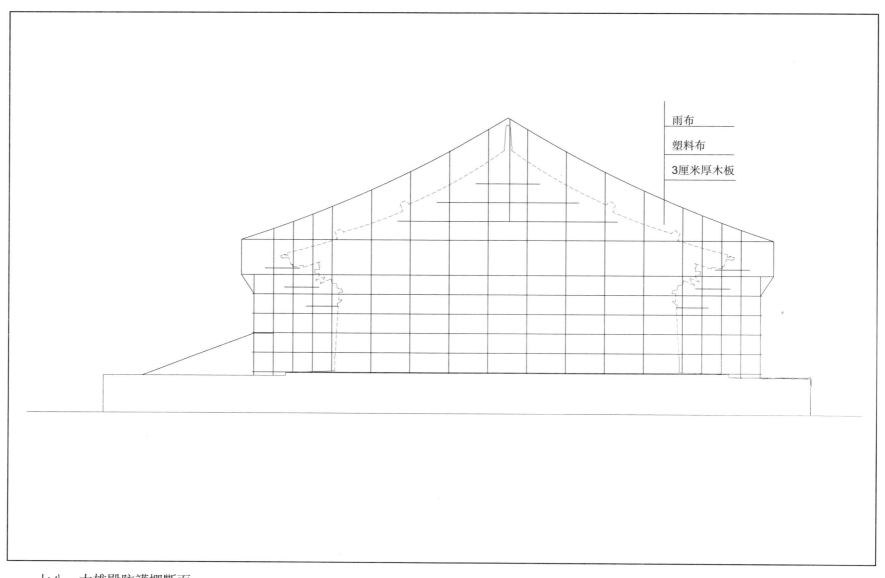

雨布
塑料布
3厘米厚木板

七八　大雄殿防護棚斷面

七九　大雄殿塑像保護棚斷面

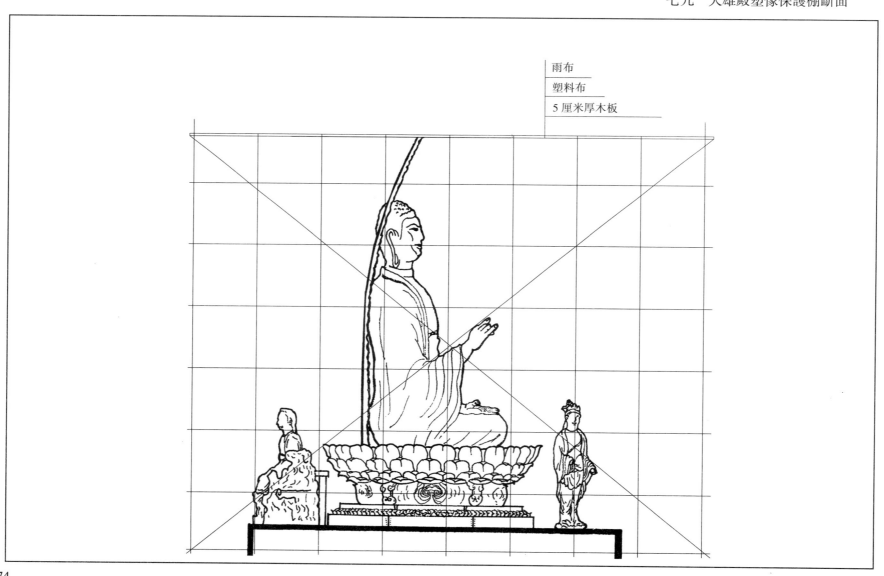

雨布
塑料布
5厘米厚木板

274

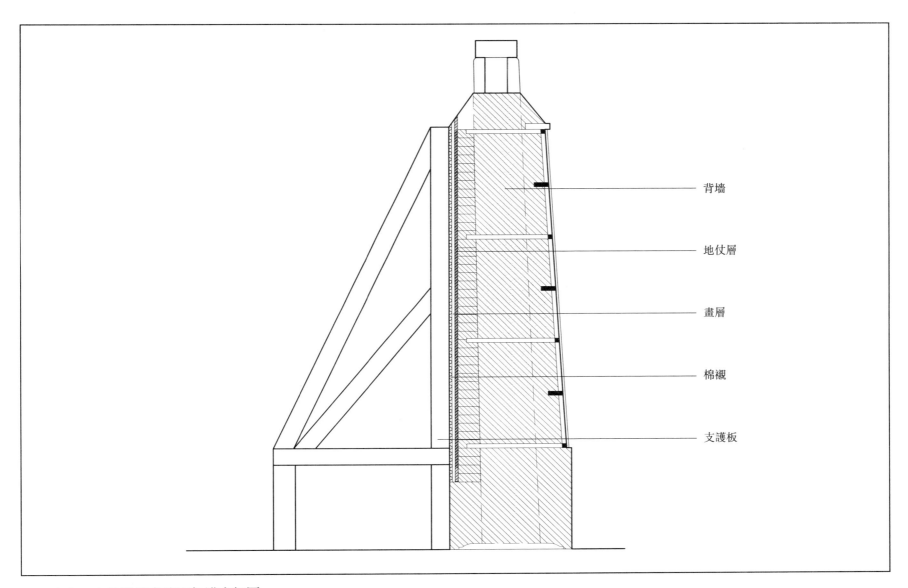

背墙

地仗層

畫層

棉襯

支護板

八〇　大雄殿壁畫壁面保護支架圖

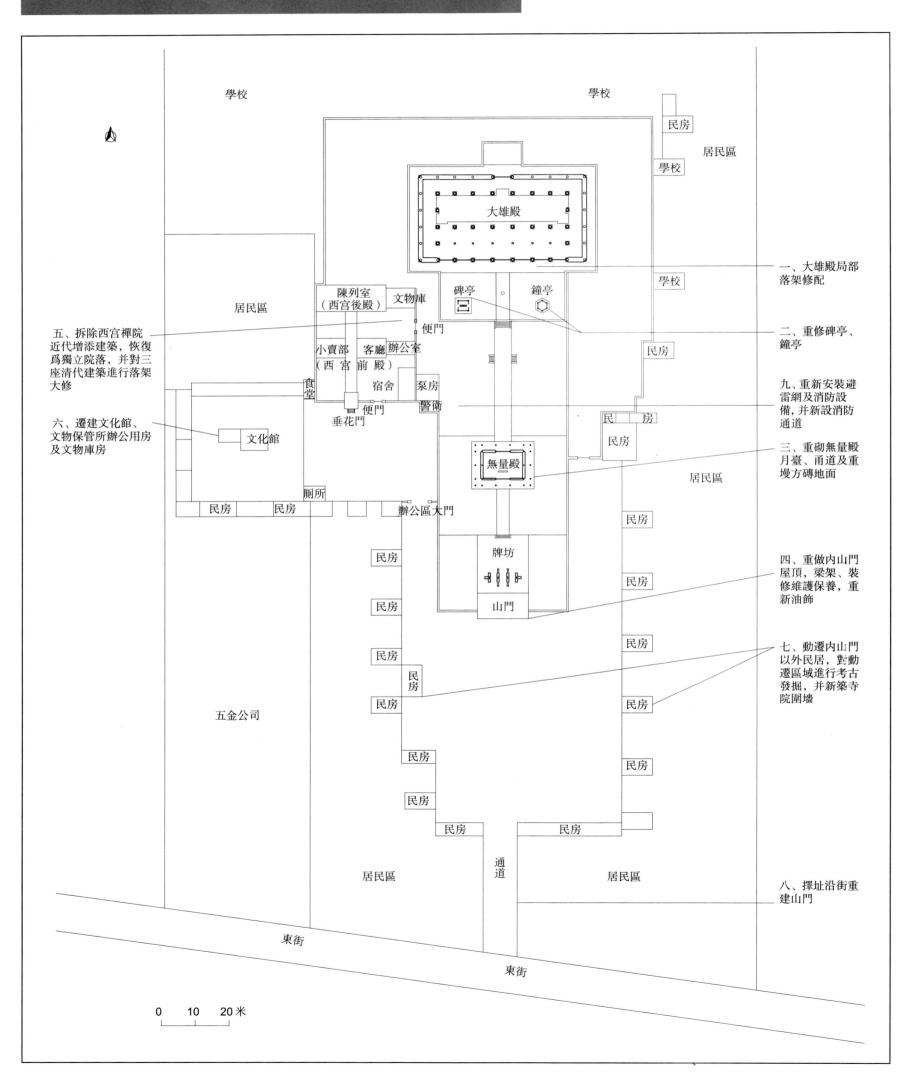

八一　奉國寺維修方案總平面圖

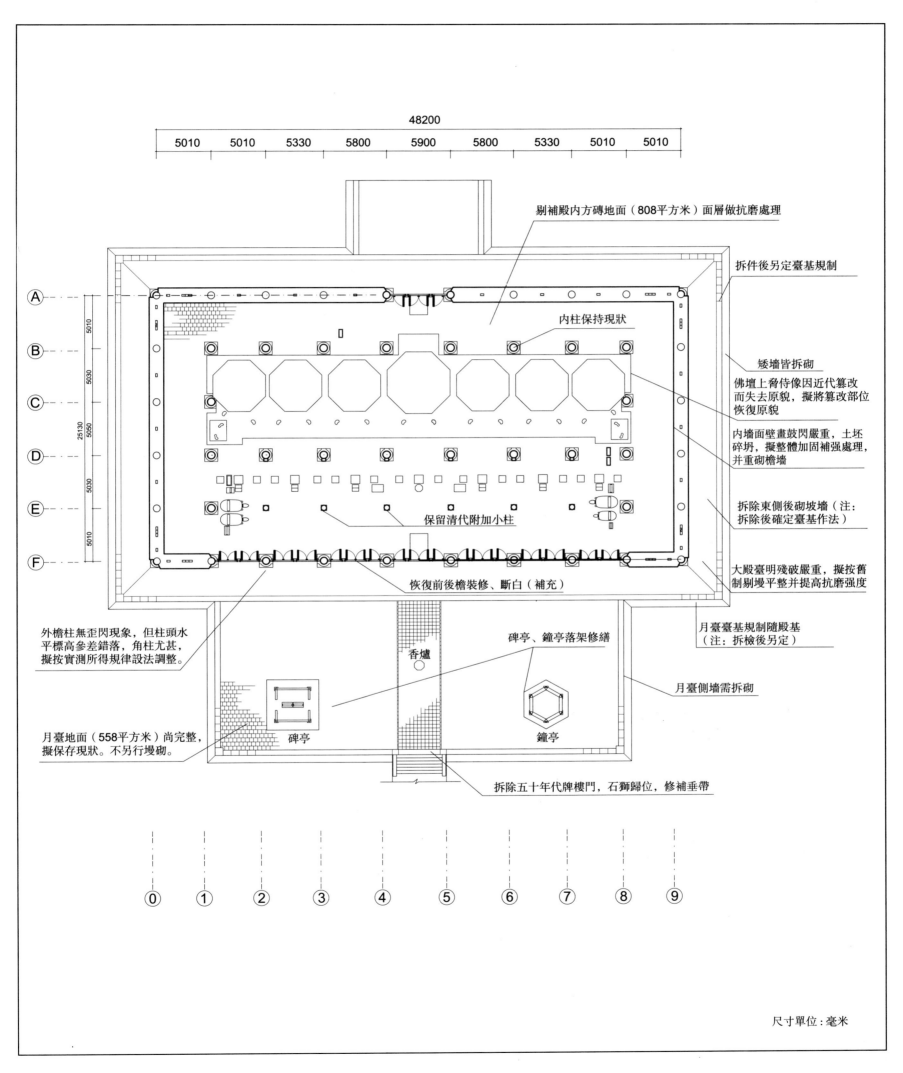

48200

| 5010 | 5010 | 5330 | 5800 | 5900 | 5800 | 5330 | 5010 | 5010 |

剔補殿内方磚地面（808平方米）面層做抗磨處理

拆件後另定臺基規制

内柱保持現狀

矮墙皆拆砌

佛壇上脅侍像因近代篡改而失去原貌，擬將篡改部位恢復原貌

内墙面壁畫鼓閃嚴重，土坯碎坍，擬整體加固補强處理，并重砌檐墙

拆除東側後砌坡墙（注：拆除後確定臺基作法）

保留清代附加小柱

恢復前後檐裝修、斷白（補充）

大殿臺明殘破嚴重，擬按舊制剔壄平整并提高抗磨强度

外檐柱無歪閃現象，但柱頭水平標高參差錯落，角柱尤甚，擬按實測所得規律設法調整。

碑亭、鐘亭落架修繕

月臺臺基規制隨殿基（注：拆檢後另定）

月臺側墙需拆砌

香爐

碑亭

鐘亭

月臺地面（558平方米）尚完整，擬保存現狀。不另行壄砌。

拆除五十年代牌樓門，石獅歸位，修補垂帶

尺寸單位：毫米

八二　大雄殿平面設計圖

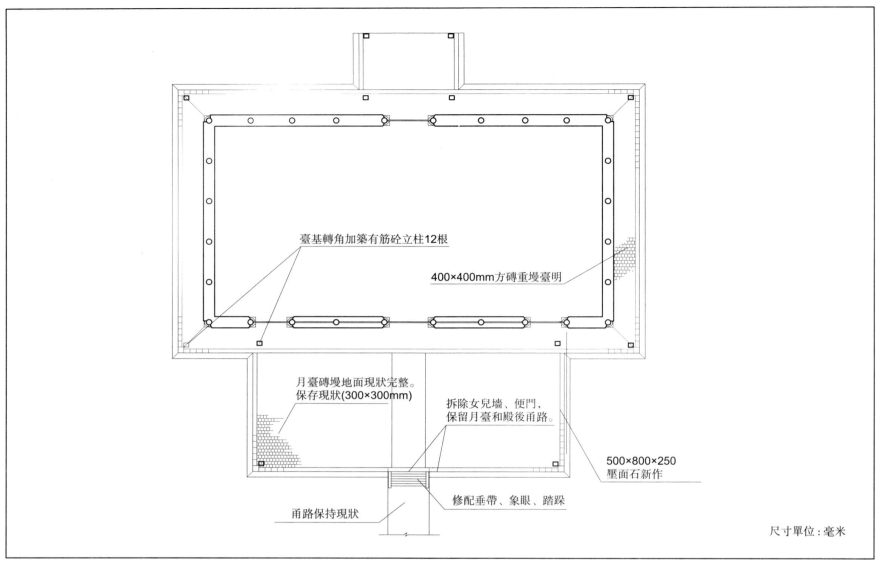

臺基轉角加築有筋砼立柱12根

400×400mm方磚重墁臺明

月臺磚墁地面現狀完整。
保存現狀(300×300mm)

拆除女兒墻、便門、
保留月臺和殿後甬路。

500×800×250
壓面石新作

甬路保持現狀

修配垂帶、象眼、踏跺

尺寸單位：毫米

八三　大雄殿臺基平面改造設計圖

八四　大雄殿臺基改造設計詳圖

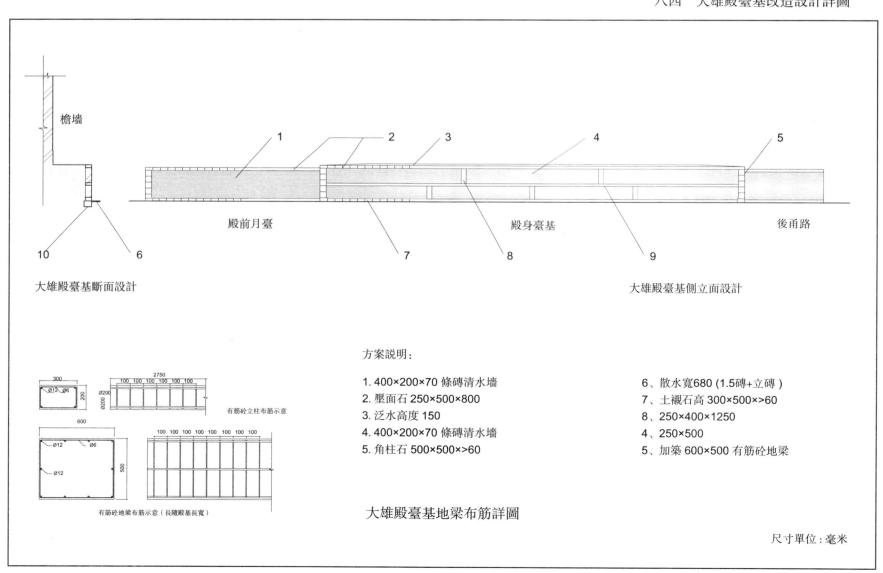

檐墻

殿前月臺　　　殿身臺基　　　後甬路

大雄殿臺基斷面設計

大雄殿臺基側立面設計

有筋砼立柱布筋示意

有筋砼地梁布筋示意（長隨殿基長寬）

大雄殿臺基地梁布筋詳圖

方案説明：

1. 400×200×70 條磚清水墻
2. 壓面石 250×500×800
3. 泛水高度 150
4. 400×200×70 條磚清水墻
5. 角柱石 500×500×>60

6、散水寬680（1.5磚+立磚）
7、土襯石高 300×500×>60
8、250×400×1250
4、250×500
5、加築 600×500 有筋砼地梁

尺寸單位：毫米

278

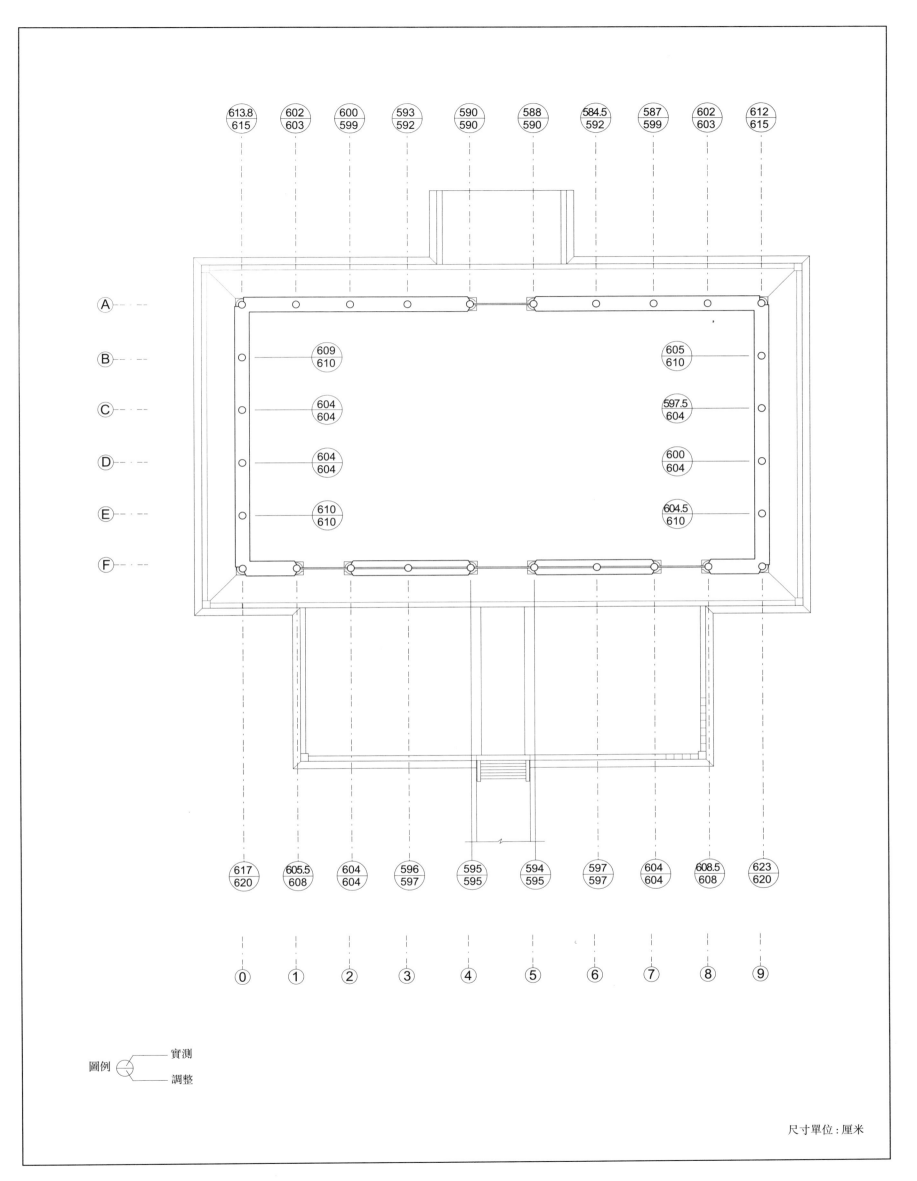

圖例 ⊖ 實測 調整

尺寸單位：厘米

八五　大雄殿檐柱柱高調整方案圖

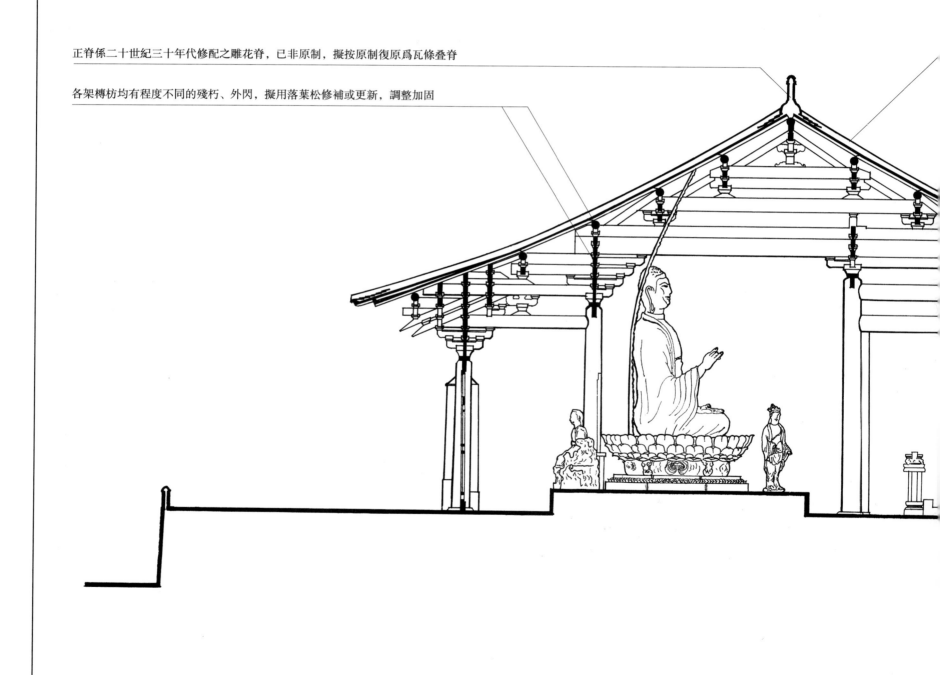

28720

| 1910 | 2240 | 2740 | 2530 | 2450 | 2490 |

正脊係二十世紀三十年代修配之雕花脊，已非原制，擬按原制復原爲瓦條叠脊

各架槫枋均有程度不同的殘朽、外閃，擬用落葉松修補或更新，調整加固

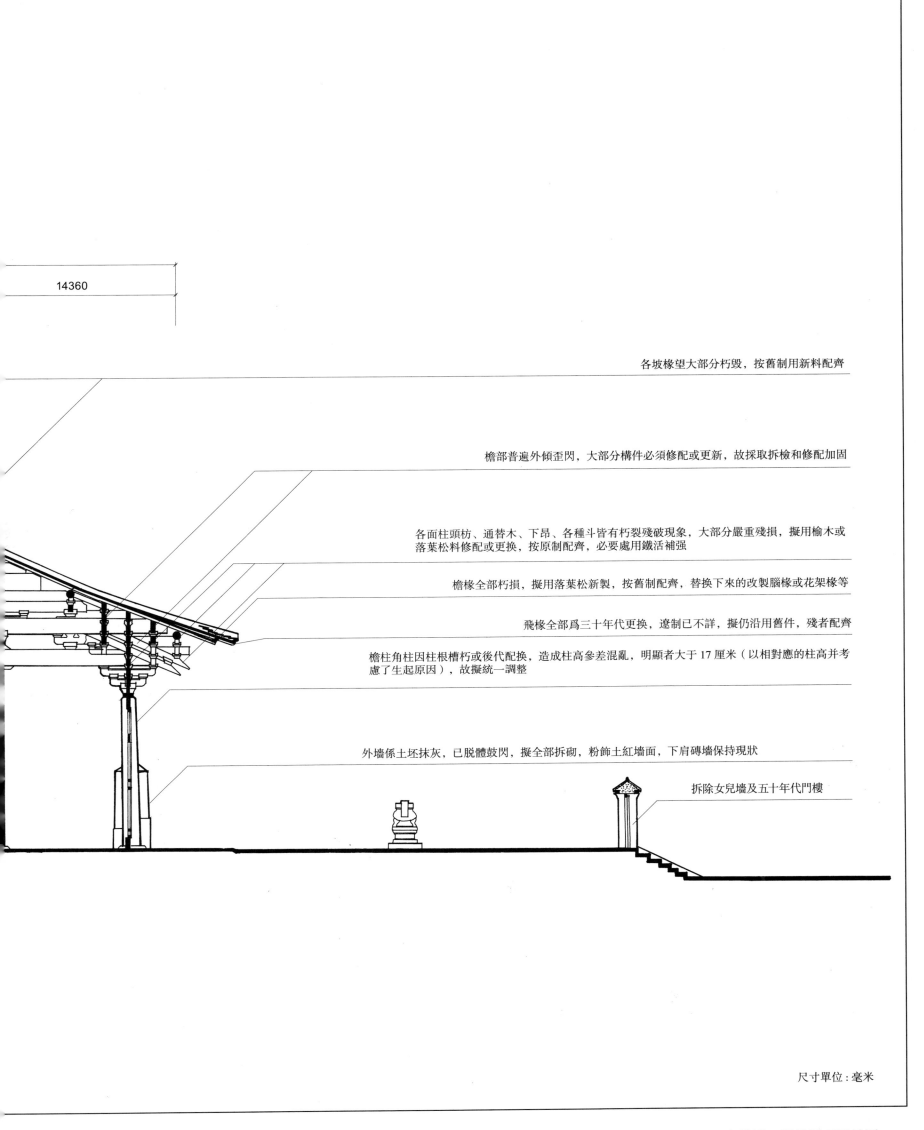

14360

各坡椽望大部分朽毁，按舊制用新料配齊

檐部普遍外傾歪閃，大部分構件必須修配或更新，故採取拆檢和修配加固

各面柱頭枋、通替木、下昂、各種斗皆有朽裂殘破現象，大部分嚴重殘損，擬用榆木或落葉松料修配或更換，按原制配齊，必要處用鐵活補强

檐椽全部朽損，擬用落葉松新製，按舊制配齊，替換下來的改製腦椽或花架椽等

飛椽全部爲三十年代更換，邊制已不詳，擬仍沿用舊件，殘者配齊

檐柱角柱因柱根槽朽或後代配換，造成柱高參差混亂，明顯者大于17厘米（以相對應的柱高并考慮了生起原因），故擬統一調整

外墙係土坯抹灰，已脱體鼓閃，擬全部拆砌，粉飾土紅墙面，下肩磚墙保持現狀

拆除女兒墙及五十年代門樓

尺寸單位：毫米

八六　大雄殿心間橫斷面設計圖

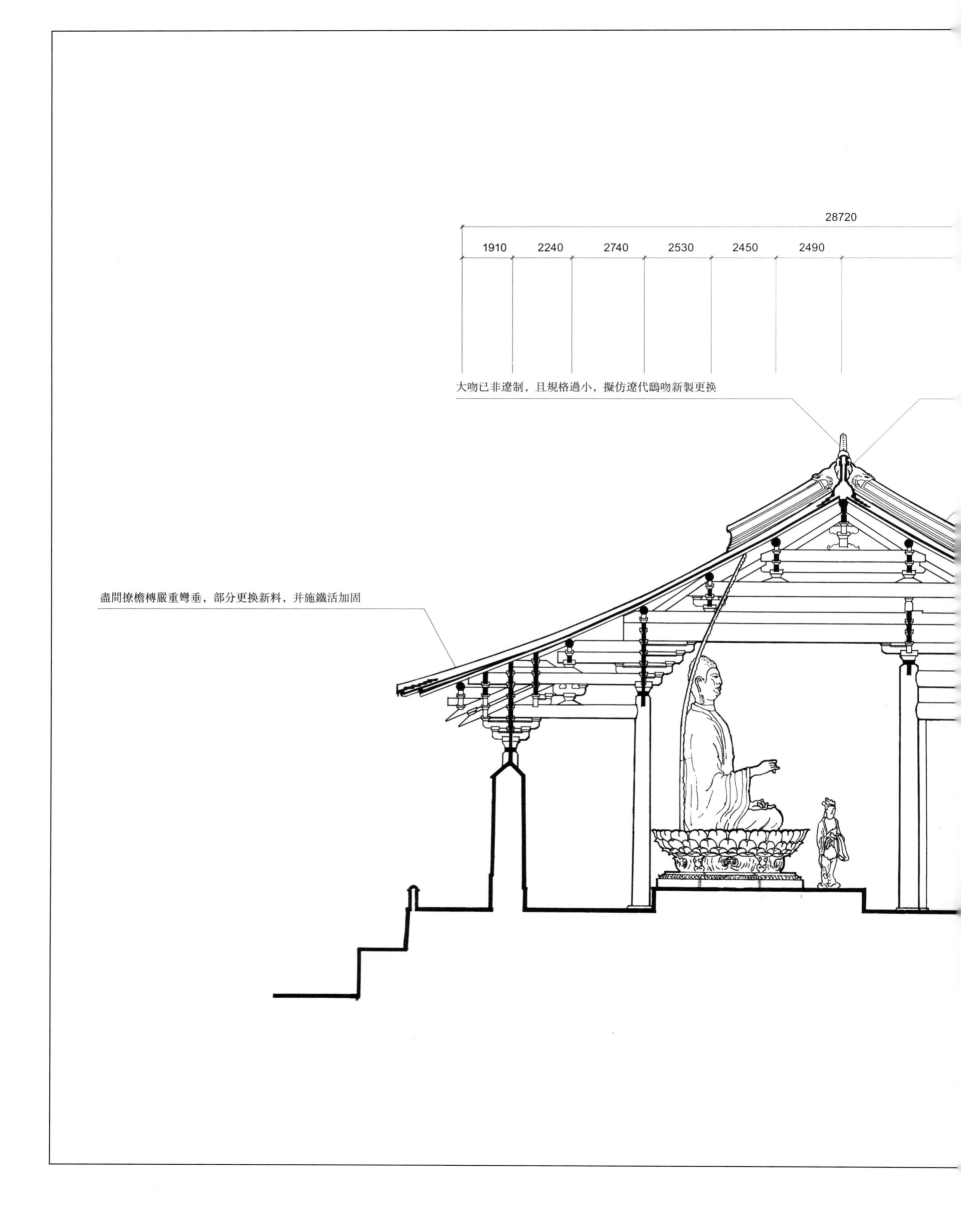

28720

1910	2240	2740	2530	2450	2490

大吻已非遼制，且規格過小，擬仿遼代鴟吻新製更換

盡間撩檐槫嚴重彎垂，部分更換新料，并施鐵活加固

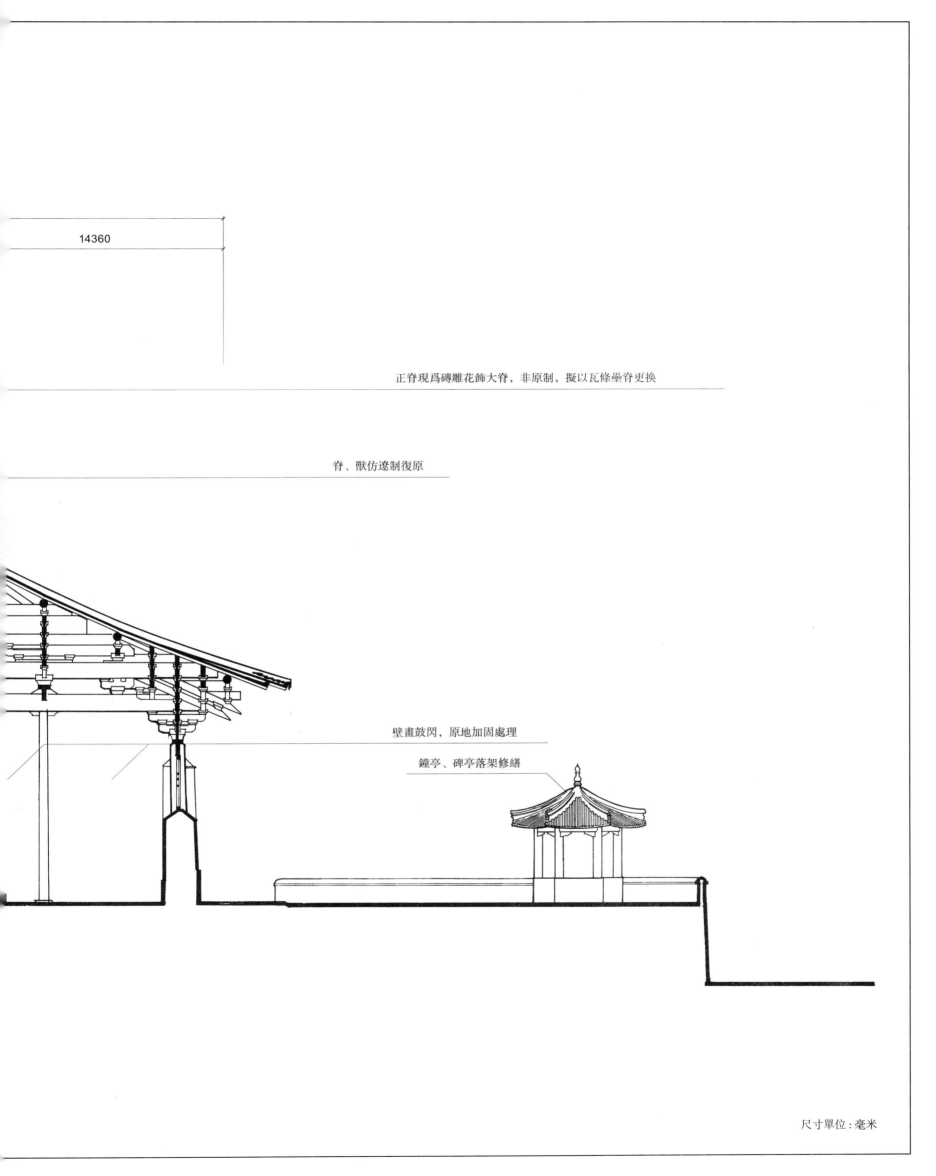

14360

正脊現爲磚雕花飾大脊，非原制，擬以瓦條壘脊更換

脊、獸仿遼制復原

壁畫鼓閃，原地加固處理

鐘亭、碑亭落架修繕

尺寸單位：毫米

八七　大雄殿梢間橫斷面設計圖

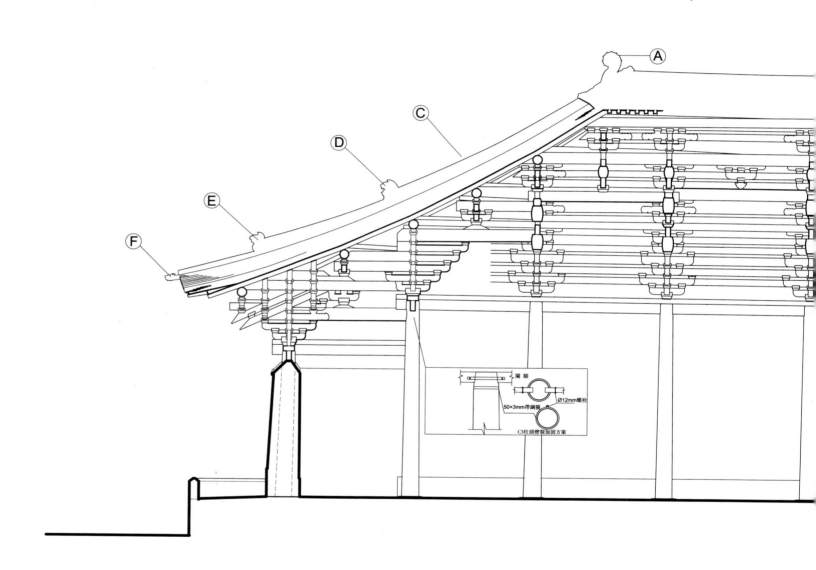

Ⓐ Ⓐ —— 正吻係磚作卷曲龍體形形, 規格、制度及造型皆與大雄殿制度極不諧調。係後代移他處者拼湊而成, 擬仿薊縣獨樂寺山門鴟吻燒製（詳方案）

Ⓑ —— 正脊係磚作龍鳳花脊筒構成, 與本殿時代特徵不够協調, 且殘損嚴重, 規格、格調失調, 擬按早期風格改成瓦條脊（詳方案）

Ⓒ Ⓒ —— 垂脊主體爲磚作雕花脊, 亦屬晚期作品, 失去遼代特徵, 擬與正脊協調, 改作瓦條脊（詳方案）

Ⓓ Ⓓ
Ⓔ Ⓔ —— 垂首有兩種造型, 皆爲昂首突胸式, 磚作, 若薊縣獨樂寺山門鴟吻脊獸之風, 可能屬本寺其他建築的殘存物, 擬按原物燒補或修配（詳方案）

Ⓕ Ⓕ —— 四角套獸原磚作失存, 現皆屬木板雕成龍首魚嘴式釘在子角梁前端或兩頰, 造型顯古樸之韻, 擬按其造型仿燒磚作（詳方案）

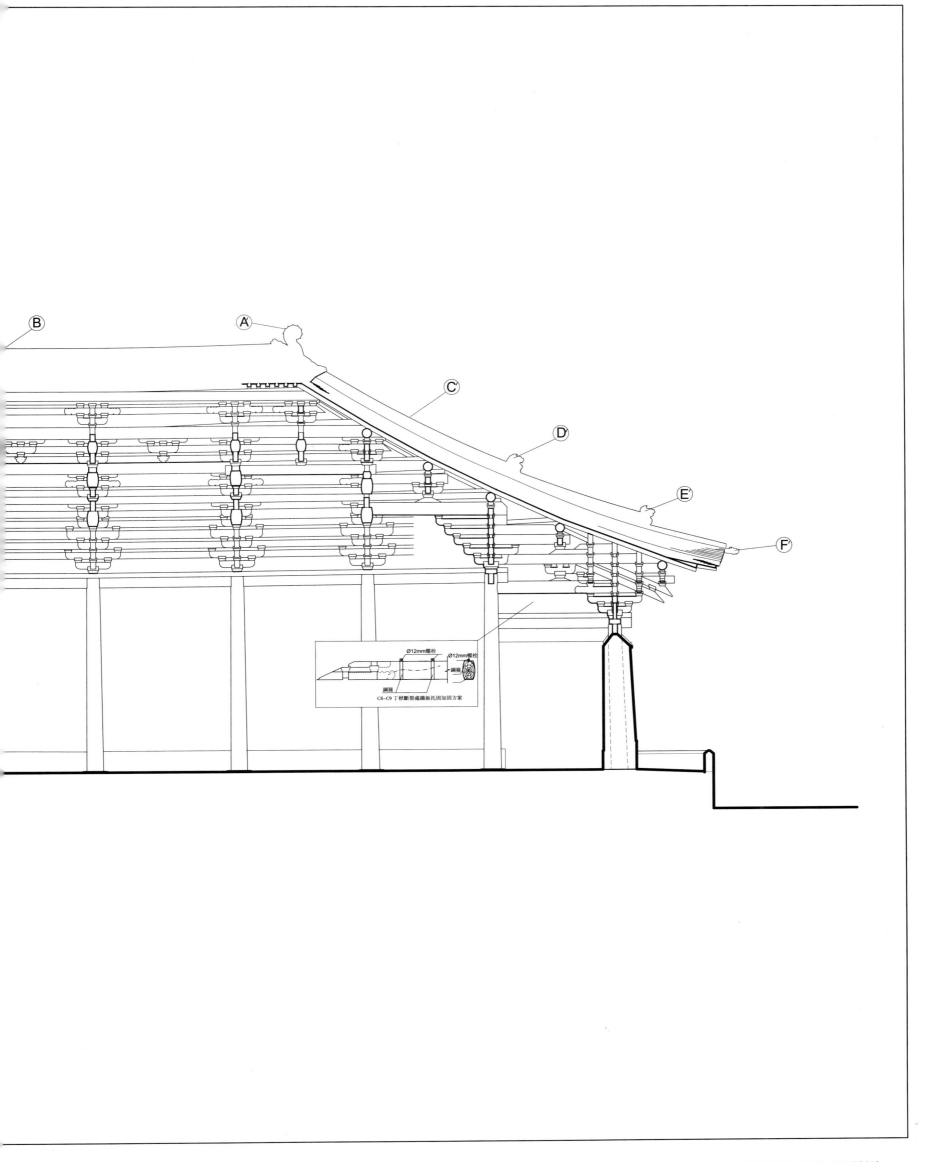

Ⓑ　　　　　　　Ⓐ′

Ⓒ′

Ⓓ

Ⓔ′

Ⓕ′

Ø12mm螺栓　　　Ø12mm螺栓

鋼箍

鋼箍

C8-C9 丁栿斷裂處踢板托固加固方案

八八　大雄殿後視縱斷面設計圖

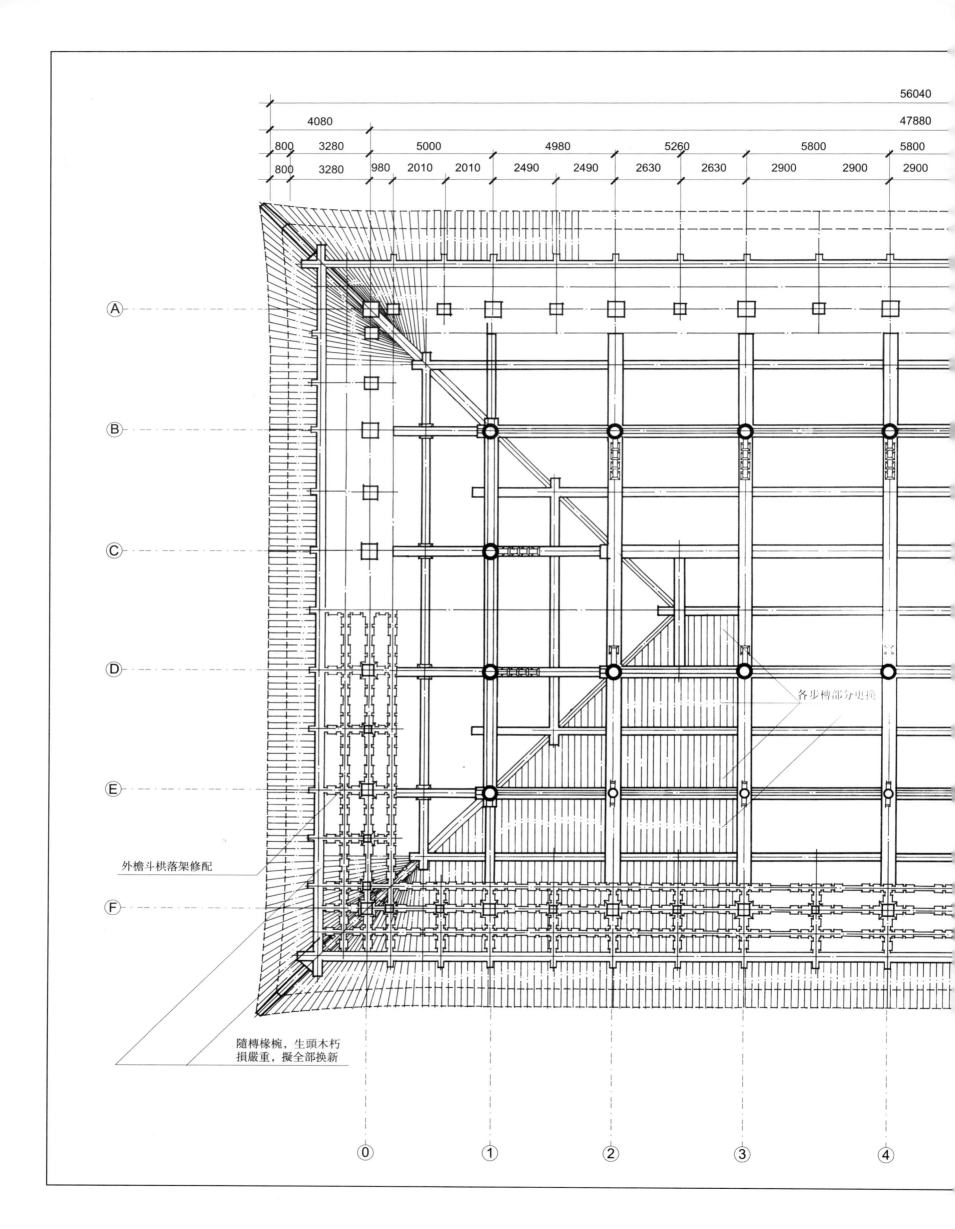

外檐斗栱落架修配

隨栿椽椀，生頭木朽
損嚴重，擬全部換新

各步枋部分更換

56040
47880
4080
800　3280　　　5000　　　　4980　　　　5260　　　　5800　　5800
800　3280　980　2010　2010　2490　2490　2630　2630　2900　2900　2900

Ⓐ
Ⓑ
Ⓒ
Ⓓ
Ⓔ
Ⓕ

⓪　　①　　②　　③　　④

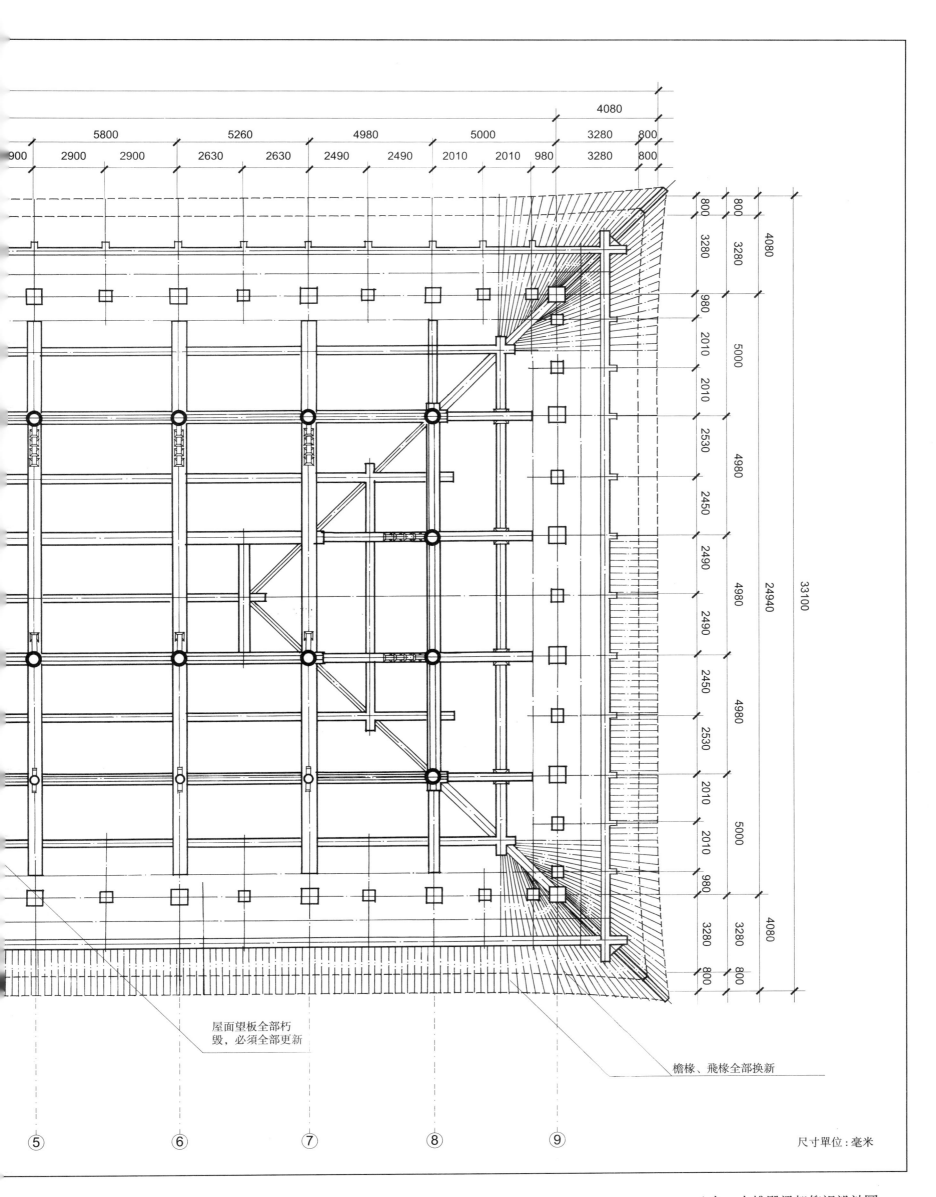

屋面望板全部朽
毁，必須全部更新

檐椽、飛椽全部換新

⑤　⑥　⑦　⑧　⑨

尺寸單位：毫米

八九　大雄殿梁架仰視設計圖

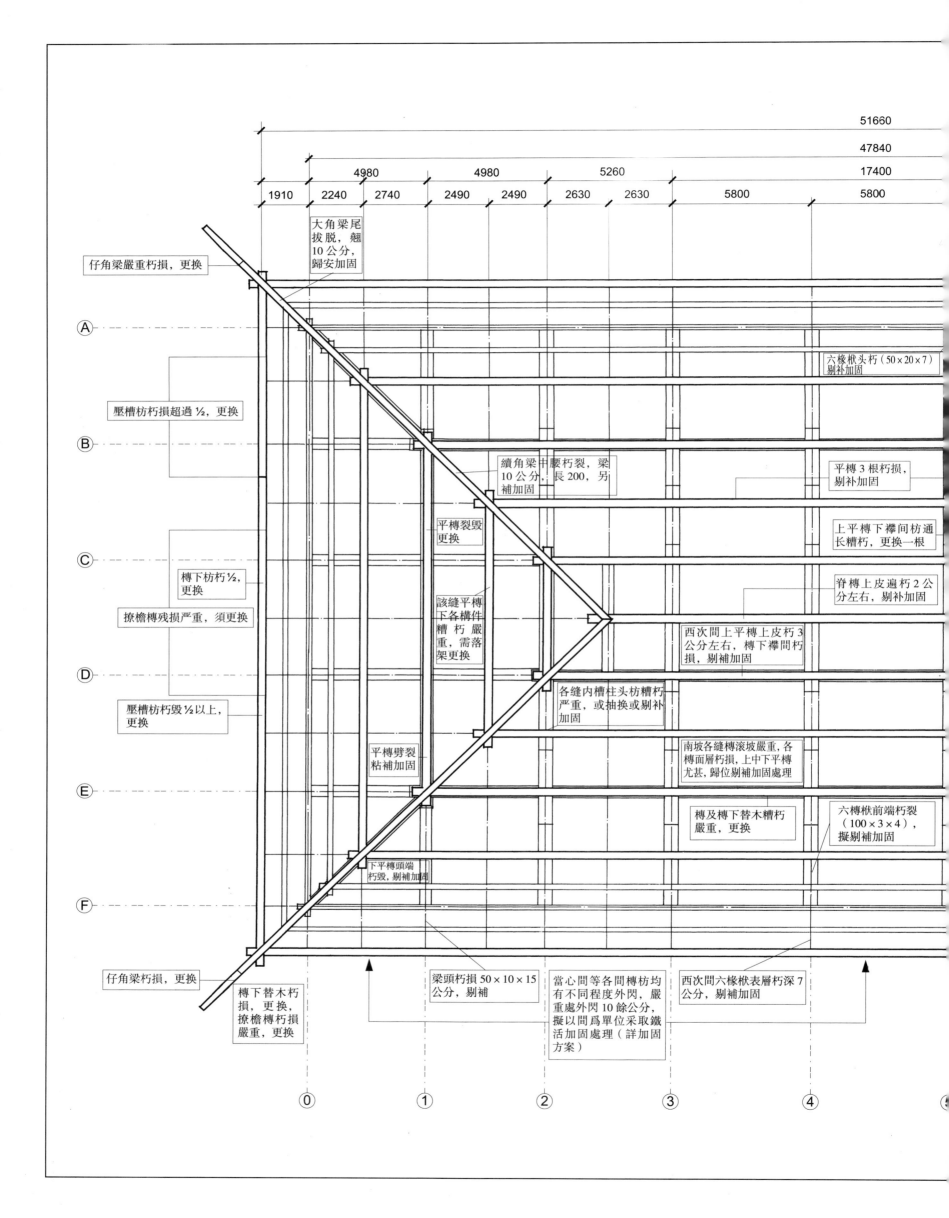

仔角梁嚴重朽損，更換

大角梁尾拔脱，翹10公分，歸安加固

壓槽枋朽損超過 ½，更換

續角梁中腰朽裂，梁10公分，長200，另補加固

平槫裂毀更換

該縫平槫下各構件糟朽嚴重，需落架更換

榑下枋朽½，更換

撩檐槫殘損嚴重，須更換

壓槽枋朽毀½以上，更換

平槫劈裂粘補加固

下平槫頭端朽毀，剔補加固

仔角梁朽損，更換

榑下替木朽損，更換，撩檐槫朽損嚴重，更換

梁頭朽損50×10×15公分，剔補

當心間等各間榑枋均有不同程度外閃，嚴重處外閃10餘公分，擬以間爲單位采取鐵活加固處理（詳加固方案）

西次間六椽栿表層朽深7公分，剔補加固

六椽栿頭朽（50×20×7）剔補加固

平榑3根朽損，剔補加固

上平榑下襻間枋通长糟朽，更換一根

脊榑上皮遍朽2公分左右，剔補加固

西次間上平榑上皮朽3公分左右，榑下襻間朽損，剔補加固

各縫内槽柱头枋糟朽严重，或抽换或剔補加固

南坡各縫榑滚坡嚴重，各榑面層朽損，上中下平榑尤甚，歸位剔補加固處理

榑及榑下替木糟朽嚴重，更換

六椽栿前端朽裂（100×3×4），擬剔補加固

51660

47840

17400

4980   4980   5260

1910 2240 2740 2490 2490 2630 2630 5800 5800

Ⓐ Ⓑ Ⓒ Ⓓ Ⓔ Ⓕ

⓪ ① ② ③ ④

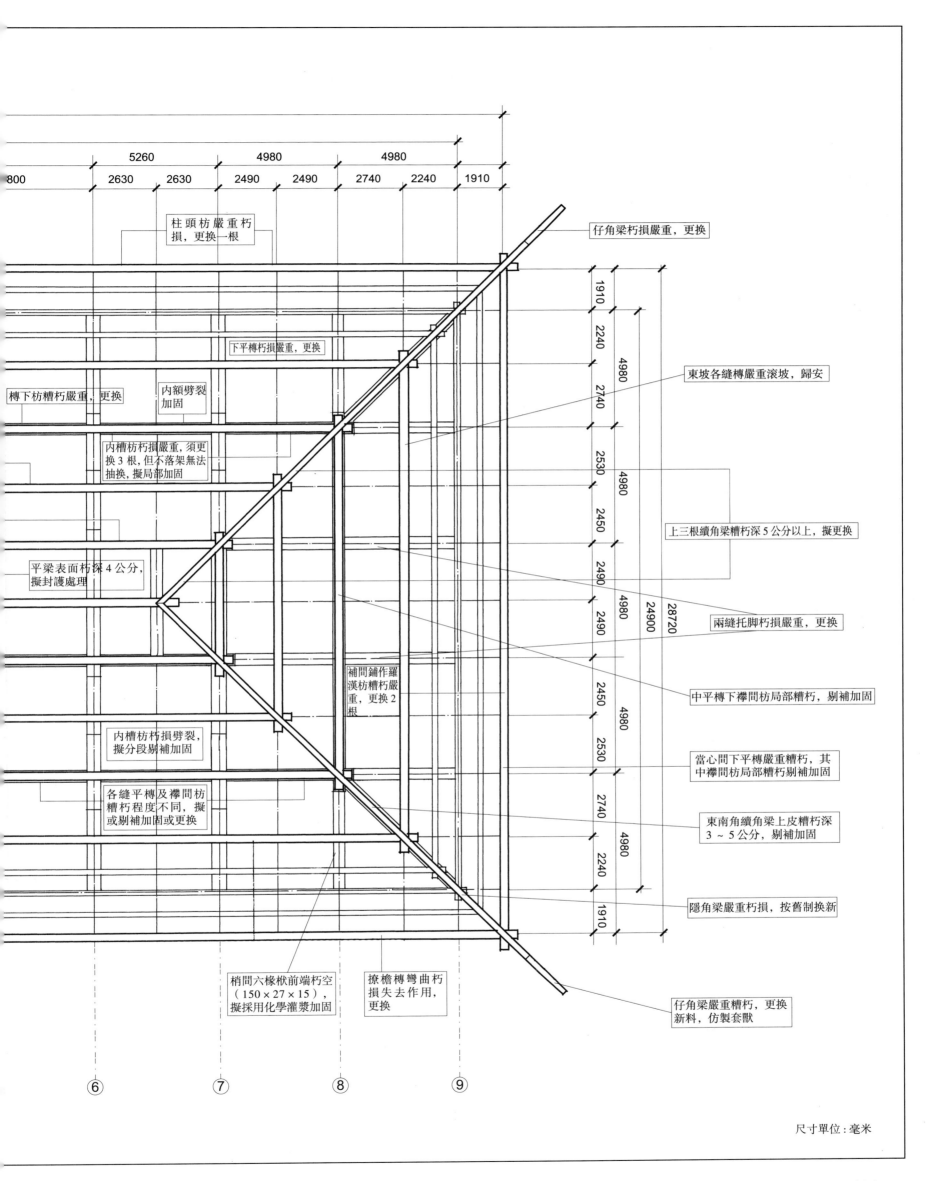

柱頭枋嚴重朽損，更換一根

仔角梁朽損嚴重，更換

下平槫朽損嚴重，更換

東坡各縫槫嚴重滾坡，歸安

槫下枋糟朽嚴重，更換

內額劈裂加固

內槽枋朽損嚴重，須更換3根，但不落架無法抽換，擬局部加固

上三根續角梁糟朽深5公分以上，擬更換

平梁表面朽深4公分，擬封護處理

兩縫托腳朽損嚴重，更換

補間鋪作羅漢枋糟朽嚴重，更換2根

中平槫下襻間枋局部糟朽，剔補加固

內槽枋朽損劈裂，擬分段剔補加固

當心間下平槫嚴重糟朽，其中襻間枋局部糟朽剔補加固

各縫平槫及襻間枋糟朽程度不同，擬或剔補加固或更換

東南角續角梁上皮糟朽深3～5公分，剔補加固

隱角梁嚴重朽損，按舊制換新

梢間六椽栿前端朽空（150×27×15），擬採用化學灌漿加固

撩簷槫彎曲朽損失去作用，更換

仔角梁嚴重糟朽，更換新料，仿製套獸

尺寸單位：毫米

九〇　大雄殿梁架俯視設計圖

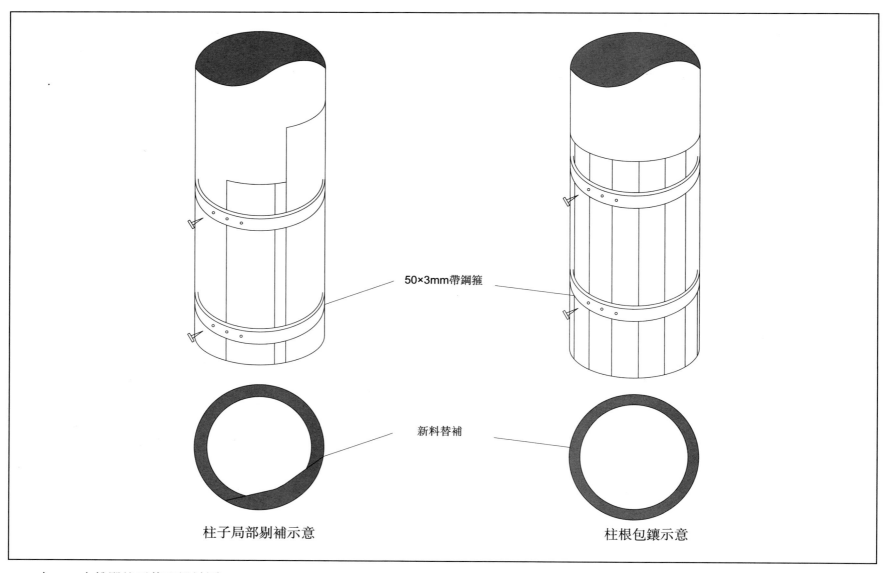

50×3mm帶鋼箍

新料替補

柱子局部剔補示意　　　　　　　　柱根包鑲示意

九一　大雄殿柱子修配設計圖

九二　大雄殿柱子墩接設計圖

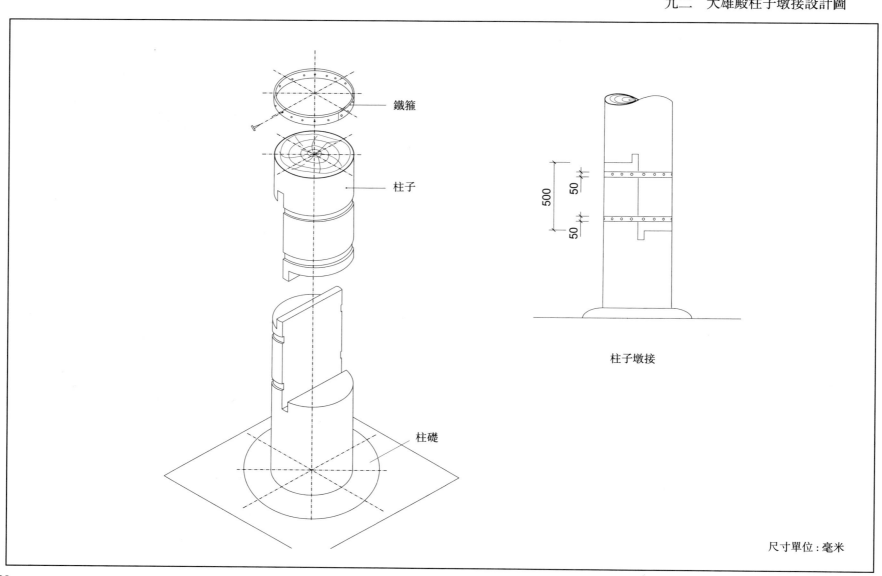

鐵箍

柱子

柱礎

柱子墩接

500

50

50

尺寸單位：毫米

290

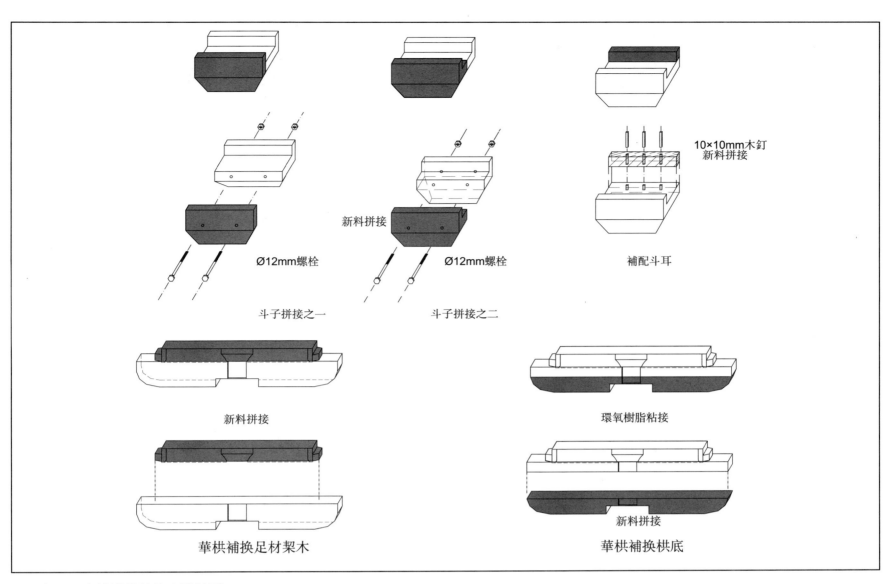

Ø12mm螺栓　　　　　　新料拼接　Ø12mm螺栓

10×10mm木釘
新料拼接

補配斗耳

斗子拼接之一　　　　斗子拼接之二

新料拼接　　　　　　　　　　　　環氧樹脂粘接

新料拼接

華栱補換足材栔木　　　　　　　華栱補換栱底

九三　大雄殿構件修配設計圖一

九四　大雄殿構件修配設計圖二

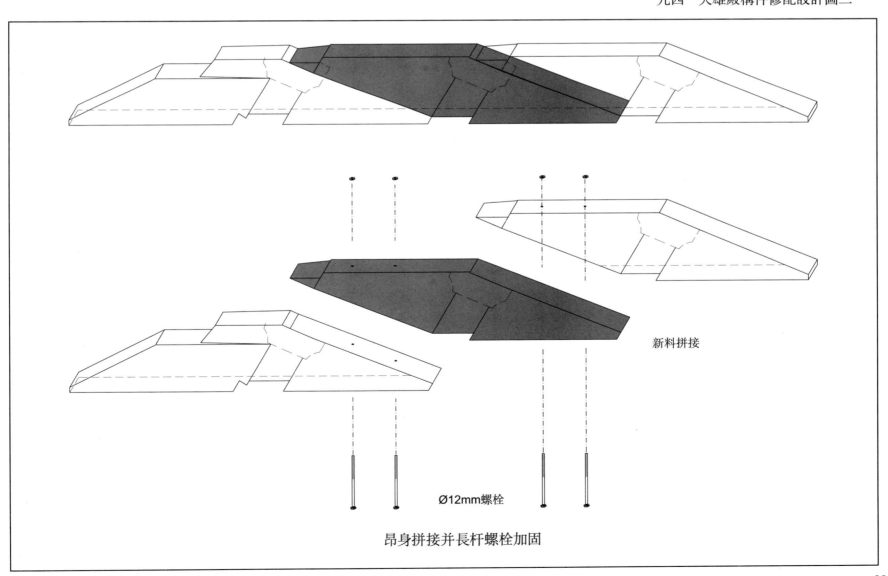

新料拼接

Ø12mm螺栓

昂身拼接并長杆螺栓加固

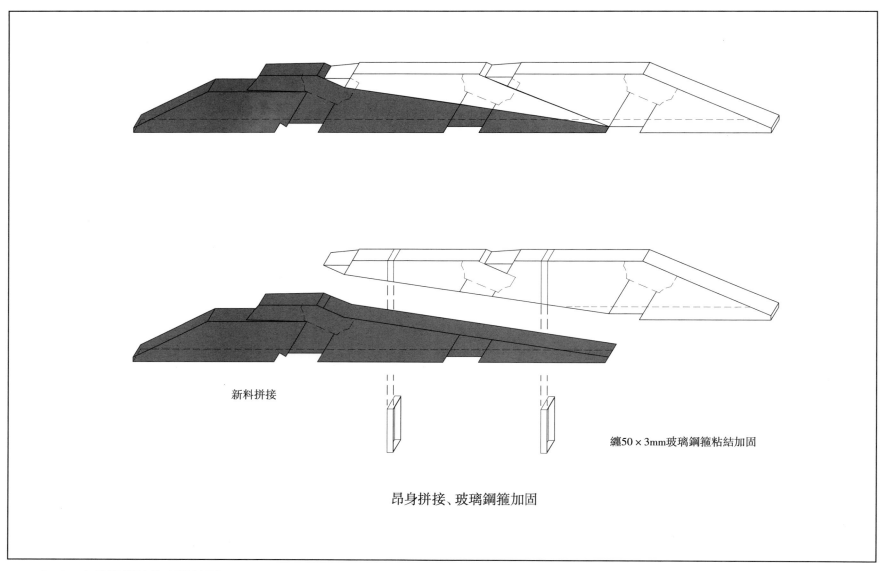

新料拼接

纏50×3mm玻璃鋼箍粘結加固

昂身拼接、玻璃鋼箍加固

九五　大雄殿構件修配設計圖三

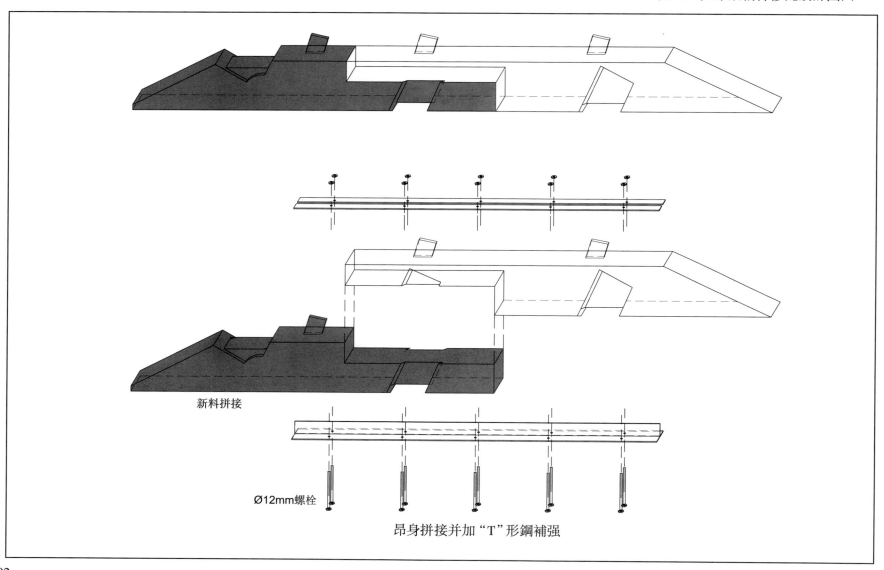

新料拼接

Ø12mm螺栓

昂身拼接并加"T"形鋼補强

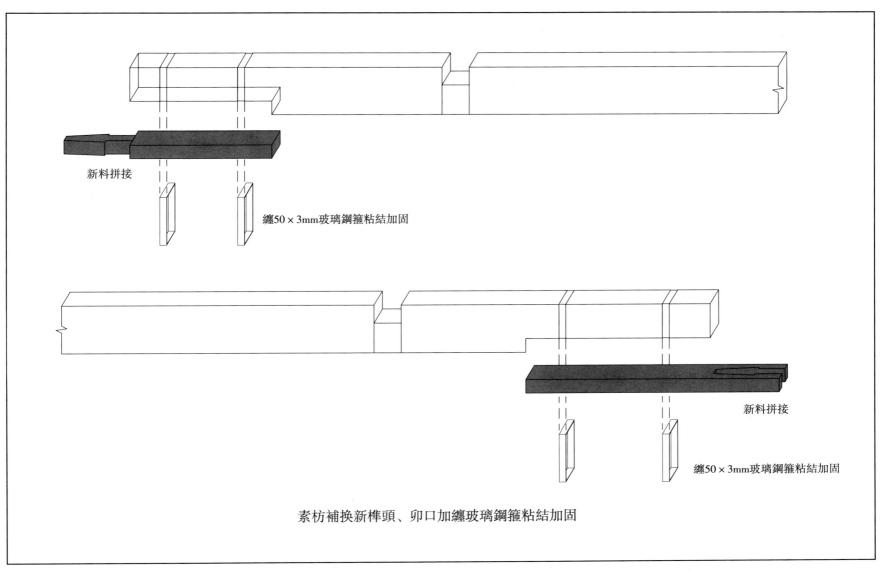

新料拼接

纏50×3mm玻璃鋼箍粘結加固

新料拼接

纏50×3mm玻璃鋼箍粘結加固

素枋補換新榫頭、卯口加纏玻璃鋼箍粘結加固

九七　大雄殿構件修配設計圖五

九八　大雄殿構件修配設計圖六

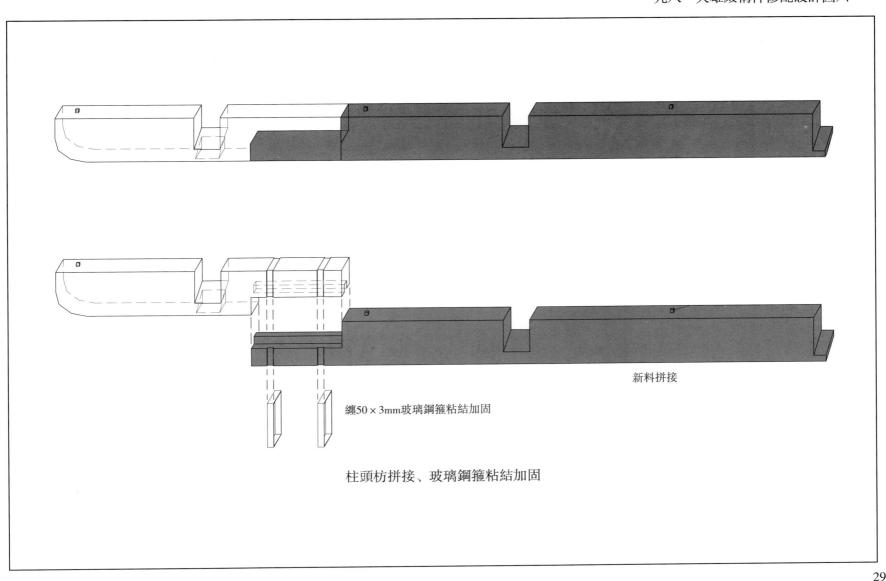

纏50×3mm玻璃鋼箍粘結加固

新料拼接

柱頭枋拼接、玻璃鋼箍粘結加固

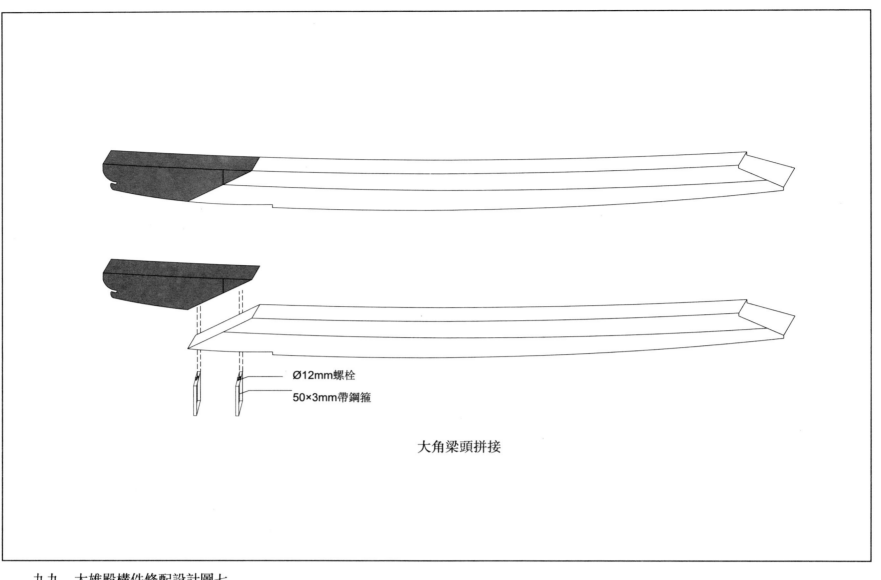

Ø12mm螺栓

50×3mm帶鋼箍

大角梁頭拼接

九九 大雄殿構件修配設計圖七

一○○ 大雄殿構件修配設計圖八

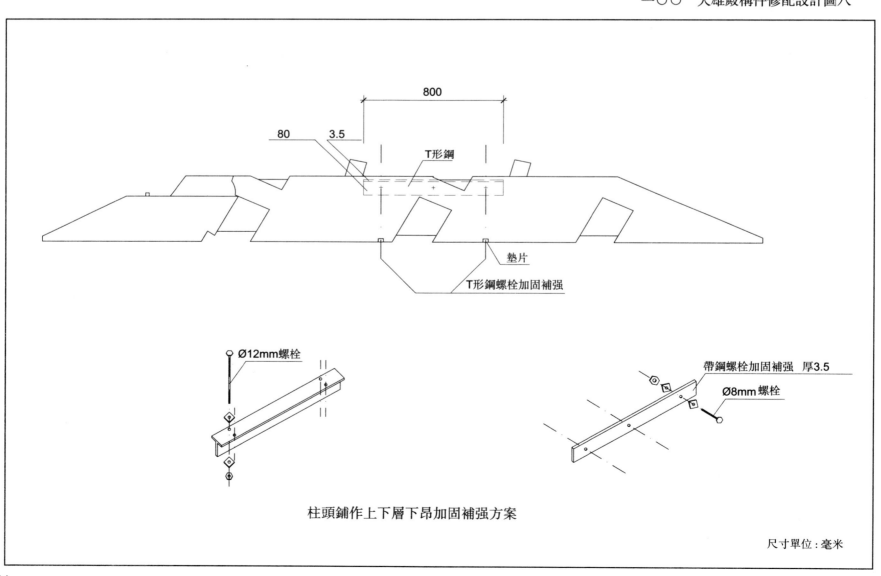

800

80 3.5

T形鋼

墊片

T形鋼螺栓加固補强

Ø12mm螺栓

帶鋼螺栓加固補强 厚3.5

Ø8mm螺栓

柱頭鋪作上下層下昂加固補强方案

尺寸單位:毫米

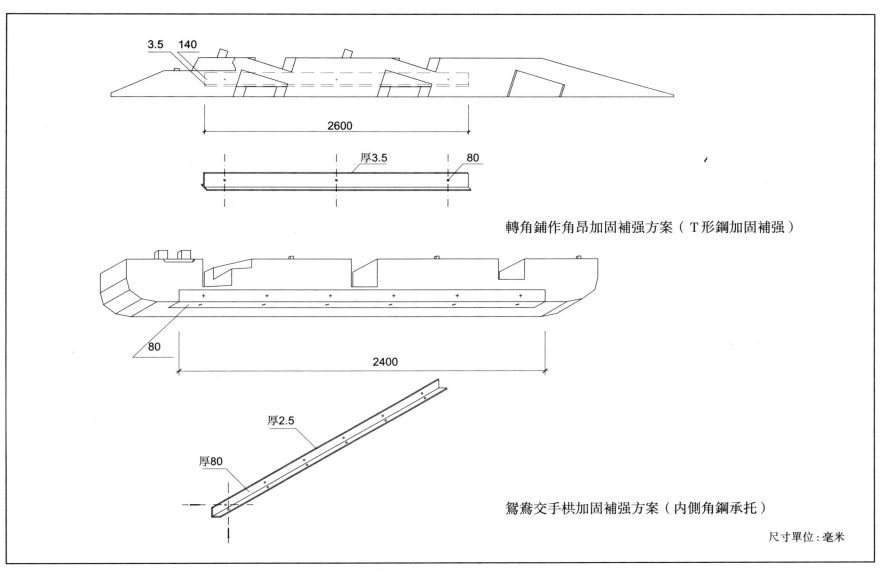

轉角鋪作角昂加固補強方案（T形鋼加固補強）

鴛鴦交手栱加固補強方案（內側角鋼承托）

尺寸單位：毫米

一〇一　大雄殿構件修配設計圖九

一〇二　大雄殿構件修配設計圖一〇

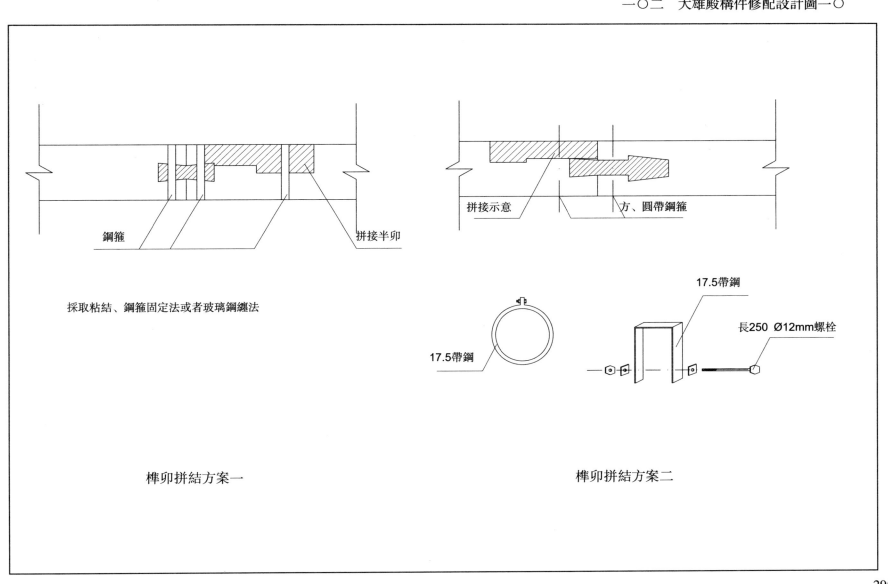

採取粘結、鋼箍固定法或者玻璃鋼纏法

榫卯拼結方案一

榫卯拼結方案二

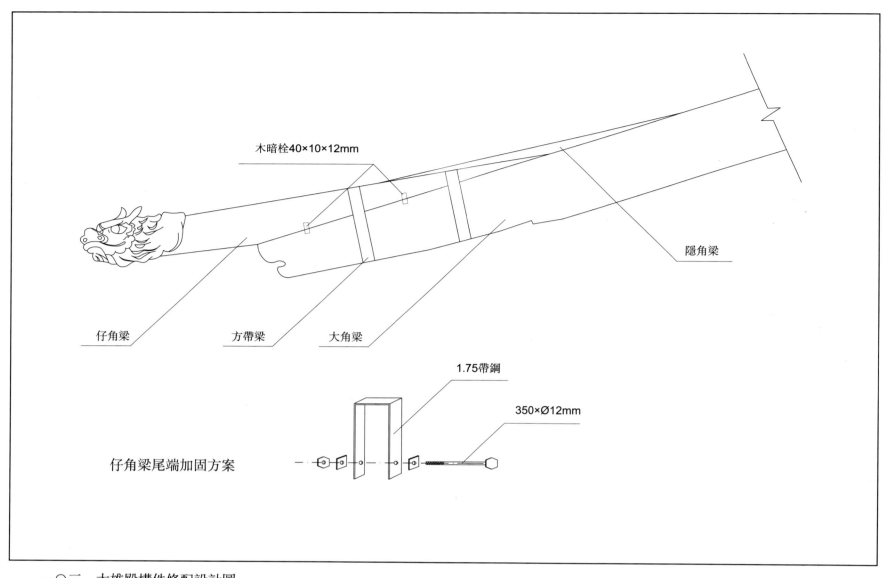

木暗栓40×10×12mm

隱角梁

仔角梁　　　　方帶梁　　　大角梁

1.75帶鋼

350×Ø12mm

仔角梁尾端加固方案

一○三　大雄殿構件修配設計圖——

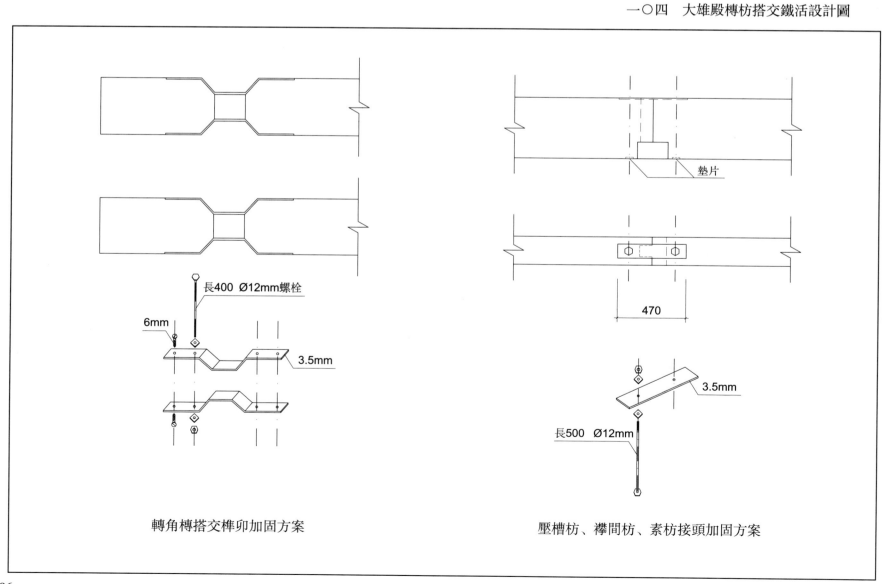

墊片

470

長400 Ø12mm螺栓

6mm

3.5mm

3.5mm

長500 Ø12mm

轉角槫搭交榫卯加固方案

壓槽枋、襻間枋、素枋接頭加固方案

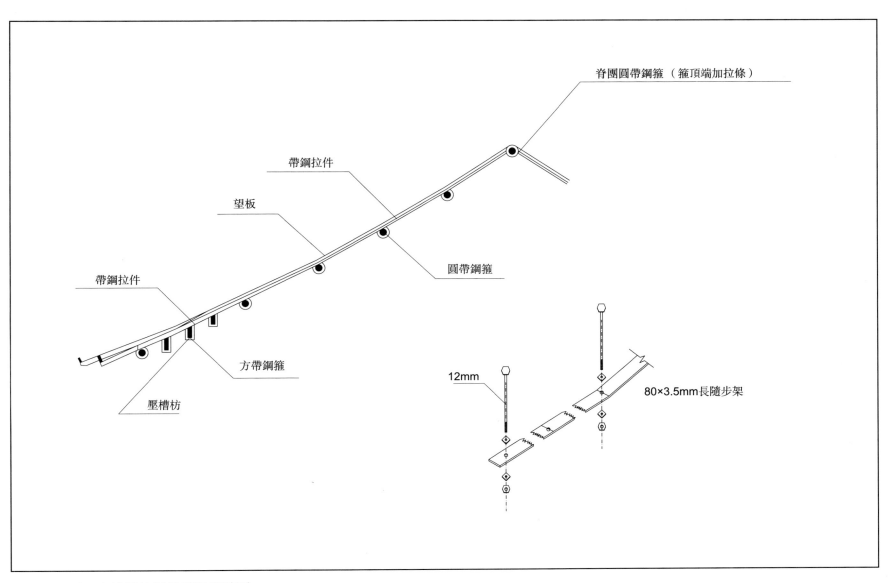

一〇五　大雄殿拉杆椽鐵活設計圖

一〇六　大雄殿角梁總體加固設計圖

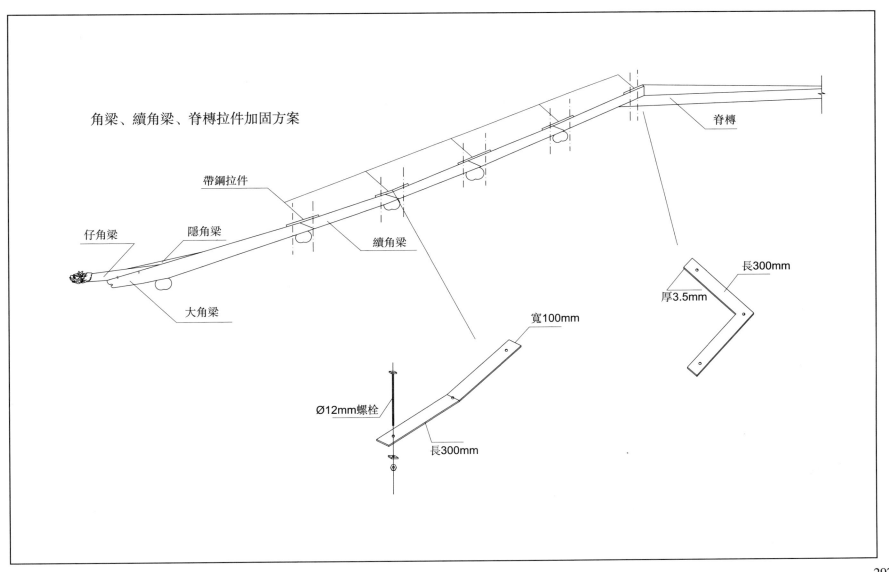

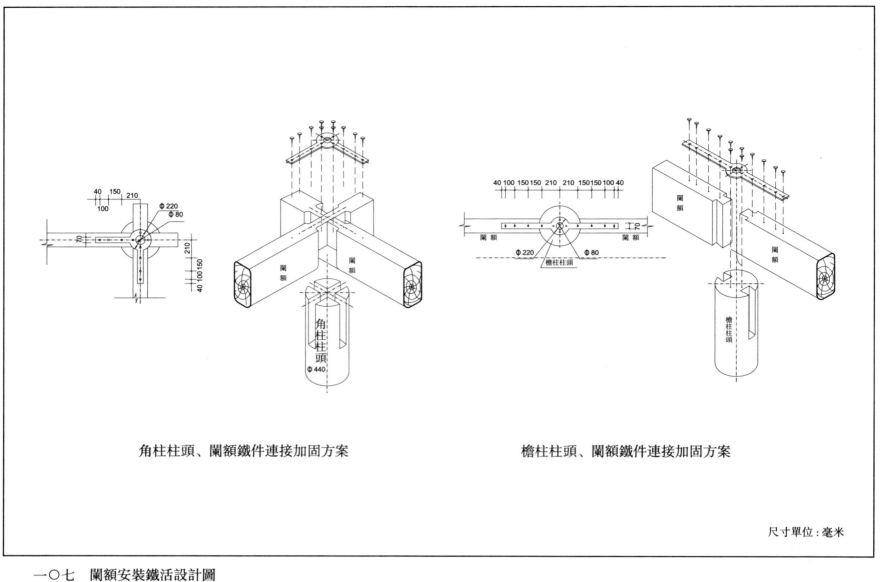

角柱柱頭、闌額鐵件連接加固方案　　　　　　　　檐柱柱頭、闌額鐵件連接加固方案

尺寸單位：毫米

一〇七　闌額安裝鐵活設計圖

一〇八　大雄殿椽飛設計圖

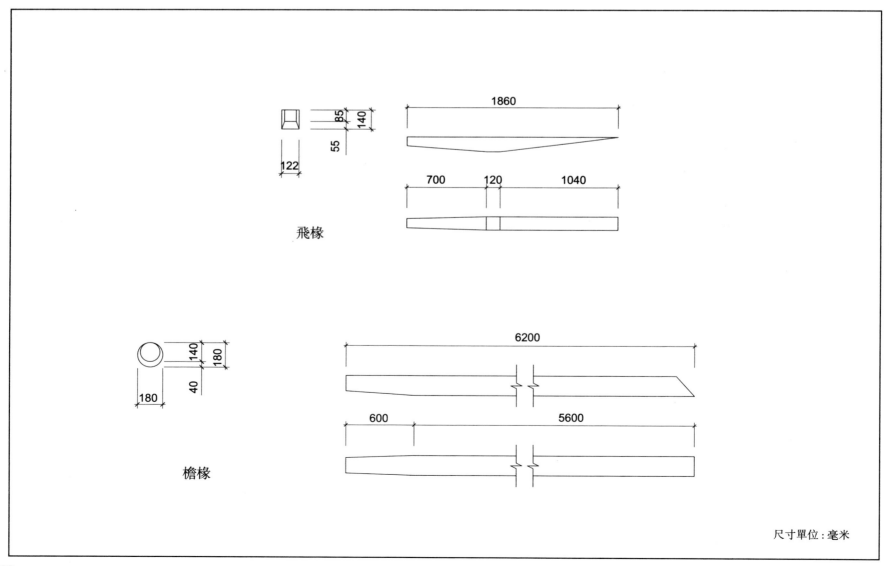

飛椽

檐椽

尺寸單位：毫米

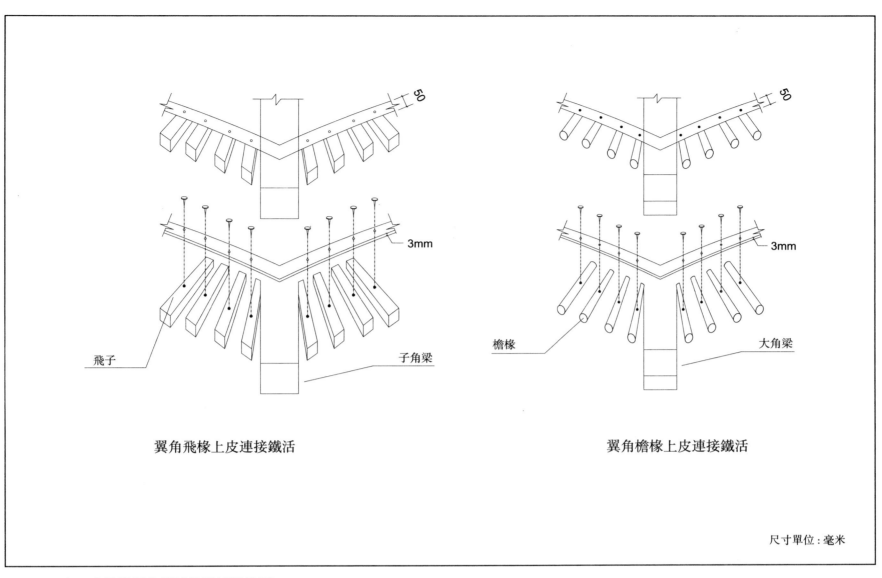

飛子　　　　　　　　　　　　　　　　子角梁

檐椽　　　　　　　　　　　　　　　　大角梁

翼角飛椽上皮連接鐵活　　　　　　　翼角檐椽上皮連接鐵活

尺寸單位：毫米

一〇九　大雄殿翼角椽連接鐵活設計圖

一一〇　大雄殿明間裝修設計圖

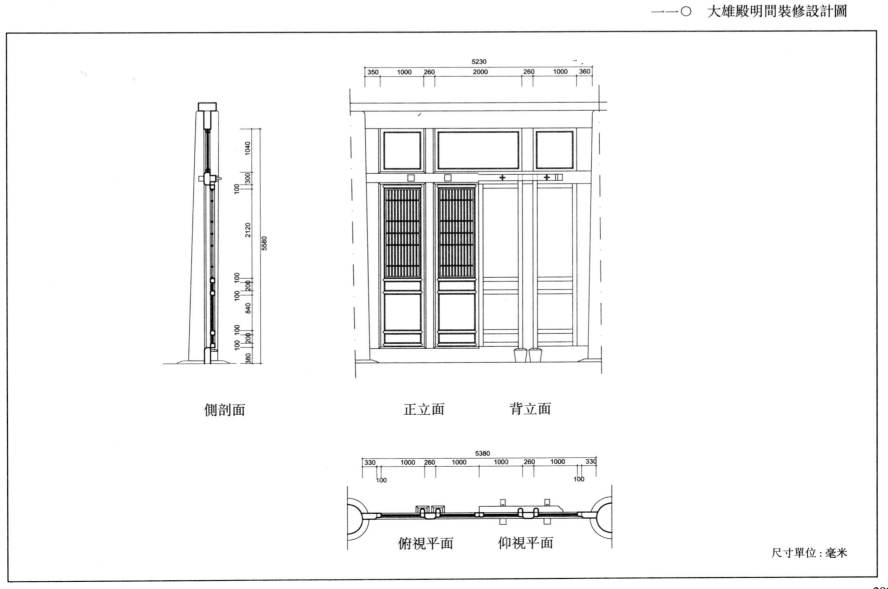

側剖面　　　　　　　正立面　　　背立面

俯視平面　　仰視平面

尺寸單位：毫米

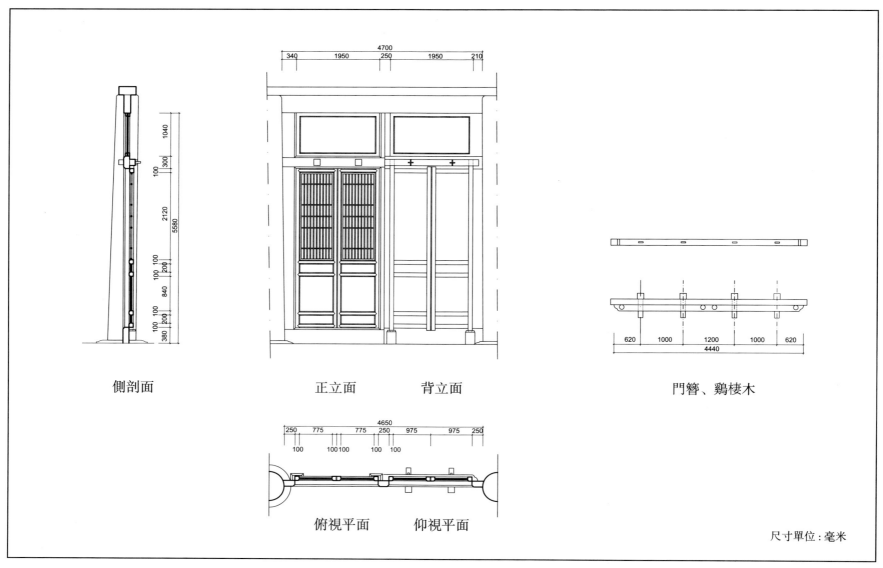

側剖面　　　　　　正立面　　背立面　　　　　　　門簪、鷄棲木

俯視平面　　仰視平面

尺寸單位:毫米

一一一　大雄殿次間裝修設計圖

一一二　大雄殿梢間裝修設計圖

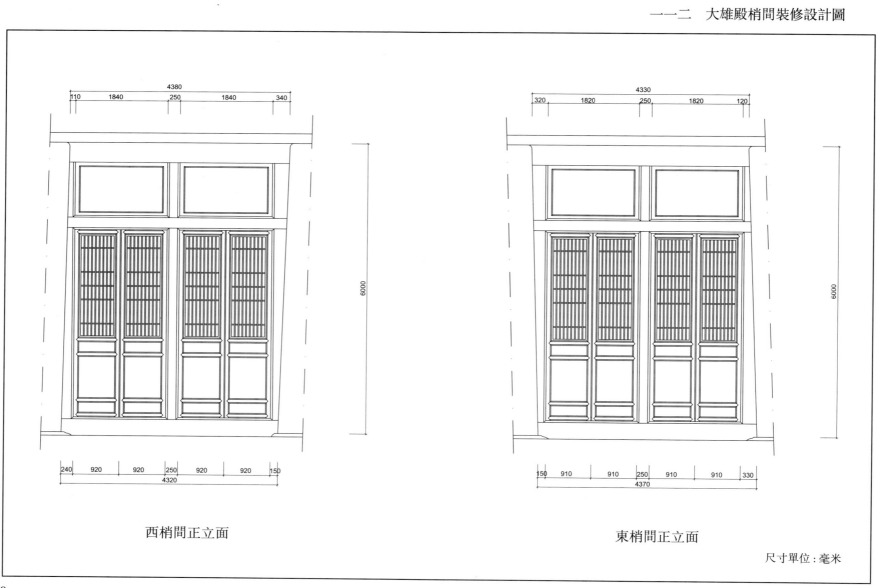

西梢間正立面　　　　　　　　　　　　東梢間正立面

尺寸單位:毫米

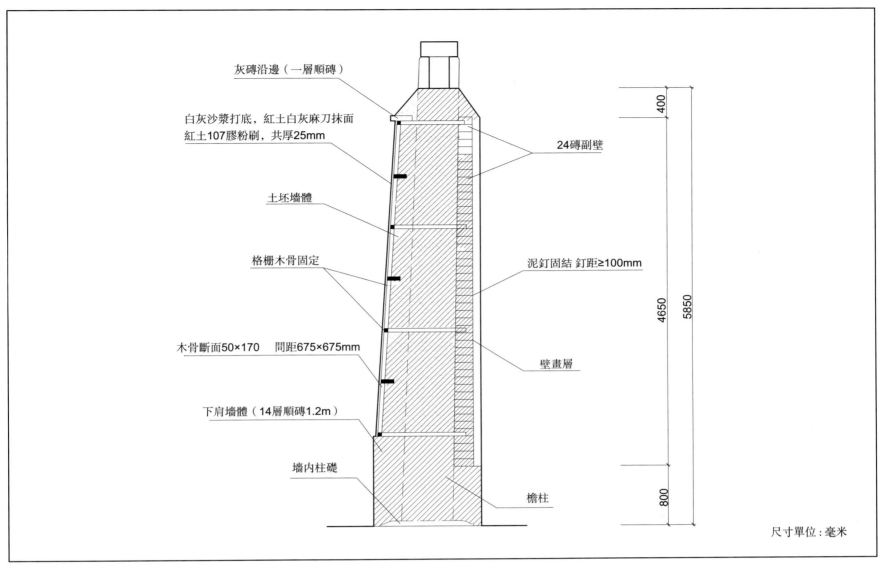

灰磚沿邊（一層順磚）

白灰沙漿打底，紅土白灰麻刀抹面
紅土107膠粉刷，共厚25mm

24磚副壁

土坯墻體

格柵木骨固定

泥釘固結 釘距≥100mm

木骨斷面50×170　間距675×675mm

壁畫層

下肩墻體（14層順磚1.2m）

墻內柱礎

檐柱

尺寸單位：毫米

一一三　大雄殿墻體加固設計圖

一一四　大雄殿正脊、大吻設計圖

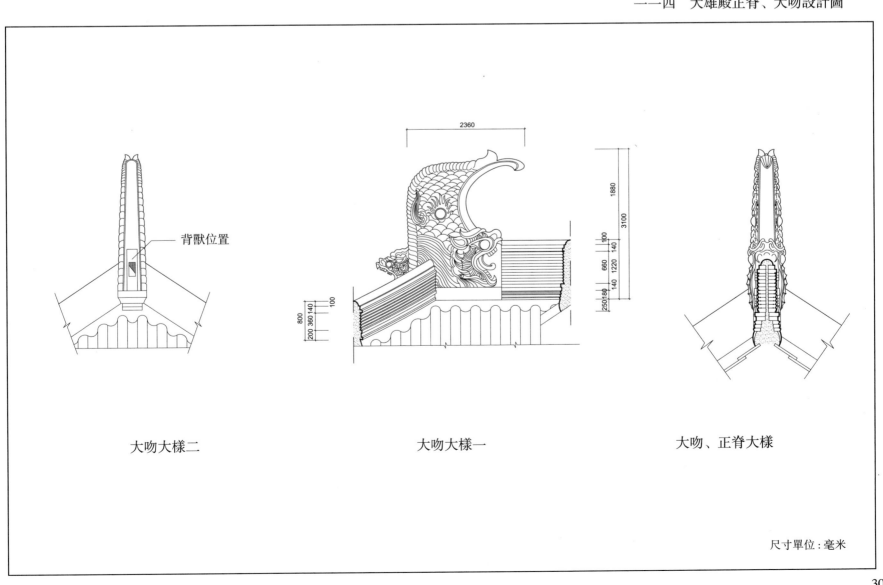

背獸位置

大吻大樣二

大吻大樣一

大吻、正脊大樣

尺寸單位：毫米

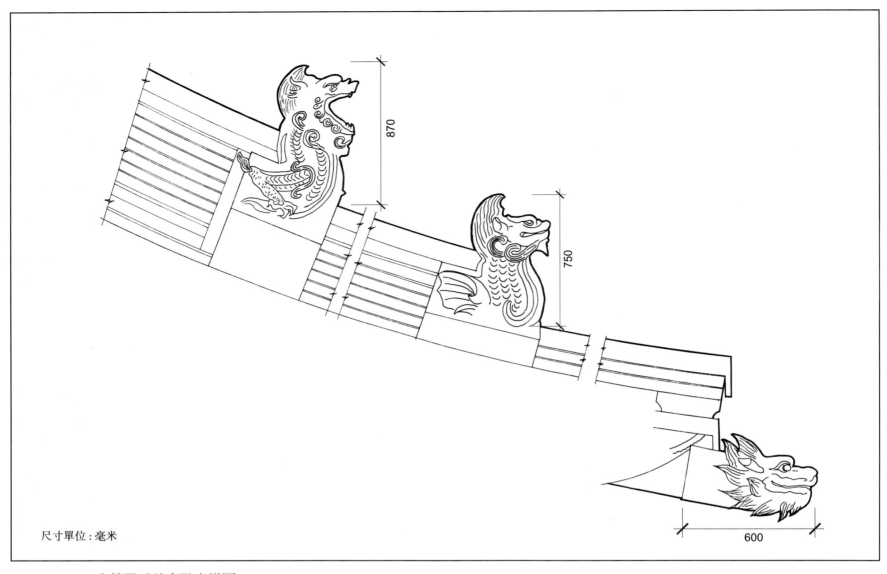

尺寸單位：毫米

一一五　大雄殿垂首套獸大樣圖

一一六　大雄殿瓦件大樣圖

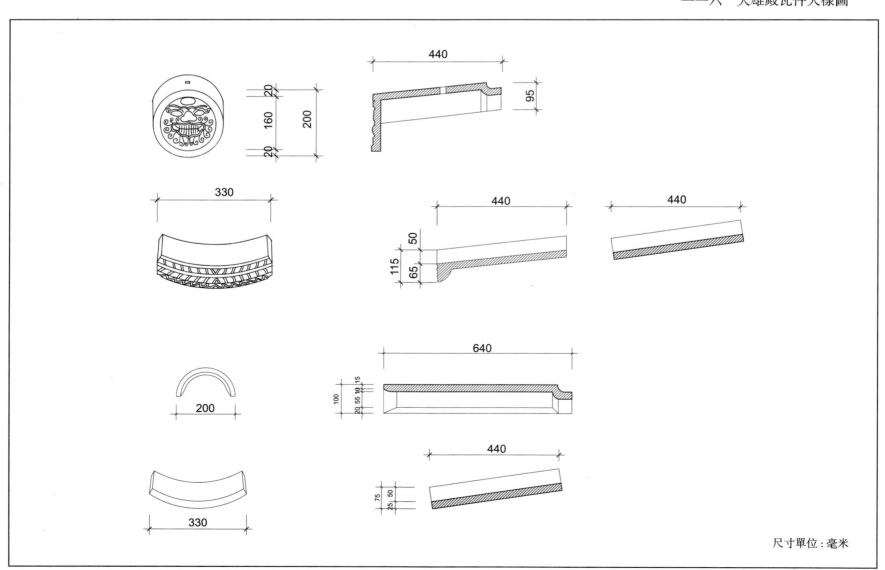

尺寸單位：毫米

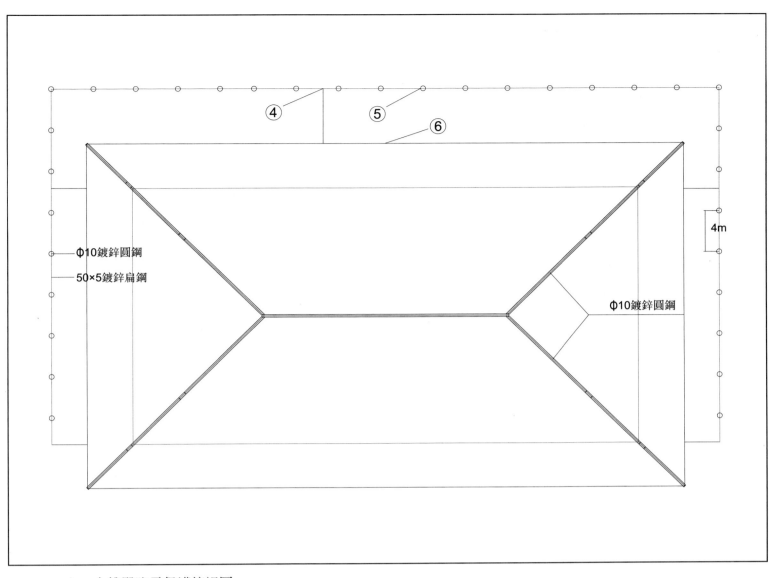

Φ10鍍鋅圓鋼
50×5鍍鋅扁鋼
④
⑤
⑥
4m
Φ10鍍鋅圓鋼

一一七　大雄殿防雷保護俯視圖

一一八　大雄殿防雷保護主視圖

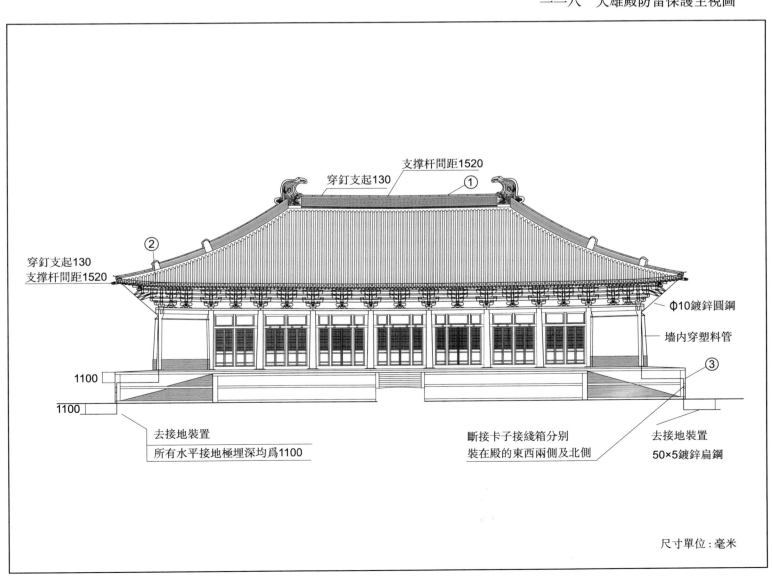

支撐杆間距1520
穿釘支起130
①
②
穿釘支起130
支撐杆間距1520
Φ10鍍鋅圓鋼
墙内穿塑料管
③
1100
1100
去接地裝置
所有水平接地極埋深均爲1100
斷接卡子接線箱分別
裝在殿的東西兩側及北側
去接地裝置
50×5鍍鋅扁鋼

尺寸單位：毫米

303

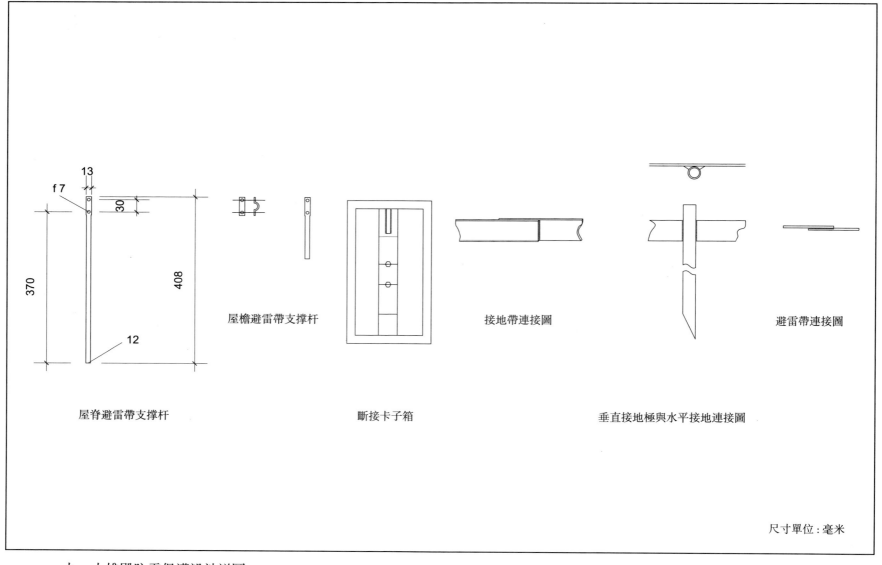

屋脊避雷帶支撐杆　　　　　屋檐避雷帶支撐杆　　　　　斷接卡子箱　　　　　接地帶連接圖　　　　垂直接地極與水平接地連接圖　　　　避雷帶連接圖

尺寸單位：毫米

一一九　大雄殿防雷保護設計詳圖一

一二〇　大雄殿防雷保護設計詳圖二

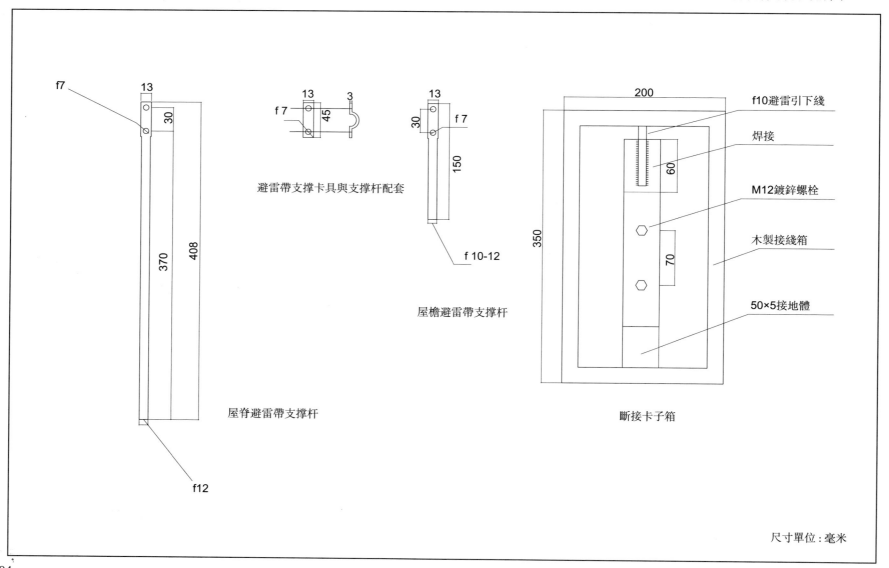

屋脊避雷帶支撐杆　　　　　避雷帶支撐卡具與支撐杆配套　　　　屋檐避雷帶支撐杆　　　　斷接卡子箱

f10避雷引下綫

焊接

M12鍍鋅螺栓

木製接綫箱

50×5接地體

尺寸單位：毫米

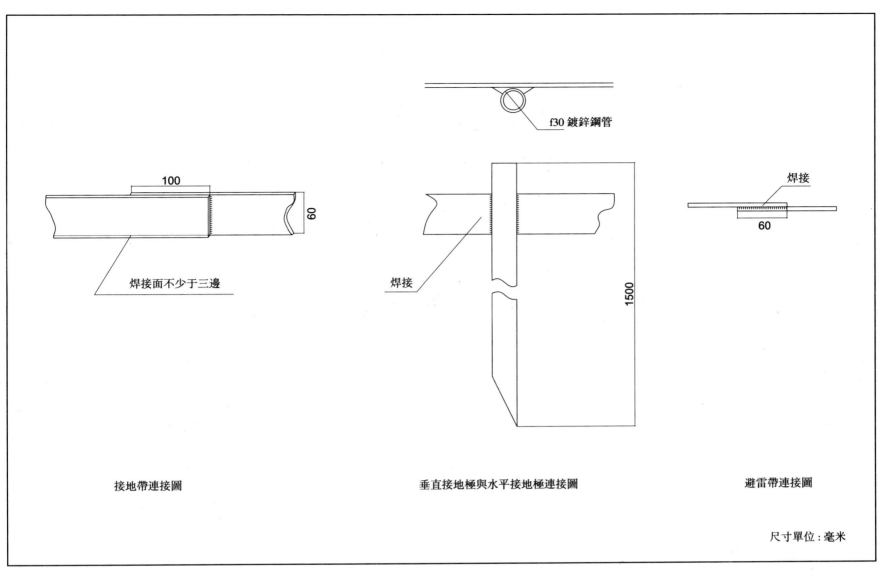

100

60

焊接面不少于三邊

f30 鍍鋅鋼管

1500

焊接

焊接

60

接地帶連接圖   垂直接地極與水平接地極連接圖   避雷帶連接圖

尺寸單位：毫米

一二一　大雄殿防雷保護設計詳圖三

305

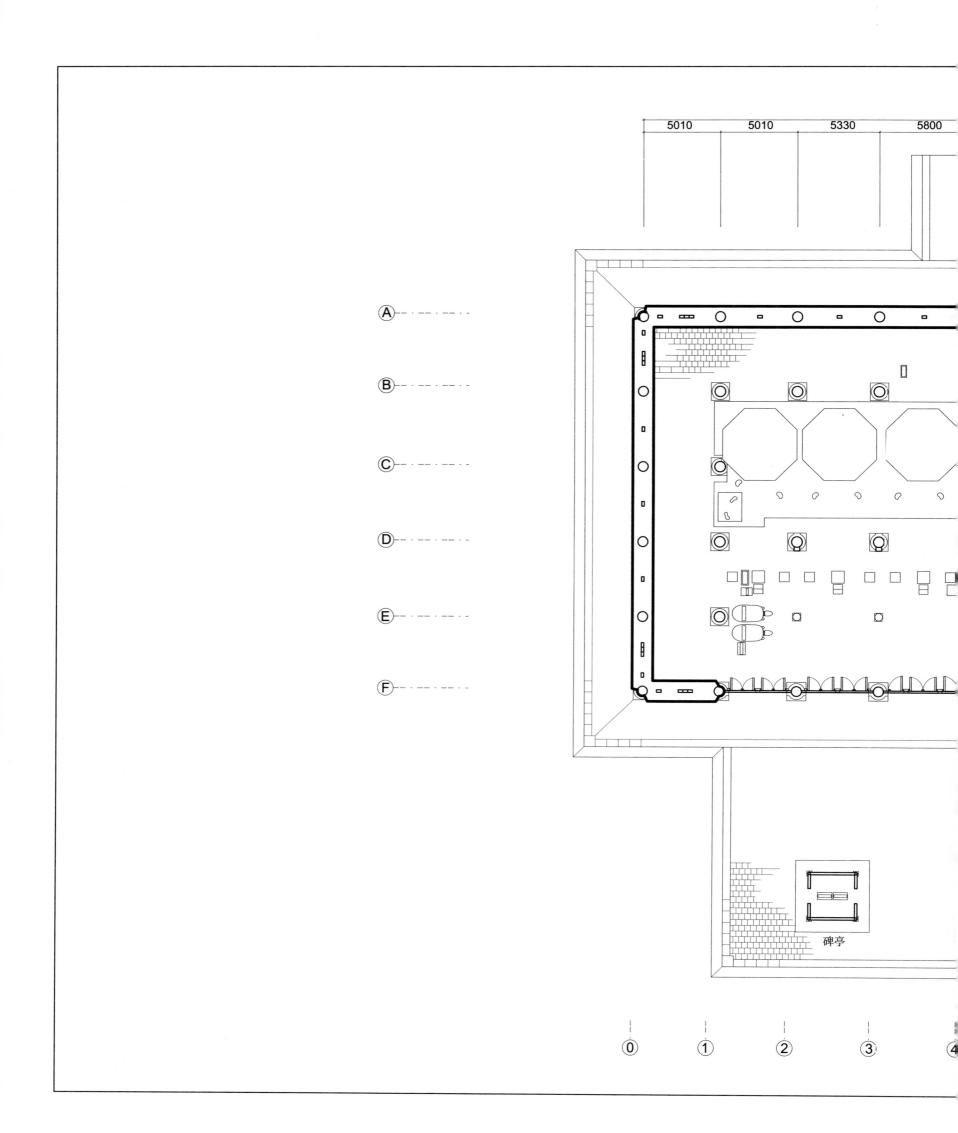

5010　5010　5330　5800

Ⓐ
Ⓑ
Ⓒ
Ⓓ
Ⓔ
Ⓕ

碑亭

⓪　①　②　③

一二二　大雄殿平面圖

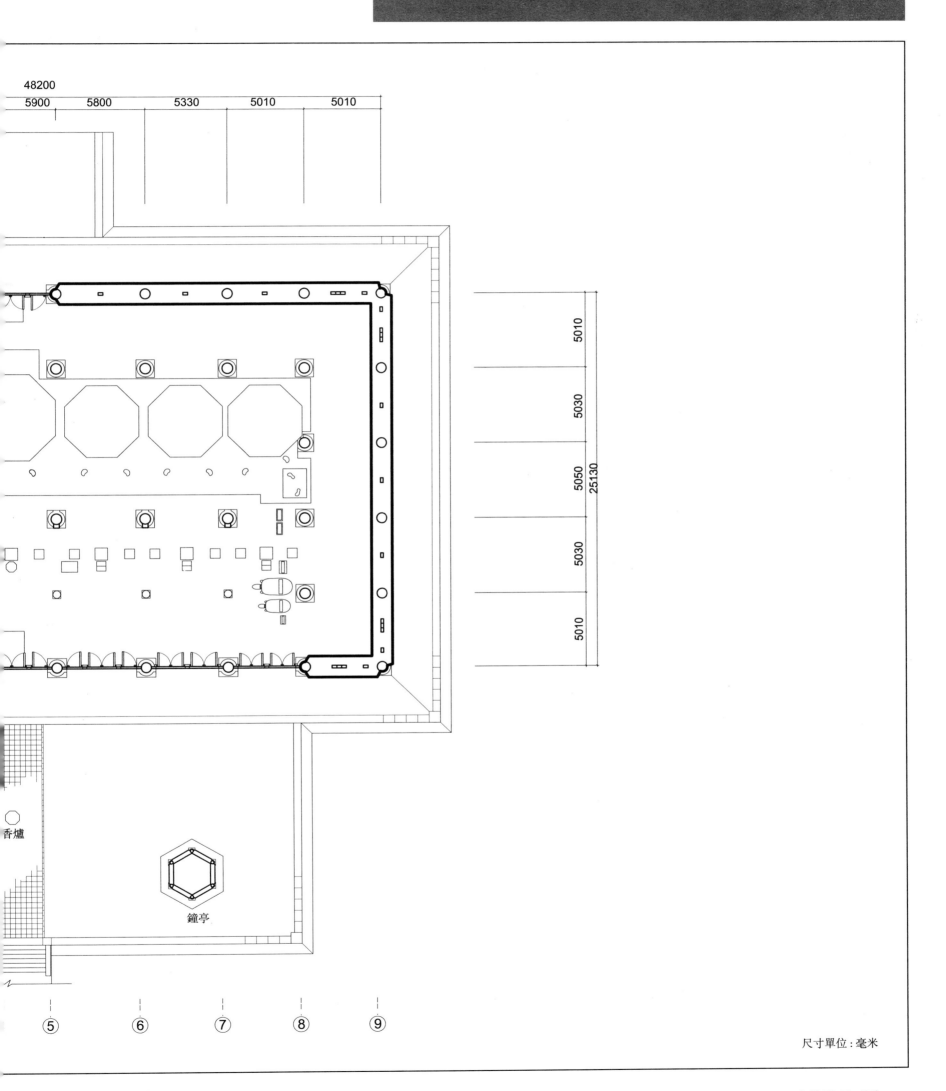

48200

5900　5800　5330　5010　5010

5010
5030
5050　25130
5030
5010

⑤　⑥　⑦　⑧　⑨

香爐

鐘亭

尺寸單位：毫米

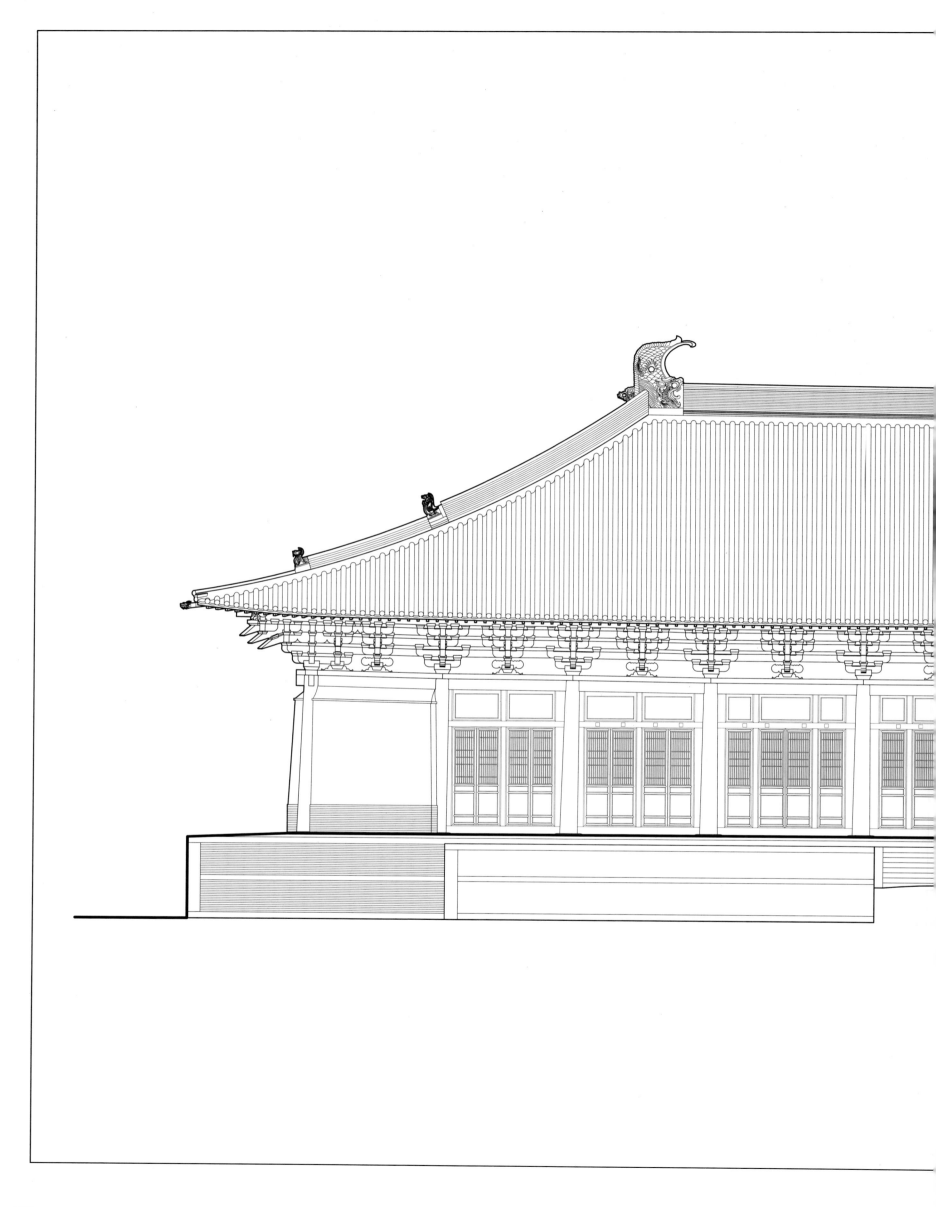

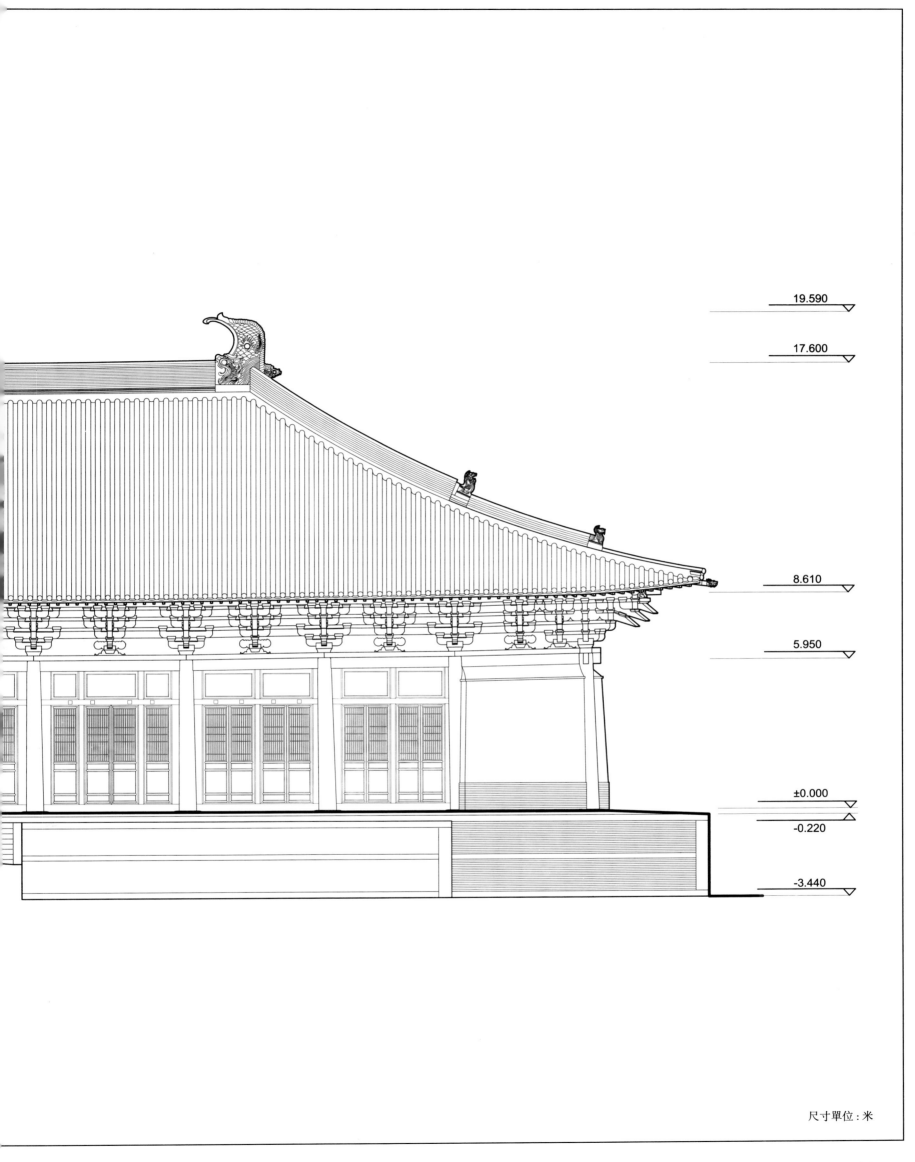

尺寸單位：米

19.590 ▽

17.600 ▽

8.610 ▽

5.950 ▽

±0.000 ▽
-0.220 ▽

-3.440 ▽

一二三　大雄殿正立面圖

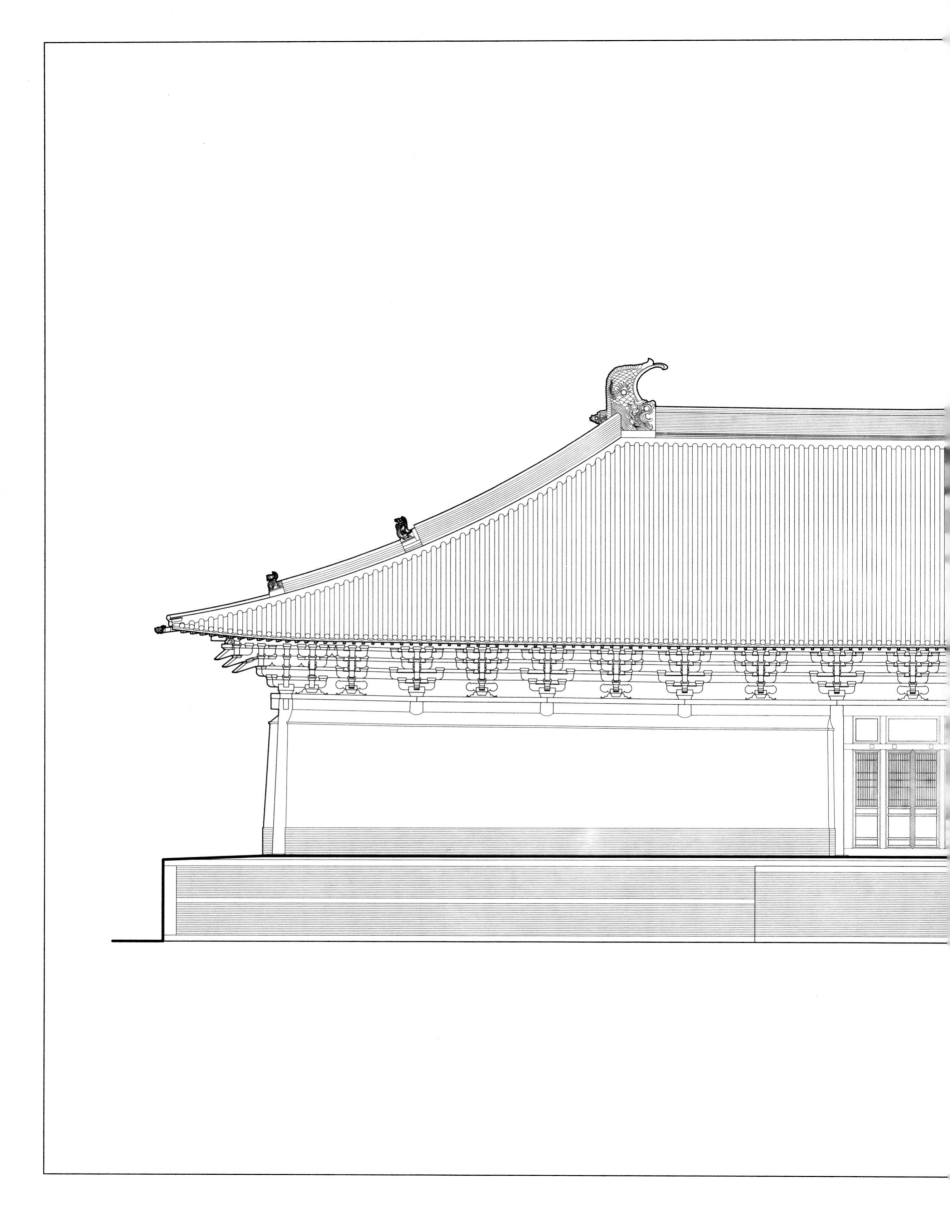

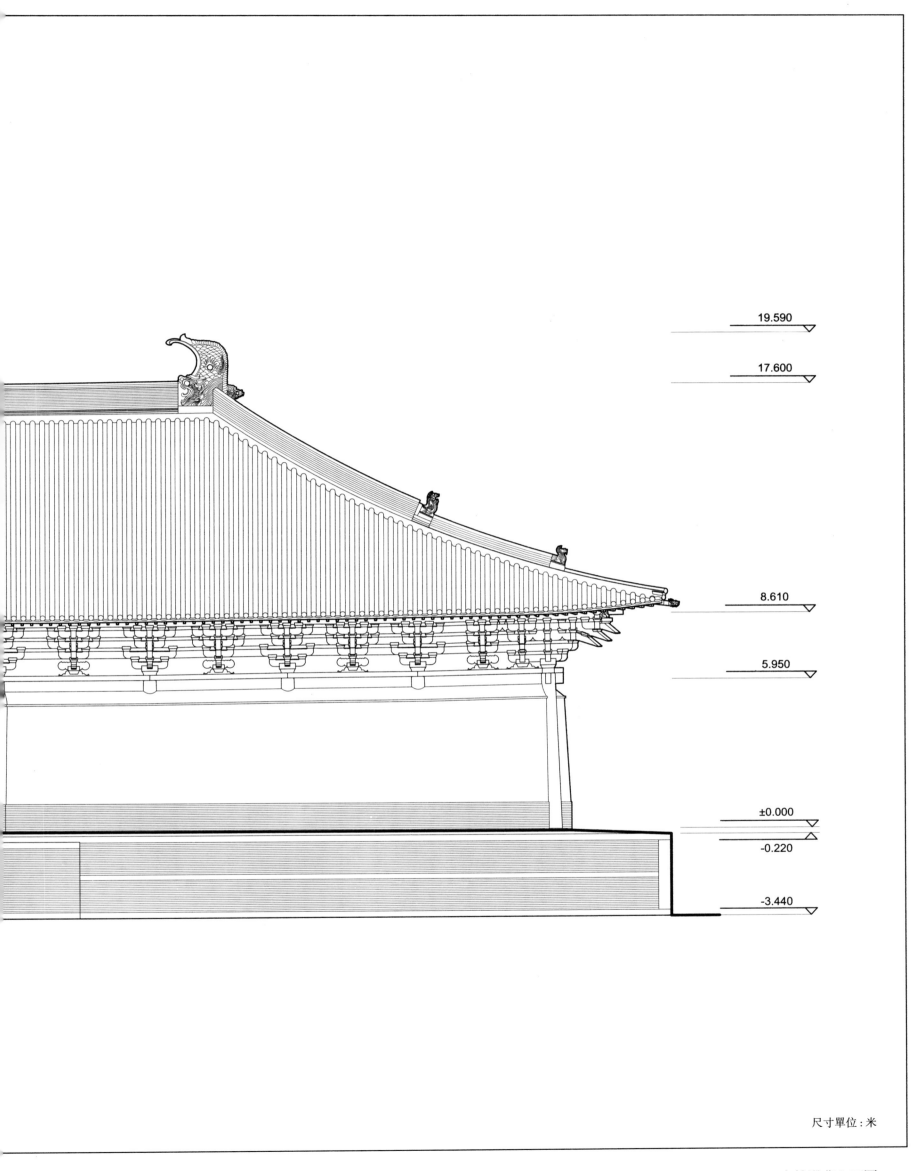

19.590 ▽

17.600 ▽

8.610 ▽

5.950 ▽

±0.000 ▽

-0.220

-3.440 ▽

尺寸單位：米

一二四　大雄殿背立面圖

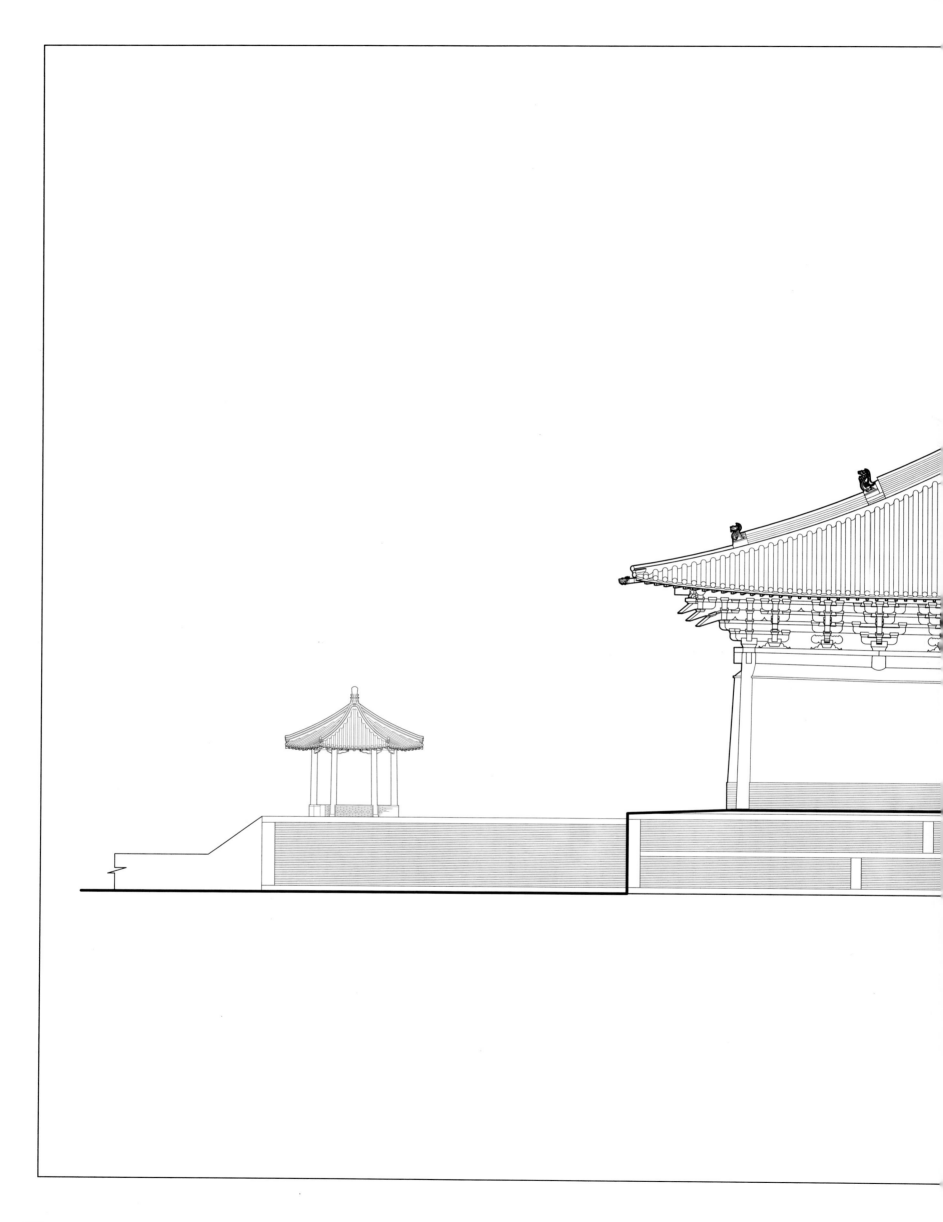

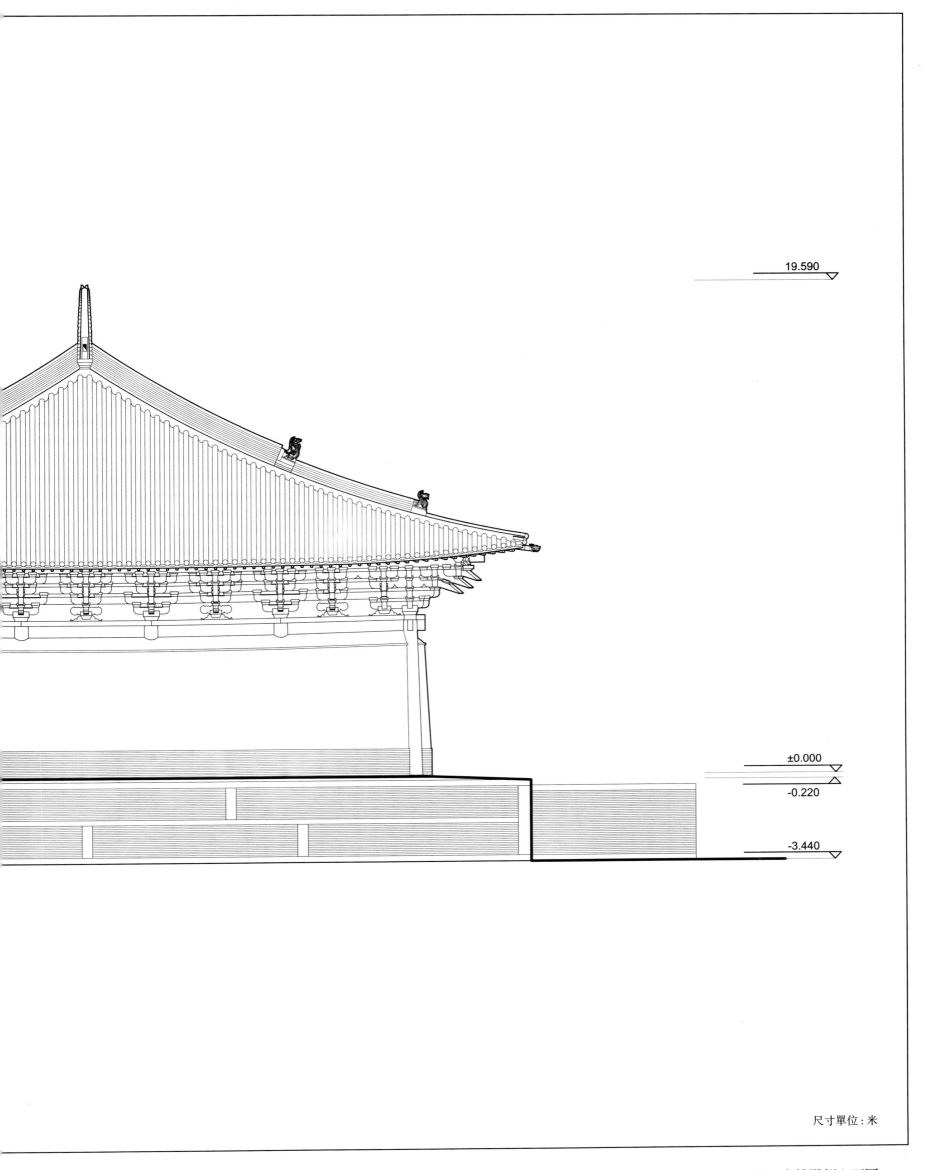

尺寸單位：米

19.590 ▽

±0.000 ▽
▽
-0.220

-3.440 ▽

一二五　大雄殿側立面圖

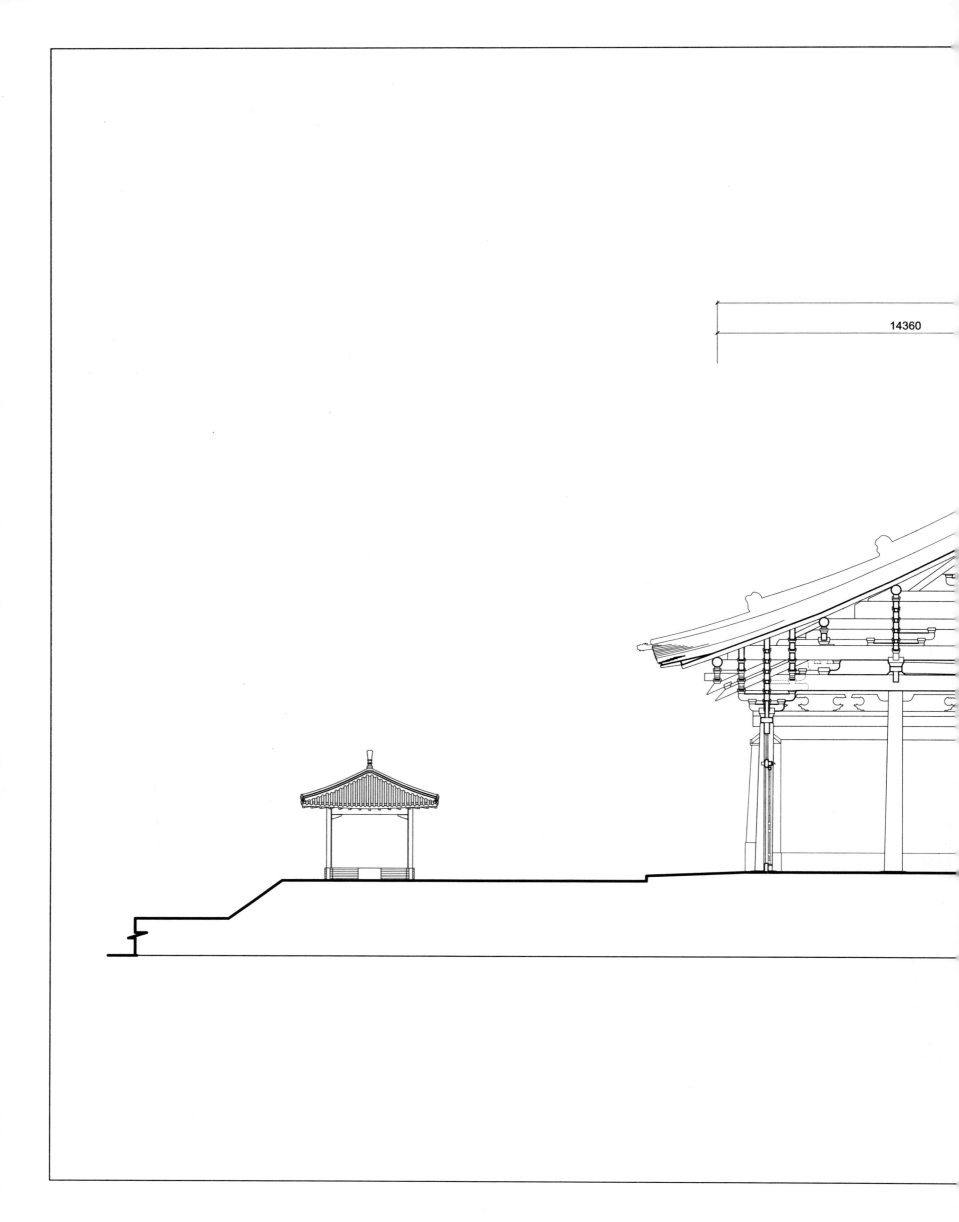

14360

尺寸單位:毫米

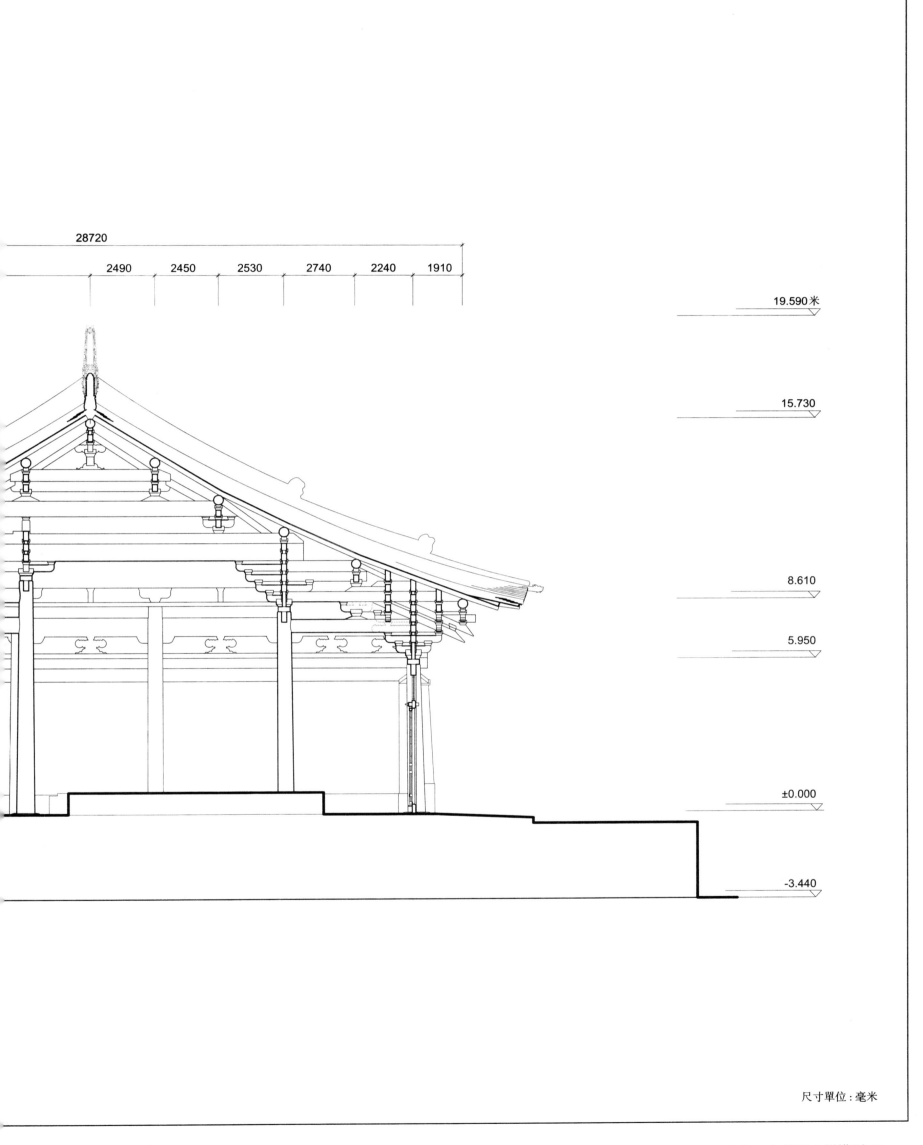

28720

| 2490 | 2450 | 2530 | 2740 | 2240 | 1910 |

19.590 米

15.730

8.610

5.950

±0.000

-3.440

尺寸單位:毫米

一二六 大雄殿心間橫斷面

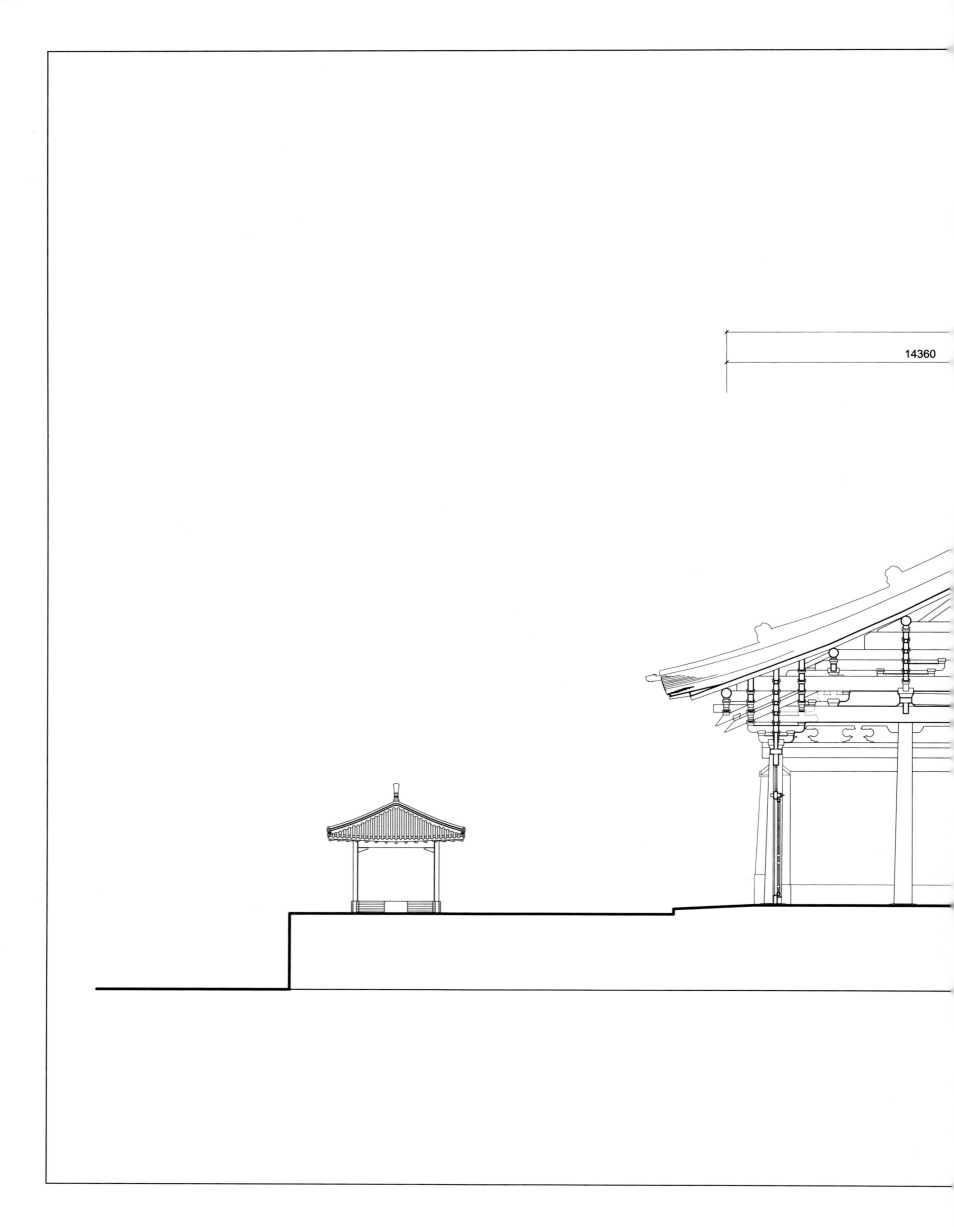

14360

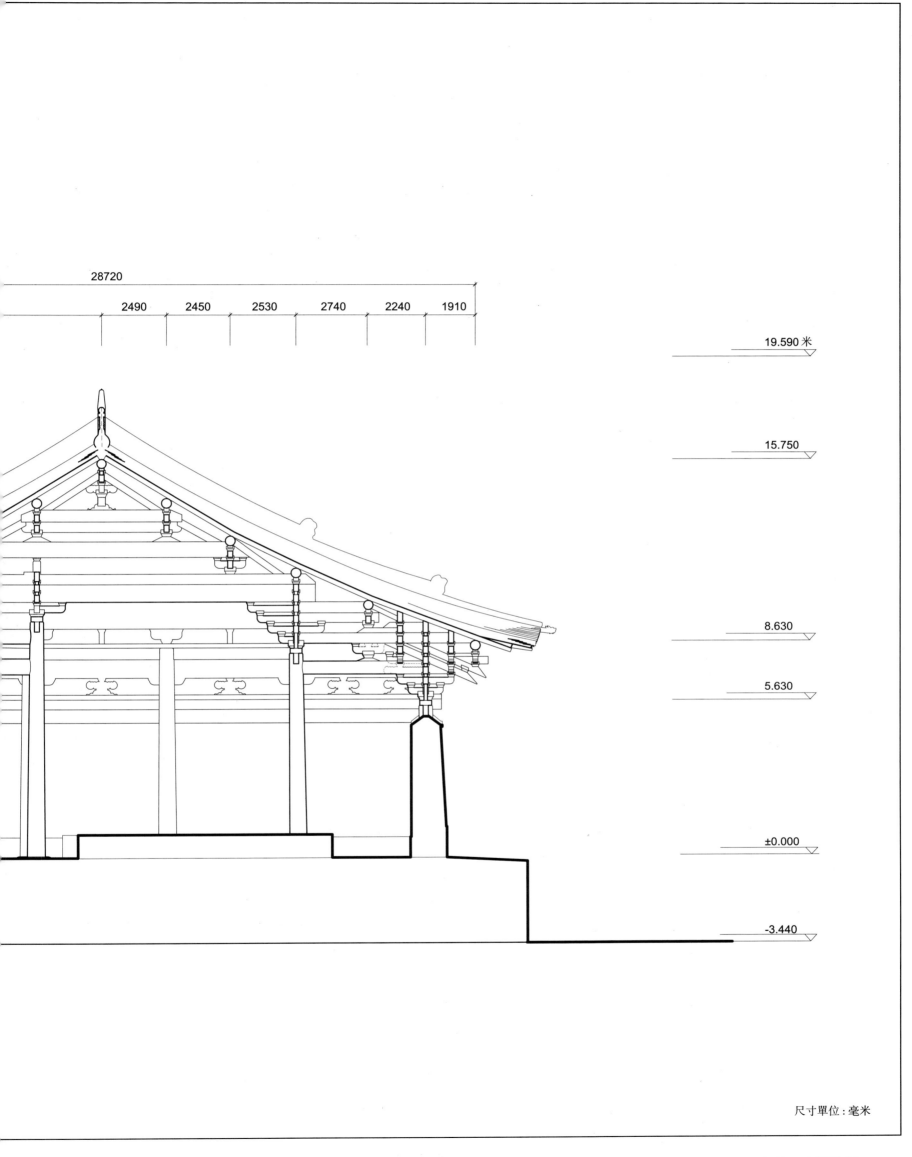

尺寸單位：毫米

28720

2490　2450　2530　2740　2240　1910

19.590 米

15.750

8.630

5.630

±0.000

-3.440

一二七　大雄殿次間橫斷面

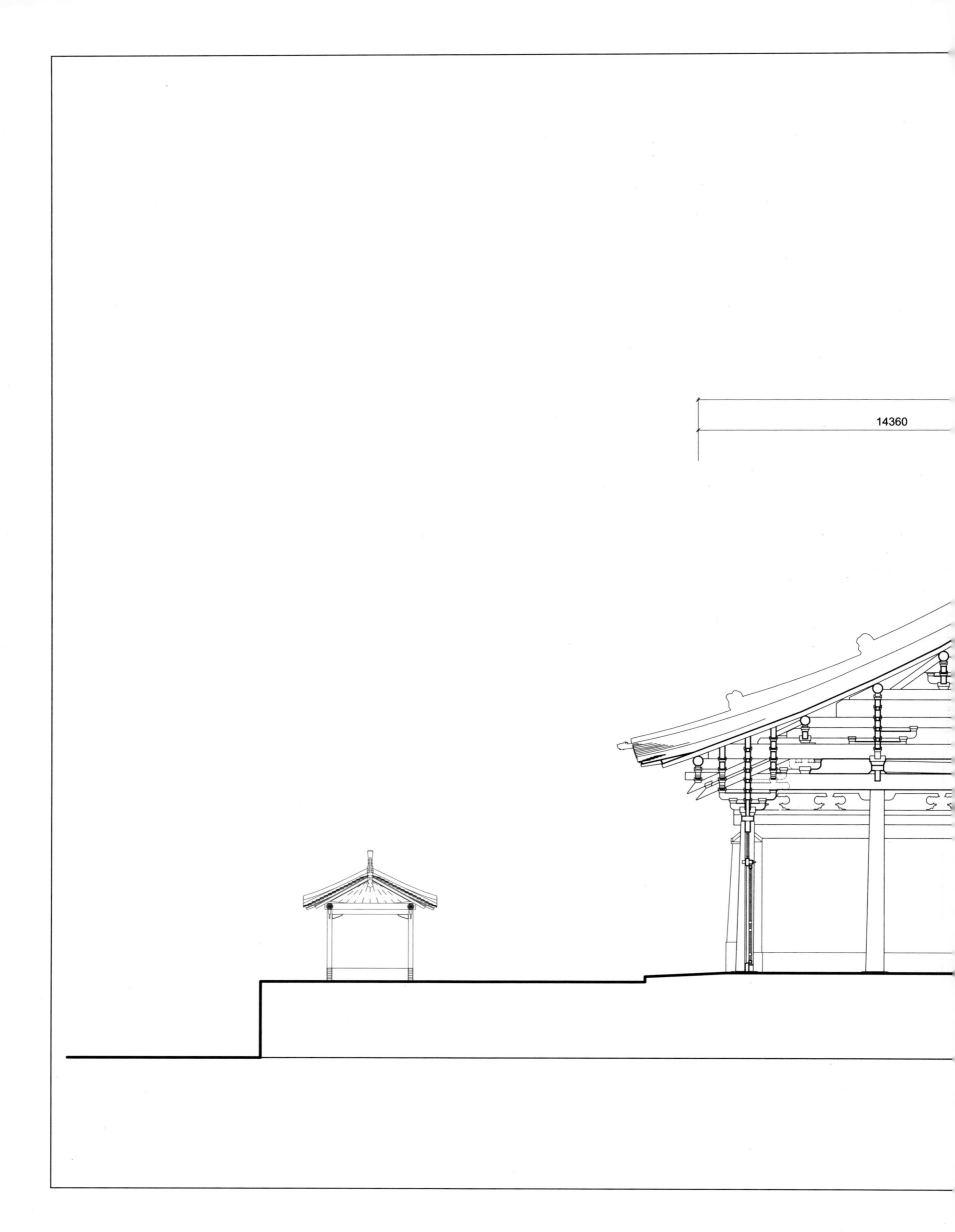

14360

尺寸單位：毫米

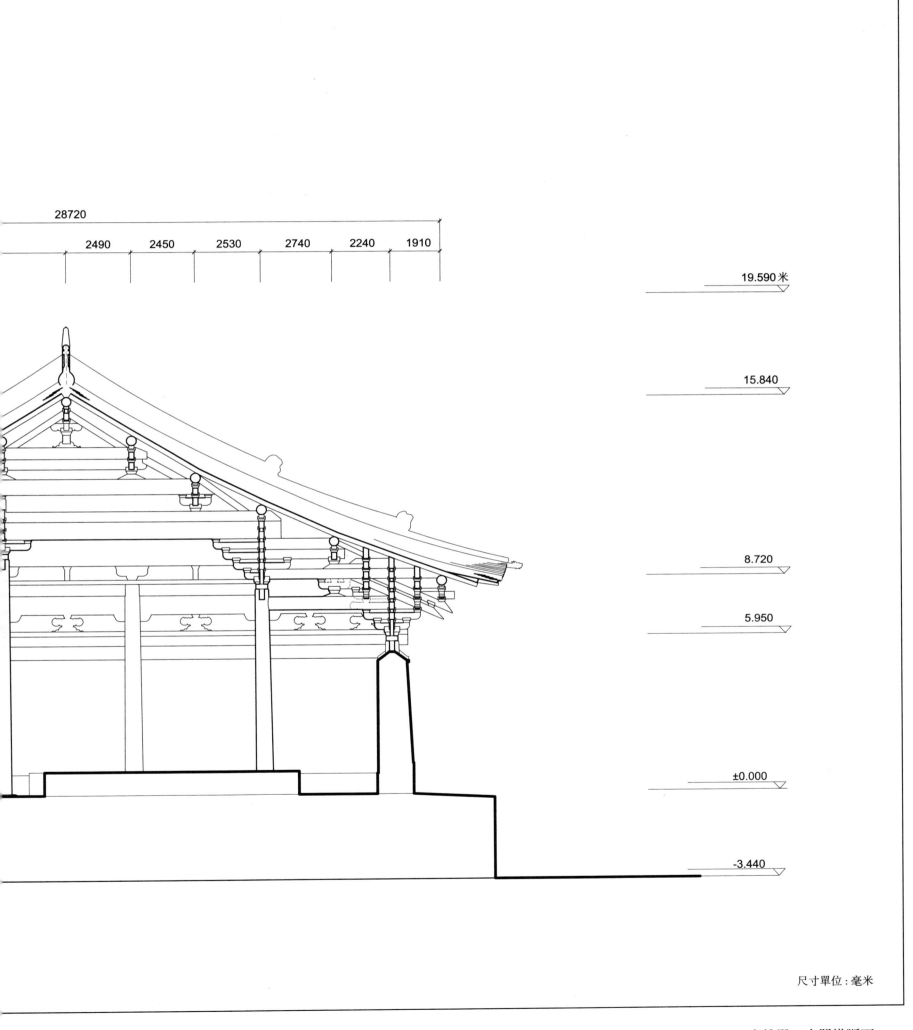

28720						
2490	2450	2530	2740	2240	1910	

19.590 米

15.840

8.720

5.950

±0.000

-3.440

尺寸單位：毫米

一二八　大雄殿二次間橫斷面

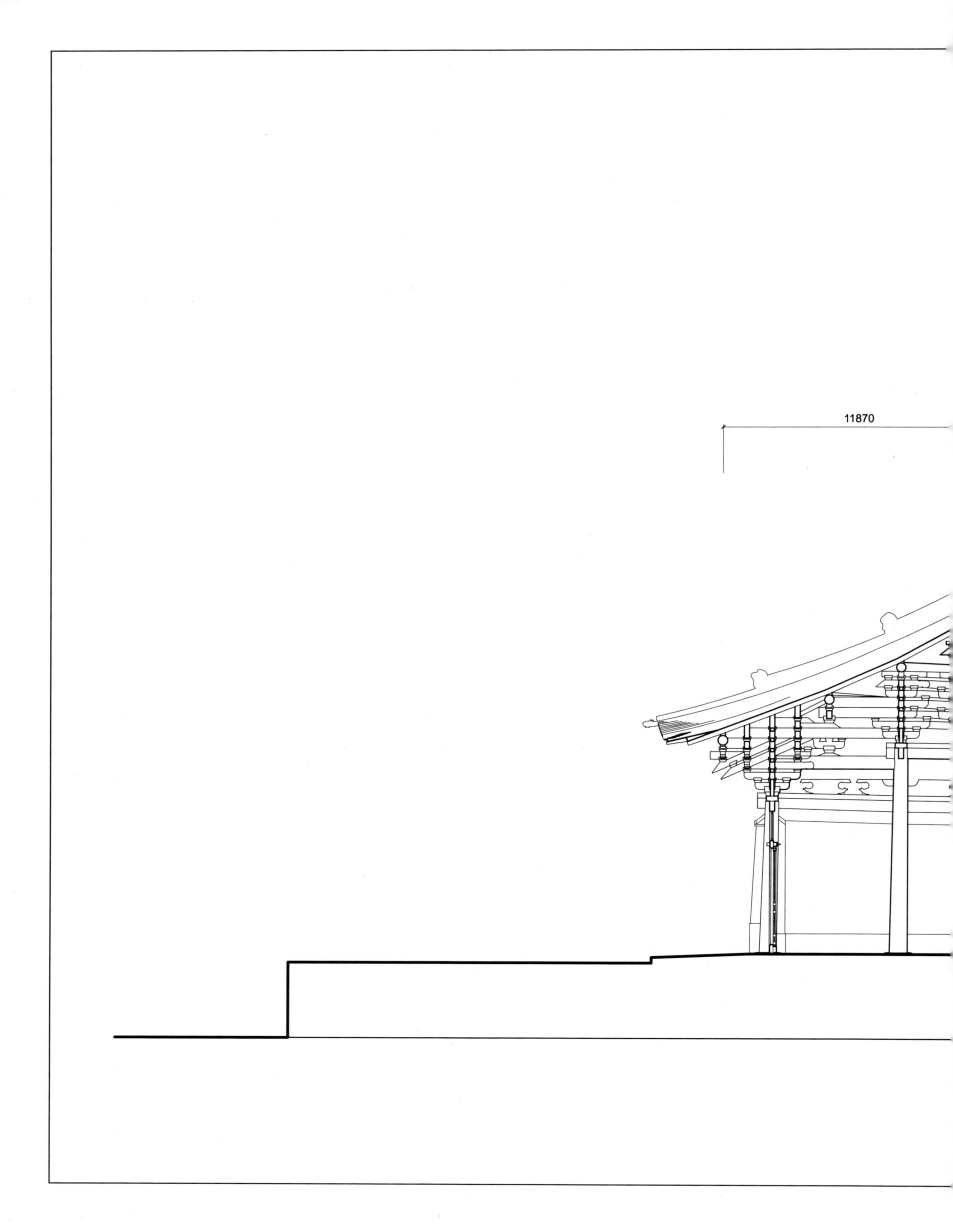

11870

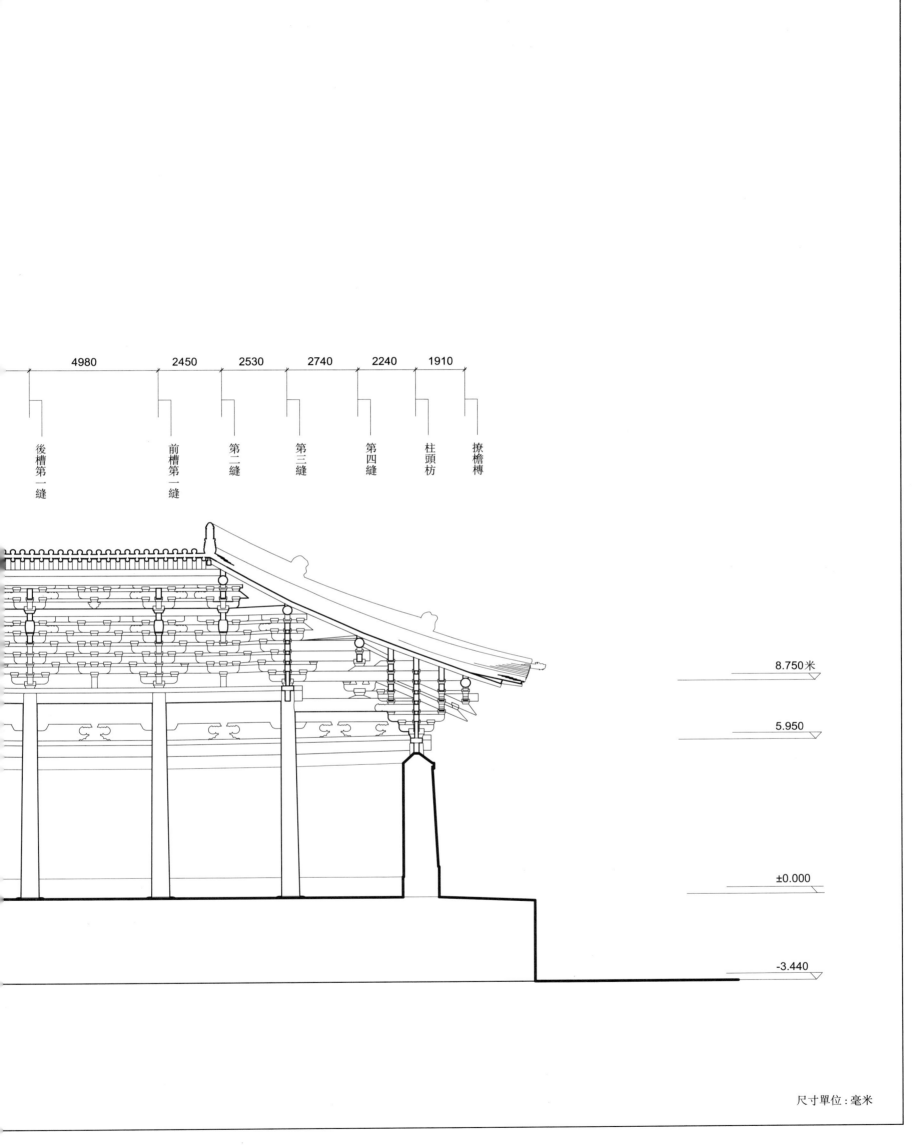

4980　2450　2530　2740　2240　1910

後槽第一縫　前槽第一縫　第二縫　第三縫　第四縫　柱頭枋　撩檐槫

8.750米

5.950

±0.000

-3.440

尺寸單位：毫米

一二九　大雄殿梢間橫斷面

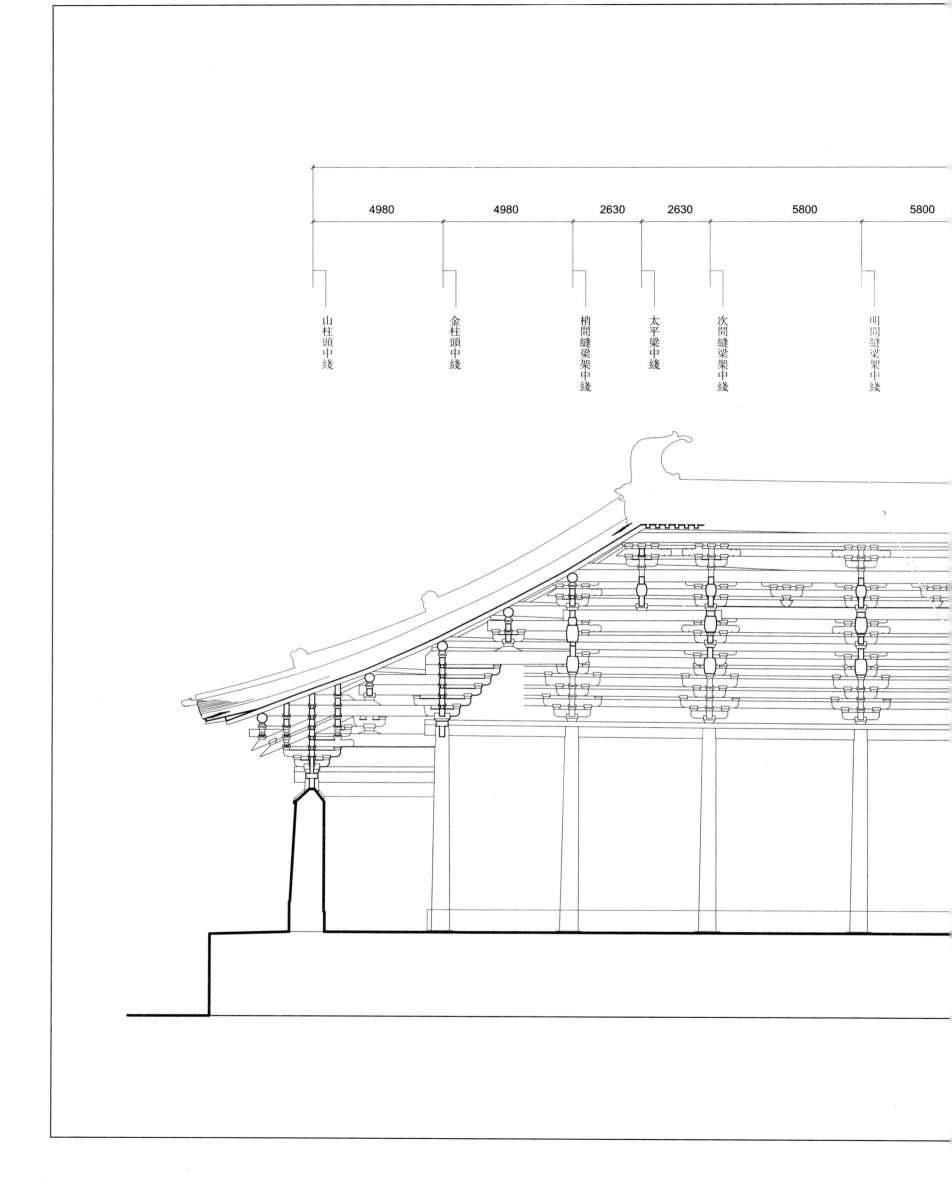

山柱頭中線　　　金柱頭中線　　　梢間縫梁架中線　　　太平梁中線　　　次間縫梁架中線　　　明間縫梁架中線

4980　　　　4980　　　　2630　　　2630　　　　5800　　　　5800

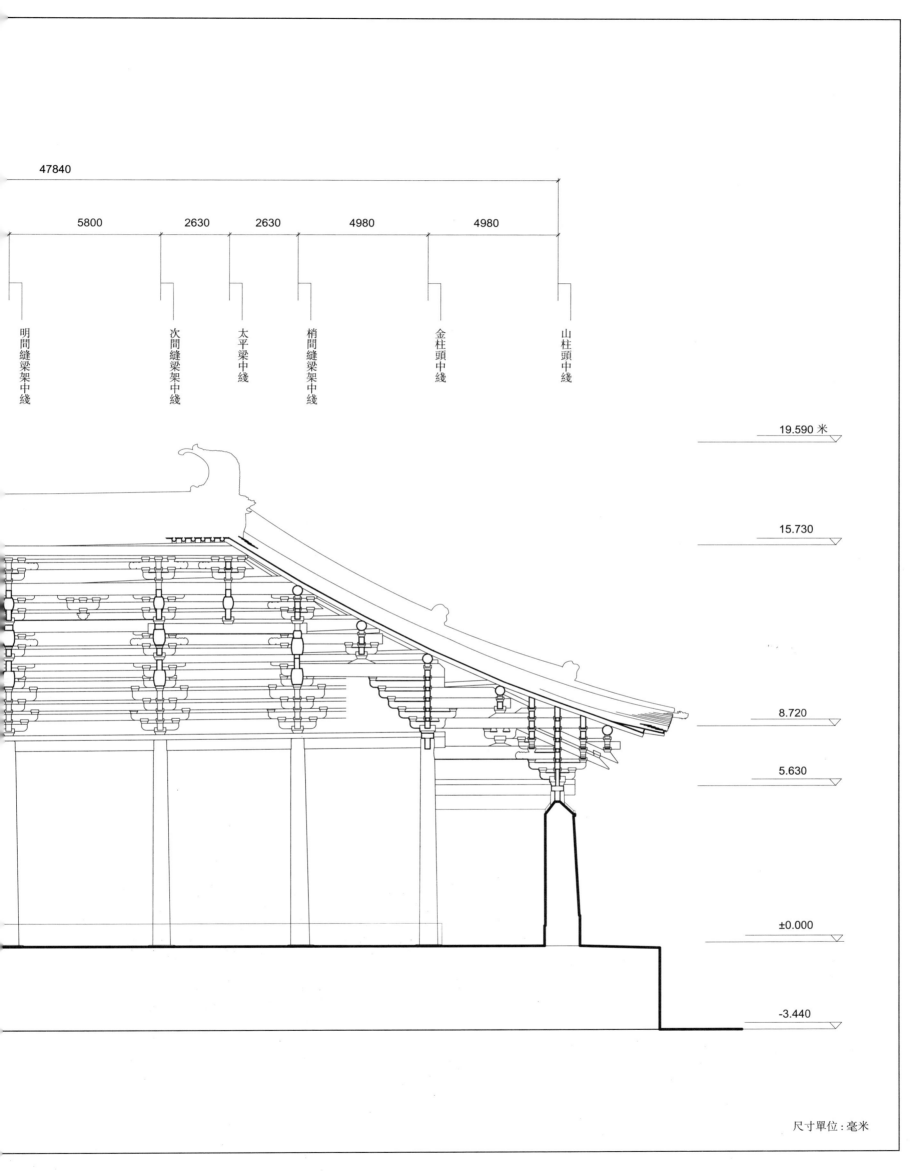

47840

5800　　2630　　2630　　　4980　　　　4980

明間縫梁架中綫　　次間縫梁架中綫　　太平梁中綫　　梢間縫梁架中綫　　金柱頭中綫　　山柱頭中綫

19.590 米

15.730

8.720

5.630

±0.000

-3.440

尺寸單位：毫米

一三〇　大雄殿後視縱斷面

47840

| 4980 | 4980 | 2630 | 2630 | 5800 | 5800 |

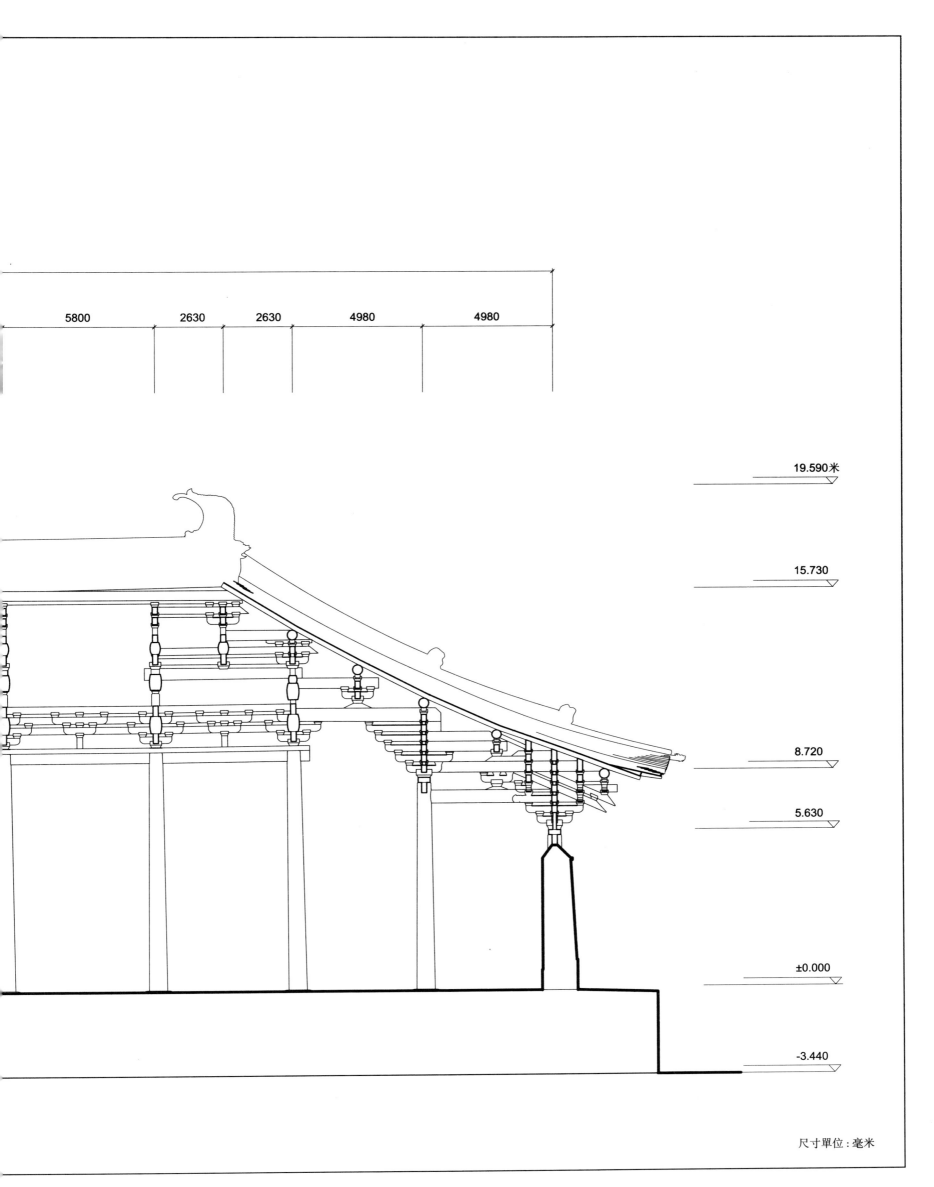

尺寸單位：毫米

5800　　2630　　2630　　4980　　4980

19.590米

15.730

8.720

5.630

±0.000

-3.440

尺寸單位：毫米

一三一　大雄殿前視縱斷面

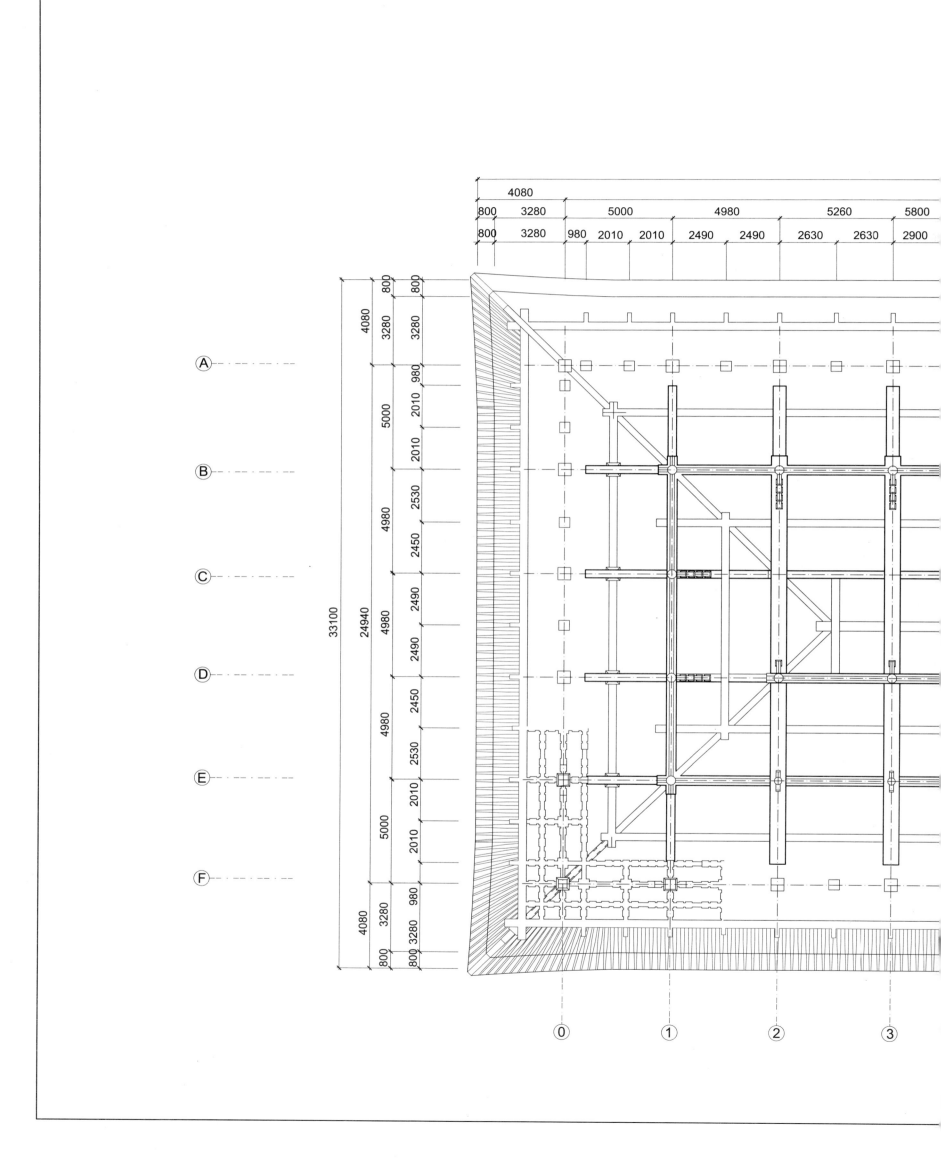

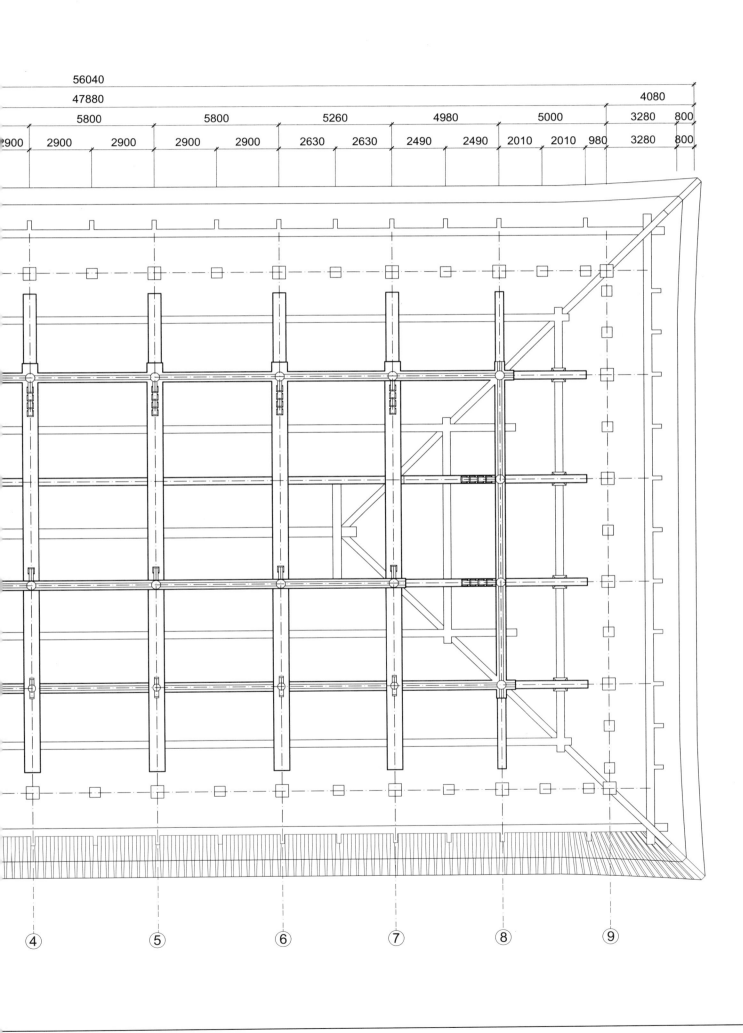

56040

47880

4080

| 5800 | | 5800 | | 5260 | | 4980 | | 5000 | | 3280 | 800 |

2900 | 2900 | 2900 | 2900 | 2900 | 2630 | 2630 | 2490 | 2490 | 2010 | 2010 | 980 | 3280 | 800

④　　　⑤　　　⑥　　　⑦　　　⑧　　　⑨

尺寸單位：毫米

一三二　大雄殿梁架仰視圖

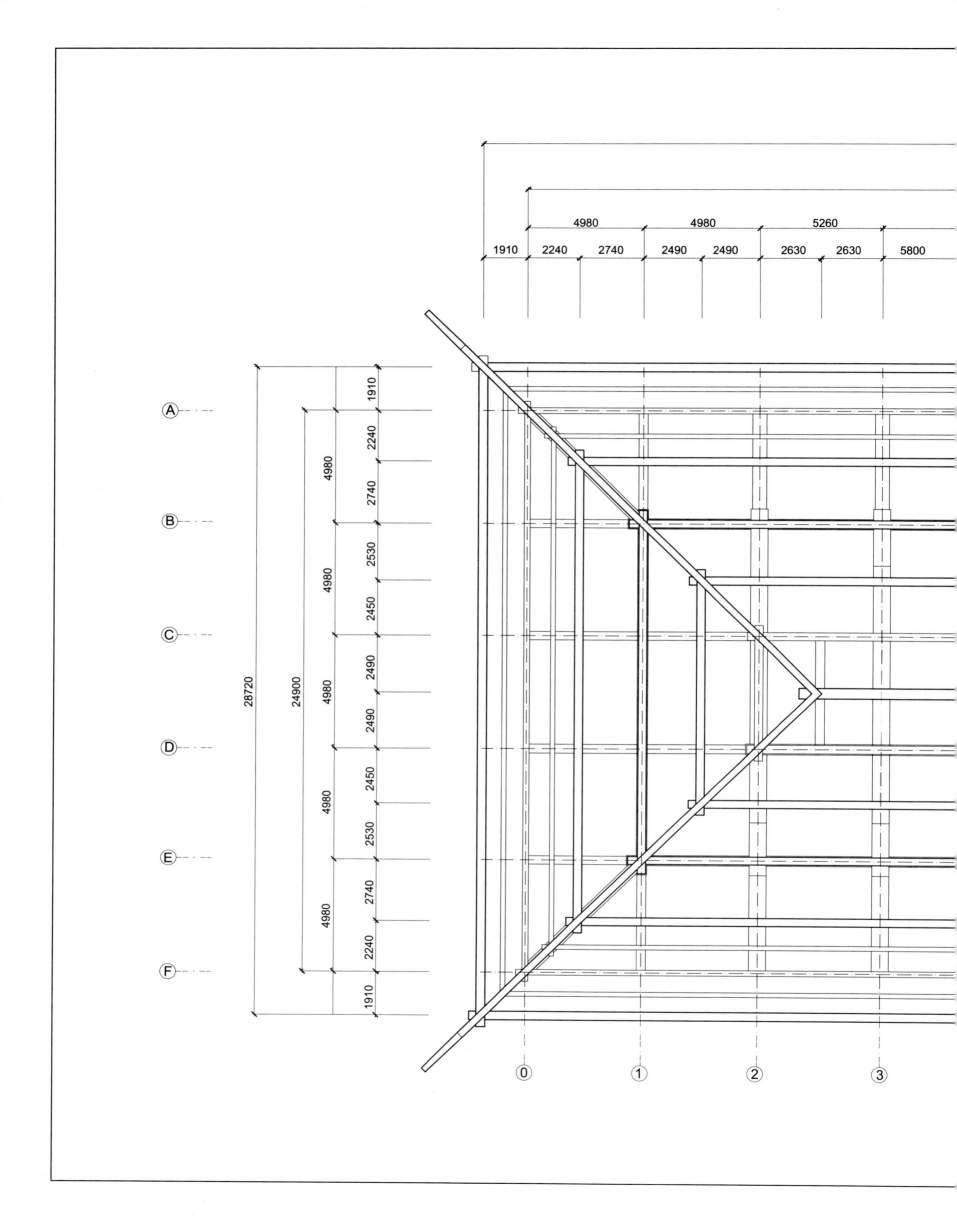

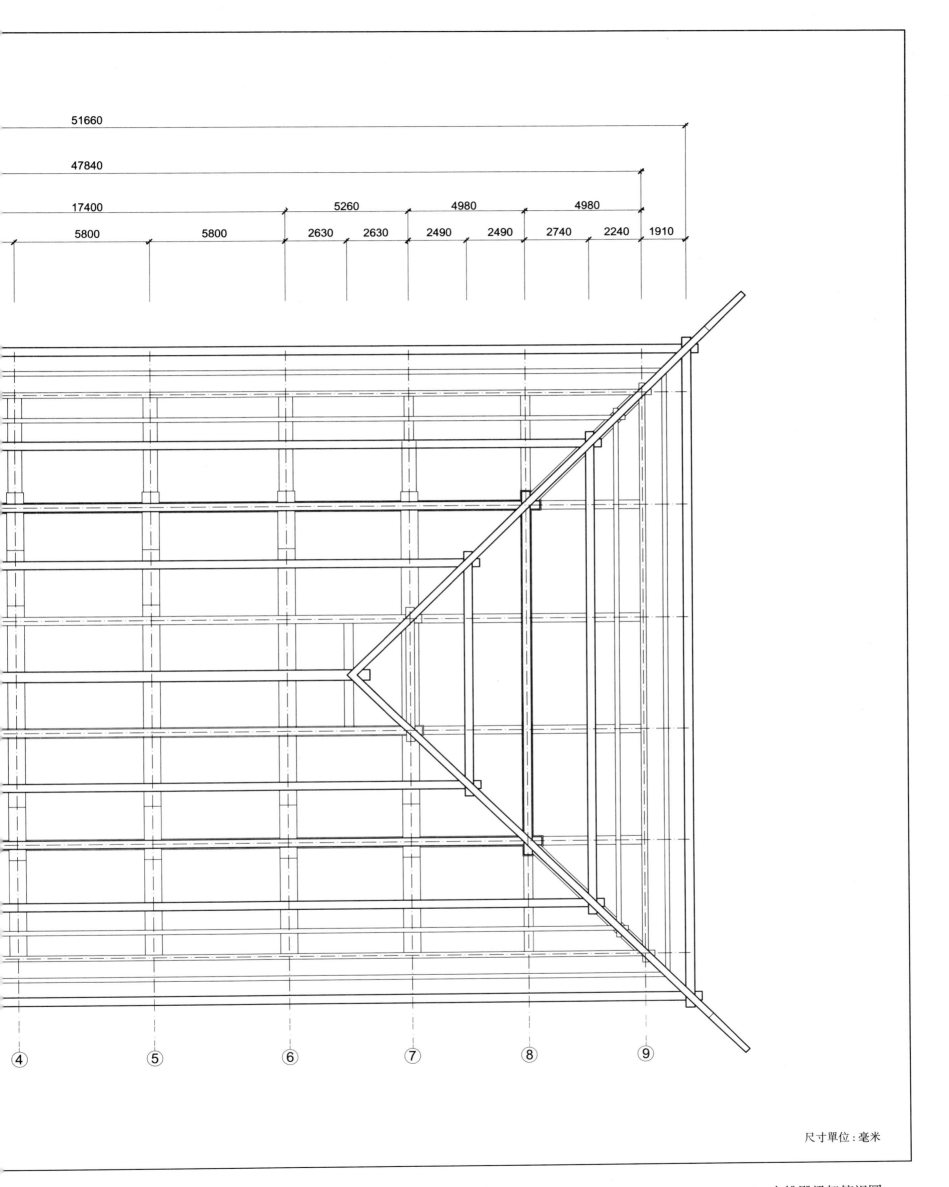

尺寸單位:毫米

51660

47840

17400

5260   4980   4980

5800   5800   2630   2630   2490   2490   2740   2240   1910

④   ⑤   ⑥   ⑦   ⑧   ⑨

尺寸單位:毫米

一三三　大雄殿梁架俯視圖

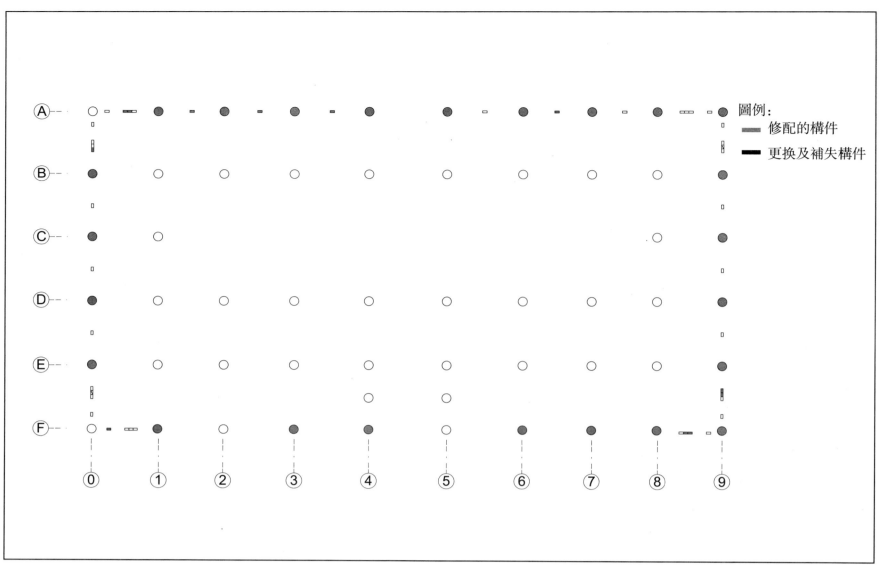

一三四　大雄殿柱子、斜撐、支撐修配記録圖

一三五　大雄殿闌額修配記録圖

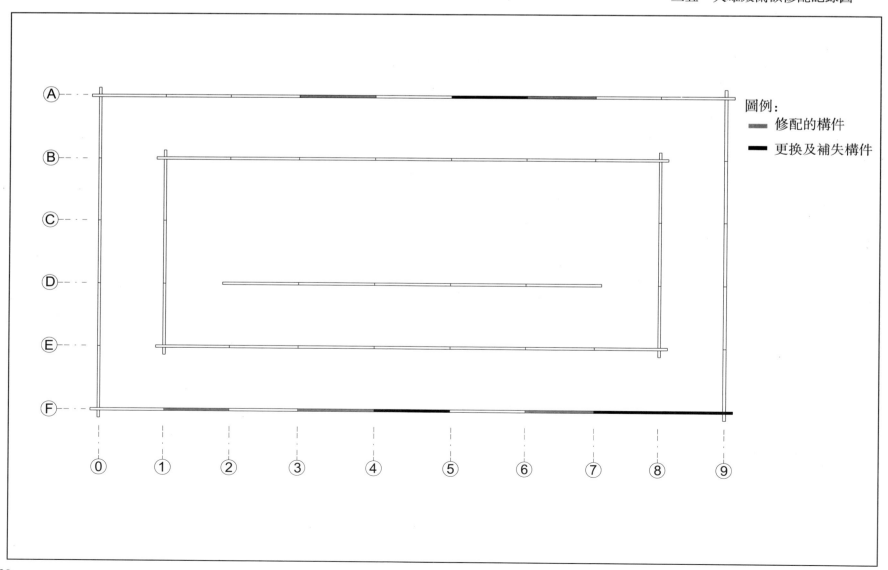

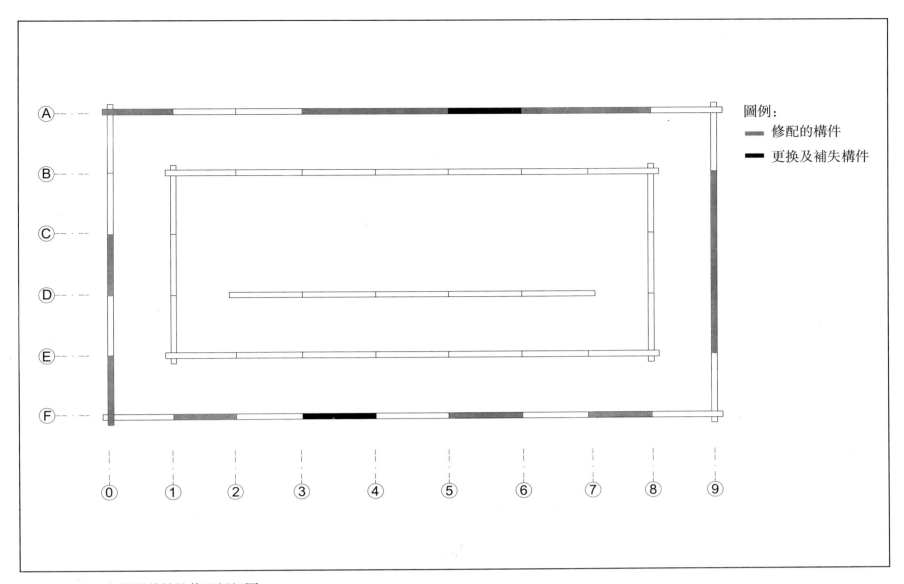

圖例：
━━ 修配的構件
━━ 更換及補失構件

一三六　大雄殿普拍枋修配記錄圖

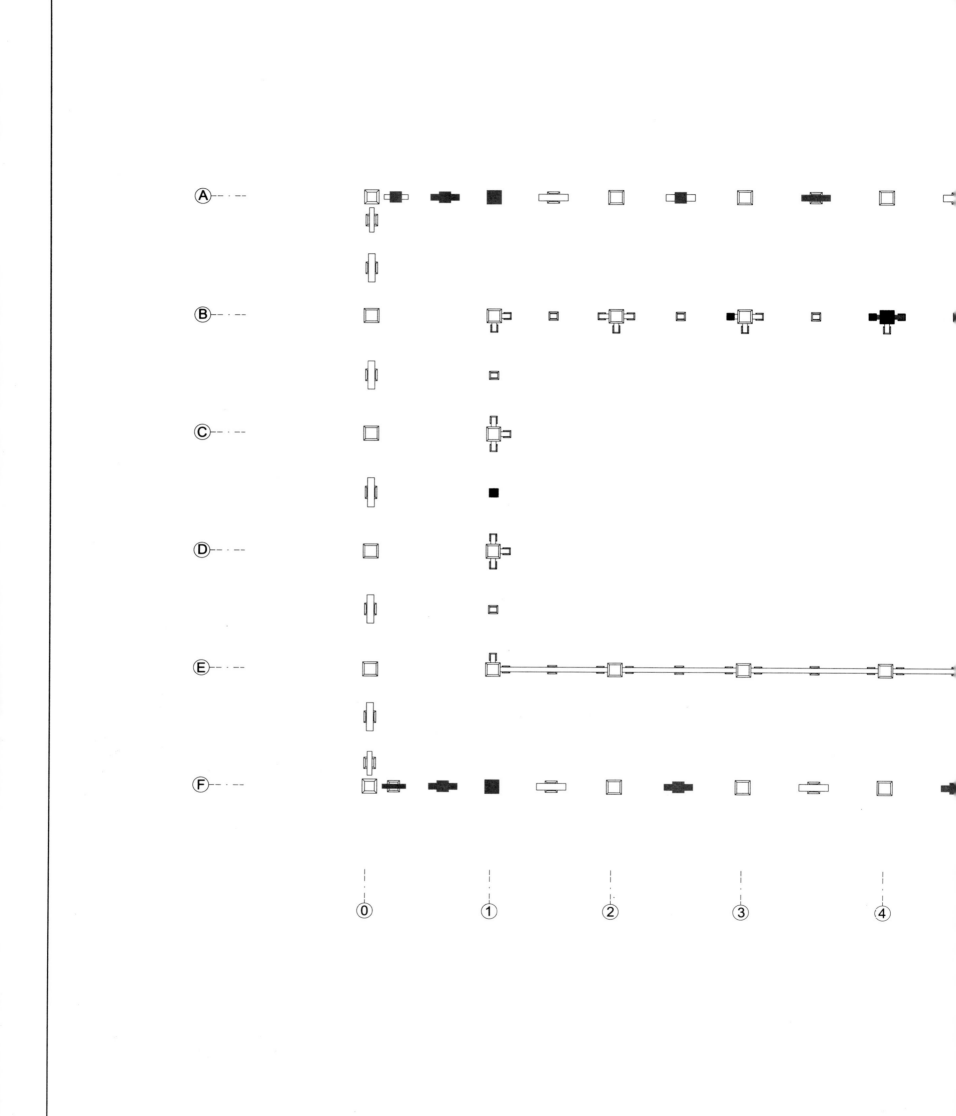

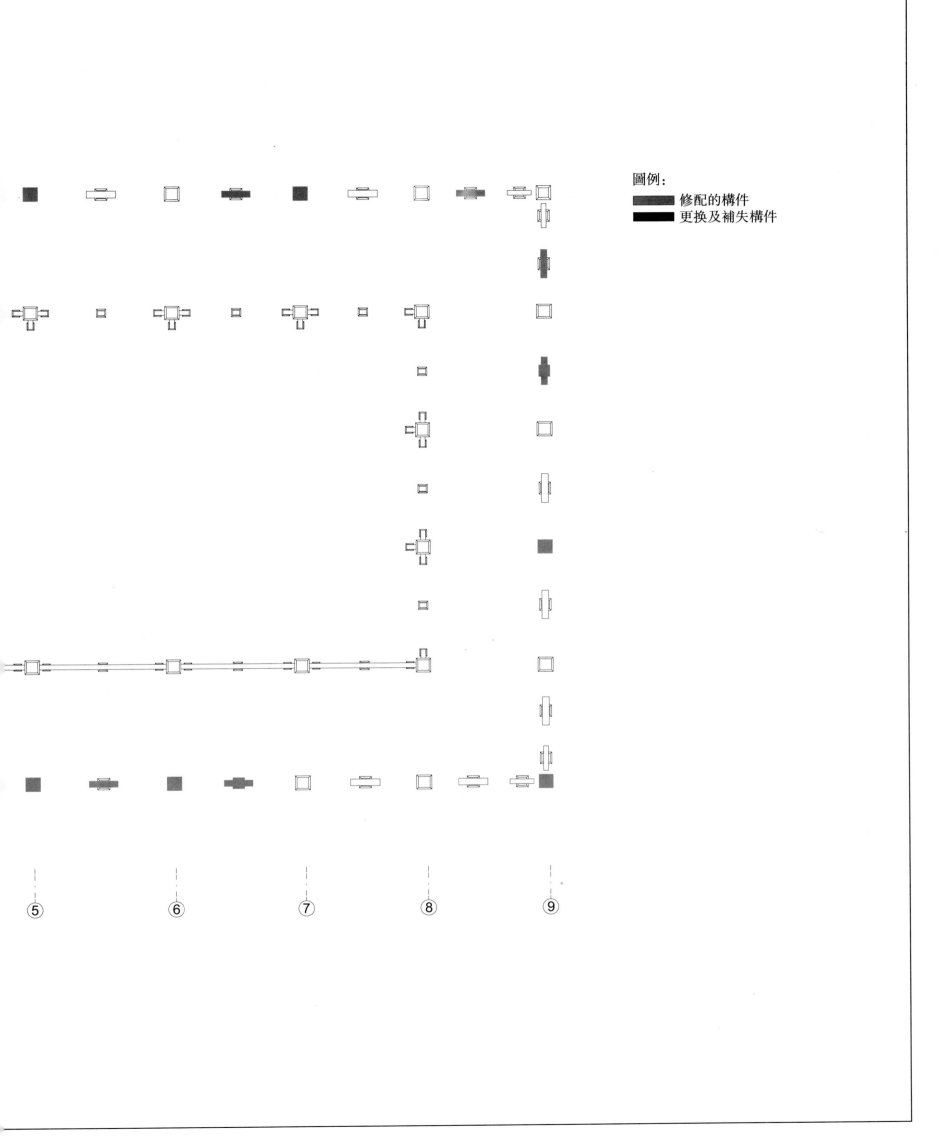

一三七　大雄殿鋪作一層構件修配記錄圖

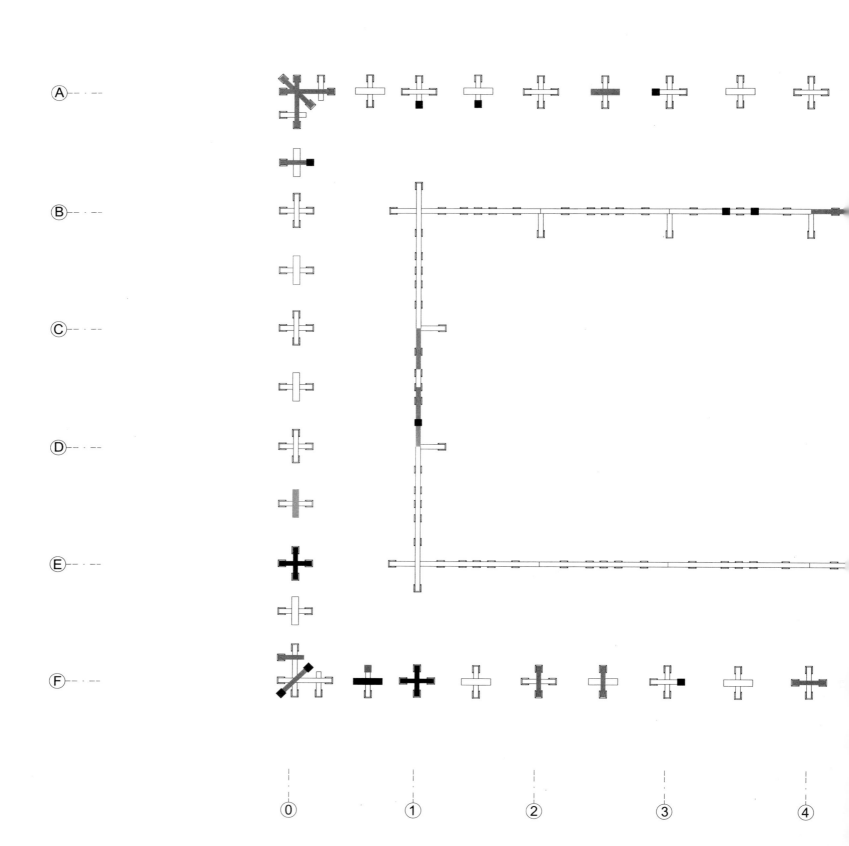

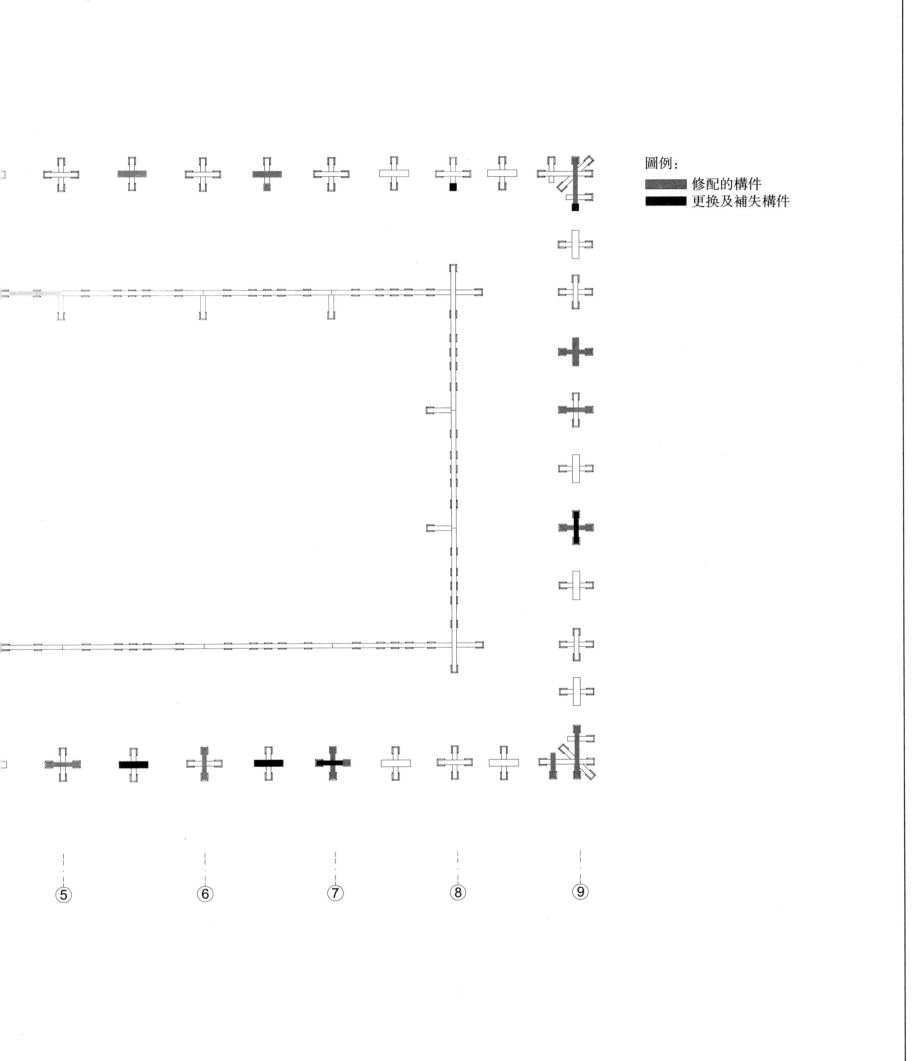

圖例：
修配的構件
更換及補失構件

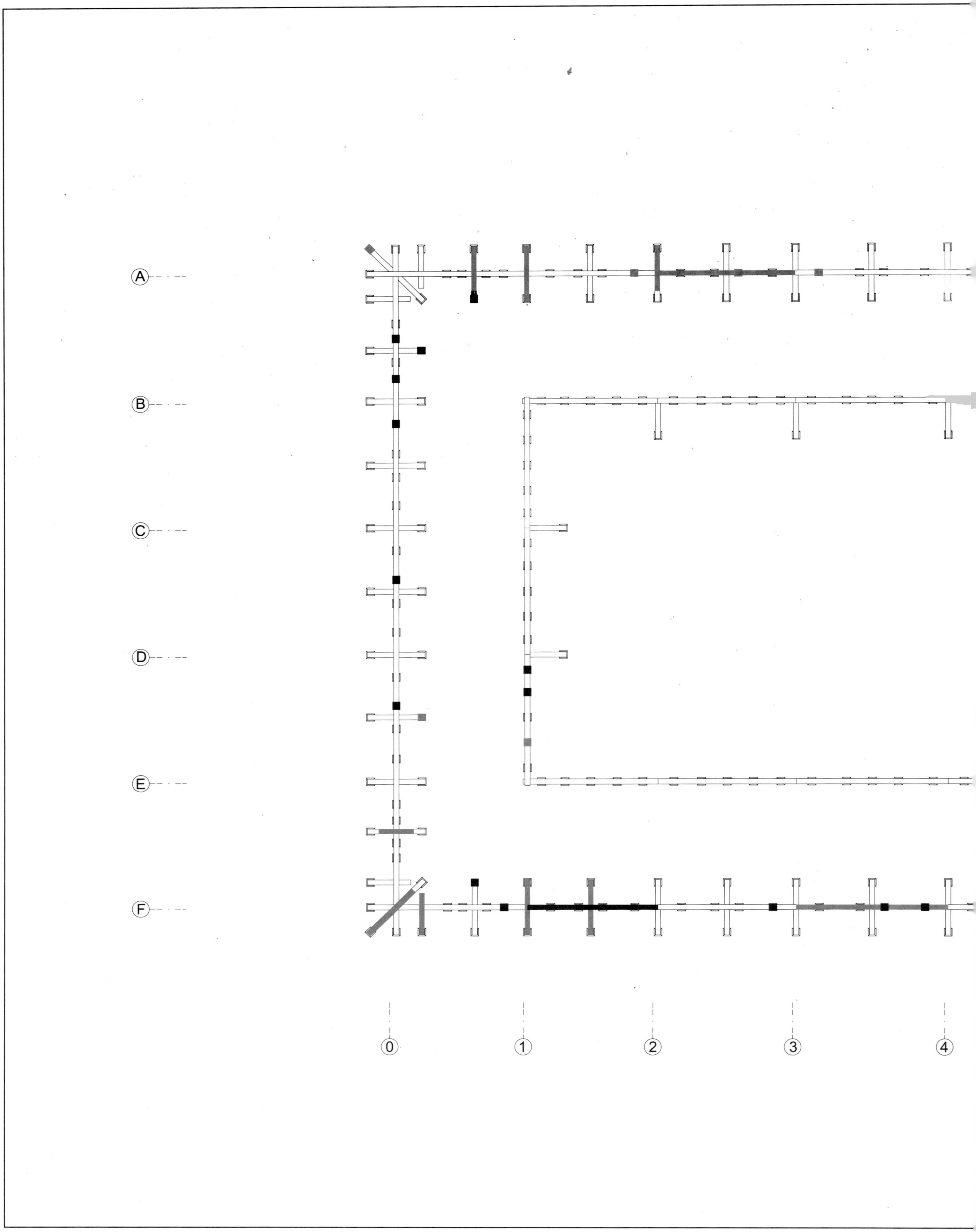
A
B
C
D
E
F
0
1
2
3
4

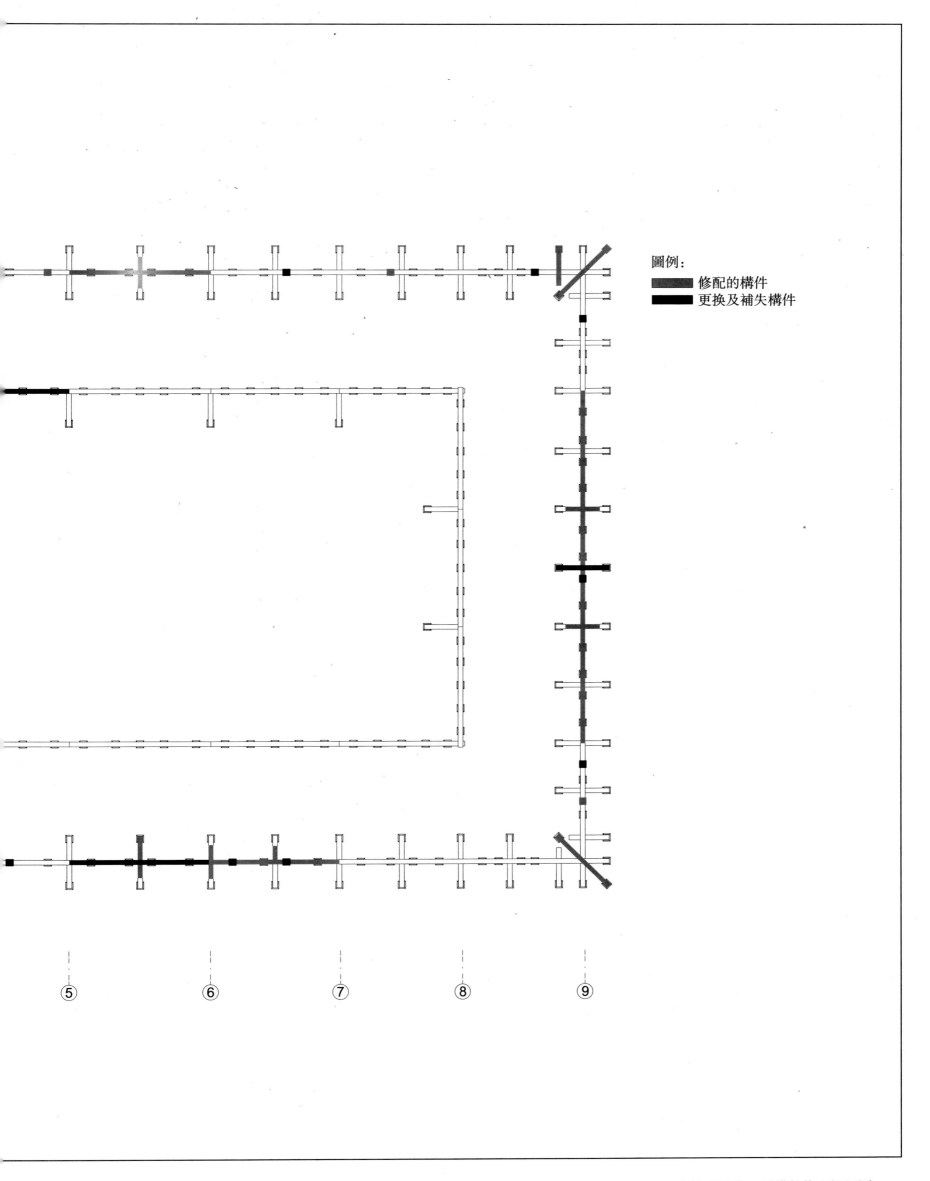

圖例：
修配的構件
更換及補失構件

⑤　　　　⑥　　　　⑦　　　　⑧　　　　⑨

一三九　大雄殿鋪作三層構件修配記錄圖

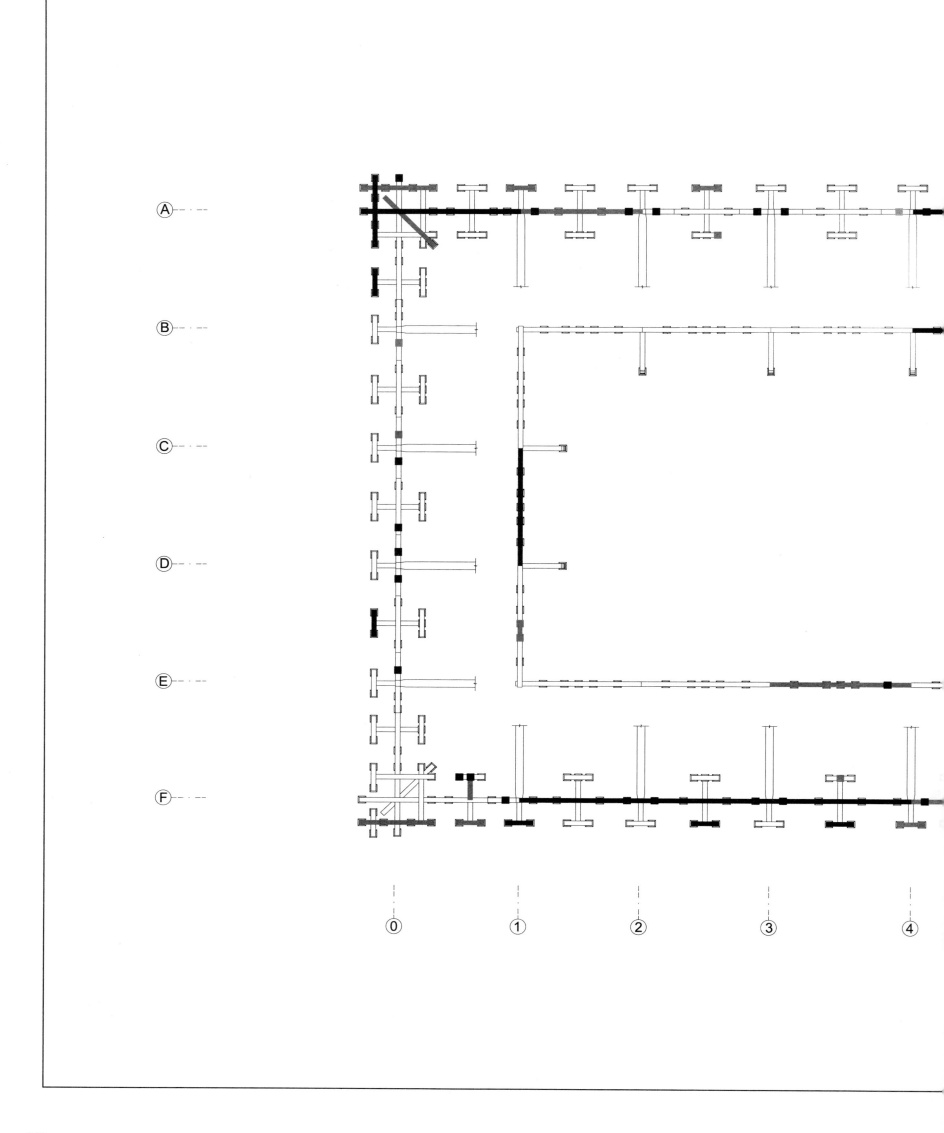

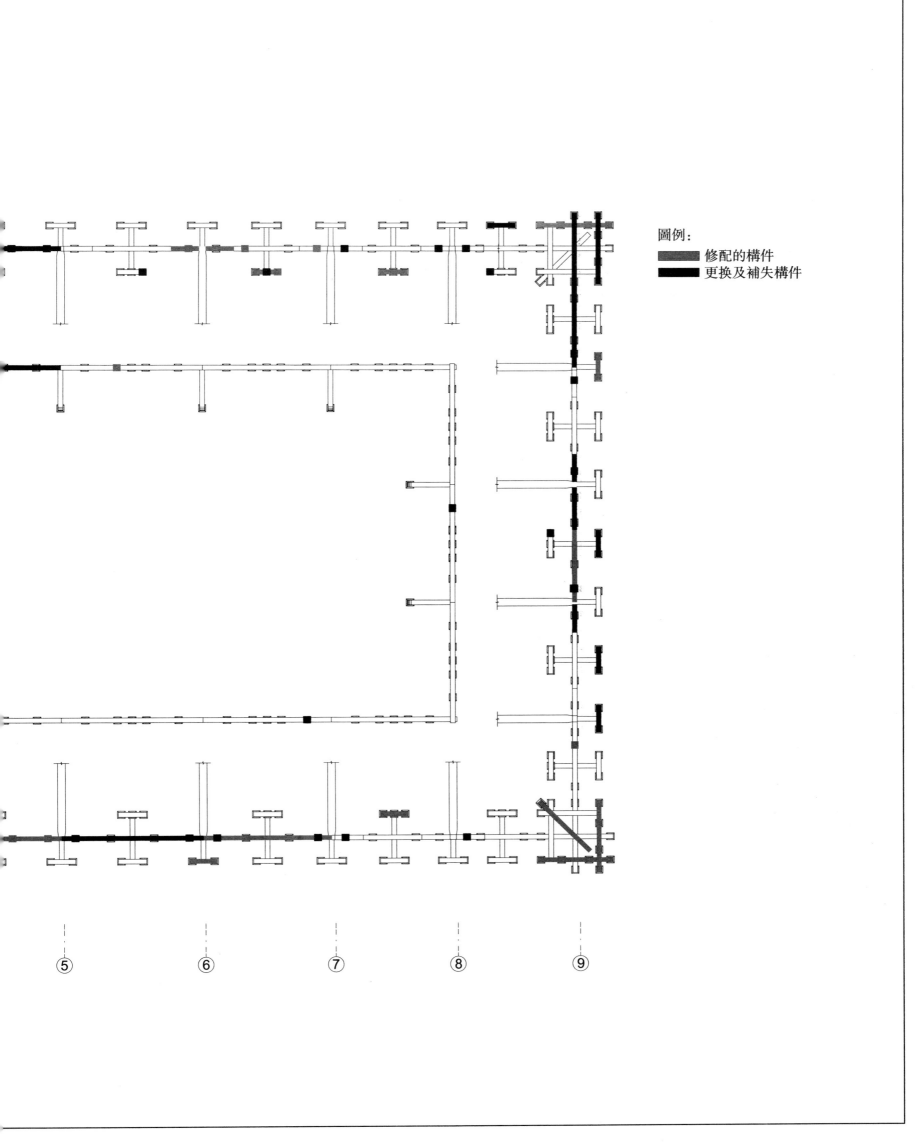

圖例：
修配的構件
更換及補失構件

⑤　⑥　⑦　⑧　⑨

一四〇　大雄殿鋪作四層構件修配記録圖

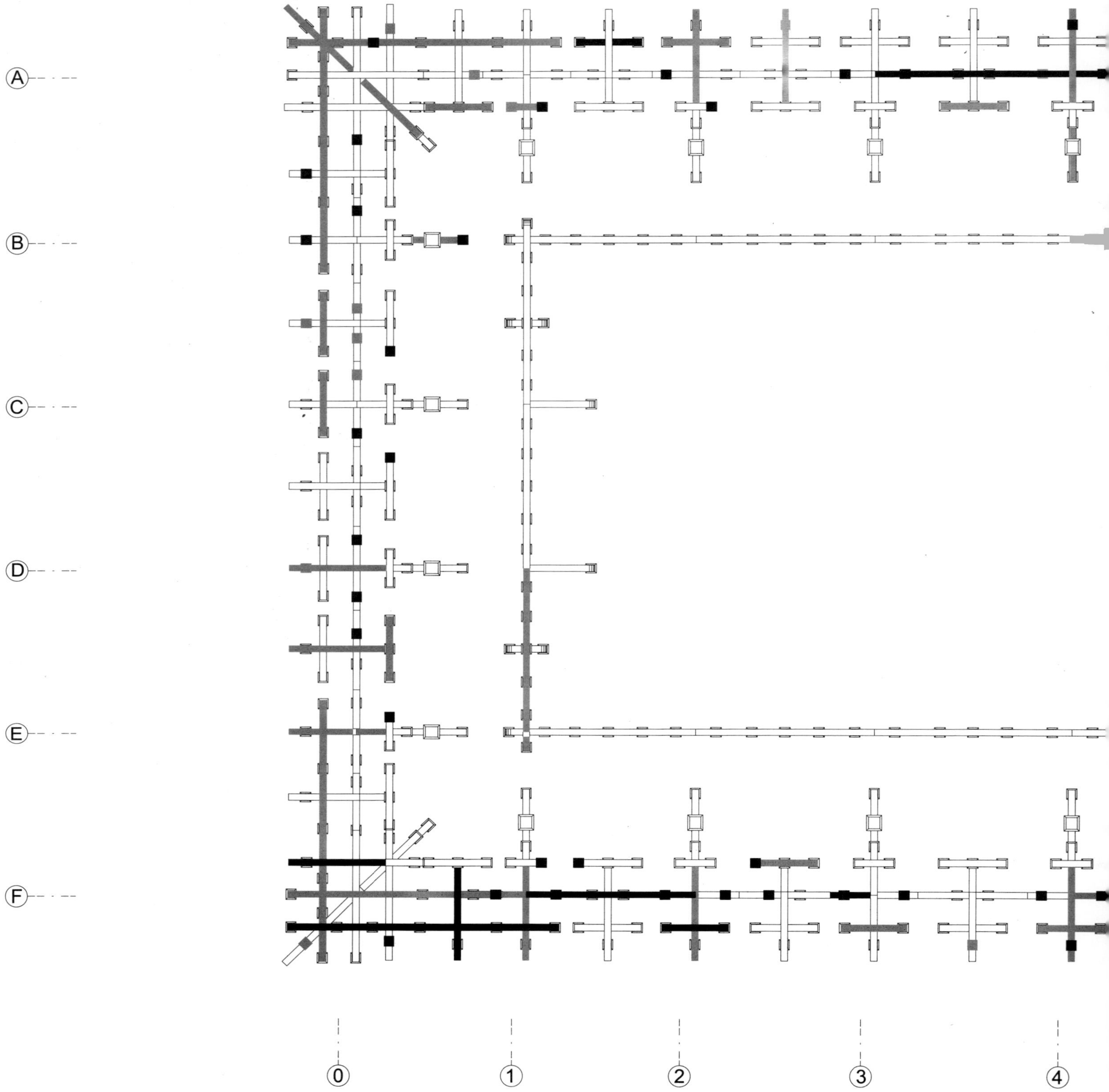
A
B
C
D
E
F
0
1
2
3
4

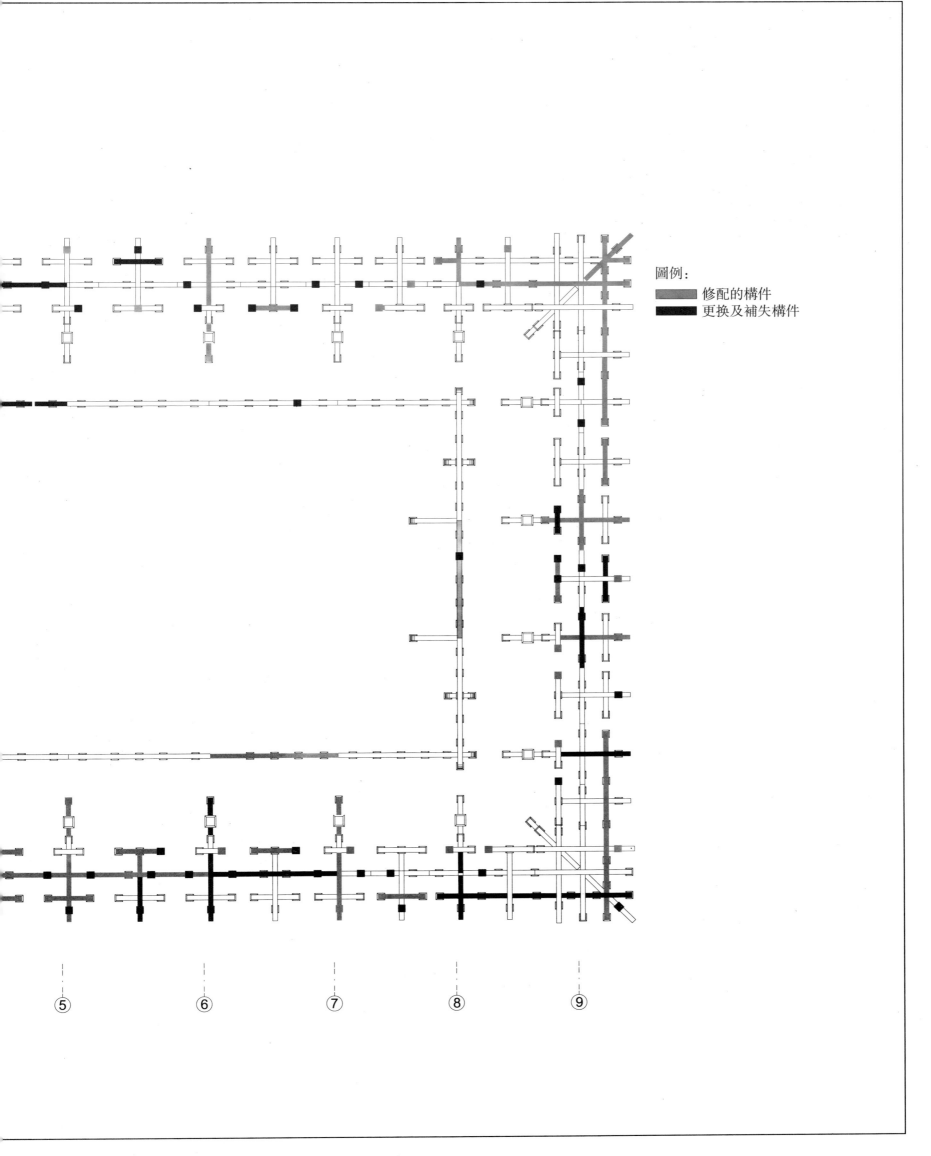

圖例：
修配的構件
更換及補失構件

⑤　⑥　⑦　⑧　⑨

一四一　大雄殿鋪作五層構件修配記録圖

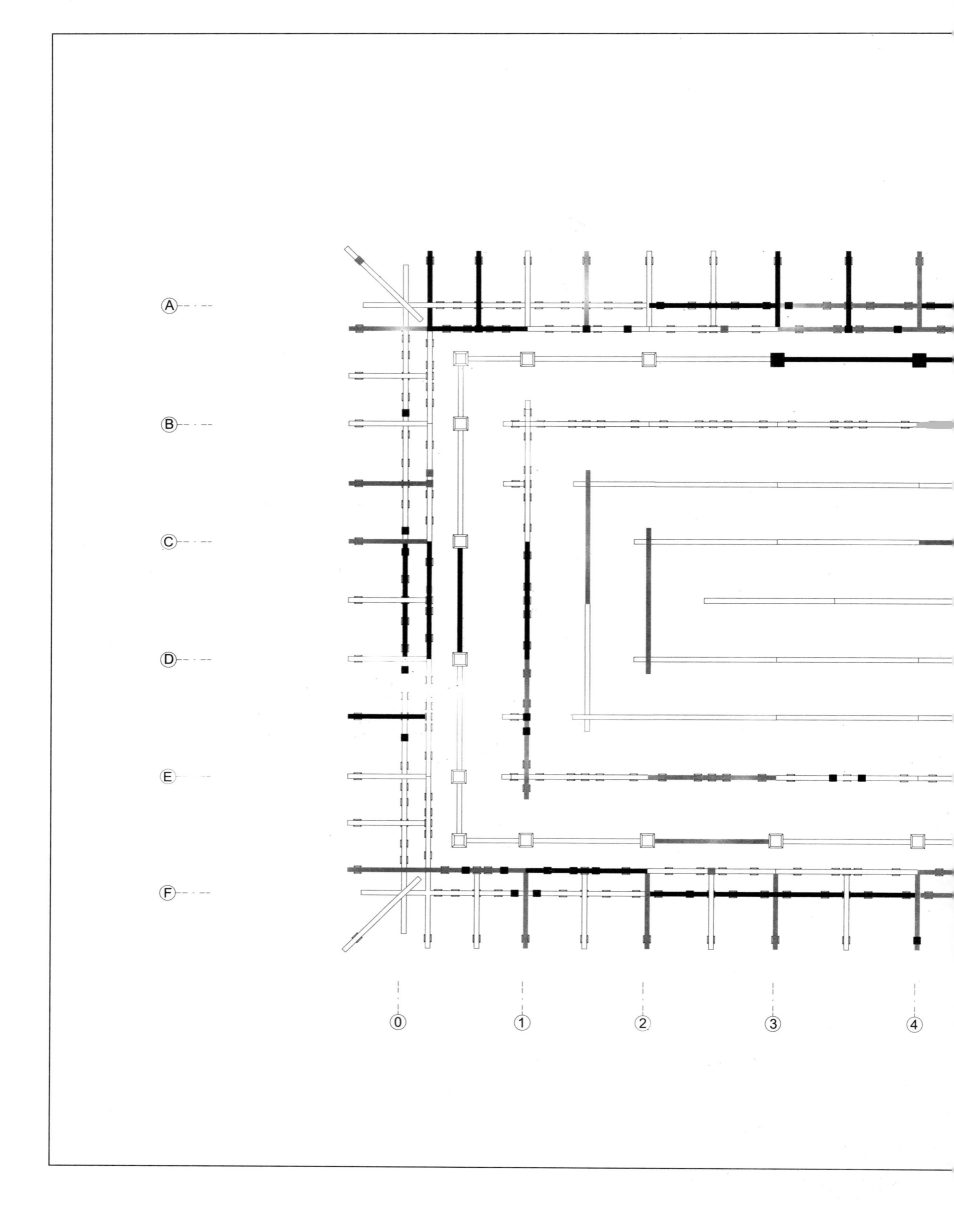

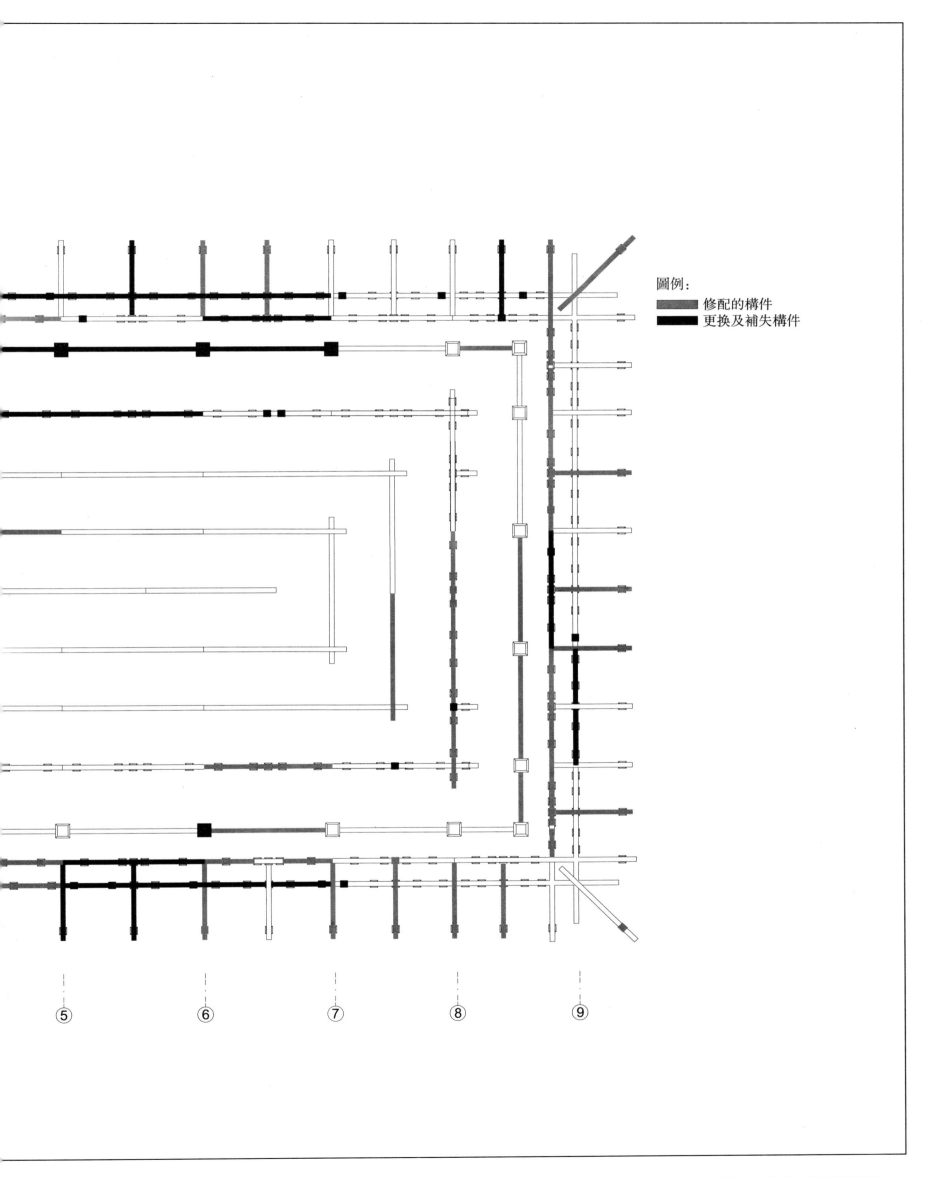

⑤　　　　⑥　　　　⑦　　　　⑧　　　　⑨

一四二　大雄殿鋪作六層及殿內拆落構件修配記錄圖

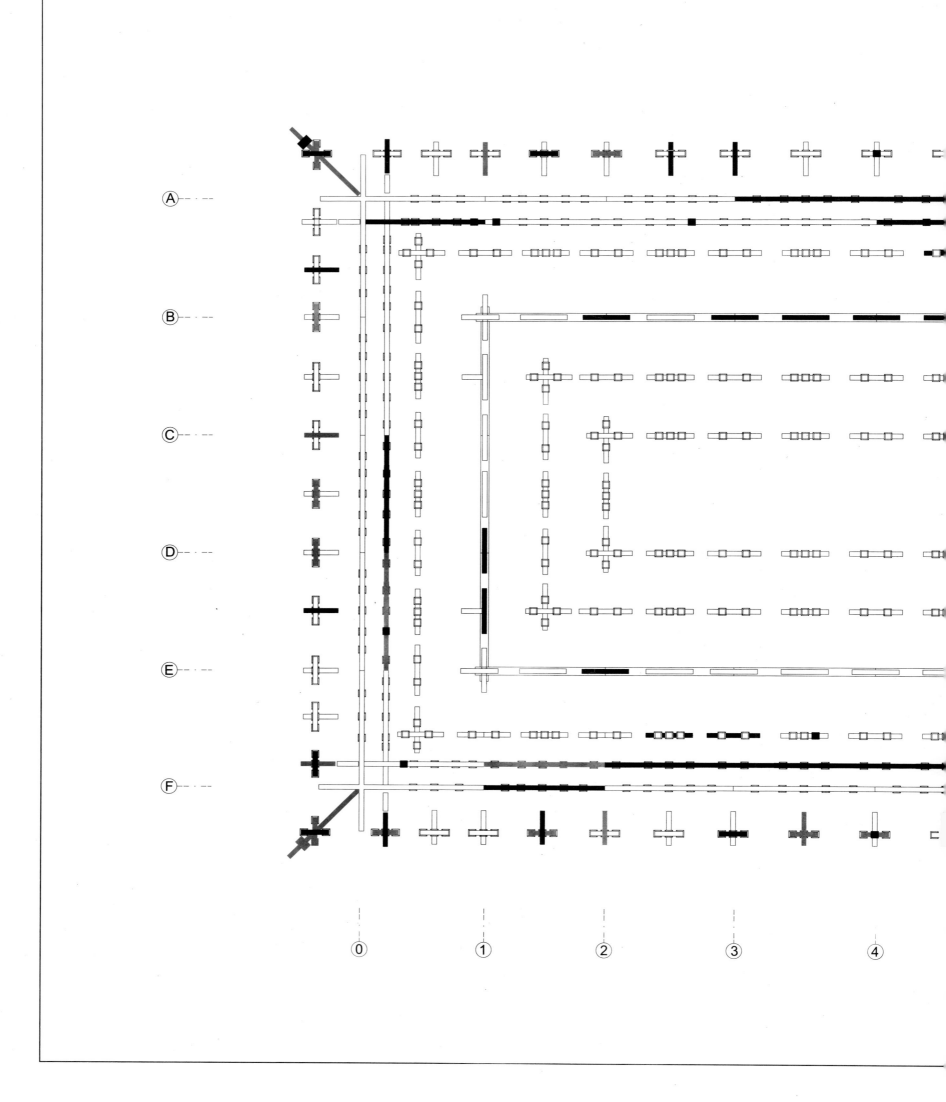

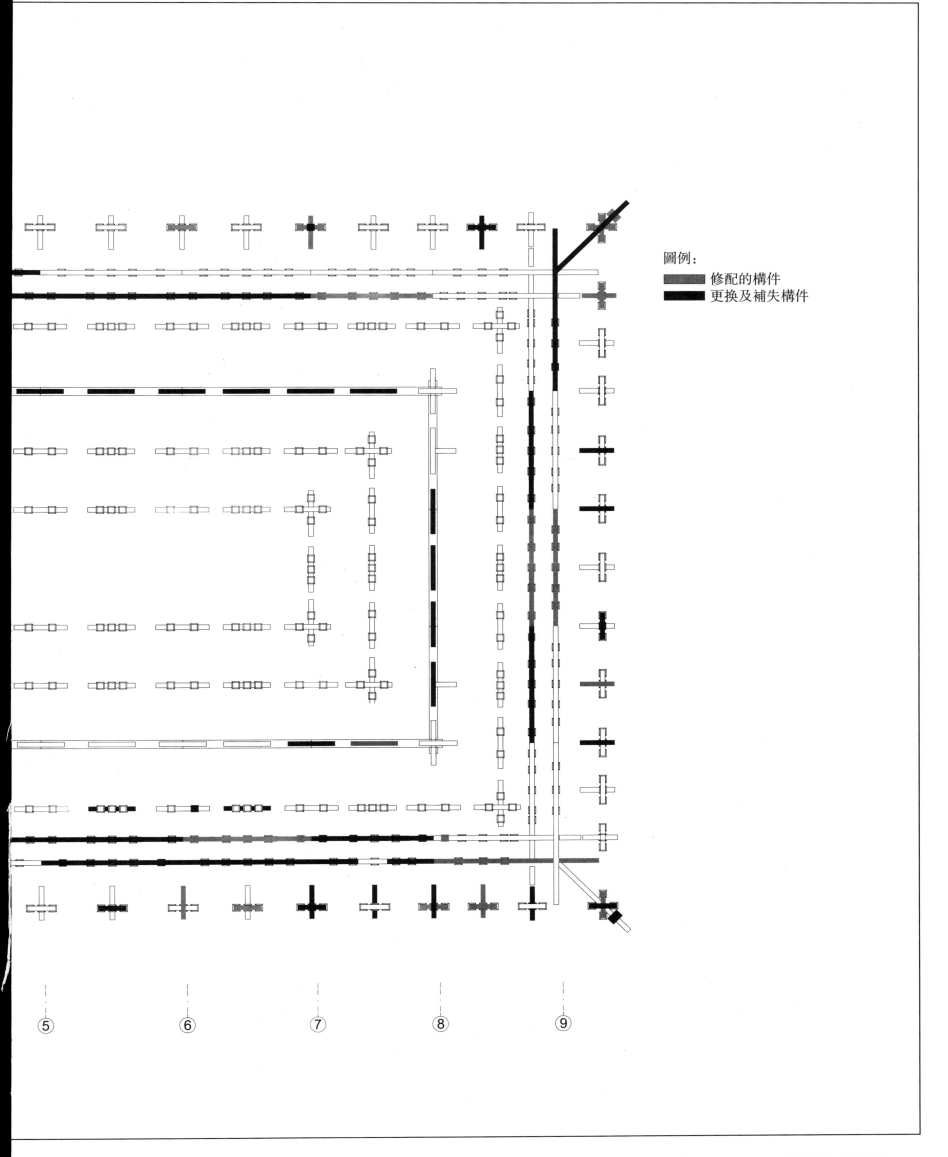

圖例：
修配的構件
更換及補失構件

⑤　⑥　⑦　⑧　⑨

一四三　大雄殿鋪作七層及殿內拆落構件修配記錄圖

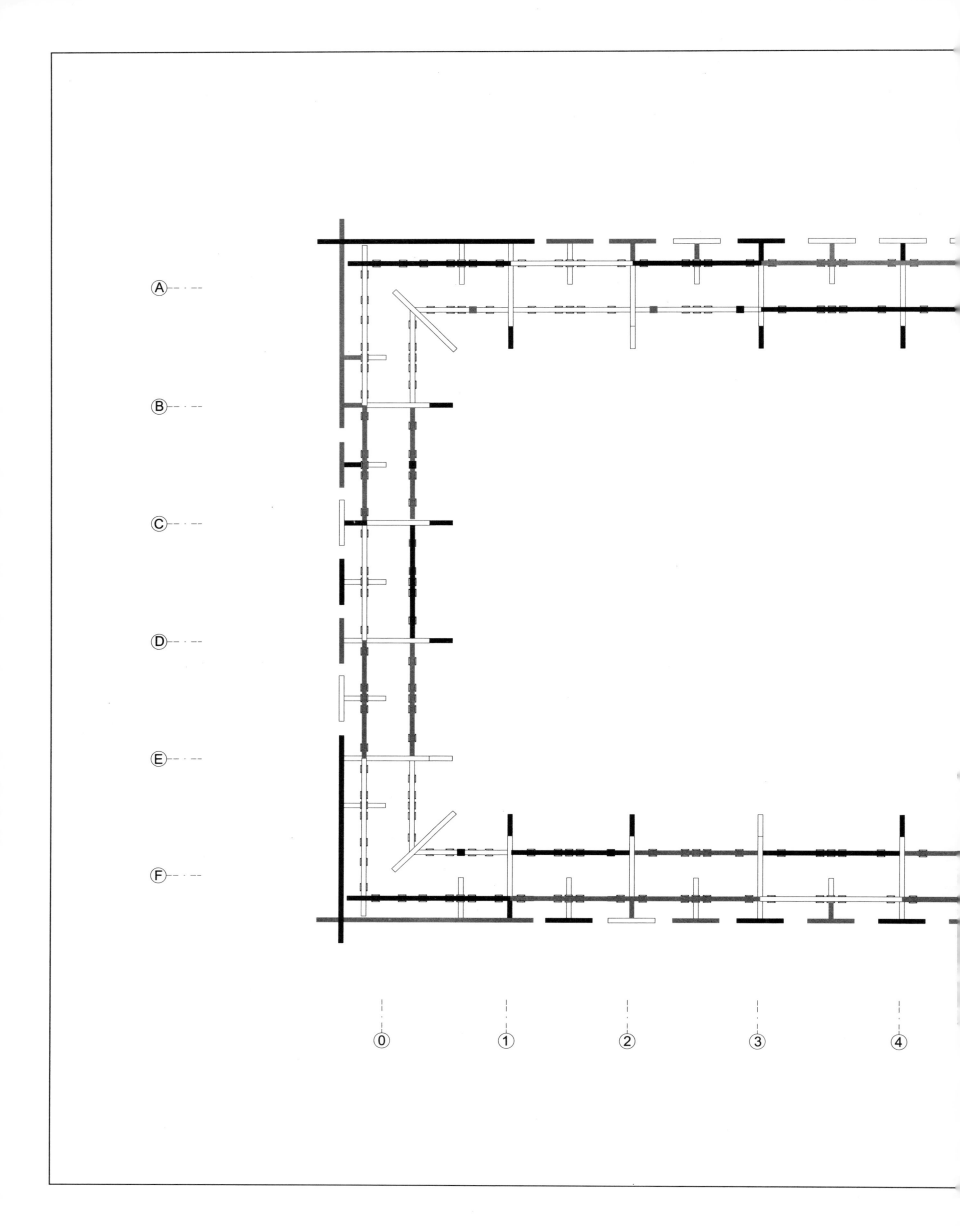

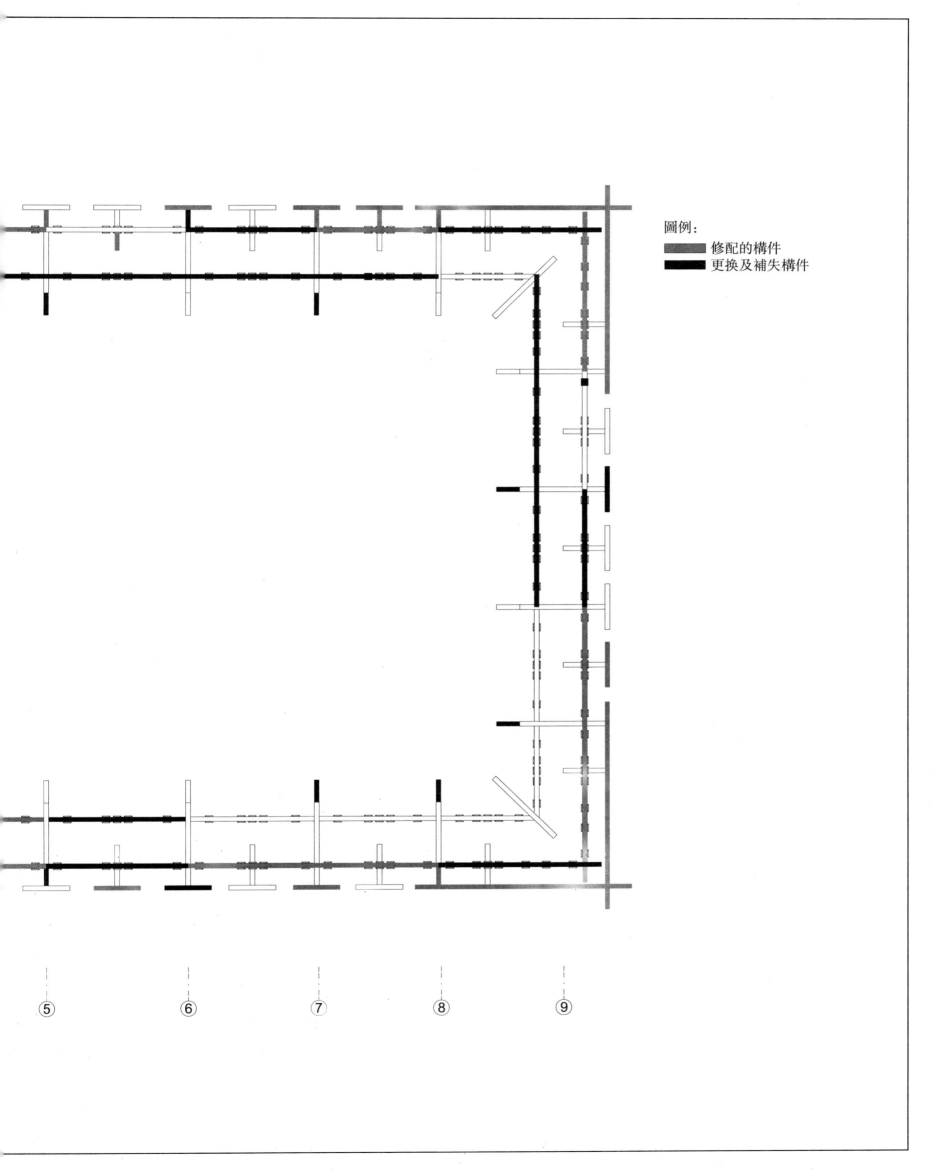

⑤　⑥　⑦　⑧　⑨

一四四　大雄殿鋪作八層及殿內拆落構件修配記錄圖

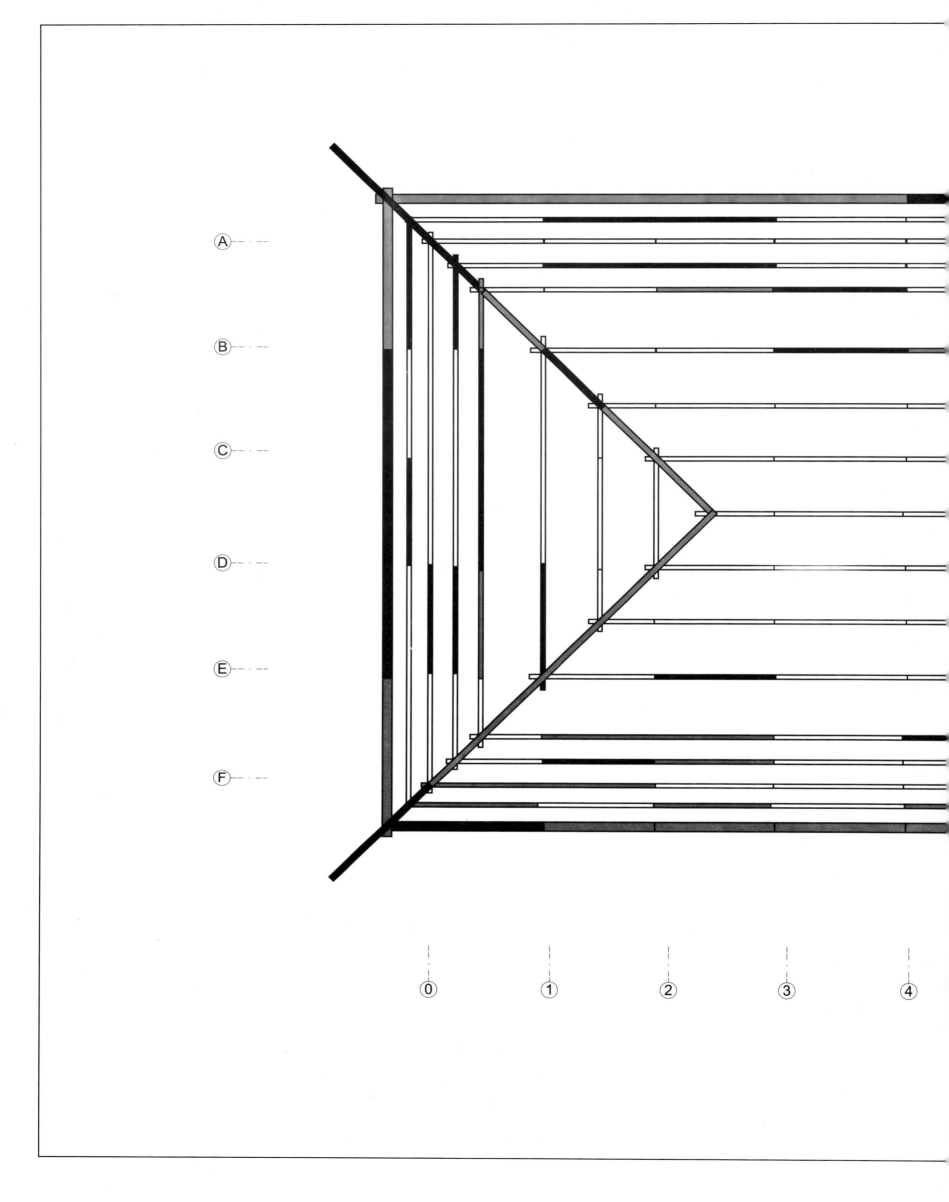

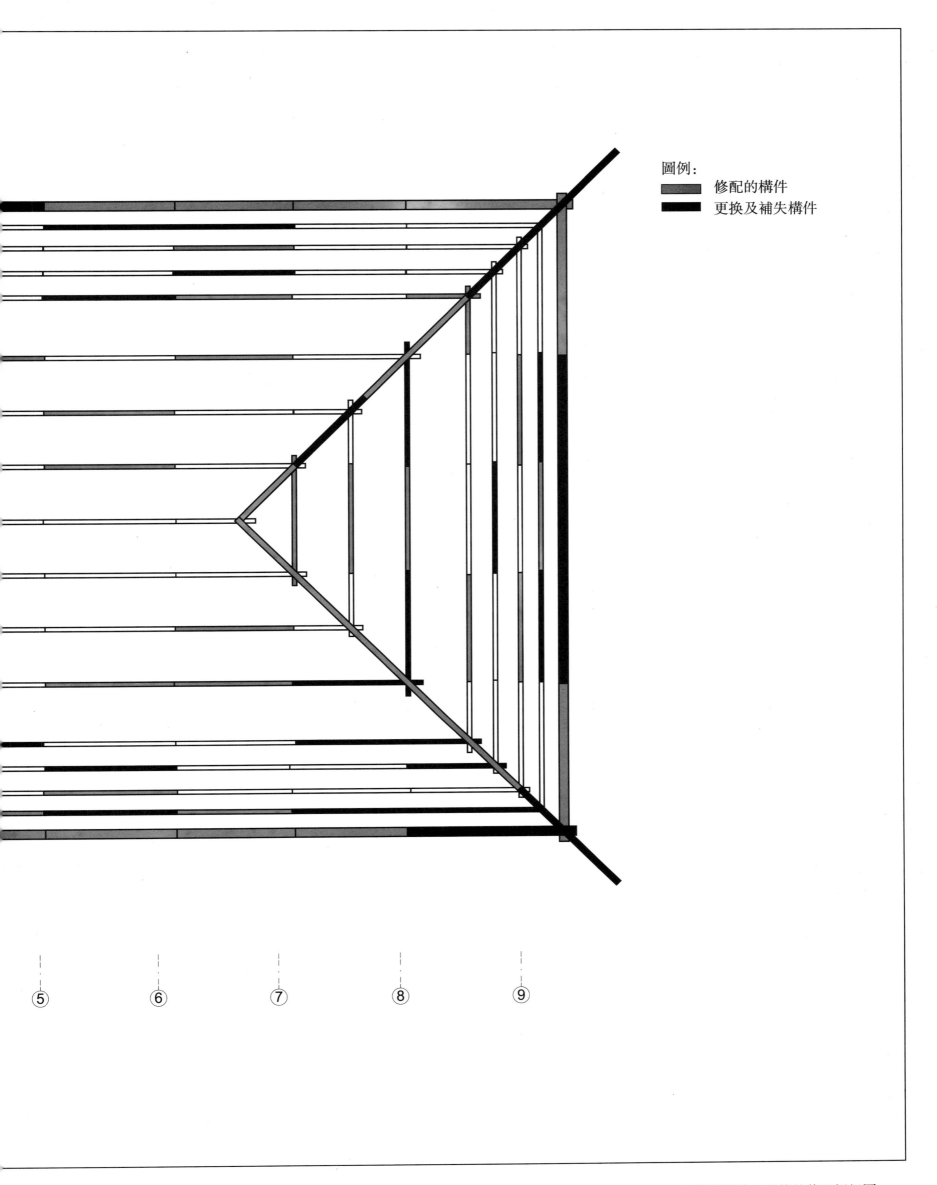

一四五　大雄殿樽條、承椽枋修配記錄圖

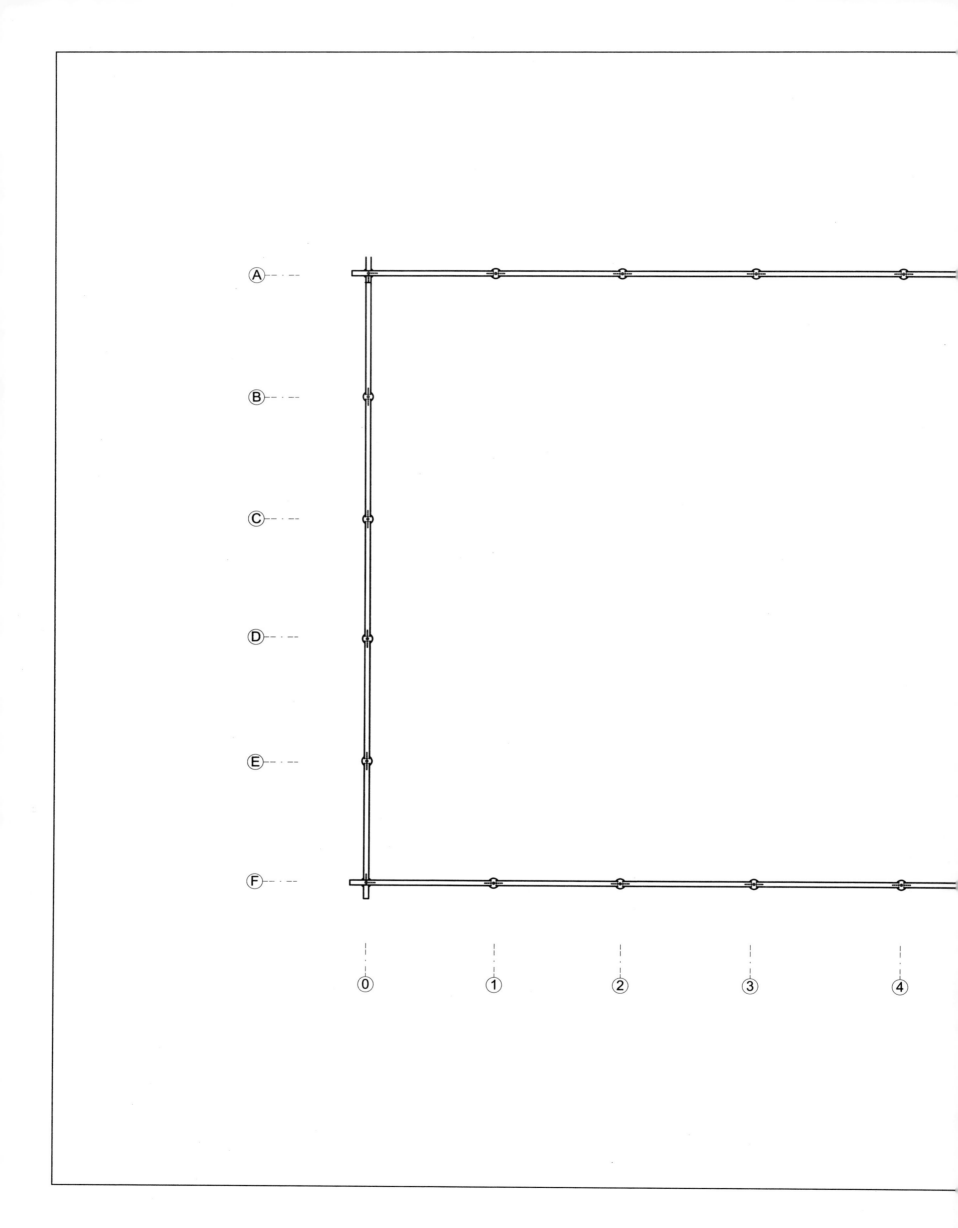

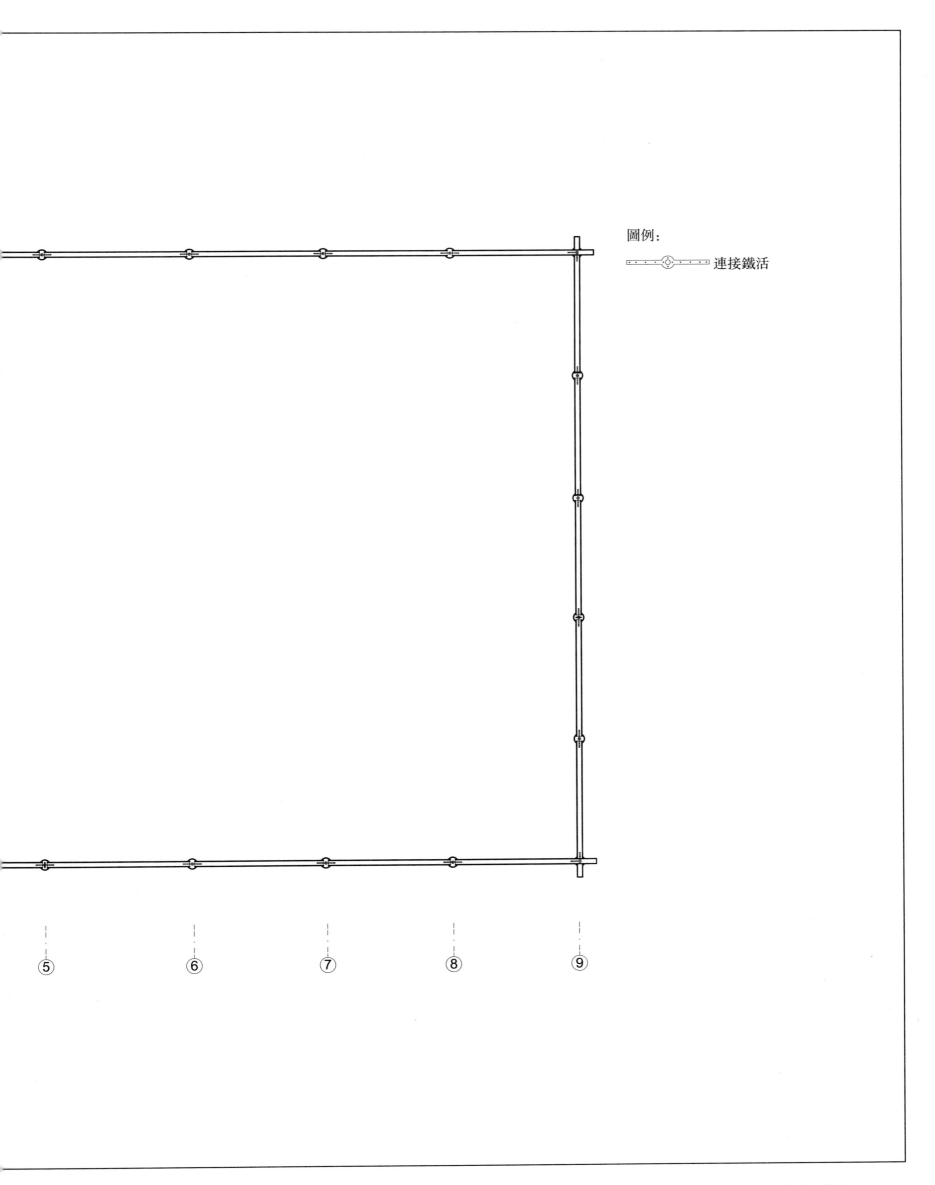

圖例：

連接鐵活

⑤　⑥　⑦　⑧　⑨

一四六　大雄殿闌額鐵活安裝記録圖

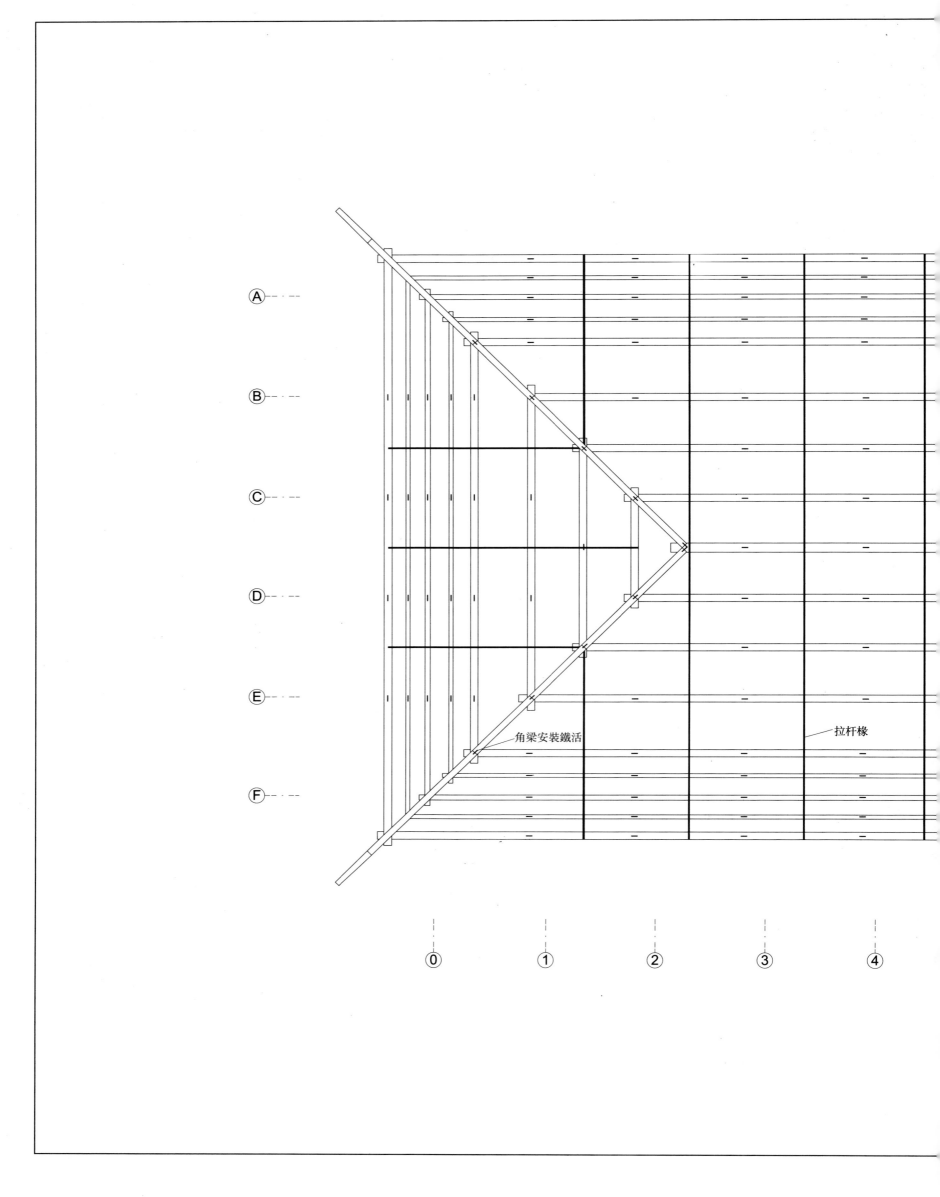

角梁安裝鐵活

拉杆椽

Ⓐ Ⓑ Ⓒ Ⓓ Ⓔ Ⓕ

⓪ ① ② ③ ④

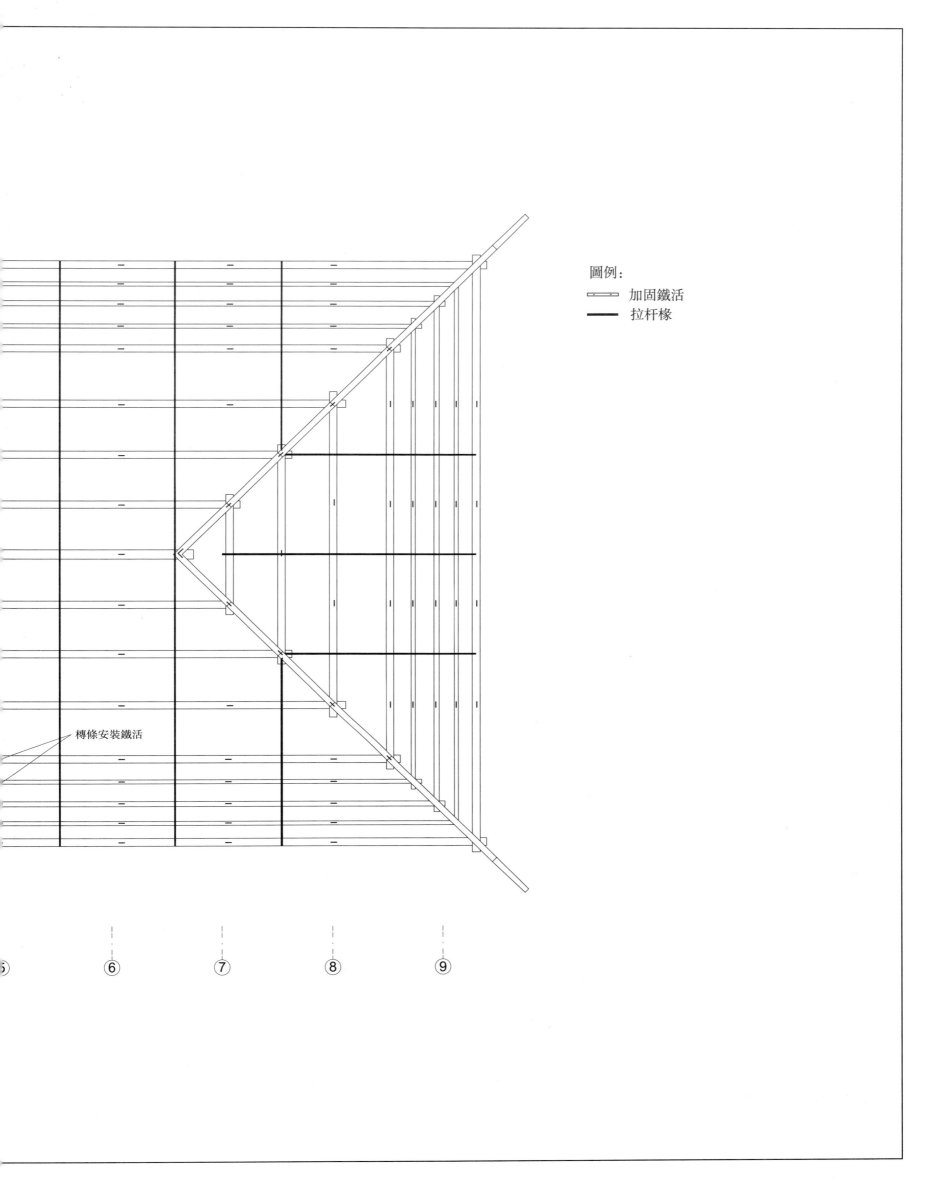

圖例：

加固鐵活

拉杆椽

槫條安裝鐵活

⑥　⑥　⑦　⑧　⑨

一四七　大雄殿拉杆椽、槫條和角梁連接鐵活安裝記錄圖

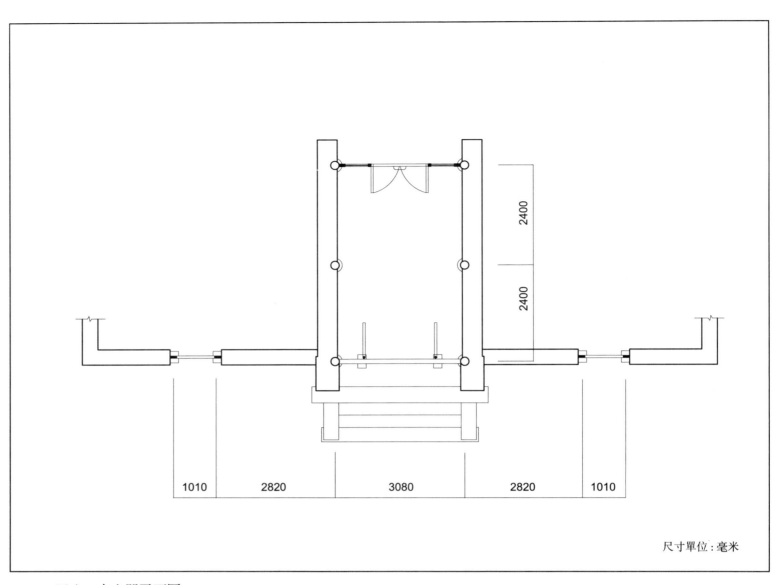

尺寸單位：毫米

一四八　內山門平面圖

一四九　內山門正立面圖

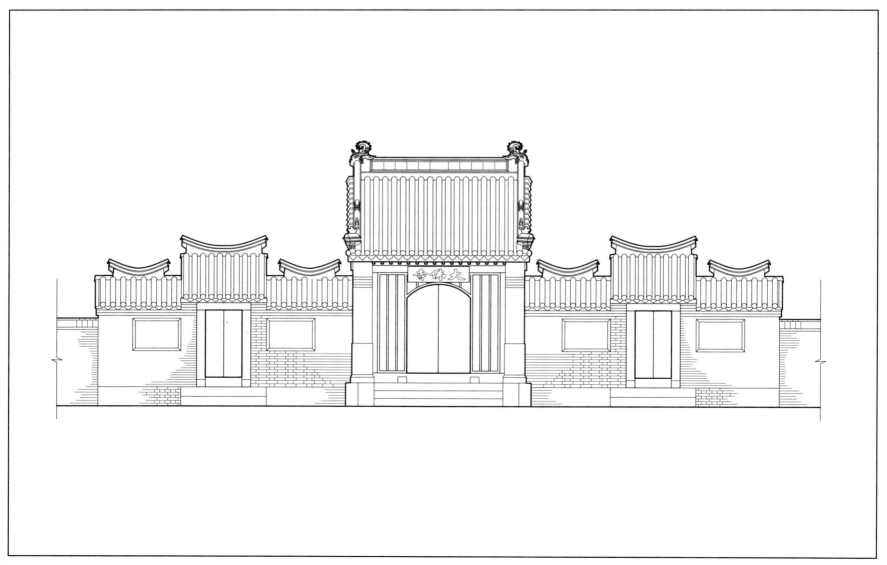

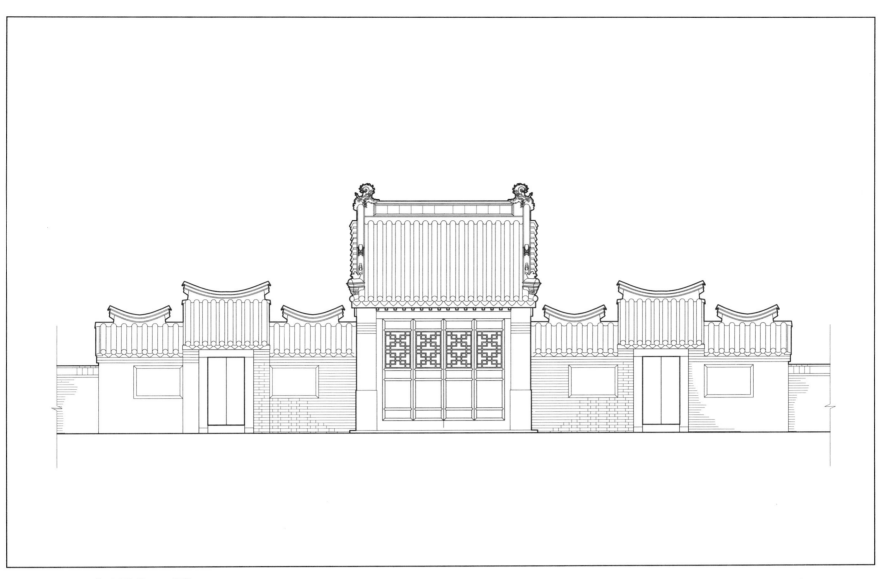

一五〇　内山門背立面圖

一五一　内山門側立面圖

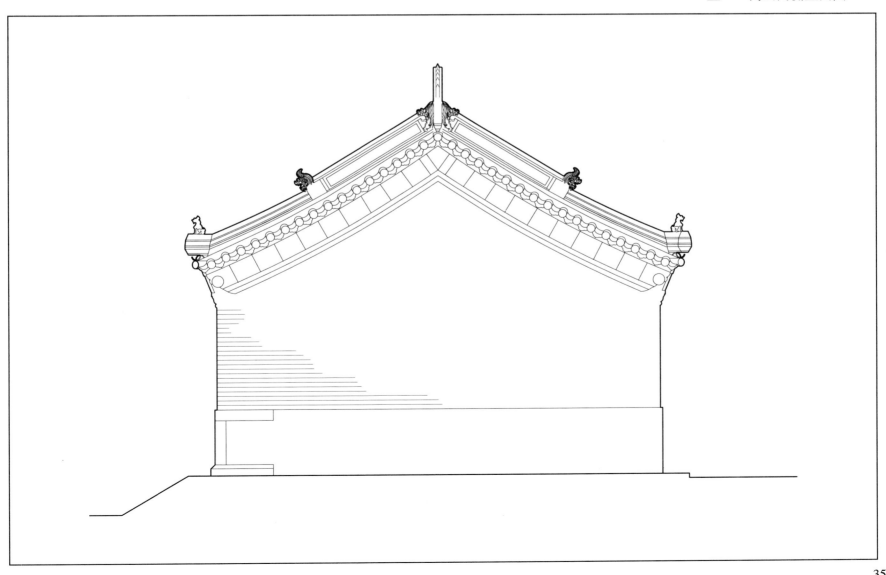

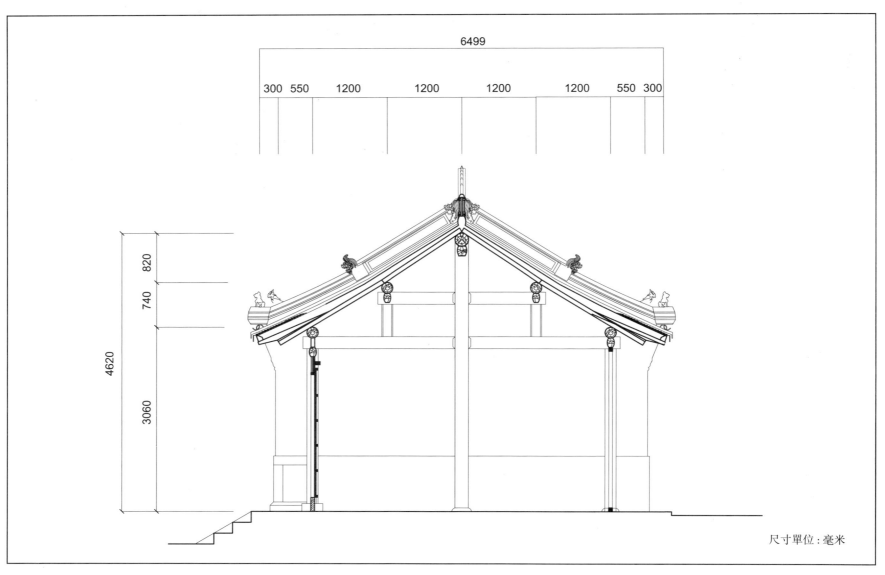

6499

300 550 1200 1200 1200 1200 550 300

820
740
3060
4620

尺寸單位：毫米

一五二　內山門橫斷面圖

一五三　內山門裝修圖

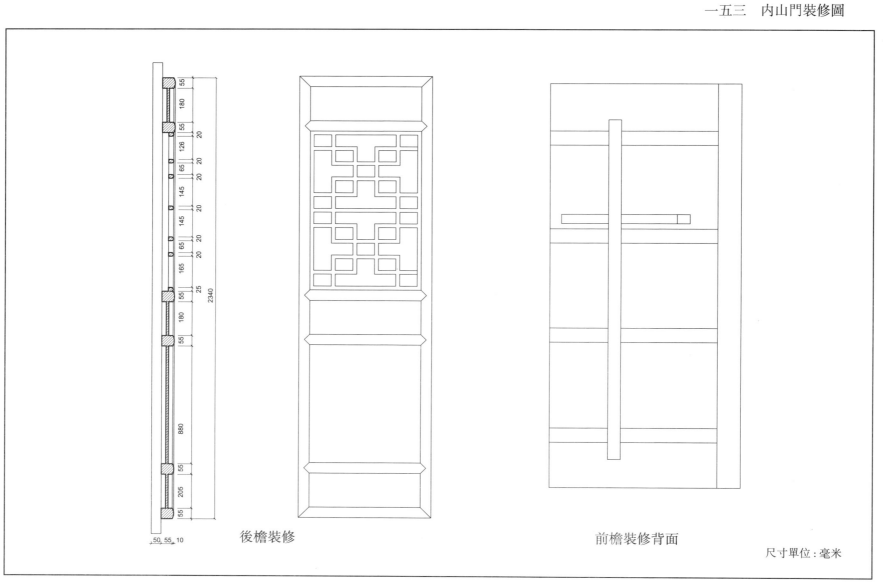

55
180
55
20
126
20
65
20
145
20
145
20
65
20
165
25
55
180
55
2340
880
55
205
55

50 55 10

後檐裝修

前檐裝修背面

尺寸單位：毫米

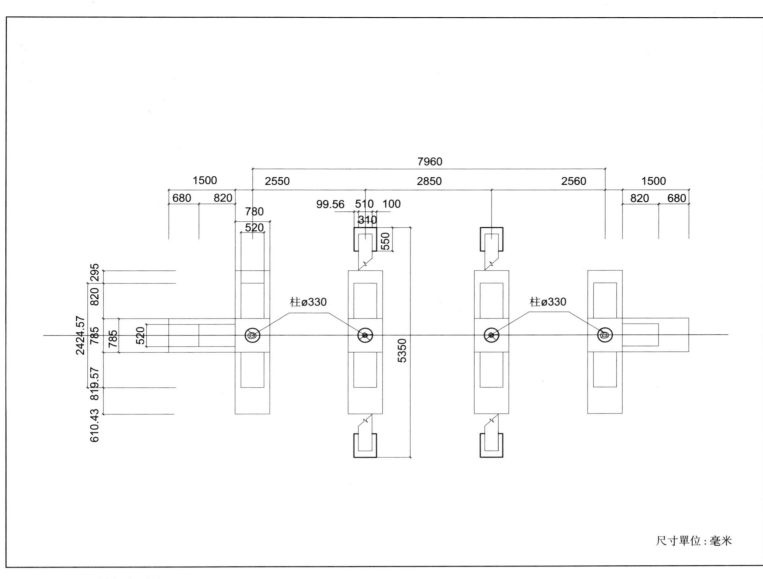

尺寸單位：毫米

一五四　牌樓平面圖

一五五　牌樓正立面圖

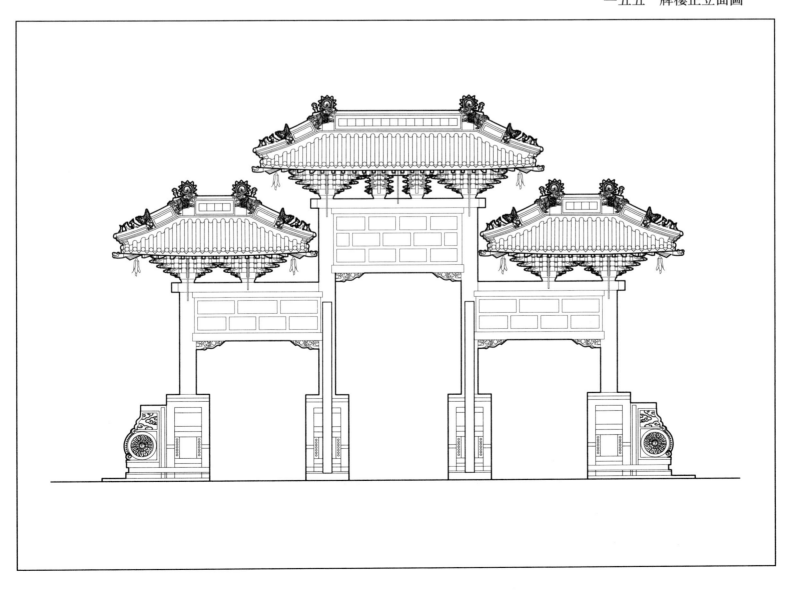

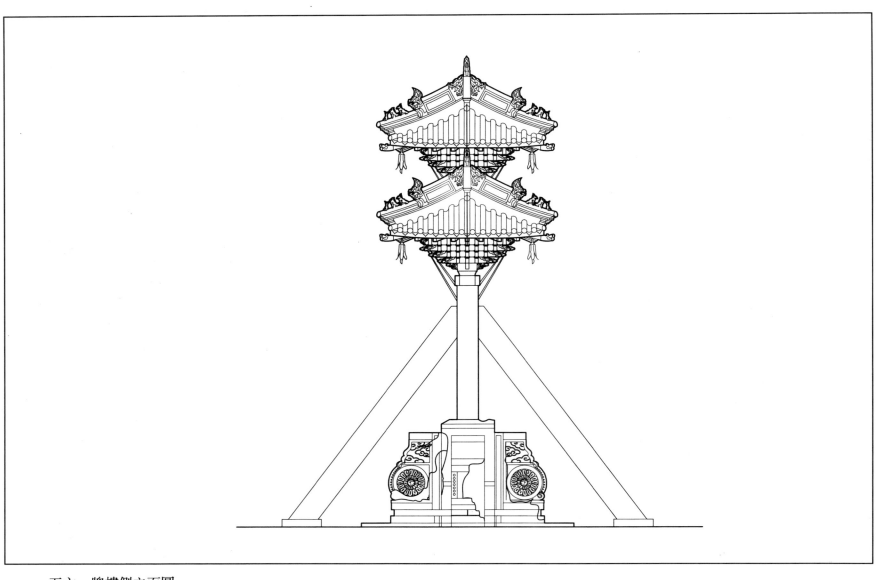

一五六　牌樓側立面圖

一五七　牌樓橫斷面圖

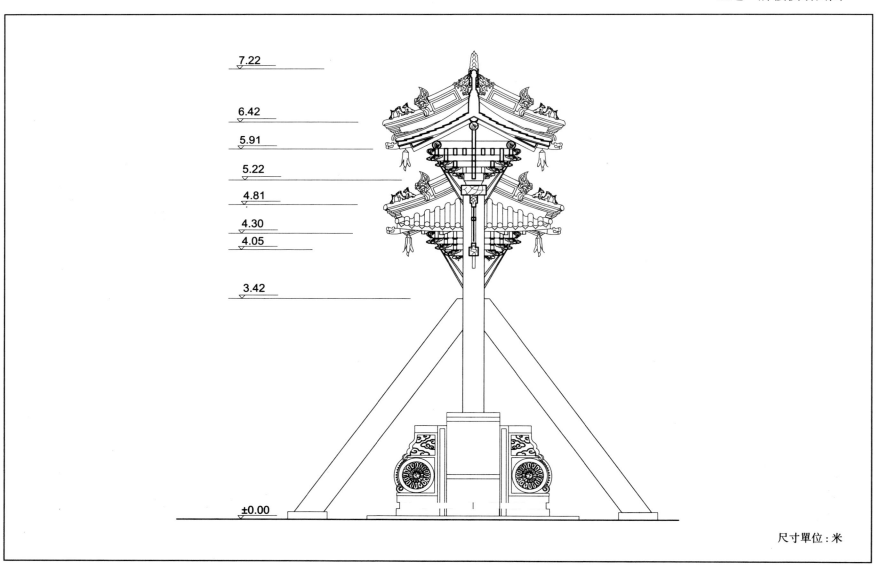

7.22

6.42

5.91

5.22

4.81

4.30
4.05

3.42

±0.00

尺寸單位：米

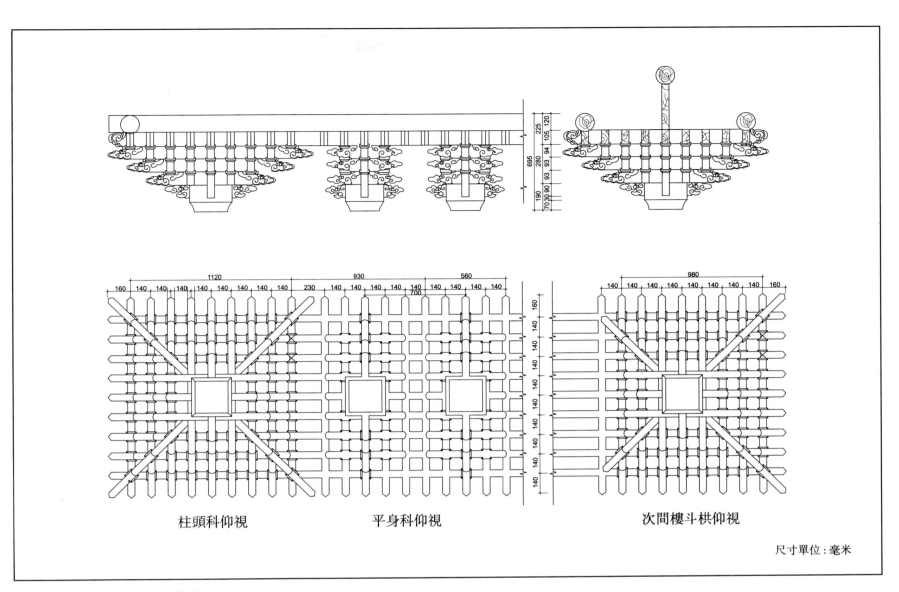

柱頭科仰視　　　　　平身科仰視　　　　　次間樓斗栱仰視

尺寸單位：毫米

一五八　牌樓斗栱大樣圖

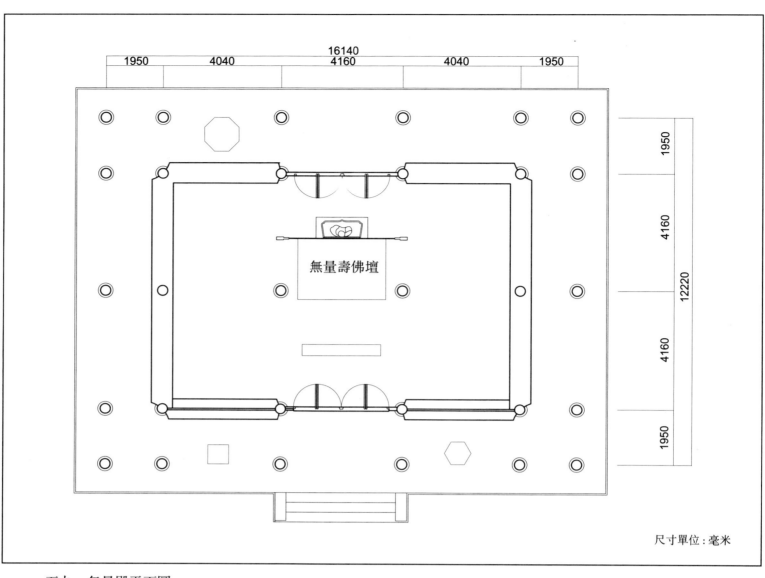

16140

1950　4040　4160　4040　1950

1950

4160

12220

4160

1950

無量壽佛壇

尺寸單位：毫米

一五九　無量殿平面圖

一六〇　無量殿正立面圖

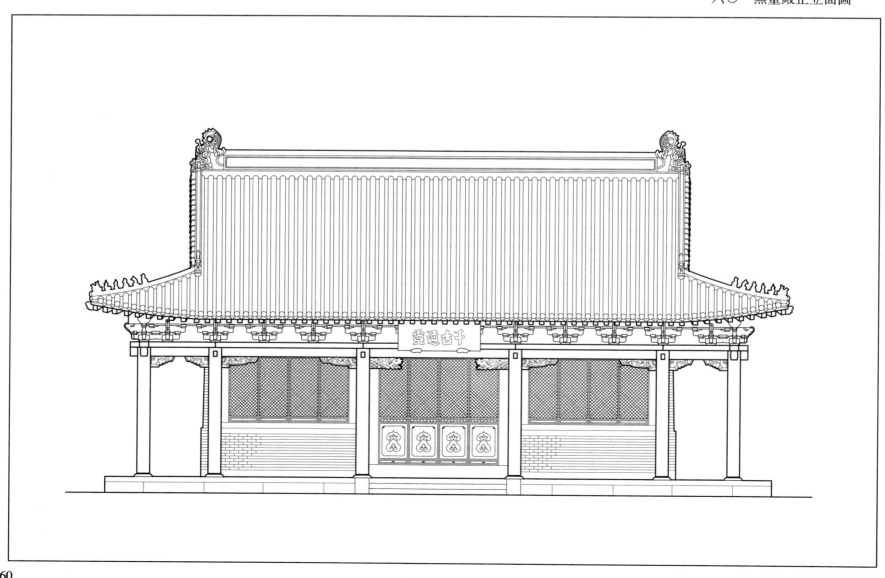

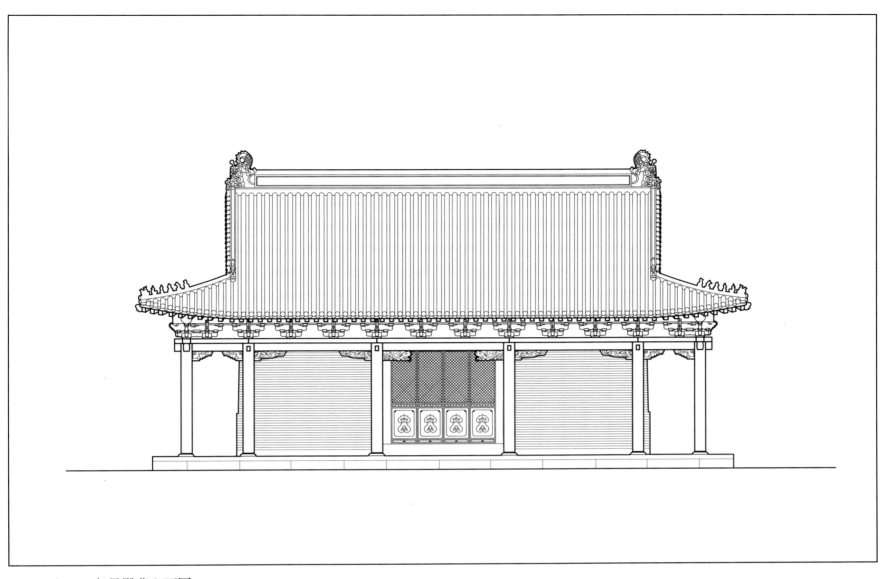

一六一　無量殿背立面圖

一六二　無量殿側立面圖

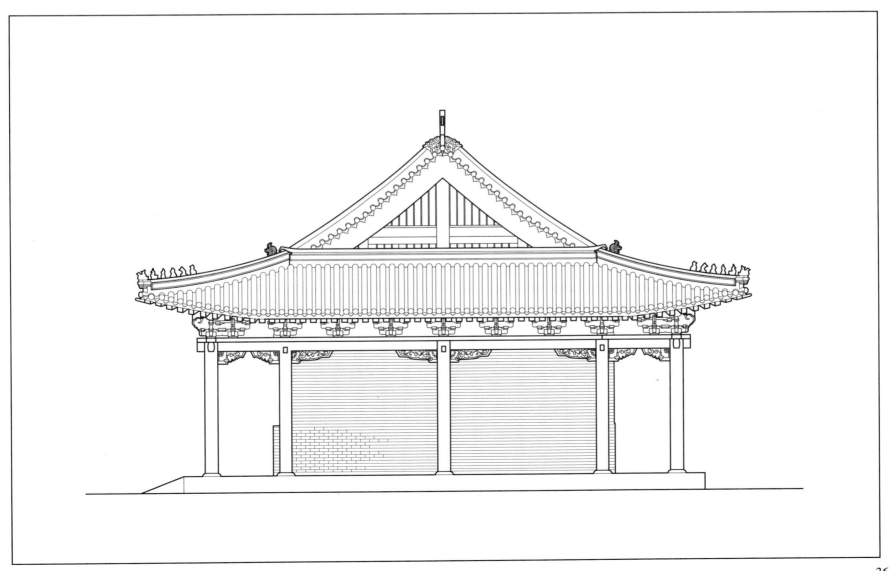

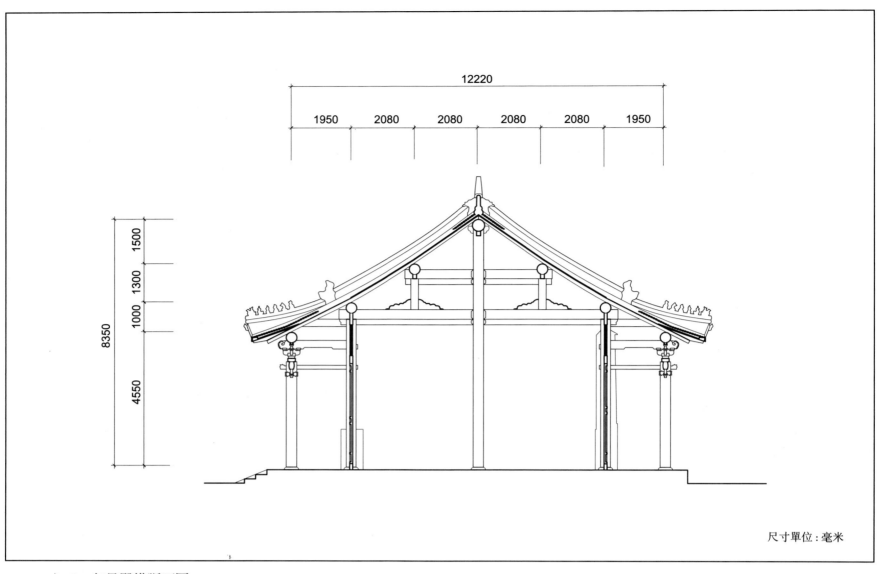

12220

| 1950 | 2080 | 2080 | 2080 | 2080 | 1950 |

1500
1300
1000
8350
4550

尺寸單位：毫米

一六三　無量殿橫斷面圖

一六四　無量殿縱斷面圖

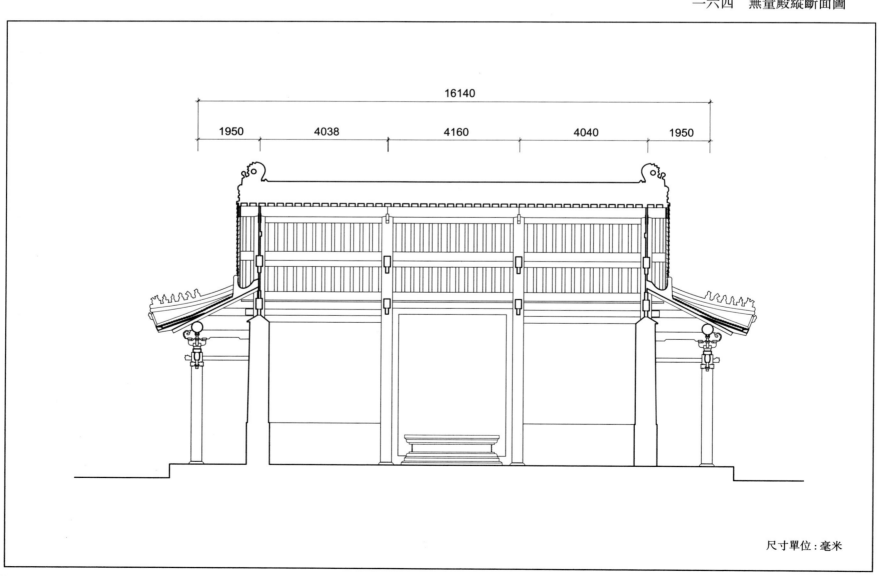

16140

| 1950 | 4038 | 4160 | 4040 | 1950 |

尺寸單位：毫米

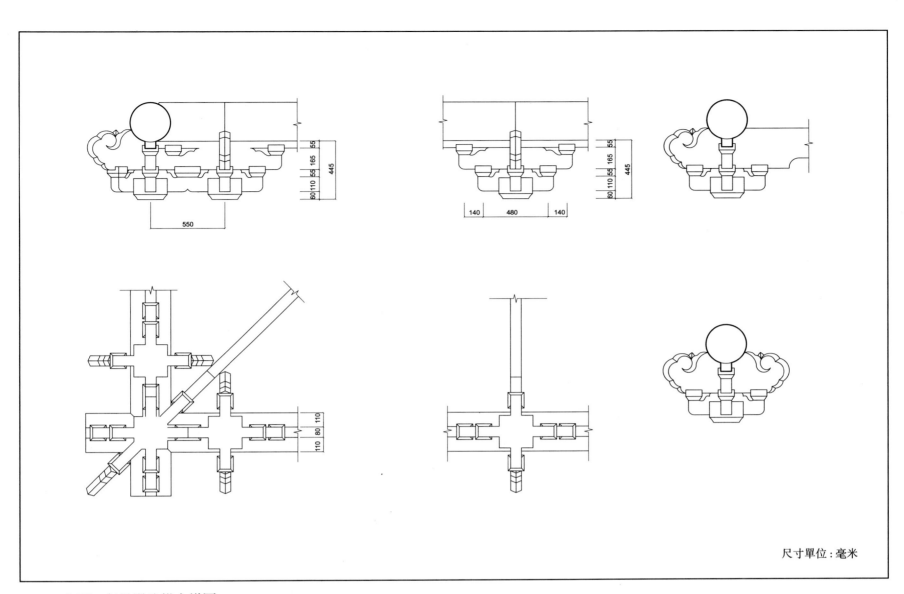

尺寸單位：毫米

一六五　無量殿斗栱大樣圖

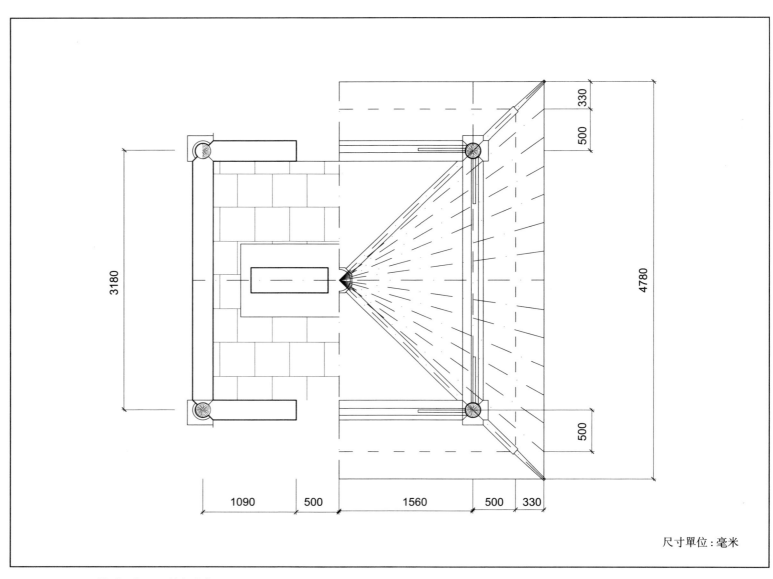

尺寸單位：毫米

一六六　鐘亭平面、仰視圖

一六七　鐘亭立面圖

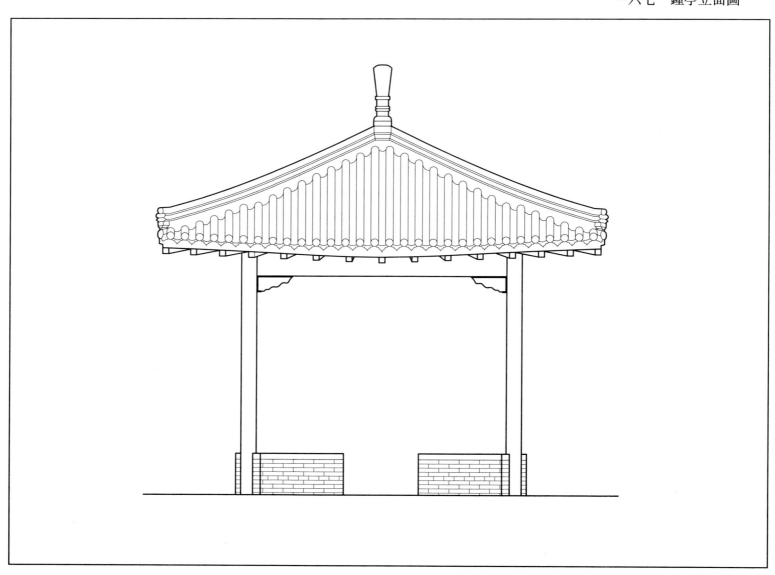

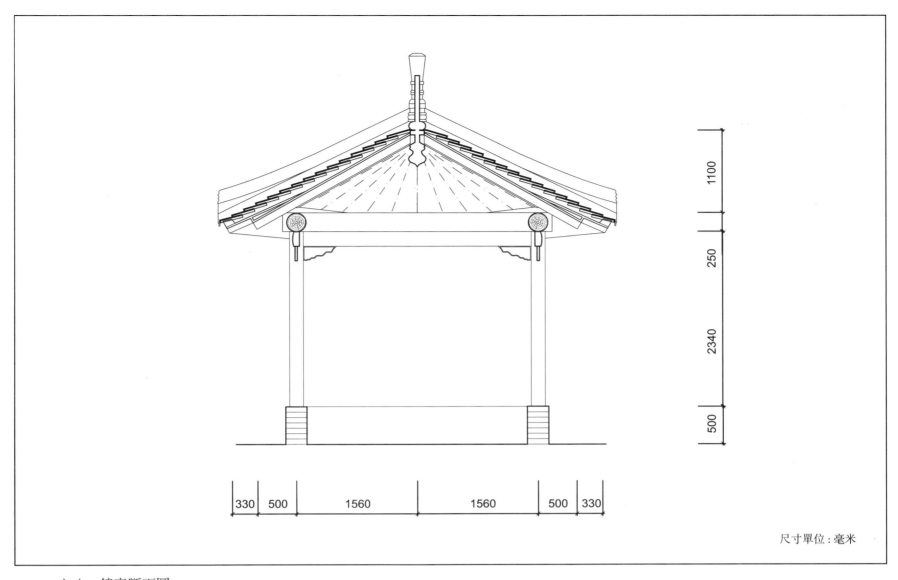

尺寸單位：毫米

一六八　鐘亭斷面圖

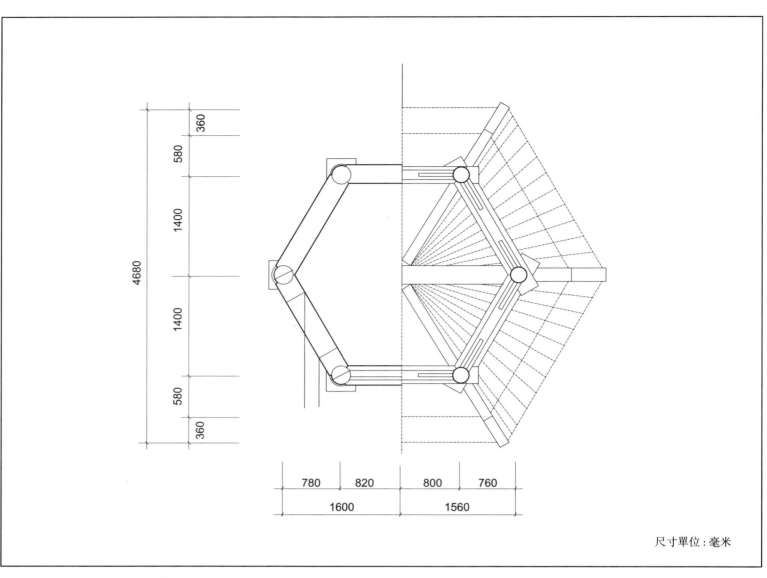

尺寸單位:毫米

一六九　鐘亭平面、仰視圖

一七〇　鐘亭立面圖

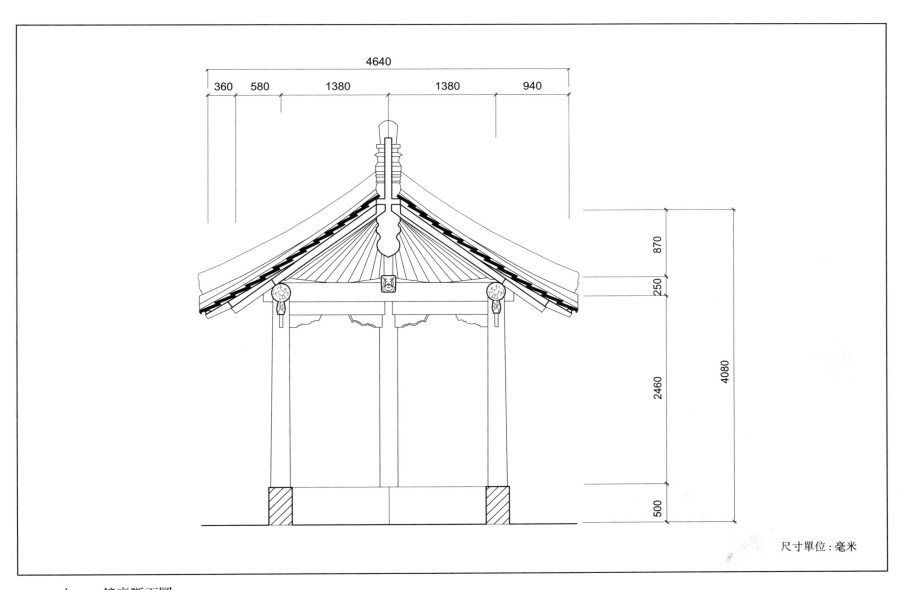

4640

360　580　1380　1380　940

870

250

4080

2460

500

尺寸單位：毫米

一七一　鐘亭斷面圖

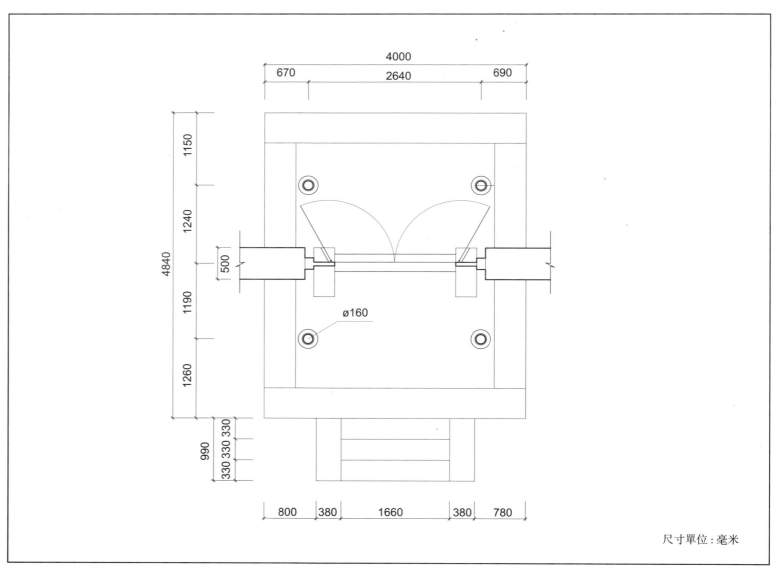

尺寸單位：毫米

一七二　垂花門平面圖

一七三　垂花門正立面圖

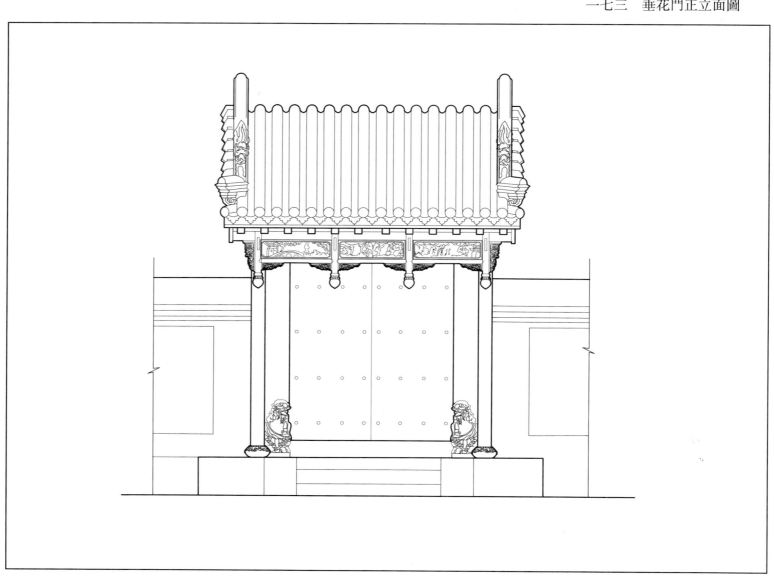

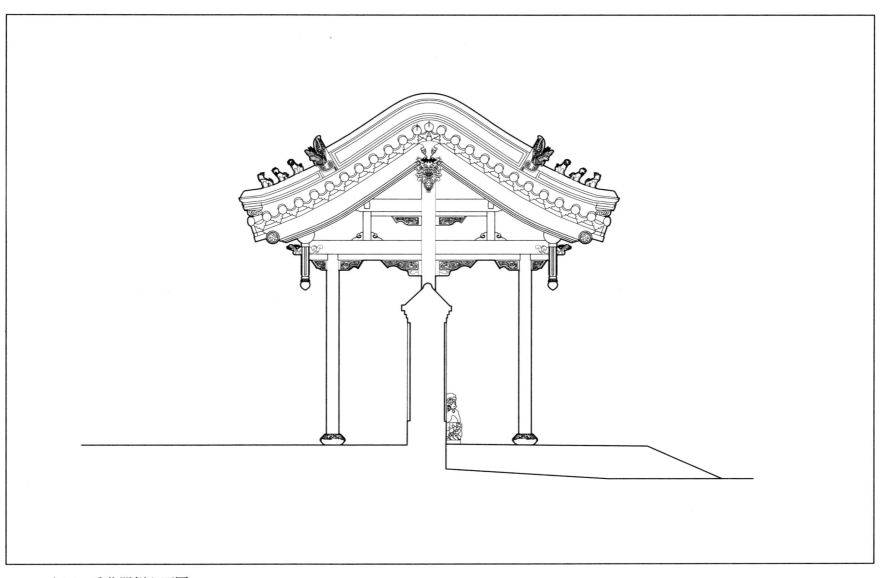

一七四　垂花門側立面圖

一七五　垂花門橫斷面圖

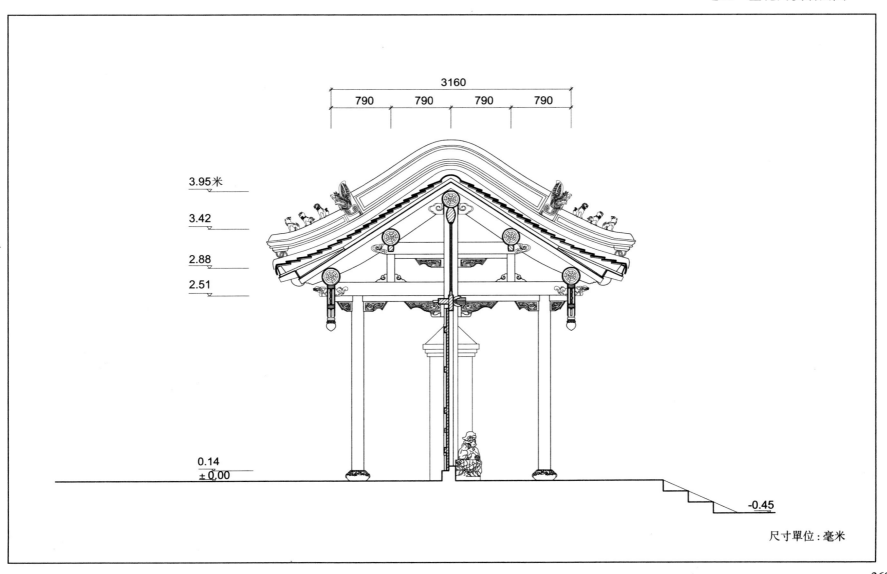

3160
790　790　790　790

3.95米
3.42
2.88
2.51

0.14
±0.00

-0.45

尺寸單位：毫米

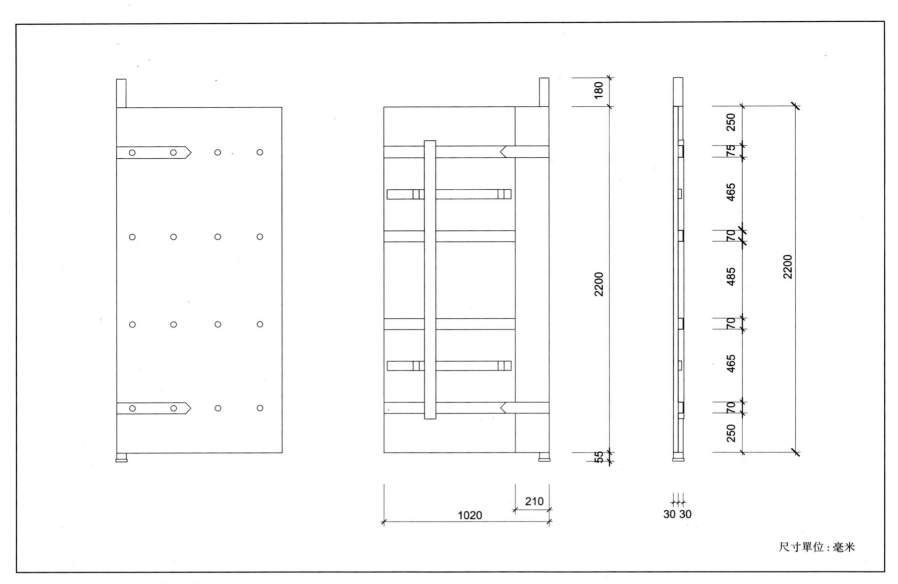

一七六　垂花門木格扇圖

尺寸單位：毫米

一七七　垂花門大樣圖一

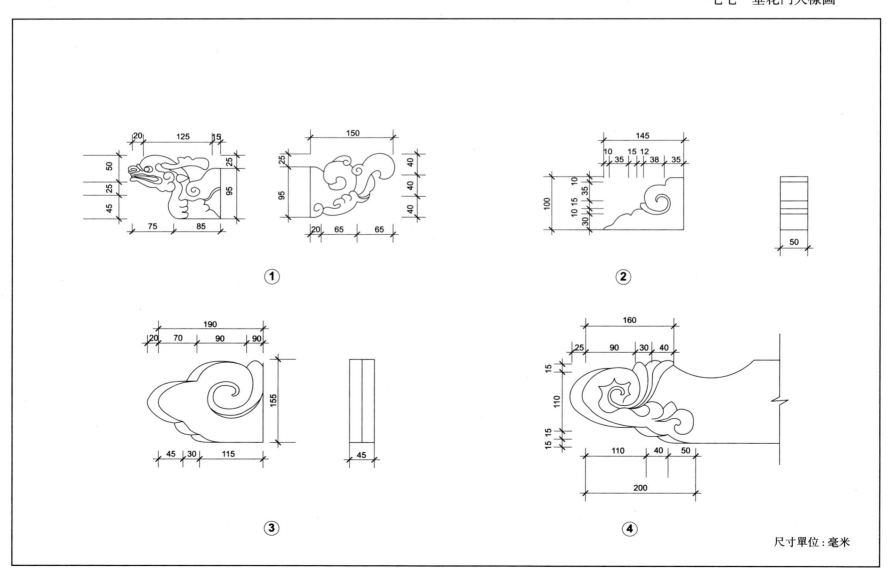

① ② ③ ④

尺寸單位：毫米

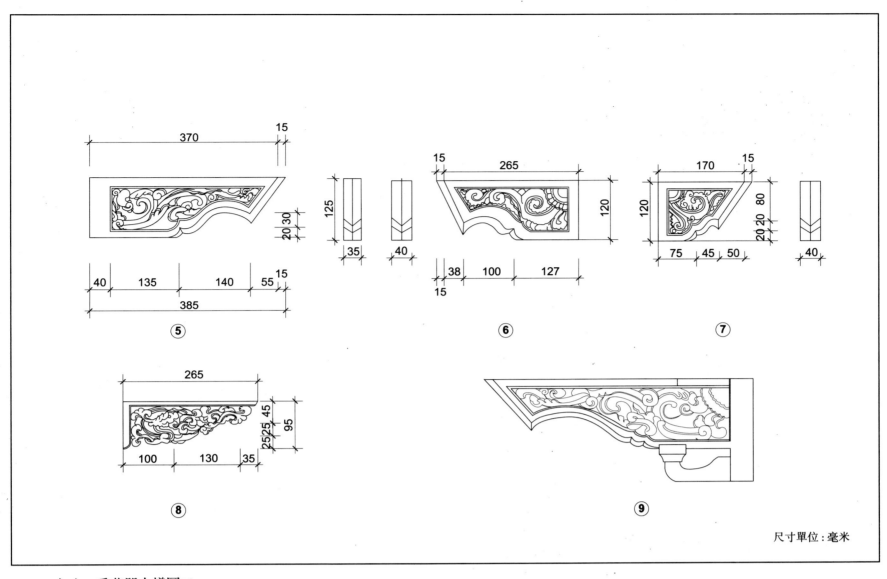

尺寸單位：毫米

一七八　垂花門大樣圖二

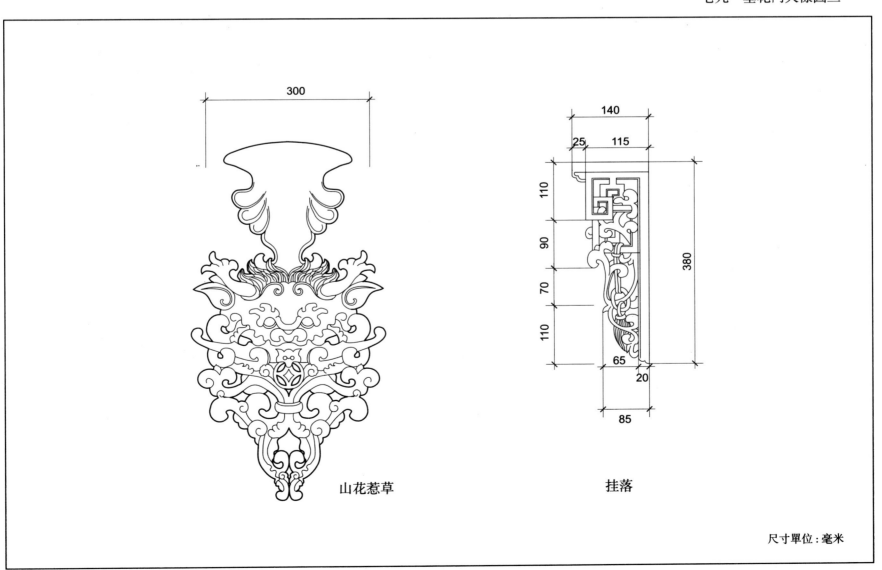

山花惹草　　　　　挂落

尺寸單位：毫米

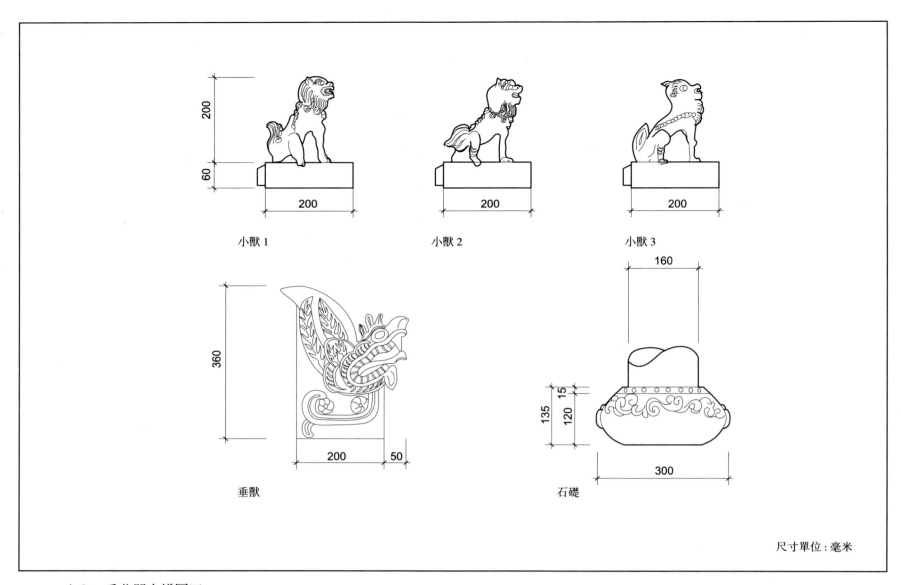

小獸 1　　　　　　　　　小獸 2　　　　　　　　　小獸 3

垂獸　　　　　　　　　　　　　　　石礎

尺寸單位：毫米

一八〇　垂花門大樣圖四

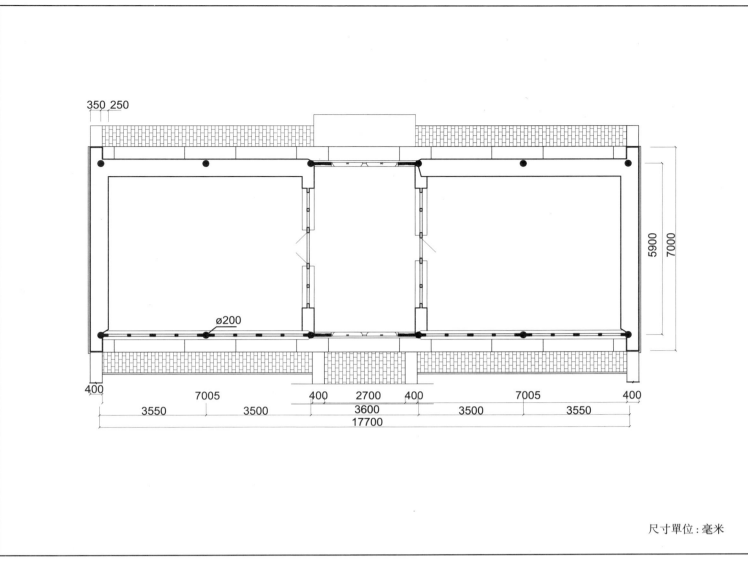

尺寸單位：毫米

一八一　西宮前殿平面圖

一八二　西宮前殿正立面圖

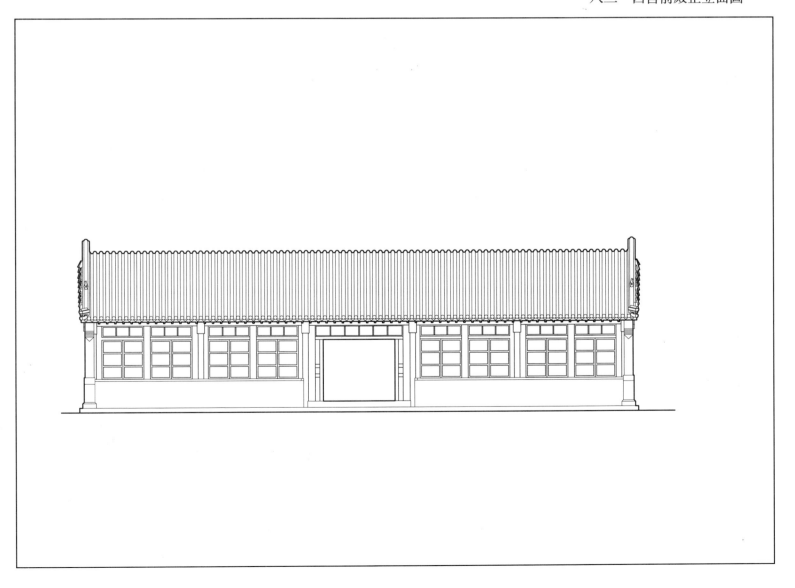

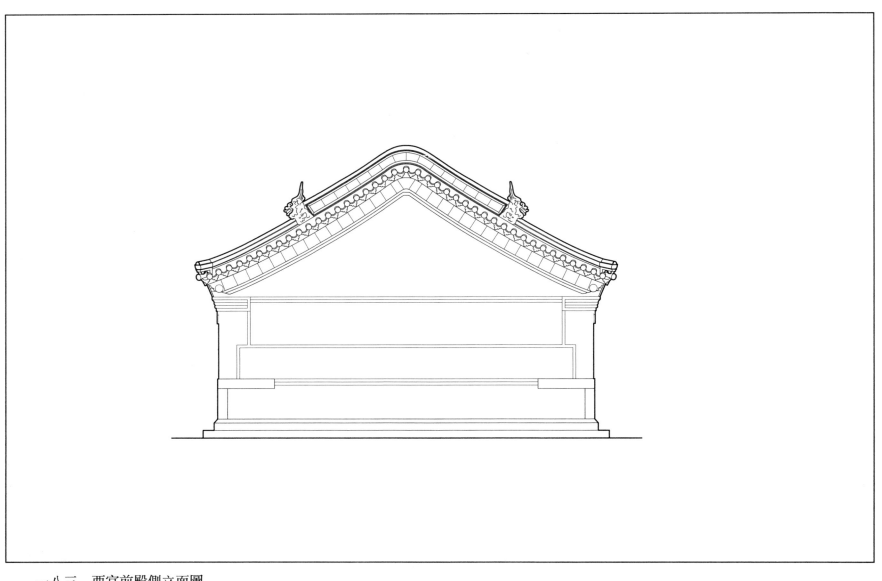

一八三　西宮前殿側立面圖

一八四　西宮前殿橫斷面圖

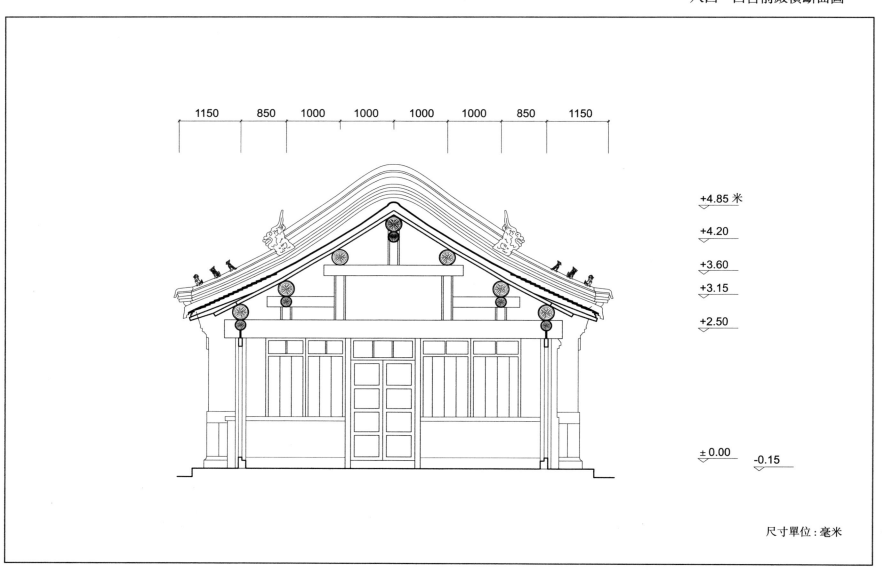

尺寸單位：毫米

1150　850　1000　1000　1000　1000　850　1150

+4.85 米

+4.20

+3.60

+3.15

+2.50

± 0.00　-0.15

尺寸單位：毫米

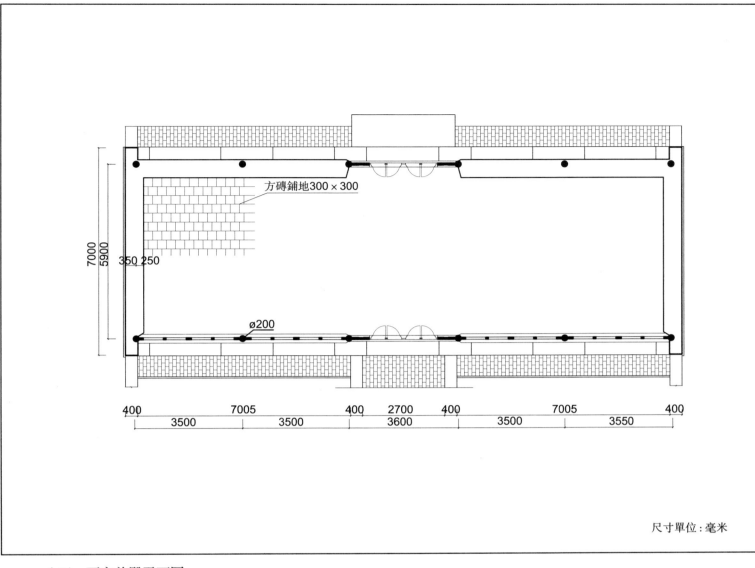

方磚鋪地300×300

ø200

尺寸單位：毫米

一八五　西宮前殿平面圖

一八六　西宮前殿正立面圖

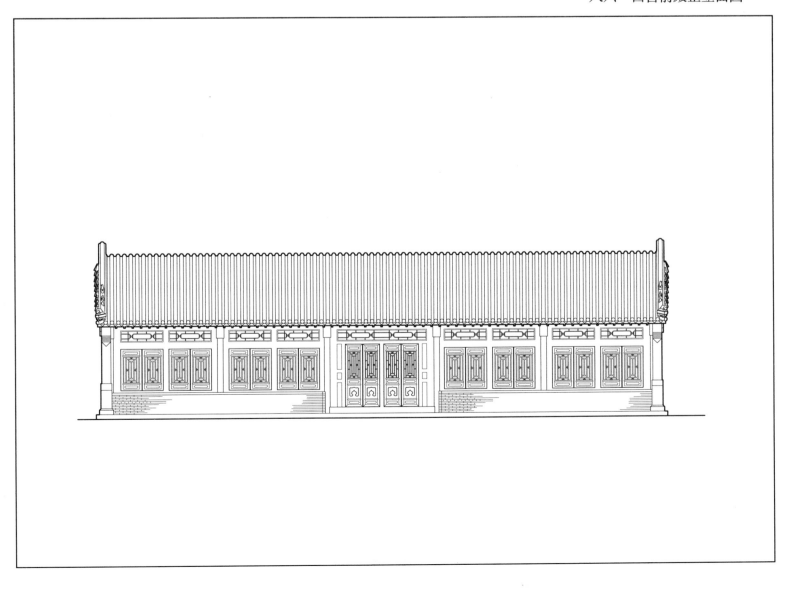

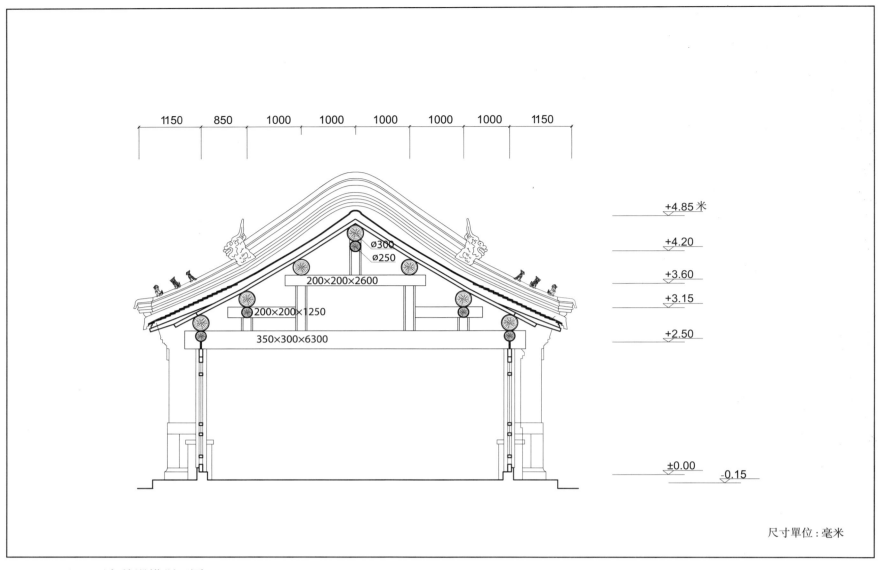

| 1150 | 850 | 1000 | 1000 | 1000 | 1000 | 1000 | 1150 |

∅300
∅250

200×200×2600

200×200×1250

350×300×6300

+4.85米
+4.20
+3.60
+3.15
+2.50

±0.00
-0.15

尺寸單位：毫米

一八七　西宮前殿橫斷面圖

一八八　西宮前殿犀頭做法詳圖

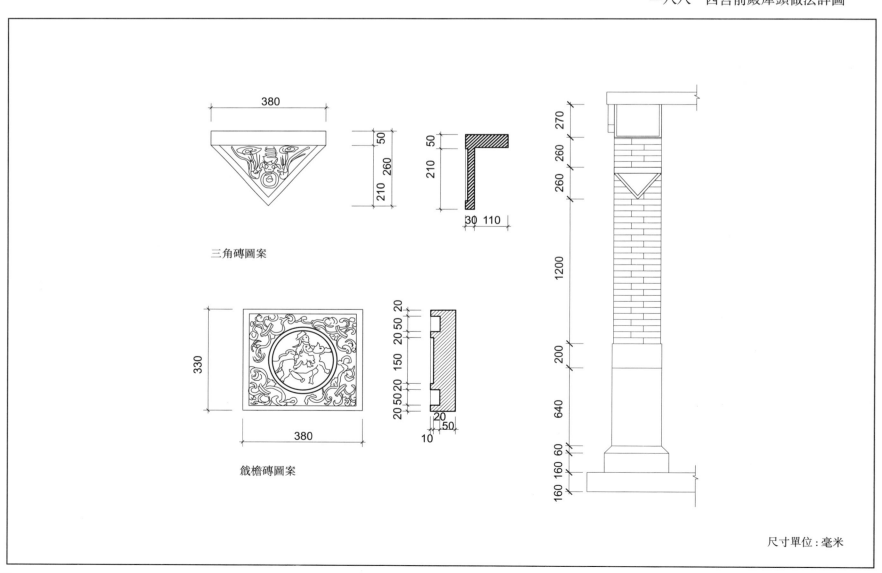

380

50
210 260
210

三角磚圖案

50
30 110

330

380

餞檐磚圖案

20 50 20
20 50 20
150
20 50 20
20
50
10

270
260 260
1200
200
640
160 160 60
160

尺寸單位：毫米

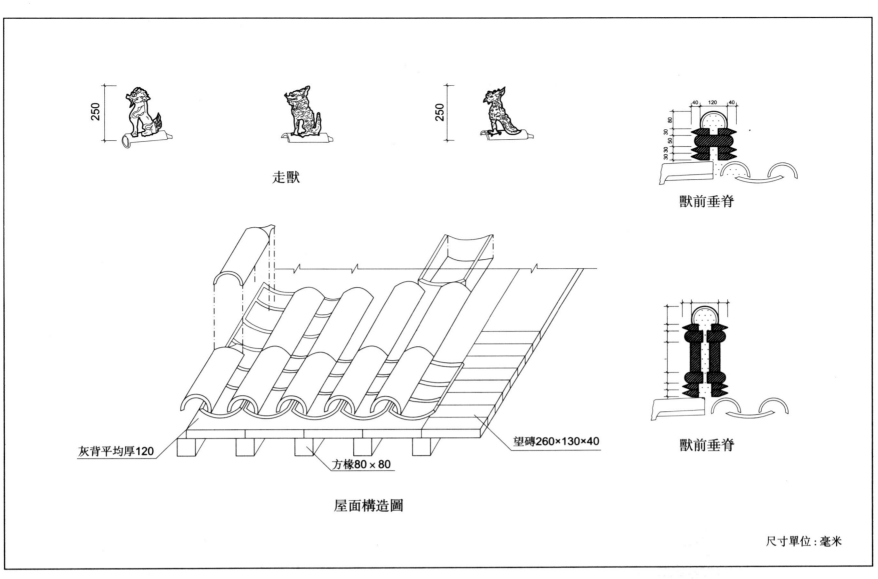

走獸

獸前垂脊

灰背平均厚120
方椽80×80
望磚260×130×40

屋面構造圖

獸前垂脊

尺寸單位：毫米

一八九　西宮前殿瓦頂構造及瓦獸件大樣圖

一九〇　西宮前殿明間前檐裝修圖

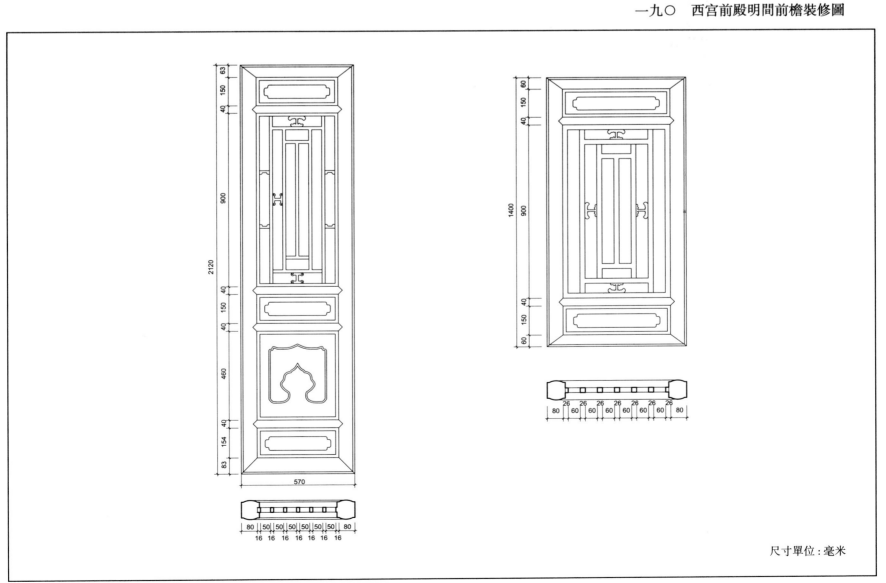

尺寸單位：毫米

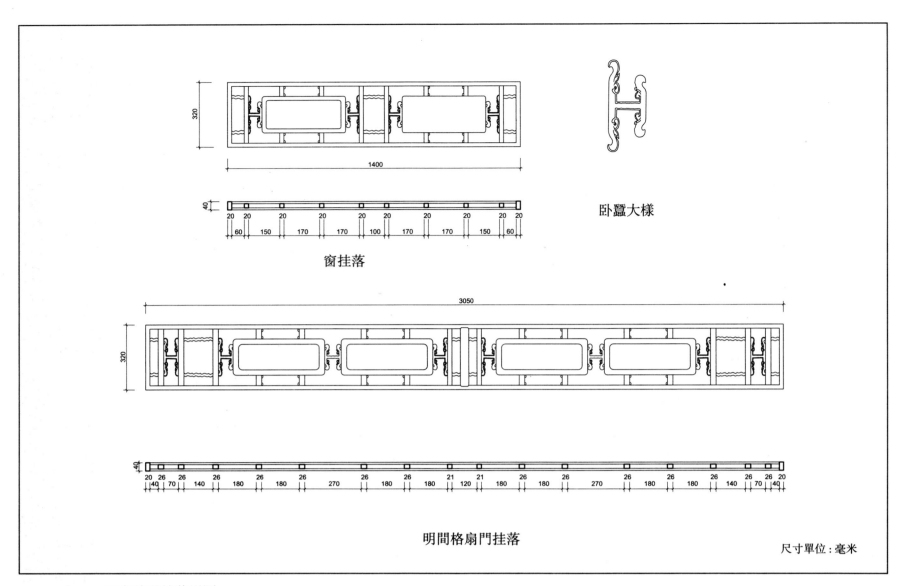

320

1400

40

20 20 20 20 20 20 20 20 20 20

60 150 170 170 100 170 170 150 60

窗挂落

卧蠶大樣

3050

320

40

20 26 26 26 26 26 26 21 21 26 26 26 26 26 26 20

40 70 140 180 180 270 180 180 120 180 180 270 180 180 140 70 40

明間格扇門挂落

尺寸單位：毫米

一九一　西宮前殿挂落詳圖

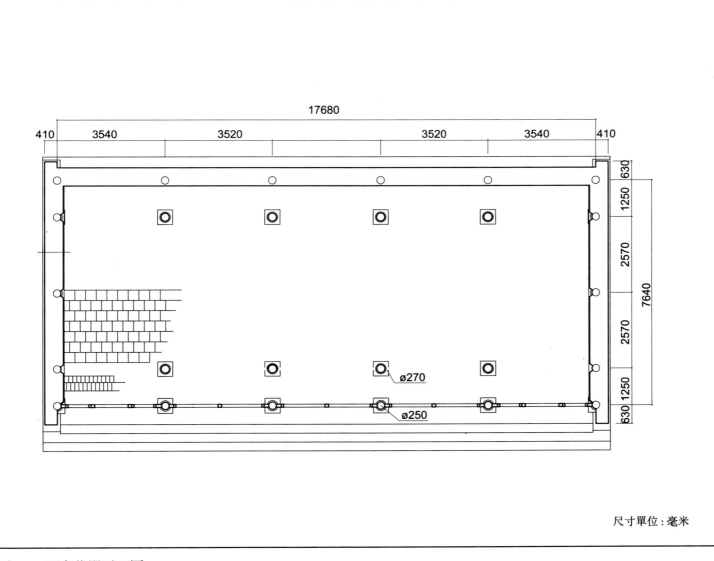

17680

410　3540　3520　　　　3520　1050　410

630
1250
2570
7640
2570
1250
630

ø270

ø250

尺寸單位：毫米

一九二　西宮後殿平面圖

一九三　西宮後殿正立面圖

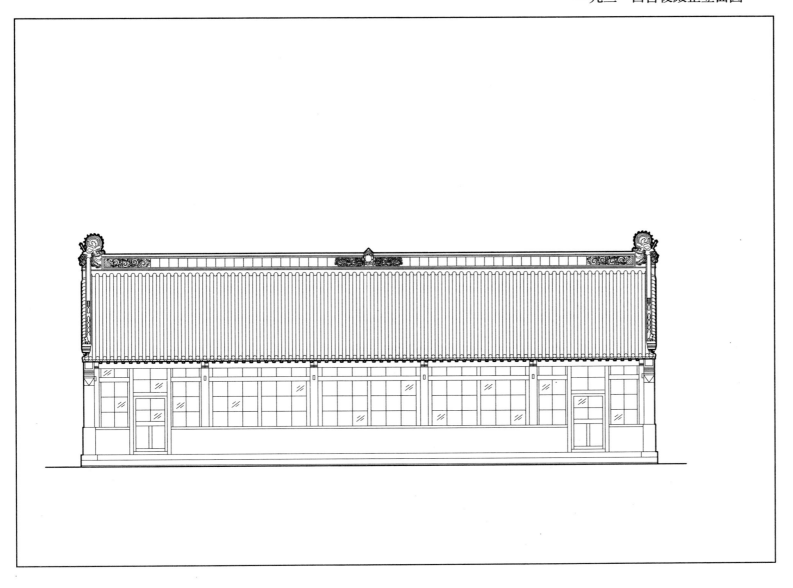

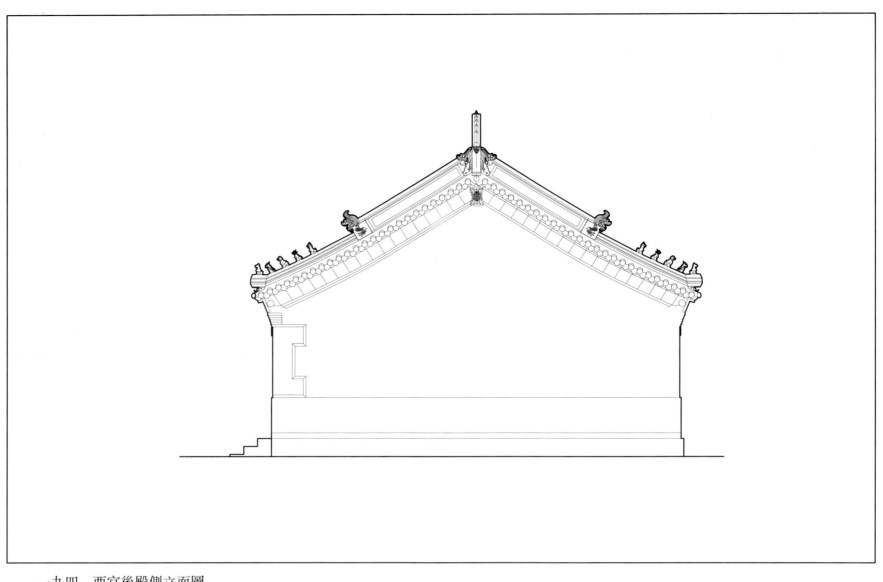

一九四　西宮後殿側立面圖

一九五　西宮後殿橫斷面圖

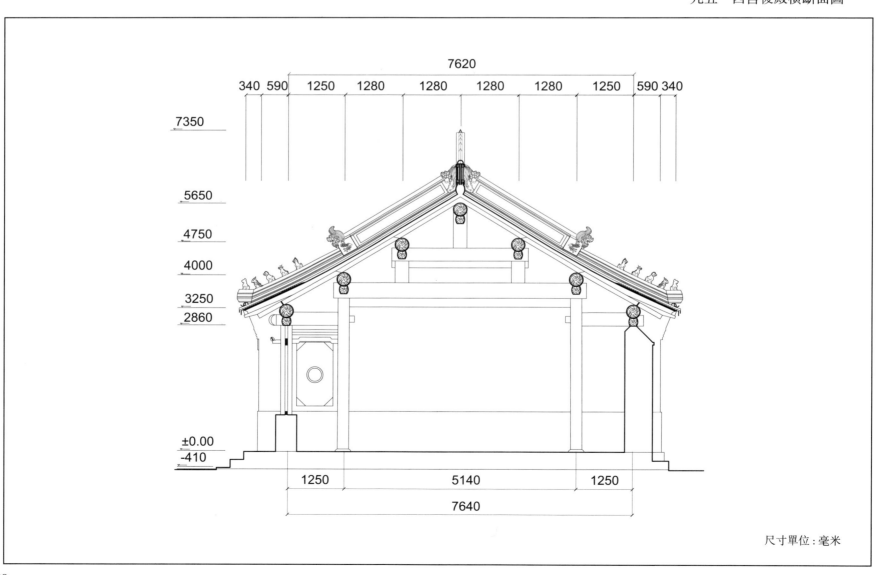

尺寸單位：毫米

尺寸單位：毫米

一九六　西宮後殿正脊及吻獸大樣圖

一九七　西宮後殿垂脊及垂首大樣圖

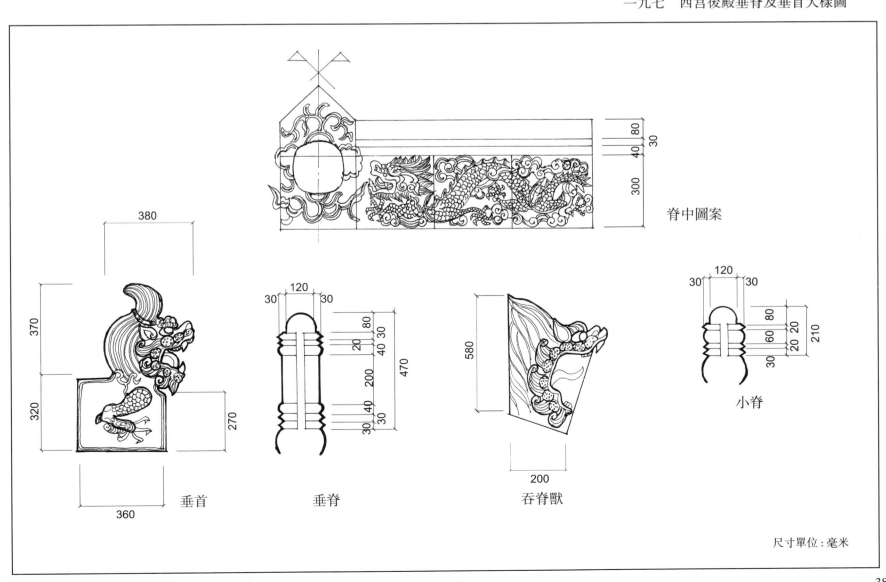

脊中圖案

垂首　　　　　垂脊　　　　　吞脊獸　　　　　小脊

尺寸單位：毫米

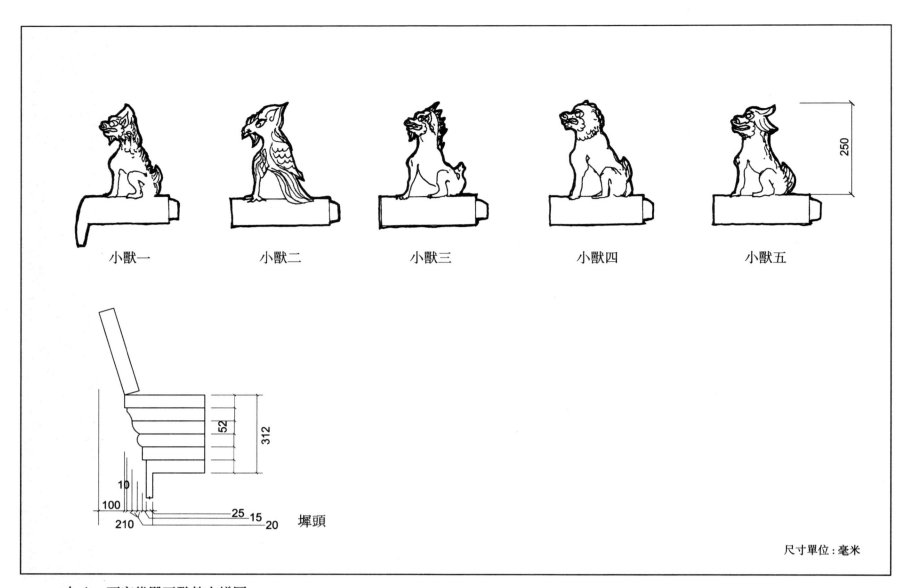

小獸一　　　　小獸二　　　　小獸三　　　　小獸四　　　　小獸五

埤頭

尺寸單位：毫米

一九八　西宮後殿瓦獸件大樣圖

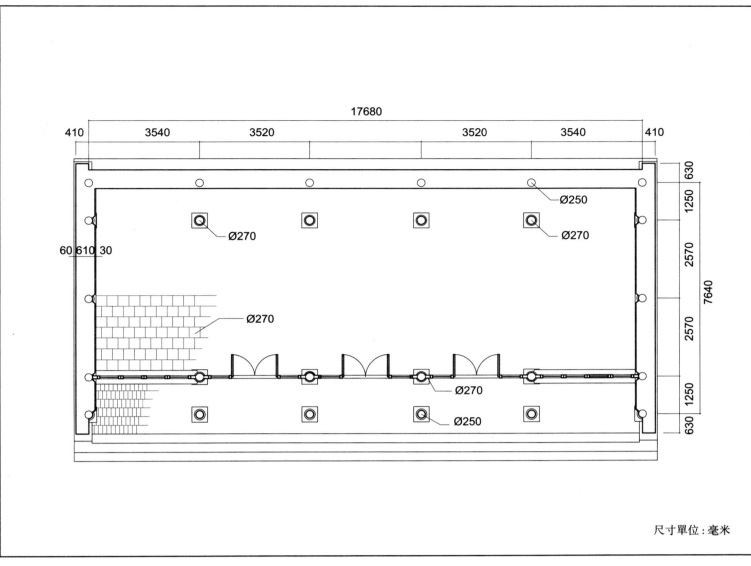

尺寸單位：毫米

一九九　西宮後殿平面圖

二〇〇　西宮後殿正立面圖

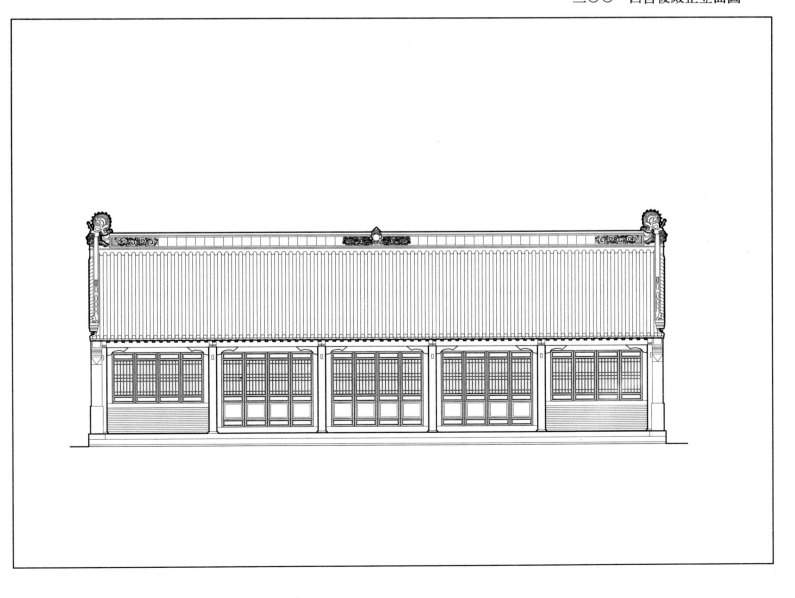

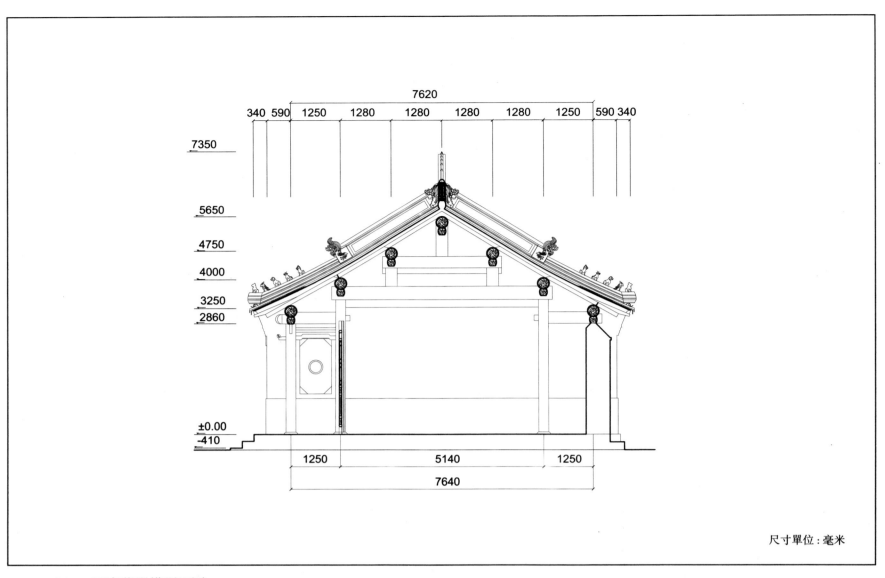

尺寸單位：毫米

二〇一　西宮後殿橫斷面圖

二〇二　西宮後殿裝修大樣圖

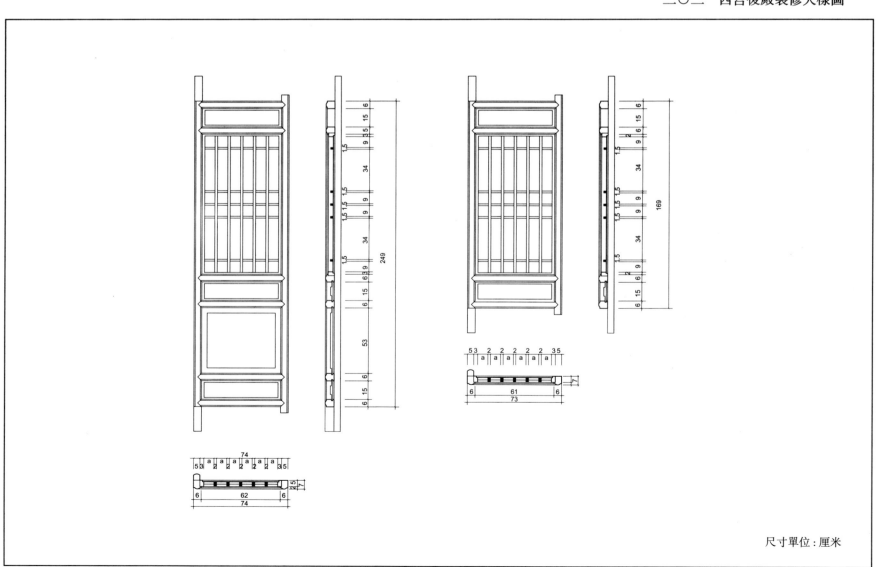

尺寸單位：厘米

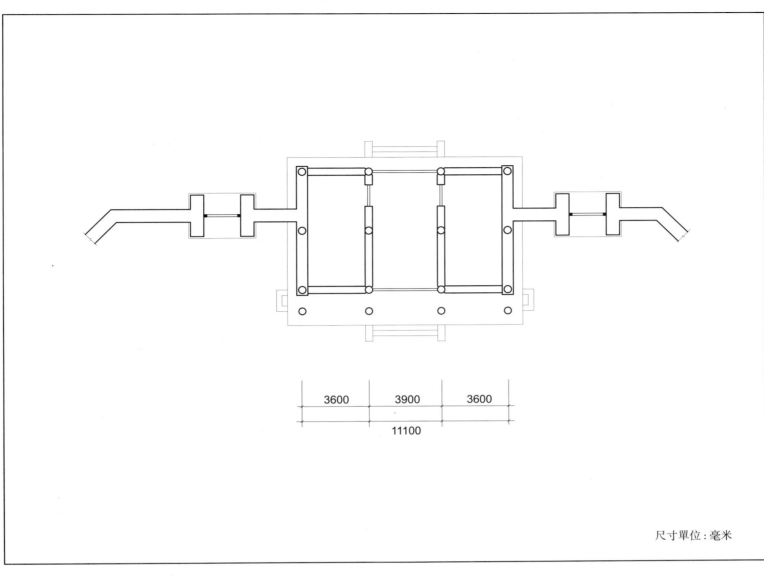

3600　　3900　　3600

11100

尺寸單位：毫米

二〇三　外山門平面圖

二〇四　外山門正立面圖

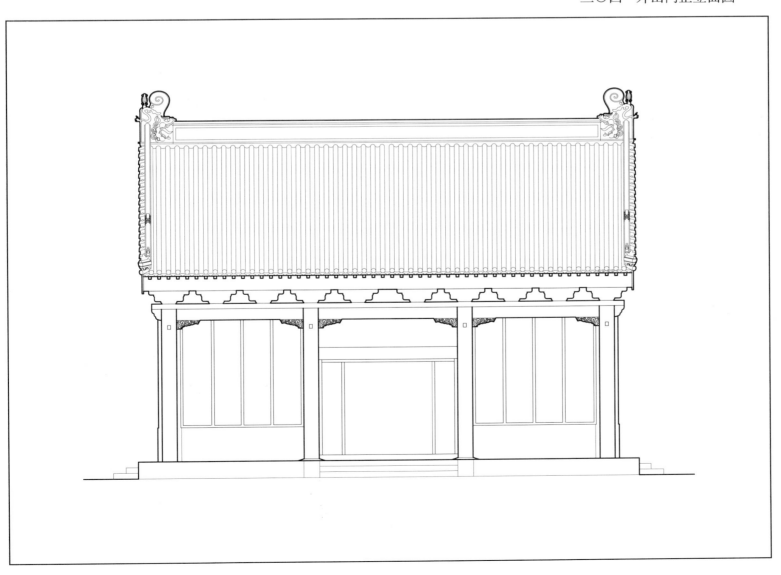

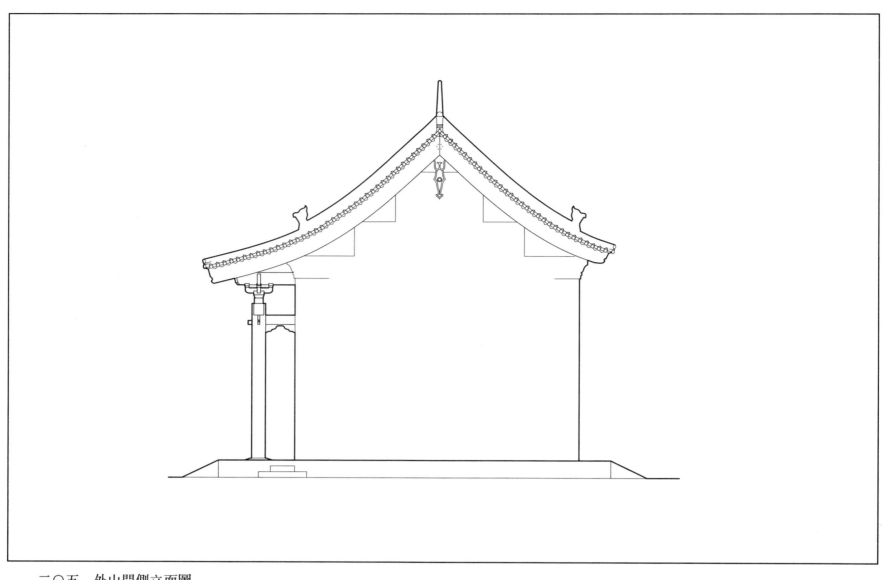

二〇五　外山門側立面圖

二〇六　外山門横斷面圖

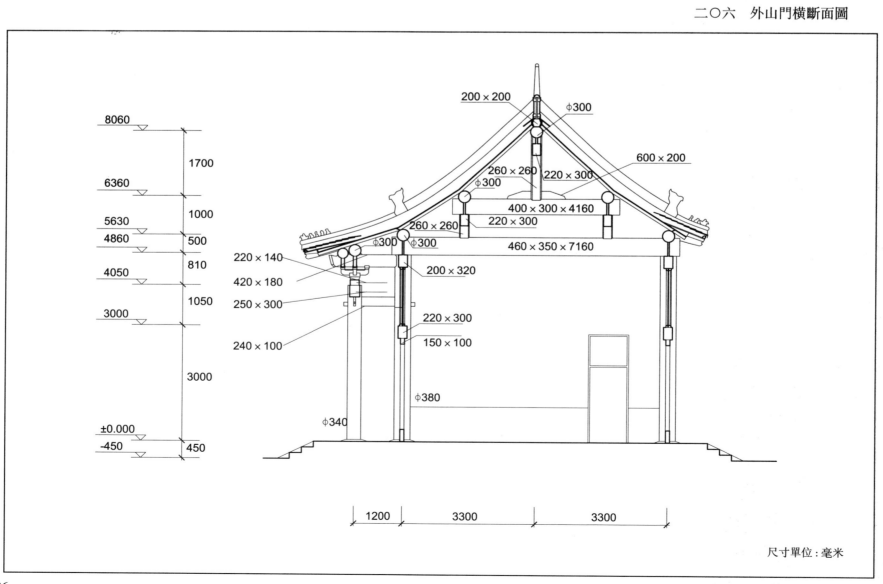

尺寸單位：毫米

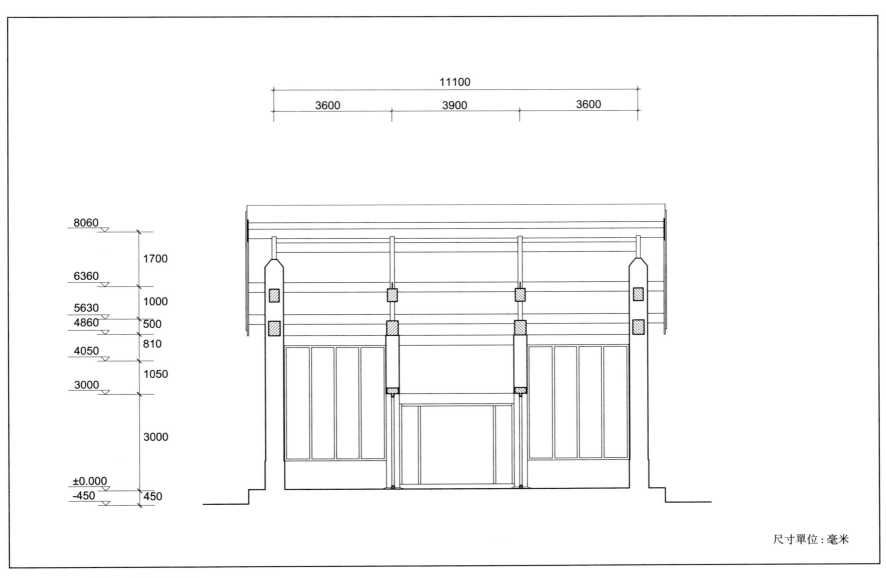

二〇七　外山門縱斷面圖

二〇八　外山門設計詳圖一

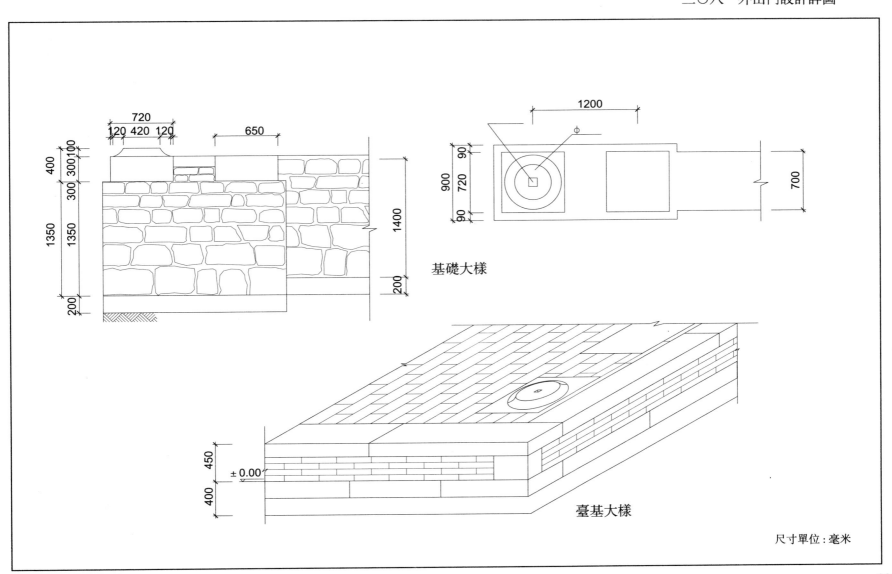

基礎大樣

臺基大樣

尺寸單位：毫米

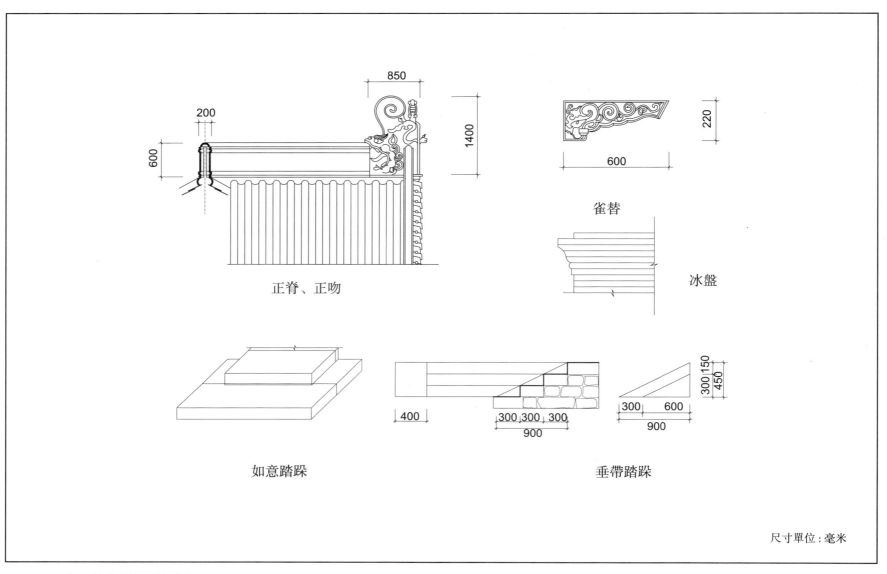

正脊、正吻

雀替

冰盤

如意踏跺

垂帶踏跺

尺寸單位：毫米

二〇九　外山門設計詳圖二

二一〇　外山門設計詳圖三

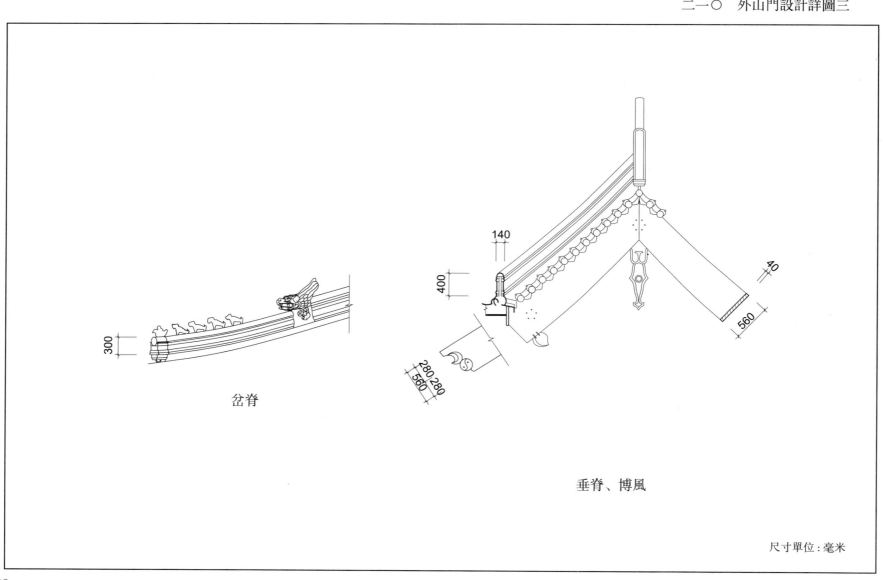

岔脊

垂脊、博風

尺寸單位：毫米

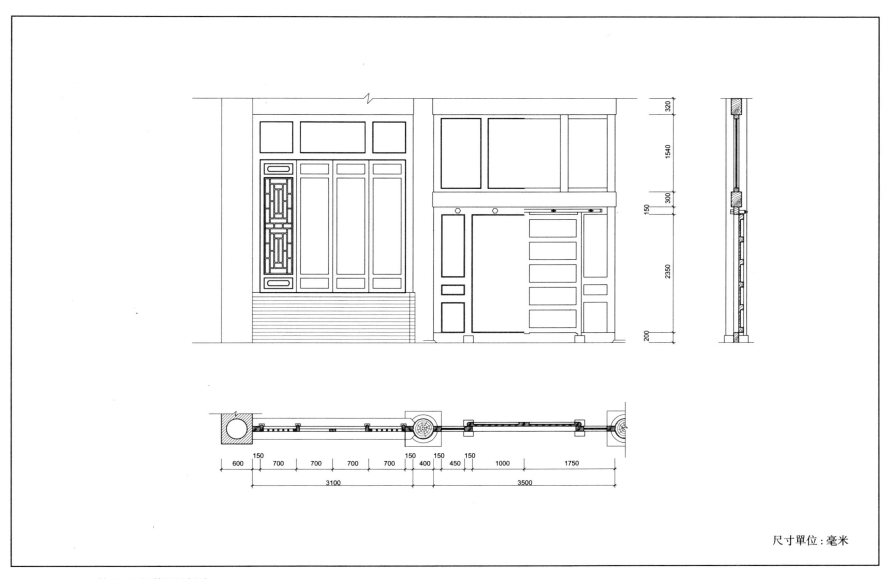

尺寸單位：毫米

二一一　外山門裝修設計圖

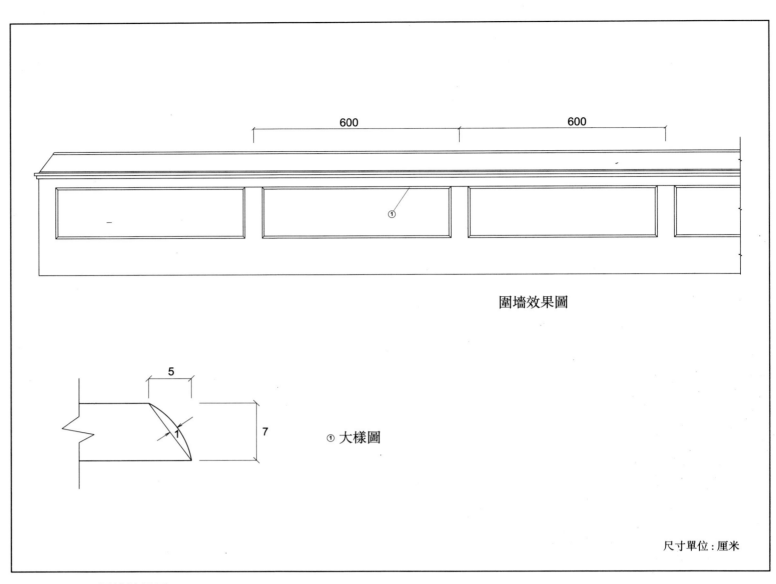

圍墻效果圖

① 大樣圖

尺寸單位：厘米

二一二　圍墻效果圖

二一三　圍墻構造設計圖

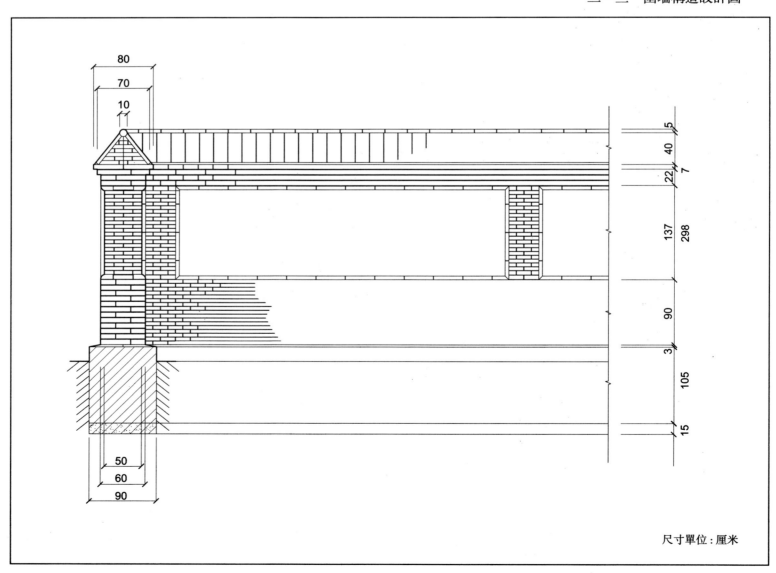

尺寸單位：厘米

中國古代建築

義縣奉國寺

（下）

遼寧省文物保護中心
義縣文物保管所

文 物 出 版 社

2011 年 · 北京

圖版

一　奉國寺後部正面全景

二　維修後的奉國寺後部側景

三　維修前的奉國寺側景

四　新建山門正立面

五 新建山門背立面

六　新建山門前廊梁架及彩畫

七　新建山門"奉國寺"牌匾

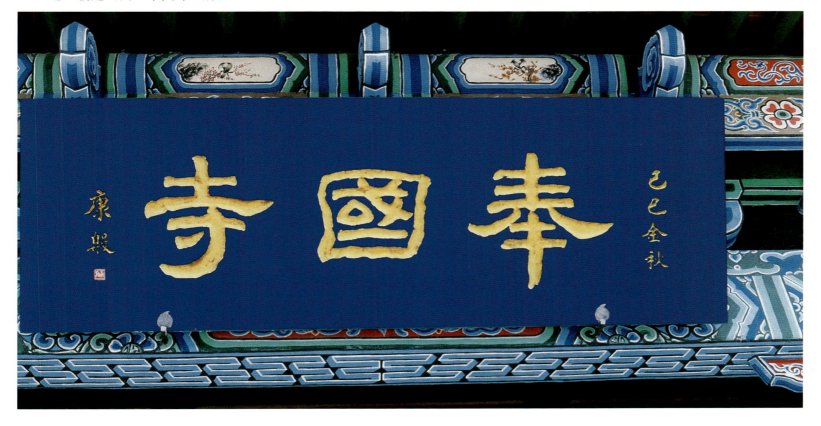

八　新建山門正脊、垂脊

九　新建山門岔脊

一〇　新建山門正吻

一一　贊助碑廊

一二　贊助碑廊"天順人和"牌匾

一三　内山門正立面

一四　内山門背立面

一五　內山門正脊和垂脊

一六　內山門岔脊

一七　內山門博風頭磚雕

一八　木牌樓正立面

一九　牌樓補間如意斗栱

二一　無量殿正立面

二二　無量殿背立面

二四　無量殿明間梁架

二五　無量殿盡間梁架

二七　無量殿前廊轉角結構

二八　無量殿前檐下"無量殿"匾額

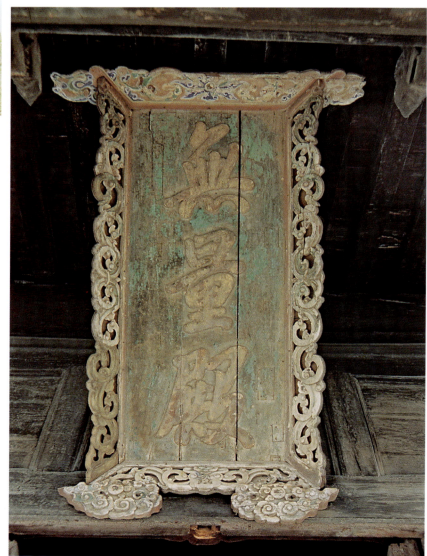

二九　無量殿柱頭斗栱

三〇　無量殿平身斗栱

三一　無量殿轉角斗栱

三二　無量殿明間龍紋雀替

三三　無量殿梢間雀替

三四　無量殿廊間雀替

三五　無量殿西南翼角結構

三六　無量殿正脊與正吻

三七　無量殿戧脊與走獸

三八　無量殿垂脊及吞脊獸

三九　無量殿博脊

四〇　碑亭

四一　鐘亭

四二　大雄殿正立面

四三　大雄殿東視正立面

四四　大雄殿背立面

四五　大雄殿東側立面

四六　大雄殿西側立面

四七 大雄殿前檐柱

四八　大雄殿前檐檐下結構

四九　大雄殿後檐檐下結構

五〇　大雄殿西檐檐下結構

五一　大雄殿東檐檐下結構

五二　大雄殿西南轉角鋪普

五三　大雄殿東南轉角鋪普

五四　大雄殿西北轉角鋪普

五五　大雄殿東北轉角鋪普

五六　大雄殿翼角結構

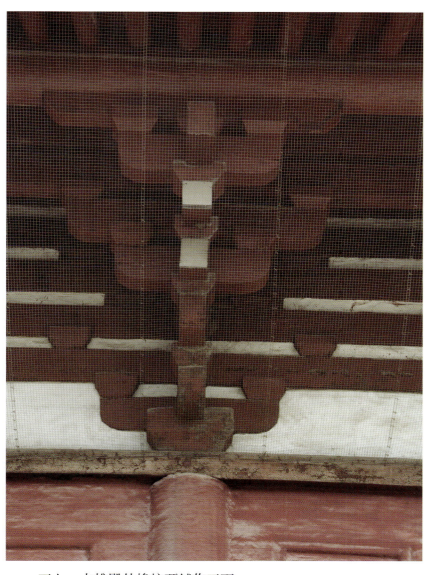

五七　大雄殿外檐柱頭鋪作正面

五八　大雄殿外檐柱頭鋪作側面

五九　大雄殿外檐柱頭鋪作背面

六〇　大雄殿外檐補間鋪作正面

六一　大雄殿外檐補間鋪作側面

六二　大雄殿外檐補間鋪作背面

六三　大雄殿外檐轉角鋪作正面

六四　大雄殿外檐轉角鋪作背面

六五　大雄殿西南翼角及角脊正面

六六　大雄殿東南翼角及角脊正面

六八　大雄殿前列内柱及前槽梁架佈置

六九　大雄殿後槽梁架佈置

七〇　大雄殿西盡間梁架佈置

七一　大雄殿東盡間梁架佈置

七二　大雄殿内槽梁架佈置

七三　大雄殿前槽梁架結構

七四　大雄殿後槽梁架結構

七五　大雄殿西盡間梁架結構

七六　大雄殿東盡間梁架結構

七八　大雄殿西二次間內槽梁架結構

七九　大雄殿東二次間內槽梁架結構

八〇　大雄殿内槽六椽栿、四椽栿、平梁

八一　大雄殿内槽平梁、叉手和丁華抹頷栱

八二　大雄殿後坡上中平槫托脚

八三　大雄殿前坡上中平槫托脚

八四　大雄殿後坡上平槫托脚

八五　大雄殿前坡上平槫托脚

八六　大雄殿西太平梁

八八　大雄殿西山梁架結構

八九　大雄殿東山梁架結構

九〇　大雄殿西梢間梁架結構

九一　大雄殿東梢間梁架結構

九二　大雄殿西二次間梁架結構

九三　大雄殿東二次間梁架結構

九四　大雄殿外槽西南轉角梁架結構

九五　大雄殿外槽東南轉角梁架結構

九五　大雄殿外槽東南轉角梁架結構

九六　大雄殿西南角栿、下平槫與大角梁搭交

九七　大雄殿東南角栿、下平槫與大角梁搭交

九八　大雄殿内槽西南轉角

九九　大雄殿内槽東南轉角

一〇〇　大雄殿內槽闌普轉角交接

一〇一　大雄殿內槽轉角背面

一○二　大雄殿東南上中平榑轉角與續角梁搭交

一○三　大雄殿西南上中平榑轉角與續角梁搭交

一〇四　大雄殿西南上平槫轉角搭交

一〇五　大雄殿東南上平槫轉角搭交

一〇六　大雄殿内槽柱頭鋪作一

一〇七　大雄殿内槽柱頭鋪作二

一〇八　大雄殿内槽補間鋪作一

一〇九　大雄殿内槽補間鋪作二

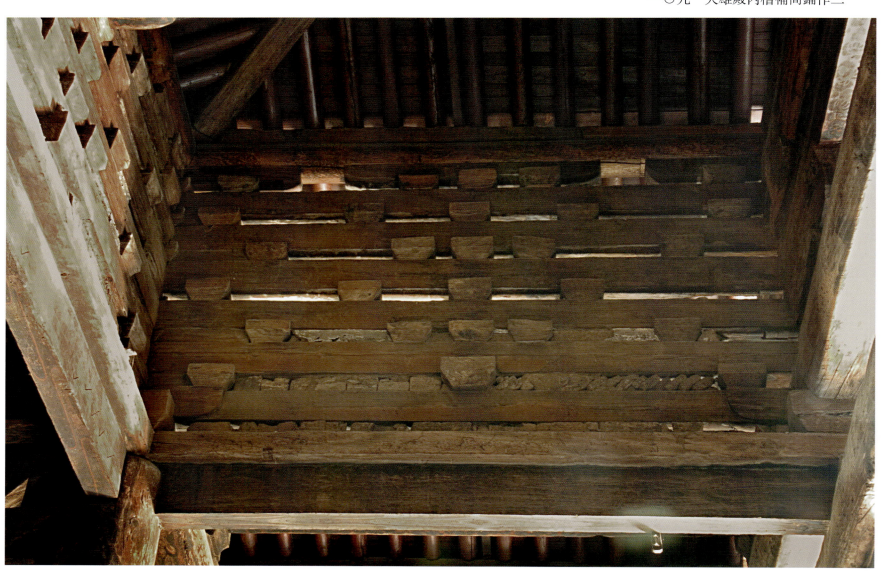

一一〇 大雄殿内槽補間鋪作三

一一一 大雄殿内槽補間鋪作四

一一二　大雄殿西鸱吻

一一三　大雄殿垂首之一

一一四　大雄殿垂首之二

一一五　大雄殿東鴟吻

一一六　大雄殿東南岔脊、套獸

一一七　大雄殿前檐装修局部

一一八　大雄殿柱礎石雕紋飾一

一一九　大雄殿柱礎石雕紋飾二

一二〇　大雄殿柱礎石雕紋飾三

一二一　大雄殿柱礎石雕紋飾四

一二二　大雄殿柱礎石雕紋飾五

一二三　大雄殿内西側碑群

一二四　大雄殿内東側碑群

一二五　七佛群像

一二六　釋迦牟尼佛

480

一二七　拘那含牟尼佛

一二八　毗舍浮佛

一二九　毗婆尸佛

一三〇　尸棄佛

一三一　拘留孙佛

一三二　迦葉佛

一三三　倒坐觀音像

一三四　西一脅侍

一三五　西二脅侍

一三六　西三胁侍

一三七　西四脅侍

一三八　西五脅侍

一三九　西六脅侍

一四〇　西七脅侍

一四一　西八脅侍

一四二　西九胁侍

一四三　西十胁侍

一四四　西十一胁侍

一四五　西十二胁侍

一四六　西十三胁侍

一四七　西十四胁侍

一四八　西侧天王像

一四九　東側天王像

一五〇　佛座形制一

一五一　佛座形制二

一五二　伏獅一

一五三　伏獅二

一五四　伏獅三

一五五　伏獅四

一五六　伏獅五

一五七　伏獅六

505

一五八　伏獅七

一五九　伏獅八

一六〇　伏獅九

一六一　伏獅十

一六二　伏獅十一

一六三　伏獅十二

一六四　伏獅十三

一六五　伏獅十四

一六六　伏獅十五

一六七　伏獅十六

一六八　力士一

一六九　力士二

一七〇　大雄殿西壁壁畫

一七一　大雄殿東壁壁畫

一七二　西壁南一元代壁畫

一七三　西壁南二元代壁畫

一七四　西壁南三元代壁畫

一七五　西壁南四元代壁畫

一七六　西壁南五元代壁畫

一七七　東壁南一元代壁畫

517

一七八　東壁南二元代壁畫

一七九　東壁南三元代壁畫

一八〇　東壁南四元代壁畫

一八一　東壁南五元代壁畫

一八二　南壁東盡間千手觀音壁畫

一八三　南壁西盡間千手觀音壁畫

一八四　南壁西盡間千手觀音頭像局部

1 南壁西盡間細部——坐佛一

2 南壁西盡間細部——坐佛二

3 南壁西盡間細部——坐佛三

4 南壁西盡間細部——坐佛四

5 南壁西盡間細部——法輪

6 南壁西盡間細部——傘蓋

一八五 南壁西盡間壁畫細部一

1　南壁西盡間細部——法螺

2　南壁西盡間細部——盤腸

3　南壁西盡間細部——金繩

4　南壁西盡間細部——雙魚摩羯

5　南壁西盡間細部——蓮花、傘蓋

一八六　南壁西盡間壁畫細部二

一八七　北壁西次間壁畫殘存日紋

一八八　北壁西次間菩薩像

一八九　羅漢像一

一九〇　羅漢像二

一九一　羅漢像三

一九二　羅漢像四

一九三　羅漢像五

一九四　羅漢像六

一九五　羅漢像七

一九六　羅漢像八

一九七　羅漢像九

一九八　羅漢像十

一九九　羅漢像十一

二〇〇　羅漢像十二

二〇二 羅漢像十四

二〇三　羅漢像十五

二〇四　羅漢像十六

二〇五　羅漢像十七

二〇六　羅漢像十八

二〇七　彩畫飛天一

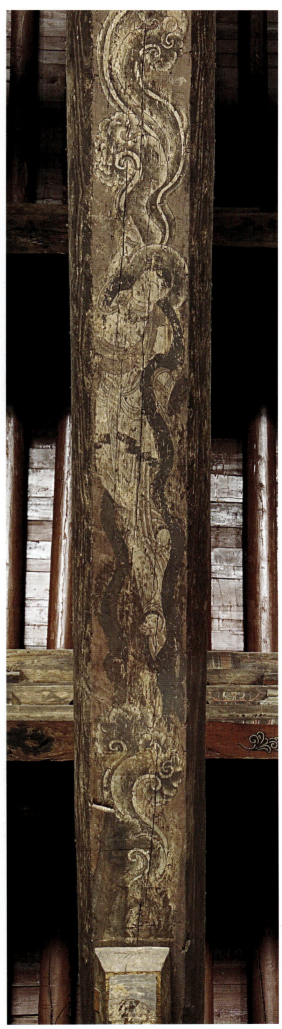

二〇八　彩畫飛天二

二〇九　彩畫飛天三

二一○　彩畫飛天四

二一一　彩畫飛天五

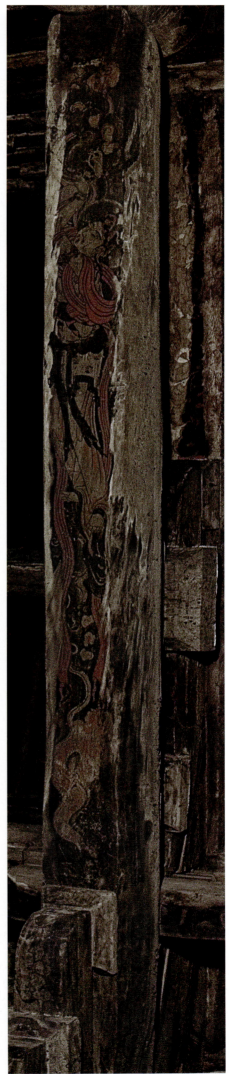

二一二　彩畫飛天六

二一三　彩畫飛天七

二一四　彩畫飛天八

二一五　臨摹彩畫飛天一

二一六　臨摹彩畫飛天二

二一七　臨摹彩畫飛天三

二一八　臨摹彩畫飛天四

二一九　臨摹彩畫飛天五

二二〇　臨摹彩畫飛天六

二二一　臨摹彩畫飛天七

二二二　臨摹彩畫飛天八

二二三　臨摹栿枋彩畫

1. 梢間丁栿底彩畫

2. 闌額側面籋頭彩畫

3. 闌額側面籋頭彩畫

二二四　外檐鋪作裏跳華栱、瓜栱彩畫一

二二五　外檐鋪作裏跳華栱、瓜栱彩畫二

二二六　外檐鋪作裏跳華栱、瓜栱彩畫三

二二七　外檐鋪作裏跳華栱、瓜栱彩畫四

二二八　外檐鋪作裏跳華栱、瓜栱彩畫五

二二九　外檐鋪作裏跳華栱、瓜栱彩畫六

二三〇　内槽柱頭華栱彩畫一

二三一　內槽柱頭華栱彩畫二

1. 丁栿栿、平梁底彩畫

2. 襻間枋彩畫一

3. 襻間枋彩畫二

二三二　梁枋彩畫一

1. 順栿串底彩畫

2. 四椽栿底網目紋彩畫

3. 梢間丁栿底草鳳紋彩畫一

4. 梢間丁栿底草鳳紋彩畫二

二三三　梁枋彩畫二

二三四　斗子彩畫一

二三五　斗子彩畫二

二三六　栱子彩畫

二三七 栱眼壁彩畫

1. "大雄殿" 牌匾

2. "慈润山河" 牌匾

3. "法輪天地" 牌匾

二三八　大雄殿檐下牌匾

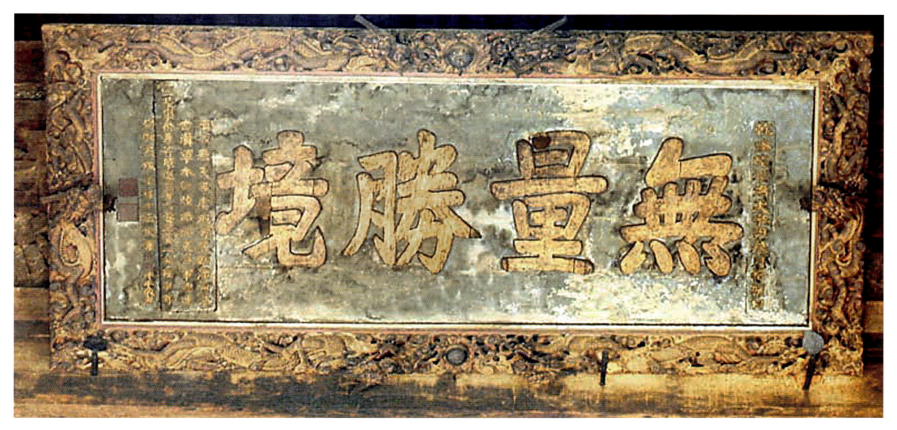

二三九　大雄殿殿內外匾額

1. 石雕香爐

2. 石雕燭臺

3. 遼代石獅

4. 清代鐵香爐

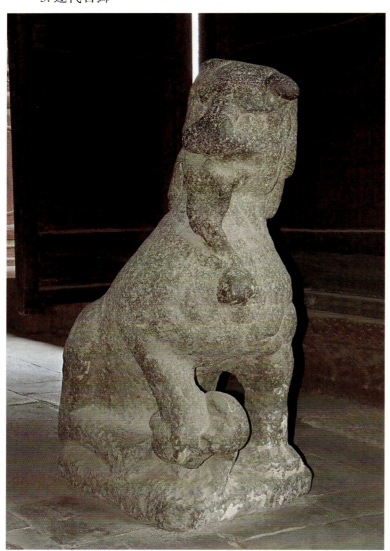

二四〇　大雄殿內外貢器和石獅

二四一　西宫全景

二四二　西宮垂花門正面

二四四　前殿西垂脊、走獸

二四五　西宮前殿保存的清代石碑

1. 西宮後殿正脊磚雕

2. 西宮後殿正脊磚雕局部

3. "奉國禪林" 磚雕

二四七　西宮後殿正脊磚雕及細部

二四八　西宮後殿正脊

二四九　西宮後殿垂脊

二五〇　遼代山門遺迹地上保護展示

1. 遼代經幢

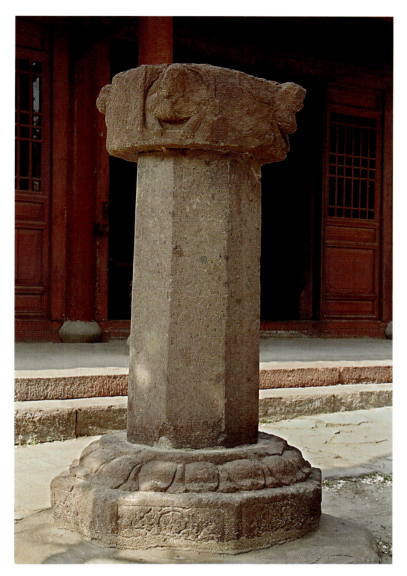

2. 遼代經幢

3. 金明昌碑

二五二　奉國寺保存的遼金經幢和石碑

二五三　明代石屏

圖版説明

圖 版 説 明

一 奉國寺正面全景

原山門之前有大量民房，1988 年，經修繕委員會協調，在時任縣長王盛斌的大力倡道下，縣政府發出倡議，組織了動遷居民、擴建寺院的全民募捐。將東西兩側和南側臨街的居民遷出，將寺院擴展至臨街，擴展寺院面積一萬多平方米。新建寺院圍牆，並重砌原山門兩側的圍牆，使寺院形成兩進院落。後院作爲建築群的核心保護區，前院經綠化整治後作爲市民每日清晨的休閒區，以回饋社會。從圖中可以看到中軸綫上的所有建築，自前至後分別爲內山門、牌樓、無量殿和大雄殿。

二 維修後的奉國寺後部側景

經過歷時五年的大規模修繕，不僅寺內建築全部得到維修，而且拆除了周圍民房，改造了環境，拓寬了寺院範圍，與維修前的窘迫景象相比，經過此次維修和環境整治之後，境況大爲改觀，整個寺院規整如新，各建築之間空間上更開闊。恢復了本來的雄偉氣勢。

三 維修前的奉國寺側景

奉國寺位於義縣城內東街路北，寺院坐北向南，主要建築都坐落在中軸綫上。奉國寺原本臨街而建，但自明清以降寺院範圍日漸縮小，以致山門也被迫退後重建。此片拍攝於維修之前，中軸綫上自前向後依次爲清代所建山門、牌樓、無量殿和大雄殿。鐘亭和碑亭建在大雄殿前月臺東西，西宮禪院建於大雄殿西南位置，其他建築均已損毀。

維修前寺院相當窄小，山門以南僅有一通道連接東街，通道兩側布滿民房，寺院東、北圍牆緊臨大雄殿和無量殿臺基，東側爲通道和居民區，北側爲學校，西側爲文化館、文管所等多家單位的辦公用房，西宮禪院也被闢爲辦公室，整個院落擁擠不堪。

四 新建山門正立面

新山門擇址於原寺院通往東街的路口，建於一九八八年，懸山式，面闊三間，建築面積90平方米。前檐下設廊，廊深一步，心間設版門及垂帶踏跺，前廊左右設如意踏跺，前廊額枋、斗栱及內外桁、枋、椽飛皆施清式彩畫。山門東西各設便門一間，以"八字牆"與新築寺院圍牆相接。

五 新山門背立面

新山門背面心間設隔扇及垂帶踏跺，兩次間爲高窗。另外，爲了緩解現在路面與寺內地面高差，在新山門以內建南北深十米的平臺，向北連接兩層臺基，平臺西、北兩側增設了石階欄板。山門內臺基和外側臨街廣場全部鋪設水泥方磚地面。

六 新山門前廊梁架及彩畫

山門廊深 1.1 米，廊柱間施額枋、平板枋，上施柱頭斗栱，心間用平身斗栱三攢，次間各兩攢，廊柱與檐柱間施穿插枋，挑尖梁出柱頭科之外作耍頭。斗栱、梁、枋之上皆繪清式彩畫。

七 新山門"奉國寺"牌匾

新山門建成後，一九八九年應義縣人民政府之邀，由生於義縣的書法家康殷題寫"奉國寺"隸書牌匾一方，懸於新山門前檐下。

八 新建山門正脊、垂脊

新山門正脊磚砌，高0.6米，混磚之間嵌陡板磚，正脊兩端施清式龍形大吻，高1.4米，寬0.85米，上飾劍柄，後飾背獸。垂脊高0.4米，前施清式龍首垂首。

九　新建山門岔脊

新山門岔脊高 0.4 米，前飾清式龍首形垂首，獸前岔脊高 0.3 米，前飾仙人，後飾三個坐姿小獸，分別爲麒麟、鳳、獅子。

一○　新建山門正吻

新山門正脊兩端施清式龍形大吻，高 1.4 米，寬 0.85 米，上飾劍柄，後飾背獸。

一一　贊助碑廊

奉國寺維修得到了全縣群衆的大力支持，尤其是爲拓展寺院所進行的募捐，可以説奉國寺能有今天的保護環境得益於群衆的支持。爲此在修繕工程竣工之後，特於山門內東側建碑廊一座，安置石碑，碑中記載了全縣人民鼎力支持的情況和贊助人名單。

一二　贊助碑廊“天順人和”牌匾

該匾由原文物保管所邵福玉題。“天順人和”四字正反映了當時修繕的社會環境和社會關切，正如贊助碑中所書：“適逢國政改革，百業俱興，整寺治景，衆志所向。本縣領導，深體民心。借國家大修兹寺之良機，製集資拓展寺院之宏圖，以固千秋勝迹之根基，以助內外觀賞之雅興，以壯市容，以益民生。”

一三　內山門正立面

位於中軸綫上，新建山門以北約百米，今稱內山門。建於清朝嘉慶十六年（1811 年），南向，硬山式，面闊一間，東西面闊 4.90 米，南北進深 5.82 米，前設板門，上懸清代“大佛寺”牌匾，前置高約 2 米的石獅一對，東、西各開一便門。

一四　內山門背立面

內山門背面爲隔扇，與前檐板門相對形成穿過山門通道。

一五　內山門正脊和垂脊

山門硬山式，磚砌正脊高 0.35 米，混磚之間嵌陡板磚，上蓋筒瓦。正脊兩端施清式龍形大吻，高 0.75 米，寬 0.5 米，龍尾上卷，上飾劍柄，後飾背獸。垂背高 0.3 米，前施垂首。

一六　內山門岔脊

山門硬山式，垂脊式樣與新建山門一致，垂脊高 0.3 米，前施清式龍首形垂首，獸前岔脊高 0.2 米，前施仙人，後施三個坐姿小獸，分別爲麒麟、鳳、獅子。

一七　內山門博風頭磚雕

內山門建於清朝嘉慶年間，硬山式，兩山以陡板磚砌博風，博風前端施磚雕博風頭，上飾卷雲和梅花紋。

一八　木牌樓正立面

位於內山門以北約 5 米，建於清朝康熙年間，爲四柱三樓式，東西面闊 7.95 米，進深 2.5 米，當心間面闊 2.77 米，兩次間面闊各 2.32 米。當心間通高 7.22 米，柱高 5.19 米；次間通高 5.22 米，柱高 4.05 米。四根柱子的下端嵌入抱柱石內，抱柱石南北各有一塊刻有花紋的抱鼓石。爲了增強牌坊的穩定性，南北各用石戧柱兩根。

一九　牌樓補間如意斗栱

牌樓心間平身科兩攢，櫨斗與柱頭科等大，再上則與柱頭科做法不同，整攢如意斗栱製作精心，極具裝飾性。

二○　牌樓柱頭如意斗栱

牌樓檐下龍門枋上用如意斗栱，心間用柱頭科兩攢，平身科兩攢，兩盡間用柱頭科、平身科各一攢。但實際上次間的平身科樣式與柱頭科相同，應該是空間上受到限制的安排。

二一　無量殿正立面

無量殿位於中軸綫上，牌坊以北，建於清朝康熙年間。無量殿爲一座歇山式建築，建在東西長 18.5 米、南北寬 14.5 米、高約 0.4 米的臺基之上。面闊三間，進深兩間，另設周圍廊。明間寬 4.16 米，兩次間各寬 4.04 米，廊深 1.95 米，通面闊 16.14 米，通進深 12.22 米。正面明間爲六抹隔扇四扇，樣式較爲古樸，裙板上雕如意紋，隔心用菱形櫺子。兩次間爲檻窗，亦爲四扇，櫺子與格扇門一致。

二二　無量殿背面

無量殿後即爲通往大雄殿的甬道，殿身背面明間亦爲槅扇門，樣式與前檐裝修相同，原槅扇門内供奉北向護法韋馱雕像一尊，兩次間則爲檻墙。

二三　無量殿東側立面

無量殿前後廊深各一步，殿深兩間等深，東西兩山皆爲檻墙，上爲歇山頂，博風板光素無飾，兩博風板相交處施懸魚。

二四　無量殿明間梁架

無量殿進深六椽。出前後廊外，殿身進深兩間，明間左右兩縫正中設中柱直抵脊桁，中柱與前後檐柱間各施一根雙步梁。雙步梁上正中立金瓜柱並施角背，角背的立面造型如倒置的雀替。瓜柱上没有採用三架梁，而是於中柱前後各施一根單步梁。單步梁、雙步梁下均設有隨梁枋。

二五　無量殿盡間梁架

無量殿盡間梁架與明間相同，中柱和單步梁上分施脊桁、金桁，脊桁、金桁下各有墊枋，墊枋的斷面呈外鼓的曲面。

二六　無量殿廊下結構

檐柱與廊柱間設有挑尖梁及穿插枋，挑尖梁梁身呈月梁式，但曲綫較生硬。挑尖梁出頭作麻葉頭，成爲柱頭科斗栱的“螞蚱頭”。挑尖梁尾用透榫伸出柱外，再用梢穿牢。穿插枋兩端均用透榫，後端伸出柱外，前端伸出柱外較長，並刻“三幅雲”圖案。

二七　無量殿前廊轉角結構

轉角處兩角柱之間也施挑尖梁，由角科頭翹承托，結構與柱頭科相同。

二八　無量殿前檐下“無量殿”牌匾

“無量殿”牌匾原懸於正面明間隔扇門上方，爲康熙時期原物。

二九　無量殿柱頭斗栱

無量殿斗栱用於廊柱上，屬“品字斗科”，柱頭科正面於坐斗上施正心瓜栱、萬栱隔一層，前後出單翹，上承挑尖梁，外出之挑尖梁頭刻成麻葉頭。

三〇　無量殿平身斗栱

無量殿除四角的八個廊間之外，各間平身科斗栱一律兩攢。無量殿平身科與柱頭科一致，於單翹上施一與挑尖梁頭同樣的構件，裏、外皆刻作麻葉頭。

三一　無量殿轉角斗栱

無量殿角科是在頭翹上承斜挑頭梁，另在正側兩面角斗以内各置一附角斗，附角斗上的正心瓜栱和正心萬栱，與角斗上的瓜栱、萬栱交隱。

三二　無量殿明間龍紋雀替

“龍形”雀替僅用於前後明間，長方形，長0.95米，寬0.30米。

三三　無量殿梢間雀替

次間爲標準的雀替，長0.95米，寬0.30米，花紋爲蕃草紋和牡丹紋。

三四　無量殿廊間雀替

因廊間面闊較窄，使用雀替也較次間略短，長0.45米，寬0.30米，紋飾同上。

三五　無量殿西南翼角結構

無量殿檐下正心桁於轉角搭交，上斜置老角梁、仔角梁。廊間檐桁之上施枕頭木，鋪釘椽飛，因出周廊的關係，所以出檐較短，但翼角翹起和飛出仍很明顯。

三六　無量殿正脊與正吻

無量殿歇山式，屋頂舉折較爲平緩，正脊爲磚砌大脊，脊高0.55米，上蓋筒瓦。正脊兩端施吻，高1.2米，寬0.8米。

三七　無量殿戧脊與走獸

無量殿垂脊高0.4米，垂脊上端與正吻相交處施吞脊獸，下端施垂首。戧脊高0.3米，前施仙人，後施四個坐姿小獸。

三八　無量殿垂脊及吞脊獸

無量殿垂脊高0.4米，垂脊上端與正吻相交處前後各施吞脊獸。

三九　無量殿博脊

　　無量殿兩山博脊做法是值得注意的，博脊一般是緊貼在山花之外，但無量殿的博脊則遠在垂綫之外，在博脊與山花板之間形成一道天溝，爲了排除天溝中的雨水，又在博脊下留出兩個排水口。

四〇　碑亭

　　碑亭位於大雄殿月臺西側，建於清嘉慶十六年，四角攢尖頂，面寬 3.2 米，高 5.36 米，內安置石碑兩通。

四一　鐘亭

　　鐘亭位於大雄殿月臺東側，建於清嘉慶十六年，六角攢尖頂，面寬 1.6 米，徑 3.5 米，高 5.36 米，內懸清代鐵鐘一件。

四二　大雄殿正立面

　　由於大雄殿東西寬五十餘米，月臺之前又有樹木遮擋，很難拍攝正面的全景，該片是在無量殿頂拍攝，因此稍有俯視感，也讓大雄殿顯得更爲壯觀。

四三　大雄殿東視正立面

　　大雄殿建於遼開泰九年，殿身南向，坐落於高大的臺基上，臺基東西長 55.76 米，高約 3.6 米，前附月臺。大雄殿面闊九間，通面闊 48.20 米。前後檐均以當心間面闊最大並向兩側依次遞減，正面明間面闊 5.90米，次間面闊 5.80 米，二次間面闊 5.33 米，梢間和盡間同爲面闊 5.01 米。前檐當心七間均闢爲裝修，兩盡間爲檐墻。檐柱生起、側脚和檐墻收分均極爲明顯，使整座大雄殿看起來相當穩固。檐柱間以闌額連接，上施普拍枋，普拍枋之上爲鋪作層，再上爲五脊瓦頂。屋頂、鋪作和柱身高度比例約爲2：1：2。屋頂舉高爲前後榑距的四分之一，瓦頂爲筒板布瓦，坡度平緩。正脊高 1.22 米，垂脊自上而下分爲三段，高度逐次減低。屋頂筒板瓦皆採"壓肩造"，筒板瓦尺寸甚大，筒瓦直徑達 20 厘米，重唇板瓦寬 33 厘米，但與殿身却很協調。檐下心間和兩梢間各懸清代牌匾。

四四　大雄殿背立面

　　大雄殿後檐與前檐基本一致，心間裝修爲四扇六抹隔扇，此外的八間均爲檐墻。心間檐下懸掛"南海

從來"匾額一塊，殿內塑北向的"倒坐觀音"像一身。臺基以北爲與心間等寬的"平臺"，高與前月臺相同，即爲原通向後法堂的甬道殘餘的一段。

四五　大雄殿東側立面

　　大雄殿進深五間，側面各間面闊也自心間向兩側遞減，但尺寸相差很小，心間面闊 5.05 米，次間面闊 5.03 米，盡間面闊 5.01 米。兩山皆爲檐墻，檐墻有明顯收分，角柱側脚極爲顯著。由於殿內結構和榑枋搭交的需要，兩山平柱較前檐平柱略高，柱子生起也就隨之減小，前後檐平柱至角柱生起 25 厘米，兩山僅生起 16 厘米。另外由於後檐柱普遍較前檐柱低 5 厘米，因此普拍枋曲綫和兩山生起也就並不對稱，平柱至後檐角柱生起也就僅有 11 厘米了。

四六　大雄殿西側立面

　　同上。

四七　大雄殿前檐柱

　　從前檐柱觀察大雄殿柱子側脚的特點比較清晰，大雄殿的每根柱子均同時向殿內和明間中綫兩個方向傾斜，而且兩向傾斜都很明顯，共同形成較大的側脚率。

　　據實測，前後檐向內側脚 11.5 厘米，兩山向內側脚近 18 厘米，向明間中綫側脚尺寸則自平柱向角柱逐漸加大，致角柱的累計側脚尺寸共達 21 厘米，側脚率達 3.3%。

四八　大雄殿前檐檐下結構

　　大雄殿前檐九間，共用十柱，兩角柱上施轉角鋪作，八根檐柱各施柱頭鋪作，每間用補間鋪作一朵，兩盡間另加附角鋪作一朵。柱頭鋪作、補間鋪作和附角鋪作的檐外結構一致，均爲雙抄雙下昂重栱七鋪作，構件碩大，搭交緊密，結構雄健，外觀整齊劃一。檐頭椽、飛出檐平直而深遠，唐風猶存。

四九　大雄殿後檐檐下結構

　　同上。

五〇　大雄殿西檐檐下結構

　　大雄殿側面闊五間，共用六柱，兩角柱上施轉角

鋪作，四根檐柱各施柱頭鋪作，每間用補間鋪作一朵，兩盡間另加附角鋪作一朵。柱頭鋪作、補間鋪作和附角鋪作的檐外結構同於前檐。

五一　大雄殿東檐檐下結構

同上。

五二　大雄殿西南轉角闌普

大雄殿外檐闌額高40厘米，約合一材一栔，厚20厘米，同於材厚。闌額上面平置普拍枋，寬44厘米，厚20厘米，其寬度較闌額略大。闌額和普拍枋斷面呈"丁"字形，至角柱處出柱頭之外，作垂直切割，不做雕飾，做法古樸，爲典型的遼代中期風格式樣。

五三　大雄殿東南轉角闌普

同上。

五四　大雄殿西北轉角闌普

同上。

五五　大雄殿東北轉角闌普

同上。

五六　大雄殿翼角結構

大雄殿角柱之上爲轉角鋪作，轉角鋪作兩側各加附角鋪作一朵，轉角鋪作正、側兩面各出華栱四跳承托替木和撩檐槫。櫨斗自四十五度角綫斜出角華栱兩跳、角昂二層和由昂一層。由昂上置平盤斗，斗上以"角神"承托上面的大角梁，大角梁上又施子角梁，懸風鐸。附角鋪作出華栱兩跳，下昂兩層，昂端施令栱、替木承檐槫。轉角鋪作和附角鋪作之間多個構件相列使鋪作之間的交接更加緊密，加上構件尺寸大，故雖然大雄殿出檐較遠，翼角部分比例較大，由三朵鋪作共同承托仍顯得穩固而協調。

五七　大雄殿外檐柱頭鋪作正面

大雄殿外檐柱頭鋪作櫨斗兩側出泥道栱，兩端各置散斗承托其上之泥道慢栱。但實際上散斗之上爲五層柱頭枋，其中第一層柱頭枋上隱刻泥道慢栱，第二、三層柱頭枋上再分別隱刻泥道栱和泥道慢栱，栱端也均施散斗，第四、五層柱頭枋也均於泥道栱和泥道慢

栱端施散斗，再上承托承椽枋。其中，第二、三層柱頭枋上又於四椽栿兩側另加栔木，栔木兩端超出栱長，散斗也隨之改爲貼斗。

五八　大雄殿外檐柱頭鋪作側面

大雄殿外檐柱頭鋪作外跳爲雙抄雙下昂七鋪作，重栱偷心造。普拍枋上置櫨斗，自櫨斗向外連續出華栱兩跳，第一跳華栱偷心，第二跳華栱端施瓜子栱，瓜子栱之上承托慢栱一層、羅漢枋一層，再上爲承椽枋。華栱之上自瓜子栱栱口出下昂兩跳，昂尖斜切作批竹式。第三跳下昂偷心，第四跳昂端置交互斗，上施令栱，令栱正面出耍頭，其外端垂直切割，不加雕飾。令栱上施散斗三枚，上置替木以承托撩檐槫。

五九　大雄殿外檐柱頭鋪作背面

大雄殿外檐柱頭鋪作裏跳爲雙抄五鋪作，第一跳華栱偷心，第二跳華栱後置平盤斗承下層四椽栿，華栱端不出瓜栱，而是在下層四椽栿上施騎栿令栱，騎栿令栱兩側各施散斗承三層羅漢枋，羅漢枋上分別隱出慢栱、瓜栱、慢栱，栱端分置散斗，再上施承椽枋一層。雙下昂後尾抵上層四椽栿下，昂下自騎栿令栱後出華頭子兩層，前端斜切抵於昂下，下層華頭子尾施散斗，與下層四椽栿上在下平槫位置所施大斗共同承上層華頭子，上層華頭子後尾施平盤斗，承托上層四椽栿。四椽栿上置大斗承劄牽、襻間枋及下平槫。

六〇　大雄殿外檐補間鋪作正面

大雄殿外檐各間均用補間鋪作一朵，櫨斗上不用泥道栱，而是自櫨斗口橫出翼形栱，再上爲柱頭枋五層，一至五層柱頭枋交替隱刻泥道重栱，栱端置散斗。因每層柱頭枋於柱頭和補間鋪作隱出泥道瓜栱和泥道慢栱互見，故散斗分佈均匀、合理。

六一　大雄殿外檐補間鋪作側面

大雄殿外檐補間鋪作外跳亦爲雙抄雙下昂七鋪作，重栱偷心造，結構形式與柱頭鋪作完全相同，只是櫨斗比較矮小，故於其下施駝峰一枚，使與柱頭鋪作櫨斗等高，駝峰作"鷹嘴駝峰"樣式。

六二　大雄殿外檐補間鋪作背面

大雄殿外檐補間鋪作裏跳爲雙抄五鋪作，重栱造，

第一跳華栱偷心，第二跳跳頭上施交互斗承托瓜子栱、慢栱各一層，栱上分施交互斗、散斗，再上承羅漢枋三層。第一、二、三層羅漢枋分別隱刻瓜子栱，慢栱和令栱，各栱上施以散斗，最上為承椽枋，結構比外檐簡單。第二跳華栱上施華頭子兩層，承托下昂昂底，後尾分別沒入瓜栱、慢栱，雙下昂分別交於一、二層羅漢枋。

六三　大雄殿外檐轉角鋪作正面

　　大雄殿外檐轉角鋪作角櫨斗正、側兩面各出華栱四跳，分別為側、正兩面附角櫨斗上泥道栱和第一、二、三層柱頭枋外出作華栱頭，即《營造法式》所謂列栱。第一跳偷心，第二跳華栱上施瓜子栱，與附角鋪作瓜子栱連栱交隱，再上慢栱一層，因盡間鋪作密度較大，慢栱實為通枋。第三跳偷心，第四跳栱端不施令栱，而是以散斗承托通替木和撩檐槫。角櫨斗自四十五度斜出角華栱兩跳，上施角昂二層和由昂一層。其中，第一跳偷心，第二跳角華栱承托正側兩面瓜子栱節點，第三跳角昂偷心，第四跳昂上承正側兩面令栱節點，上承替木、撩檐槫，由昂上置平盤斗，斗上以"角神"承托上面的大角梁。附角鋪作外跳與補間鋪作相同，唯櫨斗口出泥道栱而不是翼形栱。

六四　大雄殿外檐轉角鋪作背面

　　大雄殿外檐轉角鋪作角櫨斗後尾出華栱五跳，俱偷心，最上層華栱端施平盤斗，承托四十五度的隱襯角栿，隱襯角栿正中置大斗，承正側下平槫交點及大角梁尾。附角櫨斗後尾各出三跳，第一跳偷心，後尾作翼形栱，不施交互斗。第二跳做華栱，但不跳出，僅與翼形栱等長，以免和角華栱衝突。第三跳正側三華栱加長穿過角華栱，並十字相交於第二跳角華栱上，同時又作為另一側附角鋪作之瓜栱，再上施斗承托另一側慢栱一層和羅漢枋三層。

六五　大雄殿西南翼角及角脊正面

　　大雄殿各步槫條和承椽枋上均用生頭木，生頭木自中間向兩側逐漸增高，生頭木上刻椽椀，鋪釘圓椽，檐椽頭另加飛椽，使檐頭、屋面和正脊皆呈反曲形狀。自盡間生頭木高度明顯增大，立面上翼角翹起顯著，自盡間補間鋪作起翼角椽逐次沖出形成曲綫，平面上看翼角飛出明顯。

六六　大雄殿東南翼角及角脊正面

　　同上。

六七　大雄殿殿內柱網

　　大雄殿殿內梁架八縫，用柱二十根，其中東西兩盡間和梢間之間縫，每縫用內柱四根，其柱距各長兩椽。中央七間六縫，採用"前四椽栿對後乳栿上承六椽栿，用四柱"的做法，這樣殿內便由柱列分隔為前槽、內槽和後槽，其中前槽和內槽各四椽深，後槽兩椽深，其平面柱網佈置實為自《營造法式》所記"金箱斗底槽"變化而來。後世維修中在前槽六根四椽栿下、內槽闌額位置各加柱子一根，并且在當心間前檐下平槫縫下加柱子兩根，使現在殿內柱網略顯繁縟，影響了原本疏朗、簡約的時代風格。

六八　大雄殿前列內柱及前槽梁架佈置

　　大雄殿殿內梁架八縫，前槽東西兩盡間和梢間之間縫，每縫用乳栿兩根，各長兩椽。中間六縫各用四椽栿兩根，前列內柱隨之後移兩步架，內柱正面另加抱柱一根。內槽闌額、普拍枋和鋪作層並未隨內柱後移，後世所加內柱即位於內槽闌額之下。

六九　大雄殿後槽梁架佈置

　　大雄殿後槽深一間，梁架八縫，後內柱和檐柱之間皆用乳栿兩根，各長兩椽。

七〇　大雄殿西盡間梁架佈置

　　大雄殿東、西兩盡間和梢間之間縫逐縫用柱，除檐柱外殿內用內柱四根，內柱與檐柱之間皆用丁栿兩根，各長兩椽。

七一　大雄殿東盡間梁架佈置

　　同上。

七二　大雄殿內槽梁架佈置

　　大雄殿殿內中央七間六縫內槽梁架各用六椽栿一根，再上為四椽栿和平梁。因採取移柱法，從斷面看，大雄殿前後內柱並不對稱，但內槽闌額、六椽栿以上仍前後對稱佈置，即六椽栿前後兩坡各為三椽長。

七三　大雄殿前槽梁架結構

　　大雄殿當中六縫前槽，檐柱和前內柱之間深四椽，每縫各用四椽栿兩根。下層四椽栿的前端搭在柱頭鋪作上，後尾插入前內柱，並於栿背前端起四分之一處置大斗一枚，華頭子後帶華栱伸出大斗後，承上層四椽栿。上層四椽栿再上置櫨斗承托扎牽及六椽栿下之順栿串。下層四椽栿背的中點上承托內槽闌額和普拍枋，普拍枋上置櫨斗，承載上層四椽栿，上層四椽栿前端出檐至撩檐槫，後尾插入前內柱。內柱上置櫨斗承托上面的六椽栿。

七四 大雄殿後槽梁架結構

大雄殿後槽進深兩椽，每縫用乳栿兩根，下層乳栿，外端搭在後檐柱頭鋪作上，後尾插入後內柱。下層乳栿背正中以駝峰、櫨斗、華頭子承托上層乳栿，再上施櫨斗承托扎牽、順栿串各一層。上層乳栿外端伸出柱頭鋪作，後尾則穿過內柱柱頭上的櫨斗口，做成華栱。其上剳牽，繳背後尾均穿過下中平槫縫的柱頭枋，做成足材華栱，承六椽栿。

七五 大雄殿西盡間梁架結構

大雄殿西盡間進深兩椽，每縫用丁栿兩根，梁架結構與後槽相同。唯於內柱後出華栱五跳，承托梢間丁栿梁。

七六 大雄殿東盡間梁架結構

同上。

七七 大雄殿明間內槽梁架結構

大雄殿內槽前、後內柱之間相距四椽，但由於結構上的需要，不用四椽栿，而攔架六椽栿一根，長達17.3米，前後搭在內槽柱頭鋪作上，且均出下中平槫之外，使正脊前後各得三椽之長，呈對稱形式。因六椽栿梁身過厚，不能嵌入內槽鋪作櫨斗之內，所以在梁下前後另置兩根順栿串，緊貼在六椽栿下面，使之平穩。前槽順栿串長及三椽，後一根長近兩椽，均外至下平槫，後出內柱柱頭帶華栱。因六椽栿跨度過大，爲了防止彎曲，六椽栿背復加長達六椽廣41厘米的繳背一層，上承四椽栿。中間四根四椽栿上又置駝峰、櫨斗，承托平梁。平梁之上正中置駝峰、蜀柱、櫨斗和丁華抹頦栱，兩側復施叉手捧戧脊槫。

七八 大雄殿西二次間內槽梁架結構

大雄殿西二次間內槽六椽栿做法與明間相同，但

爲了結構需要，即梢間扎牽和二次間丁栿（其作用相當於清代建築之扒梁）搭交，故降低了四椽栿的高度，使扎牽後尾置於四椽栿上，其上再加繳背一層，其上安裝二次間承托太平梁的丁栿梁。四椽栿之上因正於上平槫位置，故不用平梁而以兩層單材襻間承托上平槫。

七九 大雄殿東二次間內槽梁架結構

同上。

八〇 大雄殿內槽六椽栿、四椽栿、平梁

大雄殿內槽六椽栿上施繳背，繳背兩端各於向內一椽位置安裝櫨斗，櫨斗前後出華栱，兩側則承托襻間枋兩層，構成襻間鋪作，承托內槽四椽栿，其意約當明清建築之"隔架科"。枋上置散斗，替木以承上中平槫。四椽栿上又置駝峰、櫨斗，承托平梁。櫨斗兩側也承托襻間枋兩層，枋上置散斗、替木以承上平槫。

八一 大雄殿內槽平梁、叉手和丁華抹頦栱

大雄殿內槽平梁，均於梁下復貼高一材一栔的順栿串一根，類似清式做法之"隨梁枋"。平梁之上，正中置駝峰、蜀柱、櫨斗和丁華抹頦栱，兩側復施叉手捧戧脊槫。

八二 大雄殿後坡上中平槫托腳

大雄殿前後兩坡除下中平槫之外，均用托腳，但做法不一致，上中平槫托腳做法爲四椽栿外端斜切似批竹昂，托腳直抵上中平槫。

八三 大雄殿前坡上中平槫托腳

同上。

八四 大雄殿後坡上平槫托腳

大雄殿前後兩坡上平槫托腳做法比較特別，托腳並不直接戧上平槫，而是將平梁下隨梁枋外端斜切，托腳自此斜面上抵平梁之下。

八五 大雄殿前坡上平槫托腳

同上。

八六 大雄殿西太平梁

大雄殿西二次間的四椽栿間，前後於上平槫位置

分別施丁栿一根，正中安櫨斗承托"太平梁"。"太平梁"與平梁做法一致，均於梁下復貼"隨梁枋"。"太平梁"之上和平梁結構一致，正中置駝峰、蜀柱、櫨斗和丁華抹頦栱。

八七　大雄殿東太平梁
同上。

八八　大雄殿西山梁架結構
大雄殿兩山自檐柱至太平梁當兩間半進深，盡間梁架與後槽梁架結構相同，梢間施丁栿四根，其作用相當於清式建築之扒梁，以承托兩山上中平槫。丁栿外端分別搭在中間兩內柱的柱頭鋪作和兩次間的補間鋪作上，後尾與六椽栿相交。丁栿正中以駝峰、櫨斗、華栱承托扎牽，扎牽後尾交於內槽四椽栿背。櫨斗兩側承襻間枋兩層和上中平槫。爲承托太平梁，二次間於兩四椽栿間施丁栿兩根。

八九　大雄殿東山梁架結構
同上。

九〇　大雄殿西梢間梁架結構
大雄殿兩梢間施丁栿四根，以承托兩山上中平槫。丁栿外端分別搭在中間兩內柱的柱頭鋪作和兩次間的補間鋪作上，後尾與六椽栿相交。丁栿正中以駝峰、櫨斗、華栱承托扎牽，扎牽後尾交於內槽四椽栿背。櫨斗兩側承襻間枋兩層和上中平槫，上中平槫轉角即落於前後兩根扎牽之上。

九一　大雄殿東梢間梁架結構
同上。

九二　大雄殿西二次間梁架結構
大雄殿西二次間的四椽栿間，前後於上平槫位置分別施丁栿一根，正中安櫨斗承托"太平梁"，"太平梁"上承上平槫中點。

九三　大雄殿東二次間梁架結構
同上。

九四　大雄殿外槽西南轉角梁架結構
大雄殿內外槽角柱間施隱襯角栿一層，前端出轉角鋪作，後尾沒入角後栿，栿背中施大斗承托下平槫交點和大角梁尾，大角梁向上逐縫安裝續角梁，各部續角梁皆以四十五度角向上直抵脊槫。

九五　大雄殿外槽東南轉角梁架結構
同上。

九六　大雄殿西南角栿、下平槫與大角梁搭交
大雄殿隱襯角栿正中安大斗一枚，承托正側兩面襻間枋一層，襻間枋外作華栱頭，上分施散斗替木，承托正側兩面下平槫。

九七　大雄殿東南角栿、下平槫與大角梁搭交
同上。

九八　大雄殿內槽西南轉角
大雄殿內槽普拍枋上施內槽柱頭和補間鋪作，至內槽轉角處兩朵內槽柱頭鋪作十字相交，外端分別與丁栿、扎牽相連，最上層柱頭枋外端斜切成批竹昂式，其上替木出頭並垂直切作耍頭，較有時代特點。

九九　大雄殿內槽東南轉角
同上。

一〇〇　大雄殿內槽闌普轉角交接
大雄殿內槽前列內柱後移兩步，但內槽闌普並未隨之移動，而是將闌額和普拍枋安置在前檐四椽栿上，與東、西兩盡間內柱及後檐內柱上的闌額和普拍枋共同構成寬七間、深三間的上層內槽闌額，上承內槽柱頭、補間鋪作。內槽闌額和普拍枋尺寸、做法與外檐一致，至轉角處也均出柱頭，並垂直切割。

一〇一　大雄殿內槽轉角背面
見九八。

一〇二　大雄殿東南上中平槫轉角與續角梁搭交
大雄殿上中平槫轉角正位於梢間中綫，爲承托上中平槫交點，在內槽鋪作和二次間四椽栿上施丁栿梁，上施大斗承托正側兩面單材襻間各兩層，下層襻間枋外端作化工頭，上層襻間枋外端做批竹昂式，再上以散斗、替木承托上中平槫。

一〇三　大雄殿西南上中平槫轉角與續角梁搭交

同上。

一〇四　大雄殿西南上平槫轉角搭交

大雄殿上平槫用單材襻間兩層，轉角處做法與上中平槫轉角相同。

一〇五　大雄殿東南上平槫轉角搭交

同上。

一〇六　大雄殿內槽柱頭鋪作一

大雄殿後檐中間六根內柱上各置櫨斗，從櫨斗口內連續出足材華栱四跳，俱偷心。四跳華栱分別爲上層乳栿、墊枋、扎牽、順栿串後帶華栱，第四跳華栱上以平盤斗承六椽栿。櫨斗口橫置泥道栱，上爲柱頭枋五層，一至四層交替隱出泥道慢栱、泥道瓜栱，栱端分置散斗，五層隱出令栱，置散斗、替木承下中平槫。

一〇七　大雄殿內槽柱頭鋪作二

大雄殿梢間內柱上的柱頭鋪作結構形式與後檐內柱上的柱頭鋪作相近，從櫨斗口內連續出足材華栱五跳，俱偷心。第五跳華栱上施平盤斗，承托梢間的丁栿。正面泥道栱及柱頭枋上隱出之法同上。

一〇八　大雄殿內槽補間鋪作一

大雄殿東、西、北內槽縫上的補間鋪作，自普拍枋上立蜀柱，蜀柱上施櫨斗，再上承柱頭枋五層，第一、三層柱頭枋隱刻泥道栱，第二、四層柱頭枋隱刻慢栱，第五層柱頭枋隱刻令栱。各栱端置散斗，並用磚泥填塞嚴實。

一〇九　大雄殿內槽補間鋪作二

大雄殿內槽縫前坡的補間鋪作，結構同上，僅普拍枋上不立蜀柱，而是將相鄰兩柱頭鋪作泥道栱加長爲通長的枋，在枋上置櫨斗。

一一〇　大雄殿內槽補間鋪作三

大雄殿西山次間內槽的補間鋪作，結構同上，僅在第四層柱頭枋位置縱向內外出華栱一跳，上承梢間丁栿梁。

一一一　大雄殿內槽補間鋪作四

大雄殿前內柱間的補間鋪作，普拍枋上立蜀柱，置櫨斗，櫨斗較小，上承三層柱頭枋，一、二層隱刻泥道栱、慢栱，分施齊心斗、散斗，承第三層柱頭枋。

一一二　大雄殿西鴟吻

大雄殿因歷代修葺而非原製，現在的正脊和大吻皆依據獨樂寺山門的正脊和大吻按比例做製而成，正脊高 1.53 米，兩端安鴟吻，吻高 2.33 米，龍口吞脊，尾上卷，後飾背獸。

一一三　大雄殿垂首一

大雄殿五脊頂，四條垂脊皆以四十五度角與正脊相交，垂脊各分成三段，其高度自上而下呈逐段減低，上段脊高 0.85 米，脊前施垂首，垂首連同首座高 1.35 米。

一一四　大雄殿垂首二

大雄殿中段垂脊高約 0.5 米，前端安垂首，垂首合座高 0.87 米。獸前岔脊高 0.35 米，檐角上不安仙人蹲獸。

一一五　大雄殿東鴟吻

同一一二。

一一六　大雄殿東南角岔脊、套獸

大雄殿垂脊前端施作靈霄盤子封護正側兩面瓦頂交綫，其上不施仙人和小獸。子角梁頭裝龍形套獸，長 0.6 米。

一一七　大雄殿前檐裝修局部

大雄殿前檐中央七間和後檐心間俱爲隔扇門，上爲障日版。隔扇原式不詳，此次維修時均改作"一馬三箭式"六抹隔扇，每間四扇。

一一八　大雄殿柱礎石雕紋飾一

大雄殿柱礎均爲灰白色石灰巖製作的覆盆式柱礎，礎盤方 1.20 米，覆盆高約 6 厘米，覆盆上以"剔地隱起"法雕刻花紋，圖中爲瑣紋。

一一九　大雄殿柱礎石雕紋飾二

大雄殿柱礎石雕纏枝花紋。

一二○ 大雄殿柱礎石雕紋飾三

大雄殿柱礎石雕團窠牡丹紋。

一二一 大雄殿柱礎石雕紋飾四

大雄殿柱礎石雕如意雲紋。

一二二 大雄殿柱礎石雕紋飾五

大雄殿柱礎石雕卷雲紋。

一二三 大雄殿内西側碑群

北一爲明嘉靖十五年《補修奉國寺聖像記》碑，高1.1米，寬0.73米，厚0.19米；額高0.52米，額寬0.76米，額厚0.23米；座高0.43米，座寬0.85米，座厚0.47米。北二爲金明昌三年《宜州大奉國寺續裝兩洞賢聖題名記》碑，高1米，寬0.65米，厚0.16米；額高0.39米，寬0.8米，厚0.2米；座高0.32米，寬0.66米。北三爲元大德七年《大元國大寧路義州重修大奉國寺》碑，高2.08米，寬1.11米，厚0.31米；額高1米，寬1.15米，厚0.31米。北四爲康熙四十五年《大清國重修義州大奉國寺碑記》碑，高2.37米，寬1.12米，厚0.33米；額高1.13米，額寬1.2米，額厚0.37米。北五爲人名碑。

一二四 大雄殿内東側碑群

北一爲乾隆二十一年《大清重修義州奉國寺碑記》碑，高1.9米，寬0.85米，厚0.26米；額高0.89米，寬0.93米，厚0.32米；座高0.9米，寬0.95米，厚0.57米。北三爲至正十五年《大奉國寺莊田記》碑，高1.49米，寬0.81米，厚0.17米；座高0.54米，寬1.17米，厚0.64米；額高0.62米，寬0.89米，厚0.21米。北四爲光緒十年《重修大佛寺》碑，高2.17米，寬1.18米，厚0.28米；額高1.12米，寬1.28米，厚0.28米。北五爲嘉慶十六年《重修義州奉國禪寺碑記》碑，高1.98米，寬0.83米，厚0.22米；額高0.85米，額寬0.91米，額厚0.27米。

一二五 七佛群像

大雄殿中央七間前内柱和後檐内柱之間築寬大的佛壇，佛壇東西長38.97米，南北寬8.4米，高0.87米，東西兩端向前突出，長3.27米，寬0.6米，以安置天王像。整個佛壇平面呈倒置的"凹"字形，以青磚砌築，皆直壁，壇上青磚鋪墁。佛壇上靠後部塑佛像七尊，即"過去七佛"，分別爲毗婆尸佛、尸棄佛、毗舍浮佛、拘留孫佛、拘那含牟尼佛、迦葉佛和釋迦牟尼佛，每尊佛像前對塑站立的脅侍像兩身，兩身天王像則位於佛壇東、西兩端偏南。

一二六 釋迦牟尼佛

位於西梢間，西起第一尊，高約9.1米，朝向略向西南，約爲南偏西10度左右，披袒右肩式袈裟，胸及上腹部袒露，袈裟内不着胸衣，左肩處露披肩，右臂近肩部戴臂釧。右腿部袈裟緊束，衣紋做單向斜紋，佛像左手自然垂至右脚上，右手置於右膝部，掌心皆向上。

一二七 拘那含牟尼佛

位於西二次間，高約9.2米，面相、髮髻、衣飾及衣紋處理均與心間毗婆尸像相同，唯手印不同，左臂微微抬起，掌心向上，置於右脚上，右手微抬掌心向下，手指微曲。

一二八 毗舍浮佛

位於西一次間，高約9.35米，面相、髮髻、衣飾及衣紋處理均與毗婆尸像相同，唯手印不同，左手自然置於脚部，中指微微抬起，右手上舉置於胸部，拇指與中指及無名指相交。

一二九 毗婆尸佛

位於心間，結跏趺坐於碩大佛座上，頭及身體上部略向前傾，長圓形面闊，頂作螺髻，面部塗金，眉心紅印，長耳及頸，耳垂作鏤空狀，頸部塑弦紋一道。外着雙領下垂袈裟，左肩部露披肩，袈裟寬大，雙領下垂至腹部相交呈"U"形，多做褶皺衣紋並自然下垂。袖口寬大，胸衣外束衣帶，衣帶在胸部打結後下垂，結下做褶皺並自然下垂。左手自然垂至脚部，右臂微微抬起，右手上舉至胸部，手掌向内，手指微屈，右腿衣紋皆做多重平行的"V"形，自然下垂至蓮臺上，袈裟上遍塗紅底。衣襟邊飾、袖口邊飾及左肩的披肩邊飾均繪細緻繁瑣的花紋，爲綠地雜色花邊，色彩鮮麗，花紋細碎，不符合遼代風格，爲後世重繪的結果，所繪時間應在清初。

一三〇　尸棄佛

位於東一次間，高約 9.35 米，面相、髮髻、衣飾及衣紋處理均與毗婆尸像相同，不同之處在於，其外着披肩露於右肩處，左臂微微抬起，掌心向外，指尖觸腿，右手上舉至胸部，手指微曲。

一三一　拘留孫佛

位於東二次間，高約 9.2 米，面相、髮髻、衣飾及衣紋處理均與毗婆尸像相同，不同之處僅在於所施手印，左手置於右脚上，掌心向上，中指向內彎曲，右臂微微上抬，掌心向前，中指微曲。

一三二　迦葉佛

位於東梢間，高約 9.1 米，面相、髮髻均與其他像相同。佛像外着袒右肩袈裟，袈裟內又着胸衣，胸部以上袒露，袈裟外又着披肩，披肩自左肩處斜披，至右腋下上卷並遮住右肩部，故僅露出右臂的肘部以下。左、右手掌心向上疊置於右腿上。兩腿部袈裟緊束，衣紋做單向斜紋，也與其他佛像的"V"形衣紋不同，而與釋迦牟尼像相同。

一三三　倒坐觀音像

位於後檐心間佛壇後突出的方壇上，依據碑記該像最初應塑於明代萬曆三十一年（1603 年）。北向，像高約 3.8 米，觀音善跏趺坐於座上，後有券拱形背光，外雕火焰紋，內繪五條龍紋，像座鏤雕山雲，像兩側又塑童子、侍者、迦陵頻迦像等。觀音像方圓面，戴冠，冠由五片冠葉組成，內着胸衣，袒露胸部，外着袒右肩袈裟，再着披肩，右肩露出披肩，赤足。頸戴瓔珞，雙手各置膝上，面部及皮膚裸露部均塗金，衣冠以彩繪裝飾。

一三四　西一脅侍

位於釋迦牟尼像前西側，東向，長圓面，頭戴寶冠，內着低領短裙胸衣，胸部袒露，短裙在胸部和腰部束帶打結，外着披肩，雙臂肘部以下袒露，腕部戴鐲，雙手捧一馬形動物，下身着長裙，長裙及足，赤足立於蓮花上。

一三五　西二脅侍

位於釋迦牟尼像前東側，西向，頭戴寶冠，兩側

冠帶垂肩，着低胸交領短裙，短裙在腰部以帶束結，外着披肩，雙臂肘部以下袒露，腕部戴鐲，雙手捧一象形動物，下身着及地長裙，赤足立於蓮花上。

一三六　西三脅侍

位於拘那含牟尼佛像前西側，東向，面相方圓，長耳，頭戴高體筒形冠，頸部佩戴瓔珞，上身着披肩，披肩斜披並在左肩處打結，袒露右肩及雙臂，上臂戴臂釧，左右手分持寶塔及金剛杵，此疑爲後修補時受密教影響的痕迹。下身內着長裙，外着短裙，短裙在腰部打結，衣紋疏朗簡潔，均做數重"U"字形。

一三七　西四脅侍

位於拘那含牟尼佛像前東側，西向，頭戴高體菩薩冠，冠帶垂肩，冠箍上下各飾連珠紋一周，中以數朵梅花紋裝飾，冠葉作山形，裝飾梅花紋一朵或數朵及卷草紋。內着圓領衫，胸部束帶，領部做如意雲紋，外着垂領長衫，左肩露披肩，腕戴鐲，左右手分持火焰形法器及金剛杵，下身長裙。

一三八　西五脅侍

位於毗舍浮佛像前西側，東向，頭戴寶冠，冠式相同，內着低胸右衽短袖裙，胸部袒露，短裙在腰部以帶束結，雙臂肘部以下袒露，腕部戴鐲，雙手持一獅形物，下身着及地長裙，赤足立於蓮花上。裙脚處上翹，足部作平行的衣紋褶皺，似裙內長褲露出并覆蓋足部。

一三九　西六脅侍

位於毗舍浮佛像前東側，西向，頭戴寶冠，冠式相同，內着低胸短裙，胸部袒露，短裙在腰部以帶束結，外着披肩，雙臂肘部以下袒露，腕部戴鐲，雙手捧一火焰物，下身着及地長裙，赤足立於蓮花上。

一四〇　西七脅侍

位於毗婆尸像前西側，東向，高 2.63 米，頭戴寶冠，冠式相同，着裝與西八脅侍基本相同，不同處在所謂比甲之外又戴披肩，雙手持法輪。

一四一　西八脅侍

位於毗婆尸像前東側，西向，高 2.7 米，頭戴寶

冠，冠式相同，內着及地長裙，裙外上身又着圓領短袖衣，胸部束帶，短衣前面長僅及胸，做如意雲紋，後面較長，極類似元代的比甲，長裙之外腰部又束巾，衣飾較爲特殊。雙臂袒露，腕戴鐲，雙手持盤腸及雙魚。

一四二 西九脅侍

位於尸棄佛像前西側，東向，頭戴寶冠，冠式相同，衣飾與西十脅侍像基本相同，雙手微抬至腰部，手執一壺形物，法器名稱不詳。

一四三 西十脅侍

位於尸棄佛像前東側，西向，頭戴寶冠，冠式相同，內着低胸短裙，胸部袒露，短裙在腰部以帶束結，外着垂領短袖衫，腕部戴鐲，雙手持蓮花一束，下身着及地長裙，赤足立於蓮花上，足部裙下露出衣紋褶皺，似爲原初樣式。

一四四 西十一脅侍

位於拘留孫佛像前西側，東向，頭戴寶冠，內着胸衣，外着垂領袈裟，胸衣與袈裟樣式與毗婆尸像極爲相似，下着長裙，裙脚作尖葉狀流蘇裝飾。左手提袈裟右襟。腕部戴鐲，右手持傘狀物。

一四五 西十二脅侍

位於拘留孫佛像前東側，西向，頭戴寶冠，冠式相同，內着及地長裙，裙外上身又類似元代的比甲圓領半袖衣，短衣前面做如意雲紋，再外披肩自左肩向右下斜披，繞身後又搭於左臂，腕部戴鐲，雙手持傘形物。

一四六 西十三脅侍

位於迦葉佛像前西側，東向，頭戴寶冠，冠式相同，上身內着斜領低胸短裙，袒露胸部，外着垂領半袖衫，下着長裙，腕部戴鐲，雙手持螺於胸前。

一四七 西十四脅侍

位於迦葉佛像前東側，西向，冠及衣飾與西六及西十脅侍裝束基本相同，雙手殘斷。

一四八 西側天王像

塑於佛壇的西端邊長 1 米、高 25 厘米的方臺上，武士裝束，高約 350 厘米，頭戴冠，方面，怒目，頸部粗壯，寬鼻，粗眉，闊嘴，寬肩，身着鎧甲和披風，身後披風及地，脚着戰靴，左手做前推狀，右臂向後手拄降魔杵。

一四九 東側天王像

塑於佛壇的東端邊長 1 米、高 25 厘米的方臺上，高約 350 厘米，身體略向後傾，風格與西側一致，左臂向前手拄降魔杵，右手做握物狀。天王像的手勢在上世紀四五十年代經過改動，當時照片顯示西側天王左手做前推狀，右手持劍橫置於左手上方。

一五○ 佛座形制一

八角形平面半須彌座加圓形仰蓮座組成，即須彌座的束腰層及以下部分直接塑仰蓮座。須彌座高 124 厘米，仰蓮座高 90 厘米。束腰平面做微圓的八角形，四個正面堆塑對稱的如意雲紋，四個側面則堆塑對稱的卷雲紋。束腰層之上直接承托由四層巨大蓮瓣做成的仰蓮座。

一五一 佛座形制二

八角形平面須彌座加圓形仰蓮座形式。須彌座高 134 厘米，仰蓮座高 80 厘米，整個佛座高 214 厘米。須彌座做法較爲簡潔。壺門層內收明顯，南、北、東、西四個正面分別塑伏獅一軀，西南、西北、東南、東北四個側面各塑力士一身，承托于須彌座之下。須彌座上承托高約 80 厘米的巨大圓形仰蓮座，蓮座上塑佛像。

一五二 伏獅一

西一、三、五、七四尊佛像下爲八角形平面須彌座，須彌座壺門層南、北、東、西四個正面分別塑伏獅一軀，四軀伏獅形態各異，皆極爲生動。該圖爲西七須彌座南側伏獅。

一五三 伏獅二

圖爲西七須彌座東側伏獅。

一五四 伏獅三

圖爲西七須彌座西側伏獅。

一五五　伏獅四
　　圖爲西七須彌座北側伏獅。

一五六　伏獅五
　　圖爲西五須彌座南側伏獅。

一五七　伏獅六
　　圖爲西五須彌座東側伏獅。

一五八　伏獅七
　　圖爲西五須彌座西側伏獅。

一五九　伏獅八
　　圖爲西五須彌座北側伏獅。

一六〇　伏獅九
　　圖爲西三須彌座南側伏獅。

一六一　伏獅十
　　圖爲西三須彌座東側伏獅。

一六二　伏獅十一
　　圖爲西三須彌座西側伏獅。

一六三　伏獅十二
　　圖爲西三須彌座北側伏獅。

一六四　伏獅十三
　　圖爲西一須彌座南側伏獅，從造型上比較，此伏獅造型與另外十五軀均不一致，疑爲清代補塑。

一六五　伏獅十四
　　圖爲西一須彌座東側伏獅。

一六六　伏獅十五
　　圖爲西一須彌座西側伏獅。

一六七　伏獅十六
　　圖爲西一須彌座北側伏獅。

一六八　力士一
　　大雄殿佛像須彌座西南、西北、東南、東北四個側面各塑力士一身，力士塑在地栿之上正中，形象逼真，或蹲或立，或舉或扛，做吃力狀承托須彌座的上枋。但多爲後世補塑，圖爲西一須彌座西北側力士，應爲遼代原塑。

一六九　力士二
　　圖爲西五須彌座西北側力士，其頭部爲後世補塑。

一七〇　大雄殿西壁壁畫
　　大雄殿東西壁保存元代壁畫兩鋪，西壁自裙礆以上滿繪壁畫，共繪佛像五身，每兩尊佛像之間各畫須彌山相隔，將整面壁面分割爲五幅壁畫，每幅寬約合間面闊，各繪坐佛一尊，畫面須彌山以上滿繪雲紋，下部蓮花座以下隱約可見"海水江牙紋"，使整幅壁畫以雲、山、水襯托五佛，渾然一體又自成單元。

一七一　大雄殿東壁壁畫
　　大雄殿東壁繪佛像五身，佈局方式與西壁相同。

一七二　西壁南一元代壁畫
　　繪於西壁南盡間，壁面高465厘米，佛像高400厘米，佛像結跏趺坐於蓮花座上，蓮座高46厘米，蓮座以五或七瓣碩大的蓮瓣組成，瓣尖圓鈍。佛像後皆畫圓形身光和頭光，身光最外一周畫火焰紋，頭光直徑148厘米。佛像頭部高92厘米，方圓面，頭頂高肉髻，長耳，細眼，身着袒右肩式袈裟，內着較低的胸衣，但右肩又以袈裟遮蓋，因此僅袒露胸部和右臂，袈裟左領自左肩斜抹向右肋下，袈裟寬大衣紋不下垂。左手平置於腹部，右手於胸前作某種法印。

一七三　西壁南二元代壁畫
　　繪於西壁南次間，佛像除手印和衣飾稍有不同外，形象基本相同，從略。

一七四　西壁南三元代壁畫
　　繪於西壁當心間，佛像除手印和衣飾稍有不同外，形象基本相同，從略。

一七五　西壁南四元代壁畫
　　繪於西壁北次間，佛像除手印和衣飾稍有不同外，形象基本相同，從略。

一七六　西壁南五元代壁畫

繪於西壁北盡間，佛像除手印和衣飾稍有不同外，形象基本相同，從略。

一七七　東壁南一元代壁畫

繪於東壁南盡間，佛像除手印和衣飾稍有不同外，形象基本相同，從略。

一七八　東壁南二元代壁畫

繪於東壁南次間，佛像除手印和衣飾稍有不同外，形象基本相同，從略。

一七九　東壁南三元代壁畫

繪於東壁當心間，佛像除手印和衣飾稍有不同外，形象基本相同，從略。

一八〇　東壁南四元代壁畫

繪於東壁北次間，佛像除手印和衣飾稍有不同外，形象基本相同，從略。

一八一　東壁南五元代壁畫

繪於東壁北盡間，佛像除手印和衣飾稍有不同外，形象基本相同，從略。

一八二　南壁東盡間千手觀音壁畫

繪於南壁東盡間，觀音結跏趺坐於碩大蓮臺上，蓮臺形式與東、西壁所畫佛像之蓮座相同，造型與前檐西盡間相近，現僅見四面，下面第一層繪三面，一正兩側，皆戴寶冠，正面像與西側第一層相同，但側向的面部不塗墨綠。一層之上畫面模糊，僅可見最上層形象亦爲坐佛。千手自身側向外伸出一周，壁面其餘部位留白，不同於西盡間畫面空餘處滿繪千手形式。菩薩像頭部左側繪一法輪，形式與西側畫上法輪相同，其他畫面模糊。

一八三　南壁西盡間千手觀音壁畫

繪於前檐西盡間南壁，依開間面闊繪壁畫一幅，壁面寬420厘米，高465厘米，壁畫下部脫落，殘缺不全。上部保存尚清晰，殘高約260厘米，寬400厘米。

從上部的邊款殘迹分析，壁畫原同東西壁一樣，依開間壁面外緣以墨綫繪邊框兩道，框內繪千手千眼十一面觀音像一尊。觀音像自肩部以上保存較好，十一面分繪爲五層，第一層繪三面，一正兩側，正向一面，方圓形面闊，長耳及肩，頭戴寶冠，冠側垂纓，頸戴瓔珞，頸部畫橫紋三道。左側畫觀音側面，冠式等與正面像相同。右側也爲側面，但面部塗以綠色。第二層繪三面，亦爲一正兩側，其中左側像的面部塗成綠色，其他兩面與一層面像相似，僅較第一層略小。第三層三面亦爲一正兩側，皆無頭冠，其中右側像面部塗綠彩。第四層繪一面，爲密宗護法形象，着冠，張口露齒，三眼圓睜，面部塗以青灰色，面相極惡。最上爲佛坐像，方圓面，長耳，頂做肉髻。整個五層頭部之外繪綠綫輪廓，作爲頭光。頭光以外，左、右對稱各繪兩尊小坐佛，每尊坐佛高28厘米，均做千佛形象，上兩尊面向外，下兩尊面向內。坐佛像以外左右又繪法器若干，現存可辨者九件，觀音的千手持物，右側自上而下依次爲螺、傘、盤腸、幡、金繩，左側自上而下依次爲法輪、傘蓋、蓮花、雙魚摩羯等。下面和旁側也繪有法器，但已模糊不可辨。壁面的空餘部位滿繪千手，其中主像的雙手上舉，腕部戴鐲，上臂着臂釧，左、右分別持法輪和法螺，法輪高23厘米，螺高40厘米。其餘手較小，皆爲拇指在上，其餘四指伸展，掌心向上，每手掌心繪一眼，詳見以下壁畫西部照片。

一八四　南壁西盡間千手觀音頭像局部

南壁西盡間千手觀音壁畫頭像局部，見上。

一八五　南壁西盡間壁畫細部一

南壁西盡間千手觀音壁畫細部，一爲頭像左側下層坐佛，二爲頭像右側上層坐佛，三爲頭像右側下層坐佛，四爲頭像左側上層坐佛，五爲頭像左側法輪，六爲頭像右側傘蓋。

一八六　南壁西盡間壁畫細部二

南壁西盡間千手觀音壁畫細部，一爲頭像右側法螺，二爲頭像右側盤腸，頭像左側下層坐佛，上層坐佛，三爲頭像右下方金繩，四爲頭像左側雙魚摩羯，五爲頭像左側蓮花、傘蓋。

一八七 北壁西次間壁畫殘存日紋

圖爲北壁西次間所繪菩薩像頭部左側雲叢中太陽圖案。

一八八 北壁西次間菩薩像

大雄殿北壁壁畫佈局方式應與東、西壁佈局相同，依開間分幅，每幅各畫菩薩像一尊，每尊之間也以須彌山相隔，上下以雲紋和海水襯托。圖爲西次間所繪菩薩，頭部以下不存。在菩薩像頭部左側的雲叢中繪一太陽。

一八九 羅漢像一

大雄殿南壁檻墻明代繪十八幅羅漢壁畫，在二十世紀八十年代維修中因按制恢復裝修之需而作切割揭取，現分幅展陳於殿內佛壇後。羅漢造型依原位置自東至西描述如下：東一羅漢，方面闊，短髮，短鬚。身着紅色交領長衣，衣領作白色，腰間束帶，後背行匣，作行走狀，但身後仍繪坐榻。左手執净瓶，瓶內有蓮花兩支，右手置胸前，食指上指，指尖上繪一佛像坐於蓮座上。羅漢身後尾隨一虎，頭自羅漢左側伸出，尾在右側上揚。

一九○ 羅漢像二

羅漢像方面，短髮。雙耳戴環。身着灰色交領長衣，衣領作粉色，長衣外自左肩至右腋下又斜披紅色鑲墨綠邊的袈裟，盤膝坐於榻上。羅漢左手托塔於胸前，塔作密宗覆鉢塔形式，右手於胸前掐指，作某種法印。

一九一 羅漢像三

羅漢像方面，短髮，短鬚，圓瞪雙眼。身着紅色袒右肩式袈裟，但右肩又以袈裟覆蓋，内着較低的胸衣，倚坐於榻上，左腿盤膝，右腿屈膝，雙足置於坐榻上。左手於胸前托鉢。

一九二 羅漢像四

羅漢像方面，短髮。身着土黃色交領長衣，雙腿下垂正坐榻上，袈裟垂至坐榻下。左手托鉢，右手抬至胸前。

一九三 羅漢像五

羅漢像方面，白眉，白色短髮。身着灰色交領長衣，衣領作粉色，長衣外自左肩至右腋下斜披紅綠相間的方格袈裟，垂足坐榻上，袈裟下垂。左手胸前托燈燭，右手於身側持幡。

一九四 羅漢像六

羅漢像方面，短髮，細眼。身着灰色交領長衣，衣領作紅色，長衣外自左肩至右腋下又斜披紅色袈裟，足着僧履，結跏趺式坐於榻上。左、右手交於胸前，施禪定印。

一九五 羅漢像七

羅漢像方面，圓眼，短髮，留短鬚。身着淡灰色交領長衣，衣領作土紅色，長衣外自左肩至右腋下，又斜披紅灰色相間的方格袈裟，垂雙足坐於榻上，長衣下垂并覆雙足。左手於胸前持一類似螺的法物，右手置右膝上。

一九六 羅漢像八

羅漢像方面，白鬚，白眉較長，白色短髮，作老者相。身着深灰色交領長衣，衣領作紅色，長衣外自左肩至右腋下斜披土紅色袈裟，足着僧履，盤膝坐榻上，雙手於胸前掐指，雙手拇指各套一環。榻前左右各繪一猴，托桃子作供奉姿勢，左側爲白色，右側爲黑色。

一九七 羅漢像九

羅漢像方面，短髮。身着紅色交領長衣，衣領作白色，長衣外自左肩至右腋下斜披白與墨綠色相間的方格紋袈裟，盤膝坐榻上，雙手交於胸前。

一九八 羅漢像十

羅漢像方面，短髮，閉目。身着土黃色交領長衣，衣領作土紅色，長衣外自左肩至右腋下斜披土黃與紅色條紋袈裟，足着僧履，左腿盤曲坐榻上，右足垂至榻下，左手托鉢於胸前，右手上舉至胸前，施無畏印，榻前左側蹲伏一獅，獅首高昂回望，做傾聽狀。

一九九 羅漢像十一

羅漢像方面，白髮，白眉，白鬚，面多皺紋，面容蒼老，但精神矍鑠。身着淺灰色交領長衣，衣領作粉紅色，長衣外自左肩至右腋下斜披深灰色與土色相間袈裟，足着灰色僧履，盤膝坐榻上，左手於胸前懷抱拂塵，右手於胸前掐指，坐榻前蹲伏一虎。

二〇〇　羅漢像十二

羅漢像方面，短髮。身着紅色交領長衣，衣領作土色，長衣外自左肩至右腋下斜披土黃與墨綠色相間的方格紋袈裟，足着僧履，雙腿下垂坐於榻上，雙足置於足榻上，坐榻下繪簡單的波狀紋，疑意爲江水紋，左手扶膝，右手執筆於胸前。

二〇一　羅漢像十三

羅漢像方面，短髮，雙目下視。身着土色交領長衣，衣領作土紅色，長衣外自左肩至右腋下斜披紅色袈裟，結跏趺式坐榻上，雙手置於胸前，左手執一繩索，右手掐指，一鹿屈前腿跪於坐榻前。

二〇二　羅漢像十四

羅漢像白眉，白色短髮。內着較低的土色衣，胸部坦露，衣長及足，外披袒右肩式墨綠色袈裟，又以袈裟覆右肩，足蹬僧履，雙腿微屈坐榻上，左手於胸前持經卷，右手持龍頭杖。

二〇三　羅漢像十五

羅漢像方面，短髮。耳戴環，身着淺灰色交領長衣，衣領作紅色，長衣外自左肩至右腋下斜披土紅色與粉色相間另鑲墨綠色衣邊的袈裟，赤足坐榻上，雙足垂至足榻，雙手於胸前，左手執黑色物，右手持經卷。

二〇四　羅漢像十六

羅漢像方面，短髮，絡腮胡鬚，高顴骨。身着土色交領長衣，衣領作黃色，長衣外自左肩至右腋下斜披粉紅與墨綠色相間的方格紋袈裟，足着僧履，垂足坐榻上，雙足置於足榻上，左手扶膝，右手持拂塵。

二〇五　羅漢像十七

羅漢像方面，短髮，留短鬚。身着土黃交領長衣，衣領作淺灰色，長衣外自左肩至右腋下斜披深灰與土灰色相間的方格紋袈裟，足着僧履，垂足坐榻上，雙足置於足榻上，左手於胸前懷抱拂塵，右手持長柄蓮花香爐。

二〇六　羅漢像十八

羅漢像方面，短髮，方口微張，戴耳環。身着紅色嵌墨綠色衣邊的袈裟，袒露胸、腹及雙肩，左腿盤膝，右腿微曲，雙足赤裸倚坐榻上，左手持物置於左膝，右手持數珠拄右膝。

二〇七　彩畫飛天一

彩畫飛天是大雄殿彩畫中最富特色、價值最高的部分。飛天圖案共計四十二幅，多數繪於上層草四椽栿、草乳栿或草丁栿下皮，僅個別繪於丁栿下。

第一幅飛天繪於內槽西二次間西縫六椽栿栿底北段，長3.45米，寬0.36米。第二幅飛天繪於內槽西二次間西縫六椽栿栿底南段，長3.45米，寬0.36米。第三幅飛天內槽西次間西縫六椽栿栿底北段，長3.45米，寬0.36米。

二〇八　彩畫飛天二

第一幅飛天繪於內槽西次間西縫六椽栿栿底南段，長3.45米，寬0.36米。第二幅飛天繪於內槽心間西縫六椽栿栿底北段，長3.45米，寬0.36米。第三幅飛天繪於內槽心間西縫六椽栿栿底南段，長3.45米，寬0.36米。

二〇九　彩畫飛天三

第一幅飛天繪於內槽心間東縫六椽栿栿底南段，長3.45米，寬0.36米。第二幅飛天繪於內槽心間東縫六椽栿栿底南段，長3.45米，寬0.36米。第三幅飛天繪於內槽東次間東縫六椽栿栿底北段，長3.45米，寬0.36米。

二一〇　彩畫飛天四

第一幅飛天繪於內槽東次間東縫六椽栿栿底南段，長3.45米，寬0.36米。第二幅飛天繪於內槽東二次間東縫六椽栿栿底南段，長3.45米，寬0.36米。第三幅飛天繪於內槽東二次間東縫六椽栿栿底北段，長3.45米，寬0.36米。

二一一　彩畫飛天五

繪於外槽梁栿底，寬度均爲0.3米。

二一二　彩畫飛天六

同上。

二一三　彩畫飛天七
　　同上。

二一四　彩畫飛天八
　　同上。

二一五　臨摹彩畫飛天一
　　圖爲上世紀六十年代由遼寧省文化廳和魯迅美術學院組織臨摹的彩畫，現藏遼寧省博物館，説明從略。

二一六　臨摹彩畫飛天二
　　同上。

二一七　臨摹彩畫飛天三
　　同上。

二一八　臨摹彩畫飛天四
　　同上。

二一九　臨摹彩畫飛天五
　　同上。

二二〇　臨摹彩畫飛天六
　　同上。

二二一　臨摹彩畫飛天七
　　同上。

二二二　臨摹彩畫飛天八
　　同上。

二二三　臨摹栱枋彩畫
　　第一幅爲繪於梢間丁栿底皮的蓮紋彩畫，第二、三幅爲繪於闌額側面的箍頭彩畫。

二二四　外檐鋪作裏跳華栱、瓜栱彩畫一
　　大雄殿外檐斗栱滿繪彩畫，現檐外彩畫全部脱落，內檐彩畫尚有部分保存下來。依據保存狀況分析，彩畫以對稱爲主要構圖方式，題材以柿蒂、蓮花爲主。圖中爲柱頭和補間鋪作裏跳華栱、瓜栱和慢栱上保留的部分彩畫實例。

二二五　外檐鋪作裏跳華栱、瓜栱彩畫二
　　同上。

二二六　外檐鋪作裏跳華栱、瓜栱彩畫三
　　同上。

二二七　外檐鋪作裏跳華栱、瓜栱彩畫四
　　同上。

二二八　外檐鋪作裏跳華栱、瓜栱彩畫五
　　同上。

二二九　外檐鋪作裏跳華栱、瓜栱彩畫六
　　同上。

二三〇　內槽柱頭華栱彩畫一
　　大雄殿內槽後內柱柱頭鋪作後連續出華栱四跳，梢間內柱上柱頭鋪作後連續出華栱五跳，華栱栱底均飾彩畫，彩畫題材多爲波紋、蓮花紋、柿蒂紋、毯紋等，多種紋飾爲國內古代建築中僅見，與《營造法式》記載也不盡相同。各類紋飾相間佈置，繁而不亂。

二三一　內槽柱頭華栱彩畫二
　　同上。

二三二　梁枋彩畫一
　　大雄殿各類栱枋皆繪彩畫，第一幅中平梁底皮繪葉文，四椽栿底繪小幅卷草組成的鳳紋。第二、三幅爲襻間枋底繪製的纏枝花紋，花紋以金綫描繪，精美而富麗。

二三三　梁枋彩畫二
　　大雄殿闌額、普拍枋、底皆繪網木紋，或疏或密，或繁或簡，間或與網木紋內繪蓮紋壓心，變化多樣，且數量大，是遼代最具特色的彩畫紋飾，具有鮮明的時代特徵，各類栱枋底多繪連續的花紋。第一幅爲順栿串底彩畫。第二幅爲四椽栿底網目紋。第三、四幅爲梢間丁栿底草鳳紋。

二三四　斗子彩畫一
　　大雄殿各類斗上均繪彩畫，題材以柿蒂爲主，柿蒂紋變化多樣，計有柿蒂、半柿蒂、四分之一柿蒂或多個柿蒂等變體，其他題材如方勝紋等極少出現。佈局以對稱爲主。內槽斗子較外槽華麗，柿蒂紋之外間雜以葉紋等，繪畫意味更強。圖爲大雄殿部分斗子彩畫實例。

二三五　斗子彩畫二

同上。

二三六　栱子彩畫

大雄殿各類栱底皮和側面均繪彩畫，題材以蓮花、雜花、柿蒂紋爲主，變化多樣。圖爲大雄殿部分栱子彩畫實例。

二三七　栱眼壁彩畫

大雄殿內槽扶壁栱間都以泥坯填塞，外抹泥皮後畫各種花紋。第一、二幅爲柱頭枋間的栱眼壁面所畫寫生畫風格的花紋，畫幅很小，寬約 40 厘米，高 13 厘米，畫面簡單，別有情趣。第三幅爲內槽鋪作蜀柱兩側的栱眼壁彩畫，畫幅較大，但殘破亦較嚴重，內容爲鋪地卷成的海石榴紋，因同類彩畫保存極少，雖殘破仍有很高的價值。

二三八　大雄殿檐下牌匾

奉國寺是義縣境內最重要的佛教寺院，因此歷代敬匾者並非少數，寺內現保存大量匾額，但多爲清代撰刻。最重要的有大雄殿前懸掛三塊清乾隆五年製的木質牌匾，爲乾隆朝當地官員敬獻，樣式基本相同，書法精湛，雕刻也極爲精美。一爲懸於心間的牌匾，高 3.15 米，寬 1.52 米，周圍透雕龍紋，正中陽文"大雄殿"三字。二爲大雄殿西梢間牌匾，高 2.8 米，寬 1.78 米。周圍透雕龍紋，正中陽文"慈潤山河"。三爲大雄殿東梢間牌匾，高 2.8 米，寬 1.78 米。周圍透雕龍紋，正中陽文"法輪天地"。

二三九　大雄殿殿內外匾額

奉國寺爲遼西名刹，歷代文人官員賦詩敬匾者很多，至今寺內多殿保存大量匾額。圖爲三方保存在大雄殿的匾額。一爲大雄殿心間內槽懸掛"彌綸宇宙"匾額，亦爲清代作品。二爲大雄殿內當心間門內上方還懸掛"無量勝境"匾額，爲清代作品，字體遒勁秀麗，爲書法中上乘，爲大雄殿重要的附屬藝術品。三爲大雄殿後檐心間懸掛"來從南海"匾額，爲清代作品。

二四〇　大雄殿內外貢器和石獅

大殿內每尊佛像前均設石雕貢器一組，每組爲石香爐一件和石燭臺兩件，共計七組二十一件。香爐七件，形制相同。一爲香爐，由香爐和下部基座組成，均爲青灰石雕鑿，通高 195 厘米。基座高 129 厘米，基座由下部須彌座，中部柱身和上部仰覆蓮束腰層組成。彌座式，底部平面方形，上轉爲八角形束腰和八角形仰蓮層，下部牙腳磚上雕刻簡潔而流暢綫條的卷雲紋。須彌座上安裝類似於經幢幢身的八角形石柱子，柱身素面。柱上爲雕有覆蓮、束腰和仰蓮的八角形臺座，仰覆蓮每面均爲一整兩破，佈局形式與佛像下須彌座相似。香爐高 66 厘米，爲典型的兩耳三足式，三足低矮粗壯，足根部淺刻獸面紋，獸首雕刻精細，兇悍傳神，爐耳作簡單的立耳。二爲燭臺，結構與香爐一致，也由上部燭臺和下部基座組成，通高 199 厘米，基座與香爐基座造型相同但尺寸略小，高 127 厘米，燭臺高 72 厘米，鼓腹環耳，素面無雕飾。三爲出土的遼代石獅，現藏於大雄殿內。四爲清代鐵香爐，位於自無量殿往大雄殿的甬道正中，爲清代乾隆年間鑄造。

二四一　西宮全景

西宮禪院位於大雄殿西側偏南，因其位於中軸綫西側，後殿正脊又書"奉國禪林"，故俗稱西宮禪院。西宮主要建築爲清初所建垂花門一座，前殿五間和後殿五間，構成兩進院落。除上述建築之外，原有數間上世紀五六十年代建造的簡易辦公用房，此次維修中全部拆除，恢復了西宮舊貌。

二四二　西宮垂花門正面

垂花門建於清朝乾隆八年（1743 年），爲西宮禪院正門，南向，面闊一間，卷棚頂。

二四三　西宮前殿正立面

前殿建於清朝乾隆八年（1743 年），卷棚頂，面闊五間，東西長 17.7 米，南北寬 5.7 米，共 150 平方米，舉架高 4.85 米，心間前後均作隔扇門，前檐其餘各間設檻窗。

二四四　前殿西垂脊、走獸

前殿卷棚頂，兩端垂脊分爲上下兩端，間施垂首，獸後垂脊高 0.45 米，獸前岔脊高 0.2 米，脊前列角盤子上施仙人，再後列蹲獸兩件。

二四五　西宮前殿保存的清代石碑

奉國寺歷代均有修繕，留下了爲數不少的修繕碑，圖中爲清代修建西宮禪院的碑記。左右分別爲光緒十四年《重修奉國寺西下院碑》和乾隆十八年《重建奉國禪林碑》。

二四六　西宮後殿前廊

西宮後殿建於清朝順治年間（1644—1661 年），康熙六十一年（1722 年）重建。爲有前後廊的硬山式建築，面闊五間，東西長 17.68 米，南北寬 7.64 米，共 180 平方米，舉架高 5.65 米。正心三間均爲隔扇，東西僅見檻窗。

二四七　西宮後殿正脊磚雕及細部

西宮後殿正脊磚砌，高 0.45 米，脊東西兩端磚雕卷雲紋，正心陡板磚雕火珠雙龍，兩側對稱雕刻正書"奉國禪林"。

二四八　西宮後殿正脊

西宮後殿瓦頂硬山式，磚砌正脊高 0.45 米，上蓋筒瓦，正脊東西兩端分施清式龍形大吻，高 1.15 米，寬 0.6 米，龍尾上捲，上飾劍柄，後飾背獸。

二四九　西宮後殿垂脊

西宮後殿瓦頂硬山式，垂脊高 0.35 米，前施清式龍首形垂首，獸高 0.7 米，獸前岔脊高 0.21 米，檐頭盤子之上施仙人，後施坐姿小獸四個。

二五〇　遼代山門遺迹地上保護展示

奉國寺原山門前民房拆遷之後作了考古發掘，發現了遼代西彌陀閣、長廊和山門遺址，爲反應奉國寺初建佈局，對上述遺址採取了原地保護展示，對深埋地下的礎墩也在地面作明顯標記，圖中以紅色條石圍護的即爲山門發現的礎墩位置。

二五一　遼代長廊遺迹地上保護展示

奉國寺建築遺迹發掘之後，對長廊遺址採取了局部模擬保護展示，圖中磚砌部分和磚鋪地面即爲遼代長廊遺址地面展示。

二五二　奉國寺保存的遼金經幢和石碑

宜州爲遼西古鎮，遼代此地佛教興盛，爲後世留下了大量與佛教有關的遺物，圖中一、二即爲縣境發現的遼代經幢，現已移至奉國寺內保存。三爲《宜州大奉國寺續裝兩洞賢聖題名記》碑，位於大雄殿內西側，刻於金明昌三年，是奉國寺現存最早的碑記，也是奉國寺現存最重要的文獻，碑文內容詳見附錄三。

二五三　明代石屏

石屏刻於明末，正面浮雕雙鹿，背面雕蜂、猴、馬等圖案，取"雙鹿"與"封侯"之諧音。石屏本非奉國寺舊物，後移至奉國寺西宮禪院後殿前保存。西宮禪院位於探訪奉國寺路綫之最後，石屏的位置安排或屬無意，但恰爲奉國寺歷史之末篇，卻也適得其所。

附

録

一　奉國寺修繕委員會成員名單

主　任
錦州市人民政府副市長　李文霞

副主任
國家文物局教授級高級工程師　楊　烈
遼寧省文化廳文物處副處長　辛占山
　　　繼任處長　姜念思
錦州市文化局副局長　劉廣富
錦州市文化局繼任副局長　白慶余
義縣人民政府縣長　王勝斌
義縣人民政府副縣長　高宇清　席廣義　韓寶林
　　　　　　趙香海

委　員
遼寧省文化廳文物處工程師　王晶辰
錦州市文化局文物科長　徐偉光
　　　繼任科長　白秀瑞
河北省古建築保護研究所助理工程師　伏鐵柱
義縣人民政府辦公室副主任　高仲元
義縣文化局長　靳洪林
副局長　王景芳
　　　繼任局長　張忠武
義縣財政局長　范寶成
義縣公安局長　于廷武
義縣供電局長　張滿清
義縣工商銀行行長　王德民
義縣城鄉建設局副局長　趙振田
義縣物資局副局長　王樹學
義縣商業局副局長　劉春芳
義縣義州鎮副鎮長　李寶善
義縣文物保管所書記　邵福玉
義縣文物保管所所長　姚鳳桐

修繕委員會施工辦公室成員
主　任
義縣文化局副局長　王景芳
義縣文化局繼任副局長　吳慶安
義縣文化局繼任局長　張忠武

副主任
遼寧省文化廳文物處工程師　王晶辰
錦州市文化局文物科長　徐偉光
　　　繼任科長　白秀瑞
河北省古建築研究保護所助理工程師　伏鐵柱
義縣文物保管所書記　邵福玉（常務）
義縣文物保管所所長　姚鳳桐（常務）

技術組長
劉寶瑞

繼任組長
伏鐵柱

副組長
蔡　肖

工　長
白慶文

材料組長
劉紹玉

工程組長
田曉明

行政組長

任致中

保衛組長

杜志才

工作人員

孫思賢　崔家順　張貴橋　熊兆岐　吳　鵬　周明非
韓曉薇　柳影華　劉　莉　熊艷華　郭　健

參加施工單位

河北省易縣清西陵管理處工程隊
河北省石家莊市英東古建工程隊
遼寧省大連市古建築園林工程公司
錦州市古建築工程隊
義縣糧食局工程隊
義縣教育局建築工程隊
城關鄉五里屯小學磚廠
七里河鎮開州小學青磚廠

二 奉國寺創建與維修大事記

1. 遼開泰九年（1020 年），始興建奉國寺，此後持續建造，至遼亡建成大雄殿九間、後法堂九間、觀音閣三間、彌陀閣三間、三乘閣三間、長廊一百二十間、山門五間等，並於殿、閣內各塑造像。

2. 遼乾統七年（1107 年），由僧人通敏清慧大師捷公主持，於長廊內塑一百二十賢聖像，惜至遼亡仍未告竣。

3. 金天眷三年（1140 年），由寺主義擢主持、鎮國上將軍高公等助緣，爲兩廡長廊中四十二尊賢聖像續裝彩繪。

4. 元大德七年（1303 年），由元成宗堂妹普顏可里美思公主和不臨吉歹駙馬施財，僧人弘宗英濟大師主持維修。這次維修工程浩大，寺內所有建築均得到修繕，涉及大雄殿的包括梁架扶正，拆砌檐墻，重繪壁畫，修補瓦頂等。

5. 元至正十五年（1355 年），由僧人宗淳主持，進行一些局部維修，並將奉國寺當時所擁有的房屋、地產記入《大奉國寺莊田記碑》。至此，奉國寺有七佛殿九間、後法堂九間、正觀音閣、東三乘閣、西彌陀閣、四賢聖洞一百二十間、伽藍堂一座、前三門五間、東齋堂七間、東僧房十間、正方丈三間、正廚房五間等。

6. 明成化二十三年（1487 年），驃騎將軍右參將繆公雄謁斯捐資維修。

7. 明嘉靖十三年（1534 年），僧人崇某主持集資維修了佛像和壁畫。

8. 明萬曆二十七年（1599 年），僧人常通、武舉人史有裕、義州人徐大化主持募捐維修奉國寺並彩繪佛像，塑觀音像一尊，萬曆三十一年（1603 年）完工。

9. 明萬曆三十一年（1603 年），由寧遠伯李如松母親李太夫人，即李成梁夫人宿氏募緣，僧人常通主持，在倒座觀音原址，重塑比原像高大的倒座觀音，增置五海龍神、韋馱天尊等法像。

10. 清順治年間（1644～1661 年），在大雄殿西側建奉國禪林，即今俗稱之西宮禪院。

11. 清康熙三年至十三年（1664～1674 年），由山海關衲頭僧募資維修了佛像，在佛像上部空間加裝平棊。

12. 清康熙三十七年（1698 年）地震，給奉國寺建築、佛像又一次造成損害。康熙四十三年（1704 年）至四十五年（1706 年），由伯爾黑圖及前兩任城守尉倡導募資主持維修奉國寺大雄殿，這次維修歷時三年。

13. 康熙四十五年至六十年（1706～1721 年）間，經義州城守尉劉四建無量殿三楹、牌坊一座，重建臨街山門三間。

14. 清康熙六十一年（1722 年），由寺僧性全主持重建西宮禪院前佛殿五間，並裝佛像。

15. 清乾隆八年（1743 年），僧人性全主持建大悲殿五間（即西宮前殿）、韋馱殿一間、龍王殿一間、土地殿一間，同時構築了西宮禪院的二門、山門及圍墻。

16. 清乾隆十六年（1751 年），用五年時間維修了奉國寺。

17. 清乾隆十八年（1753 年），由僧人性全主持從蘇州虔請檀香木大悲菩薩、太子佛聖像。

18. 清嘉慶十六年（1811 年）由僧人祖琜與城守尉福桑阿主持募捐增修內山門一間，鐘亭、碑亭各一座，砌築內山門至大雄殿的圍墻。

19. 清道光二十七年（1847 年），僧人興德主持維修了無量殿、內山門、牌坊和圍墻。

20. 清光緒七年（1881 年），由義州佐領沃林布、委官德克京額、商民顧允升協助奉國寺主持僧隆泰募緣和經營維修了大雄殿、無量殿、碑亭、鐘亭、牌坊、內山門及便門。

21. 清光緒十四年（1888 年），由候補防禦蘭翎驍騎校慶協助僧人隆泰募緣維修了奉國寺西宮禪院的大悲殿、僧房、山門和圍墻。

22. 中華民國元年（1912 年），在前山門左右建門市房各三間、廂房四間。

23. 中華民國二十六年（1937 年），修山門內路西廂房七間，大雄殿前一面揭瓦一丈寬，換扉子，塗油色新。

24. 中華民國二十七年（1938 年），重修路東廂房七間、靠北正房兩間，重修山門。

25. 中華民國二十八年（1939 年），爲大雄殿東、西、北三面換飛子並塗新。

26. 1950 年 6 月，補修大雄殿屋頂和釋迦牟尼佛像。

27. 1957 年 5 月，爲奉國寺大雄殿安裝避雷針。

28. 1958 年 5 月，補修大雄殿內佛座、脅侍和天王塑像。

29. 1963 年 6 月，修補大雄殿瓦頂，修大雄殿臺基東、西、北三面水泥護坡、蓄水池。

30. 1965 年 7 月，大雄殿月臺甬路鋪磚，爲大雄殿裝防雀網。

31. 1980 年 5 月，開始維修無量殿，至 1981 年 5 月竣工。

32. 1982 年，維修奉國寺院內下水道、圍墻等。

33. 1983 年，維修木牌樓。

34. 1984 年 10 月 15 日，奉國寺維修工程開始，至 1989 年 10 月 20 日主體工程竣工。

三 歷代重要碑記錄文

宜州大奉國寺續裝兩洞賢聖題名記

奉使禮部尚書歷陽張邵撰　草茅士劉永錫書

自燕而東，列郡以數十，東營爲大，其地左巫閭，右白霤，襟帶遼海，控引幽薊，人物繁伙，風俗淳古，其民不爲淫祀，率喜奉佛，爲佛塔廟於其城中，棋布星羅，比屋相望，而奉國寺爲甲。寶殿穹臨，高堂雙峙，隆樓傑閣，金壁輝煥，潭潭大廈，楹以千計，非獨甲於東營，視佗郡亦爲甲。當亡遼時，寺有僧曰特進守太傅通敏清慧大師捷公，以佛殿前兩廡爲洞，塑一百二十賢聖於其中。飾以衆彩，加以塗金，巍峨飛動，觀者驚竦。而四十二尊莊嚴未畢，自遼乾統七年，距今三十餘歲矣。聖朝天眷三年，沙門義擢以遷爲寺主，乃與尚座義顯，都和義謙，議續而成之。諮於市衆，謀於郡人，不期而同，皆以爲可，計四十二尊，衆彩塗金，莊嚴之費，約用錢千萬。於是，本郡節度使鎮國上將軍高公聞其事，首以清俸助緣，餘各施金帛有差。鳩工庀徒，經營有序。乃以檀越爲名氏，依施財先後爲次，列於碑刻，用告來者。

明昌三年正月旦日，前管內僧政清慧大師賜紫、沙門覺俊立石、李通刊

大元國大寧路義州重修大奉國寺碑

將仕郎河東山西道肅政廉訪司承發架閣庫管勾兼照磨盧懋撰

蒙古字翰林院學士嘉議大夫李天英篆額

少中大夫遼陽路總管兼府尹本路諸軍奧魯總管管內勸農事王遂書丹

夫佛法之入中國，歷魏、晋、齊、梁，代代張皇其教。降而至於遼，割據東北，都臨潢，最爲事佛。遼江之西有山，曰醫巫閭，廣袤數百里，凡峰開地衍，林茂泉清，無不建立精舍以極工巧。去巫閭一驛許，有郡曰宜州，古之東營今之義州也，州之東北維寺曰

咸熙，後更奉國。蓋其始也，開泰九年處士焦希贇創其基，其中也特進守太傅通敏清慧大師捷公述其事，終也天眷三年沙門義擢成厥功。觀其寶殿崔巍，儼居七佛，法堂弘敞，可納千僧。飛樓耀日以高撑，危閣倚雲而對峙，至如賓館僧寮，帑藏厨舍，無一不備焉。旁架長廊二百間，中塑一百二十賢聖，弁冕端嚴，劍矛森淬，勢若飛動，狀如恚嗔，髮竪冠冲，奮扛鼎移山之力，目圓眦裂，賀鞭霆御風之威，使觀者悚然怖惕，莫敢而前，亦可謂天東勝事之甲也。未幾，義州兵起，遼金遺刹一炬殆盡，獨奉國孑然而在。抑神明有以維持耶，人力之所保佑耶。方天造草昧，人多殘暴。金紫光祿大夫兵馬都元帥王公，鳳鐘文武之資，適際風雲之會，榮膺寵命，屏翰是邦，嗟百年營繕之勞，忍一旦殘毀之易。即命麾下士，常加巡衛，號令嚴明，莫敢犯者。既而僧政雄辯大師楊公，久慕空門，丕弘佛教，抑又極精力，罄泉貝，加之修葺，故得保完如昔。噫向非金紫公外護力，已爲當日之寒燼，又安得今日之壯觀乎。師既捐世，弟子弘宗英濟大師大公，克嗣前修，罔墜舊業，當思持守之艱，靡弛憂勞之志。其奈風以揚之，雨以淋之，日以炙之，雷以震之，鳥鼠之所穿，彈丸之所擊。歲逾久日益遠，檐楹不無朽腐，梁棟不無垂撓，級磚不無摧折，泥飭不無剝落。又經庚寅地震，欹斜騫崩，殆不可支。公慨然復有興修之願，計其費不啻千萬緡，謀諸緇褐，謀諸耆壽，皆未如之何，物之興廢，自有緣會，適遇普顔可里美思公主，帝之堂妹，駙馬寧昌郡王，世族元胄，同發上願，期立殊功，乃施元寶一千錠，繒帛馬牛數亦稱是，續降之物不可勝紀。於是陶瓴甓，輦土木，庀工興役，危者持之，顚者扶之，缺者補之，漏者覆之，朽鏝之功必精，赭堊之飭必良，未二周星，殿閣堂廊，連延數百楹，燦然一新，俾僧者有所歸依，游者有所瞻仰，緇徒接武，雲侶差肩，食於是，息於是，

615

優遊厭飫，伊誰之力與。主聞之甚加矜賞，復遣使遺送錦袍朱蓋，金幡寶翟，珠翠寶花，庸飾佛壇儀衛，仍躬詣禮佛，翻閱藏經七晝夜罷，散師僧布施，尊卑有出差，其見敬禮也又如此。大德癸卯秋，宗主大公，召其門弟謂曰：“功已畢矣，願已償矣，人生百歲，予將七十，死無所憾，但恐公主駙馬平日爲佛門事，日遠汨没，後世不可得而知，將以刻之琬琰，以永其傳，若何？”僉曰唯唯，即命僧執簡來謁遼陽尹王少中子溫。子溫金紫公嫡孫也，與予爲同舍友，托予爲文，不可得而辭，援筆序其事之本末而爲之銘：

層巒岌岌兮間山之形，流波君君兮凌水之聲。
崇墉屹屹兮古之東營，桑麻翁郁兮壤沃田平。
既庶既繁兮賦薄徭輕，家給人足兮善心斯生。
緊精藍相望兮工巧極，一區爲冠兮曰奉國。
希賛肇基兮捷擢終厥績，樓觀飄渺兮輝映乎金碧。
於戲哉劫灰飛兮海山空，彤庭紺宇兮焦壁紅。
嶷然獨存兮惟斯宮，時方板蕩兮多群雄。
好生惡殺兮金紫公，命卒偵邏兮於其中。
故得保完兮囊昔同，釋曰雄辯兮既起其廢。
弟子大公兮復當其壞，物有數兮緣亦有會。
適遇大壇那兮天子之妹，念富貴幻夢兮歸依妙真。
期大果圓成兮思弘勝因，舍捐泉幣兮幾百萬緡。
補缺扶危兮沿故成新，主恩隆渥何可忘兮。
撞鐘擊鼓禮法王兮，神通廣大垂禎祥兮。
皇圖翼翼係苞桑兮，瓜瓞綿綿本支昌兮。
石可轉字可隳福無疆兮。
大德癸卯歲　秋九月吉日
弘宗英濟大師住持宗主大性利立石
義州三務大使古燕吉士董庭秀摹刻

碑陰：

公主位下，妳妳喜仙，八合赤也先脱胡輪，姑姑意善步，斷事官脱脱木兒，斷事官伊里真，郎中自當，使臣高買驢；宣授宗主弘宗英濟大師利吉祥，法弟提點性常；門人，前僧官相賢，講主相如，講主相崇，提點相因，寺主相慶，副寺主相祐，錢帛相玉；殿主相□，知客相福，知客相妙，殿主相忠。

大奉國寺莊田記

東營鄉貢舉人杜克中撰　提領徐元刊

蓋聞天之道地之利，所以養人也，養人之本舍農

事何以哉。用之士可以崇其道，用之工可以顯其藝，用之商可以豐其財，用之有生萬物可以遂其性，此通古今之論，合天地之宜也。時乃有士道之崇，工藝之顯，商財之豐，物性之遂，得不本而用之哉。釋氏宗淳之住持奉國也，補罅而葺漏，持危而扶顛，汲汲皇皇，未嘗輟作。越明年息役休工，父老過之而嘆曰：“舊觀之隆可得而續復耶。”一日偕提點定資，詣環堵而告余曰：“寺之美莊在郭西，在水北，在山陽者，所據不一，會計總得良田數百頃。蓋繇前代宗師捷公以下四三人，一乃心力倡和，佛門事大，始廣成之。苟能維持是，主張是，籍其租之所入，亦足供齋粥之具，其外不復它求也。我之徒始言一善終歸一善，然必自勞苦感之，服役得之，無爲而保守之，到此地位，非只叢林一飧僧爾，雖曰不耕而食，其功則過於農矣。於今百有餘年，所謂優遊而厭飫者，乃其時也，亦當思其所自，是皆非我之所有，師之恩與，田之力與，否則日操瓶鉢而於市，猶不地着之民矣。嗚呼！日月逝矣，歲不我延，寺之廢興與田之存殁，未可知也，縱有存者，又恐爲敗家兒權勢子之所鬻奪也，昔之人惜尺寸之土，不以與人，尚區區爲貴臣辯，況此之尤大者乎。”子盍爲我文之，餘嘉彼請，能推其養人之本，合天地之宜而用也。因答之曰：“子之言善；豈吾儒所言之善與，抑而善與吾儒之善，殆行而不息，有變氣數厄厄之理，何況於田乎。子誠以善服人，善信人，後人師子之道，亦莫不然，安有粥奪之患乎，若夫垂世立教，前人固已行之。至於克勤無怠，正在子等今日之所當勉也，宜表面出之，敢有不昏作勞，不服田畝，越其岡有黍稷，惟耽樂之從侶，此之人檀越得以議之，法眷得以訟之，院門得以黜罰之，當此之際，莫謂院門廢其人，是其人之自廢也。噫，斯言也，不特警於緇褐，凡於食土之吏受直而怠事者，亦莫不知所警焉。”淳曰：“然，俾刻之石，貽之子子孫孫，庶永終不墜於厥緒記。”

至正十五年六月□日
住持宗主大師宗淳等立石

碑陰：

義州大奉國寺

七佛殿九間、後法堂九間、正觀音閣、東三乘閣、西彌陀閣、四賢聖洞一百二十間、伽藍堂一座、前山門五間、東齋堂七間、東僧房十間、正方丈三間、正

厨房五間、南厨房四間、小厨房兩間、井一眼。東至巷，南至街，西至巷，北至巷。巷東菜園一處，東至王家牆，南至巷，北至巷。後小院子一處，東至王家牆，南至巷，西至巷，北至巷。法堂後院子十二處，東至官倉，南至巷，西至巷，北至鄭明卿界牆。倉後園子一處，東至巷，南至官倉，西至鄭明卿界牆，北至巷。南街長安店一處，東北二至王淮寶界牆，南至趙家界牆，西至街。寺西浴房一處，正房三間，平房兩間，井一眼，東至巷，南至趙元舉界牆，西至張益祥界牆，北至巷。

常住莊田

中鋪山一處，東至倒地石，南至辛羅山，西至白土嶺，北至天井峪。萬佛堂一處，東至黃塌廟分水嶺，南至凌河，西至石河，北至澗。澗北一處，東至分水嶺，西北二至楊家地。小漢寨一處，東至官道，南至凌河，西至道，北至薛家地。又一處，東至道，南至凌河西至道，北至王彥文地。青石崖一處，東至高家地，南至朱家地，西至大澗，北至分水爲界。在城下院寶勝寺一處，東北二至城牆，南至馬市巷，西至巷。東街大覺寺，東至薛家界牆，南至街，西至王家界牆，北至巷，北街彌陀院，東南西三至觀家界牆，北至巷。北街勝福院，東至李家界牆，南至官地，西至鄭家界牆，北至巷。鄉下下院音城玉泉寺、劉司徒寨弘教寺、桑園頭雲巖寺、國哥寨弘法寺、山前雲峰寺、段哥寨寺、採哥寨寺、康家北寨雲巖寺、奚哥寨寺、周孫哥寨寺。

主持宗主宗淳、提點定資、提點宗源、寺主顯洪、寺主宗静、維那宗蕊、錢帛宗明、錢帛宗淮、殿主顯達、莊主宗常、知客宗延、知客宗力、外庫宗通、侍者宗溪、前宗主定輝、提點定恩、錢帛定免、錢帛定主、殿主宗蘭、侍者宗燈。

補修奉國寺聖像記

郡古宜州，列於東營也，寺曰咸熙，以立創名，後更義州，寺爲奉國。初建其時，大遼聖宗開泰九年，處士焦希贇觀察城之風水，設其塔寺廟基址者以爲之鎮耳。其中也，特進守太傅通敏清慧大師捷公速其事，終也，天眷三年沙門義擢接工而完，相越百三十載餘矣。大元世大德癸卯年，帝之妹普顏可里美思公主，同駙馬寧昌郡王，共發上願，其立殊功，乃施元寶一千錠，繒帛馬牛數亦稱是，續降之物不可勝記也。續

修如故。蓋世梵刹宏巍者，多莫過於此也。茲寺曾經三災，及罹地震，無所壞者也，意者其天乎。今我大明成化廿三年，驃騎將軍右參將繆公雄謁斯，視廢弗忍凋殘，嘆前人創修之艱，憫將來摧頹之易，捐己資帛，命工修飾，未二周星，莊完備矣，夫普天之下，設此香火者，端爲祝延聖壽，保國安民，而又演體之所也，近來像容色落，墻彩頹隳，今嘉靖甲午孟冬，時納子崇□及衆緇流，欲修廢墜，工大力微，弗克底成，如之何則可，莫若喻諸郡人，乃發虔懇告，勸本處附近城邑，募緣聚資，命工補綴，而煥然鼎新，是以興心以遂，具齋繳盟。嗚呼，茲寺也，由初至此，年將千矣，今刻石記而以告後來者。

嘉靖十五年歲在丙申五月二十四日吉旦立石
第五代前住持撰

重修義州奉國禪寺碑記

金仙示教，厥爲遠哉，柱史紀竺干之師，山往陳天壽之文，舍利傳禎，貝葉呈異。琳宮珠殿，是輝紫碧於天壤，寶像金姿，遂豔法輪於世代。爲上爲君，假名祝釐，爲下爲民，飾曰度衆，乃相傚尤，莫可極止，總之道愚迷而從善，化頑濁以祛兇，覺勸下里，慈悲浮世，是猶有裨於治理，不可廢也。吾郡奉國寺，舊有古殿崔嵬，創於遼之開泰九年，修於勝國癸卯年，歷代修復不一，高七丈餘，内設七佛，臨水面山，突出雲霄之表，朝暉晚靄，紫翠千變，望之若天上然。佛宮布在四方，不啻幾萬數，名山大川，求一聖刹若比，未易多得，而古郡義州，乃能有之。佛像泥飾，歲久脫落殆甚，兼之地方倉厫貨理，無知官吏以糧儲無積貯地，每附厫餉於茲，因循弊滋，蒸濕浥氣，侵漬内外，垣屋圮而糜飾，僧徒畏而弗拒。米豆充積，苔蘚斑駁，鼠雀污濁於徑臺，蝸蟲篆蝕於門壁，過者弗式，望之增慨。於時緇服常通，願行堅忍，紹隆先事，簡工市材，舊像率皆五色莊嚴，大非昔比，乃奮志重修，身操畚□，親負瓦石，又偕武舉史有裕，義人徐大化等，募緣於城之内外，捐資協力共舉，此後遠近聞者，咸樂輸爲助，約出五百餘緡，以泥金圖畫佛像，燦然改觀。背後北門，風凌雨震，乃設倒座觀音，龕刹穹窿，構結嚴密，寢風阻雨，迸鼠去雀，後先亢爽，覯深高，明弘麗，咸臻精妙。經始於萬曆二十七年七月十五日，落成於萬曆三十一年二月初五日。於時鄉武進士東山白君應召，向余問曰："厥功告成，

617

光復舊寺，願請一言，垂之金石，以爲茲莊重。"余思憶隋唐之際，佛法爲盛，宜之建寺，多立年所。寺之圮而復振，舊而復新，焚修供奉，綿綿不絕，得非佛之靈有以陰相之歟，若其轉迷途而登之覺岸，拔苦海而濟之慈航，使俗脱三惡八難，身免十纏九惱，所入皆净土，隨念即降生，是當今其業浮圖之學者窮索冥窔，餘道仲尼之道者也，不相爲謀，曷暇演無爲之教法，辯金仙之苦海也耶。特其續來之服茹粗淡，知嚴守僧規，又能修飭增拓其殿宇，以祝上釐□民社爲第一事，其心有可取者，故備書之。

時萬曆順天戊子鄉進士梁延第，捐金十五兩。協贊助德主：曹邦固、馬建文、耿梧、徐富、金維喬、施文能、葉守相、馬成武、馬國奇

大明萬曆三十一年歲次癸卯孟夏月吉旦
河南通許教諭郡人絫川梁延登撰文
東營鄉武進士東山白應召書並篆額
石匠王元隆、劉四、韓守德、侯守、印國俊刊

重修倒座觀音記

吾郡寺號奉國，昉自遼金，廟貌巍峨，匪直甲一郡，諸郡蓋寡儔哉，歷年既久，修治不一。僧人常通，素有戒行，重修之工甫畢。諗於寺衆曰："佛背後倒座觀音法像卑小，勢將傾頹，奚堪崇奉。"乃募緣於寧遠伯李太夫人宿氏，仍遍告一郡，樂施助緣者爭趨附焉。遂高大其規模，更新其法像。諸如五海龍神，騙海羅漢，地馱天尊，微馱天尊，取經唐僧，救苦八難之像，上下左右，皆增置焉，復設木柵，禁人作踐。丹堊掩映，金碧輝煌，工視曩者不啻百倍，洵爲久遠之偉觀也哉。事既竣，屬余記之，余惟觀音之建，何處無之毋論已，竊以金臺之於正陽門左，金陵建於洋子江中。當必有陰翊皇明，默相元元者在。茲觀音之改作也，豈小補哉。矧大雄寺主慈悲，觀世音主普濟，尸茲寺者，倘能解脱一切煩惱厄障，俾因於是途者有所向依，若浮苦海而登慈航，如疲險道而游化城，此傳衣鉢者之責，亦非余之所可知也，是爲記。

時萬曆三十一年歲次癸卯冬月望日
庠生兗泉孫世捷拜撰
宜庠生王悦祖拜書

大清國重修義州大奉國寺碑記

内戌秋，義州城守尉趙公，命人造余署而請曰：

"義州蓋有大奉國寺，高明巨麗，聞於遠邇，尚矣，始創於遼之開泰九年，而其重修則元之大德七年也，歷有明三百年，屢葺屢毀，碑石縈累，至本朝康熙三年，有山海關衲頭僧，募貲修葺，至康熙十三年而告成，至三十七年地震，棟宇摧毀，像飾漶剥，風雨不蔽，靡復舊觀，城守尉趙公諱辛珠，慨然謀興復於衆，而或以時絀難之，繼而其弟城守尉諱巴里密，承兄之志，揚言於衆曰："修廢導俗，協和神人，此守土之責也，且境有故跡，而聽其隤砢，嗚乎可，於是率先捐俸而爲之倡，乃未幾而逝，今城守尉諱伯而黑圖，克紹其父與叔未竟之志，復爲經營擘畫，而僚屬無不羽翼鼓舞於其間，又有浙僧智瑩，共襄厥事，於是興情允愜，舉境樂輸，凡素封之家，以及田野婦孺，咸破慳市義以樂觀厥成，不三年而摧者樹，毀者整，漶者新，剥者焕，寶像華鬘，丹楹繡拱，悉復其舊，僉謂宜有所記述以永其事，敢以爲請，餘竊謂修葺古寺，雖於政務無關，第念遼之寺，於茲奚取，歷元明以迄本朝，屢經修葺，又奚取，夫亦以修廢導俗，爲守土之責，而境有故跡，誠不可聽其隤砢而漸淪於湮没也，且以爲奉國寺之修，一舉而三善備焉，城守公憫故跡之幾廢，克繩先武，身督鳩僝之役，有志而事竟成，是所謂善維善述者，且見歷城守尉三公，仁心爲質，護煦撫摩，與兵民休息，使人有餘力，家有餘財，乃以其暇修舉廢墜，壯巨鎮觀瞻，而隱寓牖民設教之意。是所謂先成民而後致力於神者，至諸公之鼓舞贊襄，見義能勇，諸檀施好行其德，資力共效，是又合於與人爲善之旨，是三者，皆可紀，乃即來意稍次其語而書之，俾鐫諸石，若夫世俗沾沾布施祈福田利益，此浮屠氏之言，吾儒所弗道也。

勅授承德郎錦州府通判毗陵龔眉望謹撰
奉天府漢軍歲貢生壬午科副榜胡天成書丹
康熙四十五年歲次丙戌菊月吉旦立石

重建奉國禪林碑記

奉國禪林之設也，由來舊矣，順治年間，草創於大雄寶殿之西隅，並無榱櫨節梲之華，不過朝夕焚修而已，僧性全於康熙六十一年十月十五日，重建佛殿五間，六十一年告成，隨裝滿堂金像，至十二月初八日開光，雍正元年正月十九日又金裝佛像三尊，十月十五日圓滿，乾隆五年大雄殿豎牌三架，八年鳩工，新創大悲殿五間，韋馱殿一間，龍王土地配殿二間，

二門三門周圍群墻，亦皆創設具備，至十八年又以南方蘇州府虔請檀香大悲菩薩太子佛聖像，八月十一日入龕。自康熙以至於茲，三十餘年，金碧輝煌，竟成千百世之偉觀矣。覩性全師徒勤苦固足嘉，而官紳士人之善信亦難汩没也。石工礱石報成，因問記於余以誌厥事，余不敏，遂據實記之，且俾刻捐資者於碑陰。

江南徽州府翕縣商人汪衍
錦州府天后宮比丘僧興智
永平府豐潤縣劉際淑撰文並書丹
主持比丘僧性全、徒寬盛、寬金孫祖瑞
大清乾隆十八年歲次癸酉季秋菊月中浣庚午日穀旦

大清重修義州奉國寺碑記

自金人夢卜於漢廷，而浮屠遂遍於華夏，涅槃彼岸，厥惟幻哉，六通三緣，抑又突矣。惟青蓮三十二相，方土誦傳，面壁四十九年。儒者藉口，他如諸緣外息，隱類存遏之旨，六道輪迴，仿佛彰癉之宗。以故興於漢，盛於唐，崇於梁隋，代代未艾也。茲者，義城東街奉國寺，相傳創於遼之開泰九年，殿宇輪煥，鼚飛煥彩，屋角峻嚴，粉墁凝霞，第多歷年所，時或傾頹，至本朝屢有葺補，俱勒金石，沿及近今，又見摧敗，達官長者，因傾破慳之囊，善士信商，咸種净土之果，募緣中外，協力捐貲，十六年而鳩工，至二十而告竣。傾者整之，廢者修之，缺者補之，舊者新之，倏爾興舉，煥然舊觀，此雖助無爲之教，而實邊城之壯觀也，執事者因而索文於余，以示不朽。余幾爲諉謝，幾爲躊躇，欲文若海，甚難置喙，因伏而思曰，渡杯江上，曾開南國之宗，飛錫鋒頭，尚啓東林之寺，矧茲招提，係稱古刹，廟際市廛，更足崇觀，果其棟宇能巍煥，安見百鳥不銜花，幸得革故而鼎新，要非綉苔以成畫，一木一椽，亦藉檀那之力，寸甓寸瓦，無非長者之金。釋云因心以種果，吾謂即福以爲田，雖其一意之善，堪償七滿之緣，世人妄談慧劍，吾亦暫坐慈室，遂濡筆而爲之書云。

管理義州處城守尉通議大夫記錄八次雅都
誥授奉直大夫知奉天錦州府義州事前内閣中書兼紅本事加四級記錄一次德明
奉天錦州府錦縣學廩膳生員陸倬謹撰並書
乾隆二十一年歲次丙子　孟春月吉日立石
石工陳琦

義州東街重修奉國寺碑記

義邑城内及負郭神祠梵刹，凡四十餘所，四境之内，殆不可屈指數，然規模恢弘者有之，山藻華麗者有之，而殿宇巍峨，塑像高大，則未有如奉國寺者。茲寺也，其祠刹之巨擘矣乎。寺俗號大佛寺，考古碑，始名咸熙，繼改奉國寺，創於北朝開泰九年，時南朝爲宋真宗當天禧四年。處士焦希贇者，相度風水，既建塔於西南隅，高十三丈餘，復於東北隅建茲寺，想亦有慕於神道設教天書疊降之意也乎。然觀於咸熙奉國之名，則有效治唐虞堯舜其君之心，亦臣子禱祝媚茲之雅意，則茲寺之建，正爲恐其不高且大也，寺正殿九間，高七丈餘，塑佛像七尊相副，至所謂兩廡長廊二百間，爲遼末時寺僧捷公，及金天眷時沙門義擢二人所繼成者，今已改爲東西兩宮及毗盧庵矣。臨大街山門三間，院極寬闊，正殿前爲萬壽殿三楹，牌坊一座，係我朝城守尉劉公率邑人創建，爲慶祝萬壽山呼之地。而雍正十三年初置州牧，時州牧亦於斯宣講聖諭十六條，以警人心勸風俗，此其爲布教化展忠敬之所在，不慕重歟，溯歷代重修，始於金明昌三年，繼則元大德七年，至正十五年，前明成化二十三年，嘉靖十五年，萬曆三十一年，至我朝康熙十三年及四十五年，乾隆二十一年，凡九次，距今五十五年，自創至今，蓋七百九十有二年矣，殘毀既甚，嘉慶六年夏，殿東第三間前檐，又復坍塌，有志於世道人心者，詎忍坐視而弗爲葺理。城守尉福公，於十三年鎮守斯土，觸目而心爲之惻，今歲春，謀於州尊耀公，遂同捐俸以爲之倡，闔義郡旗民官員士商，無不樂爲贊襄，於是擇精明者數人，俾董厥事，鳩工庀材，補其闕廢，飾其彩金，一概修葺，又於正殿及牌坊外，增修正門一間，鐘亭一座，聯築石墻環護，辛未春三月興工，計費金三千二百九十八兩，住持僧祖捐助銀五百兩，迄七月初旬工竣，福公問序於余，義不容辭，又質不能文，亦只紀其顛末，誌其工程，俾後之鎮撫斯邑者，有以窺夫福公，耀公不敢忽於世道人心之微意，而於斯寺必葺理之務及時耳，爰爲記。

管理義州統鎮三邊等處城守尉加一級記錄十六次福桑阿捐助錢七百吊
奉天錦州府義州正堂加六級記錄十次耀昌捐助錢五百吊
義州儒學正堂李聖贊捐助錢五十吊
義州吏目任翰堂捐助錢五十吊

義州倉官海齡捐助錢一百吊
義州倉官李廣福捐助錢一百吊
義州倉外郎肅哲捐助錢一百吊
奉天府學漢軍生員王延業撰文
庚申恩科舉人王待聘書額
大清嘉慶十六年歲次辛未，秋八月上浣穀旦立石

重修大佛寺碑

且夫心存禮佛，則七寶裝之所存，必宜修理，而勢若補天，嘆五色石之難煉，大費躊躇，維玆義郡東街，舊有奉國寺一所，觀其碑誌，在大遼已屬重修，數代以來，風剥雨蝕，難免摧殘，雖已迭經葺補，而規模闊大，局勢崇隆，則些須之工料，正如以燕啄之泥，補翬飛之室，不免顧此而遺彼耳。迄今閱時益久，摧殘益甚，非大興土木，盡爲整理，難期其完固而久長也，况自近年以來，於每月朔望，爲州尊申請聖諭化導軍民之所，尤宜使之嚴整，肅觀瞻以重典禮，是以佐領沃林布，委官德克京額，商民顧允升等，幫助住持僧隆泰等盡心募化，竭力經營，以成此盛事，而州尊福大老爺，尤不殫吹嘘之力焉，計自光緒七年春季興工，至八年秋季，將大雄殿八十一間，無量殿三間，碑亭鐘樓各一間，牌坊一所，内山門一間，東西便門各一間，以及内外墻垣，無不修理整飭，焕然一新，工既竣，屬余爲文以記，不揣字句之工拙，聊以陳其顛末云爾。

福順成、興濟生施銀六十兩
署義州城守尉中和施銀十兩（下略）
沈陽厢白旗委官蘇文會施銀六十二兩（下略）
附貢生馬錫侯施銀四十兩（下略）
義州生員姚德謙施銀五十兩（下略）
義州正藍旗佐領豐升阿施銀四兩（下略）
義州正紅旗佐領沃林布施銀十兩（下略）
商民顧允升施銀一百兩（下略）
正藍旗委官德克京額施銀五十兩（下略）
昌黎縣民張和施銀一百兩（下略）
大榆樹堡屯何文興等共施銀八十兩（下略）
記名佐領兼雲騎尉德蔭保施銀六兩（下略）
口庫咧衆商等施銀一百兩（下略）
領催佛德恩保施銀三兩（下略）
太醫院吏目張心逸等施銀三百十三兩（下略）
善增堂施銀四兩（下略）
王成彩等各施銀二兩（下略）
義州學合號附生耿慶泉撰文
義州學附生於桂芬書丹
光緒十年中秋上吉日穀旦
住持戒納比丘僧隆泰、孫法宗、法珠、法印、法鐸，曾孫演鉢

重修奉國寺西下院碑記

奉國禪林，古剎也，亦勝地也，天下遠近，罔弗聞知，因西隅下院，有大悲菩薩殿五間，山門一座，東西門樓兩間，始創於乾隆八年，迄今百餘載矣，閱時既久，難免風雨摧殘，遺迹雖存，每嘆墻垣損壞，僧目覩心傷，不忍坐視，奈工程浩大，獨力難成，適有本城正黄旗候補防禦監翎驍騎校慶，慨然有志，共襄勝舉，同僧募化十方宫商長者，幸得君子翕然樂施，善缘既成，鳩工重建，不數月而大悲佛殿以及僧房山門周圍群墻，無不焕然一新，玆以工程告竣，勒石著名，以垂不朽云。

署義州城守尉關防事務協領加二級記録三十八次恩　施銀五十兩、隋萬琮
特用分府候補知縣兼理事分府署義州正堂加五級記録十九次徐　施銀二十兩
特授義州儒學正堂應昇昇用加一級陳　施銀四兩
經理人：正委官德克京額　戒納僧隆泰
盡先補用主簿坐補東邊道庫廳署義州督捕廳陶捐銀四兩
厢白旗三品頂戴花翎佐領依當阿　捐銀四兩
永平府昌黎縣生員崔雨春書丹
正黄旗五品頂戴藍翎驍騎校慶升　施銀二十兩
厢白旗正委官依尚阿　施銀十兩　乙酉科舉人吴國珍撰
正藍旗正委官德克京額　施銀二十兩
僧隆泰、孫法宗、法珠、法印、法鐸，從孫演鉢
石工郭百鈞
大清光緒十四年九月十二日穀旦

後　記

　　奉國寺是一座著名的遼代寺院，位於遼寧省錦州市義縣城內東街。寺院坐北向南，北濱大凌河，寺內古樹參天，數座體量、形制各異的建築分落於蒼松翠柏之間，盡顯莊嚴、深邃。寺創建於遼開泰九年（1020 年），初名咸熙寺，金代改稱奉國寺。遼代所建的咸熙寺是當時周邊州縣中規模最大的佛寺，這一點從大雄殿面闊九間的規模可見一斑。金代在此基礎上繼續擴建，使奉國寺達到鼎盛。當時的主要建築有大雄殿、後法堂、三乘閣、彌陀閣、觀音閣、伽藍堂等，四周以回廊圍繞，構成了一組規模宏大的建築群。有元一代，奉國寺仍極爲繁盛，不僅避過兵火，還進行了較大規模的修整，並增加了大量壁畫作品。明代以後，佛教勢衰，加之義縣地處邊陲，寺院逐漸衰落下來，不僅大量建築毀廢，寺院面積也日漸萎縮。清代雖陸續有所增建、修葺，但其規模已遠不及極盛時期，最終形成了今時以遼代大雄殿爲主體，包括清代所建山門、牌樓、無量殿、鐘亭、碑亭、西宮禪院等數座建築組成的一組佛教寺院建築群。

　　經歷了千年的蒼茫歲月，大雄殿成爲奉國寺唯一的遼代建築。大雄殿爲五脊單檐式，總高約 24 米，面闊 9 間，通寬約 55 米，進深五間，通深約 33 米，建築面積一千八百餘平方米。除建築木構之外，殿內還保存着數量可觀的遼代塑像、建築彩畫及元代壁畫等藝術作品，有很高的歷史、科學、藝術價值。縱觀國內早期木結構建築，遼金時期建築已屬鳳毛麟角，而如大雄殿集建築、雕塑、繪畫於一身者，更可謂絕無僅有。與寺院繁盛時期"高堂雙峙"、"隆樓傑閣"的勝景相比，如今的奉國寺雖已面目全非，萬衆朝聖之景也早已不再，但雄偉的大雄殿仍然保留，堪爲後人流連觀瞻，實爲幸事。孑然屹立的大雄殿難免讓人感受到幾分孤傲的悲涼，但其不朽的藝術光輝則穿越了時光阻隔，歷久彌新。

　　近代以來，國家對古迹保護日益重視。建國以後，地方政府設立專門機構對奉國寺實施管理和保護。1961 年，國務院公佈第一批全國重點文物保護單位，遼寧共有三處，奉國寺位列其中。此後，在地方政府和當地群衆的關心之下，奉國寺得到了妥善管理。但限於當時資金和技術力量的不足，一直沒有對大雄殿進行徹底修繕，甚至缺乏必要的日常保養，僅就急需部位做過一些簡單的修補。大雄殿臺基被積土掩埋多年，後代又以亂磚糙砌成矮牆，與大雄殿的雄偉氣勢極不協調；大雄殿檐柱多數糟朽、下沉、走閃；闌普扭曲變形、糟朽、劈裂；斗栱構件大多裏外傾閃、斷裂，糟朽、脫落嚴重；殿頂損壞不堪，雨季漏水危及殿內木構件及彩塑、壁畫安全。且瓦件多爲後世修補時所加，規格與遼制完全不同，各脊上所用瓦獸件也均爲後世所作，體量風格均與遼制不符；外檐裝修也爲後世增補，風格極不協調且略顯輕浮。這些情況不僅危及大殿結構和殿內文物的安全，也使得整座大殿失去了遼代建築沉穩厚重的風格特徵，因此急需修補、加固和更正。同時，寺院內其他建築也因用途的改變和長期缺乏保養維護，存在與大雄殿類似的情況和問題，也需進行妥善的修整維護。此外，由於周圍居民、學校和市場的擠佔，致寺院面積已比原來大爲縮小，北、東兩側距大雄殿臺基僅剩五米，居民日常生活用火等均威脅着大雄殿和奉國寺古建築群的安全。

　　1982 年，在對大雄殿瓦頂實施維護保養過程中，發現大雄殿屋面滲漏情況加劇，遂報告國家文物局。經古建築專家實地勘查確認，國家文物局批准對奉國寺大雄殿進行一次徹底修繕，以加強殿身的穩定性，同時整治周邊環境，排除外圍居民區生活用火等給建築群帶來的火災隱患，使這座千年建築得到應有的保護和合理的利用。

　　維修工作實施伊始，國家文物局出於對大雄殿結構的複雜性、維修工程難度和當地技術力量薄弱等多重考慮，決定派出古建築專家直接主持奉國寺的修繕工程。國家文物局古建築專家楊烈先生，因曾於 1955 年參加了由北京市文物整理委員會組織、古建築專家杜仙洲先生主持的奉國寺大雄殿測繪和調查工作，此後又一直關注奉國寺，數次到奉國寺考察，對奉國寺情況比較瞭解且有深厚感情，故受國家文物局委派，以維修工程技術總負責人兼設計人的身份，主持此次奉國寺修繕工程。

1984年初，修繕準備工作陸續展開。時值改革開放伊始，經濟領域還打着深深的計劃經濟時代烙印。在當時的條件下，如此大規模的修繕工程，施工所需設備調配，物資采購、運輸，土地徵用等等方面，僅靠文化部門解決是不可想象的。在文化局、文物保管所的努力下，修繕工作得到了縣政府的大力支持。在時任縣長王勝斌的倡議下，組建了由時任錦州市副市長李文霞任主任，國家文物局工程師楊烈和省、市文化部門及義縣人民政府主要領導任副主任的奉國寺修繕委員會，負責修繕工程的領導和協調工作，委員包括財政、物資、公安、商業、建設、供電、文化等相關部門領導。修繕委員會的成立把本屬文化部門工作的奉國寺維修工程提升到了全縣重點工程的層面，此後，在工程中遇到的諸多困難經修繕委員會協調均得到及時解決，這對工程的順利開展起到了重要作用。

針對具體的勘查設計和施工管理工作，修繕委員會又下設工程辦公室，由縣文化局長任主任，省文物處主管幹部、市文物科長、縣文管所書記及所長任副主任，具體負責施工的組織管理工作。辦公室內劃分爲技術組、工程組、材料組、行政組、保衛組，分別負責各組的具體工作。針對文物保管所專業人員匱乏，技術力量薄弱的狀況，經楊烈先生提議，借調遼寧省文化廳文物處工程師王晶辰、河北省古建築研究保護所工程師伏鐵柱、錦州市古建築工程隊工程師蔡肖等專業人員，參加工程的勘查、設計和施工管理，充實了施工技術力量。

爲保証維修方案的科學性和實效性，節省資金，修繕委員會組織了專門的測繪力量，對大雄殿進行了全面勘測。1984年4月開始資料搜集、整理及人員培訓工作，包括查閱相關文獻、檔案，爲即將開始的測繪工作培訓專業人員等。5月，勘查測繪工作展開，因楊烈先生曾經參與1955年奉國寺大雄殿的調查和繪圖工作，此次勘查和測繪工作就以當年的測繪圖紙爲基礎作修改、補充，而將工作重心放在大雄殿的現狀調查上，以確定總體修繕方案。勘查測繪工作主要由楊烈、王晶辰、蔡肖、伏鐵柱、邵福玉、姚鳳桐、白秀瑞等人負責，期間得到了中國文物研究所、河北省古建築保護研究所、河北易縣清西陵文物管理處、錦州市古建築工程隊等多家單位的人力和物力支持。此時，楊烈先生的夫人、中國文物研究所古建築工程師梁超正在主持遼寧興城古城牆的維修工作，在奉國寺的勘測工作最艱難的時候，受義縣文物保管所請求，與中國文物研究所楊新、莫濤兩位工程師一起，對奉國寺的勘測工作給予了無私的幫助和指導。在所有參加人員的共同努力下，全部勘測歷時四個多月順利完成，爲此後維修方案的制定提供了科學、準確的數據基礎。

1984年10月15日，開始進行工程設計、預算編制等項工作。根據勘查中取得的數據，修繕委員會在多次徵求羅哲文、祁英濤、杜仙洲等專家的意見後，最終確定了"局部落架，整體兼顧，局部調整，有據復原"的技術路綫，以此爲原則制定了維修方案，編制了具體的工程實施步驟和項目預算。維修方案經國家文物局批准後，工程進入實施階段。

首先是準備施工場地、購置施工設備。大雄殿東、西、北月臺外側都被學校和民房佔據，不僅落架下來的構件無處存放，而且購進的大量木材也無處安置。同時，修配構件也需較大的施工場地。針對這一實際問題，經修繕委員會組織、協調，在大雄殿臺基北側10米處，東西橫砌一道90米長的圍墻，將學校的部分操場圈入奉國寺院內，又動遷居民15戶、拆除房屋50多間，拆遷文物保管所辦公用房11間，經平整後作爲施工用地。建造臨時建築500平方米，作爲維修施工棚。搭建拆卸構件堆放棚、材料存放棚和新構件堆放棚1200平方米，徹底解決了材料堆放和施工所需場地問題。同時，購置、安裝了龍門架、吊鏈等設備、工具，並爲滿足施工需要，對供電綫路進行增值改造。

奉國寺修繕需要大量木材、磚瓦、沙石、水泥、鐵件、鐵釘及化學加固材料等原材料。其中的木材從材質和規格上都有一些特殊要求，縣內不能滿足需要，修繕委員會及時組織人力去縣外選購了部分木材。爲解決開工的急需，又陸續從寧城、新賓等地調運和選購了大量架杆，同時安排在縣內建窯，提前開始燒製所需的大量青磚、瓦件。

在拆落工程實施前，考慮到大雄殿體量大，構件修配量大，工程恐曠日持久，拆落、安裝過程中也要做好殿內附屬文物的保護，楊烈先生提出搭設一座比大雄殿體量更大的防護大棚，將整座大雄殿全部罩在棚內，於殿內再支搭佛像保護棚。經修繕委員會研究，決定借鑒浙江天寧寺大殿維修的成功經驗，將防護棚和殿內外腳手架合二爲一。而大雄殿出檐尺寸更大，因此要將防護棚腳架與施工腳架合二爲一，對施工技術要求更高。當地缺乏有經驗的架工，經中國文物研究所梁超工程師協調，臨時請求清西陵古建隊提供援助，派出多名有經驗的架工，幫助施工，歷時兩個多月，防護大棚與殿內外腳手架工程順利完成。殿內佛像、壁畫和石碑等則分別增設臨時保護框架。

在精心設計和縝密準備之後，拆卸工程自 1985 年底開始，至 1986 年底結束，歷時近一年。拆落中對所有構件逐一記錄，確定修配方法，對殿頂瓦件也做了統計。拆落工程完成之後構件修配工作隨之展開，爲確保構件修配質量，修繕委員會專門組織了一批有經驗、技術好的木工，統一進行培訓，明確了古建築木構件修配的原則，説明構件修配的具體要求，並將木工分爲修配斗、栱、枋等類構件的專門小組，分別負責每類構件。針對化學加固專業性強的問題，經縣政府協調，從義縣玻璃鋼廠臨時聘請了三名技術工人現場進行材料調配和操作指導，構件修配質量的提高，爲歸位安裝打下了良好的基礎。

1987 年 5 月至 1989 年 10 月，完成了木構架調整安裝、瓦頂施作、墻體砌築和臺基修整等項工作。針對砌築檐墻中壁畫的保護和揭取，楊烈先生提出了元代壁畫原地保護的方法，實施中得到了山西大同雲岡石窟文管所的大力支持，派出解廷凡、苑静虎等壁畫保護專業人員，科學地制定了大面積壁畫原地保護加固方案，爲具有獨立墻體古建築的壁畫保護找到了新的途徑。大雄殿壁畫原地整體加固技術，改進了原來切割、揭取、加固後再安裝的一般做法，免去了施工過程中的損害和安裝後的縫痕，同時改進了化學材料的配方，提高了滲透性和畫面強度，完整地保護了文物的原貌。此項技術還獲得了 1993 年遼寧省科學技術成果獎。

1988 年，大雄殿維修工程進入收尾階段，修繕委員會又多次會商，認爲整個古建築群被民房包圍，既不利於文物保護和合理利用工作的開展，又有火災等安全隱患，如能將東西兩側和南側臨街的居民遷出，將寺院擴展至臨街，重新修建山門和圍墻，既能使建築群與居民區有足夠的距離，排除了火災隱患，又有利於日後接待遊人，有效利用。因此，應抓住大雄殿維修這一契機，動遷民房，重新規劃並整治環境。在時任縣長王盛斌的大力倡導下，縣政府發出倡議，組織了動遷居民、擴建寺院的全民募捐活動。由於政府的倡議和當地群衆的理解支持，歷時一個月的捐款活動共募集資金一百三十多萬元。有了資金保障和社會共識，同年 7 月開始的動遷工作僅歷時兩月便順利完成，擴展寺院面積一萬多平方米。動遷、拆除工作結束後，爲瞭解寺院歷史和確定新山門的建造位置，修繕委員會決定，對新擴展的區域進行科學的考古發掘，並編寫了《奉國寺建築遺址發掘報告》，對遺址採取了地上模擬保護措施。並沿街新建懸山式山門三間，重新砌築寺院圍墻七百五十米，平整了新拓展的院落。還拆除建於西宮禪院的辦公房和文物庫房，新建辦公樓和文物庫房，重修了大雄殿前的鐘亭和碑亭等。至 1989 年 9 月，奉國寺維修的主要工程結束。在關閉多年之後，奉國寺重新對外開放。

此外，在修繕委員會的協調下，錦州市電力設計服務處協助完成了《義縣奉國寺大雄殿防雷保護設計》。義縣電業局、建設局和自來水公司幫助改造了奉國寺的供電、供水、排水和消防系統。爲防止火災，修建可蓄水 140 立方米的蓄水池，重新建高壓泵房、鋪設管道，以大雄殿和無量殿爲核心，共設六座高壓水井，其蓄水量和揚程可滿足大雄殿和無量殿消防之需。

此後，其他配套工程陸續展開，主要包括對西宮禪院三座建築進行了一次落架修復，重新砌築西宮禪院圍墻，恢復原來的獨立院落格局。重修無量殿臺基和瓦頂，修復內山門裝修並重新油飾內山門及東西便門，新建贊助碑亭等，直至 1993 年全部工程告竣。此次維修耗資 350 萬元，是奉國寺有史以來規模最大，歷時最長，運用工藝最先進的一次修繕。完成的主要項目包括：（一）全部落架修配與安裝大雄殿外檐斗栱；（二）全部更換或修配大雄殿椽飛、望板、槫枋及瓦件並參照國內遼代遺構復原部分瓦獸件；（三）全部撥正墩接大雄殿檐柱並油飾斷白；（四）全部原地加固大雄殿壁畫並重砌殿周檐墻；（五）揭取大雄殿前墻壁畫和恢復中間七間裝修；（六）全部重砌大雄殿月臺臺基並全部重墁殿內外方磚地面；（七）復展寺院六千平方米，新築圍墻五百延長米；（八）重砌無量殿月臺、甬道及重墁方磚地面；（九）修繕山門、鐘亭、碑亭及西宮建築；（十）重新安裝避雷網及消防設備並新設消防通道；（十一）發掘寺內原有建築遺址並模擬保護處理；（十二）遷建文物保管所辦公用房及文物庫房；（十三）原址新建懸山式外山門三間，並鋪設山門內外臺基和地面。

國家文物局十分重視奉國寺維修工程的進展情況，在維修工程進行期間，羅哲文、王丹華、郭旃等幾位專家數次來奉國寺檢查指導，在"斗栱落架"、"壁畫保護"、"考古發掘"等維修工程的每一個重要階段，都能看見幾位專家的身影，整個維修工程的質量與專家們的支持和指導密不可分。

經過此次維修，不僅徹底排除了木結構和殿內文物的安全隱患，同時對其他建築也依據需要做了維護，並初步恢復了寺院的原初格局，重新劃定保護範圍與建設控制地帶，爲日後保護提供了必要條件。這一系列工作有利於奉國寺的對外展陳，合理利用，使這一名勝古迹發揮其歷史、科學、藝術價值。

1996 年 7 月 23 日至 24 日，在義縣文物保管所召開了奉國寺修繕工程驗收會議，楊烈等工程技術人員詳細匯報了工程的技術及管理情況，經過與會專家的實地考察，現場分析和論證，奉國寺維修工程順利通過國家文物局組織的鑒定委員會專家組的鑒定和驗收。包括組長羅哲文、副組長王丹華，以及古建築專家傅連興、郭旃、姜懷英、陸壽麟等所有參加工程驗收的專家，均對此次維修工程的設計、施工、管理給予一致好評，特別對構件修配中化學材料配方和工藝的改進、壁畫原地加固保護和配合維修工程進行的考古發掘工作給予高度評價。同時提出，盡快將資料整理出版。

但是，與修繕工程進展的順利相比，《報告》的編寫卻是一波三折。

資料整理和工程報告的出版，一直被視爲維修工程的一部分，是對工程中的新發現、新認識、新方法、新技術以及經驗得失的總結梳理。爲了報告的整理和出版，施工伊始，楊烈先生和工程人員就極爲重視資料保管工作，至工程結束時，積累了豐富的圖紙、工程記錄等文字材料及大量施工照片。工程通過驗收之後，修繕委員會就開始籌備編寫《奉國寺修繕工程竣工報告》（以下簡稱《報告》）。

奉國寺維修工程剛剛結束，楊烈先生就回到國家文物局，開始忙於其他工程和日常事務，《報告》的編寫工作也隨之被擱置，一直到先生退休也沒能抽出時間整理，甚至沒有時間再來奉國寺。退休之後，楊烈先生又經常受邀參與工程方面的諮詢、論證，只能利用少有的閒暇時間整理資料，在學生王麗娟的協助下，回憶、整理了部分圖紙和草稿。遺憾的是，不久先生病重辭世，親自主持並付出大量心血的工作未能完成，成爲先生生前一大憾事。

楊先生的夫人梁超是中國文物研究所（今中國文化遺產研究院）著名的古建築專家，先生去逝後，她一直希望能親自完成《報告》，圓楊先生生前心願。但此時梁超先生年事已高，“感覺力不從心，確實難以完成如此浩繁的工作了”。報告的整理工作就這樣一度被擱置下來。

2004 年，國家文物局單霽翔局長來奉國寺考察，感於大雄殿的雄偉和珍貴價值，對奉國寺進行了深入的瞭解。當獲知奉國寺修繕工程報告因故未能出版之後，非常重視，指示應由遼寧派出人員協助梁超先生，盡快完成報告整理和出版工作。此後，單局長一直關心此事的進展，並指出遼寧省文物局要把奉國寺竣工報告整理工作作爲一項重要任務來完成。2006 年，遼寧省文化廳把這項工作交給了遼寧省文物保護中心。爲了《報告》盡早出版，完成楊烈先生生前心願，遼寧省文物保護中心和義縣文物保管所重新着手開展資料的整理工作，并聯繫梁超先生商談具體事宜。

資料搜集和查閱工作於 2007 年開始，因爲我在奉國寺工作多年的原因，有幸被安排參加了這一工作。經過一年的搜集、整理，我們對當時的工程情況有了深入瞭解，期間還對大雄殿內的塑像、壁畫和建築彩畫做了初步調查和測繪登記，至此編寫《報告》的準備工作基本就緒。2008 年 5 月，原遼寧省文化廳文物處處長姜念思、遼寧省文物保護中心主任李向東和我專程前往北京拜訪了梁超先生，在交談中先生表示願意與遼寧省文物保護中心合作編寫並早日出版《報告》，並擬以《中國古代建築·義縣奉國寺》命名該報告。之後，梁先生很快來到義縣，指導并親自參與報告的整理工作。

此後還有一個插曲，由於上世紀八十年代施工條件和記錄手段有限，當時的工程記錄遠達不到今天出版報告所應達到的詳盡程度，比如落架和歸安的影像資料就比較缺乏，沒能形象地展示當時的實施程序和方法。再加上時間又過去了近二十年，大量資料流失難覓，現存的材料遠不能完整描述工程實際情況。爲了儘量在報告中如實反映工程的主要細節，2008 年 7 月，梁超先生和李向東主任邀請了當年參加施工管理的主要負責人姚鳳桐、王晶辰、白秀瑞、伏鐵柱、蔡肖和清西陵文物管理處王麗娟等同志再次來到奉國寺，經過一個多星期時間，現場回憶了施工中的一些細節，補充了缺失的資料。

在義縣整理資料期間，每日工作十分勞累，梁先生畢竟年事已高，回京之後再次病重入院，讓人深感遺憾的是，未待《報告》全部完成，梁先生也於 2009 年 11 月病重辭世。在最後的日子裏，梁先生在醫院病床上對報告的內容安排及出版事宜做了最後的安排。此後，報告整理工作依先生意願繼續進行，並在姚鳳桐、王晶辰、白秀瑞、蔡肖、伏鐵柱、王飛、張連義、周明非、劉劍、高世哲、孫至經、高嵐等同志的指導、支持和幫助下得以最終完成。

正如先生再三強調的“奉國寺修繕工程是所有工程參加者的共同成果”一樣，本書的出版也是《維修工程和報告》編寫工作所有參與者的共同成果。其中，上篇部分的《奉國寺建築遺址發掘報告》原文使用了由錦州市文物工作隊爲工程驗收編寫的匯報材料；《奉國寺大雄殿調查報告》是以維修後的勘查爲基礎並參考杜仙洲先生的報告編寫的，這樣的安排主要是考慮到調查報告將作爲今後研究工作的基礎，因此勘測數據以採用復原數據爲宜，同時爲了讀者對大雄殿有一個完整的認識，勘察報告中將維修工作中的一些新發現也包括在內；下篇的《奉國寺大雄殿現狀勘查報告》、《奉國寺大雄殿維修加固方案》、《奉國寺大雄殿局部落架勘測報告》、《奉國寺大雄殿維修工程竣工技術報告》參考了杜仙洲先生的《義縣奉國寺大雄殿調查報告》和楊烈先生撰寫的驗收材料的基礎上整理完成；《奉國寺維修中其他附屬工程項目與遺留問題》由姚鳳桐先生編寫；《奉國寺大雄殿壁畫加固保護報告》由大同市雲岡石窟研究所苑靜虎先生修改完成；《施工管理》爲邵福玉先生撰寫的《工程管理總結報告》的原文；《決算報告》摘錄姚鳳桐先生編寫的《奉國寺維修工程決算報告》。

此外，遼寧省文物保護中心蔡肖、孟偉、張琳琳和清西陵文物管理處王麗娟等同志協助補充了圖紙，完成描圖等工作；遼寧省博物館張力、林立和保管部的同志幫助拍攝了上世紀六十年代臨摹的奉國寺彩畫飛天；錦州市博物館孫藝園、張仲華、劉鎮陸和錦州市考古所白斌、義縣文物管理處高嵐等同志協助補拍了部分彩色照片；工程師蔡肖還幫助審閱了文字稿，提出了不少有益的建議。在此，依梁先生囑托，代楊、梁兩位先生向每一位參加《維修工程和報告》編寫的同志表示感謝。

雖然梁先生生前再三強調奉國寺修繕工程是所有工程參加者的共同成果，反對報告中強調楊烈先生的個人貢獻。但正如義縣文物保管所工作人員一致表示，奉國寺的保護事業能有今天的成就，與上世紀八十年代維修中所有工作人員的努力是分不開的，而楊烈先生爲奉國寺維修付出了大量心血，他們和義縣人民將永遠感謝兩位先生。在《報告》的最後簡單介紹兩位先生的生平以及在奉國寺維修工程中具體的工作情況，以此表達對兩位先生的敬意和對他們爲奉國寺保護所做貢獻報以誠摯的感謝。

圖一　1952 年，楊烈、梁超參加第一期全國古建築培訓班與老師同學的合影
（前排作者均爲學員，左起第 5 人爲楊烈，第 6 人爲梁超。後排立者有老師和部分學員。左 3 爲羅哲文，左 4 爲于倬雲，左 6 爲余鳴謙，左 7 爲祁英濤，左 8 爲杜仙洲。照片由羅哲文先生提供。）

楊烈，遼寧大連人，魯迅美術學院研究生學歷，九三學社社員，教授級高級工程師，國家文物局古建築專家組成員。1953 年自國家文物局舉辦的第一屆古建築培訓班結業後，一直從事古建築、石窟寺保護工作，先後主持多項古建築和石窟寺保護工程。1984 年受國家文物局委派以總負責人身份主持奉國寺修繕。在奉國寺維修工程設計及施工方面，楊烈先生提出了多項開創性建議並進行了有益嘗試。第一、在奉國寺維修中首先提出並解決了"不完全落架"的抬梁修配大木方法，解決了本項目中的極為重要的技術難題，最大限度地保護了遼代彩繪和原構件。第二、在本項目中率先地提出並科學地解決了大面積壁畫原地保護加固的實施方案，爲具有獨立墻體古建築的壁畫保護找到了新的途徑，有一定的指導意義。第三、在維修中首先提出施工中的考古發掘方案，並實施指導，取得了前人未能解決的遼代建築總體平面佈局的科學成果。此外，在進行主體建築修繕的同時，提出全面修整寺容並擴出保護範圍的方案並貫徹執行，爲奉國寺日後的保護、利用打下了良好的基礎。

圖二　楊烈在編寫奉國寺維修方案期間伏案工作

圖三　2008 年，梁超在奉國寺整理維修工程資料

梁超，中國文物研究所古建築工程師，山西人，1952 年參加了國家文物局舉辦的第一屆古建築培訓班，此後先後參加了山西永樂宮遷建、河南登封少林寺初祖庵重建、河北易縣清西陵永福寺落架大修、浙江寧波天寧寺維修、遼寧興城古城加固、青島天後宮維修等重要工程項目。奉國寺維修工程期間在勘查測繪、施工技術等方面提出了大量建設性意見。

梁超先生辭世之前囑托我代寫一篇後記，將維修工程和本《報告》編寫工作中的情況介紹出來，向每一位爲奉國寺維修和資料整理付出辛勤努力的朋友表示感謝，並代楊、梁兩位先生感謝羅哲文先生、杜仙洲先生、單霽翔局長和郭大順先生爲本書作序。以上就是對先生囑托的交待，失當或失查之處，望諒。

張曉東

2011 年 3 月